Tle
Enseignement scientifique

Programme 2020

Sous la direction de

Thierry Cariat **Benoît Merlant** **Mathieu Ruffe**
Michel Poncy **Rémi Tourret**

Ce manuel a été écrit par

Adeline André
IA-IPR, académie de Versailles

Thierry Cariat
Lycée Dhuoda, Nîmes

Pascal Chauvel
Lycée Charles Lepierre, Lisbonne

Philippe Cosentino
Lycée Rouvière, Toulon
Développeur d'applications scientifiques

Nicolas Courbaize
Lycée Jean Jaurès,
Saint-Clément-de-Rivière

Sébastien Gergadier
Lycée Chaptal, Paris

Catherine Lebert

Adeline Marois
Annexe du lycée Jean-Baptiste Say
Centre Édouard Rist, Paris

Benoît Merlant
Lycée Bernard Palissy, Gien

Marc Morandini
Lycée Emmanuel d'Alzon, Nîmes

Marine Paulhiac-Pison
Lycée Marie Curie, Versailles

Michel Poncy

Philippe Roger
Lycée Bernard Palissy, Gien

Mathieu Ruffenach
IA-IPR, académie de Montpellier

Laurent Toix
Lycée Aristide Maillol, Perpignan

Rémi Tourret
Lycée Marceau, Chartres
ESPE Centre Val de Loire
(Université d'Orléans)

Avec la collaboration de

Denis Baude - Xavier Berthon - Alban Caillette - Isabelle Gasperini - Myriam Gaujoux - Véronique Joyeux - Yves Jusserand - Frédéric Labaune - Pascale de Marchi - Aurélie Ménard-Parrod - Paul Pillot - Stéphane Rabouin

bordas
éditeur

Pour bien préparer le Bac avec votre manuel

Les acquis à réviser

En début de chaque partie, retrouvez les **notions indispensables** étudiées dans les classes précédentes.

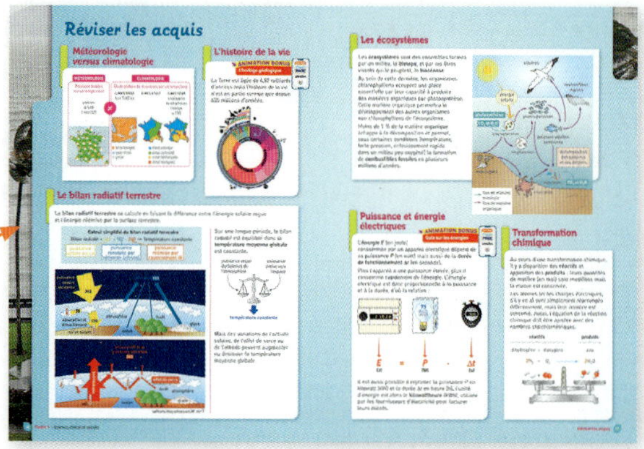

Le cours

Pour **réviser** chaque chapitre, le cours contient tout ce qu'il faut comprendre et savoir.

Tout le cours et le vocabulaire sont disponibles également en **version podcast**.

Flash PAGE podcast DYS

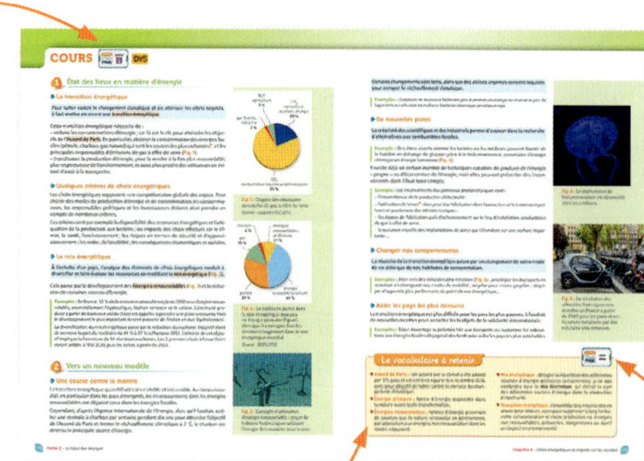

Ici, il y a les définitions de tous les **mots à maîtriser** pour le Bac.

Révisez votre vocabulaire grâce aux **cartes mémo numériques !**

Flash PAGE cartes mémo

L'essentiel en images

Hop ! Tout ce qu'il faut savoir est aussi **résumé en images**.

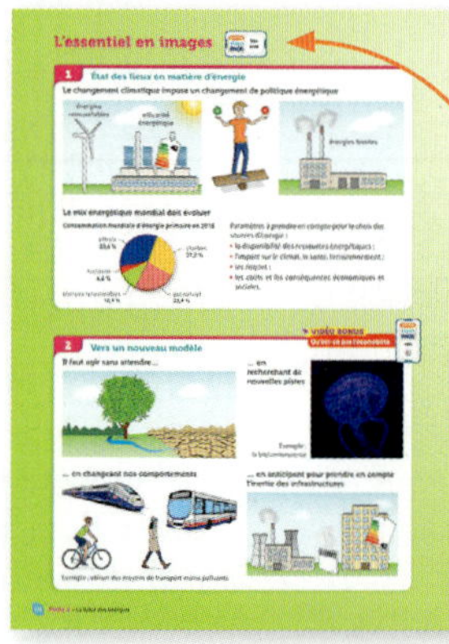

Le **bilan animé** est une version animée de l'essentiel en images.

Flash PAGE bilan animé

Les savoir-faire et les exercices corrigés

Vous pouvez **travailler** ces exercices **seul·e**.

Les **solutions** sont en fin de manuel et les **corrigés détaillés** existent en version numérique.

Flash PAGE corrigés détaillés

Voici tous les **savoir-faire à maîtriser** et les exercices associés.

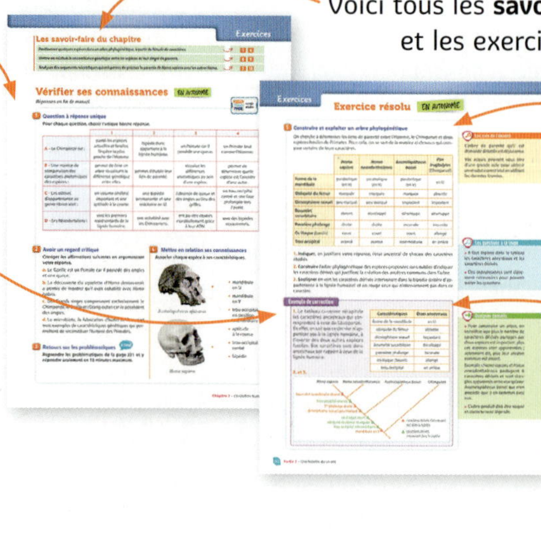

Cet exercice est totalement résolu avec en plus des **conseils de méthode**.

Il est suivi d'un **exercice similaire** corrigé.

et ses ressources numériques

Les exercices Prépa BAC

À la fin de chaque chapitre, il y a un **exercice spécifique type Bac** pour vous entraîner.

À la fin de chaque partie, vous trouverez encore d'autres **exercices de type Bac**.

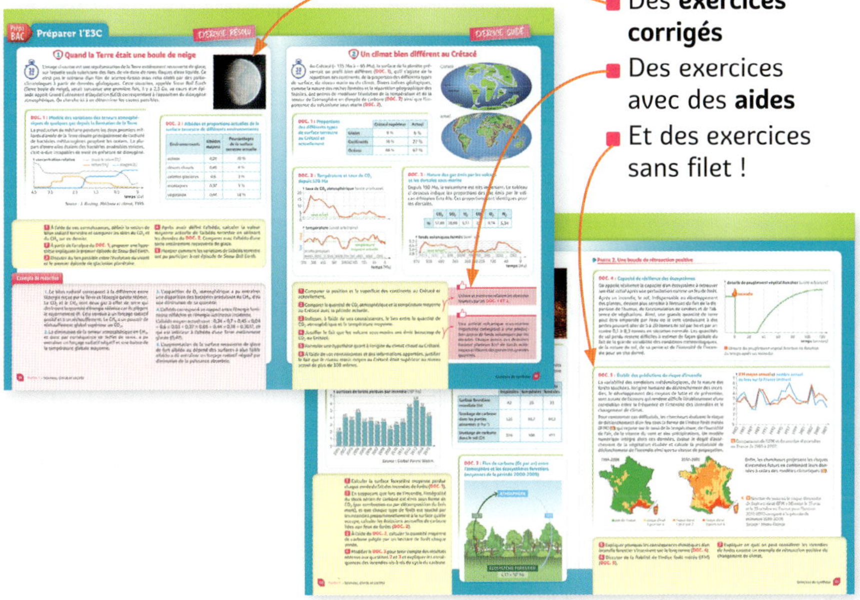

- Des **exercices corrigés**
- Des exercices avec des **aides**
- Et des exercices sans filet !

Et n'oubliez pas

Les **fiches** et le **lexique** à la fin du manuel.

Votre manuel est aussi accompagné de nombreux **liens**, **animations**, **vidéos** et **fichiers** pour faire une activité, visualiser un phénomène ou mieux comprendre une notion.

bordas Flash PAGE lien web

bordas Flash PAGE vidéo

bordas Flash PAGE animation

En partenariat avec eduMedia

eduMedia
15 ans d'expertise dans le domaine de la pédagogie numérique

Ressources **interactives** pour l'apprentissage des sciences

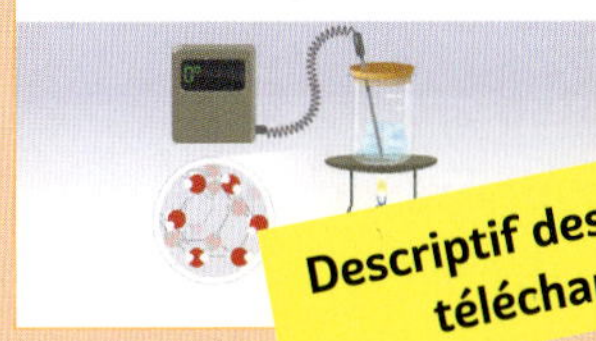

Descriptif des animations téléchargeable

La plupart des ressources numériques sont accessibles par l'application **Bordas Flashpage** (*voir le rabat I de couverture*) et le **manuel numérique**.

bordas Flash PAGE

MANUEL NUMÉRIQUE ÉLÈVE

Les corrigés d'exercices sont aussi disponibles sur le **site ressources**, de même que les fichiers associés à des logiciels spécifiques :

lycee.editions-bordas.fr

 – ISBN : 978-2-04-733761-5

Sommaire

Les indications **Histoire** **Enjeu** **Débat** font référence au programme officiel.

Rabats avant

Rabats arrière

PARTIE 1 Science, climat et société

PARTIE 2 Le futur des énergies

Sciences et philosophie

Quelques documents pour s'interroger à propos de la science, à approfondir en cours de philosophie

Qu'est-ce qu'une démarche scientifique ?

Ce que n'est pas une démarche scientifique…

Dans Le Sottisier de Bouvard et Pécuchet, *l'écrivain Flaubert se moque de la sottise de certains de ses contemporains.*

« – Les puces se jettent, partout où elles sont, sur des couleurs blanches. Cet instinct leur a été donné afin que nous puissions les attraper plus aisément.
– Le melon a été divisé en tranches par la nature afin d'être mangé en famille ; la citrouille étant plus grosse, peut être mangée avec les voisins. »

Gustave Flaubert (écrivain), *Le Sottisier de Bouvard et Pécuchet*, 1881.

« Dans l'échange entre la théorie et l'expérience, c'est toujours la première qui engage le dialogue. [...] "Le hasard ne favorise que les esprits préparés" disait Pasteur. Le hasard, ici, cela signifie que l'observation a été faite par accident et non afin de vérifier la théorie. Mais la théorie était déjà là, qui permet d'interpréter l'accident. »

François Jacob (prix Nobel de médecine), *La Logique du Vivant*, Gallimard, 1970

« [...] des observations menées au hasard, faites sans nul plan projeté d'avance ne convergent aucunement de façon cohérente vers une loi nécessaire [...]. La raison doit s'adresser à la nature en tenant d'une main ses principes [...] et de l'autre main, l'expérimentation qu'elle a conçue d'après ces principes, certes pour recevoir les enseignements de la nature, non pas toutefois à la façon d'un écolier, qui se laisse dire tout ce que veut le maître, mais comme un juge dans l'exercice de ses fonctions, qui force les témoins à répondre aux questions qu'il leur soumet. »

Emmanuel Kant (philosophe), *Critique de la raison pure*, 1787 (GF-Flammarion, trad. A. Renaut, 2001)

Les scientifiques doivent être capables de remise en cause

"[...] le critère de la scientificité d'une théorie réside dans la possibilité de l'invalider, de la réfuter ou encore de la tester."

Karl Popper (philosophe), *Conjectures et Réfutations*, 1963 (Payot, 2006)

Comment valider une méthode scientifique ?

L'expérience n'est pas toujours au cœur de la démarche scientifique

« Le savant complet est celui qui embrasse à la fois la théorie et la pratique expérimentale. »

Claude Bernard (physiologiste), *Introduction à l'étude de la Médecine expérimentale*, 1865

« C'est dans les mathématiques que réside le principe vraiment créateur. En un certain sens, donc, je tiens pour vrai que la pensée pure est compétente pour comprendre le réel. »

Albert Einstein (physicien), conférence d'Oxford, 1933

Pas de certitudes selon Chalmers

« Une dinde s'aperçut qu'on la nourrissait à 9 h du matin. Toutefois, en bonne inductiviste*, elle ne s'empressa pas d'en conclure quoi que ce soit. Elle attendit donc d'avoir observé de nombreuses fois qu'elle était nourrie à 9 h du matin, et elle recueillit ces observations dans des circonstances fort différentes, les mercredis et jeudis, les jours chauds et les jours froids, les jours de pluie et les jours sans pluie. Chaque jour, elle ajoutait un nouvel énoncé d'observation à sa liste. Elle recourut donc à un raisonnement inductif pour conclure : "Je suis toujours nourrie à 9 h du matin." Or, cette conclusion se révéla fausse quand, un jour de Thanksgiving, à la même heure, on lui tordit le cou. »

Alan F. Chalmers (historien des sciences), *Qu'est-ce que la science ?*, trad. M. Biezunski, © Poche, 1990.

*L'inductivisme classique en sciences est le fait de généraliser à partir de l'observation de cas particuliers.

Les théories scientifiques font-elles toujours l'unanimité ?

L'existence de l'atome

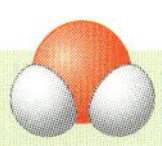

« Si j'en étais le maître, j'effacerais le mot atome de la science, persuadé qu'il va plus loin que l'expérience ; et jamais en chimie nous ne devons aller plus loin que l'expérience. »

Jean-Baptiste Dumas (chimiste), *Leçons sur la philosophie chimique*, 1836.

Le rôle de l'Homme dans le réchauffement climatique

« Nous sommes très nombreux à contester les thèses officielles, alors que ces milieux parlent d'un consensus des scientifiques. J'appartiens par exemple au comité d'une association française de climatosceptiques*. Elle compte un millier de sympathisants, pour la plupart des scientifiques. »

Interview de Jean-Claude Pont (mathématicien et historien des sciences) par Blaise Craviolini, lematin.ch, 2017

*Les climatosceptiques doutent de l'origine humaine des changements climatiques.

La théorie de l'évolution

À la fin du XIXe siècle, la parution de l'ouvrage *La Filiation de l'homme* de Charles Darwin déchaîne les railleries des caricaturistes et les foudres de certains scientifiques.

Illustration du *London Sketchbook*, 1871.

Sciences et philosophie

Quelques documents pour s'interroger à propos de la science, à approfondir en cours de philosophie

La science explique-t-elle le réel ?

« Nous appelons cela "explication" : mais c'est une "description", ce qui nous distingue des stades plus anciens de la connaissance et de la science. [...] Nous voyons la série des causes de manière bien plus complète dans chaque cas [...] mais par là, nous n'avons rien compris. La qualité, par exemple dans tout processus chimique, continue d'apparaître comme un "miracle", de même toute mise en mouvement ; personne n'a « expliqué » le choc. »

Friedrich Nietzsche (philosophe), *Le Gai Savoir*, 1882 (trad. P. Wotling, GF-Flammarion, 2007)

La science est-elle la vérité ?

« [...] la science garde un caractère provisoire : elle s'attend à ce que des modifications de ses théories actuelles deviennent tôt ou tard nécessaires, et se rend compte que sa méthode est logiquement incapable d'arriver à une démonstration complète et définitive. [...] La science nous incite donc à renoncer à la recherche de la vérité absolue, et à y substituer ce qu'on peut appeler la vérité "technique", qui est le propre de toute théorie permettant de faire des inventions ou de prévoir l'avenir. La vérité "technique" est une affaire de degré : une théorie est d'autant plus vraie qu'elle donne naissance à un plus grand nombre d'inventions utiles et de prévisions exactes. »

Bertrand Russell (philosophe et logicien), *Science et Religion*, 1935 (trad. P-R. Mantoux, Gallimard, 1971)

Science et croyance sont-elles incompatibles ?

« De tous les antagonismes de croyances, le plus ancien, le plus largement répandu, le plus profond et le plus important est celui qui existe entre la Religion et la Science. »

Herbert Spencer (philosophe), *Premiers principes*, 1862

« Reste bien sûr que les sciences ne traitent vraiment bien que des questions... scientifiques. Or celles-ci ne recouvrent pas l'ensemble des questions qui se posent à nous. Du coup, l'universel que les sciences mettent au jour est, par essence, incomplet : il n'aide guère à trancher les questions qui restent en dehors de leur champ. En particulier, il ne permet pas de mieux penser l'amour, la liberté, la justice, les valeurs en général, le sens qu'il convient d'accorder à nos vies. »

Étienne Klein (philosophe des sciences), *Faut-il croire la science ?*, Études, 2013 © SER

Questions d'éthique

Éthique : *Discipline de la philosophie qui a pour objet les principes moraux guidant la conduite d'un individu, d'un groupe.*

À propos du réchauffement climatique

« [...] il y a une profonde injustice à ce que ce soient les plus pauvres et les plus vulnérables qui, aujourd'hui, souffrent le plus du changement climatique. »

Catherine Larrère (philosophe), *Télérama*, 2015, propos recueillis par Olivier Pascal-Mousselard

“Puisque de toutes façons existeront des hommes à l'avenir, leur existence qu'ils n'ont pas demandée, une fois qu'elle est effective, leur donne le droit de nous accuser nous, leurs prédécesseurs, en tant qu'auteurs de leur malheur, si par notre agir insouciant et qui aurait pu être évité, nous leur avons détérioré le monde ou la constitution humaine.”

Hans Jonas (philosophe), *Le Principe responsabilité*, 1979 (Champs Flammarion, 2013)

« Brandir le spectre de la catastrophe qui menacerait le destin de l'humanité si les uns et les autres n'appliquaient pas les prescriptions devant permettre de contrôler le réchauffement climatique, la course à la croissance (peu soucieuse de l'épuisement des ressources naturelles), ou encore la pollution, tout cela suffit-il pour créer l'adhésion de ceux qui courent encore derrière la croissance et ne sont responsables, ni de la menace d'épuisement des ressources naturelles, ni du haut degré de pollution accusée de détruire la couche d'ozone ? »

Ebénézer Njoh-Mouellé (philosophe), « La solidarité est-elle une valeur morale ? », njohmouelle.org

L'intelligence artificielle

« Nous devons reconnaître qu'avec l'intelligence artificielle, nous entrons dans des territoires inconnus. Aussi excitant que cela paraisse, cela s'accompagne de nombreux défis, et c'est pour cela qu'il faut s'attaquer aux questions éthiques que soulèvent ces technologies. »

Justin Trudeau, Premier Ministre canadien, conférence du G7, 2019.

L'intelligence artificielle en plein développement pose en effet de nombreuses questions d'éthique.

De nombreux programmes ont accès à nos données et déplacements personnels.

L'intelligence artificielle menace-t-elle la démocratie ? la vie privée ? la liberté ?

Peut-on utiliser des robots dans n'importe quel domaine (armée, services, justice, police...) ?

L'intelligence artificielle menace-t-elle les emplois ?

Les **robots** menaceront-ils un jour l'humanité ?

Quel choix doit faire un véhicule autonome en cas de risque d'accident impliquant des personnes ?

Faut-il donner des droits aux robots ?

Real Humans, série de science-fiction, pose de nombreuses questions sur l'utilisation de robots humanoïdes.

Le programme d'enseignement scientifique Tle

(Extraits du Bulletin Officiel spécial n° 8 du 25 juillet 2019)

1. Science, climat et société ➡ PARTIE 1

Histoire, enjeux et débats

- Les enjeux du réchauffement climatique global.
- Les acteurs des analyses climatiques : recherche et programmes mondiaux (Organisation Météorologique Mondiale, modèles climatiques) ; coordination (Nations-Unies) ; évaluation (Groupe Intergouvernemental pour l'Étude du Climat).
- Un enjeu mondial : l'océan.
- Les ressources et les utilisations de l'énergie dans le monde.
- Le trou dans la couche d'ozone : de sa découverte à des prises de décisions mondiales.

1.1 L'atmosphère terrestre et la vie ➡ PARTIE 1 Chapitre 1

Savoirs

Il y a environ 4,6 milliards d'années, l'atmosphère primitive était composée de N_2, CO_2 et H_2O. Sa composition actuelle est d'environ 78 % de N_2 et 21 % de O_2, avec des traces d'autres gaz (dont H_2O, CO_2, CH_4, N_2O).

Le refroidissement de la surface de la Terre primitive a conduit à la liquéfaction de la vapeur d'eau présente dans l'atmosphère initiale. L'hydrosphère s'est formée, dans laquelle s'est développée la vie.

Les premières traces de vie sont datées d'il y a au moins 3,5 milliards d'années. Par leur métabolisme photosynthétique, des cyanobactéries ont produit le dioxygène qui a oxydé, dans l'océan, des espèces chimiques réduites. Le dioxygène s'est accumulé à partir de 2,4 milliards d'années dans l'atmosphère. Sa concentration atmosphérique actuelle a été atteinte il y a 500 millions d'années environ.

Les sources et puits de dioxygène atmosphérique sont aujourd'hui essentiellement liés aux êtres vivants (photosynthèse et respiration) et aux combustions.

Sous l'effet du rayonnement ultraviolet solaire, le dioxygène stratosphérique peut se dissocier, initiant une transformation chimique qui aboutit à la formation d'ozone. Celui-ci constitue une couche permanente de concentration maximale située à une altitude d'environ 30 km. La couche d'ozone absorbe une partie du rayonnement ultraviolet solaire et protège les êtres vivants de ses effets mutagènes.

Le carbone est stocké dans plusieurs réservoirs superficiels : l'atmosphère, les sols, les océans, la biosphère et les roches. Les échanges de carbone entre ces réservoirs sont quantifiés par des flux (tonne/an). Les quantités de carbone dans les différents réservoirs sont constantes lorsque les flux sont équilibrés. L'ensemble de ces échanges constitue le cycle du carbone sur Terre.

Les combustibles fossiles se sont formés à partir du carbone des êtres vivants, il y a plusieurs dizaines à plusieurs centaines de millions d'années. Ils ne se renouvellent pas suffisamment vite pour que les stocks se reconstituent : ces ressources en énergie sont dites non renouvelables.

Savoir-faire

Analyser des données, en lien avec l'évolution de la composition de l'atmosphère au cours des temps géologiques.

Déterminer l'état physique de l'eau pour une température et une pression donnée à partir de son diagramme d'état.

Mettre en relation la production de O_2 dans l'atmosphère avec des indices géologiques (oxydes de fer rubanés, stromatolithes…).

Ajuster les équations des réactions chimiques d'oxydation du fer par le dioxygène.

Interpréter des spectres d'absorption de l'ozone et de l'ADN dans le domaine ultraviolet.

Analyser un schéma représentant le cycle biogéochimique du carbone pour comparer les stocks des différents réservoirs et identifier les flux principaux de carbone d'origine anthropique ou non.

1.2 La complexité du système climatique ➡ PARTIE 1 Chapitre 2

Savoirs

Un climat est défini par un ensemble de moyennes de grandeurs atmosphériques observées dans une région donnée pendant une période donnée. Ces grandeurs sont principalement la température, la pression, le degré d'hygrométrie, la pluviométrie, la nébulosité, la vitesse et la direction des vents.

La climatologie étudie les variations du climat local ou global à moyen ou long terme (années, siècles, millénaires…).

La météorologie étudie les phénomènes atmosphériques qu'elle prévoit à court terme (jours, semaines).

La température moyenne de la Terre, calculée à partir de mesures *in situ* et depuis l'espace par des satellites, est l'un des indicateurs du climat global. Il en existe d'autres : volume des océans, étendue des glaces et des glaciers…

Le climat de la Terre présente une variabilité naturelle sur différentes échelles de temps. Toutefois, depuis plusieurs centaines de milliers d'années, jamais la concentration du CO_2 atmosphérique n'a augmenté aussi rapidement qu'actuellement.

Depuis un siècle et demi, on mesure un réchauffement climatique global (environ + 1 °C). Celui-ci est la réponse du système climatique à l'augmentation du forçage radiatif (différence entre l'énergie radiative reçue et l'énergie radiative émise) due aux émissions de gaz à effet de serre (GES) dans l'atmosphère : CO_2, CH_4, N_2O et vapeur d'eau principalement.

Lorsque la concentration des GES augmente, l'atmosphère absorbe davantage le rayonnement thermique infrarouge émis par la surface de la Terre. En retour, il en résulte une augmentation de la puissance radiative reçue par le sol de la part de l'atmosphère.

Cette puissance additionnelle entraîne une perturbation de l'équilibre radiatif qui existait à l'ère préindustrielle.

L'énergie supplémentaire associée est essentiellement stockée par les océans, mais également par l'air et les sols, ce qui se traduit par une augmentation de la température moyenne à la surface de la Terre et la montée du niveau des océans.

L'évolution de la température terrestre moyenne résulte de plusieurs effets amplificateurs (rétroaction positive), dont :
- l'augmentation de la concentration en vapeur d'eau (gaz à effet de serre) dans l'atmosphère ;
- la décroissance de la surface couverte par les glaces et diminution de l'albédo terrestre ;
- le dégel partiel du permafrost provoquant une libération de GES dans l'atmosphère.

L'océan a un rôle amortisseur en absorbant à sa surface une fraction importante de l'apport additionnel d'énergie. Cela conduit à une élévation du niveau de la mer causée par la dilatation thermique de l'eau. À celle-ci s'ajoute la fusion des glaces continentales.

Cette accumulation d'énergie dans les océans rend le changement climatique irréversible à des échelles de temps de plusieurs siècles.

À court terme, un accroissement de la végétalisation constitue un puits de CO_2 et a donc un effet de rétroaction négative (stabilisatrice).

Savoir-faire

Distinguer sur un document des données relevant du climat d'une part, de la météorologie d'autre part.

Identifier des tendances d'évolution de la température sur plusieurs échelles de temps à partir de graphiques.

Identifier des traces géologiques de variations climatiques passées (pollens, glaciers).

Déterminer la capacité d'un gaz à influencer l'effet de serre atmosphérique à partir de son spectre d'absorption des ondes électromagnétiques.

Interpréter des documents donnant la variation d'un indicateur climatique en fonction du temps (date de vendanges, niveau de la mer, extension d'un glacier, ...).

Analyser la variation au cours du temps de certaines grandeurs telles que l'augmentation de la teneur atmosphérique en CO_2, la variation de température moyenne, des indicateurs de l'activité économique mondiale.

Identifier les relations de causalité (actions et rétroactions) qui sous-tendent la dynamique d'un système.

Réaliser et interpréter une expérience simple, mettant en évidence la différence d'impact entre la fusion des glaces continentales et des glaces de mer.

Estimer la variation du volume de l'océan associée à une variation de température donnée, en supposant cette variation limitée à une couche superficielle d'épaisseur donnée.

1.3 Le climat du futur ➥ PARTIE 1 Chapitre 3

Savoirs

Les modèles climatiques s'appuient sur :
- la mise en équations des mécanismes essentiels qui agissent sur le système Terre ;
- des méthodes numériques de résolution.

Les résultats des modèles sont évalués par comparaison aux observations *in situ* et spatiales ainsi qu'à la connaissance des paléoclimats.

Ces modèles, nombreux et indépendants, réalisent des projections climatiques. Après avoir anticipé les évolutions des dernières décennies, ils estiment les variations climatiques globales et locales à venir sur des décennies ou des siècles.

L'analyse scientifique combinant observations, éléments théoriques et modélisations numériques permet aujourd'hui de conclure que l'augmentation de température moyenne depuis le début de l'ère industrielle est liée à l'activité humaine : CO_2 produit par la combustion d'hydrocarbures, la déforestation, la production de ciment ; CH_4 produit par les fuites de gaz naturel, la fermentation dans les décharges, certaines activités agricoles.

Les modèles s'accordent à prévoir, avec une forte probabilité d'occurrence, dans des fourchettes dépendant de la quantité émise de GES :
- une augmentation de 1,5 à 5 °C de la température moyenne entre 2017 et la fin du XXIe siècle ;
- une élévation du niveau moyen des océans entre le début du XXIe siècle et 2100 pouvant atteindre le mètre ;
- des modifications des régimes de pluie et des événements climatiques extrêmes ;
- une acidification des océans ;
- un impact majeur sur les écosystèmes terrestres et marins.

Savoir-faire

Mettre en évidence le rôle des différents paramètres de l'évolution climatique, en exploitant un logiciel de simulation de celle-ci, ou par la lecture de graphiques.

Exploiter les résultats d'un modèle climatique pour expliquer des corrélations par des liens de cause à effet.

1.4 Énergie, choix de développement et futur climatique ➥ PARTIE 1 Chapitre 4

Savoirs

L'énergie utilisée dans le monde provient d'une diversité de ressources parmi lesquelles les combustibles fossiles dominent.

La consommation en est très inégalement répartie selon la richesse des pays et des individus.

La croissance de la consommation globale (doublement dans les 40 dernières années) est directement liée au modèle industriel de production et de consommation des sociétés.

En moyenne mondiale, cette énergie est utilisée à parts comparables par le secteur industriel, les transports, le secteur de l'habitat et dans une moindre mesure par le secteur agricole.

Les énergies primaires sont disponibles sous forme de stocks (combustibles fossiles, uranium) et de flux (flux radiatif solaire, flux géothermique, puissance gravitationnelle à l'origine des marées).

La combustion de carburants fossiles et de biomasse libère du dioxyde de carbone et également des aérosols et d'autres substances (N_2O, O_3, suies, produits soufrés), qui affectent la qualité de l'air respiré et la santé.

L'empreinte carbone d'une activité ou d'une personne est la masse de CO_2 produite directement ou indirectement par sa consommation d'énergie et/ou de matière première.

Les scénarios de transition écologique font différentes hypothèses sur la quantité de GES émise dans le futur. Ils évaluent les changements prévisibles, affectant les écosystèmes et les conditions de vie des êtres humains, principalement les plus fragiles.

Les projections fournies par les modèles permettent de définir les aléas et peuvent orienter les prises de décision. Les mesures d'adaptation découlent d'une analyse des risques et des options pour y faire face.

Savoir-faire

Utiliser les différentes unités d'énergie employées (Tonne Équivalent Pétrole (TEP), kWh...) et les convertir en joules – les facteurs de conversion étant fournis.

Exploiter des données de production et d'utilisation d'énergie à différentes échelles (mondiale, nationale, individuelle...).

Comparer quelques ordres de grandeur d'énergie et de puissance : corps humain, objets du quotidien, centrale électrique, flux radiatif solaire...

Calculer la masse de dioxyde de carbone produite par unité d'énergie dégagée pour différents combustibles (l'équation de réaction et l'énergie massique dégagée étant fournies).

À partir de documents épidémiologiques, identifier et expliquer les conséquences sur la santé de certains polluants atmosphériques, telles les particules fines résultant de combustions.

Comparer sur l'ensemble de leur cycle de vie les impacts d'objets industriels (par exemple, voiture à moteur électrique ou à essence).

À partir de documents, analyser l'empreinte carbone de différentes activités humaines et proposer des comportements pour la minimiser ou la compenser.

Analyser l'impact de l'augmentation du CO_2 sur le développement de la végétation.

Analyser des extraits de documents du GIEC ou d'accords internationaux proposant différents scénarios.

2. Le futur des énergies ➥ PARTIE 2

Histoire, enjeux, débat

- L'essor de l'électromagnétisme au XIXe siècle.
- Einstein et les quanta.
- Aspects historiques de la distribution d'énergie électrique.
- Les combustibles alternatifs à empreinte carbone réduite.
- Les enjeux de l'utilisation de l'énergie nucléaire : de la fission à la fusion contrôlée.
- Les accumulateurs électrochimiques dans la société.

2.1 Deux siècles d'énergie électrique ➥ PARTIE 2 Chapitre 1

Savoirs

Les alternateurs électriques exploitent le phénomène d'induction électromagnétique découvert par Faraday puis théorisé par Maxwell au XIXe siècle.

Ils réalisent une conversion d'énergie mécanique en énergie électrique avec un rendement potentiellement très proche de 1.

Au début du XXe siècle, la physique a connu une révolution conceptuelle à travers la vision quantique qui introduit un comportement probabiliste de la nature. Le caractère discret des spectres de raies d'émission des atomes s'explique de cette façon.

L'exploitation technologique des matériaux semi-conducteurs, en particulier du silicium, en est également une conséquence.

Ces matériaux sont utilisés en électronique et sont constitutifs des capteurs photovoltaïques. Ceux-ci absorbent l'énergie radiative et la convertissent en énergie électrique.

Savoir-faire

Reconnaître les éléments principaux d'un alternateur (source de champ magnétique et fil conducteur mobile) dans un schéma fourni.

Analyser les propriétés d'un alternateur modèle étudié expérimentalement en classe. Définir le rendement d'un alternateur et citer un phénomène susceptible de l'influencer.

Interpréter et exploiter un spectre d'émission atomique.

Comparer le spectre d'absorption d'un matériau semi-conducteur et le spectre solaire pour décider si ce matériau est susceptible d'être utilisé pour fabriquer un capteur photovoltaïque.

Tracer la caractéristique $i(u)$ d'une cellule photovoltaïque et exploiter cette représentation pour déterminer la résistance d'utilisation maximisant la puissance électrique délivrée.

2.2 Les atouts de l'électricité ➥ PARTIE 2 Chapitre 2

Savoirs

Trois méthodes permettent d'obtenir de l'énergie électrique sans nécessiter de combustion :

- la conversion d'énergie mécanique, soit directe (dynamos, éoliennes, hydroliennes, barrages hydroélectriques), soit indirecte à partir d'énergie thermique (centrales nucléaires, centrales solaires thermiques, géothermie) ;
- la conversion de l'énergie radiative reçue du Soleil (panneaux photovoltaïques) ;
- la conversion électrochimique (piles ou accumulateurs conventionnels, piles à hydrogène).

Ces méthodes sans combustion ont néanmoins un impact sur l'environnement et la biodiversité ou présentent des risques spécifiques (pollution chimique, déchets radioactifs, accidents industriels...).

Pour faire face à l'intermittence liée à certains modes de production ou à la consommation, l'énergie électrique doit être convertie sous une forme stockable :

- énergie chimique (accumulateurs) ;
- énergie potentielle (barrages) ;
- énergie électromagnétique (super-capacités).

Savoir-faire

Décrire des exemples de chaînes de transformations énergétiques permettant d'obtenir de l'énergie électrique à partir de différentes ressources primaires d'énergie.

Calculer le rendement global d'un système de conversion d'énergie.

Analyser des documents présentant les conséquences de l'utilisation de ressources géologiques (métaux rares, etc.).

Comparer différents dispositifs de stockage d'énergie selon différents critères (masses mises en jeu, capacité et durée de stockage, impact écologique).

2.3 Optimisation du transport de l'électricité ➥ PARTIE 2 Chapitre 3

Savoirs

Au cours du transport, une partie de l'énergie électrique, dissipée dans l'environnement par effet Joule, ne parvient pas à l'utilisateur.

L'utilisation de la haute tension dans les lignes électriques limite les pertes par effet Joule, à puissance transportée fixée.

Un réseau de transport électrique peut être modélisé mathématiquement par un graphe orienté dont les arcs représentent les lignes électriques et dont les sommets représentent les sources distributrices, les nœuds intermédiaires et les cibles destinatrices.

Dans ce modèle, l'objectif est de minimiser les pertes par effet Joule sur l'ensemble du réseau sous les contraintes suivantes :

- l'intensité totale sortant d'une source est limitée par la puissance maximale distribuée ;
- l'intensité totale entrant dans chaque nœud intermédiaire est égale à l'intensité totale qui en sort ;
- l'intensité totale arrivant à chaque cible est imposée par la puissance qui y est utilisée.

Savoir-faire

Faire un schéma d'un circuit électrique modélisant une ligne à haute tension.

Utiliser les formules littérales reliant la puissance à la résistance, l'intensité et la tension pour identifier l'influence de ces grandeurs sur l'effet Joule.

Modéliser un réseau de distribution électrique simple par un graphe orienté. Exprimer mathématiquement les contraintes et la fonction à minimiser.

Sur l'exemple d'un réseau comprenant uniquement deux sources, un nœud intermédiaire et deux cibles, formuler le problème de minimisation des pertes par effet Joule et le résoudre pour différentes valeurs numériques correspondant aux productions des sources et aux besoins des cibles.

2.4 Choix énergétiques et impacts sur les sociétés ➥ PARTIE 2 Chapitre 4

Savoirs

- Pour que soit mise en œuvre une adaptation efficace aux changements inéluctables et qu'en soit atténué l'impact négatif, les choix énergétiques supposent une compréhension globale du système Terre.
- Ces choix doivent tenir compte de nombreux critères et paramètres : disponibilité des ressources et adéquation aux besoins, impacts (climatique, écologique, sanitaire, agricole), vulnérabilités et gestion des risques, faisabilité, conséquences économiques et sociales. L'analyse de ces éléments de décision conduit le plus souvent à une recherche de diversification ou d'évolution des ressources (mix énergétique).
- Les durées longues, liées à l'inertie de certains systèmes (infrastructures énergétiques, transports, production industrielle), sont à confronter à l'urgence de l'action.
- La transition écologique des sociétés repose sur la créativité scientifique et technologique, comme sur l'invention de nouveaux comportements individuels et collectifs (consommations, déplacements, relations Nord-Sud).

Savoir-faire

Analyser d'un point de vue global les impacts de choix énergétiques majeurs : exemple du nucléaire.

Dans une étude de cas, analyser des choix énergétiques locaux selon les critères et les paramètres mentionnés.

3. Une histoire du vivant ➥ PARTIE 3

Histoire, enjeux et débats

- Histoire de l'évolution humaine et découverte de fossiles par les paléontologues.
- La théorie de l'évolution et son application dans différents champs.
- Modèles mathématiques historiques d'accroissement des populations (Malthus, Quetelet, Verhulst) et controverses autour du malthusianisme.
- Histoire de grandes avancées médicales : asepsie (Semmelweis, Pasteur), antibiothérapie (Fleming), vaccination (Jenner, Koch, Pasteur), radiologie (Röntgen), greffe, chimiothérapie...
- Biodiversité et impacts des actions humaines.
- Histoire du traitement de l'information : de l'invention de l'écriture aux machines programmables (Jacquard, Babbage) et aux ordinateurs (Lovelace, Turing, Von Neumann...).
- Bogues (ou *bugs*) et failles de sécurité des systèmes informatiques, comme contrepartie parfois graves de leur flexibilité.

3.1 La biodiversité et son évolution ➥ PARTIE 3 Chapitre 1

Savoirs

Il existe sur Terre un grand nombre d'espèces dont seule une faible proportion est effectivement connue. La biodiversité se mesure par des techniques d'échantillonnage (spécimens ou ADN) qui permettent d'estimer le nombre d'espèces (richesse spécifique) dans différents milieux. Les composantes de la biodiversité peuvent aussi être décrites par l'abondance (nombre d'individus) d'une population, d'une espèce ou d'un plus grand taxon.

Il existe plusieurs méthodes permettant d'estimer un effectif à partir d'échantillons. La méthode de « capture-marquage-recapture » repose sur des calculs effectués sur un échantillon. Si on suppose que la proportion d'individus marqués est identique dans l'échantillon de recapture et dans la population totale, l'effectif de celle-ci s'obtient par le calcul d'une quatrième proportionnelle.

À partir d'un seul échantillon, l'effectif d'une population peut également être estimé à l'aide d'un intervalle de confiance. Une telle estimation est toujours assortie d'un niveau de confiance strictement inférieur à 100 % en raison de la fluctuation des échantillons. Pour un niveau de confiance donné, l'estimation est d'autant plus précise que la taille de l'échantillon est grande.

Au cours de l'évolution biologique, la composition génétique des populations d'une espèce change de génération en génération.

Le modèle mathématique de Hardy-Weinberg utilise la théorie des probabilités pour décrire le phénomène aléatoire de transmission des allèles dans une population. En assimilant les probabilités à des fréquences pour des effectifs de grande taille (loi des grands nombres), le modèle prédit que la structure génétique d'une population de grand effectif est stable d'une génération à l'autre sous certaines conditions (absence de migration, de mutation et de sélection). Cette stabilité théorique est connue sous le nom d'équilibre de Hardy-Weinberg.

Les écarts entre les fréquences observées sur une population naturelle et les résultats du modèle s'expliquent notamment par les effets de forces évolutives (mutation, sélection, dérive, etc.).

Les activités humaines (pollution, destruction des écosystèmes, combustions et leurs impacts climatiques, surexploitation d'espèces…) ont des conséquences sur la biodiversité et ses composantes (dont la variation d'abondance) et conduisent à l'extinction d'espèces.

La fragmentation d'une population en plusieurs échantillons de plus faibles effectifs entraîne par dérive génétique un appauvrissement de la diversité génétique d'une population.

La connaissance et la gestion d'un écosystème permettent d'y préserver la biodiversité.

Savoir-faire

Exploiter des données obtenues au cours d'une sortie de terrain ou d'explorations scientifiques (historiques et/ou actuelles) pour estimer la biodiversité (richesse spécifique et/ou abondance relative de chaque taxon).

Quantifier l'effectif d'une population ou d'un taxon plus vaste à partir de résultats d'échantillonnage.

Estimer une abondance par la méthode de capture, marquage, recapture, fondée sur le calcul d'une quatrième proportionnelle.

À l'aide d'un tableur, simuler des échantillons de même effectif pour visualiser la fluctuation d'échantillonnage.

En utilisant une formule donnée pour un intervalle de confiance au niveau de confiance de 95 %, estimer un paramètre inconnu dans une population de grande taille à partir des résultats observés sur un échantillon.

Pour la transmission de deux allèles dans le cadre du modèle de Hardy-Weinberg, établir les relations entre les probabilités des génotypes d'une génération et celles de la génération précédente.

Produire une démonstration mathématique ou un calcul sur tableur ou un programme en Python pour prouver ou constater que les probabilités des génotypes sont constantes à partir de la seconde génération (modèle de Hardy-Weinberg).

Utiliser des logiciels de simulation basés sur ce modèle mathématique.

Analyser une situation d'évolution biologique expliquant un écart par rapport au modèle de Hardy-Weinberg.

Utiliser un modèle géométrique simple (quadrillage) pour calculer l'impact d'une fragmentation sur la surface disponible pour une espèce.

À partir d'un logiciel de simulation, montrer l'impact d'un faible effectif de population sur la dérive génétique et l'évolution rapide des fréquences alléliques.

Analyser des documents pour comprendre les mesures de protection de populations à faibles effectifs.

Identifier des critères de gestion durable d'un écosystème. Envisager des solutions pour un environnement proche.

3.2 L'évolution comme grille de lecture du monde ➥ PARTIE 3 Chapitre 2

Savoirs

Les structures anatomiques présentent des particularités surprenantes d'un point de vue fonctionnel, pouvant paraître sans fonction avérée ou bien d'une étonnante complexité. Elles témoignent de l'évolution des espèces, dont la nôtre. Les caractères anatomiques peuvent être le résultat de la sélection naturelle mais certains sont mieux expliqués par l'héritage de l'histoire évolutive que par leur fonction.

L'évolution permet de comprendre des phénomènes biologiques ayant une importance médicale. L'évolution rapide des organismes microbiens nécessite d'adapter les stratégies prophylactiques, les vaccins et les antibiotiques.

Depuis la révolution agricole, la pratique intensive de la monoculture, la domestication et l'utilisation de produits phytosanitaires ont un impact sur la biodiversité et son évolution.

Savoir-faire

Expliquer l'origine d'une structure anatomique en mobilisant les concepts de hasard, de variation, de sélection naturelle et d'adaptation (exemple de l'œil).

Interpréter des caractéristiques anatomiques humaines en relation avec des contraintes historiques (comme le trajet de la crosse aortique), des contraintes de construction (comme le téton masculin), des compromis sélectifs (comme les difficultés obstétriques) ou des régressions en cours (comme les dents de sagesse).

Mobiliser des concepts évolutionnistes pour expliquer comment des populations microbiennes pourront à longue échéance ne plus être sensibles à un vaccin (ou un antibiotique) ou comment l'utilisation de produits phytosanitaires favorise le développement de ravageurs des cultures qui y sont résistants.

3.3 L'évolution humaine ➥ PARTIE 3 Chapitre 3

Savoirs

L'espèce humaine actuelle (*Homo sapiens*) fait partie du groupe des primates et est plus particulièrement apparentée aux grands singes avec lesquels elle partage des caractères morpho-anatomiques et des similitudes génétiques.

C'est avec le chimpanzé qu'elle partage le plus récent ancêtre commun.

Des arguments scientifiques issus de l'analyse comparée de fossiles permettent de reconstituer l'histoire de nos origines.

L'étude de fossiles datés de 3 à 7 millions d'années montre des innovations caractéristiques de la lignée humaine (bipédie prolongée, forme de la mandibule).

Le genre Homo regroupe l'espèce humaine actuelle et des espèces fossiles qui se caractérisent notamment par le développement de la capacité crânienne.

Plusieurs espèces humaines ont cohabité sur Terre.

Certains caractères sont transmis de manière non génétique : microbiote, comportements appris dont la langue, les habitudes alimentaires, l'utilisation d'outils…

Savoir-faire

Analyser des matrices de comparaison de caractères morpho-anatomiques résultant d'innovations évolutives afin d'établir des liens de parenté et de construire un arbre phylogénétique.

Mettre en relation la ressemblance génétique entre les espèces de primates et leur degré de parenté.

Positionner quelques espèces fossiles dans un arbre phylogénétique, à partir de l'étude de caractères.

Analyser des arguments scientifiques qui ont permis de préciser la parenté de Homo sapiens avec les autres Homo, et notamment la parenté éventuelle avec les Néandertaliens ou les Dénisoviens.

3.4 Les modèles démographiques ➡ PARTIE 3 Chapitre 4

Savoirs

Un modèle mathématique simple est le modèle linéaire.

Une grandeur discrète u varie de manière linéaire en fonction d'un palier entier n si sa variation absolue $u(n+1) - u(n)$ est constante. Dans ce cas, les points $(n, u(n))$ sont situés sur une droite. La suite de terme général $u(n)$ est arithmétique.

Dans la réalité, pour une population dont la variation absolue est presque constante d'un palier à l'autre, on peut ajuster le nuage de points qui la représente par une droite (modèle linéaire).

Le modèle linéaire est inadapté pour représenter l'évolution d'une grandeur dont la variation absolue change fortement d'un palier à l'autre.

Une grandeur discrète u varie de manière exponentielle en fonction du palier entier n si sa variation absolue $u(n+1) - u(n)$ est proportionnelle à sa valeur courante $u(n)$.

Dans ce cas, sa variation relative (ou taux de variation) est constante et la suite de terme général $u(n)$ est géométrique.

Dans la réalité, pour une population dont le taux de variation est presque constant d'un palier à l'autre, on peut ajuster le nuage de points par un modèle exponentiel.

Le modèle démographique de Malthus est un modèle exponentiel d'évolution de l'effectif de la population. Il prévoit que l'effectif de la population décroît vers 0 si le taux de mortalité est supérieur au taux de natalité et croît vers l'infini si le taux de natalité est supérieur au taux de mortalité.

Si les prédictions du modèle de Malthus peuvent se révéler correctes sur un temps court, elles sont irréalistes sur un temps long, notamment en raison de l'insuffisance des ressources disponibles.

Des modèles plus élaborés prévoient que la population mondiale atteindra environ 10 milliards d'humains en 2050.

Savoir-faire

Exprimer $u(n)$ en fonction de $u(0)$ et n. Produire et interpréter des graphiques statistiques traduisant l'évolution d'effectif d'une population ou de ressources, notamment sous forme de nuages de points.

À l'aide d'une calculatrice ou d'un tableur, ajuster un nuage de points par une droite et utiliser ce modèle linéaire pour effectuer des prévisions.

Exprimer $u(n)$ en fonction de $u(0)$ et de n.

À partir de données démographiques, calculer le taux de variation d'une population entre deux dates.

Calculer l'effectif final d'une population à partir de son effectif initial, de son taux de natalité et de son taux de mortalité. Selon le modèle de Malthus, prédire l'effectif d'une population au bout de n années.

À l'aide d'un tableur, d'une calculatrice ou d'une représentation graphique, calculer le temps de doublement d'une population sous l'hypothèse de croissance exponentielle.

À partir de documents fournis, proposer un modèle de croissance de ressources alimentaires (par exemple la production mondiale de blé ou de riz) et la comparer à une croissance exponentielle.

Comparer les valeurs fournies par un modèle à des données réelles afin de tester sa validité.

3.5 L'intelligence artificielle ➡ PARTIE 3 Chapitre 5

Savoirs

Jusqu'au début du XXe siècle, les machines traitant l'information sont limitées à une ou quelques tâches prédéterminées (tisser grâce à un ruban ou des cartes perforées, trier un jeu de cartes perforées, séparer des cartes selon un critère, sommer des valeurs indiquées sur ces cartes, ...). Turing a été le premier à proposer le concept de machine universelle qui a été matérialisé dix ans plus tard avec les premiers ordinateurs. Ceux-ci sont constitués *a minima* d'un processeur et d'une mémoire vive.

Un ordinateur peut manipuler des données de natures diverses une fois qu'elles ont été numérisées : textes, images, sons. Les programmes sont également des données : ils peuvent être stockés, transportés, et traités par des ordinateurs. En particulier, un programme écrit dans un langage de programmation de haut niveau (Python, Scratch...) peut être traduit en instructions spécifiques à chaque type de processeur.

Un programme peut comporter jusqu'à plusieurs centaines de millions de lignes de code, ce qui rend très probable la présence d'erreurs appelées bogues (ou *bugs*). Ces erreurs peuvent conduire un programme à avoir un comportement inattendu et entraîner des conséquences graves.

Le terme « intelligence artificielle » (IA) recouvre un ensemble de théories et de techniques qui traite de problèmes dont la résolution fait appel à l'intelligence humaine.

L'apprentissage machine (ou « apprentissage automatique ») utilise des programmes capables de s'entraîner à partir de données. Il exploite des méthodes mathématiques qui, à partir du repérage de tendances (corrélations, similarités) sur de très grandes quantités de données (big data), permet de faire des prédictions ou de prendre des décisions sur d'autres données.

La qualité et la représentativité des données d'entraînement sont essentielles pour la qualité des résultats. Les biais dans les données peuvent se retrouver amplifiés dans les résultats.

L'inférence bayésienne est une méthode de calcul de probabilités de causes à partir des probabilités de leurs effets. Elle est utilisée en apprentissage automatique pour modéliser des relations au sein de systèmes complexes, notamment en vue de prononcer un diagnostic (médical, industriel, détection de spam...). Cela permet de détecter une anomalie à partir d'un test imparfait.

Savoir-faire

Analyser des documents historiques relatifs au traitement de l'information et à son automatisation.

Recenser les différentes situations de la vie courante où sont utilisés les ordinateurs, identifier lesquels sont programmables et par qui (thermostat d'ambiance, smartphone, box internet, ordinateur de bord d'une voiture...).

Savoir distinguer les fichiers exécutables des autres fichiers sous un système d'exploitation donné.

Connaître l'ordre de grandeur de la taille d'un fichier image, son, vidéo.

Savoir calculer la taille en octets d'une page de texte (en ASCII et non compressé).

Étant donné un programme très simple, proposer des jeux de données d'entrée permettant d'en tester toutes les lignes.

Corriger un algorithme ou un programme bogué simple.

Analyser des documents relatifs à une application de l'intelligence artificielle.

Utiliser une courbe de tendance (encore appelée courbe de régression) pour estimer une valeur inconnue à partir de données d'entraînement.

Analyser un exemple d'utilisation de l'intelligence artificielle : identifier la source des données utilisées et les corrélations exploitées.

Sur des exemples réels, reconnaître les possibles biais dans les données, les limites de la représentativité.

Expliquer pourquoi certains usages de l'IA peuvent poser des problèmes éthiques.

À partir de données, par exemple issues d'un diagnostic médical fondé sur un test, produire un tableau de contingence afin de calculer des fréquences de faux positifs, faux négatifs, vrais positifs, vrais négatifs. En déduire le nombre de personnes malades suivant leur résultat au test.

PARTIE 1
Science, climat et société

Approche d'un cyclone en Floride.

La transformation de l'atmosphère de la Terre au cours des milliards d'années est liée aux processus géologiques et biologiques. Depuis la révolution industrielle, l'activité humaine en modifie de manière significative la composition. Cela affecte l'équilibre dynamique des enveloppes fluides de la Terre.

Réviser les acquis

Météorologie *versus* climatologie

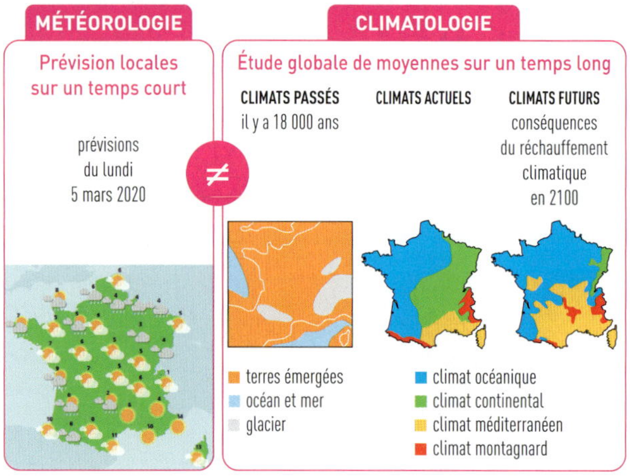

L'histoire de la vie

ANIMATION BONUS
L'horloge géologique

bordas Flash PAGE animation

La Terre est âgée de 4,57 milliards d'années mais l'histoire de la vie n'est en partie connue que depuis 635 millions d'années.

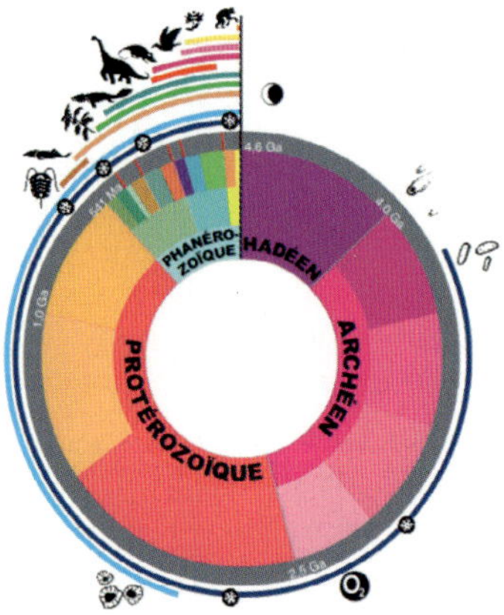

Le bilan radiatif terrestre

Le **bilan radiatif terrestre** se calcule en faisant la différence entre l'énergie solaire reçue et l'énergie réémise par la surface terrestre.

Calcul simplifié du bilan radiatif terrestre

Bilan radiatif = 342 - 102 - 240 → Température constante

- 342 : puissance solaire reçue
- 102 : puissance renvoyée par réflexion (albédo)
- 240 : puissance réémise par rayonnement IR

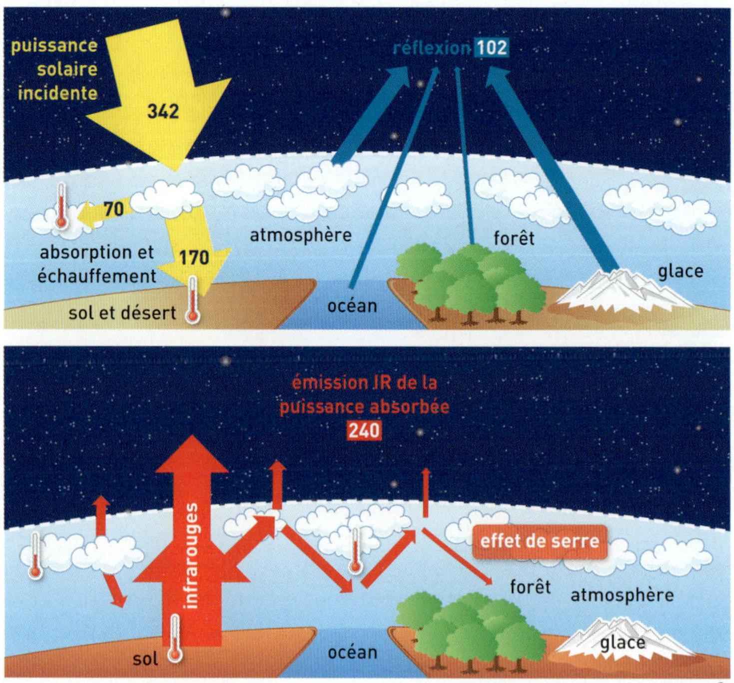

valeurs moyennes en $W \cdot m^{-2}$

Sur une longue période, le bilan radiatif est équilibré donc la **température moyenne globale** est constante.

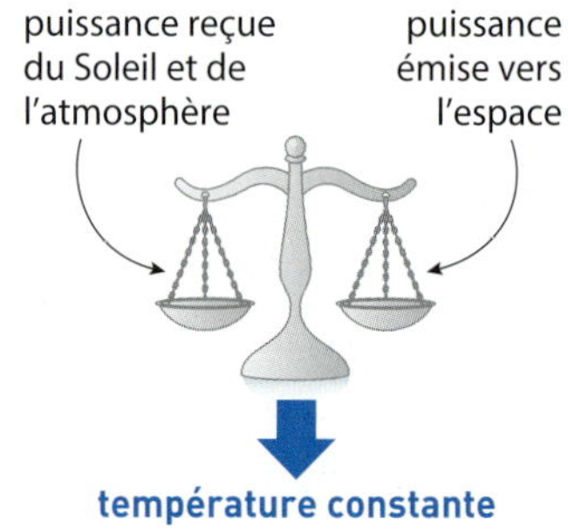

Mais des variations de l'activité solaire, de l'effet de serre ou de l'albédo peuvent augmenter ou diminuer la température moyenne globale.

Les écosystèmes

Les **écosystèmes** sont des ensembles formés par un milieu, le **biotope**, et par les êtres vivants qui le peuplent, la **biocénose**.

Au sein de cette dernière, les organismes chlorophylliens occupent une place essentielle par leur capacité à produire des matières organiques par photosynthèse. Cette matière organique permettra le développement des autres organismes non chlorophylliens de l'écosystème.

Moins de 1 % de la matière organique échappe à la décomposition et permet, sous certaines conditions (température, forte pression, enfouissement rapide dans un milieu peu oxygéné) la formation de **combustibles fossiles** en plusieurs millions d'années.

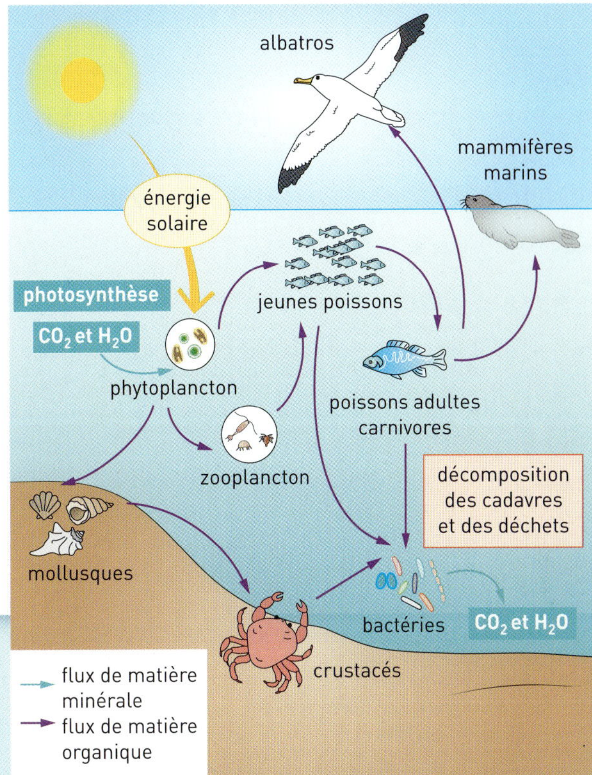

Puissance et énergie électriques

ANIMATION BONUS
Quiz sur les énergies

L'**énergie** E (en joule) consommée par un appareil électrique dépend de sa **puissance** P (en watt) mais aussi de la **durée de fonctionnement** Δt (en seconde).

Plus l'appareil a une puissance élevée, plus il consomme rapidement de l'énergie. L'énergie électrique est donc proportionnelle à la puissance et à la durée, d'où la relation :

$$E = P \cdot \Delta t$$

(J) (W) (s)

Il est aussi possible d'exprimer la puissance P en kilowatt (kW) et la durée Δt en heure (h), l'unité d'énergie est alors le **kilowattheure** (kWh), utilisée par les fournisseurs d'électricité pour facturer leurs clients.

Transformation chimique

Au cours d'une transformation chimique, il y a disparition des **réactifs** et apparition des **produits** : leurs quantités de matière (en mol) sont modifiées mais la masse est conservée.

Les atomes (et les charges électriques, s'il y en a) sont simplement réarrangés différemment, mais leur nombre est conservé. Aussi, l'équation de la réaction chimique doit être ajustée avec des nombres stœchiométriques.

réactifs		**produits**
dihydrogène + dioxygène		eau

$$2H_2 + O_2 \longrightarrow 2H_2O$$

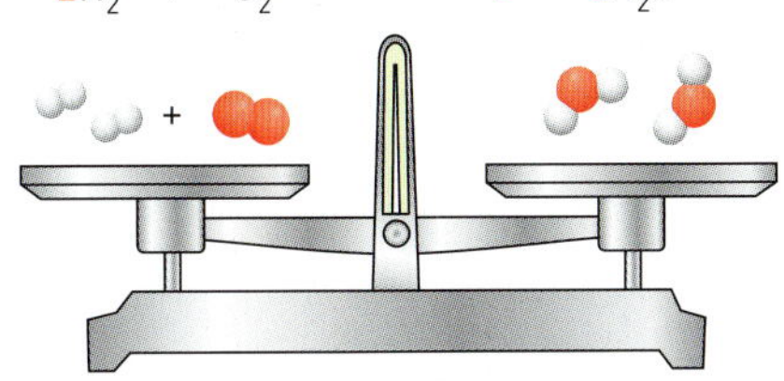

Je retrouve ce que je sais déjà EN AUTONOMIE

Réponses en fin de manuel bordas Flash PAGE corrigés détaillés

SITUATION 1 : Des échanges entre êtres vivants et atmosphère

Afin de satisfaire leurs besoins métaboliques, les êtres vivants procèdent à des échanges de gaz avec le milieu environnant : l'atmosphère ou l'hydrosphère*. C'est le cas du rameau d'élodée ci-contre, qui libère du dioxygène lorsqu'il est exposé à la lumière.

Rappeler les échanges gazeux effectués par le métabolisme de la photosynthèse et celui de la respiration.

SITUATION 2 : Une protection nécessaire face aux ultraviolets

Certains rayons ultraviolets (UV) émis par le Soleil atteignent la surface de la planète après avoir traversé son atmosphère. Entre midi et 15 heures, le rayonnement est maximal et il est conseillé d'éviter de s'exposer pendant cette période, en particulier l'été et pour les peaux les plus claires.

Rappeler les risques encourus et l'utilité d'employer une crème solaire.

SITUATION 3 : L'impact des feux de forêt

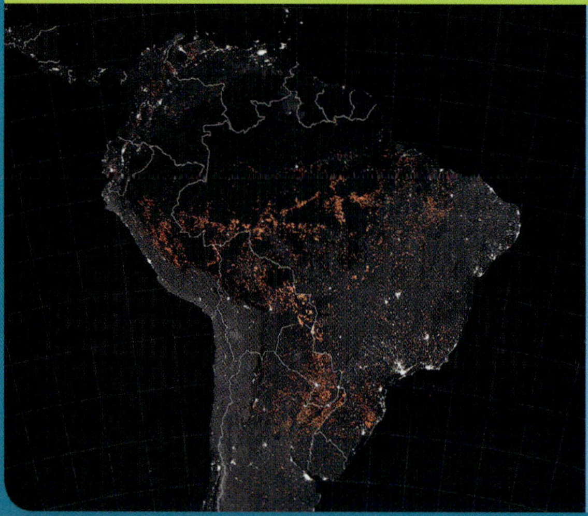

Le 22 août 2019, plus de 80 000 feux avaient été comptabilisés au Brésil depuis le début de l'année, dont la moitié dans la forêt amazonienne. La déforestation est clairement à l'origine de ces incendies, les végétaux arrachés étant ensuite brûlés. La combustion des végétaux a libéré des produits toxiques pour la santé humaine et du dioxyde de carbone (CO_2).

Préciser les conséquences de ces feux sur les échanges de CO_2 entre l'atmosphère et la biosphère.

PARTIE 1

Chapitre 1

L'atmosphère terrestre et la vie

Enveloppant la planète, l'atmosphère semble immuable. Pourtant, la composition de cette fine pellicule protectrice a changé et change encore au fil du temps.

Les problématiques du chapitre

- Comment la vie peut-elle influencer la composition de l'atmosphère depuis son origine jusqu'à aujourd'hui ?
- En quoi l'atmosphère protège-t-elle les êtres vivants ?
- Quelles sont les conséquences des échanges de carbone entre l'atmosphère et les autres enveloppes de la Terre ?

Activité 1

De l'atmosphère primitive à l'actuelle

SAVOIR-FAIRE
Analyser des données sur l'évolution de la composition de l'atmosphère au cours des temps géologiques.
Déterminer l'état physique de l'eau pour une température et une pression donnée à partir de son diagramme d'état.

De nombreux indices suggèrent que la composition initiale de l'atmosphère terrestre était bien différente de celle dans laquelle nous vivons aujourd'hui.

Quelle était l'atmosphère primitive de la Terre ? Comment a-t-elle évolué depuis sa formation ?

DOC 1 L'origine de l'atmosphère primitive

Il y a 4,57 Ga*, la Terre commence à se former par agglomération de gaz, poussières et éléments de toute taille présents dans l'environnement du Soleil. Durant les 50 à 100 premiers millions d'années, un intense bombardement de météorites a lieu, conduisant à une importante libération d'énergie thermique et à la fusion de la jeune planète ; une couche magmatique se forme (a). Celui-ci dégaze alors les éléments volatils à l'origine de l'atmosphère initiale. Son refroidissement entraîne ensuite la formation d'une croûte basaltique (b) et d'un manteau solides. Ces enveloppes, *via* une intense activité volcanique, poursuivent leur dégazage et enrichissent l'**atmosphère primitive** en gaz.

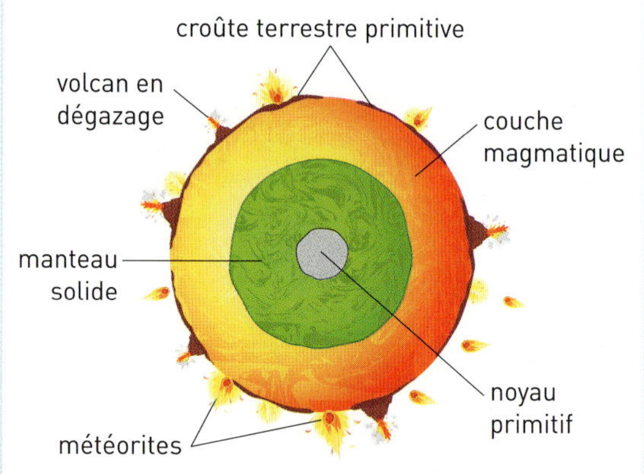

a La Terre, 100 Ma* après le début de sa formation.

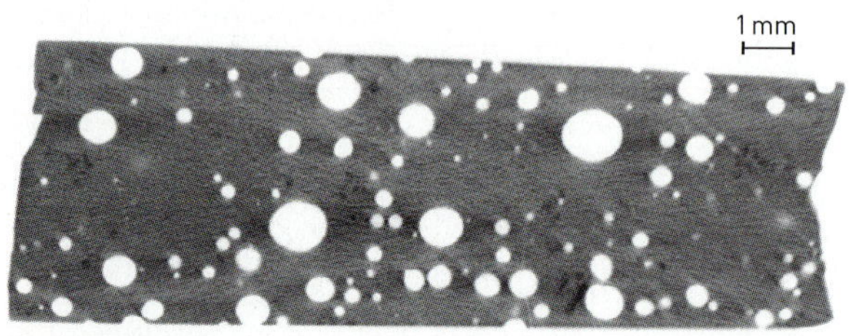

b Basalte actuel vu au microscope optique polarisant.
Les bulles formées d'éléments volatils occupent 16 % du volume de la roche.

Dès – 4,3 Ga, l'atmosphère primitive est stabilisée.

Les bombardements de météorites, telles des chondrites* carbonées et des comètes*, enrichissent encore l'atmosphère primitive en certains éléments volatils comme l'eau. Ce bombardement a lieu entre – 4,4 et – 3,9 Ga, tout en diminuant graduellement.

DOC 2 Connaître la composition de l'atmosphère initiale

Évaluer la composition de l'atmosphère initiale se heurte à un problème majeur : l'absence d'archives géologiques permettant de retrouver ce qu'elle fut.

Néanmoins, l'analyse des chondrites (a), qui représentent encore 86,5 % des météorites s'écrasant aujourd'hui sur Terre, permet de la reconstituer indirectement.

Ces roches sont des météorites issues d'astéroïdes de trop petite taille pour avoir subi une différenciation* lors de leur formation. Comme elles sont du même âge que la Terre, leur composition reflète celle de la Terre primitive. En les chauffant fortement, on provoque leur dégazage. Les gaz libérés peuvent être analysés et quantifiés (b).

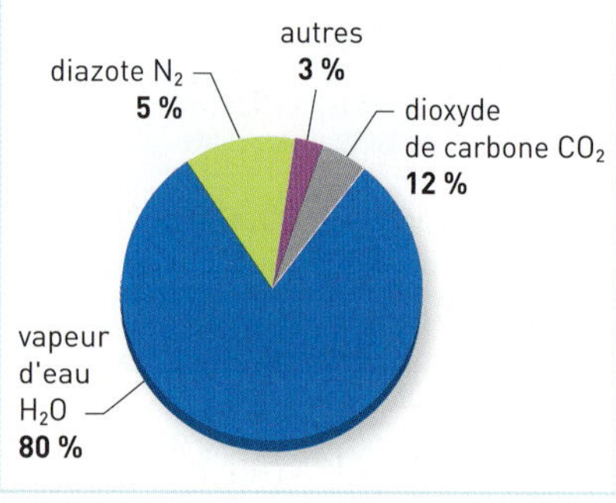

b Composition des gaz chondritiques.

a Cette chondrite a l'âge de la Terre : 4,57 Ga.

DOC 3 La disparition de l'eau atmosphérique

La vapeur d'eau constituait jusqu'à 90 % de l'atmosphère primitive de la Terre, alors qu'elle n'en représente plus que 0,1 à 4 % aujourd'hui. La disparition de l'eau atmosphérique et la formation des océans résultent, en quelque sorte, de fortes pluies.

Les plus anciennes preuves de la présence d'eau liquide sur notre planète datent d'il y a – 4,4 Ga. Il s'agit de morceaux de zircon (a), minéral qui se forme dans les magmas granitiques riches en eau. Ils sont la preuve que la formation des océans a eu lieu très tôt dans l'histoire de la Terre.

Actuellement, les océans ne représentent que 0,025 % de la masse totale de la planète mais ils couvrent 70 % de sa surface, d'où le nom de « planète bleue » attribué à la Terre. Leur formation est associée à l'évolution de la composition de l'atmosphère (b).

Même si les conditions qui ont permis la condensation de l'eau restent incertaines, le diagramme d'état de l'eau permet de les approcher (c).

En effet, l'état de l'eau dépend de deux paramètres : la température mais également la pression atmosphérique (d).

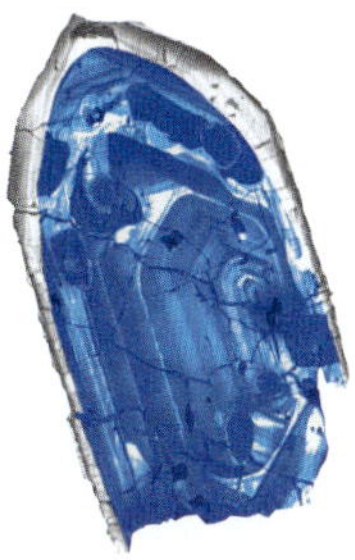

a Zircon. *(JW Valley, Univ. Wisconsin-Madison)*

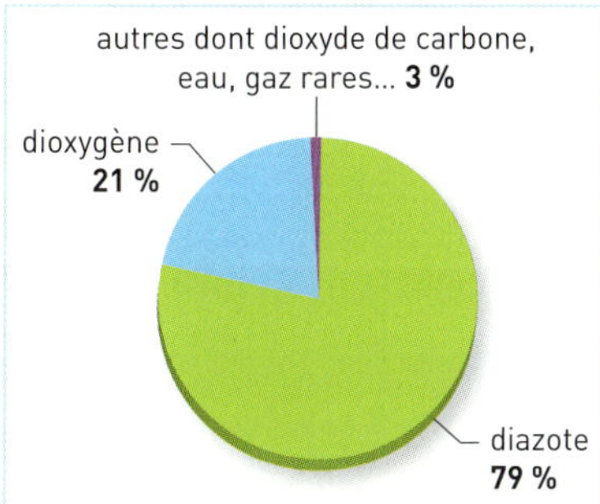

b L'atmosphère actuelle a une composition très différente de l'atmosphère primitive.

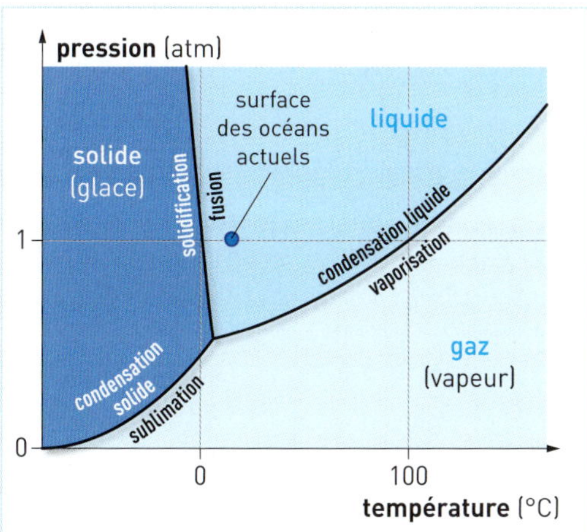

c Diagramme d'état de l'eau.

ANIMATION BONUS
Les 3 états de l'eau

bordas Flash PAGE animation

d Lorsque la pression diminue, l'ébullition de l'eau se fait à moins de 100 °C (1 atm = 1 013 hPa).

Pistes de travail

Pour comprendre comment l'atmosphère primitive s'est formée puis a évolué :

1. **Expliquer** l'origine de l'atmosphère primitive et **donner** sa composition probable (DOC. 1 ET 2).
2. **Indiquer** les principales évolutions de la composition de l'atmosphère terrestre (DOC. 2 ET 3).
3. **Préciser** dans quel sens pression et température de l'atmosphère primitive ont varié, provoquant ainsi la formation des océans (DOC. 3).
4. Sachant que le N_2 est un gaz beaucoup moins soluble dans l'eau que le CO_2, **mettre en relation** la formation des océans avec l'évolution de la composition de l'atmosphère puis **formuler** le problème à résoudre.

* Lexique en fin de manuel

Des clés pour réussir

- Remarquer que la composition de l'atmosphère est exprimée en % donc en proportion de gaz les uns par rapport aux autres.

Activité 2

L'apparition du dioxygène atmosphérique

SAVOIR-FAIRE
Mettre en relation la production de O_2 dans l'atmosphère avec des indices géologiques.
Ajuster les équations d'oxydation du fer par le dioxygène.

Contrairement à l'atmosphère actuelle, l'atmosphère primitive était totalement dépourvue de dioxygène. Bien que présent dans les océans dès – 3,5 Ga, ce gaz n'apparaît dans l'atmosphère que vers – 2,4 Ga.

Quelle est la source de ce dioxygène ?
Pourquoi est-il apparu tardivement dans l'air ?

DOC 1 Les cyanobactéries, premiers organismes producteurs de dioxygène

Les stromatolithes* sont de très anciennes structures résultant d'une activité biologique. Ils sont contenus dans des affleurements rocheux de Pilbara (Australie) qui datent de – 3,5 Ga (a). L'étude de leur formation se fait par comparaison avec des stromatolithes s'édifiant actuellement en milieu marin (b).

a Stromatolithes fossiles de Pilbara (Australie).

b Stromatolithes actuels de Shark Bay (Australie).

Les stromatolithes se forment grâce à l'activité photosynthétique des cyanobactéries* qu'elles contiennent (c). En effet, les cyanobactéries effectuent des échanges gazeux avec leur environnement : elles absorbent le dioxyde de carbone (CO_2) dissous dans l'eau des océans et dégagent du dioxygène (O_2).

Deux modes de croissance des stromatolithes existent.

Le premier est le piégeage mécanique de particules minérales par les tapis des colonies bactériennes, piégeage suivi du dépôt de nouveaux grains, eux-mêmes encroûtés à leur tour par les cyanobactéries (d).

Le second est la précipitation biochimique de minéraux associée à l'activité photosynthétique. Dans cette situation, deux réactions chimiques ont lieu :

– la photosynthèse

$$nCO_2 + nH_2O \rightarrow [CH_2O]_n + nO_2$$

– la précipitation* des ions carbonates sous forme de calcaire

$$2\,HCO_3^- + Ca^{2+} \rightarrow CaCO_3 + CO_2 + H_2O$$

La photosynthèse, en consommant du CO_2, favorise localement la précipitation des carbonates.

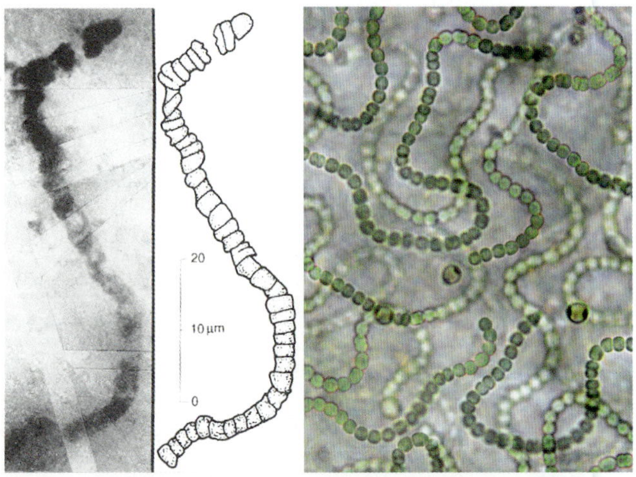

c Cyanobactéries fossiles de Pilbara (à gauche) et actuelles du genre Nostoc (à droite) vues au microscope optique.

d Coupe de la partie superficielle d'un stromatolithe actuel. Les couches vertes de cyanobactéries vivantes alternent avec des couches claires de matière minérale. ➤

DOC 2 Le devenir du dioxygène libéré par les cyanobactéries

Les premières traces de présence de dioxygène libre dans l'atmosphère remontent à – 2,4 Ga alors que les plus vieux stromatolithes datent d'au moins – 3,5 Ga. Plusieurs expériences simples (a et b) permettent de comprendre ce décalage temporel entre la production de dioxygène et son accumulation dans l'atmosphère.

Démarche expérimentale

- Introduire des cyanobactéries dans l'enceinte de mesure d'un dispositif ExAO, équipé d'une sonde oxymétrique.
- Lancer les mesures dans l'obscurité puis les poursuivre avec un apport de lumière.
- Quelques minutes plus tard, injecter 2 à 3 mL d'une solution contenant des ions Fe^{2+} à 1 mol · L^{-1} (les ions Fe^{2+} étaient présents dans les océans où vivaient les cyanobactéries fossiles).

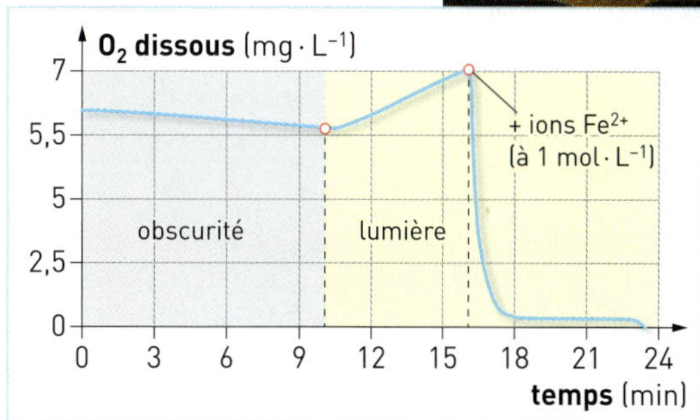

a Résultats des mesures et aperçu du contenu de l'enceinte de mesure en fin d'expérience.

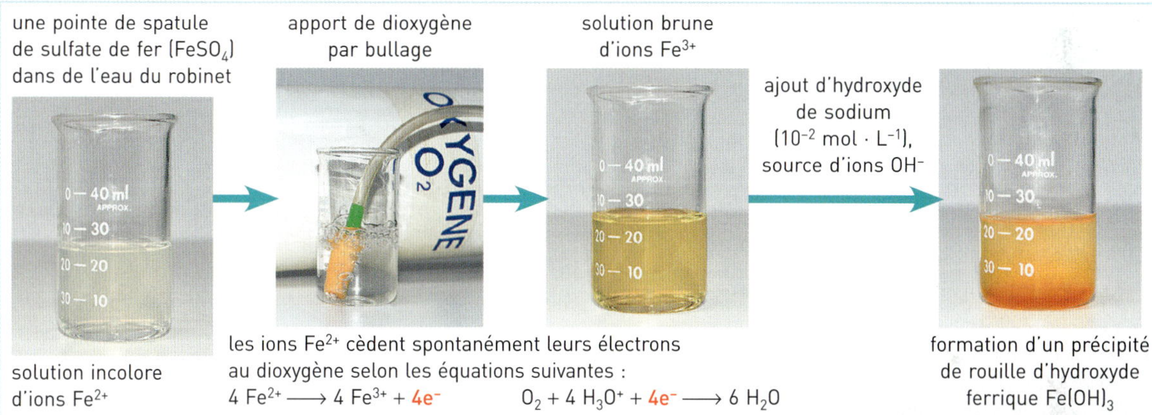

b Précipitation chimique du fer.

Les fers rubanés (c) sont des roches sédimentaires qui se sont formées en milieu marin par précipitation de substances dissoutes, notamment d'oxydes de fer, entre – 2,5 et – 1,9 Ga. Elles contiennent des couches siliceuses, qui sont alternativement de couleur rouge car riches en hématite (Fe_2O_3), et de couleur plus sombre car pauvres en ce même minéral.

Pistes de travail

Pour comprendre l'apparition tardive du dioxygène dans l'atmosphère :

1. **Indiquer** l'origine du dioxygène sur la planète Terre (DOC. 1).
2. **Interpréter** les résultats obtenus lors de l'expérience réalisée avec des cyanobactéries actuelles (DOC. 2).
3. Sachant que l'hématite est une forme déshydratée de l'hydroxyde ferrique, **écrire** et **équilibrer** les équations des réactions chimiques aboutissant à sa formation à partir des ions Fe^{2+} (DOC. 2).
4. **Expliquer** le décalage temporel existant entre l'apparition du dioxygène dans les océans et son apparition dans l'atmosphère (DOC. 1 ET 2).

* Lexique en fin de manuel

Des clés pour réussir

- Une équation de réaction est ajustée si la nature et le nombre des atomes et des charges électriques sont identiques des deux côtés de la flèche.
- L'eau se dissocie spontanément selon la réaction : $2\ H_2O \rightleftarrows H_3O^+ + OH^-$

Activité 3

L'histoire du dioxygène de l'atmosphère

SAVOIR-FAIRE
Mettre en relation la production de O_2 dans l'atmosphère avec des indices géologiques.

Le passage d'une atmosphère primitive réductrice, c'est-à-dire dépourvue de dioxygène, à une atmosphère oxydante, riche en dioxygène, est enregistré dans les roches.

Quels sont ces indices géologiques et que montrent-ils ?

DOC 1 Des informations apportées par des formations géologiques variées

a Pyrite contenue dans des poudingues archéens.

b *Red beds* aux multiples nuances de rouge (Blyde River Canyon, Afrique du Sud).

De nombreuses roches se forment par dépôt sédimentaire à la surface de la Terre. Les conditions dans lesquelles elles prennent naissance et leur éventuel contenu fossilifère témoignent notamment de la quantité de dioxygène atmosphérique de l'époque.

Des poudingues* d'Afrique du Sud datés de l'Archéen (**a**), époque comprise entre – 4 à – 2,5 Ga, contiennent de la pyrite (FeS_2). Ce minéral est très instable en présence de dioxygène dans l'eau. Or, la formation de ces poudingues a nécessité un long transport par des cours d'eau. La pyrite est absente des roches sédimentaires à partir de – 2,2 Ga.

Quelques paléosols* archéens contiennent de l'uraninite (UO_2). Ce minéral est lui aussi très instable en présence de dioxygène libre avec lequel il réagit et s'oxyde. Il est absent des roches sédimentaires à partir de – 2,2 Ga.

Les fers rubanés, autre formation sédimentaire, sont présents à l'Archéen dès – 3,5 Ga (voir DOC. 2 **c** p. 23). Leur formation nécessitant du dioxygène, ils constituent ainsi les véritables premiers **puits de dioxygène** de l'histoire de la Terre ; la photosynthèse bactérienne constituant, quant à elle, la première **source de dioxygène**. Mais peu après l'Archéen, vers – 1,9 Ga, ces fers rubanés ne se sont plus formés.

Sur les continents, des formations de roches rouges appelées *red beds*, riches en oxydes de fer, se forment par érosion d'autres roches dès – 2 Ga (**b**). Cette formation requiert l'existence d'une atmosphère sensiblement oxygénée.

À la fin de l'époque Protérozoïque qui s'étend de – 2,5 à – 0,54 Ga, le développement d'une faune est attesté par des empreintes fossiles d'animaux (**c**), découvertes sur l'ensemble de la planète. Utilisant la respiration cellulaire comme source d'énergie, l'existence de ces organismes pluricellulaires suppose un accroissement du taux de dioxygène atmosphérique à cette époque. L'analyse de bulles d'air emprisonnées dans des cristaux d'halite* indiquait déjà un taux de dioxygène atmosphérique de 10,9 % vers – 0,815 Ga.

L'explosion de la vie se poursuit ensuite. Au Carbonifère, de – 0,36 à – 0,3 Ga, d'immenses forêts tropicales se développent dans lesquelles prolifèrent des fougères arborescentes et des « libellules » de 70 cm d'envergure (**d**) ! Leur système respiratoire était constitué de trachées*, et seul un taux considérable de dioxygène atmosphérique (plus de 35 % probablement) rendait possible leur existence.

d Meganeura, insecte géant des forêts du Carbonifère.

c Dickinsonia, fossile de la faune d'Ediacara.

DOC 2 La reconstitution de l'histoire du dioxygène atmosphérique

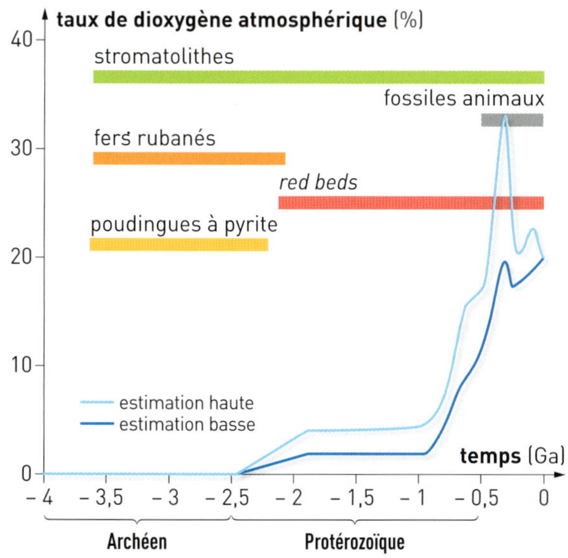

L'exploitation des indices contenus dans les roches sédimentaires qui se sont formées successivement au cours de l'histoire de la planète a permis de reconstituer les grandes lignes de l'histoire du dioxygène dans l'atmosphère terrestre (a).

Le dioxygène est un gaz peu soluble dans l'eau, comme en témoignent les bulles qui s'y forment (b).

a Mise en parallèle des indices de l'oxygénation de l'eau ou de l'air et de l'évolution supposée du taux de dioxygène atmosphérique.

b Bulles de dioxygène, issu de la photosynthèse s'échappant de l'eau.

DOC 3 Le cycle biogéochimique actuel du dioxygène

Le schéma ci-contre représente les principaux flux de dioxygène entre l'atmosphère, les océans et la biosphère. Les valeurs sont exprimées en Gt de O_2 par an.

Les flèches liées à l'atmosphère ou aux océans représentent des gains ou des pertes de dioxygène.

Celles liées à la biosphère correspondent principalement aux métabolismes des êtres vivants.

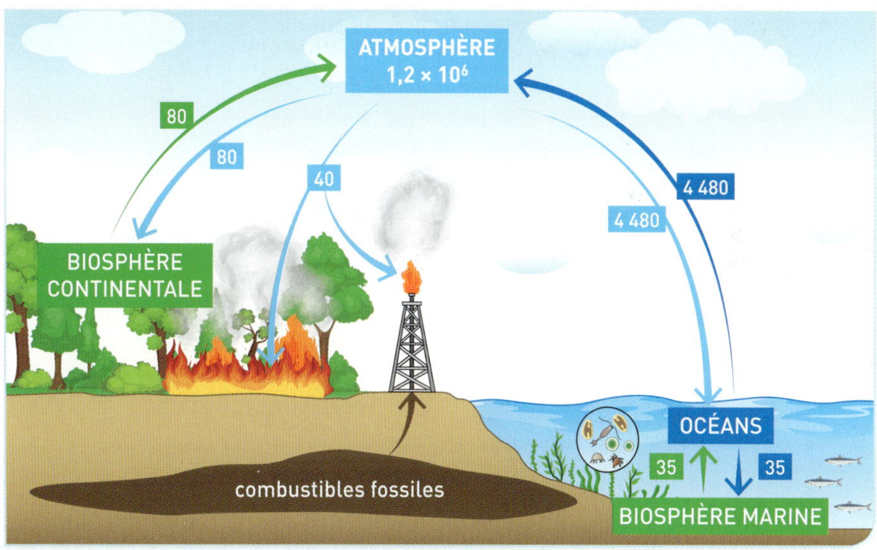

Pistes de travail

Pour retracer l'histoire du dioxygène dans l'atmosphère terrestre :

1. **Présenter** sous la forme d'un tableau les différents indices de la présence ou de l'absence de dioxygène dans l'eau ou l'air en indiquant les périodes correspondantes et, si possible, une valeur de sa teneur (DOC. 1).
2. **Justifier** l'évolution de la teneur en dioxygène de l'atmosphère à l'aide des divers indices géologiques (DOC. 1 ET 2).
3. **Identifier** les puits et sources actuels de dioxygène puis **montrer** que l'on peut considérer la teneur du dioxygène dans l'air comme étant stable (DOC. 3).

* Lexique en fin de manuel

Des clés pour réussir

- Penser à donner des indications qualitatives sous la forme de symboles (–, +, ++...).
- Relier chaque indice à une étape de cette évolution.
- Procéder à des calculs simples.

Activité

4 La couche d'ozone protège la vie

Histoire
Enjeu
Débat

SAVOIR-FAIRE
Interpréter des spectres d'absorption de l'ozone et de l'ADN dans le domaine ultraviolet.

L'ozone est un gaz mineur de l'atmosphère terrestre qui exerce pourtant un rôle protecteur majeur pour les êtres vivants.

Comment la couche d'ozone se forme-t-elle ?
Quel est son rôle protecteur ?

DOC 1 Localisation de la couche d'ozone

Aux conditions du sol, l'ozone (O_3) est un gaz bleu très pâle voire incolore, à l'odeur « piquante ».

Il est présent dans la basse atmosphère (appelée troposphère) mais 90 % de l'ozone atmosphérique est localisé au niveau supérieur où il forme une couche permanente : la **couche d'ozone** (a).

Ce terme traduit mal la réalité car les molécules d'ozone ne sont pas réparties de manière homogène. Une colonne atmosphérique théorique de 1 cm² de section contient en moyenne 8×10^{18} molécules d'ozone. En comprimant cette colonne sous une température de 0 °C et à la pression au sol de 1 013 hPa, l'épaisseur de la couche d'ozone obtenue ne serait que de 3 mm soit 300 unités Dobson.

Au-dessus du pôle Sud, l'épaisseur de la couche d'ozone est inférieure à 220 unités Dobson : on parle de « trou » dans la couche d'ozone (b). Certains polluants atmosphériques, nommés CFC (chlorofluorocarbures), sont principalement à l'origine de la destruction de l'ozone ; leur utilisation a été interdite dès 1987.

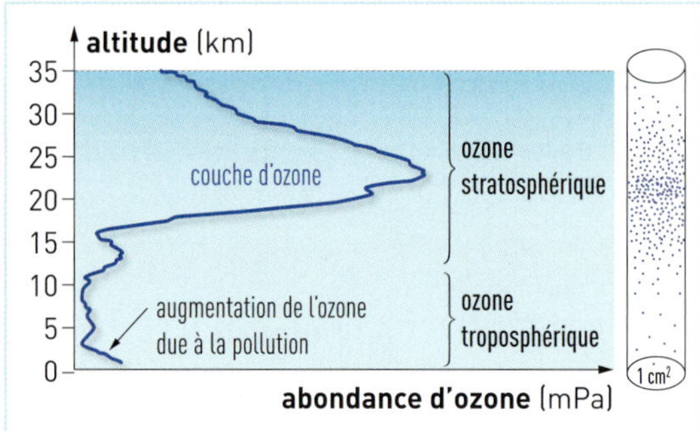

a Abondance d'ozone en fonction de l'altitude et modélisation de sa répartition.

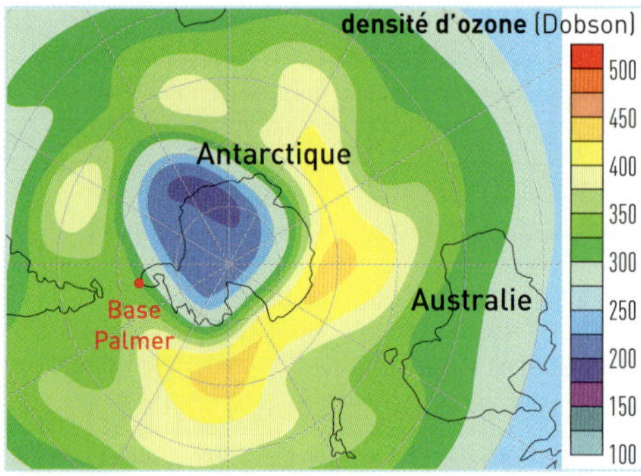

b Le « trou » de la couche d'ozone en octobre 2010.

DOC 2 La formation d'ozone

ANIMATION BONUS
Le cycle ozone-oxygène
bordas Flash PAGE animation

L'ozone stratosphérique se forme sous l'effet des rayons UV (ultraviolets) sur les molécules de dioxygène (a) alors que l'ozone troposphérique se forme à partir de deux types de polluants.

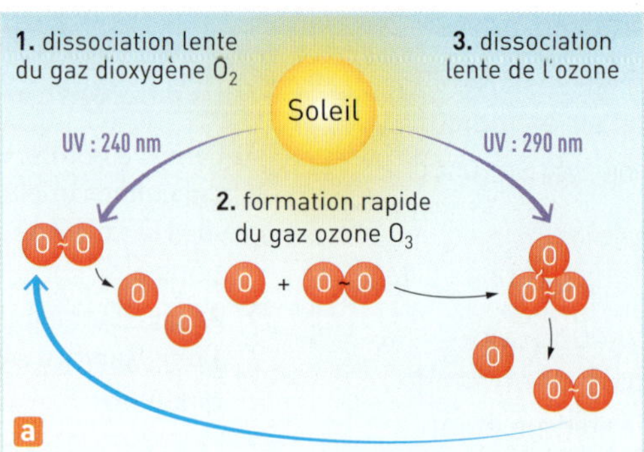

Au niveau de la troposphère, sous l'action des rayons UV, les oxydes d'azote (issus de la combustion des hydrocarbures) et les composés volatils organiques (issus des solvants), réagissent entre eux. En l'absence de vent, l'ozone formé s'accumule localement. Cela conduit à la formation d'un « *smog* », brouillard brunâtre de pollution susceptible de provoquer des irritations respiratoires et oculaires (b).

VIDÉO BONUS
Tout savoir sur les UV

bordas Flash PAGE vidéo

DOC 3

Ozone, UV et santé

Le Soleil émet de multiples radiations, dont les rayonnements ultraviolets (UV). Les UV se subdivisent en trois catégories selon deux propriétés : leur longueur d'onde (λ) et leur énergie (a).

Les UVA pénètrent plus profondément dans la peau que les UVB (b).

Les rayons UV sont qualifiés d'agents mutagènes car, lorsqu'ils sont absorbés par l'ADN, ils peuvent provoquer des lésions à l'origine de mutations (c).

L'index UV (d) mesure à la fois l'intensité du rayonnement UV et le risque encouru par les populations en termes de coup de soleil, cataractes* et risques de développement de cancers de la peau comme les mélanomes*.

Types d'UV	Longueurs d'onde (nm)	Énergies du photon (eV)
A	315 à 400	3,10 – 3,94
B	280 à 315	3,94 – 4,43
C	100 à 280	4,43 – 12,4

a Relation entre longueur d'onde et énergie des rayons UV.

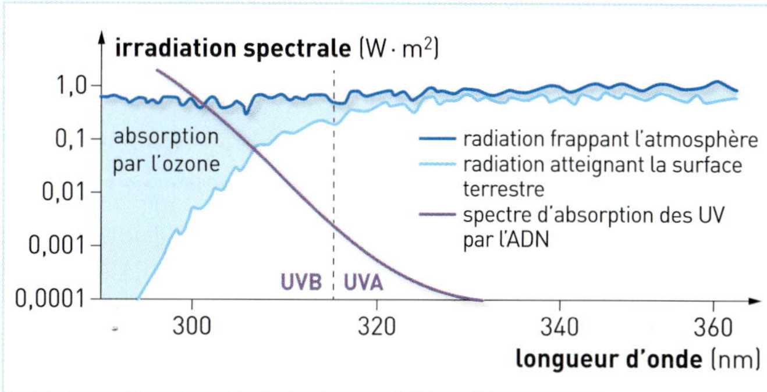

b Comparaison des spectres d'absorption des UV par l'ozone atmosphérique et par l'ADN.

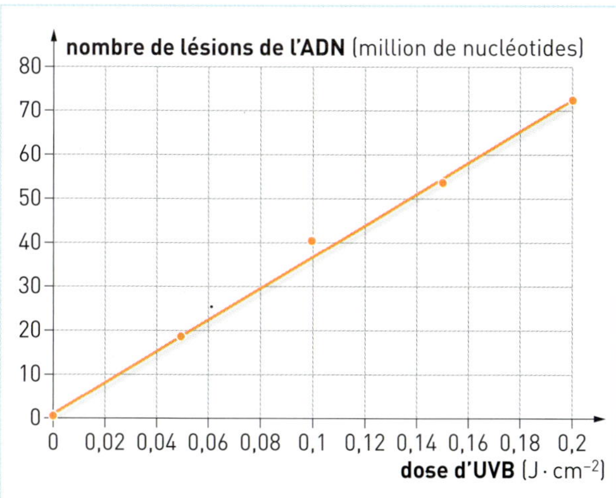

c Nombre de lésions de l'ADN en fonction de la dose d'UV reçue.

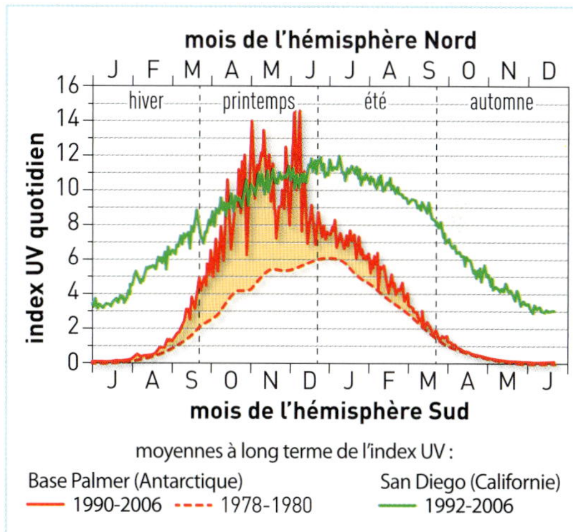

d Évolution de l'index UV en fonction de la saison et de la latitude. Plus l'index est élevé, plus il y a de précautions à prendre. *D'après NOAA.*

Pistes de travail

Pour comprendre le rôle protecteur de la couche d'ozone :

1. **Localiser** précisément la couche d'ozone dans l'atmosphère (DOC. 1).
2. **Montrer** que, bien que permanente, la couche d'ozone fait l'objet d'un recyclage (DOC. 2).
3. **Expliquer** en quoi l'amincissement de la couche d'ozone constitue un risque de santé publique majeur (DOC. 1 ET 3).
4. **Rechercher** les précautions à prendre en cas d'index UV élevé.

* Lexique en fin de manuel

Des clés pour réussir

L'apparition des cancers est associée à l'accumulation d'un grand nombre de mutations de l'ADN.

Activité

5 Le cycle biogéochimique du carbone

SAVOIR-FAIRE
Analyser un schéma représentant le cycle du carbone pour comparer les réservoirs et flux de carbone d'origine anthropique ou non.

L'élément carbone est stocké dans plusieurs réservoirs terrestres entre lesquels il circule en permanence. Cette circulation forme le cycle biogéochimique du carbone.

Quels sont les réservoirs de carbone ? Se modifient-ils au cours du temps ?

ANIMATION BONUS
Le cycle du carbone
bordas Flash PAGE animation

DOC 1

Le cycle biogéochimique du carbone

Sur Terre, l'élément carbone est stocké dans plusieurs réservoirs et sous des formes variées :
- $\mathbf{C}O_2$ et $\mathbf{C}H_4$ dans l'atmosphère ;
- carbone organique au sein des molécules des êtres vivants, comme par exemple la cellulose ($[\mathbf{C}_6H_{10}O_5]_n$) ;
- carbone organique des sols ;
- $\mathbf{C}O_2$ dissous et ions hydrogénocarbonates ($H\mathbf{C}O_3^-$) des eaux océaniques ;
- carbonate de calcium des roches carbonatées ($Ca\mathbf{C}O_3$) ;
- carbone organique fossile des roches carbonées (charbons, hydrocarbures...).

Ces réservoirs échangent en permanence du carbone sous la forme de flux, permis par différents phénomènes (schéma ci-dessous). L'ensemble de ces échanges forme le **cycle biogéochimique du carbone**. Actuellement, ce cycle est profondément modifié par les activités humaines.

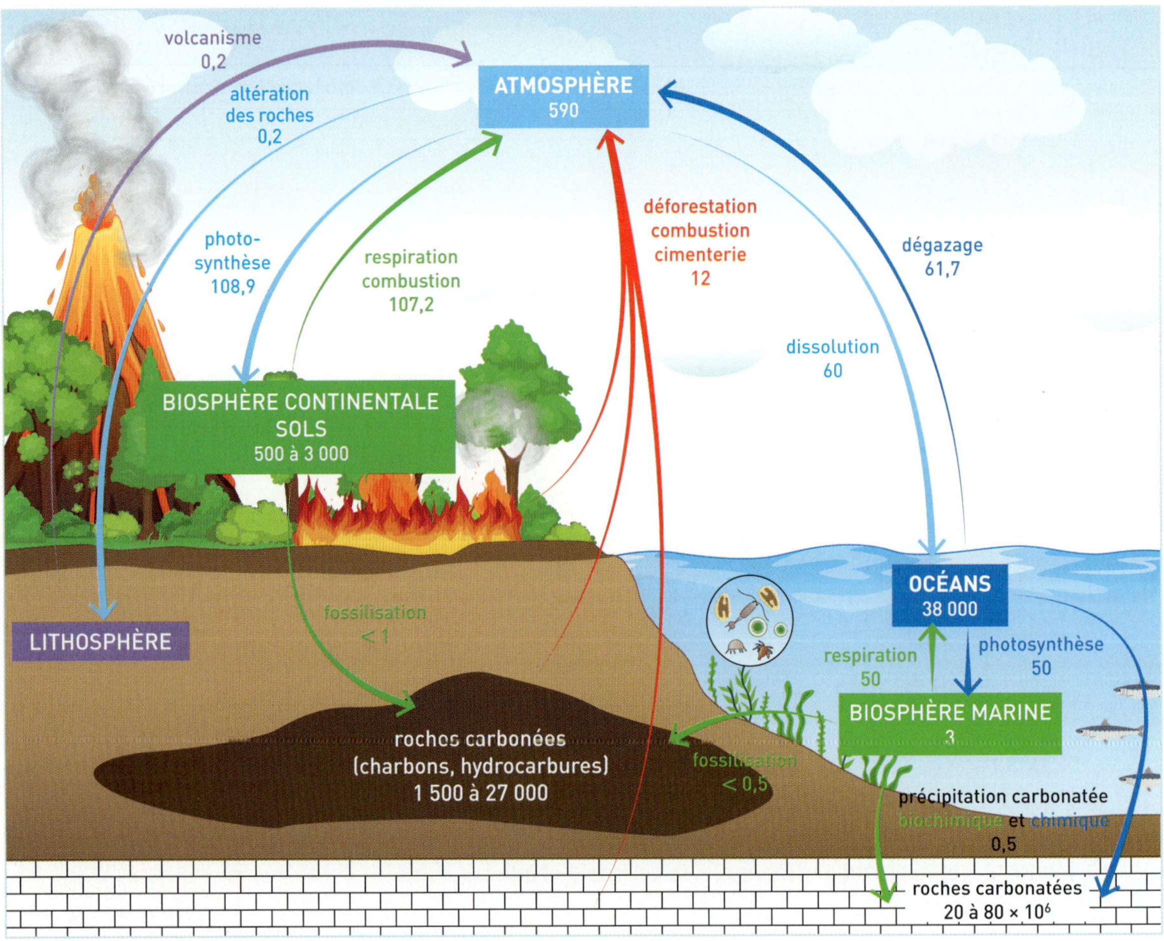

Le cycle biogéochimique du carbone.
Les valeurs sont exprimées en Gt de C (1 Gt = 10^9 tonnes). Les flux sont exprimés en Gt de C · an^{-1}.
Les estimations données pour les réservoirs correspondent à la période préindustrielle (avant 1850).
Les flèches rouges indiquent les rejets liés aux activités humaines pour l'année 2017.

DOC

2 Les roches carbonées : des ressources énergétiques non renouvelables

La formation des roches carbonées nécessite deux conditions préalables : la conservation de grandes quantités de biomasse et son enfouissement rapide sous de grandes quantités de sédiments pauvres en dioxygène (a). Dans ces conditions, seule une infime part (< 1 %) de la biomasse* produite par les êtres vivants échappe à la décomposition.

Si l'enfouissement se poursuit, sous l'effet d'augmentations de température et de pression, la biomasse d'origine océanique se transforme essentiellement en pétrole et gaz naturel (hydrocarbures) alors que la biomasse continentale devient principalement du charbon. La formation des combustibles fossiles nécessite plusieurs dizaines de millions d'années.

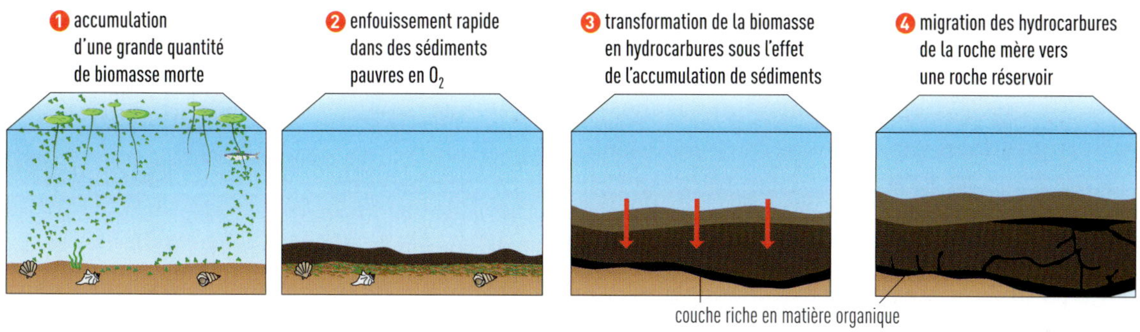

a Les principales étapes de la formation des hydrocarbures.

Avant la révolution industrielle de la seconde moitié du XIXe siècle, l'essentiel de l'énergie utilisée dans le monde provenait directement de la biomasse végétale (bois). Aujourd'hui, les combustibles fossiles (pétrole, charbon et gaz naturel) constituent la forme d'énergie majoritairement utilisée dans le monde (b). En considérant les réserves actuellement connues, la découverte et l'exploitation de nouvelles réserves, et en prenant en compte l'augmentation de la consommation mondiale annuelle, il est possible d'estimer l'évolution de la consommation des combustibles fossiles (c).

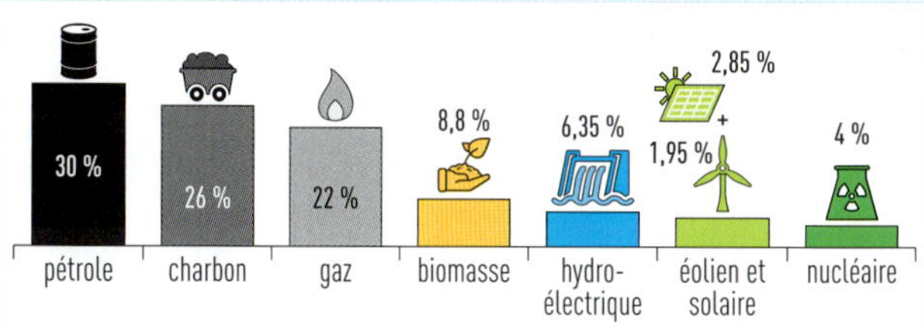

b Sources d'énergies utilisées en 2018 dans le monde.

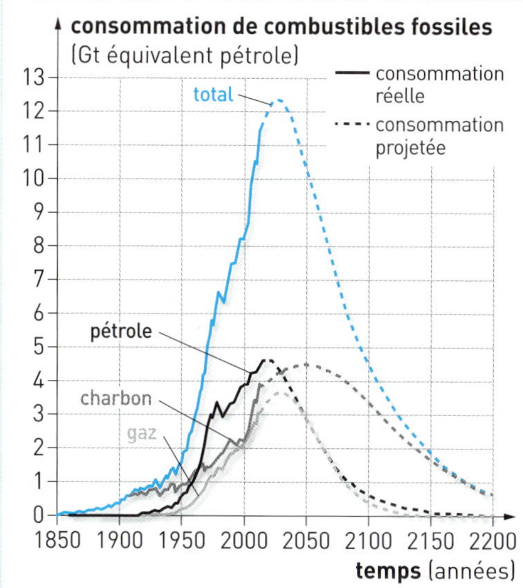

c La consommation de combustibles fossiles entre 1850 et 2015 et sa projection jusqu'en 2200. *D'après Jean Laherrère.*

Pistes de travail

Pour comprendre le cycle biogéochimique du carbone :

1. **Montrer** que les flux naturels de carbone conduisent à une stabilité de la teneur atmosphérique en dioxyde de carbone (DOC. 1).
2. **Envisager** une conséquence des activités humaines sur le cycle biogéochimique du carbone (DOC. 1).
3. **Expliquer** pourquoi gaz naturel, charbon et pétrole ne sont pas considérés comme des ressources énergétiques renouvelables (DOC. 1 ET 2).
4. **Indiquer** le problème que cela pose pour l'humanité et **proposer** des solutions (DOC. 2).

Des clés pour réussir

- Tenir compte des valeurs numériques fournies pour réaliser des calculs simples.
- Comparer les vitesses de formation et d'utilisation.

* Lexique en fin de manuel

COURS

DYS

1 Une atmosphère primitive différente de l'actuelle

L'origine de l'atmosphère est intimement liée à celle de la Terre

Comme toutes les planètes du Système solaire, la Terre s'est formée par accrétion de divers objets cosmiques, il y a 4,57 Ga. La jeune planète s'est peu à peu structurée par migration des éléments les plus lourds vers le centre et des plus légers en périphérie. Des enveloppes concentriques se sont ainsi mises en place, l'**atmosphère primitive** composée d'éléments légers étant la plus externe (Fig. 1).

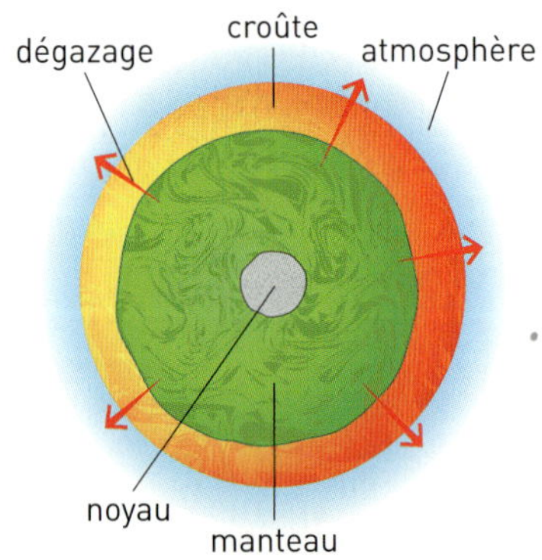

Fig. 1 : L'atmosphère primitive résulte d'un dégazage précoce de la planète.

La composition de l'atmosphère primitive

L'analyse du dégazage de météorites de type chondrite, roche similaire aux matériaux impliqués dans l'accrétion, est un bon indicateur de sa composition. Ainsi, l'atmosphère initiale était très riche en eau (80 %) et comportait du dioxyde de carbone (12 %) et du diazote (5 %). En revanche, elle était dépourvue de dioxygène.

La liquéfaction de l'eau atmosphérique

L'existence du zircon, âgé de 4,4 Ga, minéral se formant dans des magmas riches en eau, atteste d'une liquéfaction très précoce dans l'histoire de notre planète puis de la formation des océans (Fig. 2).

En se refroidissant, la vapeur d'eau présente dans l'atmosphère de la jeune planète s'est liquéfiée, permettant la formation de l'hydrosphère.

Fig. 2 : L'eau des océans actuels provient de la vapeur d'eau de l'atmosphère primitive.

2 L'atmosphère et la vie ont évolué conjointement

Une fois l'hydrosphère formée, la vie s'est développée, modifiant progressivement la composition de l'atmosphère.

Les premières traces de vie ont au moins 3,5 Ga

Des fossiles très anciens, les stromatolithes, suggèrent que vers – 3,5 Ga, des êtres vivants unicellulaires, proches des cyanobactéries actuelles, étaient présents sur Terre. Capables de réaliser la photosynthèse, ces cyanobactéries fossiles sont les premiers producteurs de dioxygène connus.

Le dioxygène produit reste dans l'hydrosphère

Le dioxygène libéré dans les océans primitifs s'est combiné avec le fer présent dans ces derniers, formant de l'hydroxyde ferrique (Fig. 3). En précipitant, ce fer a contribué à donner naissance à des roches siliceuses riches en fer, les fers rubanés. Ces roches sédimentaires marines se sont formées entre – 2,5 et – 1,9 Ga. Ainsi, bien que formé dès – 3,5 Ga, le dioxygène était encore absent de l'atmosphère terrestre à cette période.

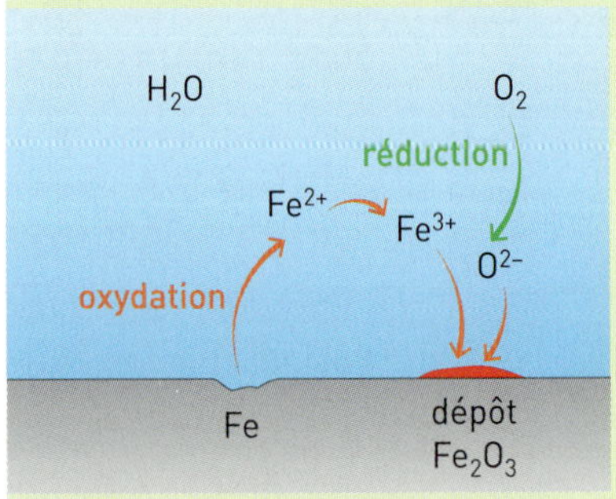

Fig. 3 : Dans les océans, les ions Fe^{2+} s'oxydent en Fe^{3+} qui précipitent sous forme de Fe_2O_3.

Une oxygénation tardive de l'atmosphère

Suite à la précipitation du fer des océans, le dioxygène s'est libéré dans l'atmosphère. Des paléosols, les « *red beds* » attestent de cette présence. Vers – 2,2 Ga, l'atmosphère réductrice (sans dioxygène) est devenue oxydante (avec dioxygène).

Un enrichissement progressif en dioxygène

Le dioxygène s'est progressivement accumulé jusqu'à atteindre la concentration atmosphérique actuelle vers – 0,5 Ga. De nos jours, la photosynthèse constitue la principale **source de dioxygène** atmosphérique tandis que la respiration et les combustions sont les principaux **puits de dioxygène**.

La composition de l'atmosphère actuelle, largement influencée par la vie, est d'environ 78 % de diazote (N_2) et 21 % de dioxygène (O_2), avec des traces d'autres gaz comme l'eau (H_2O), le dioxyde de carbone (CO_2), le méthane (CH_4) et le protoxyde d'azote (N_2O).

3 La couche d'ozone protège le vivant

Une formation incessante

L'ozone se forme à partir du dioxygène dans la stratosphère, entre 15 et 50 km d'altitude. Sous l'action des rayons ultraviolets (UV), les molécules de dioxygène se dissocient. Les atomes d'oxygène ainsi libérés se recombinent avec d'autres molécules de dioxygène afin de former l'ozone (O_3). Ce phénomène est maximal vers 25 km d'altitude et est à l'origine de la formation de la **couche d'ozone**.

La couche d'ozone absorbe les UV

La couche d'ozone absorbe la totalité des UVC et une grande partie des UVB (Fig. 4).

Ainsi, la couche d'ozone protège l'ADN des êtres vivants des effets mutagènes délétères des UV. Cette protection a permis l'épanouissement de la vie hors de l'eau, il y a 360 millions d'années.

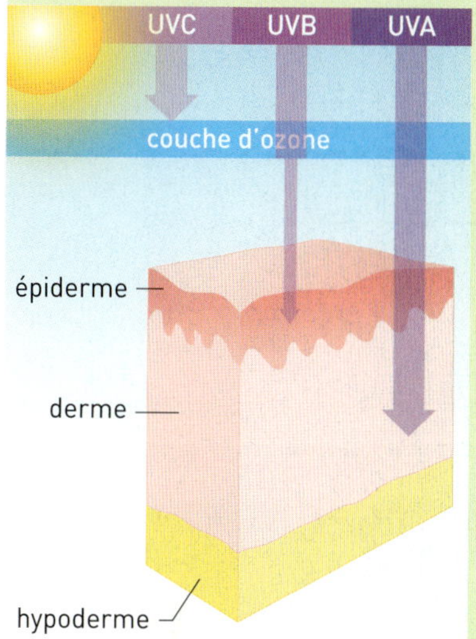

Fig. 4 : Le rôle protecteur de la couche d'ozone.

4 Le cycle biogéochimique du carbone sur Terre

Un stockage dans plusieurs réservoirs

L'élément carbone est présent dans différents réservoirs (atmosphère, océans, sols, biosphère, roches) qui s'échangent principalement le carbone sous forme de CO_2. Ces échanges constituent le **cycle biogéochimique du carbone** sur Terre. À l'échelle de quelques décennies, les quantités de carbone dans les réservoirs sont constantes lorsque les flux sont équilibrés.

Les activités humaines déséquilibrent le cycle naturel du carbone

En utilisant des combustibles fossiles, les activités humaines augmentent le rejet de CO_2 dans l'atmosphère. Or, la formation de pétrole, gaz naturel et charbon, requiert des millions d'années. Ainsi, l'Homme restitue très rapidement dans l'atmosphère le CO_2 que la nature avait lentement piégé (Fig. 5).

Les réservoirs que sont les roches carbonées ne se renouvellent pas suffisamment vite : ces ressources sont dites non renouvelables.

Fig. 5 : Le charbon est le combustible fossile qui, en brûlant, restitue le plus de CO_2 dans l'atmosphère. Actuellement, l'atmosphère contient un taux de 415 ppm de CO_2, un record depuis 3 Ma !

Le vocabulaire à retenir

bordas Flash PAGE cartes mémo

- **Atmosphère primitive :** première couche de gaz formée autour de la Terre.
- **Puits et source de dioxygène :** réservoir/mécanisme respectivement consommateur et producteur de ce gaz.
- **Couche d'ozone :** zone de la stratosphère riche en molécules de ce gaz (O_3).
- **Cycle biogéochimique du carbone :** circulation de l'élément carbone (C) entre ses différents réservoirs.

L'essentiel en images

bordas Flash PAGE bilan animé

1 Une atmosphère primitive très différente de l'atmosphère actuelle

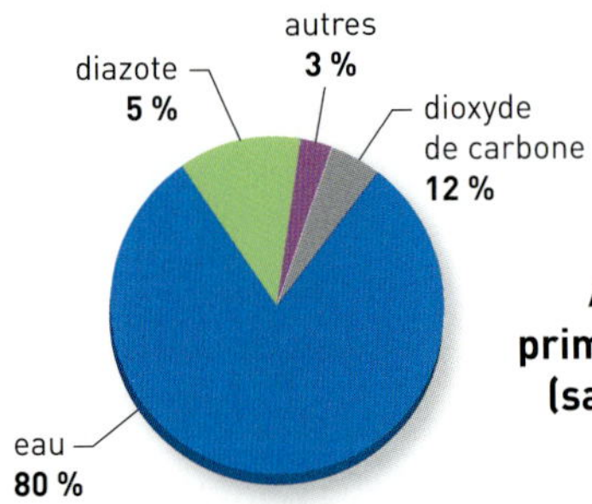

Atmosphère primitive réductrice (sans dioxygène)

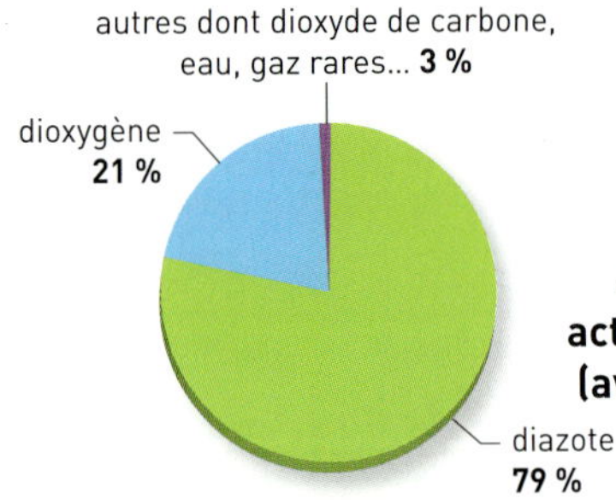

Atmosphère actuelle oxydante (avec dioxygène)

2 Évolution de la composition de l'atmosphère depuis sa formation à nos jours

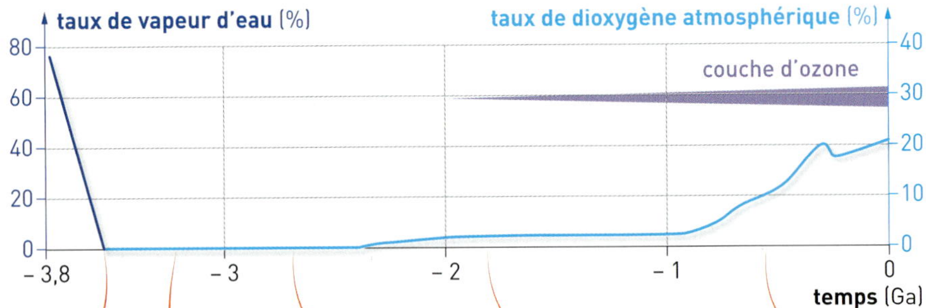

condensation de la vapeur d'eau

Le refroidissement entraîne la liquéfaction de l'eau.

photosynthèse

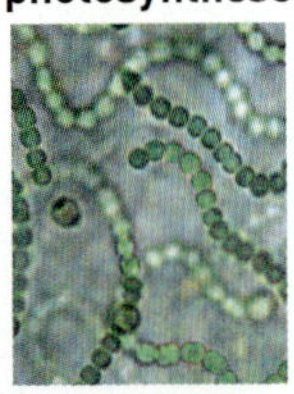

Des cyanobactéries libèrent du dioxygène.

piégeage du dioxygène

Les fers rubanés sont formés par l'oxydation du fer dans les océans.

dioxygène atmosphérique

Les *redbeds* sont des paléosols témoins d'une atmosphère oxydante.

couche d'ozone

Des fossiles sont témoins d'une vie aérienne permise par la couche d'ozone.

3 Un cycle du carbone naturellement équilibré, mais perturbé par les activités humaines

Les valeurs numériques sont exprimées en Gt de C par an.

rejets anthropiques

1 déforestation : 1 Gt en 2017

2 combustion des énergies fossiles : 11 Gt en 2017

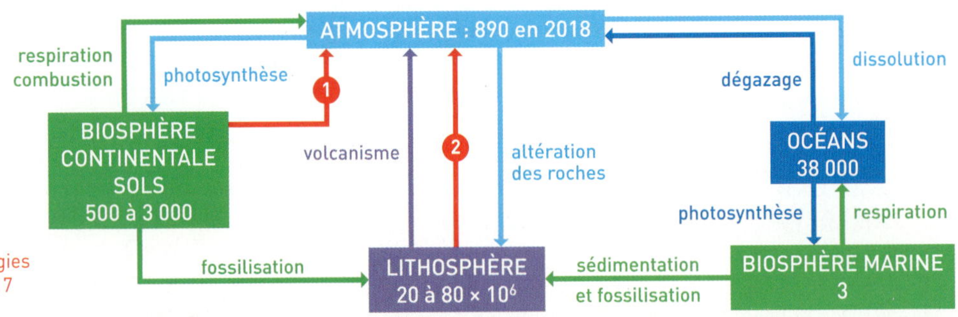

Les savoir-faire du chapitre

Analyser des données en lien avec l'évolution de la composition atmosphérique.	10 11
Déterminer l'état physique de l'eau à partir de son diagramme d'état.	6 7
Mettre en relation la production de dioxygène dans l'atmosphère avec des indices géologiques.	10 12
Ajuster les équations des réactions chimiques d'oxydation du fer par le dioxygène.	3
Interpréter des spectres d'absorption de l'ozone et de l'ADN dans le domaine UV.	8
Analyser un schéma représentant le cycle biogéochimique du carbone.	4

Vérifier ses connaissances EN AUTONOMIE

Réponses en fin de manuel

Flash PAGE corrigés détaillés

1 Question à réponse unique

Pour chaque question, choisir l'unique bonne réponse.

	1	2	3	4
A - L'atmosphère initiale était composée, il y a environ 4,6 Ga :	de dioxyde de carbone uniquement.	de dioxyde de carbone et d'eau.	d'eau, de dioxyde de carbone et de diazote.	d'eau uniquement.
B - Le dioxygène de l'atmosphère actuelle provient :	des comètes.	des météorites.	du dégazage des volcans.	d'êtres vivants.
C - La couche d'ozone est située dans :	l'hydrosphère.	la stratosphère.	la biogosphère.	la troposphère.
D - Le principal réservoir de carbone sur Terre est :	l'atmosphère.	les roches.	la biosphère.	les océans.

2 Restituer les notions essentielles du cours

Répondre par un texte court.

a. Expliquer en quoi consiste le rôle protecteur de la couche d'ozone.

b. Indiquer comment l'atmosphère initiale s'est enrichie en dioxygène.

c. Préciser l'origine de l'eau constitutive des océans.

d. Justifier que charbon, pétrole et gaz sont des ressources en énergie dites non renouvelables.

3 Avoir un regard critique

Corriger les affirmations suivantes en argumentant la réponse.

a. L'atmosphère a la même composition depuis sa formation il y a 4,57 Ga.

b. La photosynthèse est actuellement un puits de dioxygène atmosphérique.

c. Les premiers organismes photosynthétiques sont des cyanobactéries âgées de – 350 Ma.

d. Tout l'ozone est présent dans la stratosphère.

e. L'équation d'oxydation du fer par le dioxygène s'écrit :

$$2\,Fe + 3\,O_2 \rightarrow 2\,Fe_2O_3$$

(sachant que $Fe \rightarrow Fe^{3+} + 3e^-$ et $O_2 + 4\,e^- \rightarrow 2\,O^{2-}$).

4 Analyser un schéma

Le schéma ci-dessous représente le cycle simplifié du carbone actuel.

Nommer les flux de carbone manquants entre l'hydrosphère et les autres réservoirs puis indiquer comment le stock de carbone de l'hydrosphère varie au cours d'une année.

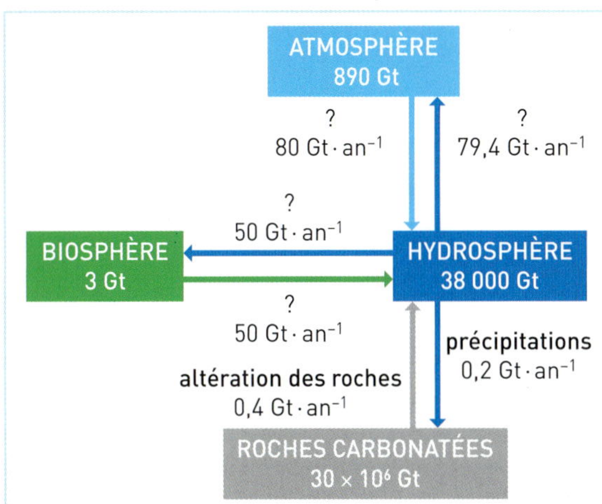

5 Retour sur les problématiques à l'oral

Reprendre les problématiques de la page 19 et y répondre oralement en 10 minutes maximum.

Exercice résolu EN AUTONOMIE

6 Détermination de l'état de l'eau à l'équateur de la planète Mars

a Mars et sa calotte polaire.

Comme la Terre, Mars (a) est une planète rocheuse gravitant autour de notre étoile, le Soleil. Située à une distance d'environ 228 millions de km du Soleil, la planète rouge est entourée d'une atmosphère ténue, riche en dioxyde de carbone. Ces deux paramètres déterminent les conditions moyennes de pression et de température au sol. Depuis novembre 2018, les capteurs de la mission *InSight*, situés près de l'équateur, mesurent et transmettent les températures et pressions (b).

- **La preuve de l'existence de glace d'eau aux pôles ayant été faite, déterminer sous quel état l'eau pourrait également exister à l'équateur de Mars.**

Dates	Températures moyennes (°C)	Pressions moyennes (bar)
05/12/19	– 97,6	$6{,}65 \times 10^{-3}$
06/12/19	– 91,5	$6{,}64 \times 10^{-3}$
07/12/19	– 78,9	$6{,}61 \times 10^{-3}$

b Les données de la mission *InSight*.

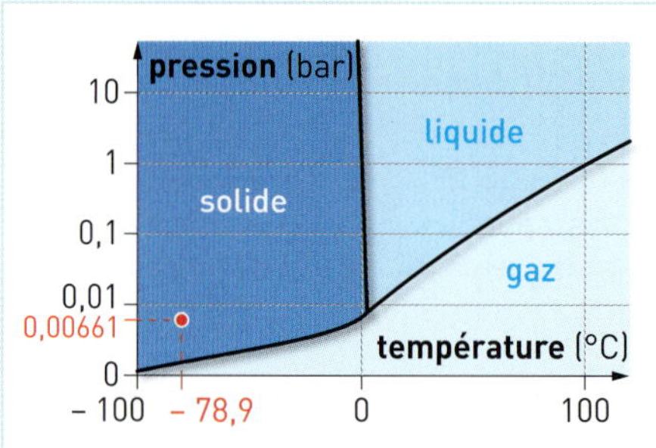

c Diagramme d'état de l'eau.

La question à la loupe

- La question **se focalise** sur l'état sous lequel serait l'eau… si elle existait à l'équateur de Mars.
- Il s'agit de **déterminer** l'état physique de l'eau pour une température et une pression données à partir de son diagramme d'état (c).

Quelques conseils

- Faire attention aux valeurs munies de puissance (b).
- Bien lire l'échelle des pressions en ordonnée qui est inhabituelle : à chaque graduation, la valeur de la pression est multipliée par 10 (c).

Exemple de rédaction

Après avoir relevé les valeurs moyennes de pression et de température pour un des trois jours, il convient de les placer sur les axes du graphique. Ensuite, en traçant les parallèles à chaque axe, on obtient une valeur pour leur intersection. Il suffit de lire le domaine dans lequel ce point se trouve afin de connaître l'état de l'eau. Pour le 07/12/19 par exemple, le point obtenu se situe dans le domaine solide, ce qui est aussi le cas pour les deux autres jours. À priori, si de l'eau est présente à l'équateur de Mars, elle sera sous forme solide, c'est-à-dire de glace.

Exercice similaire

Solutions en fin de manuel

bordas Flash PAGE corrigé détaillé

7 De la glace d'eau sur Mercure !

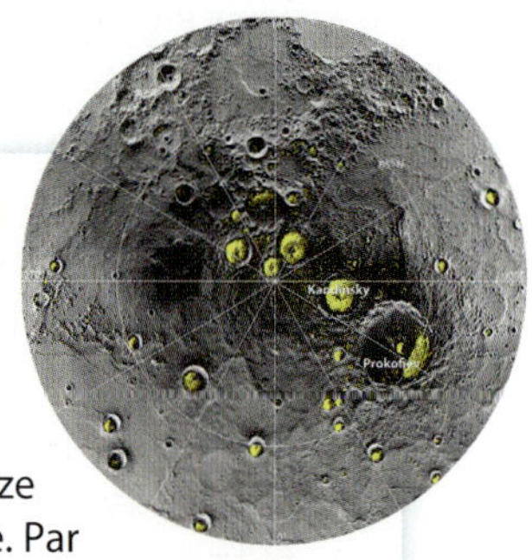

Le pôle Nord de Mercure.

Toute proche du Soleil, Mercure est bien la dernière planète du Système solaire où l'on s'attendrait à trouver de l'eau. Et pourtant !

Une unique sonde, *Mariner 10*, lancée en 1973 par la NASA, survola trois fois Mercure en seize mois et découvrit qu'elle possédait une atmosphère très ténue, dont la pression est quasi nulle. Par conséquent, cette atmosphère ne régule pas la température de la planète qui varie entre – 180 °C la nuit et + 430 °C le jour avec une moyenne de + 167 °C. Une autre sonde, *Messenger*, cartographia les pôles de Mercure entre 2011 et 2015, et prouva que la glace était dissimulée au pôle Nord (zones jaunes sur l'image ci-dessus) dans des zones d'ombre permanentes et sous une couche de matériau qui agit comme un isolant thermique.

- **En utilisant le diagramme d'état de l'eau de l'exercice 6, montrer que les conditions régnant au pôle Nord de Mercure sont compatibles avec l'existence de glace d'eau, contrairement aux conditions « moyennes » de la planète.**

S'entraîner

8 Les dommages causés à l'ADN par les UV

Pour chaque question, choisir l'unique bonne réponse.

1. La longueur d'onde la plus absorbée par l'ADN est :
a. 260 nm. c. 300 nm.
b. 280 nm. d. 400 nm.

2. Par ordre décroissant, les UV qui lèsent le plus l'ADN sont :
a. ABC. c. BCA.
b. CBA. d. BAC.

3. Pour stériliser l'eau, c'est-à-dire détruire les microbes qu'elle contient, les UV les plus efficaces seraient :
a. UVA
b. UVB
c. UVC
d. Tous les UV.

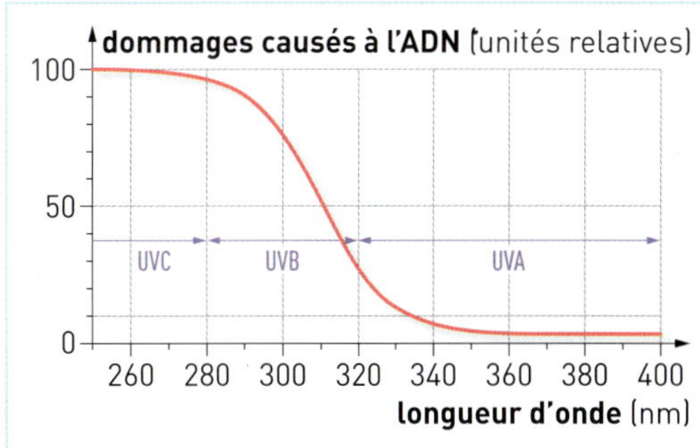

Radiations UV provoquant des lésions dans l'ADN.

9 Pourquoi les océans perdent-ils leur dioxygène ?

Depuis 1950, les eaux océaniques ont perdu en moyenne plus de 2 % du dioxygène qu'elles contenaient. Cette perte est très inégalement distribuée (a) mais concerne surtout les 1 000 premiers mètres où la richesse et l'abondance des espèces vivantes sont les plus élevées. Plusieurs paramètres sont liés à cette perte : le phénomène des « marées vertes » (b), la température de l'eau (c) et la solubilité du dioxygène dans l'eau (d).

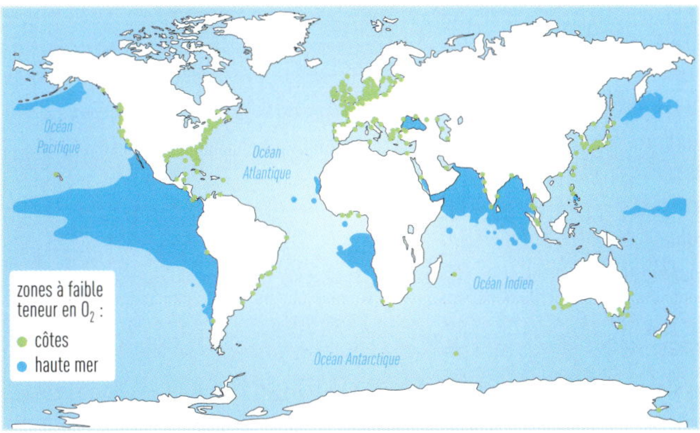

a Les zones océaniques appauvries en dioxygène. *D'après IOC-UNESCO.*

L'excédent d'azote, issu des engrais, rejeté dans les eaux côtières bretonnes est estimé à plus de 120 000 tonnes par an. En l'absorbant, des algues prolifèrent et des « marées vertes » sont observées. Puis, lors de la décomposition des algues, du dioxygène est consommé en grande quantité.

b

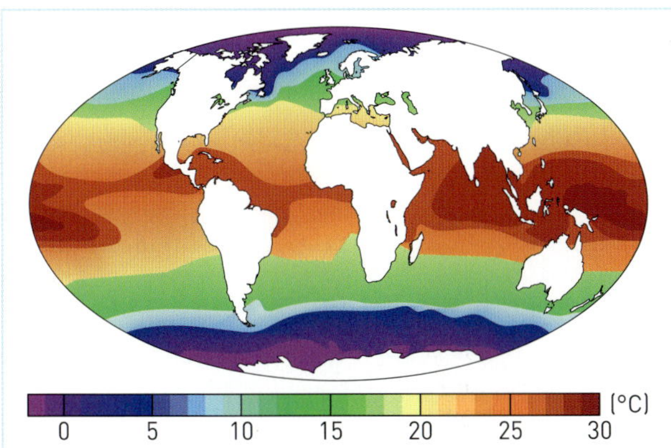

c Moyenne annuelle de la température de surface des océans. *Source : données du satellite NOAA.*

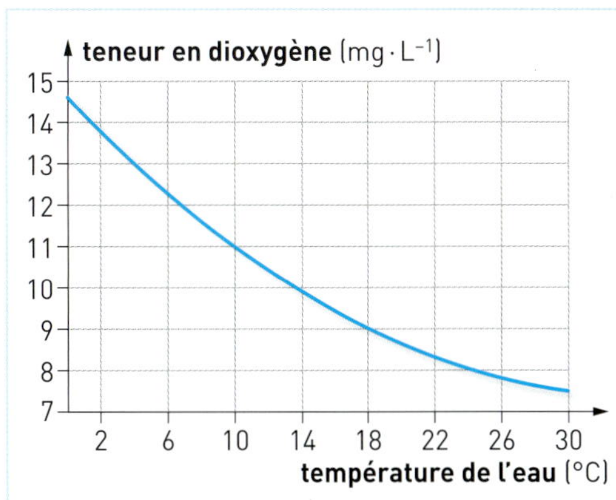

d Teneur en dioxygène de l'eau selon sa température.

1. Identifier les deux catégories de zones océaniques qui perdent du dioxygène.
2. Proposer une hypothèse expliquant cette perte pour chaque catégorie de zones identifiée.

S'entraîner

10 Minerais d'uranium et teneur en dioxygène atmosphérique

L'uraninite, un minéral riche en uranium.

L'Afrique du Sud possède d'exceptionnels gisements d'uranium d'origine sédimentaire âgés de – 3,4 Ga. Ils contiennent de l'uraninite (image ci-contre), minéral dont la forme en boule indique un transport par les eaux courantes et une sédimentation à l'état de particules lors de sa formation.

Or, l'uraninite possède la propriété d'être soluble dans les eaux oxygénées. Sa présence nous apporte donc des informations sur l'évolution de la composition de l'atmosphère.

De plus, les roches plus jeunes que – 2,2 Ga ne contiennent jamais d'uraninite.

• **Indiquer quelles sont les informations apportées par les gisements anciens d'uranium sur la composition de l'atmosphère.**

Coup de pouce
Si du dioxygène est présent dans l'eau, des échanges avec l'atmosphère sont possibles.

11 Évolution de la teneur atmosphérique en CO_2 entre – 500 et – 300 Ma

L'évolution du taux de CO_2 atmosphérique est connue grâce aux indices fournis par les roches sédimentaires. En admettant que la quantité totale de carbone soit à peu près constante depuis cette époque, la connaissance de la quantité de roches carbonatées (calcaires) et carbonées (charbon, pétrole) formées à une période donnée permet d'estimer la quantité de CO_2 atmosphérique correspondant à l'époque de formation de ces roches (a).

Parallèlement, la découverte des plus vieux fossiles de plantes terrestres, dans de nombreuses régions du monde, date de – 425 Ma. Cooksonia fut l'une des premières plantes à se tenir dressée et ne possède aucun équivalent actuel (b). Dernièrement, une étude génétique des espèces actuelles laisse à penser que la date d'apparition des premières plantes terrestres pourrait être repoussée de 100 Ma dans le passé. Quelle que soit la date d'apparition des premiers végétaux terrestres, ces derniers ont ensuite progressivement colonisé l'ensemble des continents.

1. Commenter l'évolution de la teneur atmosphérique en CO_2 entre – 500 et – 300 Ma.

2. Rappeler et décrire le métabolisme spécifique aux plantes impliquant le CO_2.

3. Établir une relation entre l'évolution du taux de CO_2 et le développement du règne végétal sur les continents.

Coup de pouce
Une valeur de 10 pour RCO_2 signifie qu'il y avait dix fois plus de CO_2 dans l'atmosphère de l'époque étudiée qu'aujourd'hui.

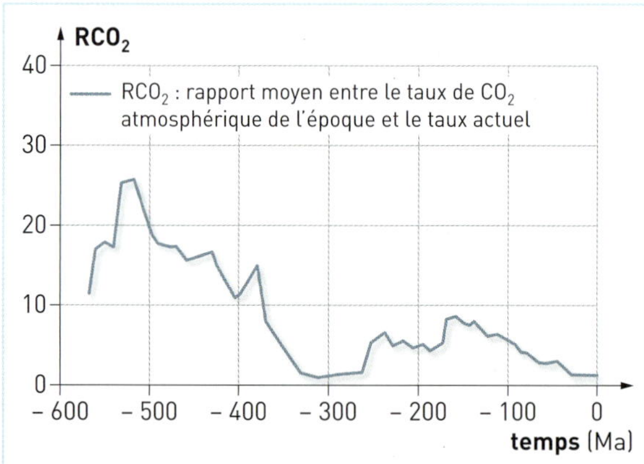

a Évolution du taux de CO_2 atmosphérique à partir de – 600 Ma. *D'après Berner, 2003.*

b Fossile de Cooksonia et reconstitution de son milieu de vie.

S'entraîner

Prépa BAC Vers l'E3C

12 Évolution conjointe de la vie et de l'atmosphère au Carbonifère

Le Carbonifère est une époque géologique située entre – 360 et – 300 Ma au cours de laquelle le taux de dioxygène atmosphérique était remarquable (a). Elle doit son nom aux nombreux gisements de charbon (b) qui se sont formés au cours de ces 60 Ma. Les fossiles trouvés dans les gisements de charbon témoignent de la présence d'immenses forêts tropicales. Parmi les végétaux, des fougères arborescentes, comme les Sigillaires, occupaient une place importante (c). Ces arbres et les autres plantes tropicales produisaient, par photosynthèse, une biomasse importante. Des insectes volants de très grande taille comme Meganeura évoluaient dans ce milieu (d). Respirant comme tous les insectes par des trachées, un taux de dioxygène atmosphérique élevé était nécessaire au bon fonctionnement de ce type d'appareil respiratoire.

Enfin, après la mort des plantes, la matière organique produite par photosynthèse est normalement décomposée par des micro-organismes. Cette décomposition, par un processus respiratoire, consomme du dioxygène. En revanche, une infime partie de cette immense biomasse est piégée, suite à des conditions géologiques particulières, et ne réagit pas avec le dioxygène (e). Elle échappe alors à la décomposition, formant ainsi le charbon.

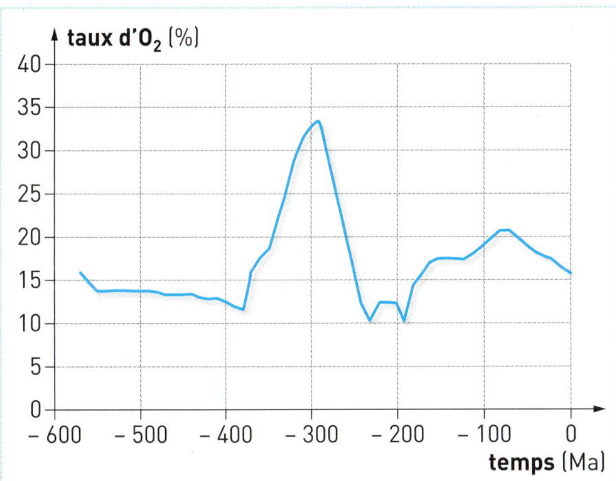

a Taux de dioxygène atmosphérique ces 600 derniers Ma.
D'après Berner, National Academy of Sciences (États-Unis), 1999.

b Exploitation de mines de charbon.

c Vue d'artiste de la forêt au Carbonifère (à gauche) et fossile de Sigillaire (à droite).

d Fossile de Meganeura.

e Piégeage de la matière organique lors des 600 derniers Ma. ➤
D'après Berner, National Academy of Sciences (États-Unis), 1999.

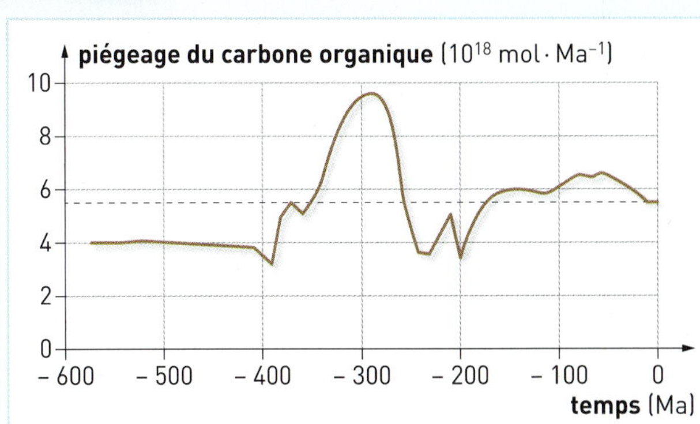

• **À partir de la mise en relation des différents documents et de vos connaissances, montrer comment, au Carbonifère, l'évolution de la vie a influencé l'évolution du taux de dioxygène atmosphérique, puis réciproquement, comment l'évolution du taux de dioxygène atmosphérique a modifié l'évolution de la vie.**

Je retrouve ce que je sais déjà EN AUTONOMIE

Réponses en fin de manuel Flash PAGE corrigés détaillés

ANIMATION BONUS
Terre interactive : les climats
Flash PAGE animation

SITUATION 1 : Climatologie versus météorologie

Les régions terrestres présentant des conditions climatiques identiques forment des « ceintures climatiques » autour de la Terre. Elles sont notamment caractérisées par une température moyenne annuelle à la surface de la Terre. L'influence du Soleil et la forme quasi sphérique de notre planète expliquent en partie leur répartition.

Expliquer pourquoi leur étude relève de la climatologie et non de la météorologie.

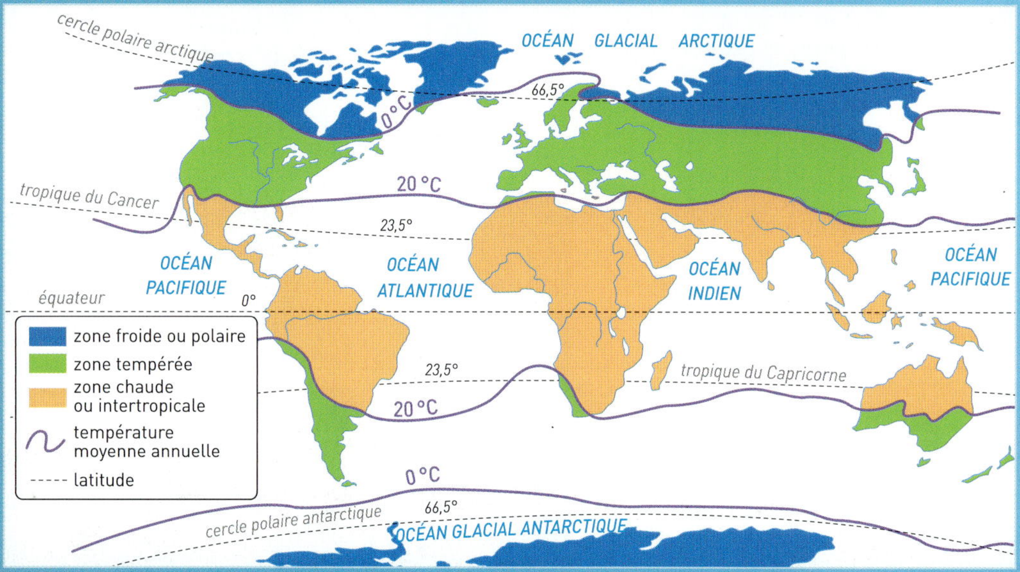

SITUATION 2 : L'effet de serre

Lors du phénomène naturel de l'effet de serre, plusieurs gaz de l'atmosphère terrestre piègent une partie du rayonnement infrarouge (IR) émis par notre planète. La conséquence est une augmentation globale de la température atmosphérique.

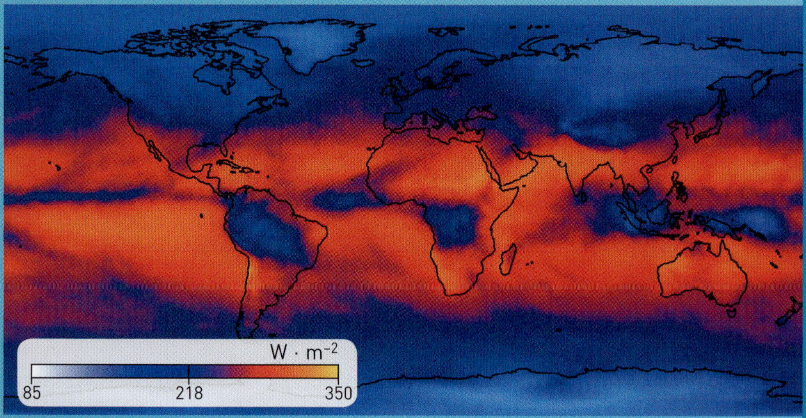

La carte ci-dessus indique la puissance moyenne du rayonnement IR lointain émis par la Terre, en novembre 2018. Dans la zone équatoriale, on observe que ce rayonnement est « bloqué » par d'importantes masses nuageuses.

Citer les deux principaux gaz à effet de serre et proposer un schéma montrant leur rôle.

PARTIE 1

Chapitre 2

La complexité du système climatique

Cette peinture de Pieter Brueghel l'Ancien témoigne du « Petit Âge glaciaire » en Europe du Nord entre 1550 et 1700, avec des températures de 3 à 4 °C inférieures aux moyennes actuelles.

Les problématiques du chapitre

- Comment connaître les variations climatiques passées ?
- Quels sont les facteurs, naturels ou humains, qui peuvent influencer le climat ?

Activité 1

Météorologie et climatologie

SAVOIR-FAIRE
Distinguer, sur un document, des données relevant du climat d'une part, de la météorologie d'autre part.

La « météo » (le temps qu'il fait) et le climat sont des sujets populaires. Fréquemment confondues, ces deux notions recouvrent cependant des réalités différentes.

Comment différencier météorologie et climatologie ?

DOC 1

Vers une définition du climat

Dans l'esprit de chacun, le **climat** désigne le temps moyen d'une région donnée. Plus précisément, il se réfère à une description statistique fondée sur les moyennes de grandeurs atmosphériques observées dans une région donnée pendant une période donnée. La période type, définie par l'Organisation Météorologique Mondiale (OMM), est de 30 ans.

Plusieurs grandeurs atmosphériques principales sont prises en compte (voir les documents ci-dessous). Mais la fréquence des vagues de froid, des épisodes de canicule, des inondations ou des sécheresses... doit également l'être.

a La couverture nuageuse, ou nébulosité, est évaluée en octas*. Ici, le ciel de Paris, entièrement occulté par les nuages, a une nébulosité de 8/8.

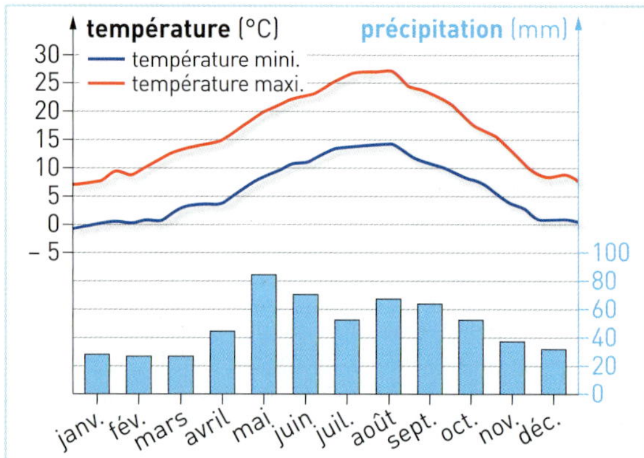

b Moyennes des températures et des précipitations mensuelles à Clermont-Ferrand entre 1971 et 2000.

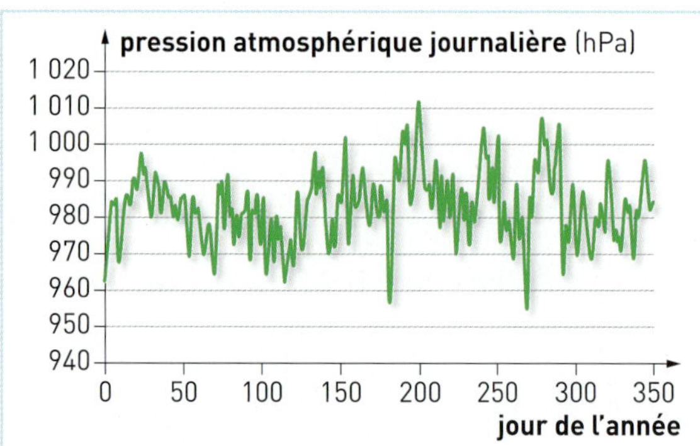

c La pression atmosphérique* au niveau de la mer est en moyenne de 1 013 hPa (hectopascals).
Cette valeur varie en cours d'année dans un lieu donné, ici l'Antarctique, pour l'année 2013.

d Le mistral souffle à Marseille du nord-ouest vers la Méditerranée à une vitesse moyenne de 50 km/h mais avec de fortes rafales.

e L'hygrométrie* est une grandeur atmosphérique qui correspond à la quantité de vapeur d'eau dans l'air. En climatologie, on utilise l'humidité relative qui est le rapport de la quantité de vapeur d'eau contenue dans l'air sur la quantité de vapeur d'eau maximale possible. Sa valeur varie donc de 0 à 100 %. ➤

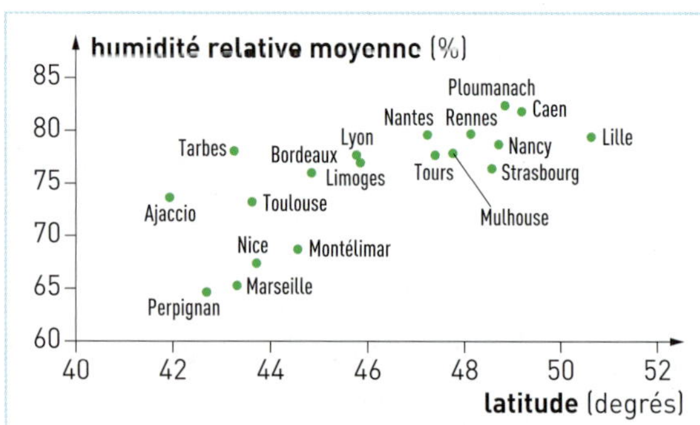

DOC 2 La climatologie : des études à moyen ou long terme

Selon l'échelle de temps considérée, la reconstitution du climat local ou planétaire repose sur des indices variés. Le tableau ci-dessous présente quelques exemples d'indices permettant de retracer les grands traits de l'évolution du climat du massif montagneux du Jura pour différentes époques.

Durées de la période étudiée	Périodes concernées	Indices utilisés pour la reconstitution	Résultats obtenus
30 ans	de 1981 à 2010 (normales saisonnières)	relevés météorologiques locaux	climat de type montagnard
350 ans	de 900 à 1 250 environ	écrits historiques, cernes* des arbres	climat chaud et sec (« optimum climatique médiéval »)
1 000 ans	de – 12 700 à – 11 700 ans BP* (Dryas récent)	pollens fossiles déposés dans les lacs	« coup de froid » dans un contexte de réchauffement global
100 000 ans	de – 110 000 à – 10 000 ans BP (Pléistocène supérieur)	traces de glaciers anciens laissées sur les roches	climat très froid, période glaciaire

DOC 3 La météorologie : des études prévisionnelles à court terme

« Brouillard du matin n'arrête pas le pèlerin ». Ce dicton, basé sur l'observation du ciel et des nuages, exprime le fait que les brouillards matinaux dans les vallées sont le présage d'une journée sans pluie ; dicton validé car l'existence de ces brouillards est liée à la présence d'un anticyclone* à l'origine du beau temps. En revanche, le dicton « Noël au balcon, Pâques au tison » a été réfuté par les statistiques. Afin de prévoir le temps, mieux vaut donc faire confiance aux météorologistes !

Leurs prévisions reposent tout d'abord sur la mesure des paramètres atmosphériques puis par leur assimilation dans un modèle* de l'état atmosphérique initial. Ce modèle simule ensuite l'évolution de l'atmosphère pour les jours à venir. Finalement, les prévisionnistes analysent les simulations obtenues et les traduisent en informations accessibles au grand public sous forme de cartes et de bulletins de prévisions.

Exemple de bulletin prévisionnel local (meteofrance.com) en haut et situation météorologique de la France à droite (windy.com), le 27 novembre 2019 à 17 h 42.

Pistes de travail

Pour comprendre les différences entre climatologie et météorologie :

1. **Relever** les 6 grandeurs atmosphériques dont les moyennes caractérisent le climat d'une région (DOC. 1).
2. **Rechercher** les valeurs de ces grandeurs atmosphériques pour une ville ou une région de votre choix afin d'en décrire le climat (DOC. 1).
3. **Comparer** les objectifs, les méthodes, les périodes étudiées... par la climatologie d'une part et la météorologie d'autre part (DOC. 2 ET 3).

* Lexique en fin de manuel

Des clés pour réussir

- Comparer les données issues de différents sites Internet.
- Indiquer les réponses à la question 3 dans un tableau comparatif.

Activité 2

Les indicateurs du climat global

SAVOIR-FAIRE
Interpréter des documents donnant la variation d'un indicateur climatique en fonction du temps.

Le climat peut être envisagé à l'échelle planétaire : on parle alors de climat global. De nombreux indicateurs doivent être pris en compte afin de le caractériser.

Quels sont les indicateurs permettant de décrire le climat de la Terre ?

DOC 1 La température moyenne, indicateur essentiel du climat global

a Une des 28 stations météorologiques de haute montagne de Météo-France.

Depuis 1873, un réseau mondial de mesures météorologiques s'est peu à peu mis en place. Progressivement, les mesures devinrent plus nombreuses et de meilleure qualité grâce à l'utilisation d'un nombre croissant d'appareils au fonctionnement uniformisé. Ces relevés de température sont effectués par les stations météorologiques réparties à la fois sur les continents (a) et en mer. Actuellement, plus de 10 000 stations terrestres sont en activité alors qu'elles ne sont que 5 000 embarquées sur des navires marchands. Néanmoins, d'autres se trouvent sur des bouées dérivantes ou ancrées (b). Enfin, divers satellites évaluent indirectement la température à partir de l'enregistrement du flux infrarouge émis par la surface terrestre. Des procédures statistiques permettent de déduire de l'ensemble de ces données un indicateur climatique majeur : la **température moyenne globale**.

b Bouée météo-océanographique au large de Sydney, en Australie.

DOC 2 Évolution de la température moyenne globale depuis 1873

Les scientifiques étudient l'évolution de la température moyenne globale en la comparant aux valeurs moyennes de différentes périodes.

Par exemple, la courbe ci-contre prend comme niveau zéro la moyenne des années 1880 à 1920.

Ainsi, la température moyenne globale de l'année 1909 était de 0,2 °C inférieure à celle de la période 1880-1920.

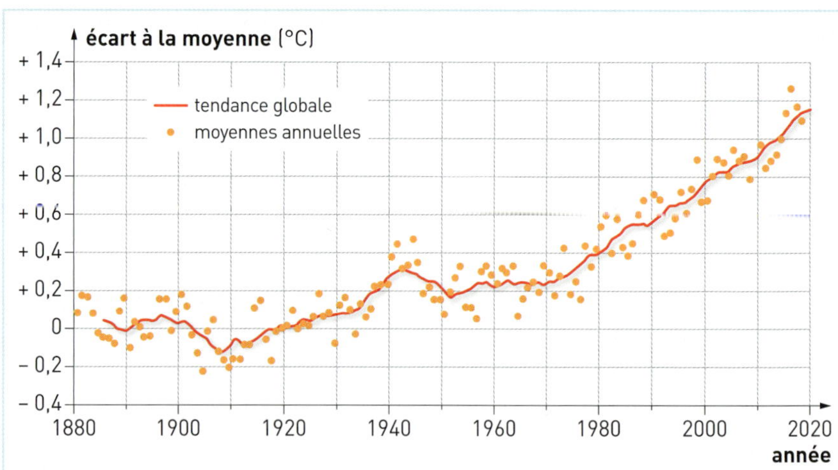

Écarts de température globale par rapport à la moyenne 1880-1920 depuis 140 ans.

DOC 3 D'autres indicateurs climatiques

Les banquises* de l'Arctique et de l'Antarctique désignent une étendue de glace de mer formée par le gel de l'eau à la surface des océans. Cette formation a lieu lorsque la température atteint − 1,8 °C pour les eaux de l'océan Arctique. Au fil des saisons, les banquises s'étendent en hiver et se réduisent en été (a). Malgré ces variations saisonnières, la surface des glaces de mer peut être mesurée d'une année sur l'autre à la même époque (b).

a Ours polaire sur la banquise arctique estivale disloquée.

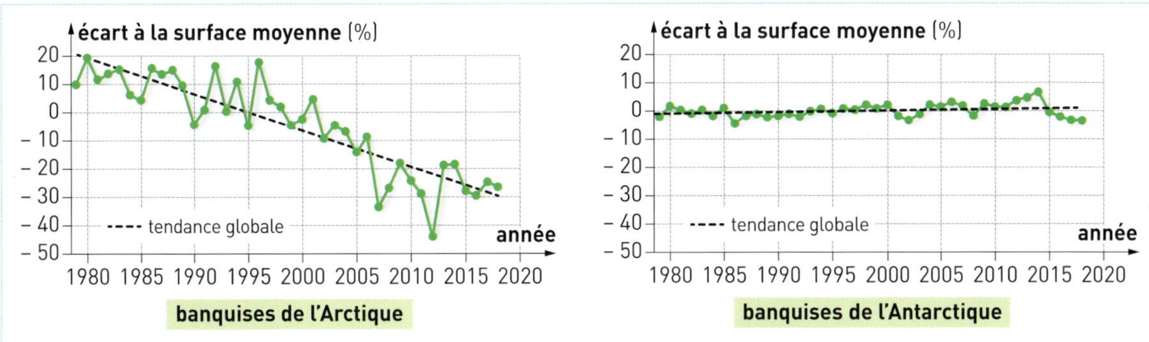

b Variations de la surface des banquises de l'Arctique et de l'Antarctique en septembre par rapport à la surface moyenne de 1979 à 2018.

La mer de glace est le plus grand glacier* de France métropolitaine avec ses 12 km de long et une étendue de 28 km^2. Haut lieu touristique, cet amas de glace formé par l'accumulation de couches de neige s'amenuise. Entre 1912 et 2015, l'épaisseur du glacier est passée de 250 à 90 m sous la gare de Montenvers (c).

Les océans recouvrent plus de 70,7 % de la surface terrestre. L'élévation du niveau marin moyen témoigne d'une variation du volume des océans qui dépend lui-même de la température de l'eau (d).

c

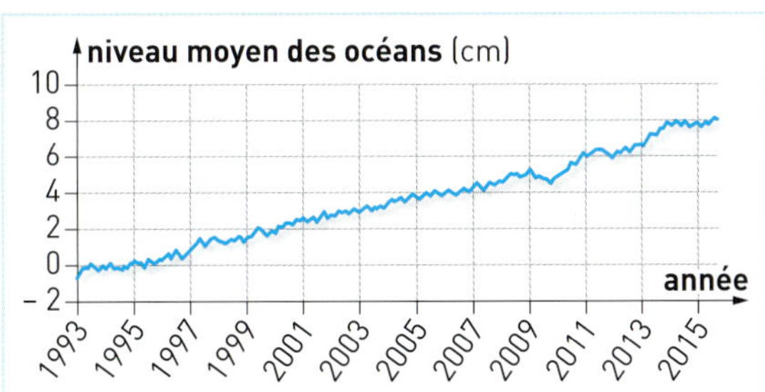

d Élévation du niveau des océans de 1993 à 2015. ➤

Pistes de travail

Pour connaître les indicateurs du climat global et leur intérêt :

1. **Expliquer** en quoi les mesures permettant de calculer la température moyenne du globe se sont affinées au cours du dernier siècle (DOC. 1).
2. **Caractériser** l'évolution de la température moyenne globale depuis la fin du XIXe siècle jusqu'à nos jours (DOC. 2).
3. **Confirmer** qu'un réchauffement climatique global a lieu en utilisant les autres indicateurs climatiques (DOC. 3).

* Lexique en fin de manuel

Des clés pour réussir

- Utiliser légendes, unités et valeurs numériques afin de bien relever les informations apportées par les documents.
- Penser au lien entre volume des océans et étendue des glaces continentales.

Activité 3

La variabilité naturelle du climat terrestre

SAVOIR-FAIRE
Identifier des tendances d'évolution de la température sur plusieurs échelles de temps à partir de traces géologiques (pollens, glaciers).

Actuellement, un réchauffement climatique global d'environ + 1 °C est constaté. Par le passé, d'autres variations climatiques ont déjà eu lieu sur différentes échelles de temps.

Comment connaître les variations climatiques du passé ?

DOC 1 Une variabilité visible sur quelques siècles

La coutume de pique-niquer sous les cerisiers en fleurs au Japon (a), appelée *hanami*, est très ancienne. Cette pratique est relatée par de nombreux écrits historiques. Ainsi, les dates de floraison des cerisiers sont bien connues pour ce pays depuis au moins l'an 850 (b).

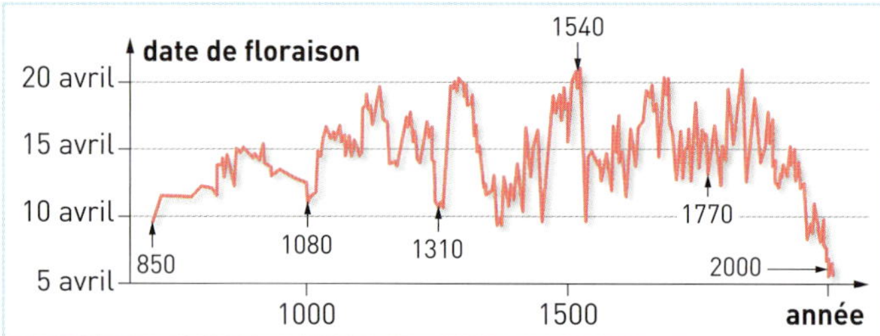

b Évolution de la date de floraison des cerisiers à Kyoto de 850 à 2 000.

DOC 2 Une variabilité à l'échelle de plusieurs millénaires

À la belle saison, les plantes à fleurs libèrent de grandes quantités de grains de pollen. Entourés par une enveloppe imputrescible*, ces derniers ne se décomposeront pas s'ils tombent au fond d'un lac, milieu propice à leur conservation. Le prélèvement des sédiments lacustres permet de reconstituer la variation au cours du temps de l'abondance des pollens sous la forme de diagrammes polliniques (a). Chaque espèce végétale produisant un grain de pollen qui lui est spécifique, on en déduit les espèces présentes à chaque période. Connaissant leurs préférences de température et d'humidité, les changements climatiques au cours d'une période donnée peuvent être reconstitués (b).

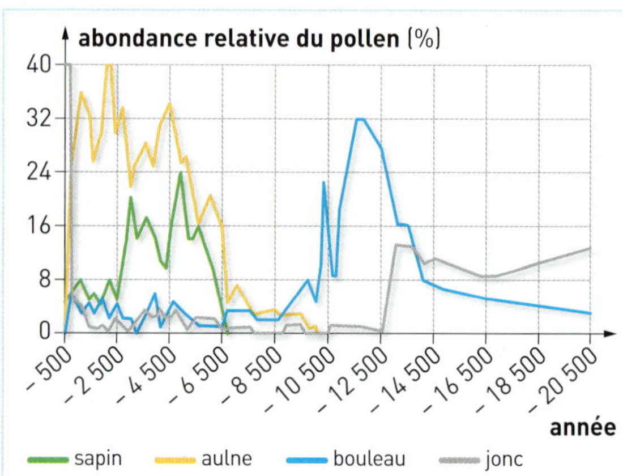

a Diagrammes polliniques du site d'Amsoldingen (Suisse), obtenu avec le logiciel *Paléobiome 2*.

Plantes	Préférences climatiques
sapin	climat froid à tempéré, humide
aulne	climat tempéré, zones humides
bouleau	climat froid, sec ou humide
joncs	climat froid et humide

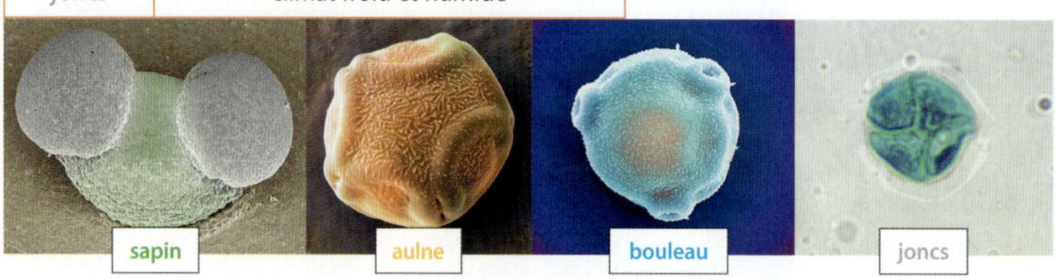

b Préférences climatiques des quatre plantes et leur grain de pollen colorisé artificiellement.

DOC 3

Une variabilité cyclique sur le dernier million d'années

Les prélèvements réalisés dans les calottes* glaciaires permettent d'accéder à de très anciennes glaces. Ainsi, un carottage* de 3,2 km de profondeur, réalisé en Antarctique au Dôme C (a), a permis de prélever en continu des glaces ; les plus profondes, donc les plus anciennes, ayant 800 000 ans.

Des analyses de ces carottes de glace (b) ont été pratiquées soit sur la glace elle-même, soit sur les bulles d'air emprisonnées dans cette glace (c).

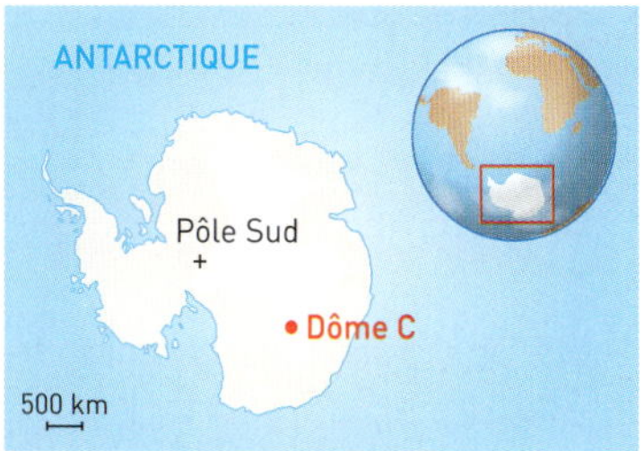

a Situation géographique du forage.

b Carotte de glace.

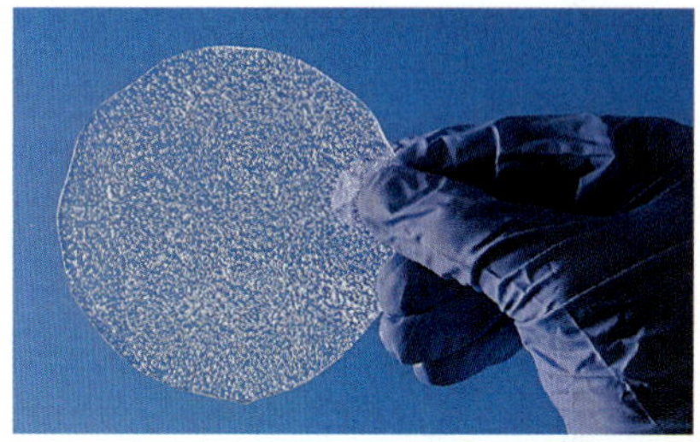

c Bulles d'air dans la glace arctique.

L'étude de l'eau constituant la glace permet de retrouver la paléotempérature* de l'atmosphère au moment de la formation de cette glace. En effet, les atomes d'oxygène composant les molécules d'eau H_2O existent sous deux formes isotopiques, majoritairement ^{16}O et minoritairement ^{18}O, dont les quantités varient d'une année sur l'autre en fonction de la température. La proportion de ces deux isotopes permet d'obtenir la température atmosphérique au moment de la précipitation (d).

L'analyse des bulles d'air piégées permet de retracer l'évolution de la concentration de certains gaz atmosphériques : dioxyde de carbone (e), méthane...

À noter que le taux de CO_2 a franchi le cap des 400 ppm* pour la première fois depuis 800 000 ans en 2014.

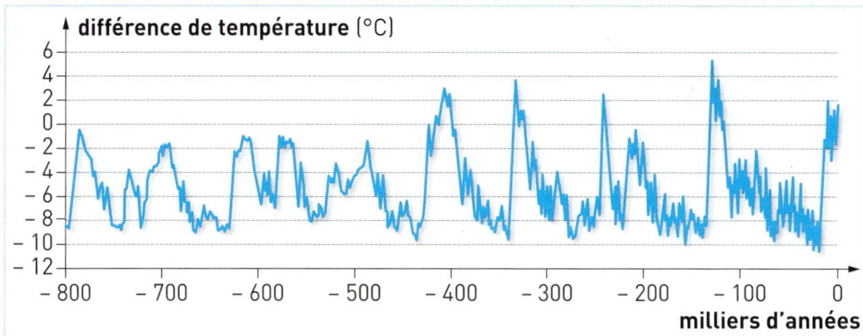

d Évolution de la température par rapport à la moyenne des 1 000 dernières années depuis 800 000 ans.

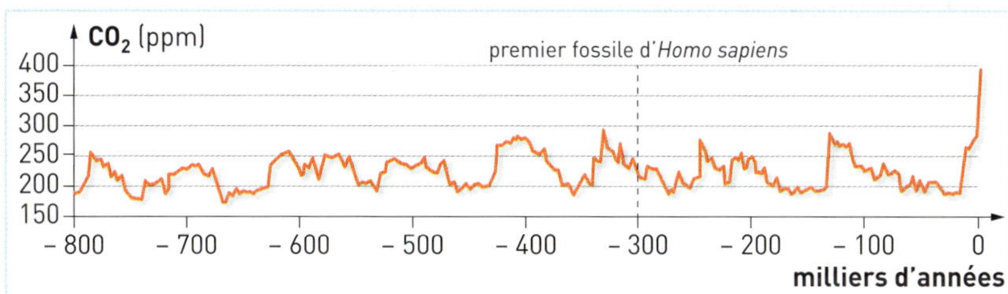

e Taux de CO_2 depuis 800 000 ans.

Pistes de travail

Pour mettre en évidence la variabilité naturelle du climat :

1. **Montrer** que le climat au Japon a varié au cours des derniers siècles (DOC. 1).
2. **Reconstituer** les étapes majeures de l'évolution du climat dans la région d'Amsoldingen entre – 20 000 et – 500 ans (DOC. 2).
3. **Montrer** que l'évolution des températures sur le continent Antarctique varie de façon cyclique depuis 800 000 ans (DOC. 3).
4. **Comparer** les variations de température avec les variations du taux de CO_2 depuis 800 000 ans (DOC. 3). Quelles relations hypothétiques peut-on émettre entre ces deux indicateurs ?

* Lexique en fin de manuel

Des clés pour réussir

- Veiller à suivre la chronologie des graphiques et à en dégager les grandes tendances avant de les décrire.

Activité 4

Un bilan radiatif déséquilibré

Histoire
Enjeu
Débat

SAVOIR-FAIRE
Déterminer la capacité d'un gaz à influencer l'effet de serre à partir de son spectre d'absorption des ondes électromagnétiques.

On appelle bilan radiatif la différence entre l'énergie reçue par la Terre et celle réémise vers l'espace. De 1880 à 2018, on a mesuré un réchauffement climatique global d'environ + 1 °C, ce qui traduit un déséquilibre du bilan radiatif.

Quelles sont les causes de ce déséquilibre radiatif ?

DOC 1 Un bilan radiatif théoriquement équilibré

SCHÉMA ANIMÉ Le bilan radiatif terrestre

bordas Flash PAGE animation

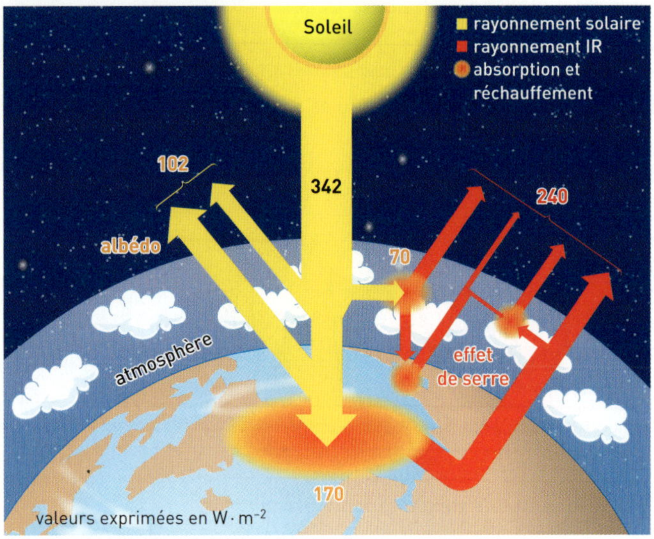

Le bilan radiatif terrestre résulte d'échanges complexes entre l'espace, l'atmosphère et la surface de la Terre.

La Terre reçoit une puissance solaire moyenne de 342 W · m^{-2}. Sa surface et les nuages réfléchissent environ 30 % de la lumière reçue, c'est le phénomène d'albédo*.

Les 70 % restant sont absorbés par l'atmosphère et la surface de la Terre, ce qui provoque l'élévation de leur température. Cette chaleur est évacuée sous la forme d'un rayonnement infrarouge* (IR) dirigé vers le sol et vers l'atmosphère. Une partie de ce rayonnement est piégée par certains gaz nommés gaz à effet de serre* (GES). Ce phénomène participe à l'élévation de la température de l'atmosphère terrestre.

Au final, l'intégralité de l'énergie absorbée par la Terre sera réémise vers l'espace sous la forme d'un rayonnement IR d'où un bilan radiatif équilibré et une température théoriquement stable.

DOC 2 Un bilan radiatif en équilibre dynamique

La reconstitution des températures passées (voir p. 45) montre de nombreuses oscillations qui traduisent des variations de l'équilibre du bilan radiatif. On parle alors d'équilibre dynamique.

Une diminution de la température résulte d'un bilan radiatif négatif, c'est-à-dire d'une quantité d'énergie reçue inférieure à celle réémise.

Inversement, si la quantité d'énergie réémise est inférieure à l'énergie reçue, le bilan radiatif est positif, ce qui se traduit par une hausse de la température de l'atmosphère terrestre.

Ces variations du bilan radiatif sont appelées forçages radiatifs.

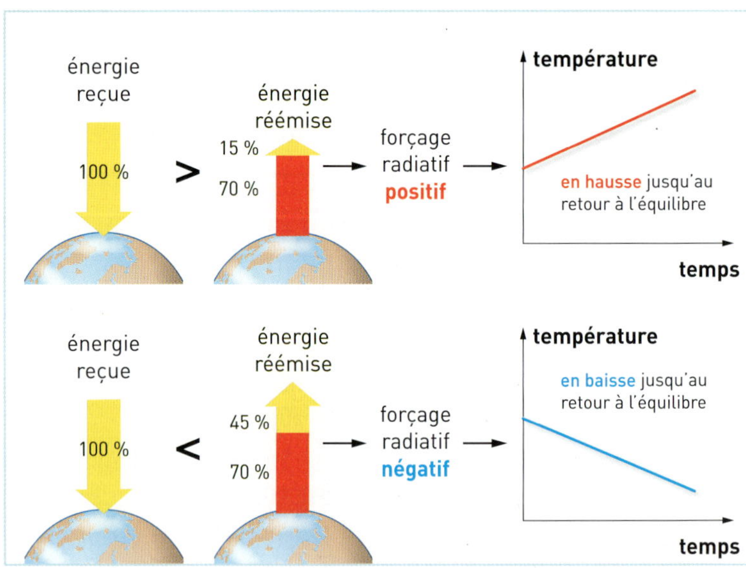

Deux situations de bilan radiatif déséquilibré causées par des variations de l'albédo.

DOC 3 Des pouvoirs de réchauffement différents

Chaque gaz possède un pouvoir de réchauffement global (PRG) qui dépend :

- de sa capacité à absorber le rayonnement IR émis par la Terre (graphique ci-contre) ;
- de son temps de résidence* dans l'atmosphère (tableau ci-dessous).

On peut ainsi montrer que, sur une durée de 100 ans, 1 kg de protoxyde d'azote (N_2O) provoque un réchauffement équivalent à 265 kg de CO_2 !

Gaz	CO_2	CH_4	N_2O
Temps de résidence	100 ans	10 ans	120 ans
PRG (à 100 ans)	1	28	265

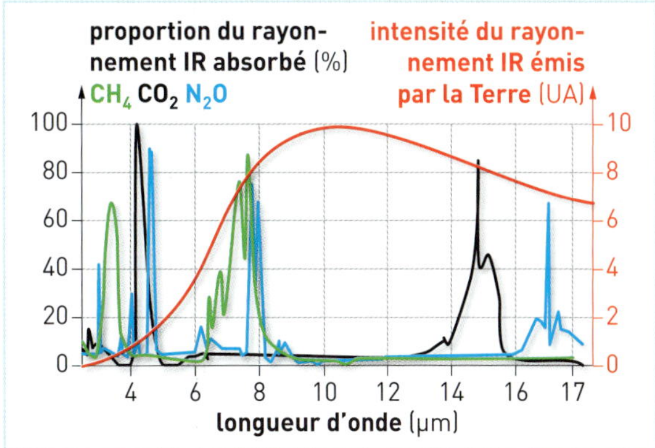

Spectres d'absorption de quelques gaz de l'atmosphère superposés à l'intensité du rayonnement IR émis par la Terre. Rappel : plus une longueur d'onde est courte, plus l'onde véhicule une grande quantité d'énergie.

DOC 4 Activité économique et composition atmosphérique

Le graphique ci-dessous représente l'évolution des teneurs en GES ainsi que l'évolution de la richesse mondiale exprimée par le produit mondial brut (PMB) qui est la somme des produits intérieurs bruts (PIB) de chaque nation. Le PMB est un indicateur de l'activité économique mondiale.

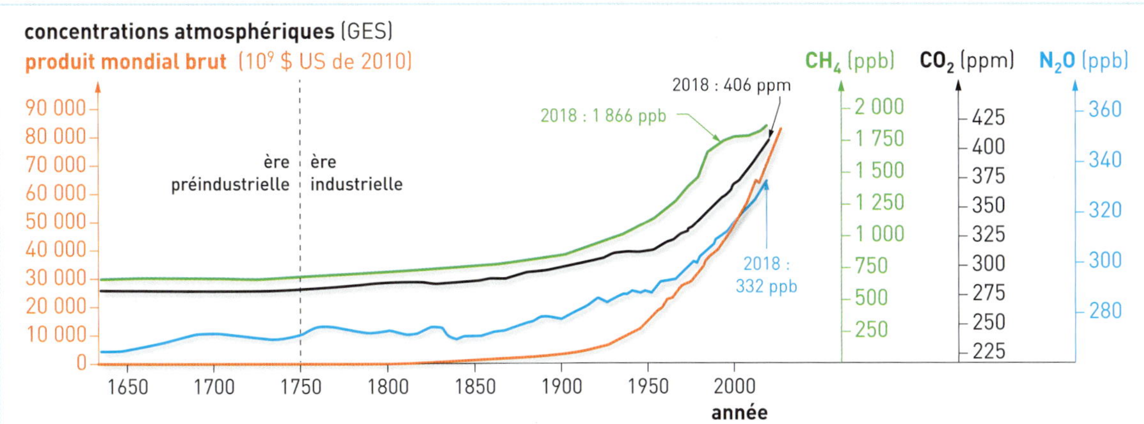

Évolution de la concentration en GES comparée à celle du PMB. 1 ppm = 1 000 ppb.

Pistes de travail

Pour comprendre l'origine du déséquilibre radiatif actuel :

1. **Indiquer** deux autres possibilités de modification du bilan radiatif en précisant les conséquences sur la stabilité de la température moyenne globale (DOC. 1 ET 2).
2. **Expliquer** pourquoi le PRG du protoxyde d'azote est beaucoup plus élevé que celui du dioxyde de carbone (DOC. 3).
3. **Expliquer** alors pourquoi le dioxyde de carbone reste à plus de 20 % un contributeur majeur de l'effet de serre (DOC. 4).
4. **Présenter** à l'aide d'un schéma fonctionnel l'origine du déséquilibre radiatif actuel (DOC. 4).

* Lexique en fin de manuel

Des clés pour réussir

- Réfléchir au lien entre croissance économique et gaz à effet de serre.
- Un schéma fonctionnel peut prendre la forme de liens de cause à conséquence entre différents éléments.

Activité 5

L'amplification du réchauffement climatique

Histoire
Enjeu
Débat

SAVOIR-FAIRE
Identifier les relations de causalité (actions et rétroactions) qui sous-tendent la dynamique d'un système.

Les scientifiques du GIEC (groupe d'experts intergouvernemental sur l'évolution du climat) prévoient en 2100 une augmentation de 1,5 °C de la température moyenne par rapport à 1880. Et cela, même en cas de réduction massive des émissions anthropiques* de GES* !

Comment expliquer cette inquiétante prévision ?

DOC 1 L'eau atmosphérique, paramètre essentiel du réchauffement

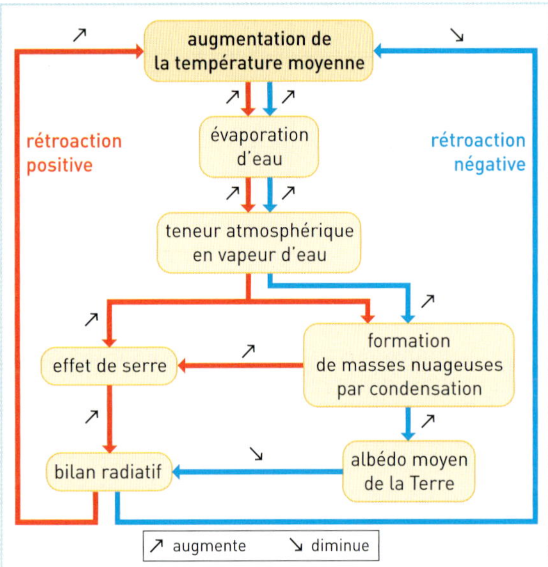

Les influences de l'eau sur la température de la Terre sont nombreuses et complexes.

L'eau atmosphérique est responsable à environ 70 % de l'effet de serre sous forme de vapeur (50 %) et sous forme de nuages (20 %).

Selon certains chercheurs, le réchauffement climatique augmente la concentration atmosphérique en vapeur d'eau. Ainsi, un réchauffement de 3 °C provoque une élévation de 20 % de l'humidité relative de l'air situé à proximité de l'eau. À l'échelle globale, cela provoquerait une accentuation de l'effet de serre et du réchauffement lui-même. Ce phénomène amplificateur de l'augmentation de la température initiale est appelé **rétroaction positive** (schéma ci-contre).

Cependant, ce processus favoriserait la formation de nuages qui, en augmentant l'albédo* moyen, conduirait à une rétroaction négative donc à une modération du réchauffement voire à un refroidissement.

Ces phénomènes sont difficiles à quantifier du fait de la grande variabilité de la concentration atmosphérique en vapeur d'eau qui dépend des conditions météorologiques de la région étudiée et de son altitude.

DOC 2 Le pergélisol, source de GES

Le **pergélisol** (ou permafrost), littéralement « sol gelé en permanence », représente 25 % des terres émergées de l'hémisphère Nord (a). Son épaisseur peut atteindre plusieurs centaines de mètres et contient 1 700 Gt* de carbone d'origine végétale, soit deux fois plus que l'atmosphère. Le réchauffement climatique provoque son dégel partiel d'où des glissements de terrain, une déstabilisation des routes et bâtiments mais surtout l'apparition de thermokarsts (b), cratères remplis d'eau où les bactéries, en décomposant la biomasse, émettent du dioxyde de carbone et du méthane (c).

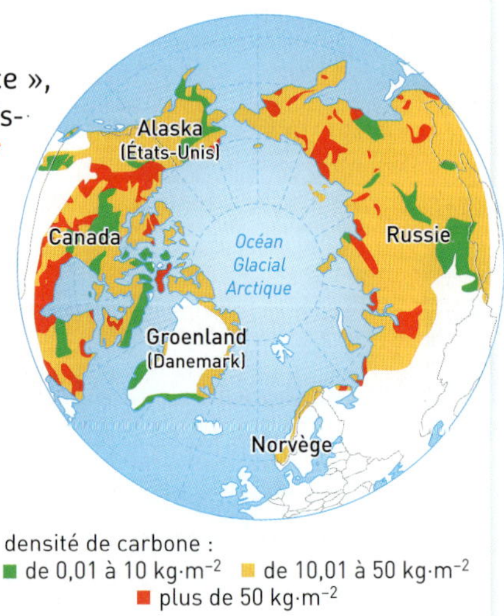

a Pergélisol dans l'hémisphère Nord et densités de carbone stocké.

b Vue aérienne de thermokarsts.

c Bulles de méthane encore piégées sous la glace.

DOC 3 Fonte des glaces et incidence sur l'albédo

Les surfaces glacées et enneigées (banquise*, calotte*, glaciers de montagne) ont un albédo élevé (0,6 à 0,9) et sont responsables d'environ 13 % de l'albédo global de la Terre.

Sous l'effet du réchauffement, ces surfaces ont tendance à diminuer.

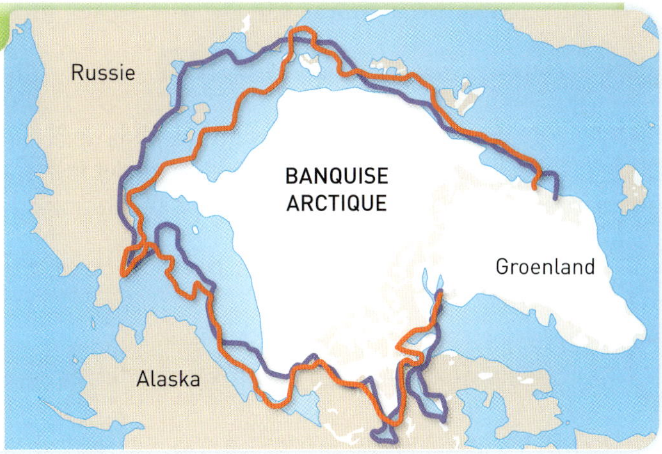

Extension maximale de la banquise arctique en septembre 2018 comparée à celle de 1979 (en violet) et de 2000 (en orange).

DOC 4 L'effet stabilisateur de la végétalisation

Grâce à la photosynthèse*, les végétaux utilisent le CO_2 atmosphérique pour produire leur biomasse*, stockant ainsi une partie de ce carbone dans le bois, les racines mais aussi le sol pour plusieurs dizaines d'années. Ainsi, chaque hectare de forêt tropicale humide contient près de 305 tonnes de carbone. On estime que la végétation mondiale absorbe 25 % de nos émissions de CO_2 par an. L'efficacité de la photosynthèse dépend en partie du taux de CO_2 (a).

Des chercheurs ont évalué l'évolution du nombre de feuilles par mètre carré à l'aide d'observations satellitaires (b) montrant une augmentation de la végétalisation d'environ 18×10^8 ha. Cette croissance est due à 70 % à l'effet fertilisant du CO_2 et à 8 % à l'augmentation de la température.

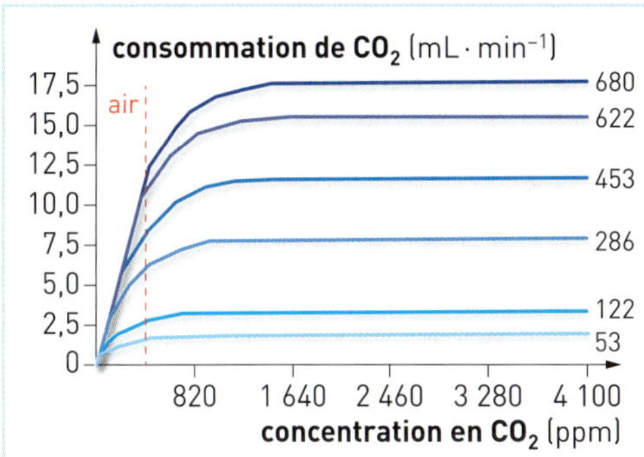

a Efficacité de la photosynthèse en fonction du taux de CO_2 pour différentes puissances solaires (en $W \cdot m^{-2}$).

Cependant, les techniques utilisées ne permettent pas de distinguer les écosystèmes forestiers des agrosystèmes* dont les capacités de stockage sont inférieures. Sans oublier que la déforestation se poursuit à un rythme de 30×10^6 ha · an^{-1}.

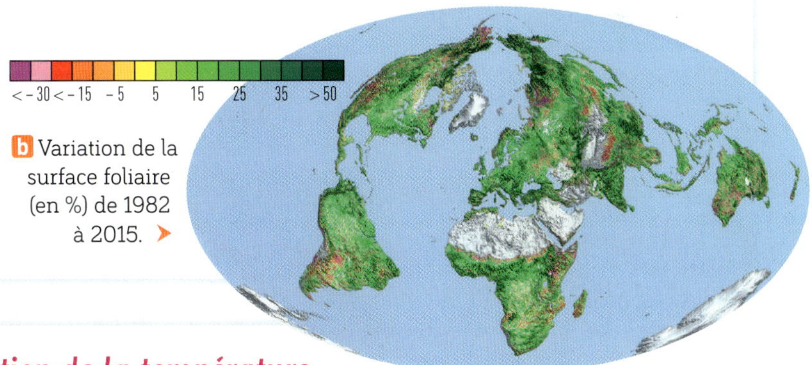

b Variation de la surface foliaire (en %) de 1982 à 2015.

Pistes de travail

Pour expliquer l'augmentation de la température moyenne malgré une réduction des émissions de GES :

1. **Citer** les facteurs à l'origine d'une rétroaction positive ou négative ayant pour origine l'eau atmosphérique (DOC. 1).
2. **Représenter**, à l'aide d'un schéma fonctionnel, l'origine et les conséquences sur le climat du dégel du pergélisol et de la réduction des surfaces englacées (DOC. 2 ET 3).
3. **Démontrer** qu'à court terme, l'augmentation de la végétalisation continentale est à l'origine d'une rétroaction négative sur la température moyenne puis **compléter** votre schéma (DOC. 4).
4. **Justifier** la position du GIEC quant à l'évolution future de la température moyenne de la Terre.

* Lexique en fin de manuel

Des clés pour réussir

- Prendre comme modèle le schéma du DOC. 1.
- Penser à titrer, légender et utiliser des couleurs.
- Il est possible de réaliser des calculs.

Activité 6

Océans et réchauffement climatique

Histoire
Enjeu
Débat

SAVOIR-FAIRE
Réaliser une expérience mettant en évidence la différence d'impact entre la fusion des glaces continentales et des glaces de mer. Estimer la variation du volume de l'océan associée à une variation de température.

Les océans représentent 70 % de la surface du globe. Il existe de nombreuses interactions entre les océans et le système climatique ; interactions qui pourraient être déterminantes dans l'évolution du climat.

Comment les océans et le climat s'influencent-ils ?

DOC 1 Les rôles amortisseurs et aggravateurs des océans

Les océans peuvent être assimilés à un parallélépipède rectangle (a). Du fait du faible albédo* océanique, les océans absorbent la majorité de l'énergie du système climatique terrestre (b).

L'eau dispose d'une forte inertie thermique* : pour augmenter sa température de 1 °C, il faut lui apporter 4 fois plus d'énergie qu'à l'air. En conséquence, l'augmentation de sa température est plus lente. Sur une échelle de temps de quelques siècles, la chaleur accumulée dans les océans rejoindra l'atmosphère rendant irréversible le réchauffement climatique.

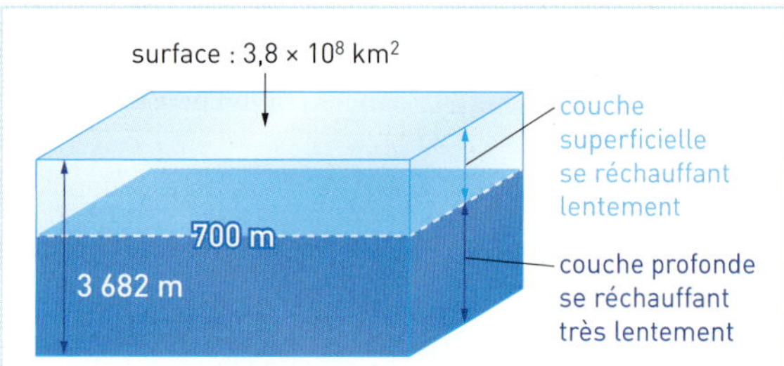

a Modèle simplifié du domaine océanique terrestre.

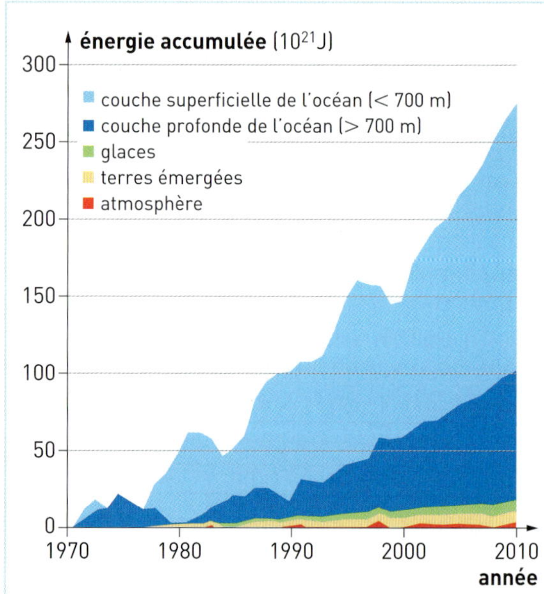

b Estimation de l'énergie accumulée par le système climatique terrestre de 1971 à 2010.

DOC 2 Une élévation inquiétante du niveau de la mer

De 1940 à 2010, le réchauffement climatique a eu pour conséquence une augmentation de la température de surface des océans d'environ 0,4 °C, la perte de 13 millions de tonnes de glaces continentales, la disparition de 4 millions de km² de banquise* et une élévation moyenne du niveau de la mer de 15 cm.

Le GIEC* estime que l'élévation moyenne maximale du niveau de la mer d'ici 2100 serait d'environ 1 m. Cela aura pour conséquence un changement du contour des côtes (ci-contre) impactant plus de 800 millions de personnes dans le monde.

LIEN VERS... le site *Flood Firetree*

bordas Flash PAGE lien web

Les côtes néerlandaises, avec une élévation du niveau de la mer de 1 m.

Pour mener une investigation

Le site *Flood firetree* permet de visualiser les effets d'une augmentation du niveau marin.

- Régler l'élévation du niveau marin à + 1 m.
- Choisir l'affichage en images satellite.
- Rechercher les régions du monde les plus sensibles à l'augmentation du niveau marin à différentes échelles géographiques (continentales, nationales, régionales...).

DOC 3 **Mise en évidence des causes de l'élévation du niveau de la mer**

VIDÉO BONUS *Time laps* de l'expérience

bordas Flash PAGE vidéo

Démarche expérimentale

Évaluation de l'effet de la fonte des glaces (a)

- Préparer deux béchers remplis d'eau de façon identique.
- Préparer deux échantillons de glace de masses identiques.
- Disposer la glace dans chaque bécher, soit sur un support soit dans l'eau, et repérer le niveau d'eau initial.
- Laisser fondre la glace et comparer le niveau d'eau final au niveau d'eau initial.

Évaluation de l'effet de l'augmentation de la température de l'eau sur le volume qu'elle occupe

À l'aide du dispositif représenté (b), on cherche à vérifier que l'eau chaude prend plus de volume que l'eau froide et à quantifier ce phénomène par une estimation du coefficient de dilatation thermique de l'eau, exprimée par la formule :

$$\alpha = \frac{\Delta V}{V_i \cdot \Delta T}$$

α : coefficient de dilatation thermique (°C^{-1})
ΔV : variation de volume (mL)
ΔT : variation de température (°C)
V_i : volume d'eau initial (mL)

- Remplir l'erlenmeyer d'eau salée (à 33 g · L^{-1}) à ras du bord puis le refermer délicatement de façon à ce que l'eau monte dans la pipette à mi-hauteur.
- Noter la valeur V_i en tenant compte du volume de l'erlenmeyer et de celui de la pipette.
- Relever la température initiale T_i (idéalement entre 15° et 20 °C).
- Mettre en route le dispositif de chauffage.
- Relever la température $T°$ à chaque changement de graduation du niveau d'eau dans la pipette et calculer ΔT.
- Calculer α.

Le tableau ci-dessous donne un exemple de résultats.

ΔV (mL) avec V_i = 510 mL	0,1	0,2	0,3	0,4	0,5
$\Delta T = T° - T_i$ (°C)	0,8	1,5	2,3	3	3,7

a Début de l'expérience (en haut) et exemple de résultats (en bas).

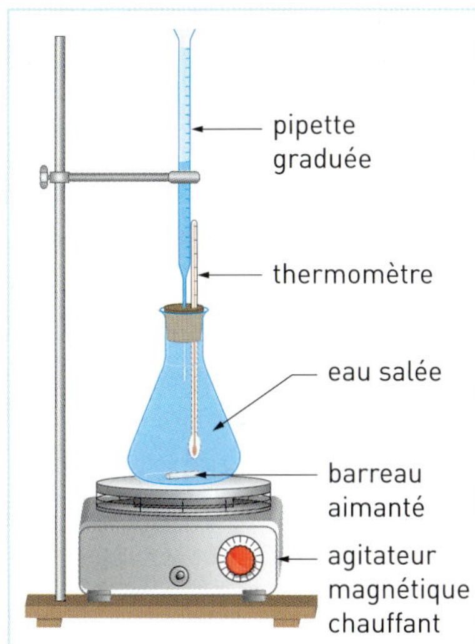

b Dispositif de détermination du coefficient de dilatation thermique de l'eau de mer.

Pistes de travail

Pour comprendre les interactions entre océans et climat :

1. **Expliquer** pourquoi les océans limitent le réchauffement de l'atmosphère à court terme mais peuvent l'aggraver sur le long terme (DOC. 1).
2. **Estimer** l'élévation du niveau marin imputable à la fonte des glaces entre 1940 et 2010 (DOC. 1 À 3).
3. **Calculer** le coefficient de dilatation thermique de l'eau de mer puis l'élévation du niveau marin imputable à la dilatation thermique des océans. **Comparer** les valeurs obtenues entre elles et à l'élévation réelle (DOC. 1 À 3).
4. **Récapituler** sous la forme d'un schéma fonctionnel les interactions océans-climat mises en évidence.

* Lexique en fin de manuel

Des clés pour réussir

- Ne tenir compte que de la couche superficielle dans le calcul du volume océanique.
- 1 kg de glace équivaut à un volume de $1{,}09 \times 10^{-3}$ m^3 d'eau liquide.

COURS

Flash PAGE podcast DYS

1 Vers une définition du climat

Caractériser le **climat** d'une région de la Terre revient à déterminer, pendant une période donnée, les valeurs moyennes de plusieurs grandeurs atmosphériques. Ces dernières sont principalement la température, la pluviométrie, la pression, l'hygrométrie, la nébulosité, la vitesse et la direction des vents. Il faut également prendre en compte la fréquence des épisodes de canicule, de sécheresse, de grand froid, le volume océanique, l'étendue des banquises et des glaciers continentaux… Autrement dit, tous les caractères statistiques météorologiques (moyennes et écarts à la moyenne) définissent le climat d'une région de la planète.

L'étude du climat global terrestre est basée principalement sur les variations de la température moyenne globale. Celle-ci est calculée à partir de mesures en différents points du globe et de données satellites.

La climatologie s'intéresse donc aux mêmes phénomènes atmosphériques que la météorologie mais s'en distingue par deux points. Les études météorologiques se font sur un court terme (jours et semaines) dans un but prévisionnel, alors que les études climatologiques concernent les variations à moyen ou long terme (années, siècles, millénaires…) (**Fig. 1**).

Fig. 1 : Le climat nous indique quels vêtements acheter pour l'année, la météo quels vêtements porter la journée.

2 La variabilité naturelle du climat

Le climat terrestre présente une variabilité naturelle observable sur plusieurs échelles de temps. Ces variations peuvent être identifiées grâce à différents indicateurs.

Une variabilité à l'échelle des siècles et millénaires

Les relevés de la date des vendanges en France depuis plus d'un siècle indiquent une période de réchauffement climatique au cours des 50 dernières années (**Fig. 2**).

L'analyse des pollens conservés dans les sédiments lacustres permet de reconstituer les environnements végétaux passés et les climats dont ils dépendent.

Exemple : Une abondance de pollens de graminées et une diminution de pollens d'arbres témoignent d'un refroidissement comme ce fut le cas au Dryas récent en Europe entre – 12 700 et – 11 700 ans.

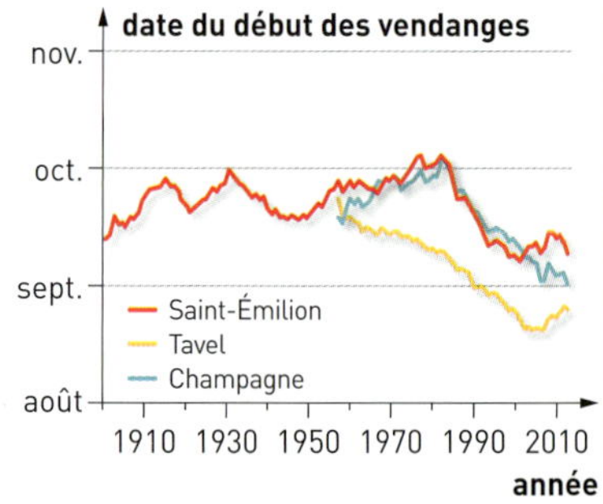

Fig. 2 : Évolution de la date des vendanges dans trois vignobles français.

Une variabilité à l'échelle du million d'années

La composition isotopique des atomes des molécules d'eau des glaces polaires et la composition gazeuse des bulles d'air fossiles qu'elles contiennent montrent que depuis 800 000 ans, la Terre a périodiquement subi des changements climatiques majeurs. Des périodes froides (glaciaires) ont alterné avec des périodes chaudes (interglaciaires), un cycle de 100 000 ans rythmant les maxima glaciaires (**Fig. 3**). Une corrélation existe entre la température et le taux de CO_2 atmosphérique : les périodes chaudes s'accompagnent d'une augmentation nette de la teneur en CO_2 et inversement pour les périodes glaciaires.

Au cours de ces 800 000 dernières années, la température a connu des variations naturelles mais jamais aussi rapides qu'au cours du réchauffement climatique global observé depuis le début de l'ère industrielle (environ + 1 °C depuis le début du siècle dernier). Parallèlement, jamais la concentration atmosphérique en CO_2 n'a augmenté aussi rapidement qu'actuellement ; ainsi, le seuil des 400 ppm a été dépassé en 2014 pour la première fois depuis 800 000 ans.

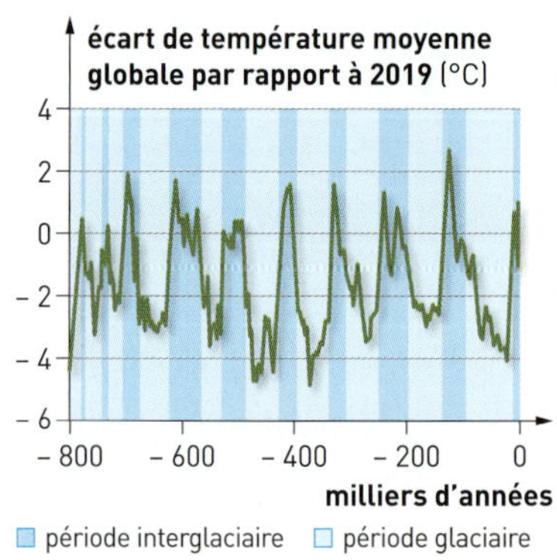

Fig. 3 : Alternance des périodes glaciaires et interglaciaires depuis les derniers 800 000 ans.

3 Un bilan radiatif déséquilibré

Le bilan radiatif terrestre est la différence entre la puissance reçue par la planète et celle réfléchie (albédo) à laquelle s'ajoute celle réémise vers l'espace sous forme d'infrarouge. Si le bilan radiatif est équilibré, la température moyenne de la Terre est stable. Or, le réchauffement climatique global récent traduit un bilan radiatif déséquilibré et positif (**Fig. 4**).

Ce phénomène est provoqué par l'augmentation de la teneur en gaz à effet de serre (GES) dans l'atmosphère, en partie d'origine anthropique. Quatre gaz principaux (H_2O, CO_2, CH_4 et N_2O) piègent une plus grande fraction du rayonnement infrarouge émis par la surface de la Terre. En retour, ils émettent un rayonnement infrarouge vers le sol entraînant un réchauffement de la température de surface.

Un bilan radiatif positif est provoqué par l'intensification de l'effet de serre correspondant à un forçage radiatif positif à l'origine du réchauffement climatique.

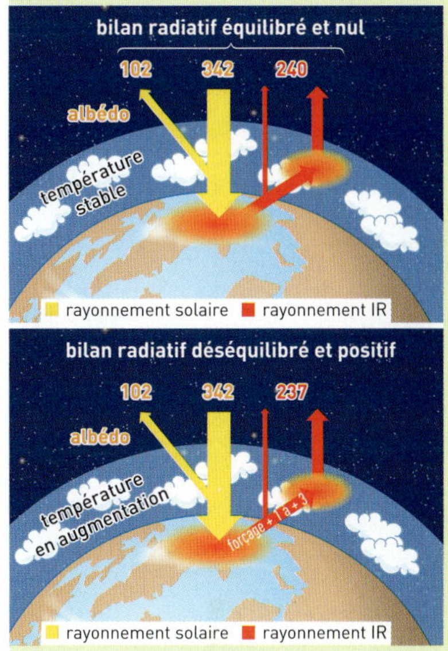

Fig. 4 : Bilan radiatif équilibré (en haut) et déséquilibré (en bas) dû à l'accentuation de l'effet de serre. Les valeurs sont en $W \cdot m^{-2}$.

4 Un réchauffement inéluctable ?

Un emballement du système climatique

Même en cas de réduction importante des émissions de GES, la température moyenne augmentera d'environ 1,5 °C en 2050 par rapport à 1850. En effet, l'élévation initiale de la température est à l'origine de différents mécanismes amplificateurs qui entraînent des rétroactions positives sur ce réchauffement (Fig. 5).

Parmi ces mécanismes, on peut citer :
- l'augmentation de la teneur en vapeur d'eau atmosphérique (par évaporation) ;
- une baisse de l'albédo terrestre, du fait de la diminution des surfaces glacées ;
- le dégel du **pergélisol** provoquant une libération de GES (CO_2 et CH_4).

Néanmoins, l'accroissement de la végétalisation conduit à un stockage du CO_2 sous forme de carbone organique, ce qui est un exemple de rétroaction négative.

Le rôle particulier des océans

Les océans accumulent dans leurs couches superficielles 95 % du surplus d'énergie lié au forçage radiatif. Ceci a pour conséquence une **dilatation thermique** élevant le niveau de la mer, phénomène accentué par la fonte des glaces continentales. Sur une courte échelle de temps (quelques décennies), les océans exercent un rôle amortisseur sur l'augmentation de la température moyenne globale car ils se réchauffent moins vite que l'atmosphère.

Sur une longue échelle de temps (plusieurs siècles), la chaleur océanique accumulée retournera dans l'atmosphère rendant ainsi le réchauffement irréversible.

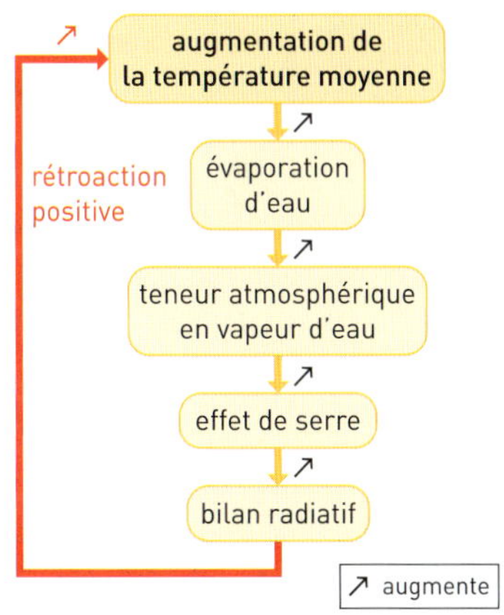

Fig. 5 : Un exemple de rétroaction positive.

Le vocabulaire à retenir

Flash PAGE cartes mémo

- **Climat :** description des moyennes des conditions atmosphériques (températures, précipitations, pressions…) observées localement ou globalement sur une période minimale d'un an.
- **Dilatation thermique :** augmentation du volume d'un corps due à l'élévation de sa propre température.
- **Température moyenne globale :** valeur moyenne des multiples relevés de température à la surface de la Terre.
- **Pergélisol :** partie du sol gelée en permanence pendant au moins deux années consécutives.
- **Rétroaction positive :** action amplifiante d'un système sur le processus qui l'a initialement modifié.
- **Forçage radiatif :** déséquilibre du bilan radiatif conduisant à un changement de température, il est provoqué par une variation de l'albédo, de l'effet de serre ou de la puissance solaire reçue.

L'essentiel en images

Flash PAGE bilan animé

1 La variabilité climatique

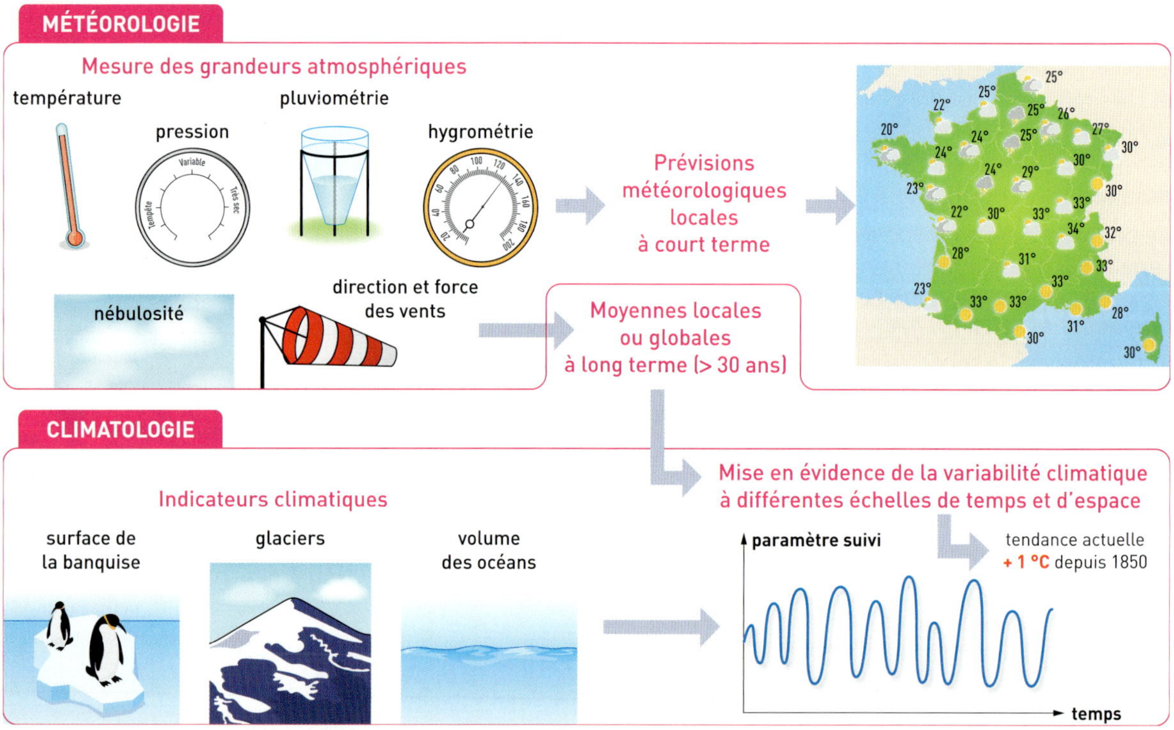

2 Un réchauffement irréversible ?

Les activités humaines accentuent l'effet de serre (❶), provoquant une augmentation de la température moyenne globale (❷) qui s'autoamplifie par rétroactions positives (⊕) plus importantes que les rétroactions négatives (⊖).

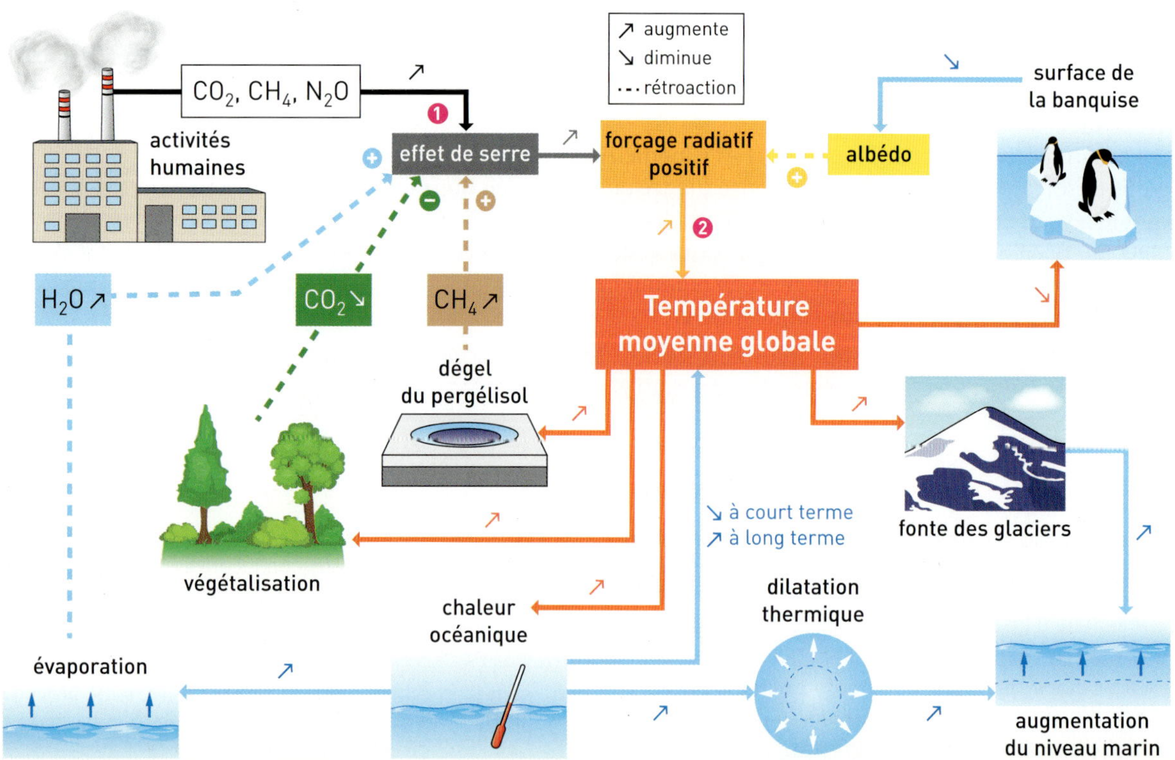

Les savoir-faire du chapitre

Distinguer des données relevant du climat d'une part, de la météorologie d'autre part	8
Identifier des traces géologiques de variations climatiques passées	6 7
Identifier des tendances d'évolution de la température à partir de graphiques	11
Interpréter des documents donnant la variation d'un indicateur climatique	10
Déterminer la capacité d'un gaz à influencer l'effet de serre à partir de son spectre d'absorption des ondes électromagnétiques.	9
Identifier les relations de causalité (actions et rétroactions) qui sous-tendent la dynamique du système climatique.	4
Estimer la variation du volume de l'océan associée à une variation de température limitée à une couche superficielle d'épaisseur donnée.	12

Vérifier ses connaissances EN AUTONOMIE

Réponses en fin de manuel

bordas Flash PAGE corrigés détaillés

1 Question à réponse unique

Pour chaque question, choisir l'unique bonne réponse.

	1	2	3	4
A - Parmi les grandeurs atmosphériques suivantes, celle qui ne concerne pas la météorologie est :	la pression.	la température.	la qualité de l'air.	la pluviométrie.
B - La climatologie étudie les variations du climat sur des périodes de plusieurs :	heures.	jours.	semaines.	années.
C - Lorsque la concentration des GES augmente, la puissance radiative reçue par le sol :	ne varie pas.	augmente.	diminue.	chute.
D - L'élévation du niveau marin ne résulte pas de la fonte :	des glaces continentales.	des banquises.	des calottes glaciaires.	du pergélisol.

2 Résumer les notions essentielles du cours

Répondre par un texte court.

a. Citer les principaux indicateurs du climat global.

b. Comparer météorologie et climatologie.

c. Expliquer en quoi l'augmentation de la concentration actuelle du CO_2 atmosphérique est exceptionnelle.

d. Préciser les mécanismes qui amplifient, par rétroaction positive, la température terrestre moyenne.

3 Avoir un regard critique

Démontrer que les affirmations suivantes sont fausses.

a. Le climat de la Terre ne varie pas sur de grandes échelles de temps.

b. La montée actuelle du niveau des océans résulte de la seule fonte des glaces continentales.

c. L'accroissement du couvert végétal constitue une source de CO_2 et exerce ainsi une rétroaction positive sur le réchauffement climatique.

4 Compléter un schéma bilan

Relier entre eux les cinq éléments ci-dessous.

- soit par une flèche noire ↗ qui signifie « provoque » ;
- soit par une flèche rouge ↗ qui signifie « rétroaction positive ».

bilan radiatif positif

effet de serre accru

hausse de la teneur en vapeur d'eau atmosphérique

évaporation de l'eau océanique accentuée

élévation de la température moyenne de la Terre

5 Retour sur les problématiques à l'oral

Reprendre les problématiques de la page 39 et y répondre oralement en 10 minutes maximum.

Exercice résolu EN AUTONOMIE

6 Reconstituer le climat par l'étude des pollens fossiles

L'accumulation des sédiments au fond de la tourbière de Chirens (Isère) a permis de reconstituer les oscillations climatiques depuis la fin de la dernière glaciation, il y a plus de 18 000 ans. En effet, ces dépôts sédimentaires, riches en grains de pollens fossiles, permettent de retracer l'histoire du climat.

- Une abondance de plantes herbacées comme l'armoise et un recul de la forêt indique par exemple un refroidissement. C'est le contraire en cas de réchauffement.
- Bouleaux et pins sont des arbres des forêts boréales mais ne supportent pas les grands froids et s'accommodent des climats tempérés que le noisetier affectionne.
- Les genévriers communs sont des buissons qui aiment la chaleur.
- L'armoise est commune dans les steppes froides et tempérées.

1. **Expliquer** comment il est possible de reconstituer les paléoclimats à partir de l'étude de grains de pollens fossiles.

2. **Présenter**, sous la forme d'un tableau, les principales oscillations climatiques depuis le Dryas ancien ainsi que les associations végétales correspondantes.

Les clés de l'énoncé

- Par **oscillations climatiques**, on entend les variations du climat.
- Il faut prêter une grande attention à la description des exigences climatiques des différentes espèces.

Les questions à la loupe

- La question **1** mobilise les connaissances.
- La question **2** nécessite d'exploiter le document.

Quelques conseils

- Bien lire le diagramme pollinique en partant des périodes les plus anciennes vers les périodes les plus récentes.
- Prendre en compte l'ensemble des données polliniques et ne pas se focaliser sur une seule.

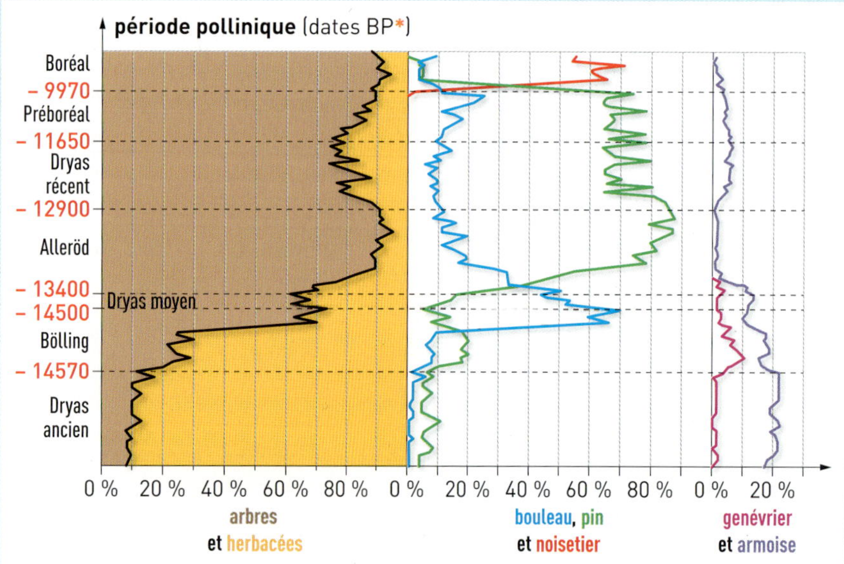

Extraits des diagrammes polliniques de la tourbière de Chirens.

Exemple de corrigé

1. et **2.** Nous savons que chaque grain de pollen est caractéristique de l'espèce de plante qui l'a produit. Or, tout végétal a des exigences climatiques plus ou moins marquées. En reconstituant la végétation, on retrouve donc le climat.

Périodes	Exemples d'associations végétales	Climats
Dryas ancien	herbacées dominantes	climat froid
Bölling	arbres en hausse, armoise en baisse	réchauffement
Alleröd	armoise et genévrier absents	climat tempéré
Dryas récent	hausse armoise, baisse arbres	refroidissement
Préboréal	baisse armoise, hausse arbres	réchauffement
Boréal	présence de noisetier	climat tempéré

S'entraîner

Exercice similaire EN AUTONOMIE *Solutions en fin de manuel* bordas Flash PAGE corrigé détaillé

7 Reconstituer le climat par l'étude des foraminifères fossiles

Neogloboquadrina pachyderma est un foraminifère* planctonique dont l'enroulement du test (le « squelette ») dépend de la température de l'eau de surface de la mer. Il est dextre (vers la droite) lorsque l'eau de surface est chaude et senestre (vers la gauche) lorsque l'eau de surface est froide.

Le graphique ci-contre indique les proportions de tests de foraminifères à enroulement dextre trouvés dans les sédiments marins des côtes de Norvège.

- **Identifier les oscillations climatiques majeures depuis 15 000 ans en mer de Norvège.**

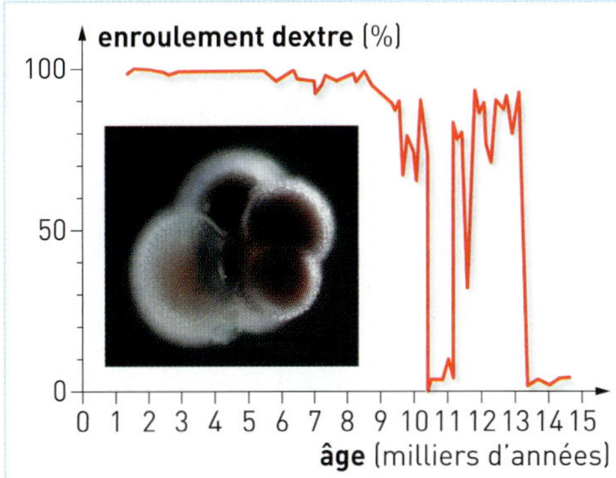

8 L'évolution de l'étendue de la banquise arctique

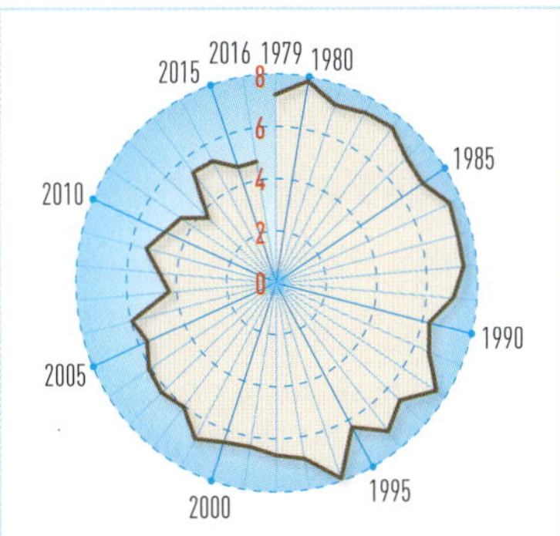

Évolution de l'étendue de la banquise arctique en millions de km² (moyenne pour les mois de septembre). *Source : NASA/NOAA.*

Chaque année, la banquise arctique s'épaissit et s'étend de l'automne à l'hiver puis s'amincit et rétrécit du printemps à l'été. Néanmoins, l'évolution pluriannuelle de son étendue peut être suivie en prenant le même mois comme référence (graphique ci-contre).

1. Expliquer comment se forme la banquise arctique.
2. Commenter l'évolution de sa superficie de 1979 à 2016.
3. Justifier si cette évolution constitue un indicateur météorologique ou climatique.
4. Préciser si cette évolution contribue à l'augmentation du niveau marin.

Coup de pouce

Ne pas confondre banquise, calotte polaire, glacier de montagne et iceberg qui sont différentes formes de masses de glace.

9 Spectres d'absorption de l'infrarouge et effet de serre

L'effet de serre est provoqué par l'absorption du rayonnement infrarouge (IR) émis par la surface terrestre par certains gaz de l'atmosphère.

Le domaine IR est défini comme étant un rayonnement électromagnétique dont la longueur d'onde est comprise entre 0,8 et 1 000 µm. Cependant, l'essentiel du rayonnement IR terrestre se situe entre 7 et 16 µm.

1. En vous basant uniquement sur les données du graphique, classer les gaz de celui ayant potentiellement la plus grande influence sur l'effet de serre à celui en ayant le moins. Justifier votre réponse.
2. Citer deux autres paramètres dont il faut tenir compte pour évaluer le pouvoir de réchauffement d'un gaz à effet de serre.

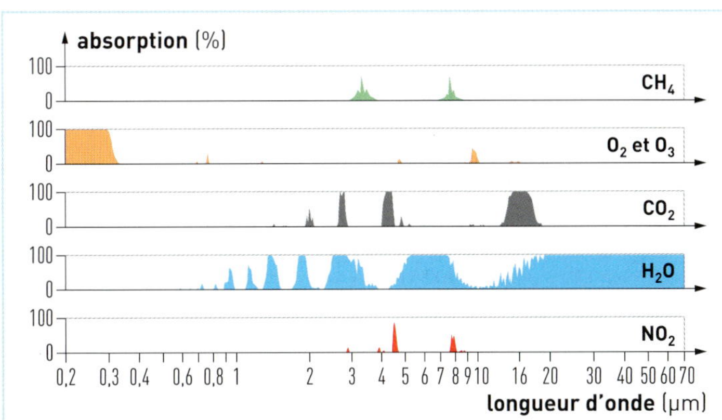

Spectre d'absorption des gaz de l'atmosphère en fonction de la longueur d'onde.

S'entraîner

10 La Mer de Glace au cours des 20 prochaines années

L'évolution future de la Mer de Glace, le plus célèbre glacier alpin français, a été modélisée pour les années 2020, 2030 et 2040. L'étendue du retrait et la perte d'épaisseur de la « langue glaciaire » sont représentées ci-dessous.

Trois scénarios climatiques ont été envisagés : absence d'augmentation de la température (contour vert), augmentation de 0,02 °C (ligne jaune) et augmentation de 0,04 °C (ligne orange).

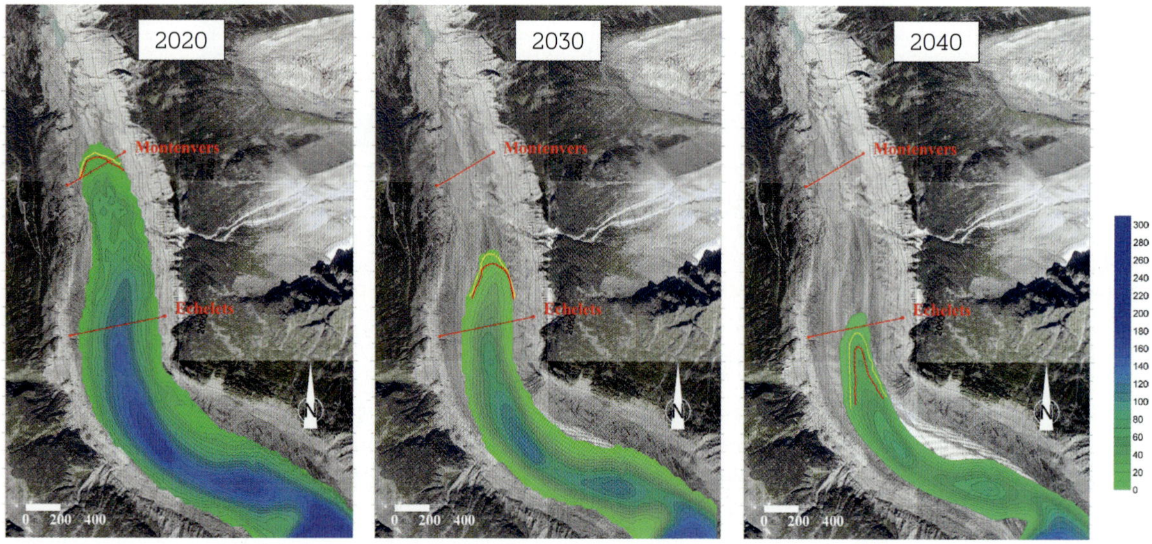

Modélisation des changements de la Mer de Glace en 2020, 2030 et 2040. *Source : Vincent et al., 2014.*

Indiquer, pour chacune des propositions ci-dessous, l'unique bonne réponse.

1. Quel que soit le scénario climatique envisagé, l'étendue du glacier :
- **a.** augmentera.
- **b.** se stabilisera.
- **c.** diminuera.

2. En 2040, le glacier aura reculé de :
- **a.** 0,5 km.
- **b.** 1 km.
- **c.** 2 km.

3. La perte d'épaisseur maximale sera de :
- **a.** 100 m.
- **b.** 200 m.
- **c.** 300 m.

4. Le glacier reculera surtout vers :
- **a.** le nord.
- **b.** le sud.
- **c.** l'est.
- **d.** l'ouest.

5. L'étendue de la Mer de Glace est un indicateur du climat global :
- **a.** fiable.
- **b.** incertain.
- **c.** inapproprié.

11 Une comparaison de la température moyenne en France et sur la planète

L'évolution de la température moyenne de la planète (à gauche) et de la France métropolitaine (à droite) est donnée en écart par rapport à la moyenne des années 1951-1980 (*sources : NASA et Météo-France*).

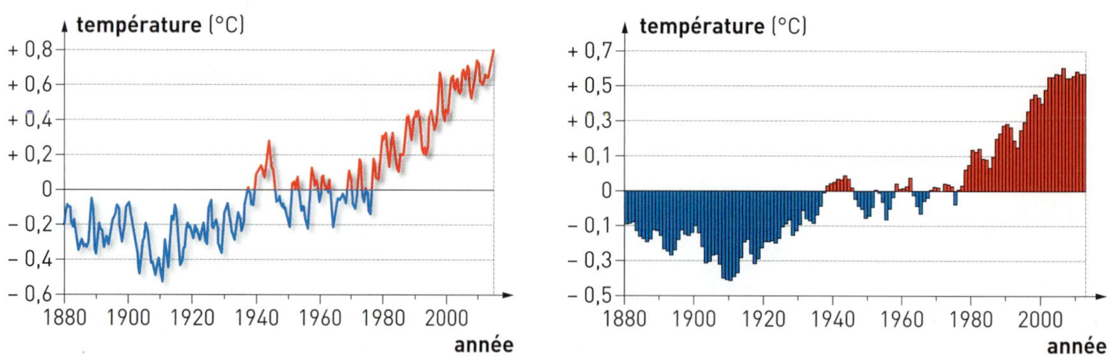

- **Indiquer si l'évolution de la température moyenne en France est comparable à celle de la Terre depuis 1880.**

Coup de pouce
Penser à situer dans le temps et quantifier le réchauffement climatique actuel.

S'entraîner

Prépa BAC Vers l'E3C

12 Élévation du niveau marin et dilatation thermique

L'évolution du niveau marin est l'un des nombreux indicateurs climatiques attestant de la réalité du réchauffement global actuel.

Pour de nombreux auteurs, l'augmentation de la température moyenne des océans (évaluée à + 0,8 °C depuis 1900) est la cause principale de l'élévation du niveau de la mer (a) par dilatation thermique.

On cherche ici à vérifier cette affirmation.

1. Rappeler l'autre origine de l'augmentation du niveau de la mer.
2. Calculer l'élévation moyenne annuelle du niveau de la mer de 1900 à 2017.

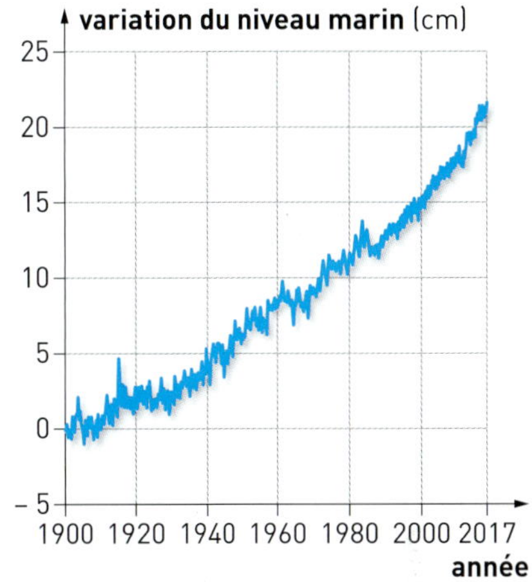

a Variation du niveau marin de 1900 à 2017 par rapport au niveau moyen de l'année 1900.

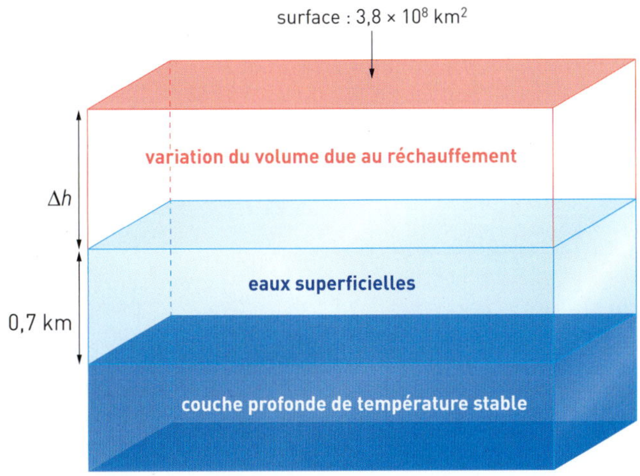

b Représentation simplifié de l'ensemble des océans.

La température de la tranche d'eau superficielle varie davantage que celle des eaux plus profondes (b). Elle est donc plus sensible au réchauffement de l'atmosphère.

La valeur du coefficient de dilatation thermique dépend de la température de l'eau (c).

La variation de volume de l'eau provoquée par une variation de sa température est donnée par la relation suivante :

$$\boldsymbol{\Delta V = \alpha \cdot V_i \cdot \Delta T}$$

α : coefficient de dilatation thermique (°C^{-1})
ΔV : variation de volume
ΔT : variation de température (°C)
V_i : volume d'eau initial

3. À partir des données du document b, calculer V_i, le volume initial des eaux superficielles.
4. Sachant que la température moyenne des eaux superficielles est d'environ 10 °C, donner la valeur α à utiliser.
5. Calculer ΔV.
6. En déduire l'élévation du niveau marin Δh, due à la dilatation thermique, de 1900 à 2017.
7. Déterminer si la dilatation thermique des océans est effectivement la cause principale de l'augmentation du niveau de la mer.

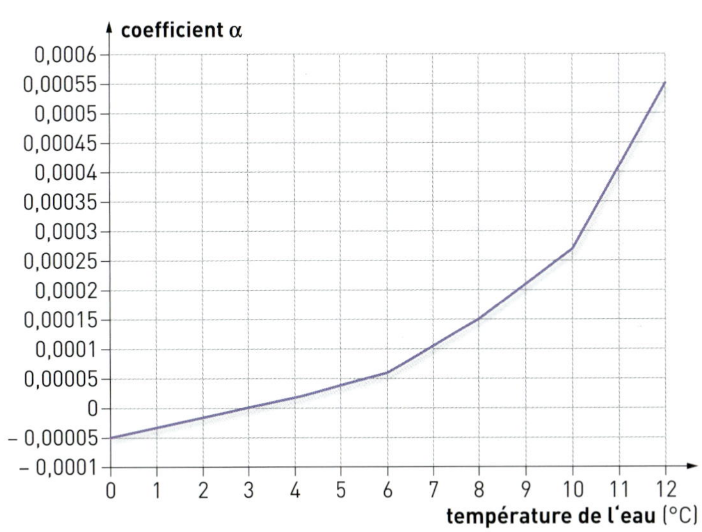

c Coefficient de dilatation thermique de l'eau en fonction de sa température. >

Je retrouve ce que je sais déjà EN AUTONOMIE

Réponses en fin de manuel bordas Flash PAGE corrigés détaillés

SITUATION 1 : Les modèles scientifiques

Il est souvent impossible de mener des expériences sur des phénomènes dont l'échelle géographique et/ou temporelle est bien supérieure à celle d'un être humain. Les scientifiques font alors appel à des modèles.

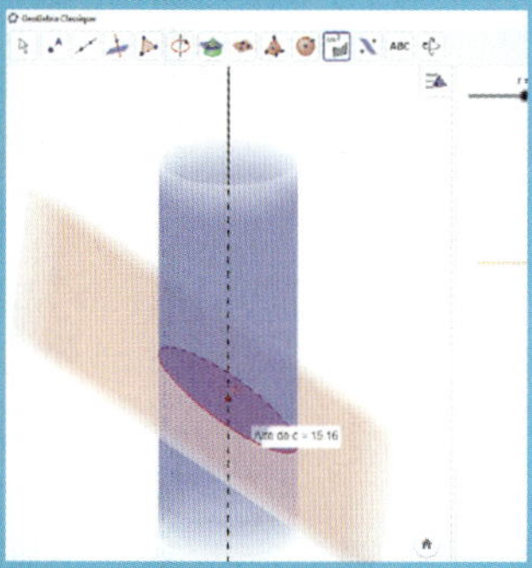

Par exemple, l'étude des climats peut s'effectuer à l'aide d'un modèle analogique (à droite) ou d'un modèle numérique (à gauche).

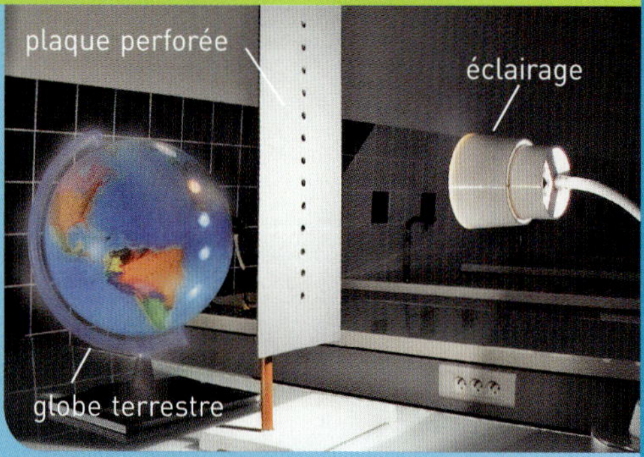

Donner une définition simple de l'expression « modèle scientifique ».

Envisager les divers avantages d'un modèle par rapport à une expérimentation classique.

SITUATION 2 : Combustion et pollution

Depuis la maîtrise du feu il y a 800 000 ans, nous sommes à la recherche de combustibles permettant de produire l'énergie nécessaire à nos besoins grandissants de chauffage, de transport et de production d'électricité.
La combustion dégage du dioxyde de carbone (CO_2), gaz à effet de serre vu comme le responsable principal du changement climatique.

Citer quelques combustibles à l'origine d'un dégagement de CO_2 et utilisés dans la vie quotidienne.

SITUATION 3 : Les conséquences du réchauffement climatique sur la biosphère

Dans le monde, il reste moins de 2 000 pandas.
Leur alimentation est essentiellement basée sur la consommation de trois espèces de bambou (un panda géant consomme environ 35 kg de bambou par jour).
Or, ces espèces de bambou ne se reproduisent que tous les 30 à 35 ans. Selon certains chercheurs, le changement climatique pourrait rapidement réduire les surfaces occupées par ces bambous, déjà amoindries par la déforestation.

Quelles seraient les conséquences du changement du climat sur les populations de pandas et, d'une façon plus générale, sur les écosystèmes ?

PARTIE 1

Chapitre 3

Le climat du futur

L'année 2019 fut marquée par de graves feux de forêt en Amazonie, Sibérie, Californie ou, comme ici, en Australie. Le réchauffement climatique augmente la fréquence et l'intensité de ces incendies géants, menaçant écosystèmes et activités humaines.

Les problématiques du chapitre

- Comment prévoir l'évolution du climat de la Terre ?
- Quels sont les arguments en faveur d'une responsabilité humaine face au récent changement de climat ?
- Quelles sont les conséquences actuelles et futures du réchauffement climatique ?

Activité 1

Modéliser le système climatique

SAVOIR-FAIRE
Mettre en évidence le rôle d'un paramètre climatique à l'aide d'un logiciel de simulations.

On appelle modèle une représentation simplifiée, souvent numérique, du système étudié. L'impossibilité de mener des expériences réelles sur le système climatique a conduit à produire des modèles sur lesquels il est possible d'expérimenter.

Comment établir un modèle fiable du système climatique terrestre ?

DOC 1 Modéliser pour comprendre

FICHIER modélisation *Edu'modèles*

LIEN VERS... l'application *Edu'modèles*

bordas Flash PAGE lien web

Il est possible de construire un **modèle** simplifié de l'évolution de la température en fonction des variations de l'albédo*, de l'effet de serre et de la puissance solaire reçue à l'aide de l'application *Edu'modèles*. On utilise des valeurs provenant de mesures réelles (puissance solaire, albédo...) mais aussi des relations établies de façon empirique*. Par exemple, les études du GIEC* indiquent que la température moyenne de la Terre a augmenté de 1,3 °C par rapport à 1750 pour un forçage radiatif*, évalué à + 2,3 W · m^{-2}.

Démarche expérimentale

- Ouvrir l'application *Edu'modèles*, télécharger et charger le modèle proposé (a).

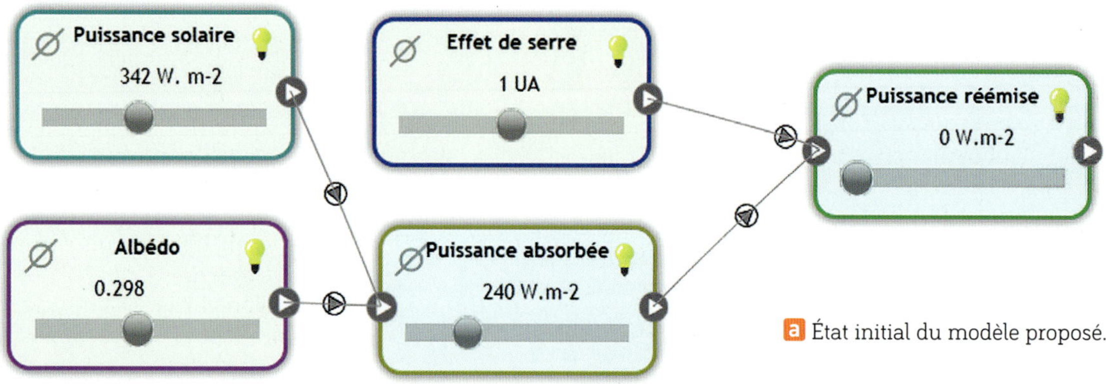

a État initial du modèle proposé.

- Vérifier le fonctionnement du modèle en modifiant quelques variables puis redémarrer le modèle pour réinitialiser les valeurs.
- Visualiser les équations utilisées pour les variables calculées « puissance absorbée » et « puissance réémise » par un double-clic.
- Ajouter les variables présentées dans le tableau (b). Chaque variable est automatiquement reliée aux autres par les équations mathématiques utilisées.
- Sachant que la valeur 1 pour la variable « effet de serre » correspond à la situation de 1750, estimer dans quelle proportion l'effet de serre s'est intensifié depuis cette période.
- En supposant l'intensité de l'effet de serre stable depuis 1750, proposer d'autres simulations permettant de produire un réchauffement identique à celui actuellement observé.
- En considérant l'effet de serre stable et à son niveau actuel, prédire les effets d'une diminution de l'albédo sur le forçage radiatif et sur l'écart de température.

Variable	Nom de la variable	Équation de la variable	Valeur de démarrage	Valeurs min. et max.
bilan radiatif (W · m^{-2})	v[6]	v[4]–v[5]	0	– 1 000 1 000
écart de température (°C)	v[7]	0.565*v[6]	0	– 70 + 70

b Variables calculées en fonction des autres variables d'entrée, à configurer dans *Edu'modèles*.

DOC 2 La construction et la validation des modèles climatiques

VIDÉO BONUS
La simulation du climat

Le premier modèle décrivant le fonctionnement de l'atmosphère date de 1950. Aujourd'hui, il existe plus de 20 modèles différents simulant le fonctionnement de différentes parties du système climatique à différentes échelles de temps et d'espace.

Pour estimer l'évolution du climat au cours des prochaines décennies, le GIEC se base sur les variables simulées par des modèles couplés des circulations océanique et atmosphérique, des continents et des banquises (modèles MCGOA). Ils sont actuellement complétés pour tenir compte des rétroactions climatiques, notamment celles associées au carbone, permettant ainsi de créer des modèles du système Terre (modèles MST) (a).

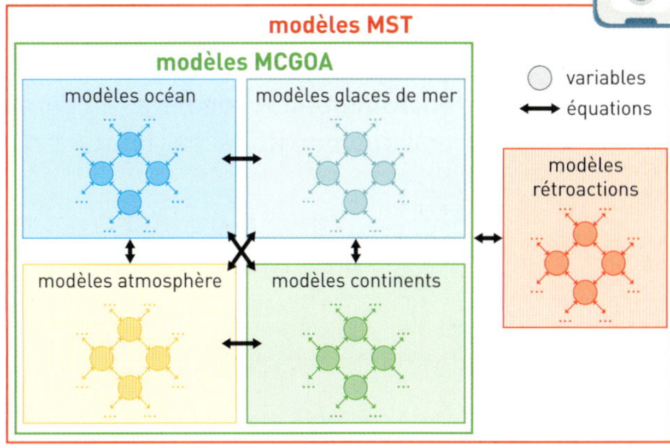

a Structure d'un modèle climatique du système Terre.

Les modèles du système Terre décrivent le fonctionnement climatique d'une Terre virtuelle découpée horizontalement et verticalement en différentes mailles dont la résolution* dépend des possibilités techniques de réaliser les milliards de calculs nécessaires (b).

La précision du modèle dépend de la taille de ses résolutions spatiales mais aussi temporelles.

Les résultats obtenus sont comparés avec la réalité pour vérifier la fiabilité des modèles et les corriger.

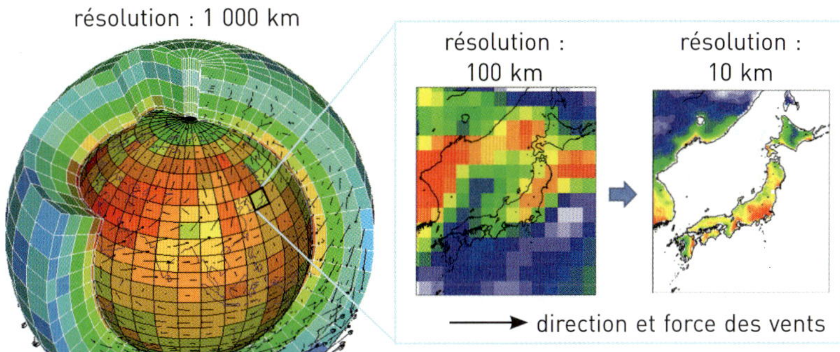

b Modèles globaux de la température (à gauche et au centre) et modèle régional (à droite).

Par exemple, en 1988, James Hansen fut l'un des premiers scientifiques à alerter l'opinion publique sur la réalité du réchauffement climatique en utilisant les résultats fournis par le premier modèle couplé océan-atmosphère. Il reconstruisit l'évolution de la température moyenne globale de 1958 à 1988 et prédit son évolution jusqu'en 2018 selon trois scénarios différents (c).

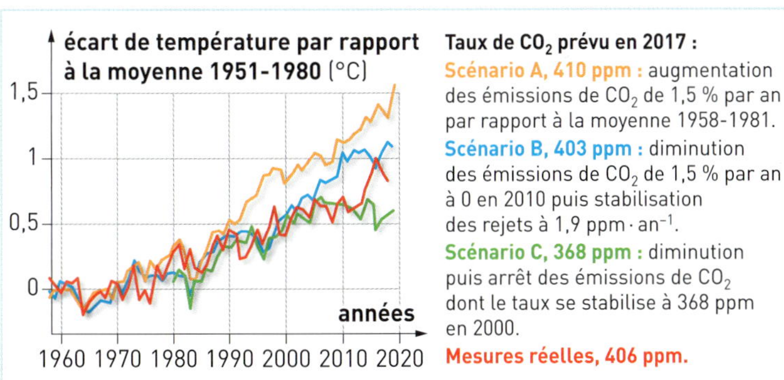

c Comparaison des prévisions de J. Hansen avec la réalité.

Pistes de travail

Pour comprendre le fonctionnement des modèles :

1. **Justifier** l'équation utilisée pour la variable v[7] dans l'établissement du modèle proposé (DOC. 1).
2. **Proposer** les modifications à apporter au modèle du DOC. 1 afin de moduler les variables « albédo » et « effet de serre ».
3. **Indiquer** comment varient le temps de calculs et la précision des résultats obtenus pour un modèle régional et un modèle global si on leur applique des résolutions faibles ou fortes (DOC. 2).
4. **Discuter** de la fiabilité des modèles de J. Hansen (DOC. 2).

* Lexique en fin de manuel

Des clés pour réussir

- S'aider de la fiche technique « Utiliser *Edu'Modèle* » en fin de manuel.
- Il est possible de répondre à la question 3 à l'aide d'un tableau.

Activité 2

Un dérèglement climatique d'origine humaine ?

Histoire
Enjeu
Débat

SAVOIR-FAIRE
Exploiter les résultats d'un modèle climatique pour expliquer des corrélations par des liens de cause à effet.

Depuis les premières alertes de la communauté scientifique et la création du GIEC* en 1988, un mouvement, dit climato-sceptique, conteste la réalité et l'origine anthropique du réchauffement climatique.

Sur quels éléments l'affirmation de la responsabilité humaine du changement de climat se fonde-t-il ?

DOC 1 Activités humaines et GES

Le graphique ci-dessous présente l'évolution des émissions annuelles anthropiques* de gaz à effet de serre (GES) de 1970 à 2017.

Les valeurs sont exprimées en milliards de tonnes d'équivalent CO_2 afin d'évaluer plus facilement l'impact des autres GES.

La conversion est basée sur la comparaison des potentiels de réchauffement de chaque gaz (PRG) (voir DOC. 3 p. 47). Par exemple, une tonne de CH_4 équivaut à 28 tonnes de CO_2.

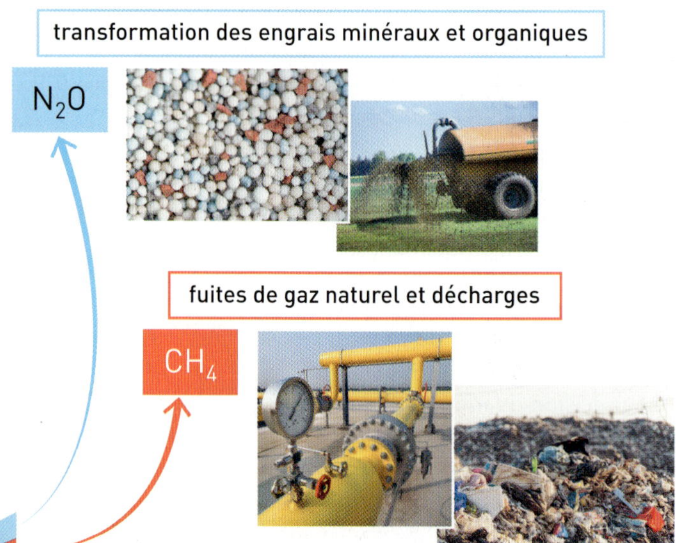

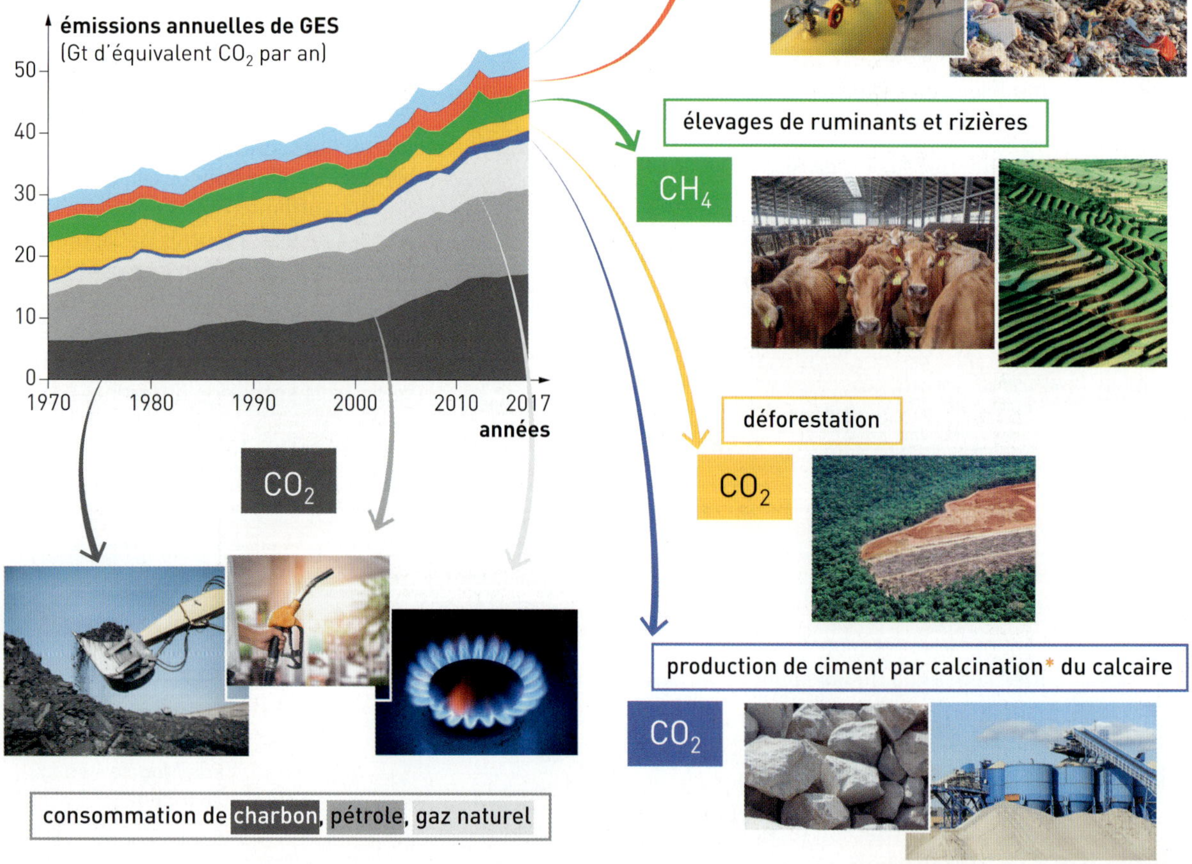

Pour mener une investigation

- Identifier les principaux pays responsables des émissions de GES au cours du temps à l'aide du site *Global Carbon Atlas*.

LIEN VERS... le site *Global Carbon Atlas*

DOC
2 Un réchauffement climatique d'origine naturelle ?

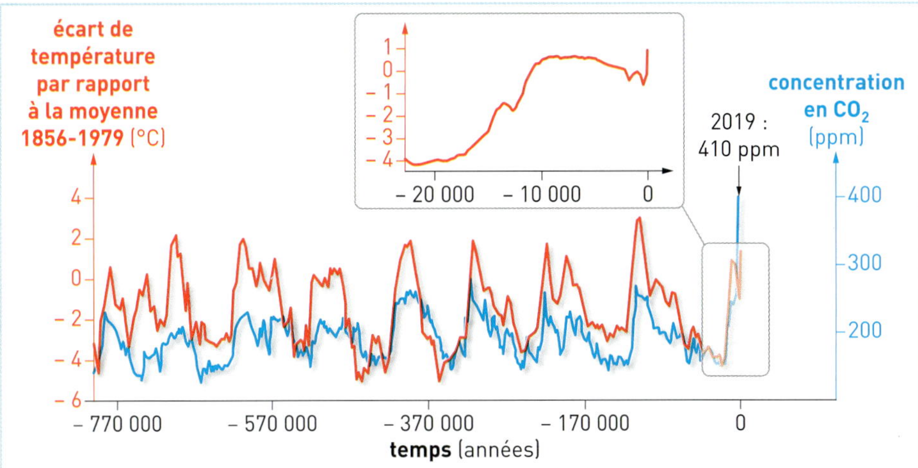

Comparaison de l'évolution de la température et de la concentration en CO_2 depuis les 800 000 dernières années.

L'observation de l'évolution de la température et des teneurs en CO_2 au cours du temps permet d'établir une corrélation* évidente entre ces deux paramètres.

DOC
3 De la corrélation à la preuve par la modélisation

À l'aide de plus d'une dizaine de **modèles**, les chercheurs simulent l'évolution de la température en tenant compte ou non des émissions anthropiques de GES, puis comparent les résultats obtenus à la réalité.

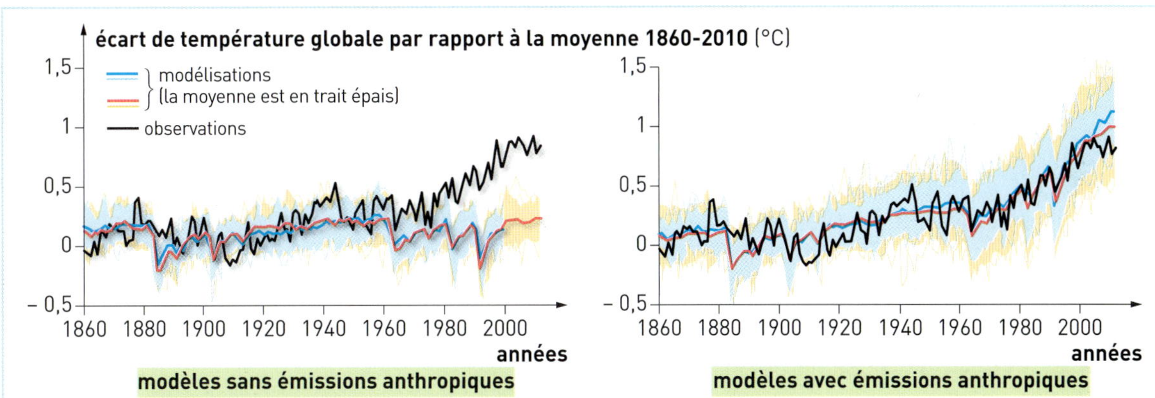

Comparaison de la température observée (courbes noires) avec les températures simulées (courbes colorées).

Pistes de travail

Pour démontrer l'origine humaine du réchauffement climatique actuel :

1. **Estimer** la quantité de CO_2 émise de 1970 à 2017 et **évaluer** son impact sur sa concentration atmosphérique (DOC. 1).
2. **Comparer** la valeur obtenue à la réalité (DOC. 2 C p. 63) et **proposer** une ou plusieurs hypothèses pour expliquer la différence observée.
3. **Montrer** que l'augmentation récente de la teneur atmosphérique en GES ne s'inscrit pas dans des variations naturelles (DOC. 2).
4. **Indiquer** en quoi les modèles climatiques permettent de clore le débat (DOC. 3).

* Lexique en fin de manuel

Des clés pour réussir

- Présenter des valeurs.
- Le rejet de 1 Gt de CO_2 équivaut à 0,128 ppm de CO_2.
- Utiliser les connaissances acquises au chapitre précédent.

Les projections climatiques

SAVOIR-FAIRE
Mettre en évidence le rôle des différents paramètres de l'évolution climatique, en exploitant des modèles climatiques.

Depuis 1988, le GIEC* utilise de nombreux modèles pour anticiper l'évolution future du climat selon différents scénarios d'émissions anthropiques de GES*.

En quoi les travaux du GIEC sont-ils essentiels pour nos sociétés ?

DOC 1 De la prévision à la projection climatique

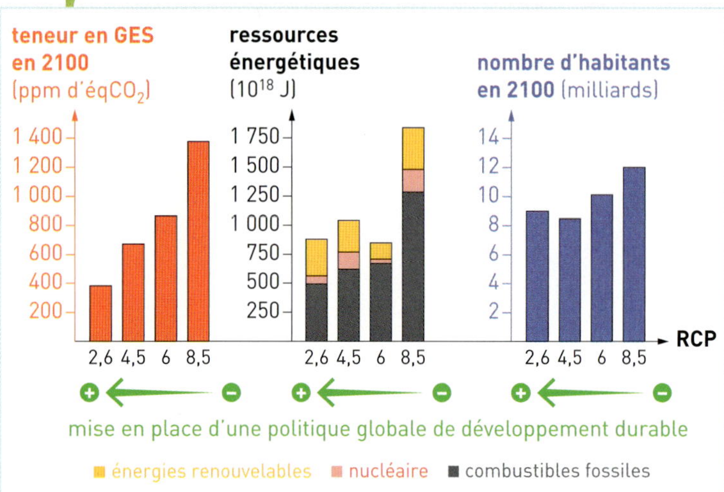

Comparaison des scénarios RCP.

En ne se basant que sur les connaissances scientifiques du fonctionnement du système climatique, les **modèles** réalisent des **prévisions climatiques** fiables à l'échelle de quelques décennies. Mais les chercheurs doivent aussi tenir compte de paramètres sociologiques, économiques, technologiques et démographiques difficiles à anticiper.

Ainsi, des scénarios de l'évolution de nos besoins énergétiques, des ressources utilisées pour les satisfaire et des émissions de GES qui en découlent sont produits. Depuis 2014, les modèles climatiques intègrent ces éléments sous la forme de **scénarios RCP** (*Representative Concentration Pathway*). Chaque RCP indique la valeur du forçage radiatif prévue en 2100. Ainsi, les prévisions climatiques deviennent des **projections climatiques**.

DOC 2 Des exemples de projections climatiques

Le graphique a présente les projections des changements de la température moyenne globale entre 1850 et 2300. Les lignes pleines indiquent la moyenne des simulations effectuées par un grand nombre de modèles différents (dont le nombre est indiqué pour chaque période). Les zones colorées correspondent à l'ensemble des résultats fournis par les modèles.

L'évolution du niveau marin calculée par 21 modèles pour deux scénarios différents est présentée en b.

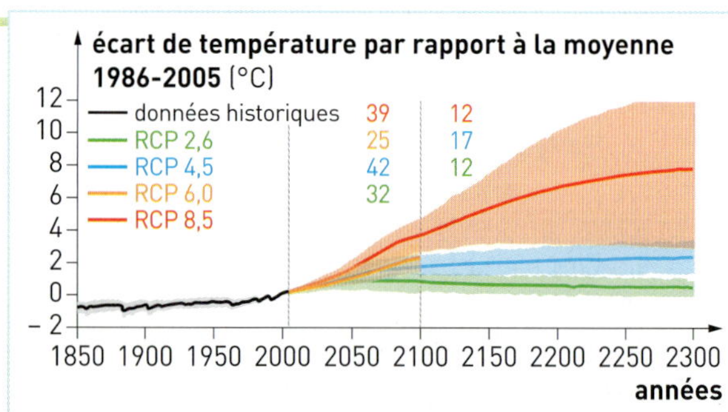

a Estimation des écarts de température selon différents scénarios RCP. *Source : GIEC.*

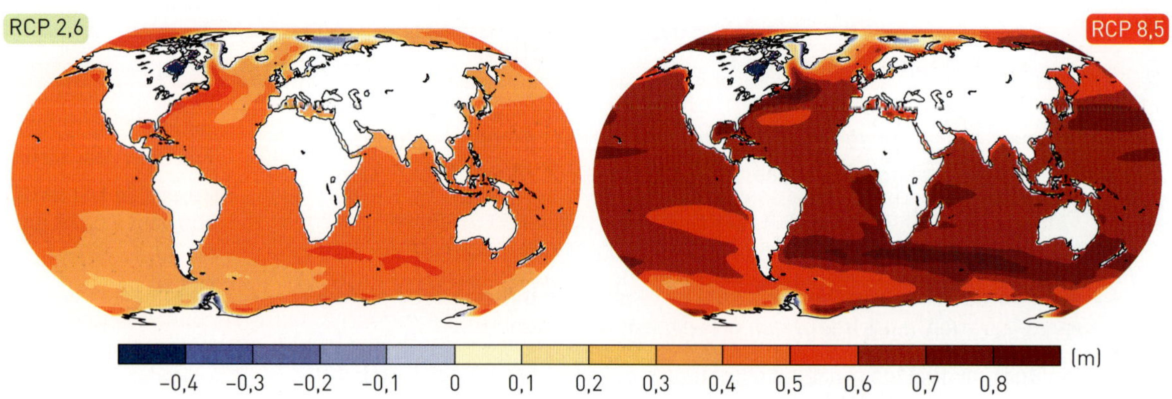

b Élévation du niveau marin par rapport à la moyenne 1986-2005 pour la période 2081-2100.

DOC 3

Le cas des phénomènes climatiques extrêmes

LIEN VERS... le site *Drias-Climat*

bordas Flash PAGE lien web

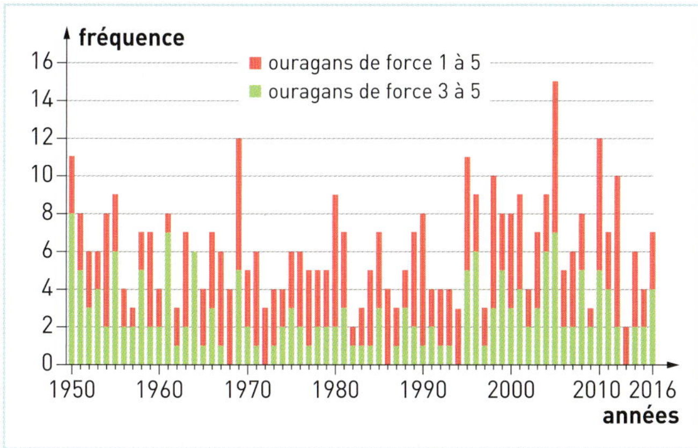

a Fréquence annuelle des ouragans dans l'Atlantique (NOAA).

Par définition, canicules, vagues de froid, sécheresses, pluies torrentielles, cyclones et autres tempêtes sont des évènements météorologiques extrêmes de courtes durées qu'il est difficile de relier à une tendance climatique beaucoup plus longue. Ces évènements ayant souvent des conséquences graves (pertes humaines, dégâts matériels...), les scientifiques cherchent à identifier des changements dans la fréquence et l'intensité de ces évènements au cours de la période récente. Ainsi, ils estiment aujourd'hui que la fréquence annuelle des ouragans pourrait diminuer au contraire de leur puissance individuelle moyenne (a).

Les projections sont plus précises pour ce qui concerne les canicules (b). Celle de 2003 pourrait correspondre à une période estivale moyenne en 2040 voire à une période plutôt froide en 2100 dans le cas du scénario RCP 8,5.

Pour mener une investigation

Pour visualiser le climat futur de sa région et en évaluer les risques :

- Se rendre sur le site *Drias-climat* et choisir l'« Espace découverte » puis le « Parcours expert ».
- Sélectionner un thème (atmosphère, sécheresse, incendies...), les scénarios disponibles et la métropole ou l'Outre-mer.
- Choisir le mode d'exploration « Multi-scénarios », l'indice souhaité pour une année complète, puis sélectionner tous les horizons temporels, les scénarios RCP et les modèles disponibles.
- Cliquer sur l'une des cartes puis explorer les fonctions proposées pour rechercher l'évolution de l'indice choisi dans sa région.

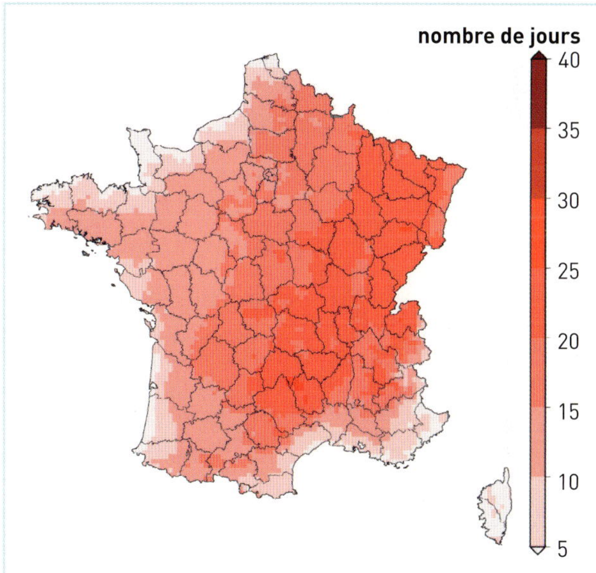

b Durée des vagues de chaleur (température supérieure à 5 °C à la moyenne de 1976-2005 pendant au moins 5 jours consécutifs) en France métropolitaine pour les périodes estivales 2041-2070 (scénario RCP 8,5).

Source : Météo-France (Drias-climat).

Pistes de travail

Pour comprendre l'importance des projections climatiques :

1. **Décrire** les principales caractéristiques des scénarios RCP (DOC. 1).
2. **Comparer** les projections de l'évolution de la température moyenne et du niveau marin pour chaque scénario (DOC. 2).
3. **Calculer** les fréquences décennales des ouragans de force 1 à 5 et de force 3 à 5 puis **discuter** de la tendance prévue (DOC. 3 a).
4. **Présenter** une conséquence du réchauffement climatique sur la France de la fin du siècle (DOC. 3 b).
5. **Expliquer** le double intérêt de réaliser ces projections.

* Lexique en fin de manuel

Des clés pour réussir

- Une décennie débute à l'année 19X0 et se termine en 19X9.

Réchauffement climatique et biosphère

SAVOIR-FAIRE
Mettre en évidence le rôle des différents paramètres de l'évolution climatique grâce à l'utilisation de modèles.

Un écosystème correspond à un milieu de vie caractérisé par des conditions physiques et chimiques spécifiques, et à l'ensemble des êtres vivants qui le peuplent.
Le réchauffement climatique est cependant en mesure de modifier ces conditions de vie.

Quelles sont les conséquences du réchauffement climatique sur les écosystèmes ?

DOC 1 L'exemple des peuplements végétaux en France métropolitaine

Des provinces bioclimatiques* peuvent être définies à partir des principales associations végétales qui dépendent des conditions de température, d'ensoleillement, d'humidité, de la nature des sols, de l'altitude... (a).

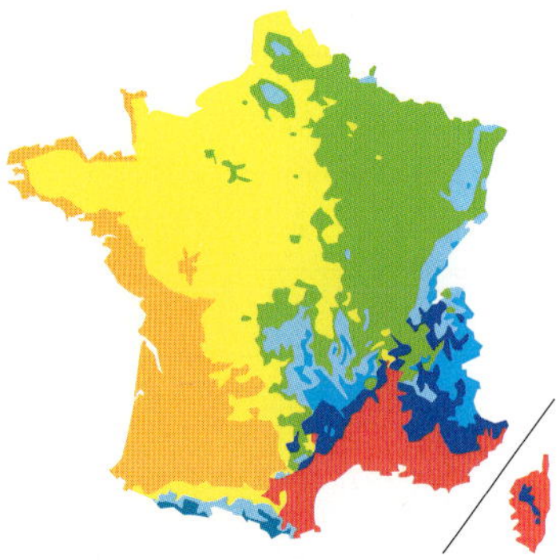

a Répartition des provinces bioclimatiques actuelles. *Source : INRA.*

	Associations végétales	Conditions climatiques
A	châtaignier, bourdaine, néflier…	pluviométrie moyenne, hivers doux et étés frais
B	érable, hêtre, pin sylvestre…	pluviométrie faible, étés chauds et hivers froids
C	pin maritime, chêne tauzin, bruyère à balais…	pluviométrie moyenne et températures élevées
D	chêne liège, olivier, pin d'Alep, genévrier oxycèdre…	climat chaud et sec
E	sureau, sorbier, sapin, épicéas…	pluviométrie élevée et doux (altitude faible)
F	sapin, pin sylvestre, aulne blanc, érable à feuille d'obier…	pluviométrie élevée et frais (altitude moyenne)
G	aulne vert, cytise des Alpes, pin cambre, mélèze…	pluviométrie très élevée et froid (altitude élevée)

Dans un contexte de réchauffement climatique, les conditions environnementales changent, notamment en termes de température et de pluviométrie (b). Il est possible de modéliser l'évolution des zones où les espèces pourraient se développer si leur vitesse de migration était suffisante (c).

b **Projections climatiques** pour la période 2071-2100 par rapport à la période 1976-2005.
*Source : **modèle** Aladin-climat, **scénario RCP** 4,5, Météo-France.*

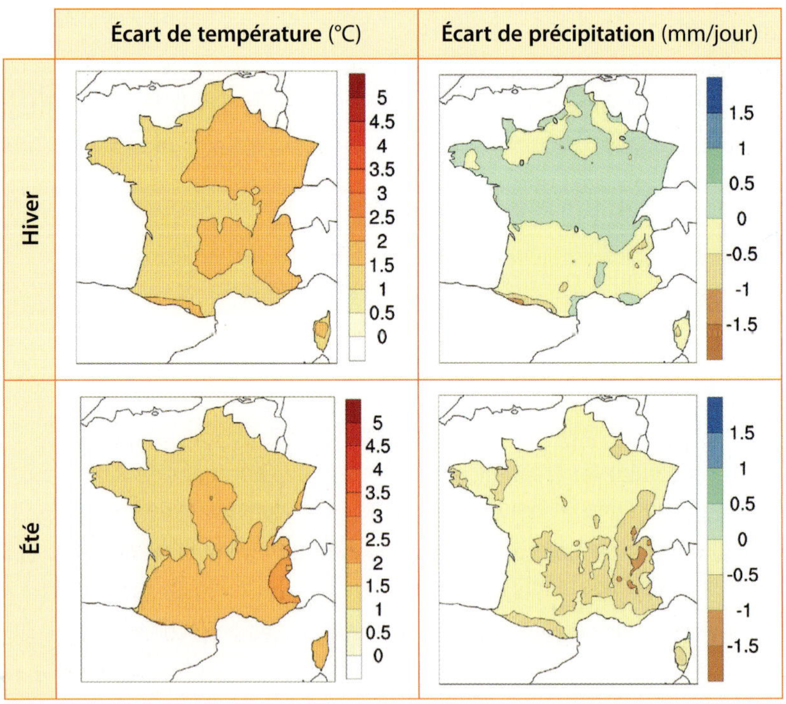

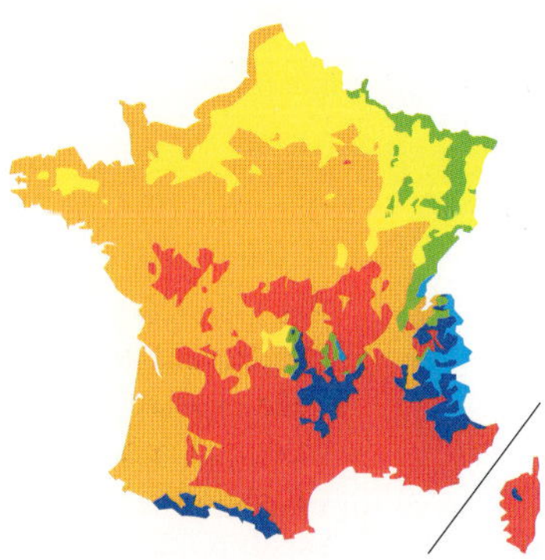

c Répartition des provinces bioclimatiques en 2100.
Source : INRA.

DOC
2 Les récifs coralliens gravement menacés

Les récifs coralliens sont des bioconstructions* composées de carbonate de calcium ($CaCO_3$). Ils abritent l'une des plus grandes biodiversités de la planète et permettent à plus de 275 millions de personnes de subvenir à leurs besoins (alimentation, tourisme, matériaux, médicaments…). L'augmentation de la température des eaux est à l'origine de la mort des coraux qui se traduit par leur blanchiment (a).

ANIMATION BONUS
Le blanchiment corallien

bordas Flash PAGE animation

a Récif corallien en bon état (ci-dessus) et atteint de blanchiment (à droite).

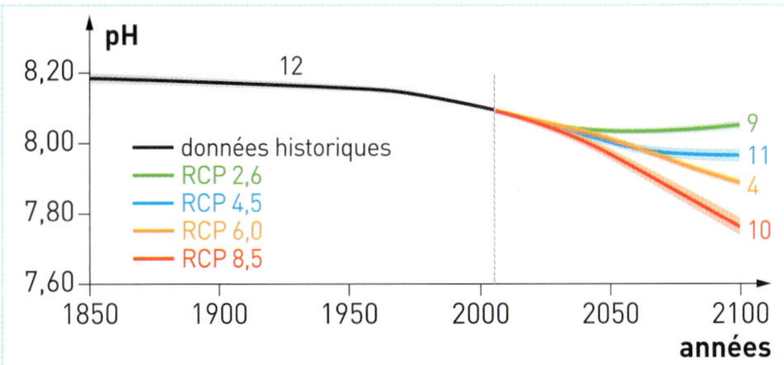

De plus, le CO_2 atmosphérique diffuse dans les océans, d'où une augmentation de l'acidité des eaux qui fragilise leur squelette (b). Les coraux cessent de se développer pour un pH inférieur à 7,7.

b Évolution du pH de la surface des océans de 1850 à 2005 (mesurées et modélisées) et projections jusqu'en 2100 (les valeurs données sur les courbes indiquent le nombre de modèles utilisés). *Source : GIEC.*

DOC
3 Migrations et changement climatique

De nombreuses espèces peuvent échapper à des conditions devenues défavorables par migration. Les documents ci-contre comparent les vitesses de migration de quelques groupes d'êtres vivants continentaux et océaniques à la vitesse projetée de déplacement des provinces bioclimatiques pour l'année 2050 et pour différents scénarios.

Scénario RCP	Domaine continental (km·an^{-1})	Domaine océanique (km·an^{-1})
2,6	0	1,3
4,5	2	5,5
6,0	4	6
8,5	7,1	10,6

La moitié des espèces étudiées pour chaque groupe possède une vitesse inférieure ou supérieure à la valeur médiane.

Le réchauffement climatique s'ajoute à la destruction des habitats, à la pollution aux pesticides et aux espèces invasives comme causes principales de l'extinction des espèces.

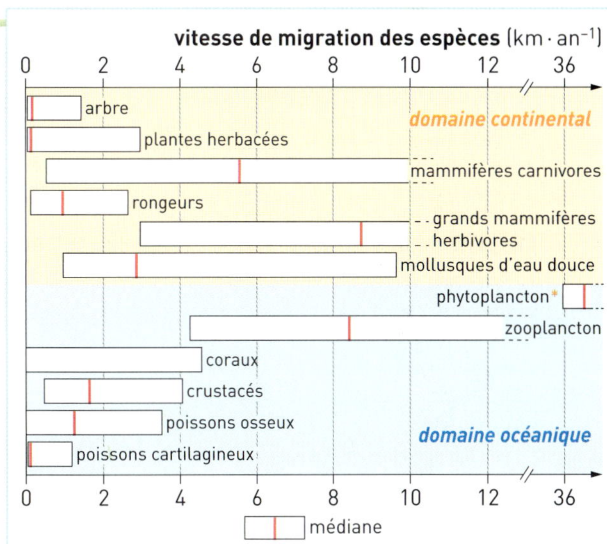

Vitesses moyennes de déplacement des provinces bioclimatiques (tableau) comparées à la vitesse de migration des êtres vivants (graphique). *Source : GIEC.*

Pistes de travail

Pour évaluer les conséquences du réchauffement climatique sur la biosphère :

1. **Décrire** les modifications prévisibles des peuplements végétaux en France et en **rechercher** les causes (DOC. 1).
2. **Évaluer** les conséquences du réchauffement climatique sur les récifs coralliens (DOC. 2).
3. **Résumer**, d'après les deux exemples précédents, les devenirs possibles des êtres vivants face à des modifications de leur environnement.
4. **Comparer** les conséquences du réchauffement climatique sur la biosphère selon deux scénarios très différents (DOC. 3).

* Lexique en fin de manuel

Des clés pour réussir

- Relier les exigences climatiques de chaque association aux changements climatiques (question 1).

COURS

Flash PAGE podcast DYS

1 Modéliser le système climatique

Le climat mis en équation

Puissances solaires reçue et absorbée, albédo, humidité de l'air, température, pression atmosphérique, activité biologique, teneurs en gaz à effet de serre (GES)… sont autant de paramètres dont les interactions au cours du temps permettent de décrire mathématiquement le fonctionnement du système climatique.

Les lois de la physique, de la chimie et les lois empiriques issues des observations fournissent les équations dont l'encodage informatique permet la construction de **modèles** numériques du fonctionnement du climat terrestre.

Ces modèles représentent une Terre virtuelle dont la surface et l'atmosphère sont découpées en différentes zones. Ce maillage territorial simplifie la représentation du système climatique et allège les calculs nécessaires.

Ainsi, les modèles climatiques régionaux font appel à des résolutions spatiale et temporelle plus hautes que les modèles climatiques globaux (Fig. 1).

Les modèles climatiques étant des représentations simplifiées de la réalité, les résultats qu'ils fournissent sont toujours à interpréter avec précaution.

L'évaluation des modèles climatiques passe par la comparaison des simulations qu'ils produisent avec les observations réelles de terrain ou satellitale des dernières décennies mais aussi des climats plus anciens (paléoclimats).

En cas d'écart avec la réalité, les équations ou les valeurs initiales sont corrigées jusqu'à ce que le modèle décrive la réalité de façon fiable.

Les objectifs des modèles climatiques

Les modèles climatiques améliorent la compréhension du système climatique terrestre actuel et passé à différentes échelles de temps (de la centaine au milliard d'années) et son impact sur l'histoire de la vie et de l'humanité.

L'objectif principal des modèles climatiques est la réalisation de prévisions climatiques globales et locales sur quelques décennies ou siècles afin d'anticiper les risques associés au changement du climat.

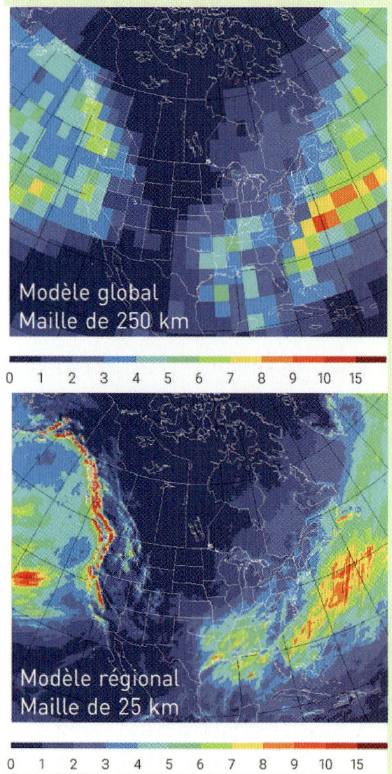

Fig. 1 : Simulation des précipitations en Amérique du Nord pour deux résolutions différentes (en mm/jour).

2 L'être humain est responsable du réchauffement climatique

Activités humaines et émissions de GES

Les principaux GES émis par les activités humaines (Fig. 2) sont :

– le dioxyde de carbone (CO_2) issu de la consommation des combustibles fossiles (charbon, pétrole et gaz naturel), de la déforestation et de la production de ciment ;

– le méthane (CH_4) qui provient de l'exploitation du gaz naturel dont il est le constituant majoritaire (à 95 %), de l'agriculture (élevages bovins, rizières…) et des décharges ;

– le protoxyde d'azote (N_2O) venant de la dégradation des déchets organiques et des engrais minéraux utilisés par le secteur agricole.

En 2017, les activités humaines ont rejeté dans l'atmosphère plus de 40 milliards de tonnes de CO_2 dont environ la moitié sera absorbée par l'environnement.

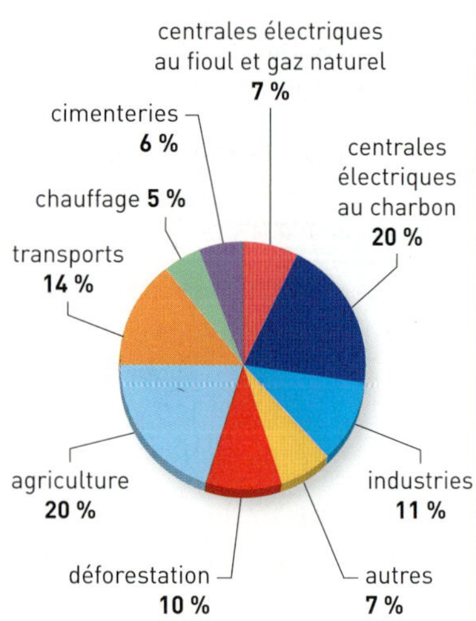

Fig. 2 : Répartition des émissions de GES par secteur d'activité en 2017.

Corrélation avec le réchauffement climatique

La vitesse de l'augmentation des teneurs atmosphériques de GES et les valeurs atteintes sont inédites dans l'histoire du climat depuis au moins 800 000 ans. Cette tendance débute au moment de la révolution industrielle dès la fin du XVIIIe s.

Ces observations suggèrent que l'être humain est en grande partie responsable d'une augmentation de la teneur atmosphérique de CO_2 (passant de 277 ppm en 1750 à 410 ppm en 2019) et, par voie de conséquence, du réchauffement actuel.

L'utilisation des modèles climatiques comparant l'évolution de la température moyenne de la Terre avec et sans activités humaines permet d'établir un lien de cause à effet entre les émissions anthropiques et le changement du climat.

L'augmentation de la température moyenne de 1,3 °C observée depuis le début de l'ère industrielle est liée aux activités humaines avec une certitude de 95 %.

3 Le climat de demain

Les projections climatiques

Le groupe intergouvernemental d'experts du climat (GIEC), créé en 1988 par l'ONU, intègre aux modèles climatiques un ensemble de paramètres sociologiques, politiques, démographiques et technologiques, sous la forme de 4 **scénarios RCP** pour réaliser des **projections climatiques** (Fig. 3).

Les projections climatiques ont pour objectif de prévoir l'évolution du climat en fonction des futures émissions anthropiques de GES et des politiques menées ou non pour les réduire.

Des modifications globales

Tous les modèles prévoient, d'ici la fin du siècle, avec une forte probabilité :
- une augmentation de la température atmosphérique moyenne de 1,5 à 5 °C ;
- une élévation du niveau moyen des océans pouvant atteindre 1 mètre ;
- une augmentation de la température et une acidification des océans ;
- une modification de la répartition et de l'intensité des précipitations ;
- des changements dans la fréquence et l'intensité des phénomènes climatiques extrêmes (sécheresse, vagues de chaleur ou de froid, ouragans et tempêtes…).

L'ensemble des modifications des conditions environnementales sont à même de perturber gravement le fonctionnement des écosystèmes terrestres et marins, d'aggraver la disparition des espèces et de menacer les activités humaines.

Selon le GIEC, il est impératif de limiter d'ici 2100 l'écart de température à + 2 °C par rapport à 1880 pour éviter un changement irréversible de notre environnement.

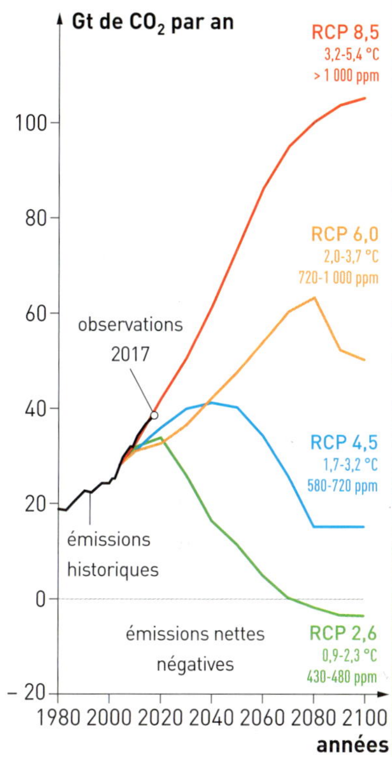

Fig. 3 : Émissions annuelles nettes de CO_2 réelles (quantités restantes dans l'atmosphère après réabsorption par l'Homme) et projections RCP. Les écarts de température sont indiqués par rapport à la moyenne de la période 1850-1900.

VIDÉO BONUS
Le changement climatique
bordas Flash PAGE vidéo

Le vocabulaire à retenir

bordas Flash PAGE cartes mémo

- **Modèle climatique :** représentation numérique simplifiée du système climatique terrestre permettant d'en améliorer la compréhension et de réaliser des prévisions et projections climatiques.
- **Prévision climatique :** estimation de l'évolution future du climat ne s'appuyant que sur la connaissance scientifique du système climatique.
- **Projection climatique :** estimation de l'évolution future du climat basée sur les prévisions climatiques et sur différents scénarios de l'évolution des sociétés humaines.
- **Scénario RCP (*Representative Concentration Pathway*) :** estimation de l'évolution future des rejets anthropiques de gaz à effet de serre tenant compte de différentes possibilités de l'évolution des sociétés humaines.

L'essentiel en images

bordas Flash PAGE bilan animé

1 Modéliser le système climatique

Observation du **système climatique** et mesures de température, d'humidité, d'ensoleillement, de pression…

Mises en équation du système climatique pour différentes **résolutions** spatiales et temporelles

Réalisation de **prévisions climatiques**

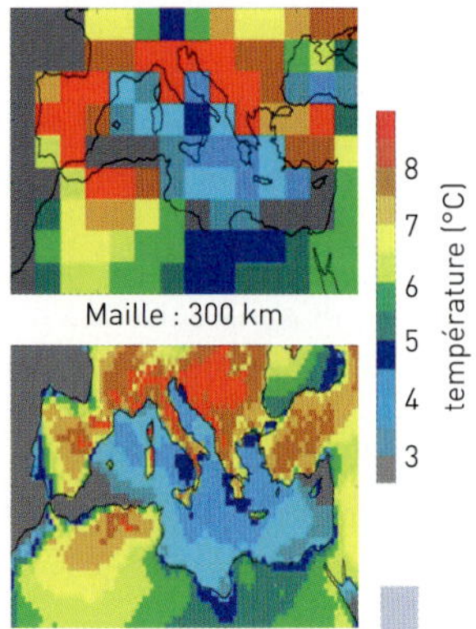

Taille de la maille	↗	↘
Résolution temporelle et spatiale	↘	↗
Précision	↘	↗

Comparaison à la réalité actuelle ou passée pour validation ou correction des modèles

2 L'être humain est responsable du réchauffement climatique

Activités humaines émettrices de GES

Concentrations en GES anormalement élevées

Augmentation de la température moyenne globale

Corrélations entre observations → Hypothèse d'une responsabilité humaine

↓

Expérimentation via les modèles climatiques

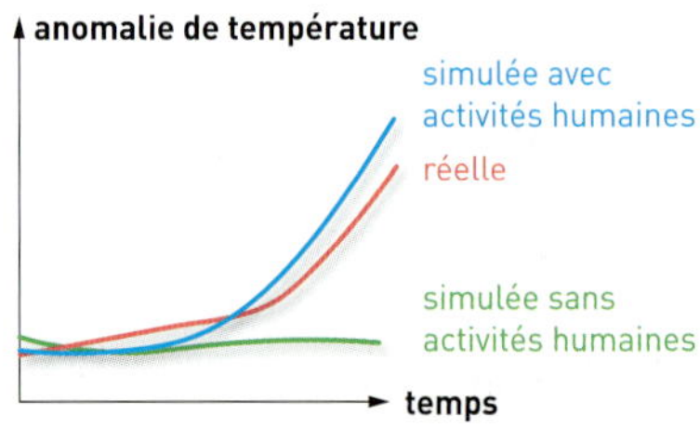

Responsabilité humaine confirmée

3 Le climat de demain dépend des choix d'aujourd'hui

Prise en compte de scénarios…

politique

économique

technologique

démographique

Réalisation de **projections climatiques**

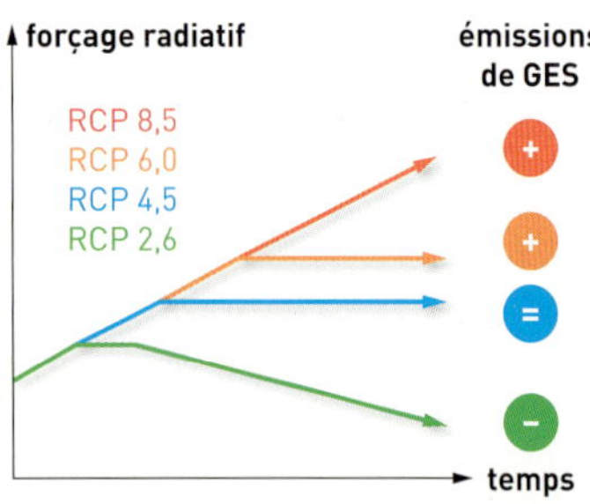

D'aujourd'hui à 2100, des conséquences d'amplitudes variables :

- **température : + 1,5 à + 5 °C**
- **niveau marin : + 1 m environ**
- **diminution du pH des océans**
- **modifications** en fréquence et intensité des **phénomènes climatiques extrêmes** et des précipitations
- **diminution de la biodiversité** marine et continentale

Les savoir-faire du chapitre

Mettre en évidence le rôle des paramètres de l'évolution climatique, en exploitant un logiciel de simulation.	6 7
Mettre en évidence le rôle des différents paramètres de l'évolution climatique, en exploitant un graphique.	8 9 10
Exploiter les résultats d'un modèle climatique pour expliquer des corrélations par des liens de cause à effet.	11

Vérifier ses connaissances EN AUTONOMIE

Réponses en fin de manuel

bordas Flash PAGE corrigés détaillés

1 Question à réponse unique

Pour chaque question, choisir l'unique bonne réponse.

	1	2	3	4
A - La précision d'une prévision climatique sera maximale si :	sa résolution spatiale est grande mais sa résolution temporelle faible.	sa résolution spatiale est faible mais sa résolution temporelle élevée.	ses résolutions spatiale et temporelle sont faibles.	ses résolutions spatiale et temporelle sont élevées.
B - Les émissions humaines de GES sont essentiellement dues à :	la production de ciments.	l'élevage.	la consommation de combustibles fossiles.	la déforestation.
C - Les projections climatiques les plus pessimistes reposent sur le scénario :	RCP 2,6.	RCP 4,5.	RCP 6,0.	RCP 8,5.
D - Les espèces qui risquent de disparaître à cause du changement climatique sont :	celles dont la vitesse de migration est inférieure à celle du changement climatique.	celles capables d'évoluer rapidement.	celles qui peuvent vivre dans des conditions environnementales très variables.	celles dont la vitesse de migration est supérieure à celle du changement climatique.

2 Restituer les notions essentielles du cours

Répondre par un texte court.

a. Expliquer comment la fiabilité d'un modèle climatique peut être vérifiée.

b. Indiquer la ou les différences entre prévisions et projections climatiques.

c. Expliquer en quoi la modélisation du climat est un enjeu majeur pour les décennies à venir.

d. Rappeler les arguments permettant de démontrer la responsabilité humaine dans le réchauffement climatique actuel.

3 Connaître les abréviations, sigles et unités utiles

Indiquer la signification des termes suivants :

- ppm et ppb
- RCP
- GIEC
- PRG
- éqCO_2
- GES

4 Retour sur les problématiques (à l'oral)

Reprendre les problématiques de la page 61 et y répondre oralement en 10 minutes maximum.

5 Mettre en relation ses connaissances

Relier chacune de ces activités aux gaz à effet de serre qu'elles émettent.

Activités	Gaz à effet de serre
Stocker des déchets au sein d'une décharge •	• CO_2
Cuisiner au gaz naturel •	• CH_4
Élever des bovins •	• N_2O
Se déplacer en voiture •	
Fertiliser des terres agricoles •	
Se chauffer au fuel •	
Produire du ciment •	
Convertir une parcelle forestière en culture •	

Exercice résolu EN AUTONOMIE

6 Simuler l'impact des émissions futures de GES sur le climat

Pour que le réchauffement climatique actuel n'ait pas des conséquences irréversibles sur la biosphère et sur les activités humaines, le GIEC estime que l'augmentation de température globale ne doit pas dépasser 2 °C entre 1880 et 2100 soit 0,85 °C entre 2020 et 2100. Il est possible de simuler, grâce à un simple tableur, différents scénarios de l'évolution de la température moyenne du globe si l'on connaît les principaux paramètres impliqués, les équations qui les relient et les valeurs initiales du modèle (tableau ci-dessous).

Quantité de GES émis en 2020 (Gt éqCO_2)	59
Teneur atmosphérique initiale en GES Qppm i (ppm d'éqCO_2) **en 2020**	545
Taux moyen de croissance des émissions de GES au cours de la période 2010-2019 (% par an)	+ 2
Pourcentage de GES absorbés par l'environnement (%)	55
Relation entre la quantité de GES émis Q_{Gt} (Gt d'éqCO_2) **et le taux atmosphérique de GES Q_{ppm}** (ppm d'éqCO_2)	$Q_{ppm} = Q_{Gt} \times 0,128$
Relation entre l'écart de température Δt (°C) **et la variation du taux de GES** (en tenant compte de certains phénomènes de rétroactions positives)	$\Delta t = 3,5 \times \ln(Q_{ppm}/Q_{ppm\ i})$

- À l'aide des fonctionnalités d'un tableur, **indiquer** si le seuil de + 0,85 °C est dépassé pour les trois scénarios suivants (en précisant l'année si c'est le cas) :
  - croissance des émissions de GES stabilisée à 2 % par an ;
  - croissance des émissions de GES en hausse de 0,2 point par an ;
  - croissance des émissions de GES en baisse de 0,2 point par an.

Les clés de l'énoncé

- Il faut repérer dans le texte introductif les éléments qui permettent de cibler les objectifs à atteindre. Ici, il faut prêter attention aux **valeurs** chiffrées et aux termes « **tableur** » et « **scénarios** ».
- Une **lecture attentive** du tableau est nécessaire pour comprendre les éléments décrits car ils serviront de base à la **construction** de la feuille de calcul.

La question à la loupe

- La question **se focalise** sur un **critère précis** : le dépassement ou non du seuil de + 0,85 °C.
- Il est demandé de réaliser **trois simulations différentes**.

Exemple de présentation des résultats

À partir du tableur (voir fichier téléchargeable), il est possible de présenter les résultats des simulations sous la forme d'un graphique (exemple ci-dessous) même si cela n'est pas exigé. On peut y voir que le seuil est dépassé en 2051 pour le premier cas et en 2045 dans le second. Il n'est pas dépassé dans le troisième cas.

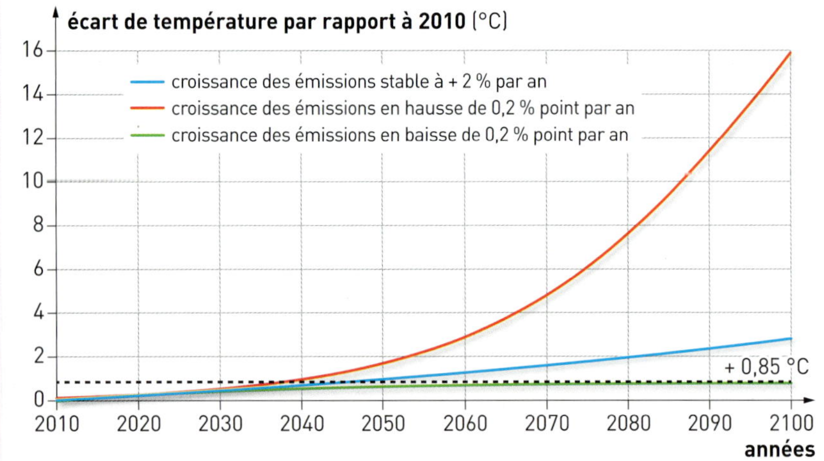

Quelques conseils

- Utiliser la **fiche méthode** du tableur (en fin de manuel) et ne pas hésiter à utiliser les différentes fonctions des feuilles de calcul pour **se faciliter** le travail.
- Par exemple, utiliser la fonction « étendre » et penser à travailler sur une **feuille différente** pour chaque simulation.

FICHIER
Résultats des simulations sous tableur

S'entraîner

Exercice similaire EN AUTONOMIE Solutions en fin de manuel

bordas Flash PAGE corrigé détaillé

7 Modélisation de l'élévation future du niveau marin

L'élévation du niveau marin est essentiellement due à deux facteurs :
- la dilatation thermique, le réchauffement moyen des eaux de surface étant de 0,008 °C par an ;
- une fonte des glaciers continentaux à un rythme de 200 000 tonnes par an.

Le tableau ci-contre représente l'ensemble des paramètres et formules à utiliser au sein d'une feuille de calcul pour modéliser l'élévation du niveau marin à partir de l'année 2000.

	Valeur initiale	Cellule
Année	2000	A2
Masse de glace perdue (tonnes par an)	200 000	B2
Masse cumulée de glace perdue (tonnes)	200 000	C2
Volume d'eau issu de la fonte des glaces (m^3)	=1,09*C2	D2
Élévation du niveau marin due à la fonte des glaciers (cm)	=D2/(3,8*10^6)	E2
Réchauffement de la surface des océans (°C par an)	0,008	F2
Écart de température de la surface des océans (°C)	0,008	G2
Élévation du niveau marin due à la dilatation thermique (cm)	=18,55*G2	H2
Élévation totale du niveau marin (cm)	=E2+H2	I2

1. Saisir les formules des cellules suivantes de façon à ce que :
- la masse de glace perdue par an soit stable (cellule B3) ;
- la masse de glace perdue par an s'ajoute à la masse cumulée de glace perdue (cellule C3) ;
- le réchauffement annuel de la surface des océans soit stable (cellule F3) ;
- le réchauffement annuel de la surface des océans s'ajoute à l'écart de la température des océans (cellule G3).

2. Étendre la cellule A2 jusqu'à l'année 2100 et étendre les formules des autres cellules jusqu'à la même année puis indiquer l'élévation finale du niveau marin ainsi modélisée.

3. Modifier les formules des cellules B3 et F3 de façon à ce que les valeurs augmentent de 1 % par an, ce qui correspondrait à une situation d'amplification du réchauffement climatique.

4. Étendre ces formules jusqu'à l'année 2100 puis indiquer l'élévation du niveau de la mer ainsi obtenue.

5. De quel pourcentage la fonte des glaces et le réchauffement des océans devraient-ils augmenter chaque année pour dépasser un mètre d'élévation du niveau marin d'ici 2100 (valeur redoutée par le GIEC) ?

8 L'importance des rétroactions climatiques

Un changement climatique peut influencer de nombreux paramètres à l'échelle de la planète qui sont, à leur tour, susceptibles d'influencer l'évolution de la température moyenne globale. Ces phénomènes sont nommés rétroactions climatiques. On peut ainsi citer :
- une variation de l'albédo qui dépend notamment des surfaces de glaces ou d'océans ;
- une variation de la dissolution du CO_2 dans les océans ;
- une variation de la surface végétalisée capable de piéger le dioxyde de carbone par photosynthèse ;
- une variation de la quantité de vapeur d'eau atmosphérique qui dépend de l'évaporation océanique.

Le logiciel *Simclimat*, par exemple, permet de modéliser l'évolution de la température moyenne du globe en tenant compte ou non de chacune de ces rétroactions (image ci-contre) dans un contexte de réchauffement climatique.

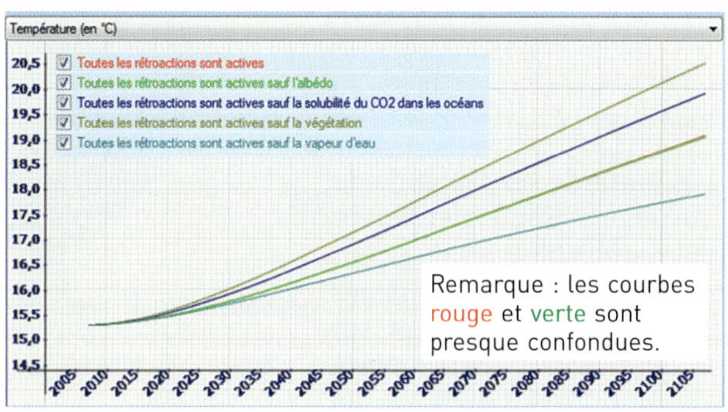

Évolution de la température moyenne du globe de 2007 à 2107 selon 5 simulations.

- **Indiquer, sous la forme d'un tableau, si ces rétroactions accentuent ou modèrent le réchauffement en y précisant l'importance de leur effet sous la forme de valeurs chiffrées.**

S'entraîner

9 Des canicules de plus en plus redoutées

Une canicule se définit comme étant une période durant laquelle la température moyenne journalière estivale est nettement supérieure aux moyennes saisonnières sur une durée minimale de 3 jours.

Le graphique ci-contre compare les durées et les températures atteintes des canicules de 1947 à 2017 à celles projetées par le scénario RCP 8,5 pour la période 2071-2100 en France métropolitaine.

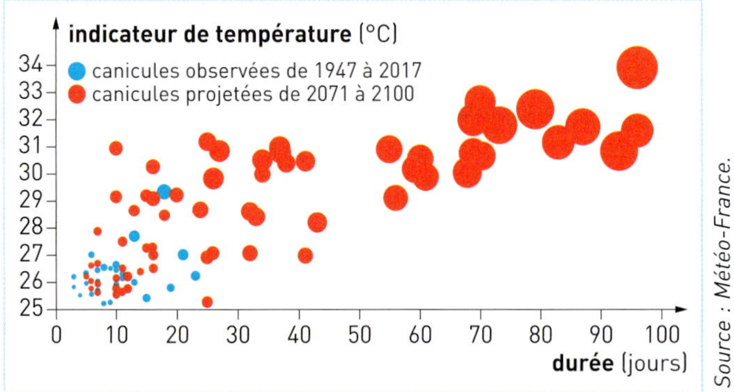

Températures maximales atteintes lors d'une canicule en fonction de sa durée. Chaque cercle a une dimension proportionnelle à la fois à la température atteinte et à la durée de la vague de chaleur.

Indiquer pour chacune des propositions ci-dessous l'unique bonne réponse.

1. La canicule observée la plus intense se caractérise par une durée et une température de :
   a. 23 jours et 26 à 27 °C.
   b. 95 jours et environ 34 °C.
   c. 23 jours et plus de 29 °C.
   d. 17 jours et plus de 29 °C.
2. Cette projection climatique montre que les canicules seront globalement :
   a. moins chaudes mais plus longues.
   b. plus chaudes mais moins longues.
   c. moins chaudes et moins longues.
   d. plus chaudes et plus longues.
3. La fréquence des canicules observées est d'environ :
   a. 1 épisode tous les 5 ans.
   b. 2,5 épisodes par décennie.
   c. 3,5 épisodes par décennie.
   d. 1 épisode tous les 15 ans.
4. La fréquence des canicules projetées est :
   a. identique à la période observée.
   b. supérieure à la période observée.
   c. inférieure à la période observée.
   d. imprévisible.

10 Les conséquences de l'acidification des océans

La carte ci-contre indique la variation du pH des océans pour la période 2081-2100 dans le cas du scénario RCP 8,5 (qui correspond à un taux de CO_2 dans l'air supérieur à 850 ppm).

Les graphiques montrent les effets d'une augmentation du taux de CO_2 atmosphérique sur la santé de différentes espèces (dont le nombre est indiqué en haut des bâtons).

- **À partir de l'exploitation du document proposé et de vos connaissances, évaluer les conséquences des émissions de CO_2 sur la pêche et sur la biodiversité corallienne à l'horizon 2100 dans le cas du scénario RCP 8,5.**

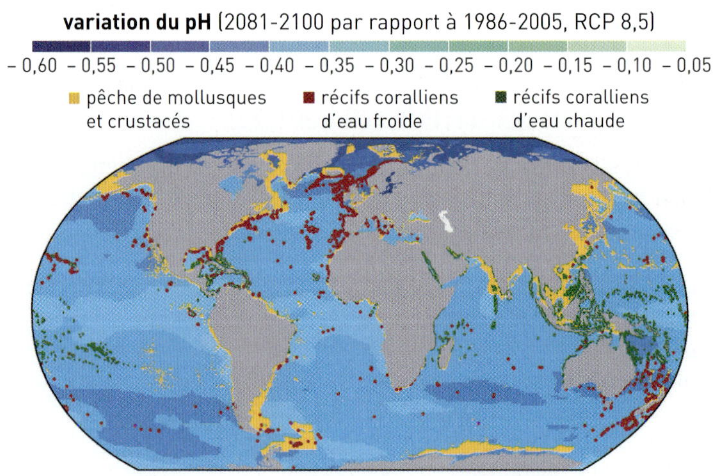

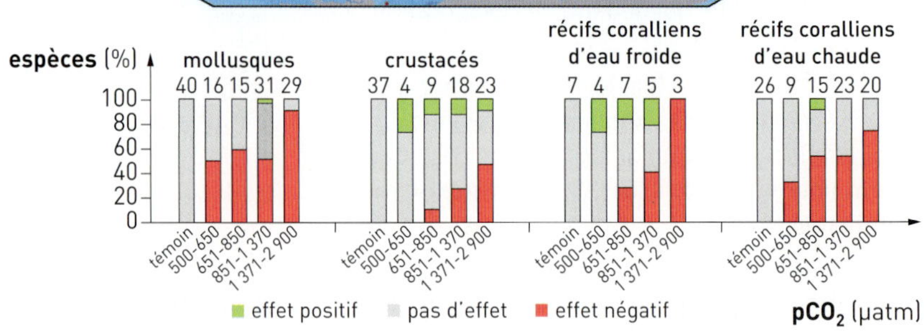

Coup de pouce

Veiller à établir le lien entre émissions de CO_2 et pH, puis entre pH et biodiversité.

S'entraîner

Prépa BAC Vers l'E3C

11 Une évolution du peuplement en poissons du Golfe de Gascogne

De par sa position géographique et les courants marins qui l'alimentent, le golfe de Gascogne permet à des populations de poissons aux exigences thermiques différentes de se côtoyer. Ainsi, on y trouve 62 espèces subtropicales, 27 espèces des zones tempérées et 24 espèces boréales* préférant normalement des eaux plus froides. En moyenne, les espèces subtropicales sont de plus petites tailles et n'intéressent pas les pêcheurs qui les relâchent. Depuis 1987, la proportion des individus de chaque catégorie capturés dans les filets varie (a).

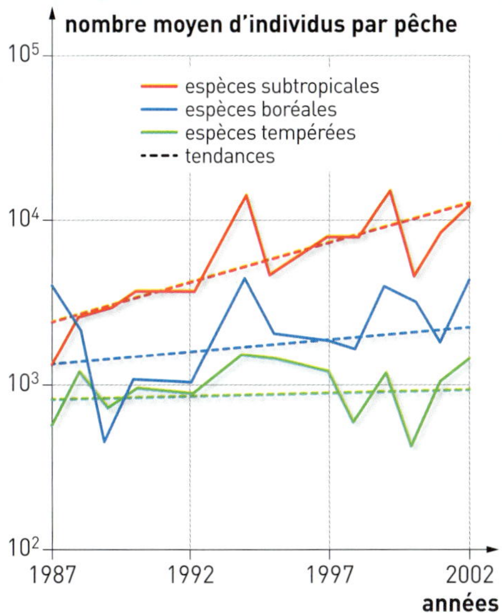

a Nombre et origine des individus pêchés en fonction du temps.

Afin de comprendre l'origine de cette évolution, les chercheurs ont formulé deux hypothèses :
- l'évolution observée des peuplements est due au réchauffement climatique (b) ;
- l'évolution observée est due à la pêche elle-même car les espèces boréales, plus grandes, sont généralement prédatrices des espèces tempérées et subtropicales.

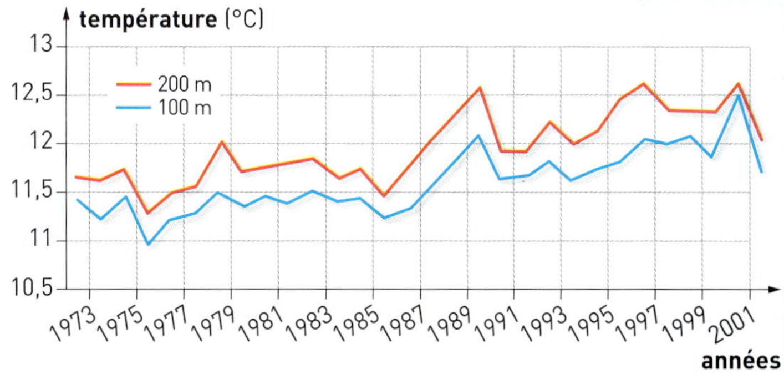

b Évolution de la température des eaux du Golfe de Gascogne pour deux profondeurs différentes.

Pour vérifier ces hypothèses, les chercheurs ont modélisé l'évolution des effectifs de trois espèces représentatives avec et sans réchauffement des eaux de 0,5 °C par an pendant 4 ans (c). Pour ces deux simulations, la pêche est absente. L'effectif de chaque espèce dépend à la fois de la température qui influence les mécanismes physiologiques de la reproduction et des relations alimentaires qui existent entre ces espèces.

1. Indiquer les tendances observées dans l'évolution des peuplements de poissons.

2. Justifier les hypothèses émises par les chercheurs.

3. Relever les différences entre le modèle utilisé et la réalité.

4. Valider ou non l'hypothèse d'une cause climatique à l'évolution observée.

5. Quelle simulation complémentaire faut-il réaliser pour conclure cette étude ?

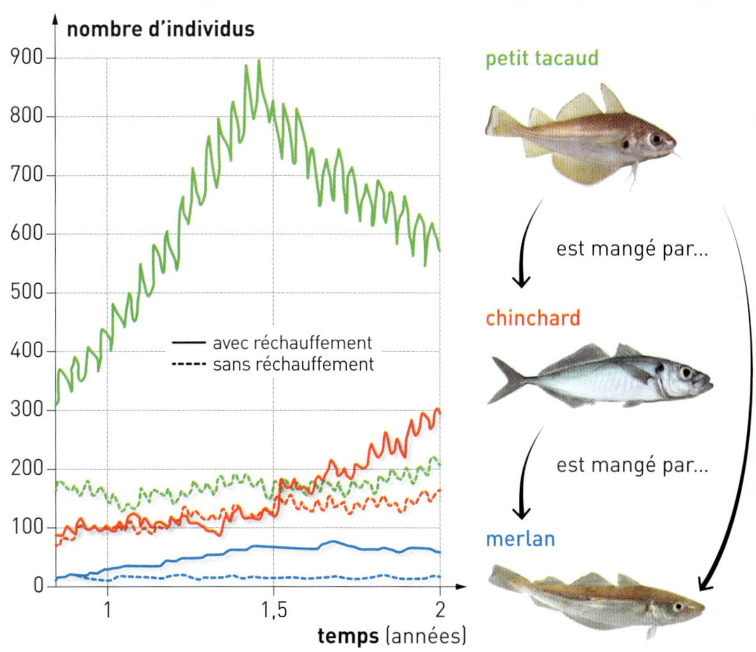

c Simulations de l'évolution démographique de trois espèces en fonction du temps avec et sans réchauffement des eaux.

Je retrouve ce que je sais déjà EN AUTONOMIE

Réponses en fin de manuel

bordas Flash PAGE corrigés détaillés

SITUATION 1 : Puissance et énergie

L'ampoule LED (à droite) consomme une puissance électrique égale à 4,0 W. L'énergie électrique consommée par une ampoule fluocompacte (à gauche) durant 6 h est $3{,}24 \times 10^5$ J.

Laquelle de ces deux ampoules est la plus économe en énergie ?

SITUATION 2 : De la masse d'un échantillon au nombre de molécules

Le sucre de table est constitué de molécules de saccharose de formule $C_{12}H_{22}O_{11}$.

Combien de molécules de saccharose contient un morceau de sucre de masse 5,95 g ?

Masses atomiques : $m_C = 1{,}99 \times 10^{-23}$ g, $m_O = 2{,}66 \times 10^{-23}$ g, $m_H = 1{,}67 \times 10^{-24}$ g

SITUATION 3 : La combustion du méthane

Les combustions sont des transformations chimiques exothermiques, c'est-à-dire qu'elles libèrent de l'énergie, comme par exemple la combustion du méthane modélisée par le schéma ci-contre.

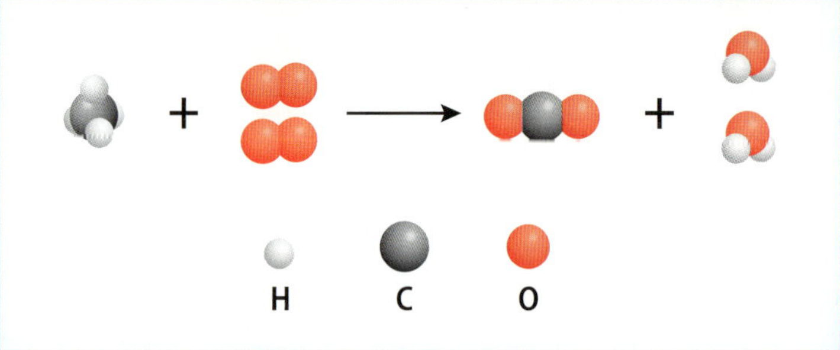

Écrire l'équation de la réaction qui modélise la combustion du méthane. Quels sont les réactifs ? les produits ?

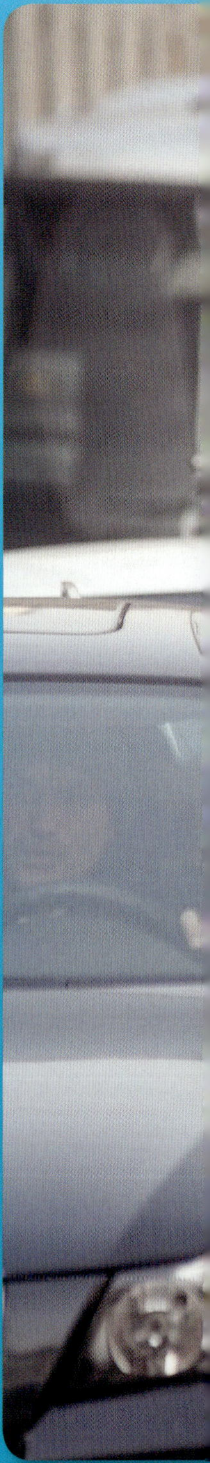

PARTIE 1

Chapitre 4

Énergie, choix de développement et futur climatique

La combustion de carburants engendre de la pollution.

Les problématiques du chapitre

- Quelles sont les ressources d'où provient l'énergie consommée dans le monde ?
- Comment les modes de consommation de l'énergie affectent-ils la nature et la santé ?
- Comment sont prises les décisions qui peuvent limiter leur impact sur les écosystèmes et les conditions de vie des êtres humains ?

Activité **1**

L'énergie dans le monde

Histoire
Enjeu
Débat

SAVOIR-FAIRE
- Comparer quelques ordres de grandeur d'énergie et de puissance.
- Utiliser les différentes unités d'énergie.
- Exploiter des données de production et d'utilisation.

L'énergie constitue un enjeu mondial majeur, du choix du mode de production à son utilisation dans divers domaines.

D'où provient l'énergie consommée dans le monde et à quelles fins est-elle utilisée ?

ANIMATION BONUS
Consommation électrique d'appareils ménagers
bordas Flash PAGE animation

DOC 1 Puissance et énergie, unités et ordre de grandeurs

L'unité officielle de l'énergie est le joule (J). En France, les fournisseurs d'énergie expriment l'énergie consommée en kilowatt-heure (kWh) (a). 1 kWh correspond à $3{,}60 \times 10^6$ J (énergie mise en jeu en une heure pour une puissance d'un kW).

	Relevé début	Relevé fin	Conso kWh
Consommation du 22/06/20 au 21/08/20	**1 161** (Client)	**1 479** (Client)	**318**

a Extrait d'une facture d'électricité.

À l'échelle de la consommation d'énergie d'un pays, on utilise la tonne équivalent pétrole (TEP) : une TEP correspond à l'énergie produite par la combustion d'une tonne de pétrole brut et correspond à $4{,}1868 \times 10^{10}$ J.

La puissance, exprimée en watt (W) correspond à l'énergie mise en jeu durant une seconde (b).

cycliste : 0,1 kW

four micro-ondes : 1 kW

TGV : 10 MW

réacteur nucléaire : 1 GW

b Quelques ordres de grandeur de puissances.

Pour mener une investigation

- Combien de fours micro-ondes peuvent être alimentés par un réacteur nucléaire ?
- Combien faudrait-il de cyclistes pour produire en deux mois autant d'énergie qu'en consomme le foyer ayant reçu la facture d'électricité a ?

DOC 2 Consommation d'énergie primaire dans le monde

Les **énergies primaires**, c'est-à-dire disponibles dans la nature sans transformation, existent sous forme de :
- stocks de combustibles (uranium et **combustibles fossiles** : charbon, pétrole, gaz naturel...) ;
- flux (flux radiatif solaire, flux géothermique, puissance gravitationnelle à l'origine des marées...).

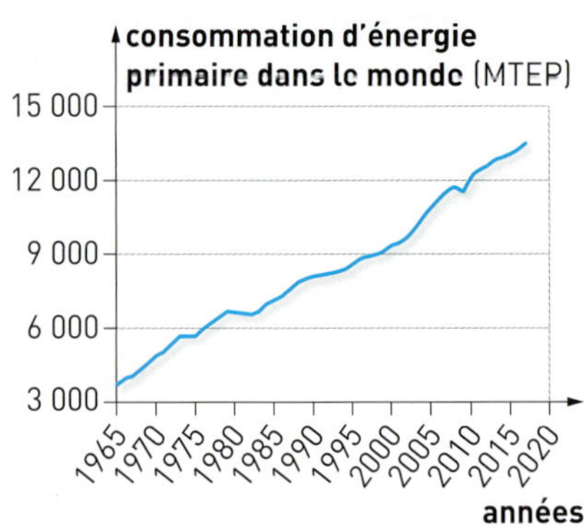

Consommation mondiale d'énergie en 2017

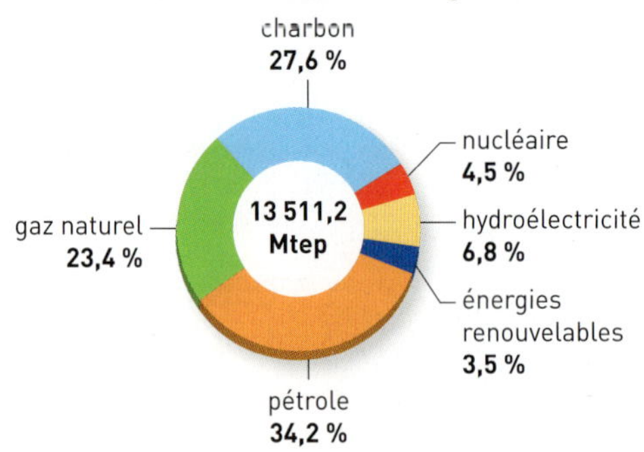

DOC
3 De l'énergie primaire à l'énergie finale

Les énergies primaires sont converties dans d'autres formes d'énergie et finalement utilisées dans différents secteurs d'activités. L'énergie finale est l'énergie qui arrive sur le point de consommation et prête à être utilisée. Entre l'énergie finale et l'énergie primaire, il existe des pertes d'énergie (a).

En France, par exemple, la production d'un kWh d'électricité (énergie finale) à partir d'uranium nécessite 2,5 kWh (énergie primaire), sans même compter l'extraction du minerai d'uranium, son transport et son enrichissement.

Dans une centrale nucléaire (b), la chaleur générée par la fission nucléaire de l'uranium génère de la vapeur d'eau (avec des pertes de production) qui entraîne des turbines (c) et alternateurs produisant de l'électricité (avec des pertes de transformations). Il faut ensuite transporter l'électricité jusqu'au consommateur (avec des pertes de transports).

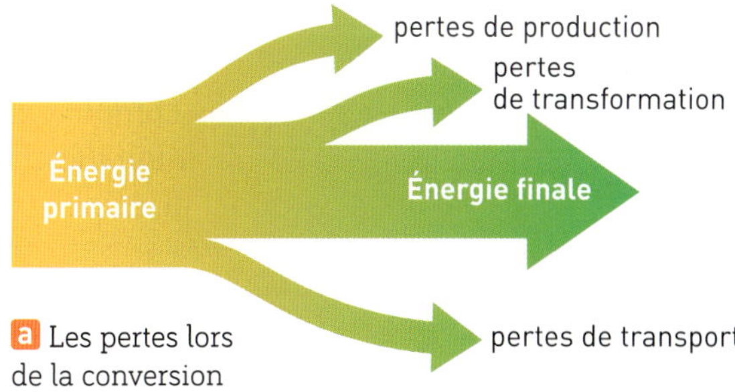

a Les pertes lors de la conversion d'une énergie primaire.

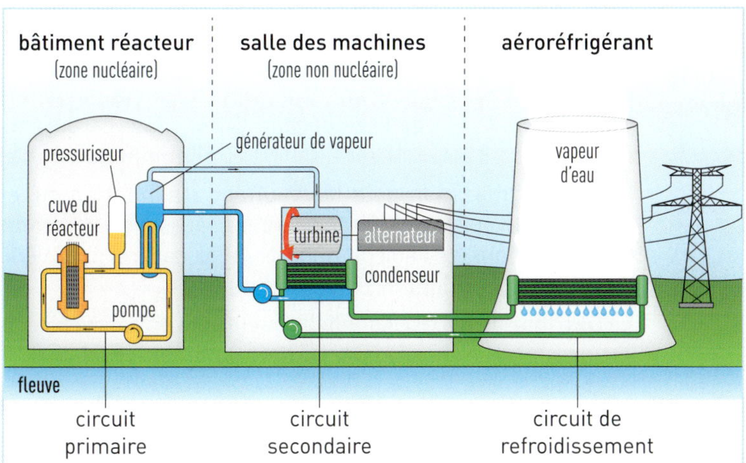

b Fonctionnement d'une centrale nucléaire.

c Turbine de centrale nucléaire.

DOC
4 Consommation d'énergie finale dans le monde

En 2017, la consommation d'énergie finale dans le monde a atteint la valeur de $4,07 \times 10^{20}$ J, dont :

- 2,82 GTEP ont été utilisées par le secteur des transports ;
- $3,28 \times 10^{13}$ kWh ont été utilisés par le secteur de l'habitat ;
- $1,18 \times 10^{20}$ J ont été utilisés par le secteur de l'industrie ;
- 194 MTEP ont été utilisées par le secteur de l'agriculture.

Pistes de travail

Pour expliquer d'où provient l'énergie consommée dans le monde et à quelles fins elle est utilisée :

1. **Montrer** que l'énergie primaire consommée dans le monde a doublé dans les quarante dernières années et qu'elle provient essentiellement des combustibles fossiles.
2. **Déterminer** la part de l'énergie finale utilisée dans le monde par les secteurs des transports, de l'habitat, de l'industrie et de l'agriculture en 2017. Conclure.

Des clés pour réussir

Convertir les énergies dans la même unité pour pouvoir les comparer.

Activité 2

Les carburants

SAVOIR-FAIRE
Calculer la masse de dioxyde de carbone produite par unité d'énergie dégagée pour différents combustibles.

Les carburants sont des combustibles utilisés dans des moteurs à explosion.
Les réactions de combustion dégagent de l'énergie tout en libérant de l'eau et du dioxyde de carbone, principal gaz à effet de serre produit par l'activité humaine.

Quel carburant libère le moins de dioxyde de carbone pour une même énergie dégagée ?

DOC 1 Les carburants fossiles

a Bus fonctionnant au gaz naturel.

Les combustibles utilisés dans le monde pour produire de l'énergie sont à plus de 80 % des **combustibles fossiles**, c'est-à-dire issus des restes d'êtres vivants enfouis dans le sol depuis plusieurs millions d'années : il s'agit du pétrole, du charbon et du gaz naturel.
La plupart des véhicules actuels fonctionnent avec de l'essence ou du gazole, pouvant être respectivement modélisés par l'octane C_8H_{18} et le dodécane $C_{12}H_{26}$. Ces **carburants** sont dits fossiles car ils sont issus du traitement du pétrole.

Outre son utilisation pour le chauffage d'habitation ou les appareils de cuisson, le gaz naturel est aussi utilisé comme carburant pour les véhicules au GNV (gaz naturel pour véhicules) (**a**). Il contient 97 % de méthane CH_4.

Le GPL (gaz de pétrole liquéfié) alimentant certains véhicules est un mélange de propane C_3H_8 et de butane C_4H_{10}.

DOC 2 La combustion des carburants

La réaction chimique modélisant une **combustion** complète est de la forme :

combustible + dioxygène → dioxyde de carbone + eau

Combustible	Équation de réaction de combustion
Méthane CH_4 (g)	$CH_4\ (g) + 2\ O_2\ (g) \rightarrow CO_2\ (g) + 2\ H_2O\ (g)$
Octane C_8H_{18} (l)	$2\ C_8H_{18}\ (\ell) + 25\ O_2\ (g) \rightarrow 16\ CO_2\ (g) + 18\ H_2O\ (g)$
Dodécane $C_{12}H_{26}$ (l)	$2\ C_{12}H_{26}\ (\ell) + 37\ O_2\ (g) \rightarrow 24\ CO_2\ (g) + 26\ H_2O\ (g)$

L'énergie massique de combustion est l'énergie que libère la combustion d'un gramme de combustible :

Combustible	Énergie massique de combustion E_m (kJ · g^{-1})
Méthane	50,0
Octane	44,6
Dodécane	44,1

Masses atomiques : $m_C = 1{,}99 \times 10^{-23}$ g, $m_O = 2{,}66 \times 10^{-23}$ g, $m_H = 1{,}67 \times 10^{-24}$ g.

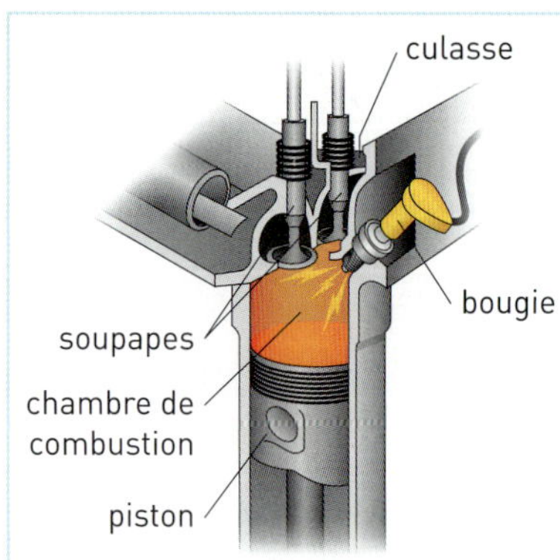

Combustion du carburant dans un moteur.

ANIMATION BONUS
Le moteur à explosion

DOC 3 Les biocarburants

« Les biocarburants sont des carburants de substitution obtenus à partir de biomasse (matière première d'origine végétale, animale ou issue de déchets). Ils sont destinés à être utilisés dans les transports, principalement sous forme d'additifs ou de compléments aux carburants fossiles. […]

Les biocarburants qu'on incorpore dans l'essence sont constitués essentiellement d'éthanol, issu principalement de la fermentation des sucres présents dans les betteraves ou les céréales (a).

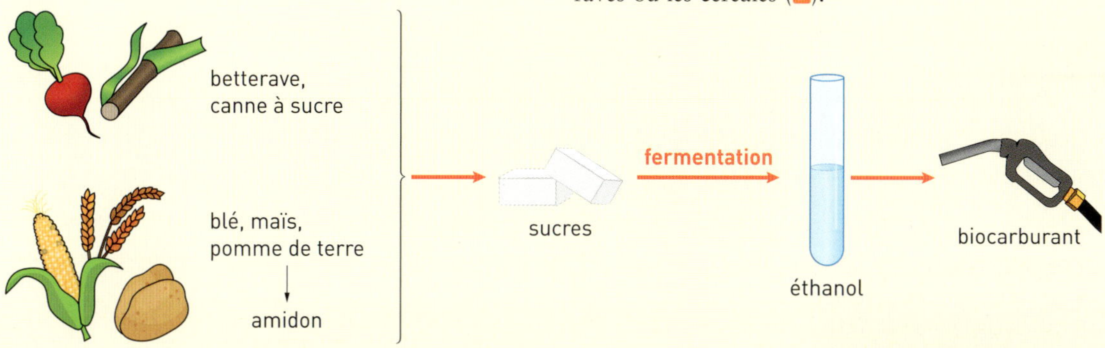

a Production des biocarburants incorporés à l'essence.

Ils sont présents à la pompe sous forme de sans plomb E5, avec une teneur en éthanol de 5 %. Le E10 contient quant à lui, jusqu'à 10 % d'éthanol et le E85 peut en contenir jusqu'à 85 %.

Les biocarburants qu'on incorpore dans le gazole, regroupés généralement sous l'appellation « biodiesel », sont fabriqués à partir de matières oléagineuses comme le colza, le tournesol, le soja, la palme, les huiles alimentaires usagées ou les graisses animales. Le gazole présent à la pompe contient entre 7 % et 10 % de biocarburants. Il est désigné dans les stations-service par un carré avec la lettre B suivie de la teneur en biodiesel : B7 ou B10 (b).

Il importe de distinguer les carburants de « première génération » de ceux de « deuxième génération ». Les premiers sont produits à partir de cultures destinées traditionnellement à l'alimentation, alors que les seconds sont élaborés à partir de matières premières non alimentaires, comme les huiles de fritures usagées, les graisses animales, les marcs de raisin, ou les lies de vin.

En France, la production de biocarburants a connu un essor rapide, depuis le début des années 2000. Elle permet […] la réduction des émissions de gaz à effet de serre par rapport aux carburants d'origine fossile, car le CO_2 dégagé, lors de leur combustion, est compensé par le CO_2 absorbé par les végétaux, lors de leur croissance. »

agriculture.gouv.fr, « Qu'est-ce que les biocarburants ? »

b Biocarburant disponible à une station-service.

Pistes de travail

Pour savoir quel carburant libère le moins de dioxyde de carbone pour une même énergie dégagée :

1. **Calculer** la masse de dioxyde de carbone dégagé par la combustion d'un gramme de chacun des combustibles du DOCUMENT 2.
2. **En déduire** la masse de dioxyde de carbone produite par unité d'énergie libérée pour chacun des combustibles du DOCUMENT 2. Conclure.
3. **Expliquer** pourquoi il est intéressant d'incorporer des biocarburants aux carburants fossiles.

Des clés pour réussir

- Calculer le nombre de molécules dans un gramme de combustible et utiliser l'équation de combustion pour en déduire le nombre de molécules de dioxyde de carbone formé, puis la masse correspondante.

Activité 3

Qualité de l'air et santé

SAVOIR-FAIRE
Identifier et expliquer les conséquences sur la santé de certains polluants atmosphériques.

L'air que nous respirons contient un certain nombre de polluants liés essentiellement à l'activité humaine.

Quel est l'impact de la pollution de l'air sur notre santé ?

DOC 1 La combustion produit de nombreux éléments nocifs

La **combustion** de **carburants** fossiles ou de **biomasse** est à l'origine de la production de CO_2 mais aussi de nombreux autres produits polluants : le protoxyde d'azote N_2O (un oxyde d'azote, gaz à effet de serre qui est aussi à l'origine de la destruction de la couche d'ozone, protectrice de la vie sur Terre) ; l'ozone O_3 (a) ; les produits soufrés qui sont irritants ; les particules fines*.

Les particules fines (PM = *Particulate Matter*) sont des poussières en suspension dans l'air, issues d'une combustion incomplète.

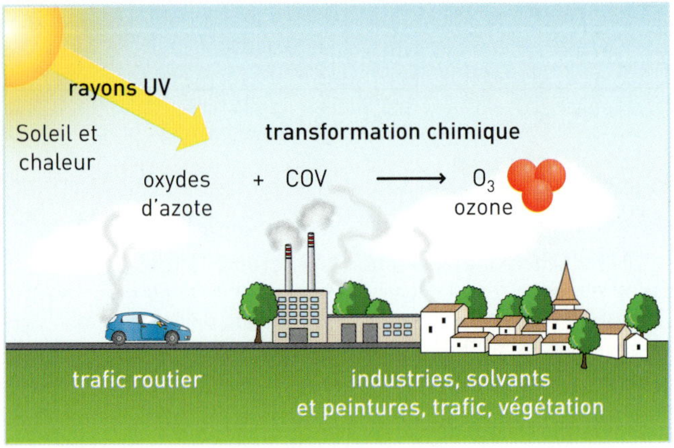

a Mécanisme de formation de l'ozone. Les COV sont des composés constitués de carbone et d'autres éléments tels que l'hydrogène, l'oxygène, le soufre… *Exemple : le méthane, les hydrocarbures, les solvants.*

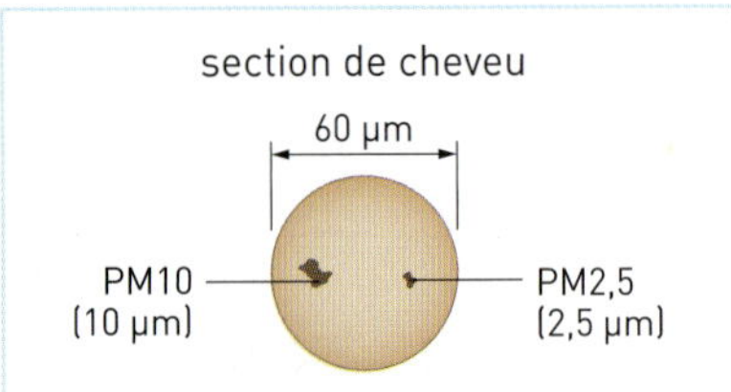

b Repère de taille des particules PM10 et PM2,5.

Elles sont classées en fonction de leur taille (b) :
- PM10 = diamètre inférieur à 10 µm ;
- PM2,5 = diamètre inférieur à 2,5 µm.

DOC 2 Les effets des polluants atmosphériques sur la santé

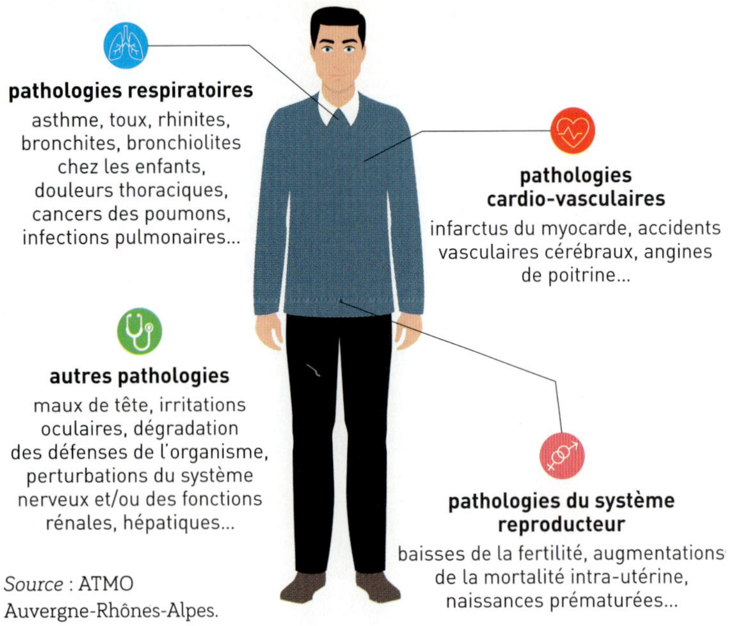

Source : ATMO Auvergne-Rhônes-Alpes.

Les **effets à long terme** des polluants sur la santé font suite à des expositions répétées aux polluants durant la vie. Ils favorisent le développement de maladies (figure) et/ou leur accroissement, induisant une surmortalité et une baisse de l'espérance de vie.

Les **effets immédiats** font suite à une courte exposition. Ils surviennent rapidement suite aux variations journalières des niveaux ambiants de pollution atmosphérique. Cela peut se manifester par des irritations oculaires ou des voies respiratoires, des crises d'asthme, une exacerbation de troubles cardio-vasculaires et respiratoires pouvant conduire à une hospitalisation et, dans les cas les plus graves, au décès.

DOC 3 Un exemple de lien entre pollution atmosphérique et santé

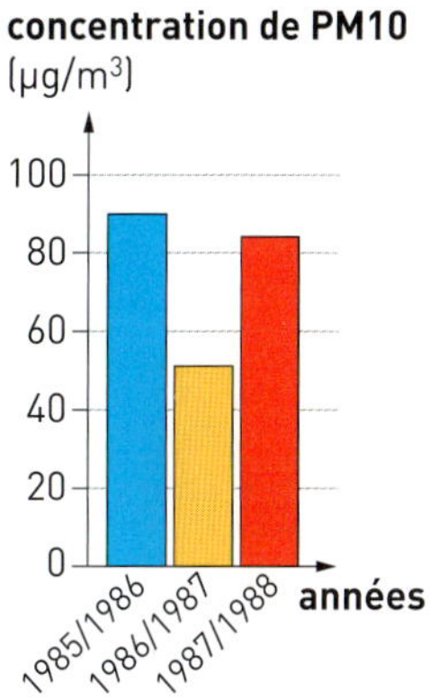

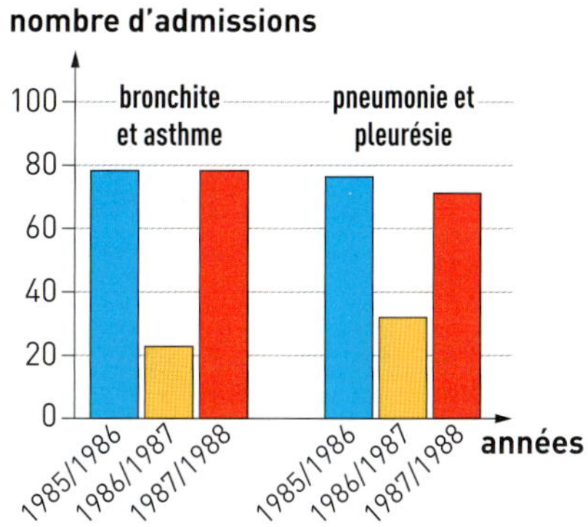

On a pu mesurer l'impact sanitaire de l'arrêt d'activité d'une aciérie dans la vallée de l'Utah (États-Unis), du 1er août 1986 au 1er septembre 1987, suite à une grève (a).

Ces résultats n'ont pas été observés sur les admissions hospitalières d'une vallée voisine non exposée aux émissions de l'usine.

a Admissions des enfants de 0 à 17 ans à l'Utah Hospital durant l'hiver.

DOC 4 Conséquences de la pollution par les particules fines et perspectives

48 000 décès par an en France sont attribuables aux PM2,5. Dans les villes de plus de 100 000 habitants, on leur attribue 26 000 décès par an, 15 mois d'espérance de vie perdue en moyenne et 640 000 années de vie perdues sur la population de 30 ans.

Si on arrivait sur tout le territoire à une concentration en PM2,5 équivalente aux communes les moins polluées, la mortalité en France diminuerait en moyenne de 7 % (a) et 9 mois d'espérance de vie seraient gagnés pour une personne de 30 ans (b).

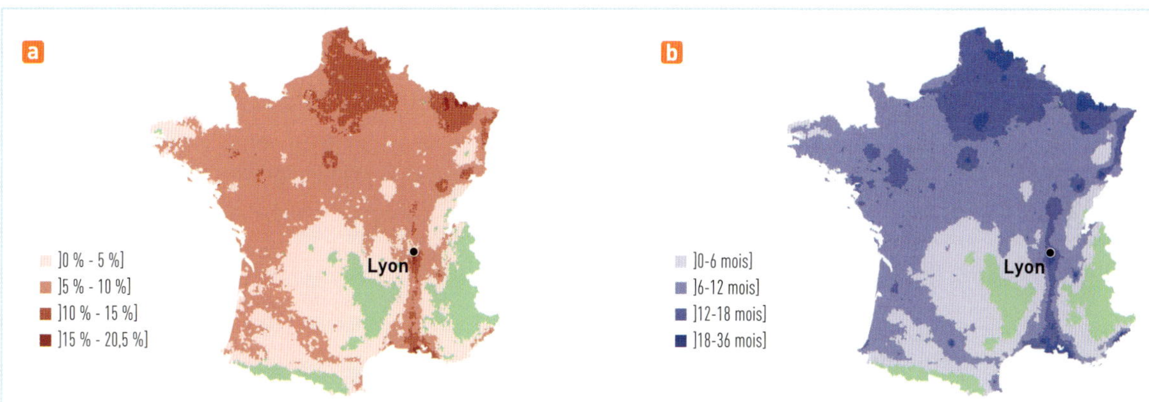

Scénario « concentration en PM2,5 équivalente aux communes les moins peuplées ».
a Baisse de la mortalité en %. b Gain en espérance de vie à 30 ans en mois.

Pistes de travail

Pour comprendre l'impact de la pollution de l'air sur notre santé :

1. **Présenter** dans un tableau les principaux polluants contenus dans l'air et leurs dangers pour la santé.
2. **Montrer** qu'il existe un lien entre l'exposition des personnes à un polluant atmosphérique tel que les particules fines et leur santé.
3. **Donner** les conséquences pour Lyon, une ville de plus de 100 000 habitants, si on arrivait à une diminution de la concentration en PM2,5 vers des valeurs proches de celles d'une commune peu polluée.
4. **Expliquer** ces conséquences.

* Lexique en fin de manuel

Des clés pour réussir

Pour relier plus précisément polluants et maladies qu'ils engendrent, effectuer des recherches sur internet.

Activité 4

Les émissions de dioxyde de carbone

Histoire
Enjeu
Débat

SAVOIR-FAIRE
- Comparer sur l'ensemble de leur cycle de vie les impacts d'objets industriels.
- Analyser l'empreinte carbone de différentes activités humaines et proposer des comportements pour la minimiser ou la compenser.

Le dioxyde de carbone est le gaz à effet de serre qui retient le plus le rayonnement solaire : son impact sur le réchauffement climatique est prépondérant.

Comment évaluer et minimiser les émissions de dioxyde de carbone ?

DOC 1 L'empreinte carbone

On évalue l'impact sur le réchauffement climatique d'une activité (a) ou d'une personne à cause des émissions de gaz à effet de serre par son **empreinte carbone** : il s'agit de la masse de CO_2 produite directement ou indirectement par sa consommation d'énergie et/ou de matière première.

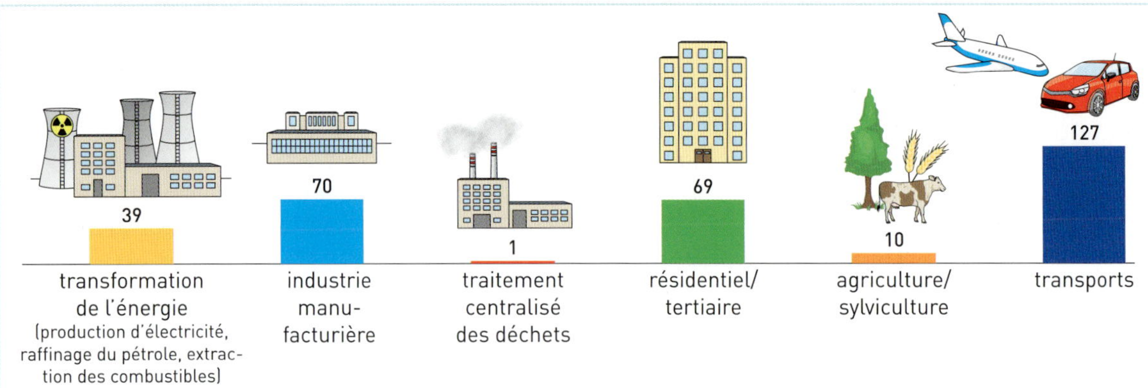

a Empreinte carbone par secteur d'activité en France : estimations 2018 en millions de tonnes *(Source CITEPA avril 2019 format SECTEN).*

DOC 2 Modes de transports de voyageurs en France

ANIMATION BONUS
Efficacité énergétique des transports
bordas Flash PAGE animation

Le graphique ci-contre donne :
- d'une part, la répartition de l'activité du transport de voyageurs par mode de transport en France métropolitaine ;
- d'autre part, les émissions de CO_2 qui y sont associées.

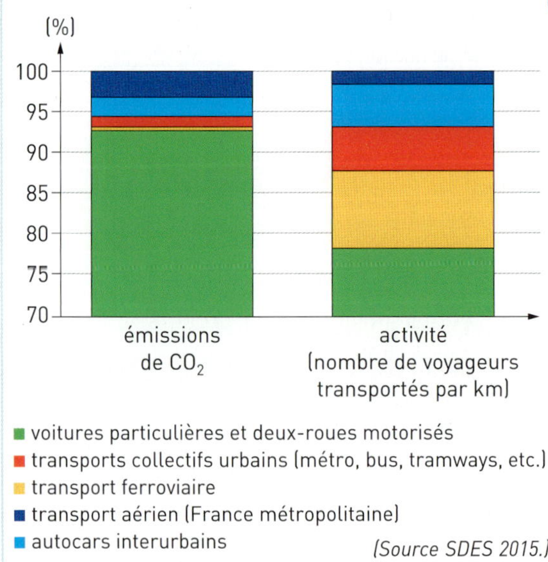

(Source SDES 2015.)

DOC 3

Cycle de vie d'une voiture

« Si la voiture électrique n'émet pas de CO_2 en « sortie du pot d'échappement », son gain environnemental sera d'autant plus important que les émissions de CO_2 liées à sa fabrication seront contenues et que l'électricité utilisée pour charger et recycler sa batterie sera décarbonée*. Qu'une voiture soit électrique, diesel ou à essence, sa fabrication (a) nécessite la même quantité d'énergie. En revanche, la fabrication de la batterie (b) consomme autant d'énergie que celle de la voiture elle-même. [...] Par conséquent, le mix électrique [répartition des différentes sources primaires d'énergie utilisées pour produire de l'électricité] du pays où est fabriquée puis utilisée la voiture électrique a un impact important sur le gain environnemental calculé sur le cycle de vie. Ce gain sera élevé dans les pays à électricité fortement décarbonée comme la France mais limité dans des pays utilisant encore beaucoup de charbon comme l'Allemagne, la Pologne ou la Chine. »

strategie.gouv.fr

a Chaîne de fabrication d'une voiture.

b Assemblage des batteries d'une voiture électrique.

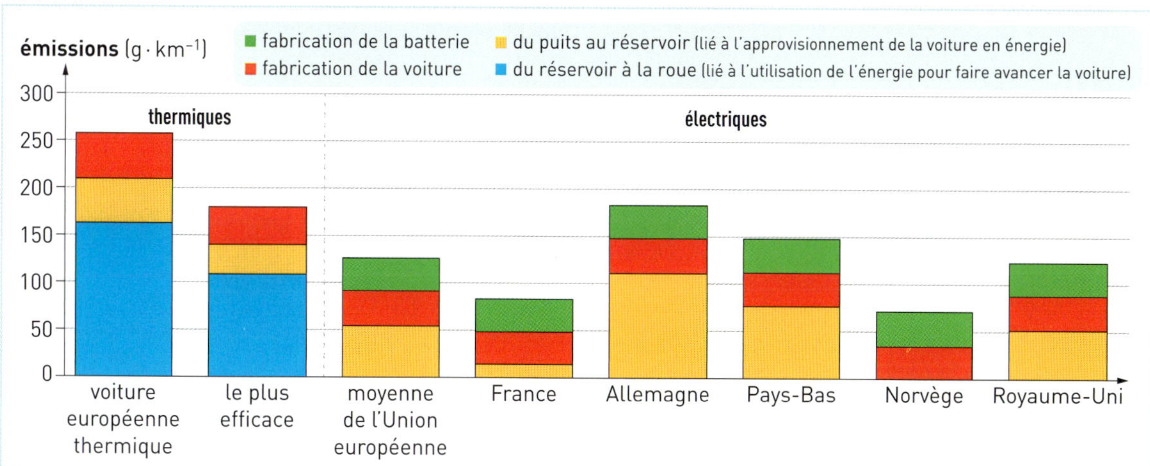

c Émissions de dioxyde de carbone par km parcouru pendant le cycle de vie des voitures électriques et thermiques.

Pistes de travail

Pour expliquer comment évaluer et minimiser les émissions de dioxyde de carbone :

1. **Déterminer** le secteur d'activité qui a l'empreinte carbone la plus importante en France. Quelle est sa part dans l'empreinte carbone ?
2. **Expliquer** pourquoi les émissions de dioxyde de carbone par km parcouru sur le cycle de vie d'une voiture électrique varient d'un pays à l'autre.
3. **Déterminer** les modes de transports de personnes à éviter.
4. **Proposer** des comportements pour minimiser son empreinte carbone.

* Lexique en fin de manuel

Des clés pour réussir

- Comparer la part de chacun des modes de transport de voyageurs dans les émissions de dioxyde de carbone et dans l'activité (nombre de voyageurs transportés par kilomètre).

Activité 5

Vers une transition écologique

Histoire
Enjeu
Débat

SAVOIR-FAIRE
- Analyser l'impact de l'augmentation du CO_2 sur la végétation.
- Analyser des extraits de documents internationaux proposant différents scénarios.

La croissance continue de la concentration des gaz à effet de serre, notamment du CO_2, entraîne une augmentation de la température à la surface du globe.

Quels sont les risques liés au changement climatique et comment y remédier ?

DOC 1 Des projections sur les quantités de CO_2 émises dans le futur

Il y a 56 millions d'années, un intense réchauffement (PETM = Paléocène-Éocène thermal maximum), lié à une brusque libération d'énormes quantités de CO_2 (on ignore actuellement son origine), a fait passer la température moyenne à la surface de la Terre à 23 °C soit 7 degrés au-dessus de la valeur actuelle.

Aujourd'hui, l'humanité rejette du CO_2 dans l'air à une vitesse 10 fois supérieure à celle de la libération du CO_2 lors du PETM.

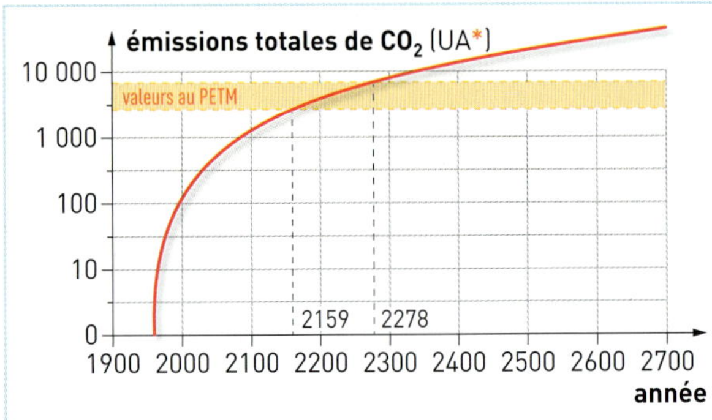

Estimation de la durée nécessaire pour atteindre, dans les conditions actuelles, le taux de CO_2 mesuré lors du PETM.

DOC 2 Des effets sur les écosystèmes marins

« Au cours du PETM, l'augmentation combinée du taux de CO_2 dans l'atmosphère et des températures a provoqué une extinction majeure des organismes vivant dans les profondeurs des océans. Elle a aussi rendu les animaux terrestres plus petits et les a poussés à migrer vers le nord. Les chercheurs pensent que les pôles étaient libres de glace et que l'Arctique abritait palmiers et crocodiles. Il est assez probable que les perturbations futures des écosystèmes dépasseront les extinctions relativement limitées observées au PETM. »

D'après *University of Michigan News*, février 2019

On estime qu'il a fallu 4 000 ans pour purger, à la surface de la planète, cet excès de carbone.

DOC 3 Des effets sur la végétation

Il a été démontré qu'à l'échelle mondiale, l'élévation de l'activité photosynthétique des plantes augmentait en proportion identique à celle du CO_2 atmosphérique. Les résultats montrent que l'augmentation du CO_2 permet aux plantes d'accroître la surface de leurs feuilles. Cette surface foliaire plus importante leur permet de capter encore plus de CO_2. Par conséquent, la végétation dans son ensemble assimile le surplus de CO_2 émis. Alors que la planète se réchauffe, les plantes s'efforcent donc de ralentir les effets des changements climatiques causés par l'homme. Cependant, les scientifiques préviennent que les bouleversements climatiques (vagues de chaleur, sécheresses, ouragans...), de plus en plus fréquents, ont le potentiel de stresser considérablement la végétation terrestre et de ralentir leur croissance. »

Pour augmenter les rendements, les serres sont souvent enrichies en CO_2.

DOC 4 Des scénarios pour aller vers une transition écologique

L'élaboration de scénarios (a et b) permet de visualiser les conséquences du réchauffement climatique sur notre planète. Ils permettent de trouver des solutions pour assurer une **transition écologique**.

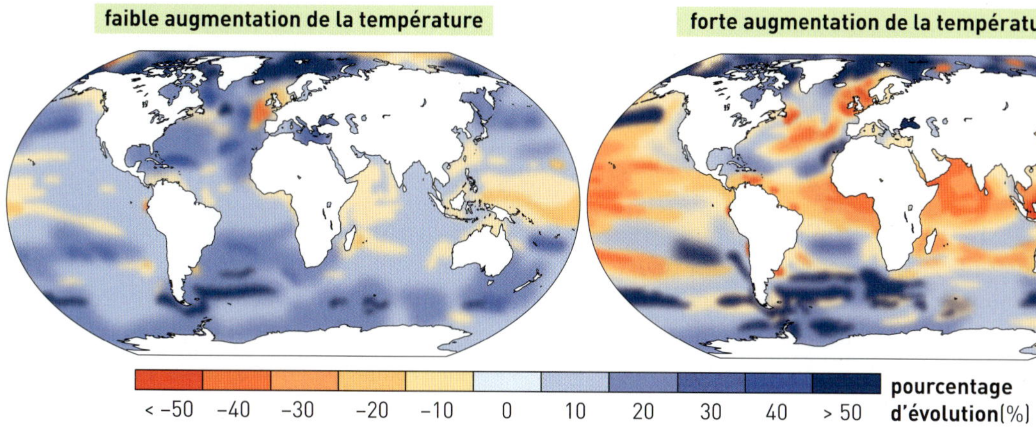

a Un exemple de scénario : évolutions de la biomasse marine (animaux et végétaux marins) en fonction de l'intensité du réchauffement climatique.
Source : rapport du GIEC, septembre 2019.

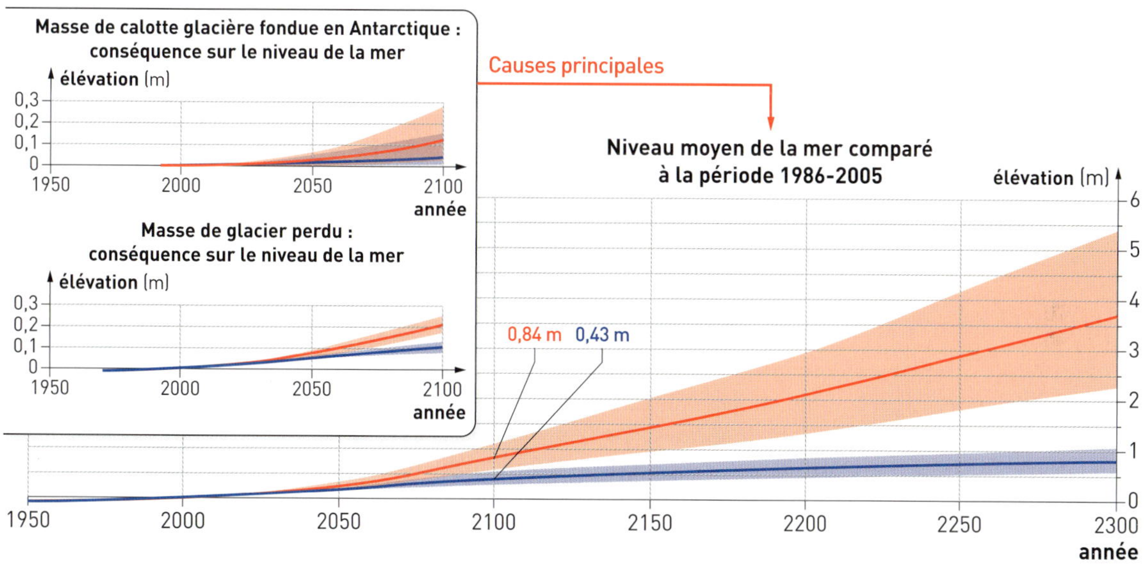

b Évolution du niveau de la mer en fonction de l'intensité du réchauffement climatique.
En bleu : scénario avec faible augmentation de température.
En rouge : scénario avec forte augmentation de température.

Source : rapport du GIEC, septembre 2019.

Pistes de travail

Pour comprendre les dangers d'un changement climatique et y remédier :

1. **Expliquer** les conséquences possibles pour la planète de l'évolution de l'émission de CO_2 dans l'atmosphère (si nous n'arrivons pas à la contrôler) en faisant un parallèle avec le PETM (DOC. 1, 2 ET 3).
2. **Préciser** des répercussions humaines et économiques qu'entraîneraient un réchauffement climatique trop important (DOC. 4).
3. **Proposer** des solutions qui permettraient d'assurer une transition écologique.

* Lexique en fin de manuel

Des clés pour réussir

- Chercher les personnes et les professions concernées par l'évolution de la biomasse marine et du niveau des océans (question 2).

COURS

bordas Flash PAGE podcast

1 L'énergie dans le monde

L'unité officielle de l'énergie est le joule (J). Selon les quantités d'énergie, on utilise d'autres unités (**Fig. 1**), comme le kilowatt-heure (kWh) dans le cas de la consommation électrique d'un foyer ou la tonne équivalent pétrole (TEP) à l'échelle de la consommation d'énergie d'un pays.

La puissance correspond à l'énergie par unité de temps, son unité est le watt (W) (**Fig. 2**).

L'énergie finale est l'énergie consommée par un utilisateur, tandis que l'**énergie primaire** correspond à l'énergie totale nécessaire pour founir l'énergie finale à l'utilisateur, incluant ainsi les pertes d'énergie entre sa production et son utilisation.

Exemple : En France, la production d'un kWh d'électricité consommée par un foyer (énergie finale) à partir d'uranium nécessite 2,5 kWh (énergie primaire), sans même compter l'extraction du minerai d'uranium, son transport et son enrichissement.

Unité	Conversion en joules
kWh	1 kWh = $3{,}60 \times 10^6$ J
TEP	1 TEP = $4{,}1868 \times 10^{10}$ J

Fig. 1 : Unités d'énergie et facteurs de conversions.

Corps humain au repos	10^2 W
Flux radiatif solaire moyen sur 1 m² de surface terrestre	10^2 W
Centrale hydroélectrique (barrage)	10^6 W
Réacteur nucléaire	10^9 W

Fig. 2 : Ordres de grandeur de puissances mises en jeu.

Les ressources

Les énergies primaires sont disponibles sous forme de stocks ou de flux.

Les stocks sont constitués d'énergies non renouvelables comme les combustibles fossiles (pétrole, gaz naturel et charbon) et l'uranium. Les flux sont les énergies renouvelables comme le flux radiatif solaire, le flux géothermique et la puissance gravitationnelle à l'origine des marées.

L'énergie utilisée dans le monde provient d'une diversité de ressources parmi lesquelles les combustibles fossiles dominent (Fig. 3).

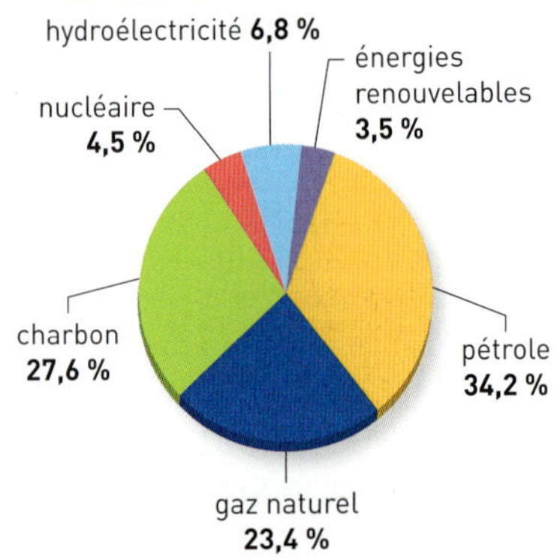

Fig. 3 : Origine de l'énergie primaire consommée en 2017 dans le monde.

La consommation

La consommation d'énergie est très inégalement répartie selon la richesse des individus et des pays.

La consommation mondiale d'énergie primaire moyenne est de 1,9 TEP par habitant en 2017, mais cette valeur cache de grandes disparités selon la richesse des pays : un habitant du Qatar a consommé en moyenne 16,35 TEP d'énergie primaire, un Américain 6,6 TEP, un Français 3,7 TEP et un Sénégalais seulement 0,3 TEP.

La consommation d'énergie (tant primaire que finale) a doublé dans les 40 dernières années. Sa croissance est directement liée au modèle industriel de production et de consommation des sociétés.
En moyenne mondiale, cette énergie est utilisée à parts comparables par le secteur industriel, les transports, le secteur de l'habitat et, dans une très faible mesure, par le secteur agricole (Fig. 4).

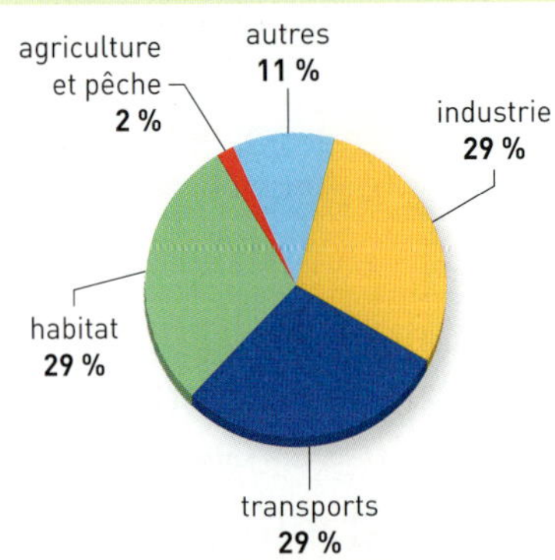

Fig. 4 : Répartition par secteurs de la consommation mondiale d'énergie finale en 2017.

2 Conséquences de son utilisation

La combustion de carburants fossiles et de biomasse

Une **combustion** complète est la transformation chimique exothermique modélisée par la réaction entre un combustible et un comburant, le dioxygène, et produisant de l'eau et du dioxyde de carbone.

Exemple : L'équation chimique de la combustion complète de l'éthanol C_2H_6O s'écrit :

$$C_2H_6O\,(\ell) + 3\,O_2\,(g) \rightarrow 2\,CO_2\,(g) + 3\,H_2O\,(g)$$

La quantité d'énergie et la masse de dioxyde de carbone dégagées par la combustion d'un kilogramme de combustible varient selon sa nature. Pour comparer des combustibles, on peut déterminer pour chacun la masse de dioxyde de carbone par unité d'énergie dégagée (**Fig. 5**).

En pratique, les combustions de **carburants** fossiles et de **biomasse** ne sont pas toujours complètes et rejettent d'autres espèces chimiques.

La combustion de carburants fossiles et de biomasse libère du dioxyde de carbone et également des aérosols et d'autres substances (protoxyde d'azote N_2O, ozone O_3, suies, produits soufrés), qui affectent la qualité de l'air respiré et la santé.

Les conséquences de ces rejets sur la santé sont nombreuses : irritations des yeux, affections respiratoires, bronchiolites, rhinopharyngites, asthme…

Les particules fines mesurent au plus quelques micromètres de diamètre et pénètrent en profondeur dans les poumons. Leur trop forte concentration dans l'air entraîne une hausse de la mortalité à court terme due à des affections respiratoires ou cardio-vasculaires et à long terme à cause de cancers.

Combustible	Masse de CO_2 (en g)
Méthane	55,0
Butane	67,0
Octane	69,3
Dodécane	70,5

Fig. 5 : Masse de CO_2 dégagée pour libérer une énergie égale à 1 MJ par combustion en fonction du combustible.

L'empreinte carbone

L'empreinte carbone d'une activité ou d'une personne est la masse de dioxyde de carbone CO_2 produite directement ou indirectement par sa consommation d'énergie et/ou de matière première.

Le dioxyde de carbone étant le principal gaz à effet de serre, l'empreinte carbone permet de comparer l'impact d'activités ou de personnes sur le réchauffement climatique et ainsi de trouver des moyens de le réduire.

Exemple : Sur chaque véhicule neuf vendu en France est apposée une étiquette indiquant l'empreinte carbone par kilomètre parcouru (liée à son utilisation).

La transition écologique

Les scénarios de transition écologique font différentes hypothèses sur la quantité de GES émise dans le futur. Ils évaluent les changements prévisibles, affectant les écosystèmes et les conditions de vie des êtres humains, principalement les plus fragiles.
Les projections fournies par les modèles permettent de définir les aléas et peuvent orienter les prises de décision. Les mesures d'adaptation découlent d'une analyse des risques et des options pour y faire face.

Exemple : Le niveau moyen mondial des mers continuera à s'élever au cours du XXIe siècle, quel que soit le scénario (**Fig. 6**), à un rythme probablement plus rapide que celui observé jusqu'à maintenant. Des millions de personnes, notamment en Asie, devront changer de lieu de vie car leur domicile actuel sera sous le niveau de la mer.

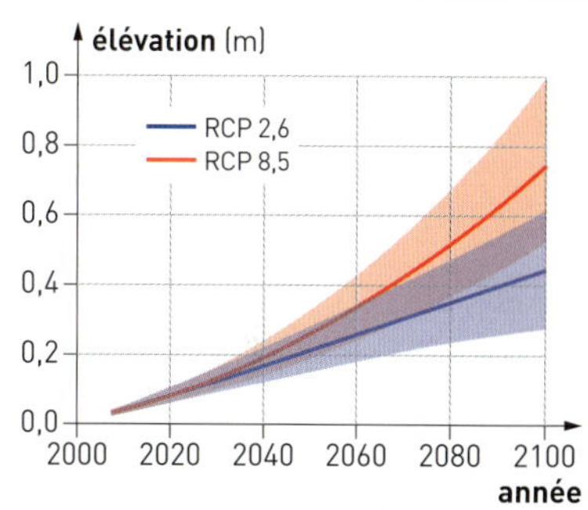

Fig. 6 : Élévation du niveau des mers à l'échelle du globe selon plusieurs scénarios.

Le vocabulaire à retenir

bordas Flash PAGE cartes mémo

- **Aérosols :** particules solides ou liquides en suspension dans un mélange gazeux.
- **Biomasse :** ensemble de la matière organique d'origine végétale ou animale.
- **Carburant :** combustible utilisé dans un moteur.
- **Combustion :** transformation chimique exothermique modélisée par la réaction entre une espèce chimique appelée combustible et une autre appelée comburant.
- **Combustible fossile :** combustible issu d'êtres vivants enfouis dans le sol depuis des millions d'années.
- **Empreinte carbone :** masse de dioxyde de carbone CO_2 produite directement ou indirectement par la consommation d'énergie et/ou de matière première liée à une activité ou une personne.
- **Énergie primaire :** énergie disponible dans la nature sans transformation.
- **Transition écologique :** passage vers un modèle de production et de consommation répondant aux enjeux suivants : le changement climatique, la rareté des ressources, la diminution de la biodiversité et l'augmentation des risques sanitaires et environnementaux.

L'essentiel en images

bilan animé

1 L'énergie dans le monde

Énergie primaire

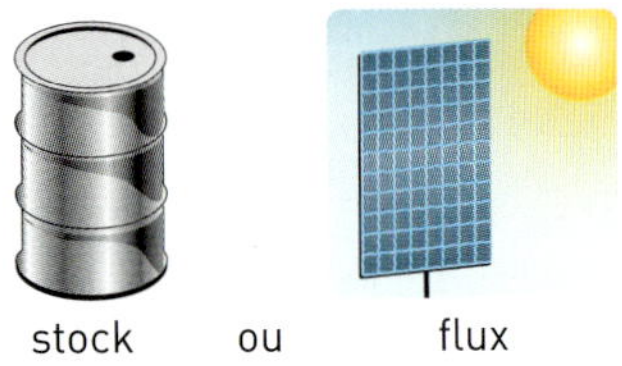

Consommation par habitant

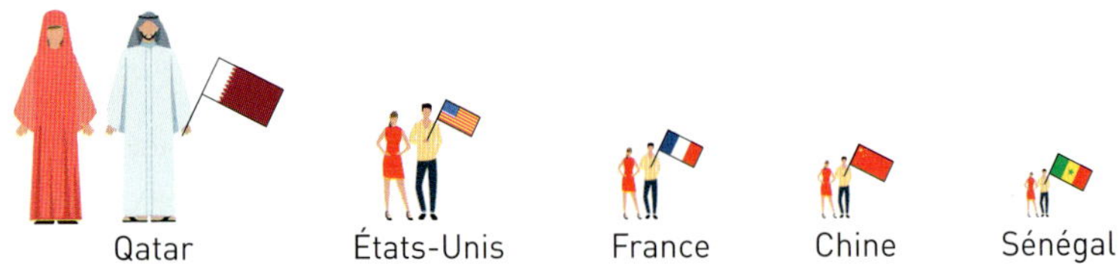

Les ressources

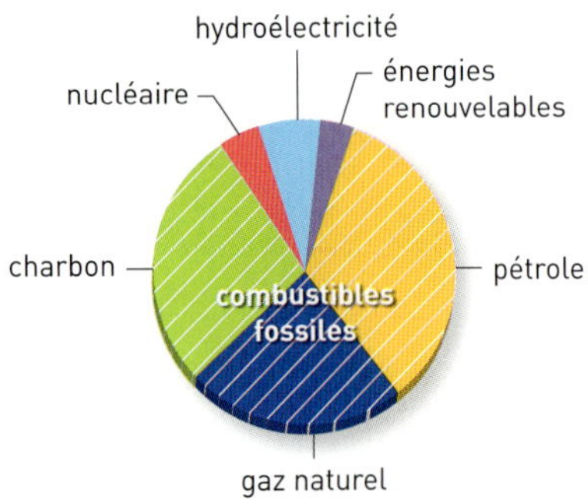

La consommation finale

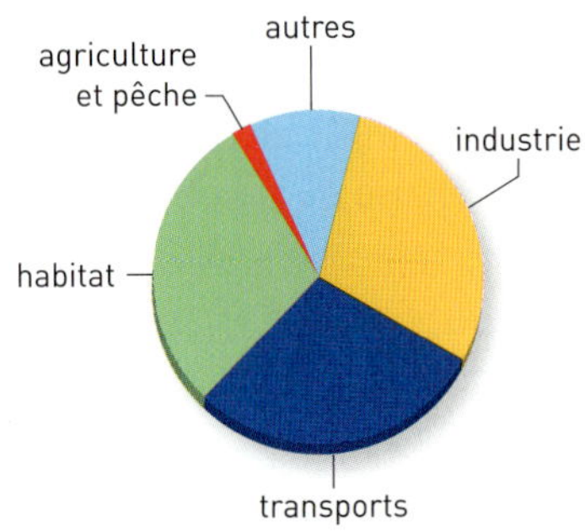

L'évolution de la consommation

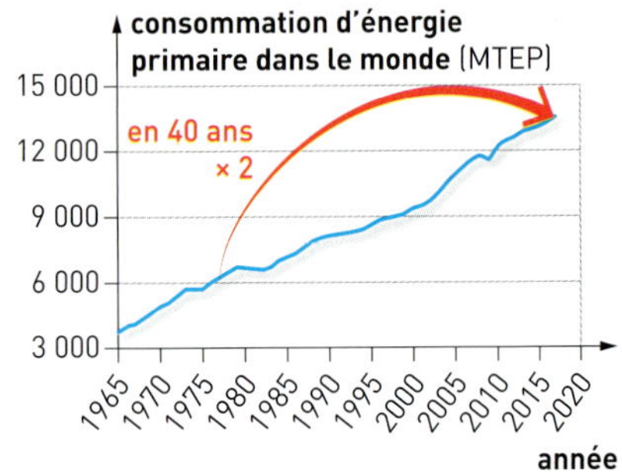

2 Les conséquences et leur évaluation

Conséquences des combustions

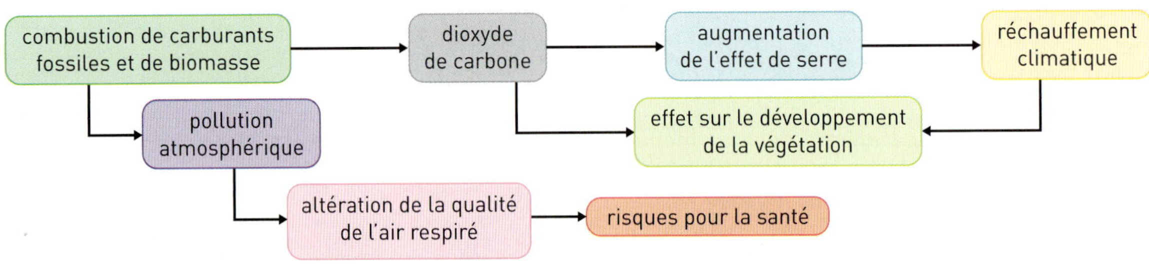

Évaluation

l'empreinte carbone

Prévoir pour s'adapter

élévation du niveau des mers

populations dont le domicile serait sous le niveau de la mer en fonction de l'augmentation de température (millions d'habitants en 2010)

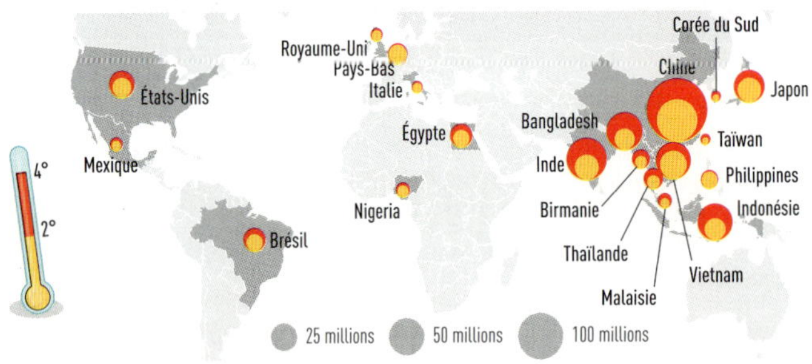

Les savoir-faire du chapitre

Analyser des extraits de documents du GIEC ou d'accords internationaux proposant différents scénarios.	4
Utiliser les différentes unités d'énergie et les convertir en joules. Comparer quelques ordres de grandeur d'énergie et de puissance.	10
Exploiter des données de production et d'utilisation d'énergie à différentes échelles.	10
Calculer la masse de dioxyde de carbone produite par unité d'énergie dégagée pour différents combustibles.	5 6 10
Expliquer les conséquences sur la santé de certains polluants atmosphériques.	11
Analyser l'empreinte carbone d'objets industriels et d'activités humaines. Proposer des comportements pour la minimiser.	7 9
Analyser l'impact de l'augmentation du CO_2 sur le développement de la végétation.	8

Vérifier ses connaissances EN AUTONOMIE

Réponses en fin de manuel

bordas Flash PAGE corrigés détaillés

1 Questions à choix multiples

Pour chaque question, choisir la ou les bonnes réponses.

	1	2	3
A - L'ordre de grandeur de la puissance du corps humain au repos est :	1 MW.	0,1 kW.	100 mW.
B - L'énergie peut être exprimée en :	$kW \cdot h^{-1}$.	J.	Tep.
C - L'énergie utilisée dans le monde provient principalement :	de l'uranium.	des combustibles fossiles.	des énergies renouvelables.
D - En moyenne mondiale, l'énergie est utilisée à parts comparables par :	les transports.	le secteur agricole.	le secteur industriel.

2 Retour sur les problématiques (à l'oral)

Reprendre les problématiques de la page 79 et y répondre oralement en 10 minutes maximum.

3 Restituer le cours

1. Qu'est-ce qui permet d'expliquer la croissance de la consommation d'énergie durant les dernières décennies ?

2. Citer deux ressources d'énergie primaire disponibles sous forme de stock et deux autres sous forme de flux.

3. a. Citer des espèces chimiques pouvant être produites par la combustion de carburants fossiles ou de biomasse.

b. Quelles sont les conséquences de l'émission de ces espèces ?

4. Donner la définition de l'empreinte carbone d'une activité.

4 Émissions liées aux énergies fossiles

Ce document issu d'un rapport du GIEC indique des projections suivant les quatre profils d'évolution de GES :

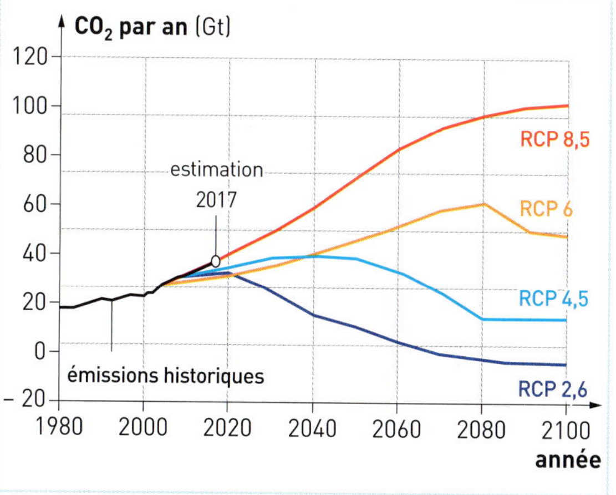

1. Expliquer pourquoi les émissions de dioxyde de carbone sont liées aux énergies fossiles.

2. Commenter l'évolution des émissions liées aux énergies fossiles jusqu'en 2017.

3. Citer des conséquences probables si ces émissions suivaient le profil RCP 8,5.

4. Proposer deux exemples de comportement permettant de réduire les émissions de dioxyde de carbone.

Exercice résolu EN AUTONOMIE

5 Dioxyde de carbone produit par la combustion du propane

Le gaz propane est un combustible fossile de formule C_3H_8. Il est l'un des deux principaux composants du gaz de pétrole liquéfié qui alimente les voitures GPL. Il est aussi utilisé pour les cuisinières et les barbecues. L'équation de la réaction qui modélise la combustion du propane est :

$$C_3H_8\,(g) + 5\,O_2\,(g) \rightarrow 3\,CO_2\,(g) + 4\,H_2O\,(g)$$

Données : Énergie massique de combustion du propane : $E_m = 46{,}3$ kJ · g^{-1} ; Masses atomiques : $m_C = 1{,}99 \times 10^{-23}$ g, $m_O = 2{,}66 \times 10^{-23}$ g, $m_H = 1{,}67 \times 10^{-24}$ g.

1. **Calculer** le nombre de molécules contenues dans un gramme de propane.
2. **En déduire** le nombre de molécules de dioxyde de carbone produites par la combustion d'un gramme de propane, puis la masse correspondante.
3. **Calculer** la masse de dioxyde de carbone produite par unité d'énergie libérée par la combustion du propane.

Exemple de rédaction

1. Calculons la masse d'une molécule de propane :
$m_{C_3H_8} = 3 \times m_C + 8 \times m_H = 3 \times 1{,}99 \times 10^{-23} + 8 \times 1{,}67 \times 10^{-24} = 7{,}31 \times 10^{-23}$ g

1,00 g de propane contient donc $\dfrac{1{,}00}{7{,}31 \times 10^{-23}} = \mathbf{1{,}37 \times 10^{22}}$ **molécules**.

2. L'équation de la combustion du propane indique que trois moles de dioxyde de carbone sont produites pour une mole de propane consommée, soit 3 fois plus. La combustion d'un gramme de propane produit donc $3 \times 1{,}37 \times 10^{22} =$ $\mathbf{4{,}11 \times 10^{22}}$ **molécules** de dioxyde de carbone, soit une masse de dioxyde de carbone :

$$m_{CO_2\,\text{produit}} = 4{,}11 \times 10^{22} \times (m_C + 2 \times m_O)$$
$$= 4{,}11 \times 10^{22} \times (1{,}99 \times 10^{-23} + 2 \times 2{,}66 \times 10^{-23})$$
$$\mathbf{m_{CO_2\,\text{produit}} = 3{,}00\ g}.$$

3. La combustion d'un gramme de propane dégage une énergie égale à 46,3 kJ. La masse de dioxyde de carbone produite par unité d'énergie libérée est donc :

$$\frac{m_{CO_2}}{E_m} = \frac{3{,}00}{46{,}3 \times 10^3} = \mathbf{6{,}47 \times 10^{-5}\ g \cdot J^{-1}}.$$

Les questions à la loupe

- **Calculer :** trouver la valeur d'une grandeur en effectuant des opérations mathématiques.
- **En déduire :** intégrer le résultat précédent pour répondre.

Quelques conseils

2. Les nombres stœchiométriques de l'équation de combustion du propane indiquent la proportion de moles de dioxyde de carbone formées par rapport aux moles de propane transformées.

Exercice similaire

Solutions en fin de manuel

bordas Flash PAGE corrigé détaillé

6 Dioxyde de carbone produit par la combustion du butane

Le gaz butane est un combustible fossile de formule C_4H_{10}. Il est l'un des deux principaux composants du gaz de pétrole liquéfié qui alimente les voitures GPL. Il est aussi vendu en bouteille pour alimenter les cuisinières à gaz par exemple. L'équation de la réaction qui modélise la combustion du butane est :

$$2\,C_4H_{10}\,(g) + 13\,O_2\,(g) \rightarrow 8\,CO_2\,(g) + 10\,H_2O\,(g)$$

Données : Énergie massique de combustion du butane : $E_m = 45{,}4$ kJ · g^{-1}.
Masses atomiques : $m_C = 1{,}99 \times 10^{-23}$ g, $m_O = 2{,}66 \times 10^{-23}$ g, $m_H = 1{,}67 \times 10^{-24}$ g.

1. Calculer le nombre de molécules contenues dans un gramme de butane.
2. En déduire le nombre de molécules de dioxyde de carbone produites par la combustion d'un gramme de butane, puis la masse correspondante.
3. Calculer la masse de dioxyde de carbone produite par unité d'énergie libérée par la combustion du butane.

S'entraîner

7 L'empreinte carbone de l'alimentation

L'empreinte carbone liée à l'alimentation représente 1/4 de l'empreinte carbone totale des ménages en France (en 2012).

1. Définir l'empreinte carbone de l'alimentation d'un individu.

2. Pour un plat donné, proposer quelques exemples de comportements permettant de minimiser l'empreinte carbone dans les domaines de la figure **a**.

3. De manière générale, citer deux comportements permettant de minimiser l'empreinte carbone liée à notre alimentation.

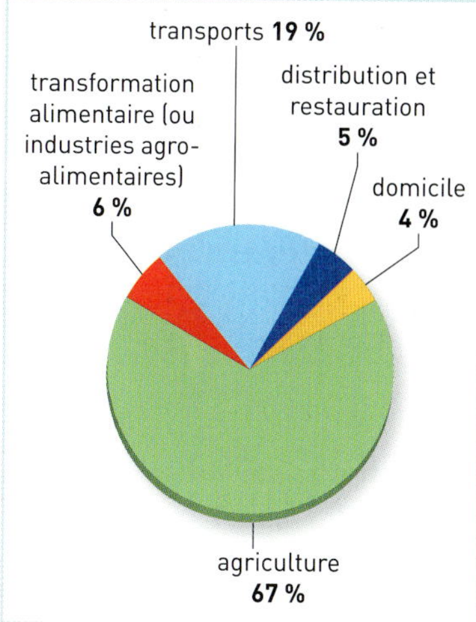

a Répartition de l'empreinte carbone liée à l'alimentation des ménages en France.

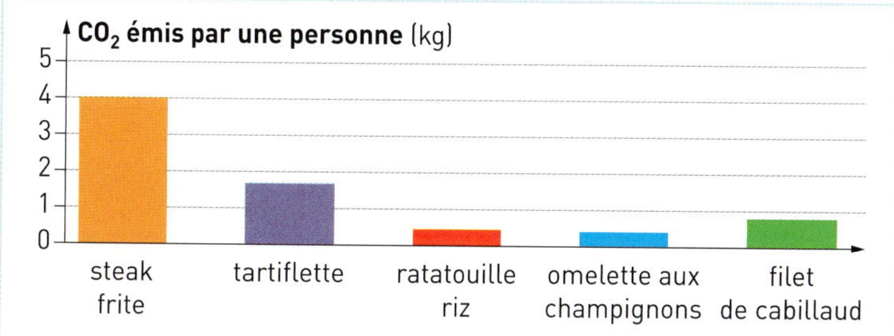

« Logiquement, le steak frites est le mauvais élève de la bande, avec plus de 4 kg de CO_2 émis pour une portion. Il faut dire que si les pommes de terre sont écolo-compatibles, le bœuf est un des pires aliments quand on parle émissions de gaz à effet de serre. Mais alors que l'on pourrait croire que le poisson arriverait juste après, le filet de cabillaud est finalement moins « polluant » que la tartiflette. Ce plat d'hiver, [...] contient des lardons, mais surtout du fromage et de la crème. Bref, des produits laitiers issus d'animaux ruminants. »

Grégory Rozières, « Combien de CO_2 dans vos assiettes ? », *HuffPost*, 14 novembre 2017

b Empreinte carbone de quelques plats.

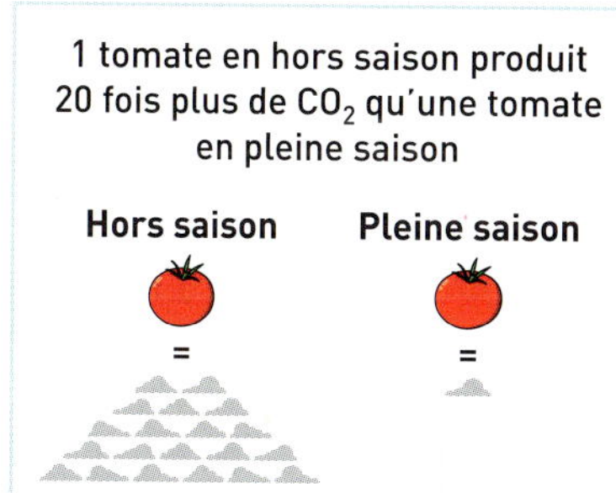

c Empreinte carbone liée à la production d'une tomate.

8 Effet de l'augmentation du dioxyde de carbone atmosphérique sur la végétation

Les plantes terrestres assurent leur croissance en réalisant la photosynthèse au niveau de leurs feuilles : grâce à l'énergie solaire, elles synthétisent des matières organiques en captant du dioxyde de carbone et en rejetant du dioxygène.

• Analyser l'effet de l'évolution du dioxyde de carbone atmosphérique sur le développement de la végétation et l'expliquer.

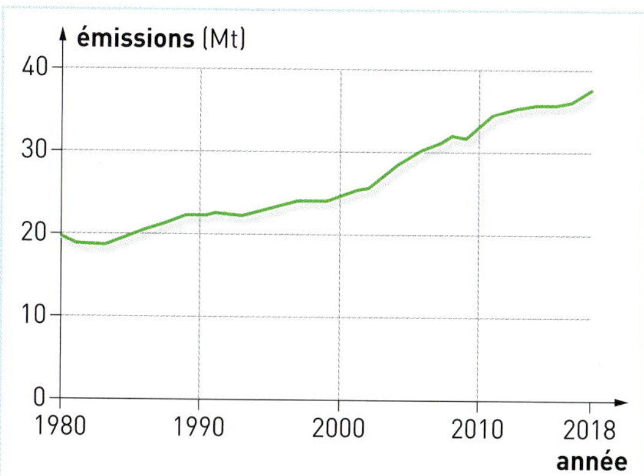

a Émissions mondiales de CO_2 en milliards de tonnes.

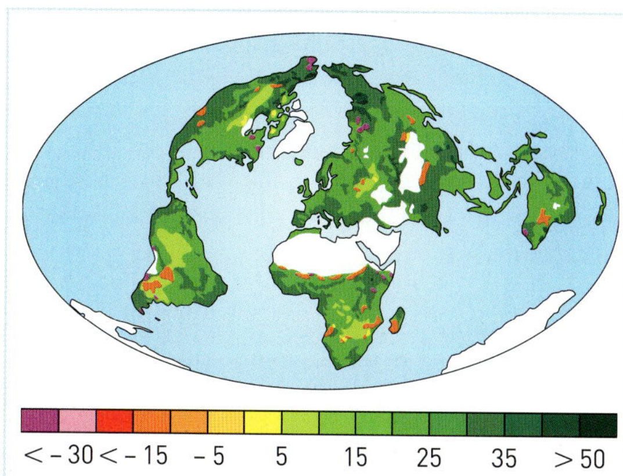

b Évolution de la surface foliaire de 1982 à 2015 (en %) (Boston University/Ranga Myneni).

S'entraîner

9 Impact environnemental de cafetières

Les documents suivants ont pour but d'analyser l'impact environnemental de trois types de cafetières : cafetière à filtre papier utilisant du café moulu dite « Filtre », machine expresso utilisant aussi du café moulu dite « Expresso » et machine utilisant des capsules individuelles rigides hermétiques, dite « Capsules ».

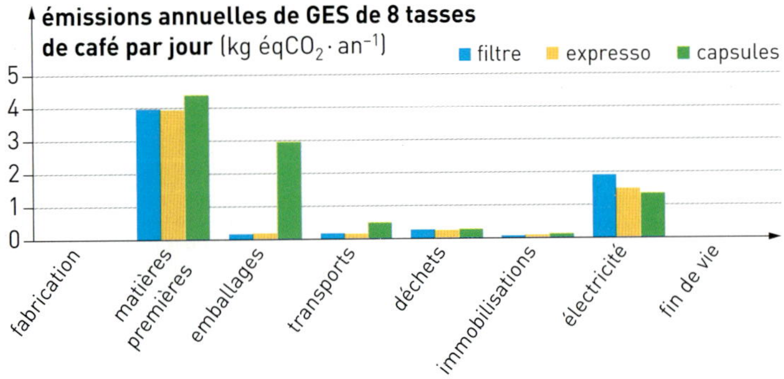

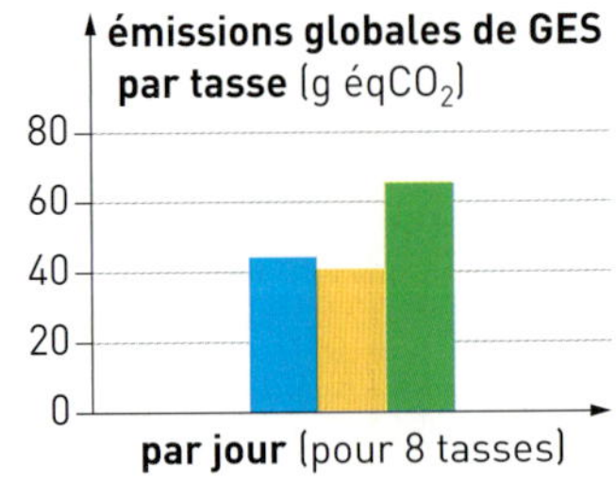

1. Quel type de cafetière permet de minimiser les émissions des GES par tasse de café ? Dans quelle proportion par rapport aux deux autres types de cafetières ?

2. Proposer des explications aux écarts d'émissions liées à l'emballage et à la consommation d'électricité.

> **Coup de pouce**
> **1.** Pour trouver dans quelle proportion une grandeur A est plus grande ou petite qu'une autre grandeur B, on peut calculer l'écart relatif (en %) :
> $$\frac{|A - B|}{B} \times 100$$

10 L'énergie géothermique HISTOIRE DES SCIENCES

En 1827, un ingénieur français installé en Italie, François de Larderel, utilise la vapeur d'eau chaude contenue dans le sous-sol pour extraire l'acide borique, alors utilisé comme antiseptique, contenu dans les boues volcaniques. En 1904, à Larderello, ville d'Italie à laquelle Larderel a donné son nom, le prince Ginori Conti utilise la vapeur sortant de forages dans le sol pour produire l'électricité permettant d'allumer cinq ampoules. De nos jours, l'énergie géothermique y est toujours exploitée : la vapeur d'eau, avec une température pouvant aller jusqu'à 240 °C, permet de produire 4 800 GWh par an, de quoi satisfaire les besoins en électricité d'un million de foyers.

Le prince Ginori Conti et sa centrale électrique expérimentale en 1904 à Laraderello.

De plus, une centrale géothermique émet environ 1 419 kg de dioxyde de carbone pour produire une TEP d'énergie électrique, soit huit fois moins qu'une centrale à charbon. L'exploitation de la géothermie dans cette ville permet à l'Italie de minimiser ses émissions de dioxyde de carbone.

1. L'énergie géothermique est-elle disponible sous forme de stock ou de flux ?

2. Calculer la masse de CO_2 émise pour produire l'électricité géothermique à Larderello chaque année.

3. a. Quelle serait la masse de dioxyde de carbone émise si l'Italie avait recours à des centrales à charbon au lieu de la géothermie à Larderello ?
b. Conclure en calculant l'économie de CO_2 réalisée.

Données : 1 kWh = 3,60 × 10^6 J, 1 TEP = 4,186 8 × 10^{10} J

> **Coup de pouce**
> **3.** Convertir dans la même unité (en joule) les énergies qui doivent être comparées.

S'entraîner

11 Effets des particules fines sur la santé en Île-de-France

La combustion des carburants fossiles libère des particules fines PM2,5 dont on mesure l'impact sur la santé en Île-de-France.

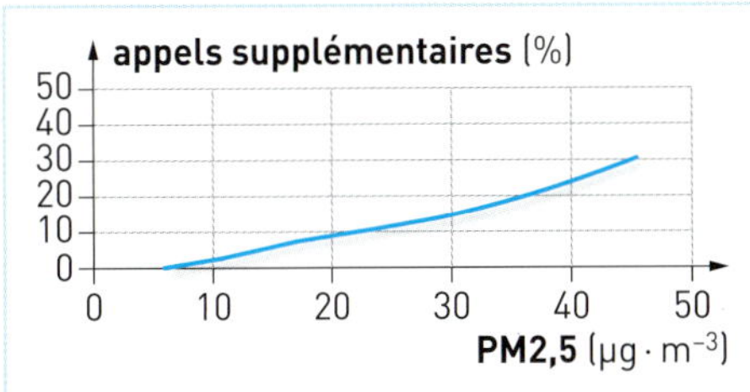

a Augmentation des appels à SOS médecin pour des symptômes respiratoires en fonction de la concentration ambiante de PM2,5.

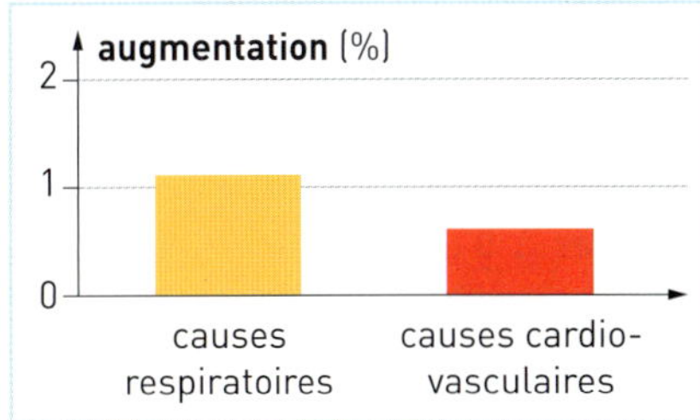

b Augmentation du risque de mortalité lorsque la concentration en PM2,5 augmente de 10 $\mu g \cdot m^{-3}$.

- Identifier et expliquer les conséquences d'une augmentation des particules fines dans l'atmosphère.

Prépa BAC Vers l'E3C

12 L'électricité en Bretagne

1. a. Quelles sont les ressources d'énergie primaire pouvant être utilisées pour produire l'électricité consommée en Bretagne ?
b. Préciser pour chacune de ces ressources si elle est disponible sous forme de stock ou de flux.

2. Expliquer les inconvénients de la production d'électricité par les centrales à charbon et les turbines à combustion.

3. Comparer la puissance de la centrale marémotrice de la Rance à celle de la centrale éolienne de Goulien et d'un réacteur nucléaire de Flamanville.

4. La centrale de la Rance permet-elle d'alimenter en électricité une ville de Bretagne comme Rennes qui compte environ 220 000 habitants consommant chacun 2,4 MWh par an ?

Donnée : 1 kWh = $3,60 \times 10^6$ J.

Document 1 : La production d'électricité en Bretagne

Le charbon au secours du nucléaire dans l'Ouest de la France. Ce mercredi, le gestionnaire du réseau électrique, RTE, a demandé à la centrale à charbon EDF de Cordemais (1 200 mégawatts en Loire-Atlantique), en grève, « de se rendre disponible » jeudi et vendredi pour assurer l'approvisionnement en électricité. Alors que les températures devraient fortement baisser, « les deux réacteurs nucléaires de Flamanville […] seront à l'arrêt, une situation inédite au cœur de l'hiver », rappelle RTE. […] Si le réseau électrique a été renforcé, la Bretagne reste une péninsule électrique. Ses trois départements (Finistère, Côtes d'Armor et Morbihan) ne comptent que quelques turbines à combustion (fioul) qui fonctionnent lors des pics de consommation, du barrage de la Rance (près de Saint-Malo) et d'un peu d'éolien dispersé.

Véronique Le Billon, « Le charbon au secours de la Bretagne », *Les Échos*, 17 janvier 2019

Document 2 : La centrale électrique de la Rance

La centrale marémotrice de la Rance, située en Île-et-Vilaine, produit chaque année $2,0 \times 10^{15}$ J d'électricité en utilisant la force de la marée. Le principe est de créer une retenue d'eau grâce à un barrage et donc un différentiel de hauteur d'eau pour entraîner les 24 groupes de production comprenant chacun une turbine et un alternateur de 10,0 MW qui produit l'électricité. Les pales des turbines sont orientables afin qu'elles puissent fonctionner aussi bien à marée montante qu'à marée descendante.

Document 3 : Quelques valeurs de puissance électrique

1 Quand la Terre était une boule de neige

30 MIN

L'image ci-contre est une représentation de la Terre entièrement recouverte de glace, sur laquelle seuls subsistent des îlots de vie dans de rares flaques d'eau liquide. Ce n'est pas le scénario d'un film de science-fiction mais celui établi par des paléoclimatologues à partir de données géologiques. Cette situation, appelée *Snow Ball Earth* (Terre boule de neige), serait survenue une première fois, il y a 2,3 Ga, au cours d'un épisode appelé Grand Événement d'Oxydation (GEO) correspondant à l'apparition du dioxygène atmosphérique. On cherche ici à en déterminer les causes possibles.

DOC. 1 : Modèle des variations des teneurs atmosphériques de quelques gaz depuis la formation de la Terre

La production de méthane pendant les deux premiers milliards d'année de la Terre résulte principalement de l'activité de bactéries méthanogènes peuplant les océans. La plupart d'entre elles étaient des bactéries anaérobies strictes, c'est-à-dire incapables de vivre en présence de dioxygène.

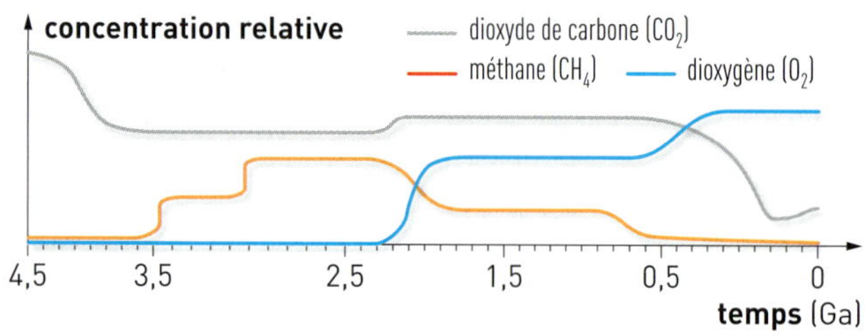

Source : J. Kasting, Méthane et climat, 1999.

DOC. 2 : Albédos et proportions actuelles de la surface terrestre de différents environnements

Environnements	Albédos moyens	Pourcentages de la surface terrestre actuelle
océans	0,24	70 %
déserts chauds	0,45	4 %
calottes glaciaires	0,6	3 %
montagnes	0,37	5 %
végétation	0,44	18 %

1 À l'aide de vos connaissances, définir la notion de bilan radiatif terrestre et comparer les rôles du CO_2 et du CH_4 sur ce dernier.

2 À partir de l'analyse du **DOC. 1**, proposer une hypothèse expliquant le premier épisode de *Snow Ball Earth*.

3 Discuter du lien possible entre l'évolution du vivant et le premier épisode de glaciation planétaire.

4 Après avoir défini l'albédo, calculer la valeur moyenne actuelle de l'albédo terrestre en utilisant les données du **DOC. 2**. Comparer avec l'albédo d'une terre entièrement recouverte de glace.

5 Montrer comment les variations de l'albédo terrestre ont pu participer à cet épisode de *Snow Ball Earth*.

Exemple de rédaction

1. Le bilan radiatif correspond à la différence entre l'énergie reçue par la Terre et l'énergie qu'elle réémet. Le CO_2 et le CH_4 sont deux gaz à effet de serre qui diminuent la quantité d'énergie réémise car ils piègent le rayonnement IR. Cela conduit à un forçage radiatif positif et à un réchauffement. Le CH_4 a un pouvoir de réchauffement global supérieur au CO_2.

2. La diminution de la teneur atmosphérique en CH_4, et donc par conséquence de l'effet de serre, a pu entraîner un forçage radiatif négatif et une baisse de la température globale moyenne.

3. L'apparition de O_2 atmosphérique a pu entraîner une disparition des bactéries produisant du CH_4, d'où une diminution de sa quantité.

4. L'albédo correspond au rapport entre l'énergie lumineuse réfléchie et l'énergie lumineuse incidente.

L'albédo moyen actuel vaut : $0,24 \times 0,7 + 0,45 \times 0,04 + 0,6 \times 0,03 + 0,37 \times 0,05 + 0,44 \times 0,18 = 0,3017$, ce qui est inférieur à l'albédo d'une Terre entièrement glacée (0,47).

5. L'augmentation de la surface recouverte de glace de fort albédo au dépend des surfaces à plus faible albédo a dû entraîner un forçage radiatif négatif par diminution de la puissance absorbée.

2 Un climat bien différent au Crétacé

30 MIN

Au Crétacé (– 135 Ma à – 65 Ma), la surface de la planète présentait un profil bien différent (**DOC. 1**), qu'il s'agisse de la répartition des continents, de la proportion des différents types de surface, du niveau marin ou du climat. Divers indices géologiques, comme la nature des roches formées et la répartition géographique des fossiles, ont permis de modéliser l'évolution de la température et de la teneur de l'atmosphère en dioxyde de carbone (**DOC. 2**) ainsi que l'importance du volcanisme sous-marin (**DOC. 3**).

Crétacé

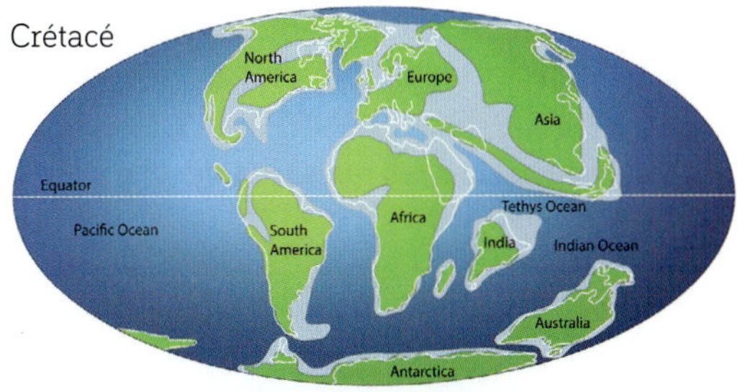

actuel

DOC. 1 : Proportions des différents types de surface terrestre au Crétacé et actuellement

	Crétacé supérieur	Actuel
Glaces	0 %	6 %
Continents	16 %	27 %
Océans	84 %	67 %

DOC. 2 : Température et taux de CO_2 depuis 570 Ma

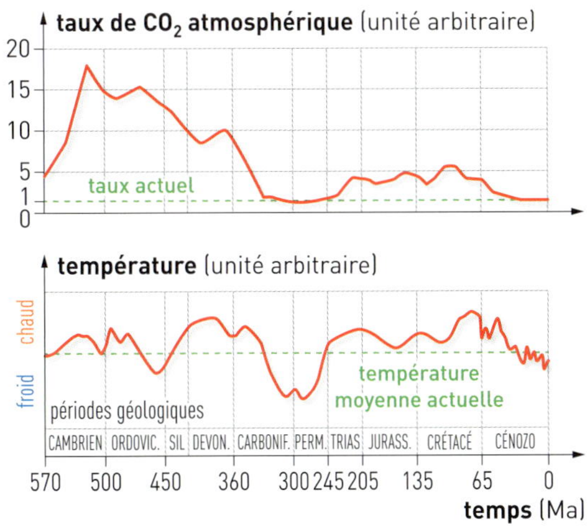

DOC. 3 : Nature des gaz émis par les volcans et les dorsales sous-marins

Depuis 150 Ma, le volcanisme est très important. Le tableau ci-dessous indique les proportions des gaz émis par le volcan éthiopien Erta Ale. Ces proportions sont identiques pour les dorsales.

	CO_2	SO_2	H_2	CO	O_2	N_2
%	57,09	28,89	5,71	2,2	0,74	5,34

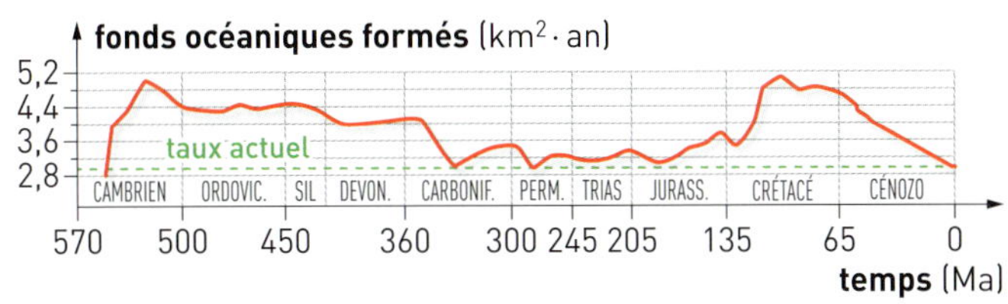

1 Comparer la position et la superficie des continents au Crétacé et actuellement.

2 Comparer la quantité de CO_2 atmosphérique et la température moyenne au Crétacé avec la période actuelle.

Utiliser et mettre en relation les données fournies par les **DOC. 1 ET 2**.

3 Indiquer, à l'aide de vos connaissances, le lien entre la quantité de CO_2 atmosphérique et la température moyenne.

4 Justifier le fait que les volcans sous-marins ont émis beaucoup de CO_2 au Crétacé.

Une activité volcanique sous-marine importante correspond à une production accrue de fonds océaniques par les dorsales. Chaque année, ces dernières forment plusieurs km² de fonds océaniques et libèrent des gaz en très grandes quantités.

5 Formuler une hypothèse quant à l'origine du climat chaud au Crétacé.

6 À l'aide de vos connaissances et des informations apportées, justifier le fait que le niveau marin moyen au Crétacé était supérieur au niveau actuel de plus de 300 mètres.

3 Réchauffement climatique et incendies de forêts

60 MIN

En 2019, de nombreux incendies ont ravagé des millions d'hectares de forêt sur différents continents.

En Australie, d'immenses incendies ont duré plusieurs mois, provoquant la mort de plus d'un milliard d'animaux. Le gouvernement australien a été critiqué pour sa gestion de la crise mais aussi pour ses positions climatosceptiques et son inactivité en termes de lutte contre le réchauffement climatique.

Partie 1. Comprendre les liens entre cycle du carbone et incendies de forêt

DOC. 1 : Évaluation des surfaces de forêt perdues par incendie dans le monde entre 2001 et 2015

En moyenne, 6,7 millions d'hectares de forêt sont créés chaque année. Ils ne suffisent cependant pas à compenser les pertes liées à l'urbanisation, l'exploitation, l'agriculture et les incendies ; pertes estimées au total à environ 20 millions d'ha par an (soit la surface du Sénégal !).

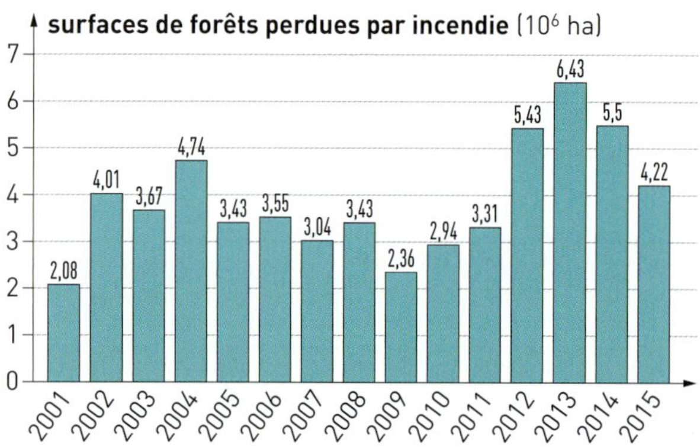

Source : Global Forest Watch.

DOC. 2 : Stockage mondial de carbone selon le type de forêt

Dans le monde, 4,17 milliards d'hectares de forêts stockent respectivement 359 et 787 Gt de carbone dans leurs parties aériennes et dans leur sol.

	Forêts tropicales	Forêts tempérées	Forêts boréales
Surface forestière mondiale (%)	42	25	33
Stockage de carbone dans les parties aériennes ($t \cdot ha^{-1}$)	120	56,7	64,2
Stockage de carbone dans le sol (Gt)	216	100	471

DOC. 3 : Flux de carbone (Gt par an) entre l'atmosphère et les écosystèmes forestiers (moyennes de la période 2000-2009)

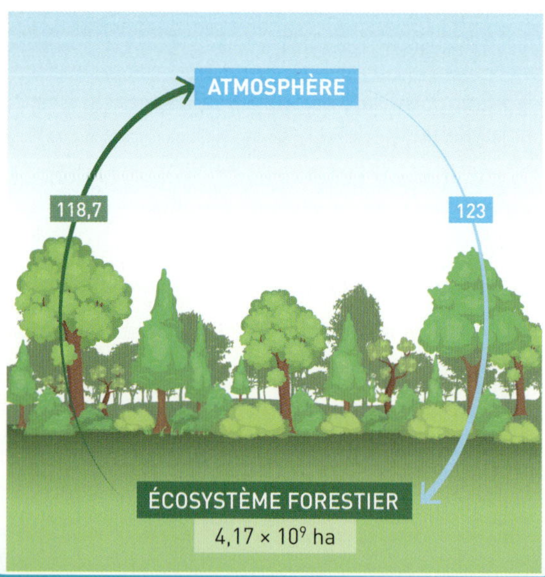

1 Calculer la surface forestière moyenne perdue chaque année du fait des incendies de forêts (**DOC. 1**).

2 En supposant que lors de l'incendie, l'intégralité du stock aérien de carbone est émis sous forme de CO_2 (par combustion ou par décomposition du bois mort), et que chaque type de forêt est touché par les incendies proportionnellement à la surface qu'elle occupe, calculer les émissions annuelles de carbone liées aux feux de forêts (**DOC. 2**).

3 À l'aide du **DOC. 3**, calculer la quantité moyenne de carbone piégée par un hectare de forêt chaque année.

4 Modifier le **DOC. 3** pour tenir compte des résultats obtenus aux questions **2** et **3** et expliquer les conséquences des incendies vis-à-vis du cycle du carbone.

Partie 2. Une boucle de rétroaction positive

DOC. 4 : Capacité de résilience des écosystèmes

On appelle résilience la capacité d'un écosystème à retrouver son état initial après une perturbation comme un feu de forêt.

Après un incendie, le sol, indispensable au développement des plantes, devient plus sensible à l'érosion du fait de la disparition de l'humus, de l'accumulation de cendres et de l'absence de végétations. Ainsi, une grande quantité de terre peut être emportée par l'eau ou le vent conduisant à des pertes pouvant aller de 5 à 20 tonnes de sol par ha et par an contre 0,1 à 0,3 tonnes en situation normale. Les quantités de sol perdu restent difficiles à estimer de façon globale du fait de la grande variabilité des conditions météorologiques, de la nature du sol, de sa pente et de l'intensité de l'incendie pour un site donné.

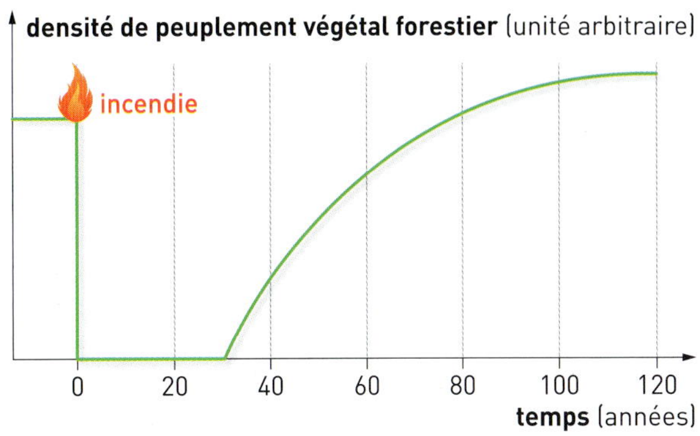

Densité du peuplement végétal forestier en fonction du temps après un incendie.

DOC. 5 : Établir des prédictions du risque d'incendie

La variabilité des conditions météorologiques, de la nature des forêts touchées, l'origine humaine du déclenchement des incendies, le développement des moyens de lutte et de prévention, sont autant de facteurs qui rendent difficile l'établissement d'une corrélation entre la fréquence et l'intensité des incendies et le changement de climat.

Pour contourner ces difficultés, les chercheurs évaluent le risque de déclenchement d'un feu sous la forme de l'indice forêt météo (IFM) (a) qui repose sur le suivi de la température, de l'humidité de l'air, de la vitesse du vent et des précipitations. Un modèle numérique intègre alors ces données, évalue le degré d'assèchement de la végétation étudiée et calcule la probabilité de déclenchement de l'incendie ainsi que sa vitesse de propagation.

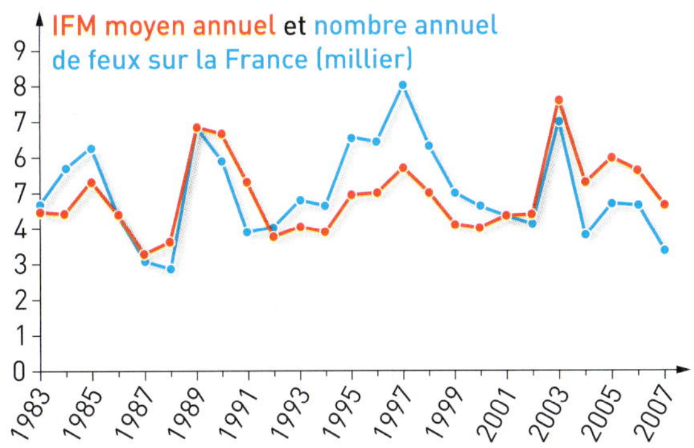

a Comparaison de l'IFM et du nombre d'incendies en France de 1983 à 2007.

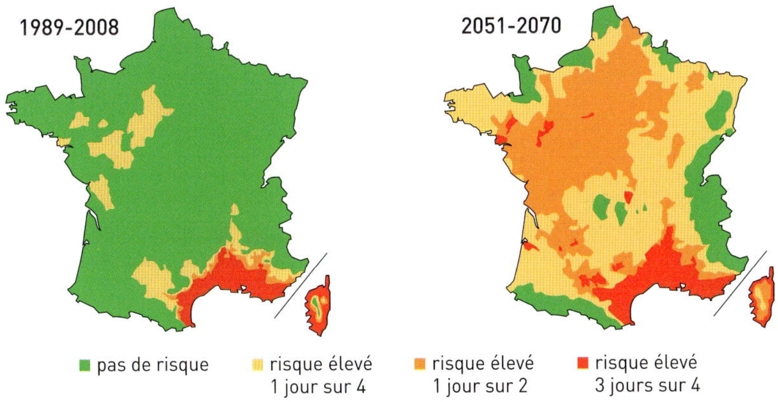

Enfin, les chercheurs projettent les risques d'incendies futurs en combinant leurs données à celles des modèles climatiques (b).

b Nombre de jours où le risque d'incendie de forêt est élevé (IFM > 14) entre le 15 mai et le 15 octobre en France pour l'horizon 2051-2070 comparé à la période de référence 1989-2008.
Source : Météo-France.

5 Expliquer pourquoi les conséquences climatiques d'un incendie forestier s'inscrivent sur le long terme (**DOC. 4**).

6 Discuter de la fiabilité de l'indice forêt météo (IFM) (**DOC. 5**).

7 Expliquer en quoi on peut considérer les incendies de forêts comme un exemple de rétroaction positive du changement de climat.

4 « Optimum climatique médiéval » et réchauffement actuel sont-ils équivalents ?

60 MIN

Le fait est bien connu des historiens, entre l'an 950 et l'an 1250, l'Europe occidentale a bénéficié de températures très clémentes au cours d'un épisode climatique nommé « optimum climatique médiéval ». Ce fait scientifique est utilisé par les climatosceptiques afin de banaliser l'ampleur du réchauffement climatique actuel, voire de créer une « infox », c'est-à-dire un mensonge fabriqué de toutes pièces. Qu'en est-il exactement ?

PARTIE 1. Mise en évidence de l'optimum climatique médiéval

Les mesures instrumentales sont les meilleures sources d'informations sur les fluctuations passées de la température. Hélas, bien que le thermomètre ait été inventé par Galilée vers 1590, les premières données quantitatives fiables disponibles datent de 1650 avec la mise au point de thermomètres standardisés. Avant cette date, seuls des écrits historiques de nature variée ou l'épaisseur des cernes* des troncs d'arbres constituaient des indicateurs climatiques utilisés afin de reconstituer les températures.

DOC. 1 : Les cernes de troncs d'arbre, témoins des variations de température

L'épaisseur des cernes des troncs témoigne de la température moyenne sous laquelle les arbres se sont formés.

Ici, les rondelles a et b de troncs de résineux ont le même diamètre (13 cm) mais leur âge respectif est de 277 ans et 10 ans ! Le mélèze (a) a poussé à la limite d'un climat froid en Sibérie alors que le sapin de Douglas (b) a grandi en Suisse sous un climat beaucoup plus tempéré.

La rondelle c est celle d'un arbre âgé d'environ 1 000 ans.

DOC. 2 : Variation de la température moyenne de l'hémisphère Nord depuis 1 300 ans par rapport à la moyenne de la période 1856-1979

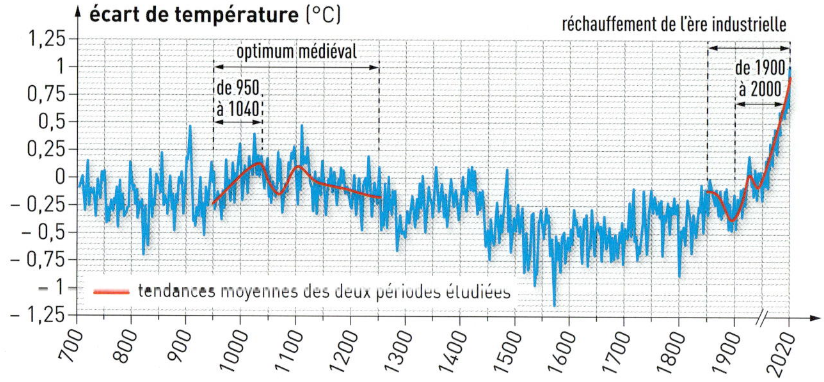

1 Établir un lien entre l'épaisseur d'un cerne et la température sous laquelle il s'est formé.

2 Montrer que l'« optimum climatique médiéval » est identifiable sur la dernière rondelle c.

3 Estimer l'importance du réchauffement de l'optimum médiéval de 950 à 1040 et la comparer au réchauffement actuel (période 1900-2000).

4 Calculer la vitesse d'augmentation des températures pour ces deux périodes (à exprimer en $°C \cdot an^{-1}$).

PARTIE 2. Des différences entre l'optimum climatique médiéval et le réchauffement actuel

DOC. 3 : Extension géographique des deux réchauffements étudiés

Des travaux de paléoclimatologie conduits par Michael Mann (université de Pennsylvanie), publiés en 2009 dans la revue *Science*, ont montré que l'optimum médiéval ne s'est fait sentir que localement, dans certaines régions de l'hémisphère Nord. Ailleurs, dans l'hémisphère Sud, cette même période a plutôt été marquée par un refroidissement… À l'inverse, le réchauffement actuel est global, ressenti sur l'ensemble de la planète, depuis les deux pôles jusqu'aux tropiques…

Extrait du quotidien *Le Monde*, novembre 2015.

DOC. 4 : Températures moyennes de juin, juillet et août en Europe et Asie de 900 à 1400

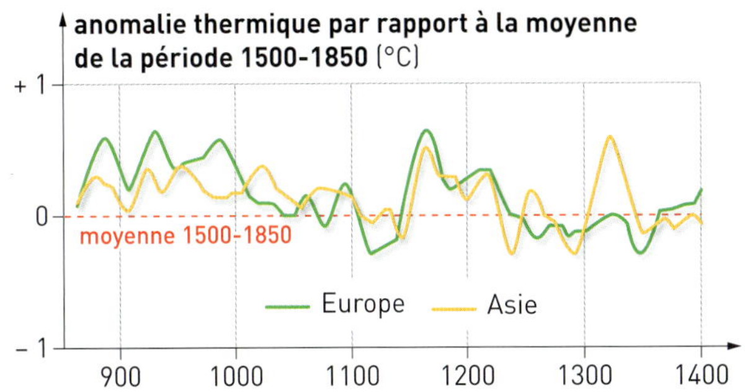

Source : GIEC, 2018

DOC. 5 : Variation de la puissance solaire totale reçue au sommet de l'atmosphère

L'activité du Soleil varie au cours du temps. Elle peut être reconstituée à l'aide de témoins indirects enregistrés dans les cernes de troncs d'arbre et les glaces ou, depuis le XVIIe siècle, par des observations directes via les lunettes astronomiques.

La puissance solaire reçue au sol correspond à environ 70 % de la puissance solaire reçue au sommet de l'atmosphère.

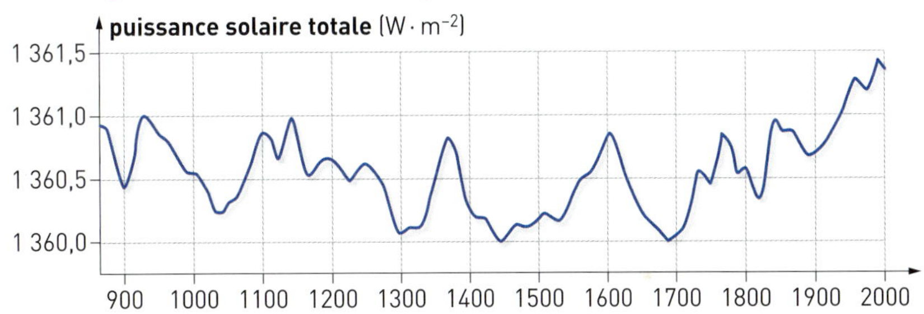

DOC. 6 : Variation du taux de dioxyde de carbone atmosphérique

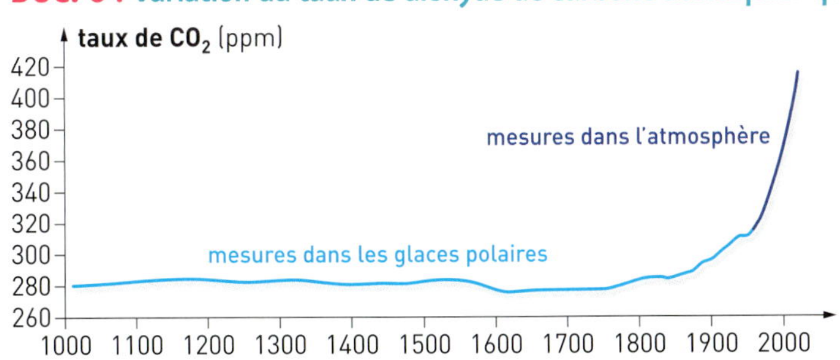

Au printemps 2019, le taux de CO_2 atmosphérique a atteint les 415 ppm, un taux jamais observé jusqu'alors. Plus inquiétant, non seulement le taux de CO_2 de notre atmosphère augmente, mais il augmente à un rythme croissant de 2,5 ppm du fait d'une consommation croissante des combustibles fossiles.

En 2000, on évalue le forçage radiatif dû au CO_2 à + 1,2 $W \cdot m^{-2}$ par rapport à 1900.

5 Relever les arguments permettant de considérer que l'« optimum climatique médiéval » ne peut être comparé au réchauffement actuel du point de vue géographique et temporel.

6 Discuter des hypothèses selon lesquelles l'« optimum climatique médiéval » serait dû à une variation du taux de CO_2 de l'air d'une part et, d'autre part, à une variation de l'activité solaire.

7 Sachant que la relation entre une variation de la puissance solaire reçue ΔP et l'écart de température ΔT qu'elle entraîne est donnée par la relation $\Delta T = 0{,}565 \times \Delta P$, démontrer que le réchauffement actuel est principalement dû à une augmentation du taux de CO_2.

8 En vous appuyant sur les réponses données aux questions 3 à 7, expliquer pourquoi les climatosceptiques créent une « infox » en utilisant l'« optimum climatique médiéval » comme argument prouvant que le réchauffement climatique actuel est naturel.

5 Consommation énergétique comparée

30 MIN

À l'échelle du monde, il existe une opposition entre les pays développés, dits du Nord (car ils se situent pour l'essentiel dans l'hémisphère Nord, à part l'Australie et la Nouvelle-Zélande), et ceux du Sud. Les pays développés sont des pays riches, qui jouissent d'un haut niveau de développement. Au contraire, ceux du Sud connaissent de nombreux problèmes et leurs populations peuvent être très pauvres.

DOC. 1 : L'énergie consommée par habitant en 2010

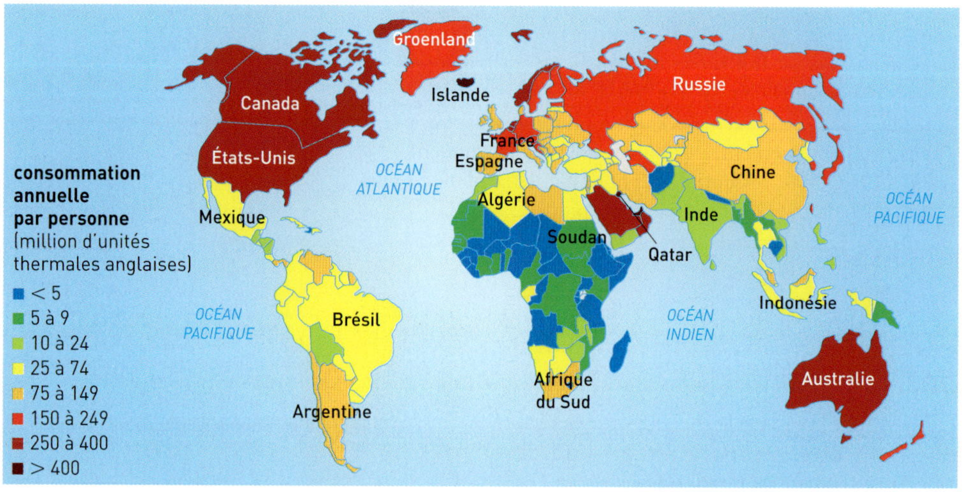

Sources : US Energy Information Administration, International Energy Agency, CIA World Factbook, UN Dep't of Economics and Social Affairs.

DOC. 2 : Le cas atypique de l'Islande

L'électricité produite en Islande est 100 % d'origine renouvelable, grâce à une population réduite (338 000 habitants) et une géographie exceptionnelle. Terre boréale (11 % du pays sont couverts de glaciers, d'où de nombreux cours d'eau équipés de barrages) riche en geysers, sources chaudes et fumerolles, l'Islande est l'un des pays les plus actifs de la planète du point de vue géologique et jusqu'à présent le seul au monde doté d'une électricité 100 % verte : 25 % provient de la géothermie, le reste des barrages hydroélectriques. La décision de recourir massivement à la géothermie remonte aux années 70 et aux chocs pétroliers. Auparavant, la moitié de la population de l'île se chauffait grâce au pétrole.

D'après Pierre Magnan, www.franceinfotv.fr

DOC. 3 : Le cas du Qatar

Le Qatar est une monarchie du golfe persique, troisième producteur de gaz naturel au monde.

Sa source de production d'électricité provient à 100 % des énergies fossiles. Les autres sources possibles ne sont nullement exploitées (nucléaire, hydroélectrique, solaire, éolien...).

1 Le méthane, constituant du gaz naturel, est un combustible fossile de formule CH_4. L'équation de la réaction qui modélise sa combustion est :

$$CH_4 + 2\ O_2 \rightarrow CO_2 + 2\ H_2O.$$

a. Calculer la masse de dioxyde de carbone produite par la combustion d'un gramme de méthane.

b. En déduire la masse de dioxyde de carbone produite par unité d'énergie libérée par la combustion du méthane.

2 a. Quelles sont les ressources d'énergie primaire utilisées pour produire l'électricité consommée au Qatar ?

b. Préciser si elles sont disponibles sous forme de stock ou de flux.

c. Expliquer les inconvénients de cette production d'électricité.

3 a. Que peut-on dire de la consommation d'énergie par habitant d'un pays à l'autre ?

b. Quelle est la région du globe où elle est la plus faible ?

4 Les habitants du Qatar et ceux d'Islande consomment plus de 16 TEP par an, ce qui situe ces deux pays parmi ceux consommant le plus d'énergie par habitant.

a. Que signifie TEP ? À quoi cela correspond-il ?

b. Peut-on mettre le Qatar et l'Islande sur le même niveau d'un point de vue environnemental ?

Données :

Énergie massique de combustion du méthane :
$E_m = 56\ kJ \cdot g^{-1}$.

Masses atomiques :
$m_C = 1{,}99 \times 10^{-23}\ g$; $m_O = 2{,}66 \times 10^{-23}\ g$; $m_H = 1{,}67 \times 10^{-24}\ g$.

PARTIE 2
Le futur des énergies

Éolienne et panneau solaire.

L'électricité joue un rôle majeur dans le développement économique. Produire de l'électricité sans contribuer au réchauffement climatique, en concevoir le stockage, optimiser son transport deviennent des objectifs majeurs d'une transition climatique et environnementale.

Réviser les acquis

Lois des circuits électriques

La **tension électrique** *U* se mesure avec un voltmètre en dérivation. Son unité est le **volt** (**V**).

L'**intensité du courant** ***I*** se mesure avec un ampèremètre en série. Son unité est l'**ampère** (**A**).

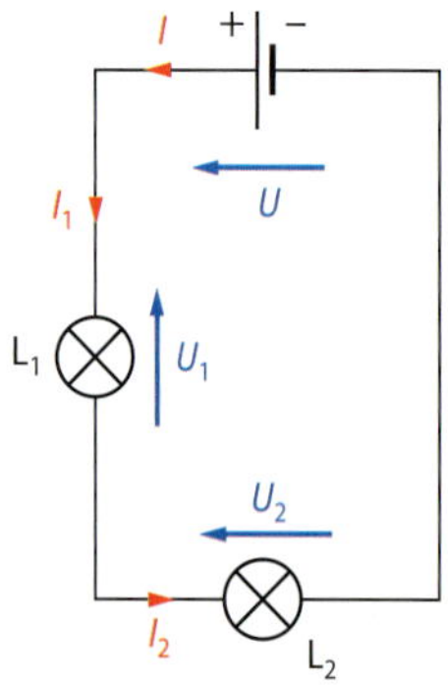

Loi d'unicité de l'intensité

$I = I_1 = I_2$

Loi d'additivité des tensions

$U = U_1 + U_2$

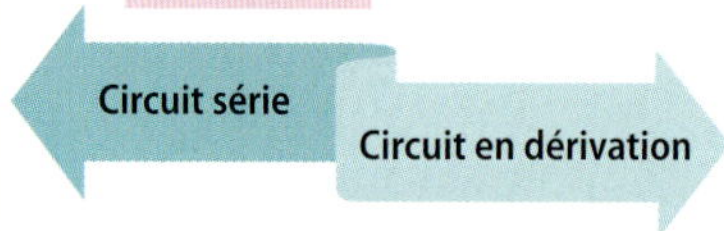

Loi d'unicité des tensions

$U = U_1 = U_2$

Loi d'additivité des intensités

$I = I_1 + I_2$

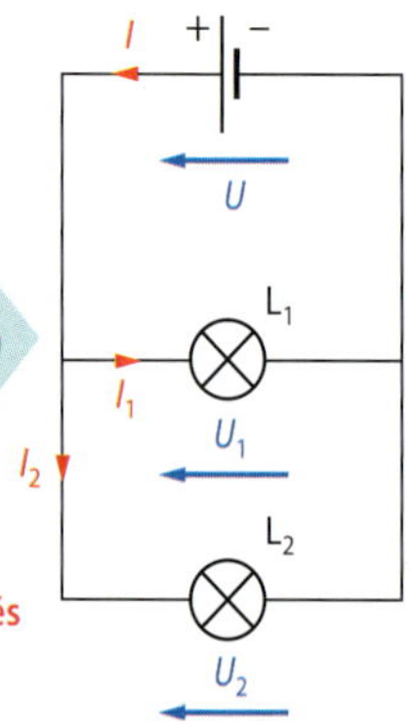

Caractéristique d'un dipôle et loi d'Ohm

Lorsqu'on mesure la tension aux bornes d'un dipôle et l'intensité du courant qui le traverse, on obtient un couple (*I*, *U*) qui est un **point de fonctionnement** du dipôle.

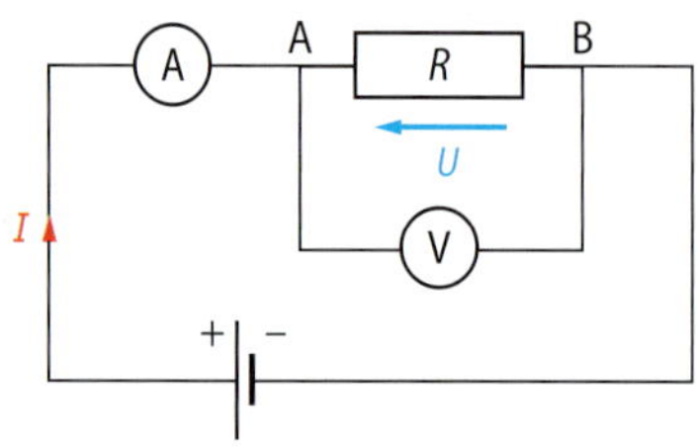

L'ensemble des points de fonctionnement d'un dipôle constituent la **caractéristique** du dipôle : $U = f(I)$ ou $I = g(U)$.

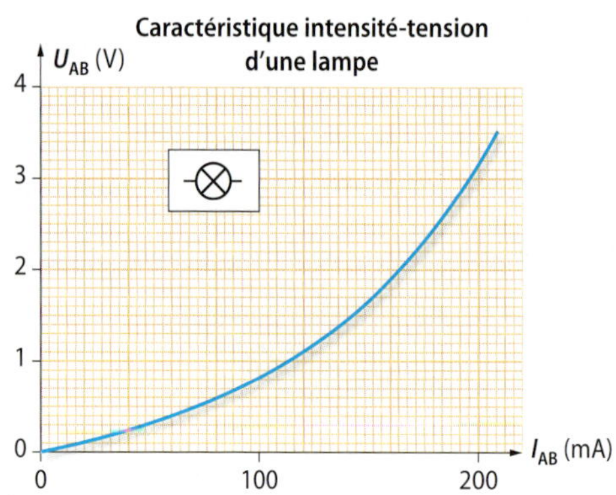

Pour un conducteur ohmique, il existe une relation de proportionnalité entre l'intensité et la tension, appelée **loi d'Ohm** :

$$U = R \cdot I$$

tension (en **V**) → $U = R \cdot I$ ← intensité (en **A**) ; résistance (en Ω)

La caractéristique est alors une **droite passant par l'origine**.

Puissance et énergie électriques

Pour un appareil électrique de puissance *P*, il existe une relation entre la tension *U* qui l'alimente et l'intensité *I* du courant qui le traverse :

$$P = U \cdot I$$

puissance (en **W**) → $P = U \cdot I$ ← intensité (en **A**) ; tension (en **V**)

L'énergie électrique *E* consommée par l'appareil est proportionnelle à sa puissance et à la durée d'utilisation.

Son unité courante est le **kilowattheure** (**kWh**).

$$E = P \cdot \Delta t$$

énergie (en **kWh**) → $E = P \cdot \Delta t$ ← temps (en **h**) ; puissance (en **W**)

Plus un appareil électrique a une puissance élevée, plus il consomme de l'énergie électrique pendant une durée donnée.

20 W

150 W

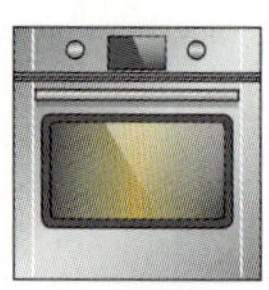
1,2 kW

8,8 MW

Sources et formes d'énergie

Sources d'énergie	Forme d'énergie	Manifestation
vent, vague	énergie cinétique	mouvement
radiateur, feu	énergie thermique	augmentation de température
aliments, essence	énergie chimique	transformation chimique
prise, foudre	énergie électrique	électricité
Soleil, lampe	énergie radiative	onde électro-magnétique
barrage	énergie potentielle	conversion en énergie cinétique
piles, batteries	énergie chimique	transformation chimique
noyaux d'atomes	énergie nucléaire	transformation nucléaire

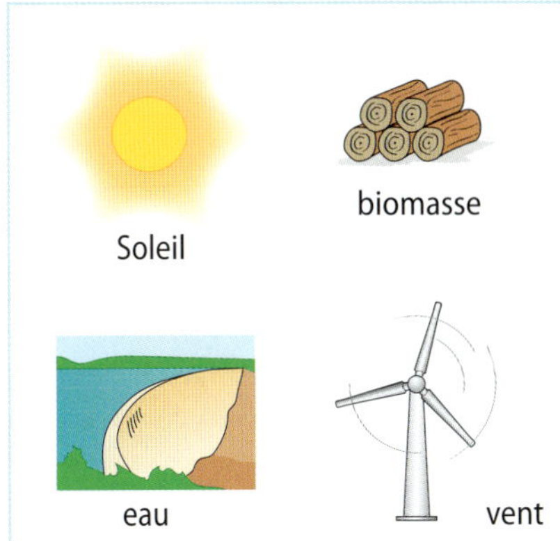

Sources d'énergie renouvelables.

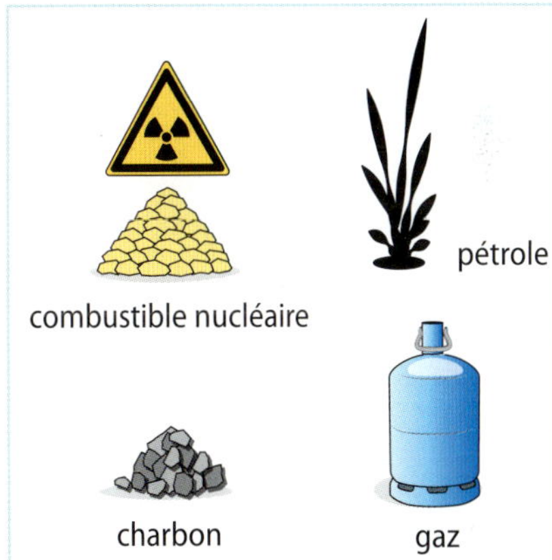

Sources d'énergie non renouvelables.

Conversions d'énergie

Lorsque l'énergie passe d'une forme à une autre dans un même objet, on parle de **conversion d'énergie**. On peut représenter une conversion d'énergie de la manière suivante :

Exemple

Dans une bouilloire électrique, l'énergie électrique est convertie en énergie thermique.

Spectre d'émission

Un corps fortement chauffé émet une lumière dont le **spectre** est **continu**.

Un gaz d'atomes excité, à basse pression, émet une lumière composée de plusieurs radiations distinctes. Son spectre est un **spectre de raies**.

Spectre continu

Spectre de raies

Un spectre de raies est **caractéristique** du gaz émetteur, et fait fonction de **carte d'identité**.

Spectre du carbone C : un code-barres identifiant

Je retrouve ce que je sais déjà EN AUTONOMIE

Réponses en fin de manuel Bordas Flash PAGE corrigés détaillés

SITUATION 1 :
Conversion d'énergie

L'énergie existe sous différentes formes et peut se transférer et se convertir.

Représenter la conversion d'énergie qui a lieu dans une lampe électrique.

SITUATION 2 :
Décomposition de la lumière

La figure ci-dessous représente le résultat de la décomposition d'une lampe d'un tunnel autoroutier.

Nommer et décrire la figure obtenue.

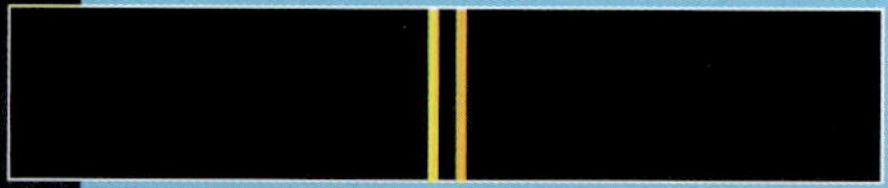

SITUATION 3 :
Étude d'une résistance

La courbe ci-contre est associée à une résistance électrique.

Nommer ce type de tracé et rappeler la loi mise en évidence.

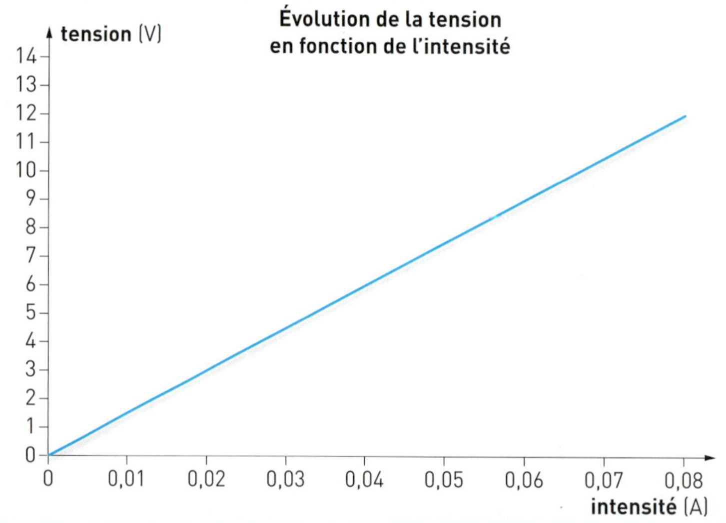

PARTIE 2

Chapitre 1

Deux siècles d'énergie électrique

Energy Observer est un catamaran français autonome qui utilise des éoliennes et des panneaux photovoltaïques pour obtenir de l'électricité à partir de sources d'énergie renouvelables.

Les problématiques du chapitre

- Quelles découvertes ont permis la mise au point de l'alternateur ?
- Comment la physique quantique est-elle à l'origine des panneaux photovoltaïques ?

Activité

1 Électricité et magnétisme

Histoire
Enjeu
Débat

SAVOIR-FAIRE
- Reconnaître les éléments principaux d'un alternateur.
- Analyser les propriétés d'un alternateur expérimental.

L'étude du lien entre électricité et magnétisme a permis la mise au point d'un dispositif actuel omniprésent pour la production d'électricité : l'alternateur.

Quelles découvertes ont permis la mise au point de l'alternateur ?

DOC 1 Expérience d'Œrsted

ANIMATION BONUS L'expérience d'Œrsted

bordas Flash PAGE animation

Au printemps 1820, Hans-Christian Œrsted (1777-1851), scientifique danois, étudie l'échauffement d'un fil conducteur lors du passage du courant électrique. Il constate alors qu'une boussole placée à proximité est déviée lorsqu'il réalise l'expérience. L'électricité peut donc avoir des effets magnétiques détectés par la boussole.

La conversion inverse est-elle possible ? De nombreux scientifiques s'y intéressent. Cela permet d'envisager une nouvelle manière de produire de l'électricité.

Jean-Daniel Colladon (1802-1893), physicien suisse, place par exemple un aimant, source de magnétisme, à l'intérieur d'un bobinage de fil de cuivre relié à un galvanomètre (maintenant appelé ampèremètre) mais ne détecte pas de courant électrique.

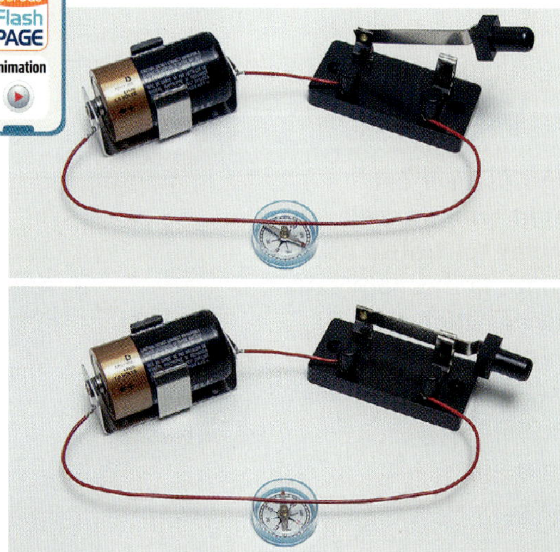

Déviation de l'aiguille d'une boussole en présence d'un courant électrique.

DOC 2 Faraday et le courant induit

En 1831, Michael Faraday (1791-1867), scientifique britannique, s'intéresse à différentes manières de faire apparaître un courant dans un matériau, ce que l'on appelle un courant induit.

Il montre expérimentalement que c'est le mouvement d'un aimant par rapport au fil conducteur qui va engendrer un courant électrique dans ce fil. Le magnétisme engendre un courant induit : c'est l'**induction magnétique**.

Pour expliquer son expérience, il introduit la notion de lignes de « force magnétique » qui cartographient le magnétisme dans l'espace engendré par une source de magnétisme comme un aimant. Ces lignes sont visibles quand on dispose de la poudre de fer autour de la source de magnétisme par exemple.

Extrait de la fresque monumentale *La Fée électricité* par Raoul Dufy où sont représentés Michael Faraday et son dispositif expérimental.

Démarche expérimentale

MATÉRIEL
- Aimant droit
- Bobine de fil conducteur
- Multimètre
- Fils de connexion
- Poudre ou limaille de fer
- Plaque transparente

- Imaginer un dispositif pour reproduire l'expérience de Michael Faraday et tester l'influence sur le courant électrique induit :
  - du pôle de l'aimant approché en direction de la bobine ;
  - de la vitesse de l'aimant par rapport à la bobine ;
  - du rapprochement et de l'éloignement de l'aimant.
- Placer une plaque transparente sur l'aimant et saupoudrer la poudre de fer sur la plaque et représenter le résultat obtenu.

DOC 3
Les équations de Maxwell

Dès 1856, James Clerk Maxwell (1831-1879), physicien et mathématicien écossais, propose une version mathématique des travaux de Faraday : une vingtaine d'équations qui seront ensuite réduites à quatre.

Ces équations relient mathématiquement ce que l'on appelle désormais un **champ magnétique*** noté *B* (à la place de lignes de force magnétiques) et le champ électrique noté *E*. Il s'intéresse également à la nature électromagnétique de la lumière.

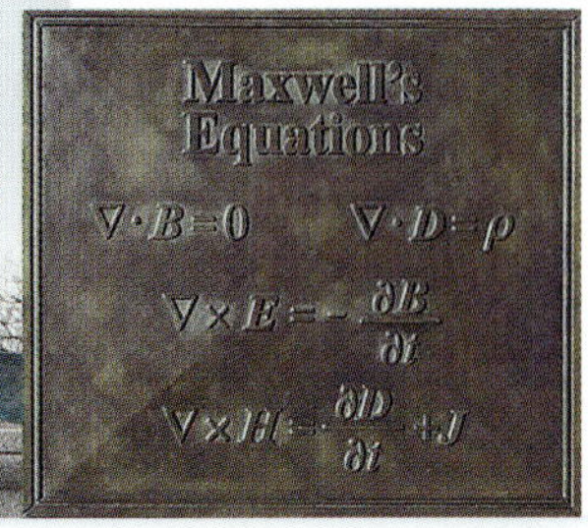

Statue de James Maxwell à Édimbourg (Écosse) et ses équations.

DOC 4
Application aux machines magnéto-électriques

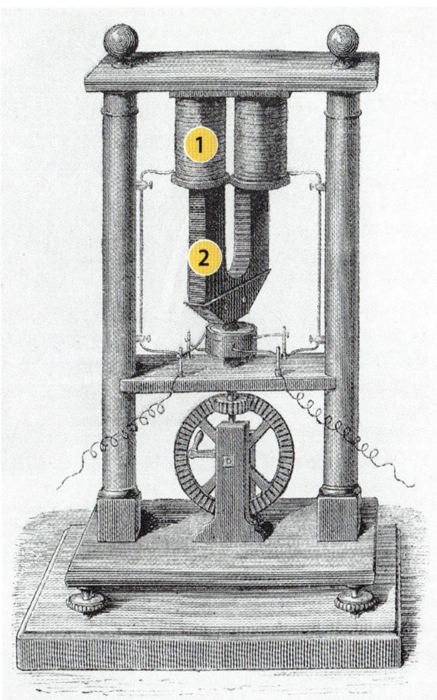

a Machine mise au point par Hippolyte Pixii.

b Une des nombreuses machines mises au point par Zénobe Gramme.

Techniciens et ingénieurs s'emparent très rapidement de ces découvertes pour mettre au point des machines qui permettent de produire de l'électricité.

Parmi ces machines, on distingue les dynamos qui produisent un courant continu et les alternateurs qui produisent un courant alternatif (variable dans le temps).

Ces machines sont toujours constituées d'une partie mobile appelée rotor et d'une partie fixe appelée stator. On peut citer par exemple les machines mises au point par Hippolyte Pixii (1808-1835), technicien français et Zénobe Gramme (1826-1901), technicien et inventeur belge.

Pistes de travail

Pour comprendre la mise au point de l'alternateur :

1. **Relever** les liens entre électricité et magnétisme.
2. **Recenser** les deux éléments nécessaires à la fabrication d'un alternateur.
3. **Expliquer** le fonctionnement des machines de Gramme (DOC. 4 b) et de Pixii (DOC. 4 a) en identifiant les éléments numérotés.
4. **Expliquer** pourquoi la mise au point de l'alternateur est un bon exemple de lien entre science et technique.

* Lexique en fin de manuel

Des clés pour réussir

- La poudre ou limaille de fer et la boussole « détectent » le magnétisme.
- L'intensité du courant électrique se mesure avec un ampèremètre branché en série.

Activité

2 L'alternateur

SAVOIR-FAIRE
Définir le rendement d'un alternateur et citer un phénomène susceptible de l'influencer.

Un alternateur produit de l'électricité à partir d'une autre forme d'énergie. On recherche bien sûr le minimum de pertes possible d'énergie et donc un bon rendement.

Comment déterminer le rendement d'un alternateur ?

ANIMATION BONUS
Modes de production d'électricité

bordas Flash PAGE animation

DOC 1 Production d'électricité

L'électricité est indispensable aux modes de vie actuels. Elle existe à l'état naturel, comme dans la foudre, mais sous des formes difficilement exploitables.

Une centrale électrique est un site dédié à la production d'électricité. Il existe différents types de centrales mais elles présentent toutes des similitudes de fonctionnement.

Dans la plupart des centrales, une turbine met en mouvement un **alternateur** pour produire de l'électricité.

Type de centrale	Schéma de la centrale
thermique classique 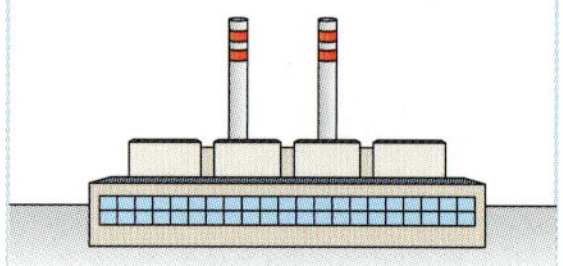	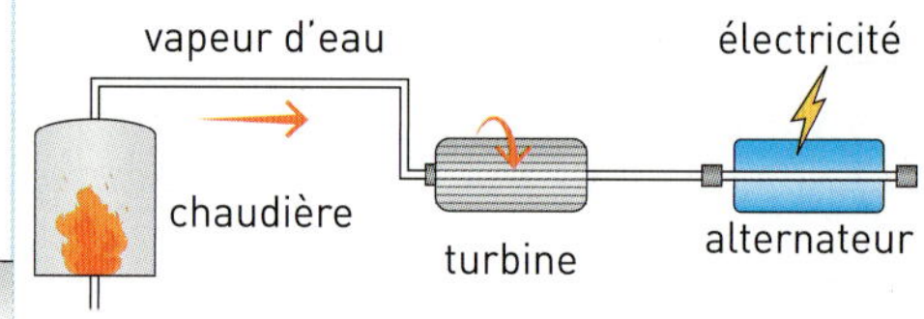
thermique nucléaire 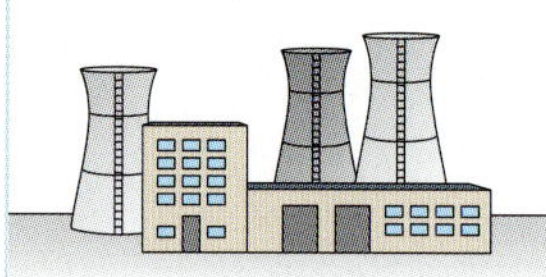	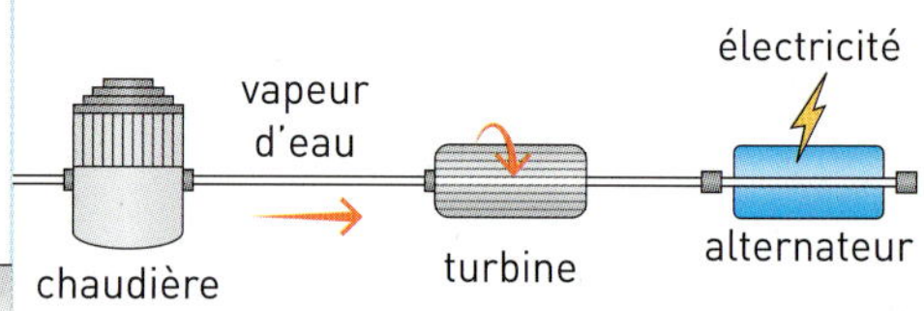
hydraulique 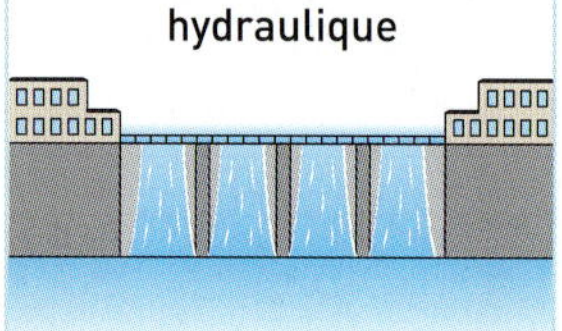	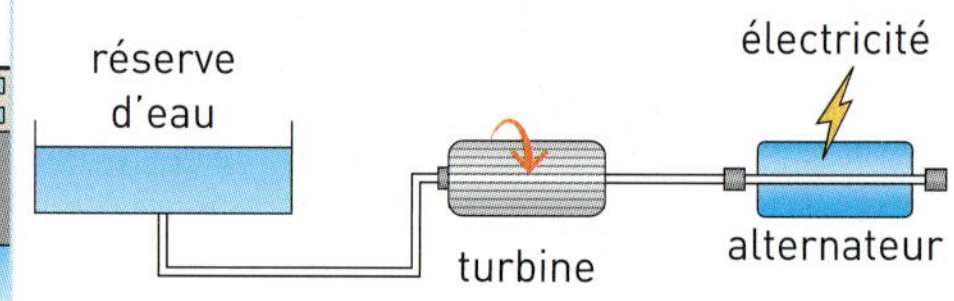

Principe de fonctionnement de trois centrales électriques.

DOC 2 Rendement lors d'une conversion d'énergie

L'énergie existe sous différentes formes (b). Lors de la conversion d'énergie dans une machine, l'énergie passe d'une forme à d'autres formes d'énergie. L'énergie fournie est ainsi convertie en énergie « utile » et en énergie perdue ou dissipée (a).

Le **rendement** est une grandeur qui quantifie la conversion d'énergie. On peut le calculer en utilisant l'énergie E ou la puissance P.

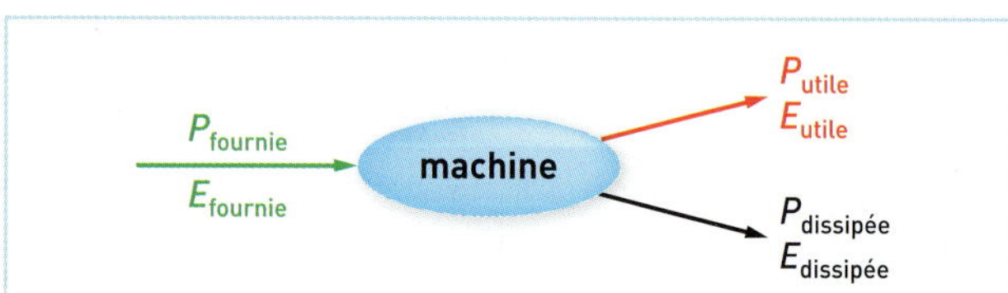

a Conversion de l'énergie et de la puissance dans une machine.

D'après le principe de conservation de l'énergie, on peut écrire :

$$E_{fournie} = E_{utile} + E_{dissipée} \text{ ou } P_{fournie} = P_{utile} + P_{dissipée}$$

Le rendement de la machine noté η (lettre grecque *êta*) est alors défini par :

$$\eta = \frac{E_{utile}}{E_{fournie}} \text{ ou par } \eta = \frac{P_{utile}}{P_{fournie}}$$

Forme d'énergie	Manifestation
Mécanique	mouvement
Électrique	électricité
Radiative	onde électromagnétique
Thermique	augmentation de température
Chimique	transformation chimique
Nucléaire	transformation nucléaire

b Les différentes formes de l'énergie et leur manifestation.

DOC 3 Énergies « perdues »

Lors d'une conversion d'énergie, toute l'énergie fournie n'est pas convertie en énergie utile : la forme d'énergie que l'on souhaite obtenir. Une partie de l'énergie est « perdue » ou dissipée. En effet, l'énergie se conserve, donc la partie non utile ne peut pas disparaître. La majorité de l'énergie dissipée est sous forme thermique. On peut citer l'échauffement suite à un frottement mécanique (a) ou l'échauffement des fils électriques lors du passage d'un courant électrique (b) appelé effet Joule.

a Échauffement de la jante d'une roue de voiture de course après un freinage intense.

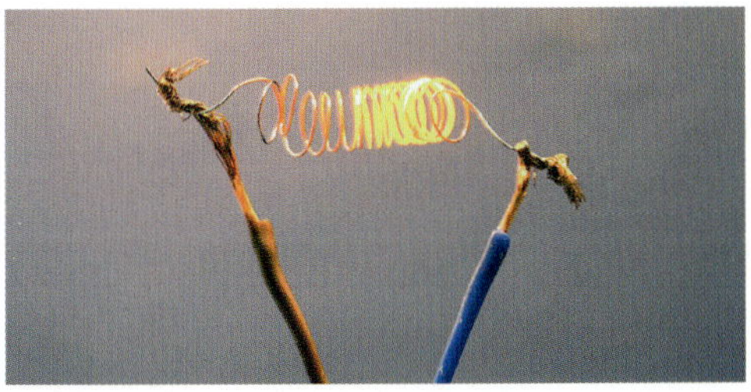

b Échauffement d'un fil traversé par un courant électrique.

DOC 4 Étude d'une éolienne

Une éolienne est un dispositif qui utilise le vent pour produire de l'électricité.

Le schéma ci-dessous précise sa composition :

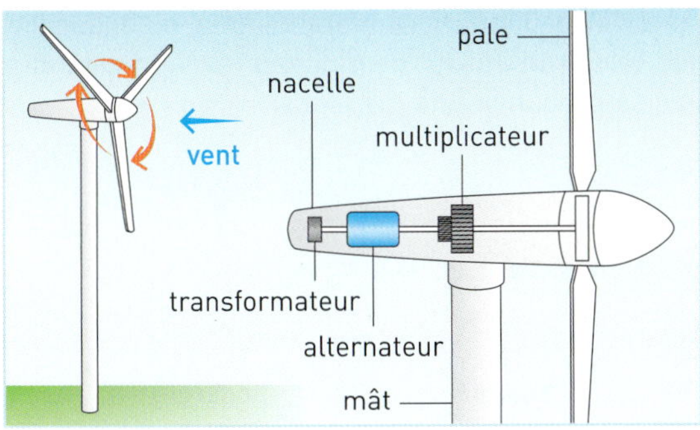

On a relevé ci-contre les valeurs annuelles, en MWh, des énergies qui interviennent dans la chaîne énergétique d'une éolienne.

- Énergie mécanique fournie aux pales par le vent : 7 713 MWh
- Énergie mécanique transmise à l'alternateur : 4 250 MWh
- Énergie électrique obtenue : 4 030 MWh

Pistes de travail

Pour comprendre comment évaluer l'efficacité d'un alternateur :

1. **Montrer** que l'alternateur est indispensable au fonctionnement de la majorité des centrales électriques.
2. En **justifiant**, **représenter** la conversion d'énergie qui a lieu dans l'alternateur.
3. **Calculer** le rendement de l'alternateur de l'éolienne.
4. **Expliquer** pourquoi le rendement n'est pas égal à 1 et comment le maximiser.

Des clés pour réussir

- Pour représenter une conversion d'énergie dans un dispositif, il faut identifier la forme d'énergie entrante et la (les) forme(s) d'énergie sortante(s).

Activité 3

De la physique quantique aux semi-conducteurs

Histoire
Enjeu
Débat

SAVOIR-FAIRE
- Interpréter et exploiter un spectre d'émission atomique.
- Comparer le spectre d'absorption d'un semi-conducteur et le spectre solaire.

L'avènement de la physique quantique a permis la mise au point de dispositifs innovants.

Comment la physique quantique explique-t-elle les propriétés de l'infiniment petit ?

DOC 1 Effet photoélectrique et physique quantique

L'effet photoélectrique est l'émission d'électrons par un matériau sous l'effet de la lumière. Pour expliquer cet effet, Albert Einstein (1879-1955) reprend en 1905 une hypothèse de Max Planck (1858-1947) et explique que la lumière est un ensemble de particules appelées **photons** dont l'énergie est définie.

L'énergie d'un photon est inversement proportionnelle à la longueur d'onde de la lumière. Par exemple, le laser He-Ne émet une radiation de longueur d'onde dans le vide $\lambda = 633$ nm. L'énergie d'un photon de cette radiation vaut 3×10^{-19} J. Ce laser ne peut donc émettre et échanger de l'énergie que par multiples entiers de 3×10^{-19} J, soit 3×10^{-19} J, 6×10^{-19} J, 9×10^{-19} J, 12×10^{-19} J, etc.

Max Planck (à gauche) et Albert Einstein (à droite).

Cet aspect particulaire de la lumière et les valeurs discrètes* que peut prendre l'énergie sont à la base de la physique quantique. Cette branche de la physique qui décrit l'infiniment petit révolutionne la physique car, à cette échelle, la matière a des propriétés étonnantes et peu intuitives. Par exemple, on ne localise plus l'électron autour d'un noyau mais on cartographie sa probabilité de présence.

DOC 2 Quantification de l'énergie des atomes et spectres d'émission

Les spectres d'émission atomiques ne sont pas continus mais présentent des raies (b). Chaque atome a un spectre propre qui permet de l'identifier. La physique classique ne permet pas d'expliquer cela.

En 1913, Niels Bohr (1885-1962), un scientifique danois, introduit, pour expliquer le spectre de l'atome d'hydrogène, la quantification* de l'énergie de l'atome : l'énergie de l'atome ne peut pas prendre n'importe quelle valeur. Les valeurs possibles sont précisées sur le diagramme d'énergie par des traits horizontaux. Ainsi l'atome peut gagner de l'énergie en absorbant une énergie qui correspond à l'écart entre deux niveaux. Cette énergie peut être fournie par un photon, par exemple, ou par une décharge électrique. L'atome ainsi excité libèrera ensuite cette énergie en émettant des photons.

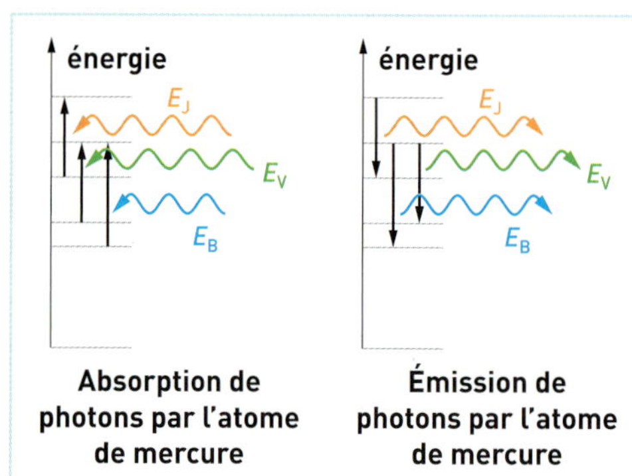

a Absorption et émission de photons par un atome de mercure.

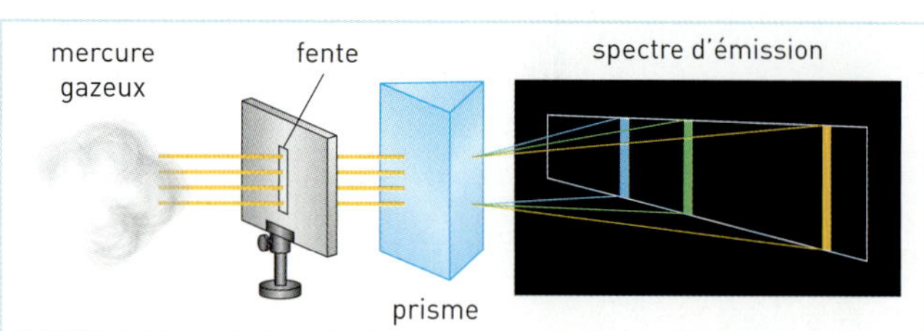

b Obtention du spectre d'émission de l'atome de mercure.

ANIMATIONS BONUS
- Niveaux d'énergie de l'atome d'hydrogène
- Spectres d'émission et d'absorption des éléments du tableau périodique

bordas Flash PAGE animations

ANIMATION BONUS
• Comparaison entre le spectre solaire et celui d'un semi-conducteur

bordas Flash PAGE animation

VIDÉO BONUS
La théorie des bandes

bordas Flash PAGE vidéo

DOC 3

Semi-conducteurs

Les **semi-conducteurs** sont des matériaux très répandus en électronique : diodes électroluminescentes, **capteurs photovoltaïques**, etc. Ils ont commencé à être utilisés au milieu du XXe siècle, lorsque la physique quantique a expliqué leurs propriétés.

On peut classer les matériaux en trois catégories selon leurs propriétés électriques : les conducteurs, les isolants et les semi-conducteurs qui ont des propriétés intermédiaires.

Pour expliquer ces différences, il faut s'intéresser à la théorie des bandes. Les électrons d'un solide ont des valeurs d'énergie possibles qui sont regroupées dans des bandes d'énergie. La bande de valence regroupe les énergies des électrons mobiles dans le solide.

Pour conduire l'électricité, l'énergie d'un électron doit être dans la bande de conduction. Dans les conducteurs, les bandes de valence et de conduction se chevauchent ; il y a donc des électrons qui peuvent participer à la conduction électrique (a).

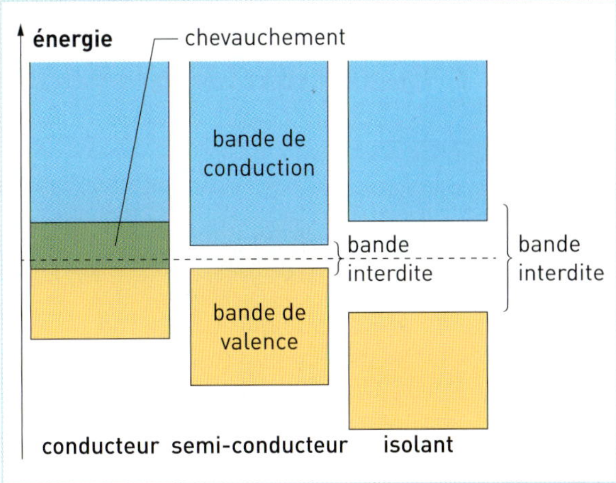

a Bandes d'énergie d'un conducteur, d'un isolant et d'un semi-conducteur.

Dans les semi-conducteurs et les isolants, les deux bandes sont séparées par une bande dite interdite ou « gap ». Pour les isolants, cette bande interdite est quasiment infranchissable. Pour les semi-conducteurs, il y a une probabilité non nulle que les électrons franchissent la bande interdite et que le matériau devienne conducteur.

Pour franchir la bande interdite, les électrons peuvent recevoir de l'énergie par absorption de photons. Pour qu'un semi-conducteur soit utilisé dans les capteurs photovoltaïques, il faut que le spectre d'absorption du matériau, limité par l'énergie de la bande interdite, recouvre la plus grande partie possible du spectre solaire (b) : ainsi les photons provenant du Soleil ont l'énergie nécessaire pour rendre le matériau conducteur.

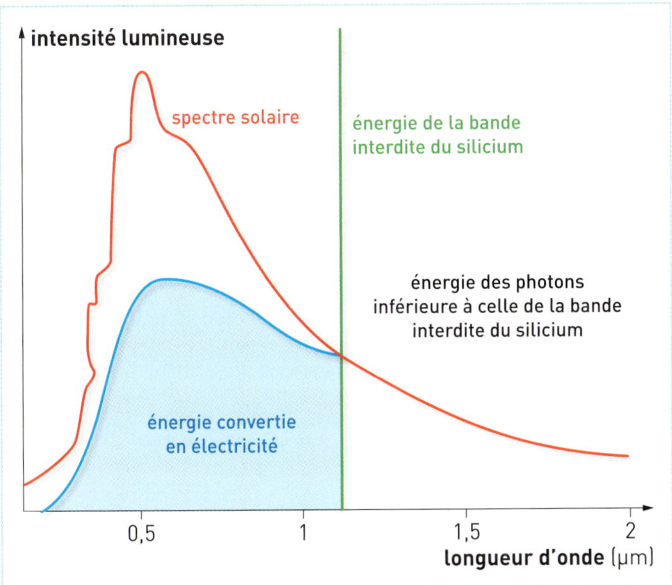

b Spectre solaire et spectre d'absorption du silicium utilisé dans des cellules photovoltaïques.

Pistes de travail

Pour comprendre les fondements de la physique quantique et ses applications :

1. **Relever** les idées fondamentales de la physique quantique.
2. **Expliquer,** en s'appuyant sur l'exemple de l'atome de mercure, comment la physique quantique interprète les spectres d'émission atomiques.
3. **Proposer** une définition d'un matériau semi-conducteur.
4. **Citer** les propriétés que doit avoir un matériau pour être utilisé dans les capteurs photovoltaïques.

* Lexique en fin de manuel

Des clés pour réussir

- Comparer les raies d'émission du mercure et l'émission de photons sur le diagramme d'énergie de l'atome de mercure.

Activité

4 Étude d'une cellule photovoltaïque

SAVOIR-FAIRE
Tracer la caractéristique d'une cellule photovoltaïque et l'exploiter.

Les cellules photovoltaïques exploitent la lumière pour produire de l'électricité.

Quelles sont les caractéristiques d'une cellule photovoltaïque ?

DOC 1 Constitution des panneaux photovoltaïques

Un panneau photovoltaïque (b) est un dispositif utilisé pour produire de l'électricité, en particulier dans les lieux isolés. Il est constitué de cellules photovoltaïques associées entre elles en série et en dérivation pour accroître la puissance électrique délivrée. Les cellules photovoltaïques sont majoritairement constituées de silicium, un matériau **semi-conducteur**. Il existe principalement trois technologies, avec des rendements moyens différents (a).

Les rendements de ces dispositifs restent peu élevés, en particulier en raison des pertes d'énergie sous forme radiative (par réflexion essentiellement) et thermique.

D'autres technologies récentes permettent d'obtenir de meilleurs rendements.

Technologie	Rendement moyen
Silicium monocristallin 	15-18 %
Silicium polycristallin 	12-15 %
Silicium amorphe 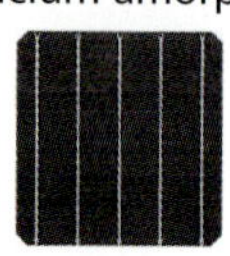	5-9 %

b Panneaux solaires constitués de cellules au silicium monocristallin.

a Différentes cellules photovoltaïques.

DOC 2 Caractéristique d'une cellule photovoltaïque

Pour caractériser une cellule photovoltaïque, le constructeur indique une puissance lumineuse de référence de 1 000 W pour 1 m^2, une température de 25 °C et différentes grandeurs électriques comme, par exemple :

– la **tension à vide** notée U_0 ou V_{oc}, la tension aux bornes de la cellule lorsqu'elle n'est pas connectée, c'est-à-dire quand $I = 0$ A ;

– l'**intensité de court-circuit** notée I_{cc}, la valeur de l'intensité obtenue lorsqu'on relie les deux bornes de la cellule par un fil, donc quand $U = 0$ V ;

– la **puissance maximale** notée P_m ou W_p, la valeur maximale de la puissance électrique fournie $P = U \cdot I$.

On peut alors calculer :

– la **résistance** du circuit correspondant à la puissance maximale notée R_m.

Extrait d'une notice de panneau photovoltaïque.

SOLAR MODULE CE

rating power at STC	(Wp)	260 W
tolerance		0 ~ + 3 %
selection limits		– 0/+ 5 W
rating power voltage	(Vm)	31.1 V
rating power current	(Im)	8.37 A
open circuit voltage	(Voc)	38.1 V
short circuit current	(Isc)	8.98 A
nominal operating cell temp	(NOCT)	45 ± 2 °C

AM = 1,5 TC = 25 °C E = 1 000 w/°Cm

maximum system voltage	1 000 V
mechanical loading teset	5 400 Pa
series fuse	15 A
application class	CLASS A
weight	19 kg
dimension	1 650*992*40

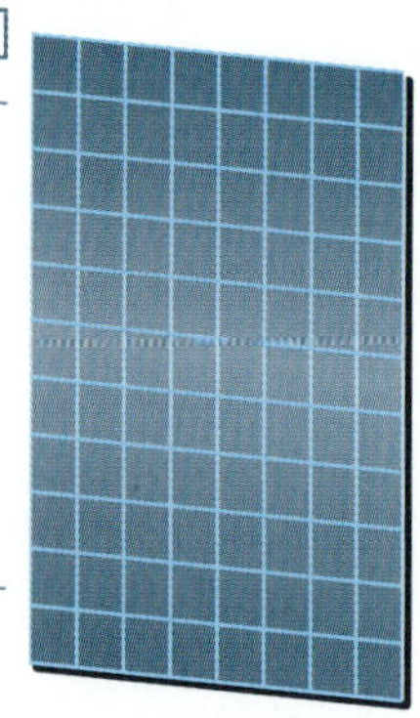

ANIMATION BONUS
• Maximisation de la puissance d'un capteur photovoltaïque

bordas Flash PAGE animation

DOC 3

Étude d'une cellule photovoltaïque

Démarche expérimentale

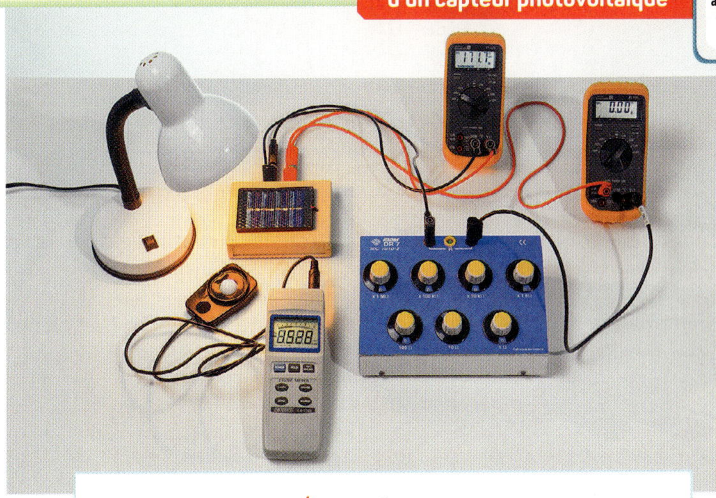

MATÉRIEL
- Cellule photovoltaïque
- Ampèremètre
- Voltmètre
- Résistance variable 0-100 kΩ
- Lampe de bureau
- Luxmètre
- Logiciel tableur-grapheur

- Réaliser le montage expérimental a.
- Éclairer la cellule photovoltaïque à l'aide d'une lampe de bureau.
- Orienter la lampe de manière à ce que l'éclairement soit maximal.
- En utilisant le luxmètre, relever la valeur de l'éclairement de la lampe et ne plus déplacer ni la lampe ni la cellule.
- Faire varier la résistance et mesurer à chaque fois les valeurs de l'intensité du courant I et de la tension aux bornes de la cellule U.

La valeur $I = 0$ mA est obtenue en débranchant la résistance variable.

- Répertorier les résultats dans un tableau.
- Tracer la courbe $I = f(U)$.
- Calculer pour chaque couple (I, U) la puissance électrique délivrée $P = U \cdot I$.
- Tracer la courbe $P = g(U)$.
- Reculer la lampe de la cellule de manière à faire baisser significativement l'éclairement reçu.
- Reproduire les mêmes mesures pour ce nouvel éclairement.

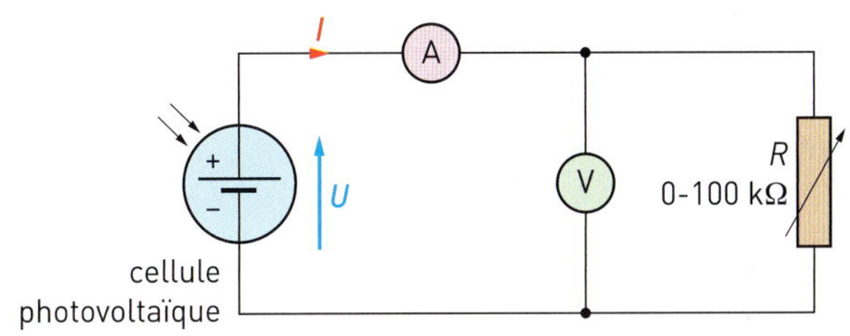

a Dispositif expérimental.

Repère

Un luxmètre est un instrument qui permet de mesurer l'éclairement reçu. Il s'exprime en **lux** de symbole **lx**. On admettra qu'un éclairement de 100 lx correspond à 1 W · m^{-2}.

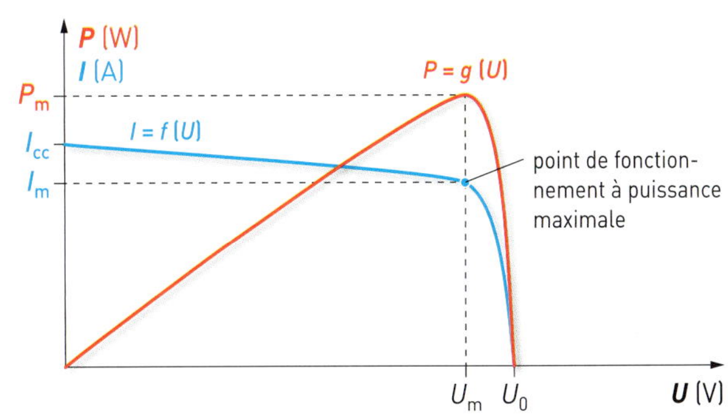

b Allure des courbes $I = f(U)$ et $P = g(U)$ pour une cellule photovoltaïque.

Pistes de travail

Pour caractériser le fonctionnement d'une cellule photovoltaïque :

1. En **justifiant**, **représenter** la conversion d'énergie qui a lieu dans une cellule photovoltaïque.
2. **Déterminer** les quatre grandeurs U_0, I_{cc}, P_m et R_m pour la cellule photovoltaïque étudiée.
3. **Décrire** l'influence de l'éclairement sur la caractéristique d'une cellule photovoltaïque.

* Lexique en fin de manuel

Des clés pour réussir

- Pour une résistance, I, R et U sont liés par la loi d'Ohm : $U = R \cdot I$.

1 L'alternateur

Obtention d'énergie électrique

L'énergie électrique est la forme d'énergie la plus utilisée dans les objets du quotidien. Elle est obtenue par conversion d'énergie dans les centrales électriques.

L'alternateur est l'élément principal des centrales électriques. Il convertit l'énergie mécanique en énergie électrique avec des pertes sous forme d'énergie thermique (Fig. 1).

Fig. 1 : Conversion d'énergie dans un alternateur (photo).

Histoire et composition de l'alternateur

En 1820, Hans-Christian Œrsted (1777-1851), scientifique danois, montre que de l'électricité dans un fil conducteur dévie une boussole, donc a un effet magnétique. De nombreux scientifiques expérimentent pour démontrer l'effet inverse. C'est Michael Faraday (1791-1867), scientifique britannique, qui réalise les expériences décisives en 1831. Il montre en particulier que le mouvement d'un aimant à proximité d'un fil conducteur provoque l'apparition d'un courant électrique dans ce fil (Fig. 2) : c'est l'**induction électromagnétique**. Cette expérience est à l'origine du fonctionnement de l'alternateur. Dès 1856, James Clerk Maxwell (1831-1879) formalise le lien entre les champs magnétique et électrique sous forme d'équations mathématiques.

Un alternateur est constitué d'une source de champ magnétique et d'une bobine de fil conducteur en mouvement l'un par rapport à l'autre. La partie fixe de l'alternateur est appelée stator et la partie mobile rotor.

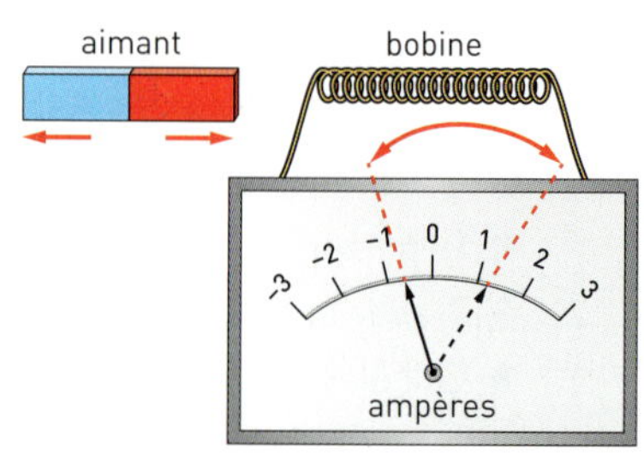

Fig. 2 : Obtention d'un courant induit par déplacement d'un aimant au voisinage d'une bobine.

Rendement

Le rendement évalue l'efficacité d'une conversion d'énergie.

Le rendement d'un alternateur se calcule de la manière suivante :

$$\eta = \frac{E_{\text{utile}}}{E_{\text{fournie}}} = \frac{E_{\text{électrique}}}{E_{\text{mécanique}}} \text{ ou } \eta = \frac{P_{\text{électrique}}}{P_{\text{mécanique}}}$$

; η sans unité, E en joule et P en watt.

Plus le rendement est proche de 1, moins les pertes sous forme d'énergie thermique, dues par exemple à l'effet Joule, sont importantes. Le rendement des alternateurs utilisés dans les centrales électriques est en moyenne de 0,95, ce qui signifie que 95 % de l'énergie mécanique est convertie en énergie électrique.

2 De la physique quantique aux cellules photovoltaïques

La révolution quantique

Au XXe siècle, la physique connaît une révolution avec l'apparition de la physique quantique qui décrit le comportement de l'infiniment petit. À cette échelle, l'énergie ne peut prendre que certaines valeurs : on dit que l'énergie est **quantifiée**. On représente les valeurs possibles de l'énergie sur le diagramme d'énergie de l'atome (Fig. 3).

Les échanges d'énergie entre la lumière et la matière se font par paquet d'énergie appelés « quanta » qui sont portés par une particule de lumière, le **photon.** Un atome peut absorber un photon si l'énergie du photon correspond à l'écart entre deux niveaux et il ne peut émettre que des photons d'énergie égale à l'écart entre deux niveaux.

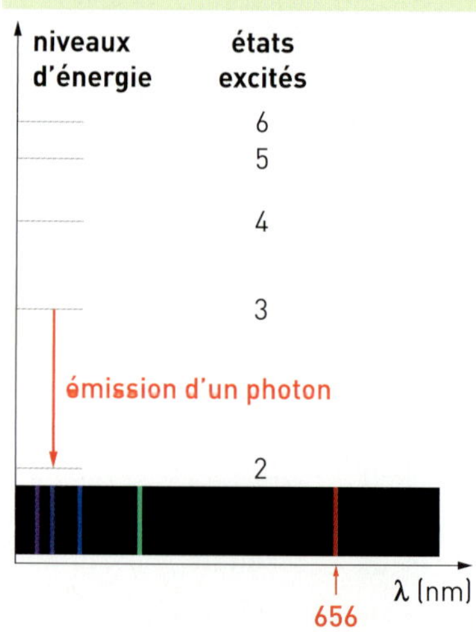

Fig. 3 : Explication du spectre de raies d'émission de l'atome d'hydrogène.

Exemple : L'atome d'hydrogène de la **figure 3** a gagné de l'énergie et est dans l'état excité 3. Il va libérer cette énergie pour atteindre l'état plus stable d'énergie 2 en émettant un photon de longueur d'onde $\lambda = 656$ nm. Cela correspond à une raie rouge sur le spectre d'émission de l'hydrogène.

La physique quantique permet d'expliquer les **spectres d'émission** de raies des atomes.

Elle introduit également l'aspect probabiliste de la matière : on ne localise plus une particule mais on parle de probabilité de présence.

Lumière et électricité

À la fin du XIXe siècle, on montre qu'un rayonnement électromagnétique, comme la lumière, peut extraire des électrons de la matière et donc engendrer un courant électrique. Pour cela, il faut que les photons possèdent une énergie suffisante dont la valeur minimale dépend du matériau.

Dans certains matériaux, on peut convertir l'**énergie radiative** en énergie électrique.

C'est en particulier le cas des matériaux **semi-conducteurs** comme le silicium. Sur leur diagramme d'énergie, les niveaux d'énergies possibles sont regroupés sous forme de bandes. Si un photon a une énergie supérieure à celle de la bande interdite ou « gap », les électrons peuvent provoquer un courant électrique.

Cet effet est possible avec la lumière du Soleil si le spectre d'absorption du matériau présente des parties communes avec le spectre solaire (**Fig. 4**).

Caractéristique d'une cellule photovoltaïque

On utilise les semi-conducteurs dans de nombreux dispositifs électroniques, en particulier dans les capteurs photovoltaïques comme les cellules photovoltaïques.

L'ensemble des couples (I, U) pour une cellule photovoltaïque constitue la caractéristique de la cellule. Elle dépend de l'éclairement reçu (**Fig. 5**).

On peut relever des points particuliers sur cette caractéristique :
– tension à vide U_0 : tension aux bornes de la cellule lorsqu'elle ne débite pas, donc lorsque le courant est nul ;
– intensité de court-circuit I_{cc} : courant maximal obtenu lorsque les deux bornes de la cellule sont reliées ensemble, donc pour $U = 0$ V ;
– point de fonctionnement maximal (I_m, U_m) : couple (I_m, U_m) conduisant à la puissance $P_m = U_m \cdot I_m$ maximale. On en déduit la résistance qui permet de maximiser la puissance électrique avec la relation $U_m = R_m \cdot I_m$ donc $R_m = U_m / I_m$.

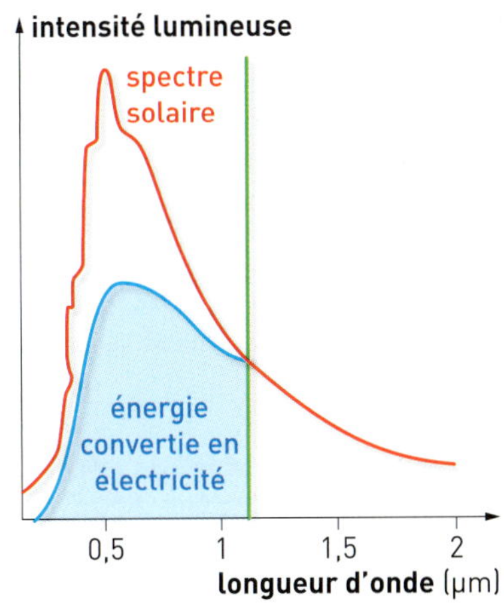

Fig. 4 : Spectre d'émission solaire et spectre d'absorption du silicium utilisé dans les cellules photovoltaïques.

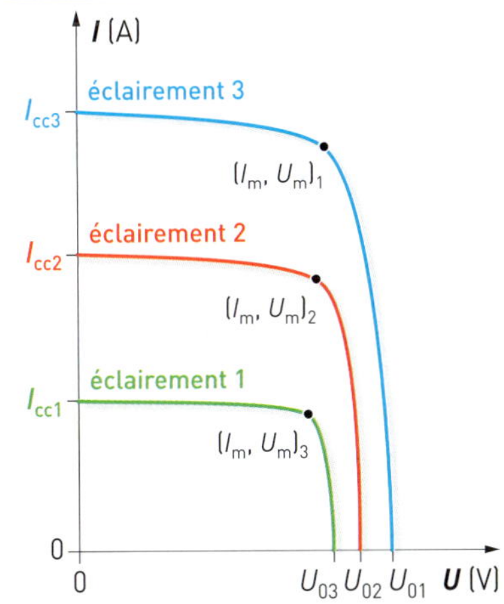

Fig. 5 : Allure de la caractéristique d'une cellule photovoltaïque pour trois éclairements différents.

Le vocabulaire à retenir

bordas Flash PAGE cartes mémo

- **Alternateur :** dispositif qui convertit l'énergie mécanique en énergie électrique.
- **Capteur photovoltaïque :** dispositif qui convertit la lumière en électricité.
- **Champ magnétique :** cartographie du magnétisme dans l'espace engendré par une source magnétique comme un aimant.
- **Énergie quantifiée :** énergie qui ne peut prendre que certaines valeurs.
- **Énergie radiative :** forme d'énergie qui se manifeste par un rayonnement.
- **Induction électromagnétique :** création d'un courant électrique dans un conducteur soumis à un champ magnétique variable.
- **Photon :** particule de lumière.
- **Rendement :** grandeur qui évalue l'efficacité d'une conversion d'énergie.
- **Semi-conducteur :** isolant électrique qui peut devenir facilement conducteur par apport d'énergie.
- **Spectre d'émission :** figure obtenue par décomposition de la lumière.

L'essentiel en images

Flash PAGE bilan animé

1 L'alternateur et la production d'électricité

Lien entre électricité et magnétisme

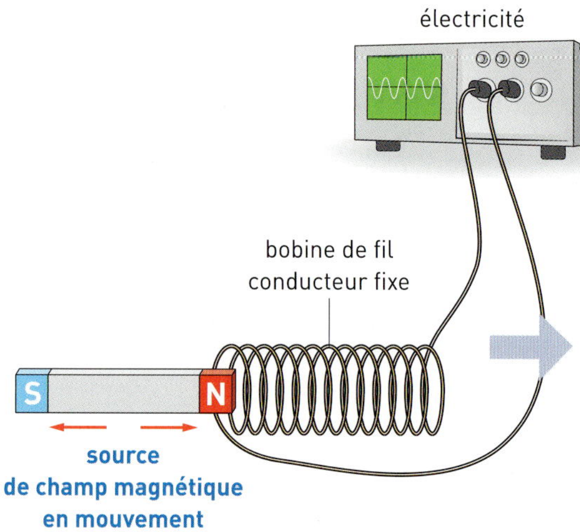

Conversion d'énergie et rendement

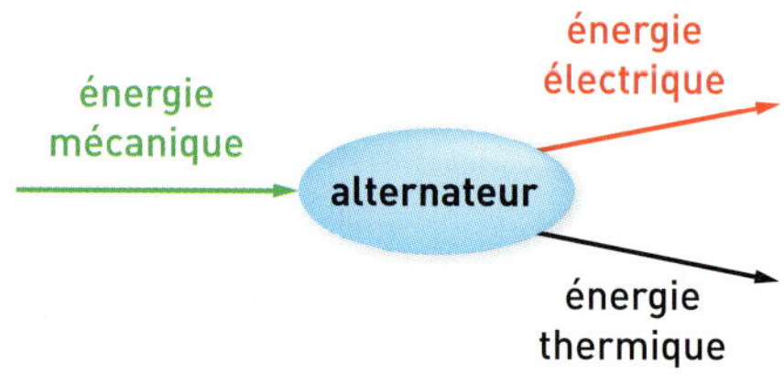

$$\eta = \frac{E_{\text{utile}}}{E_{\text{fournie}}} = \frac{E_{\text{électrique}}}{E_{\text{mécanique}}} \quad \text{ou} \quad \eta = \frac{P_{\text{électrique}}}{P_{\text{mécanique}}}$$

η sans unité ; E en J ; P en W

$\eta \leqslant 1$, dans les centrales : $\eta_{\text{alternateur}} \approx 0{,}95$

2 De la physique quantique aux cellules photovoltaïques

Physique quantique

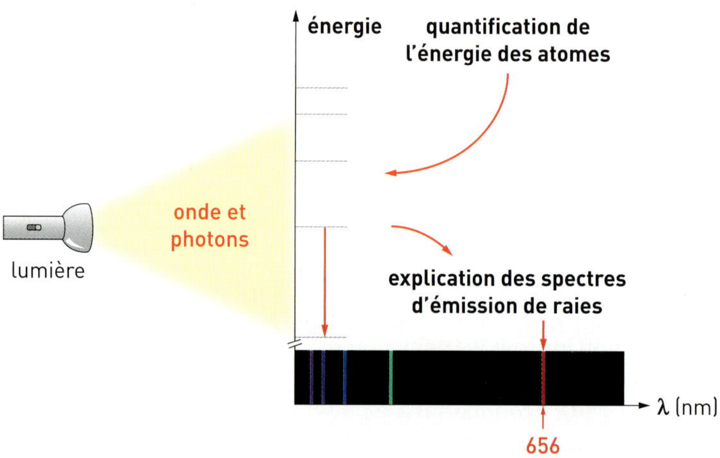

Effet photovoltaïque dans les semi-conducteurs

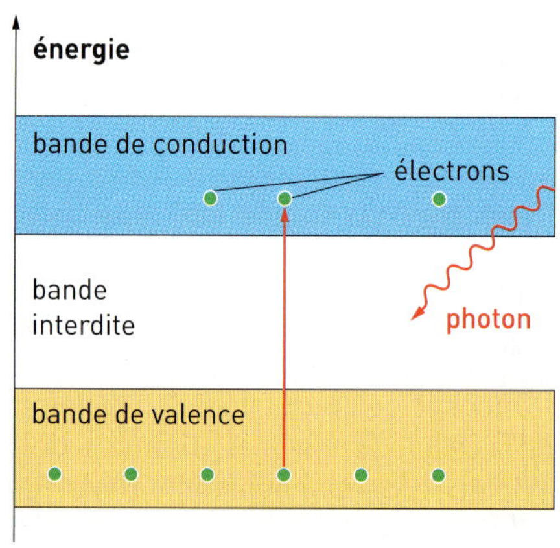

Conversion d'énergie et caractéristique des cellules photovoltaïques

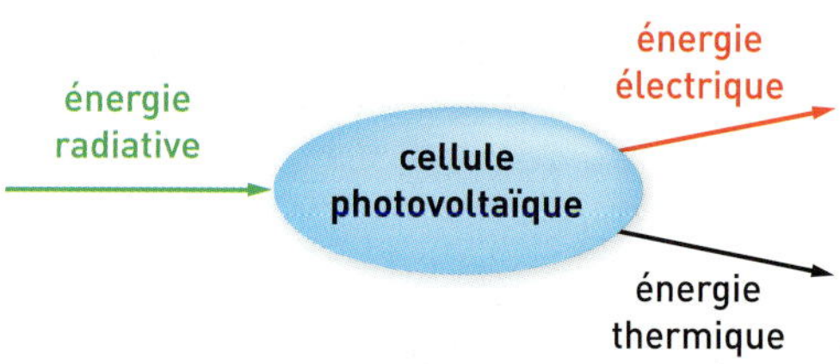

- I_{cc} : intensité de court-circuit (en A) pour $U = 0$ V
- U_0 : tension à vide (en V) pour $I = 0$ A
- Puissance : $P = U \cdot I$
- Résistance qui permet de maximiser la puissance (en Ω) :

$$R_m = \frac{U_m}{I_m} \quad (U_m \text{ en V} ; I_m \text{ en A})$$

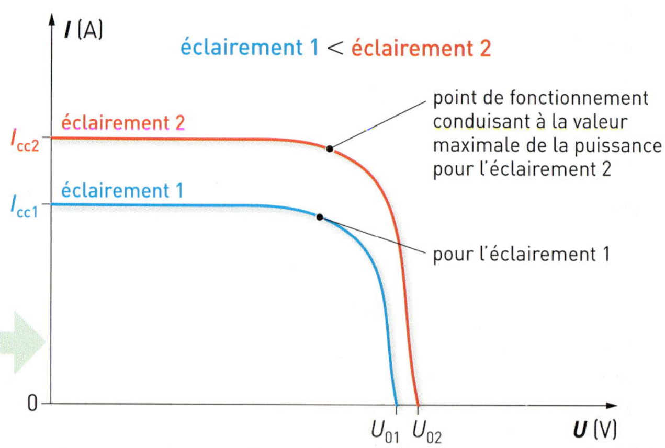

Les savoir-faire du chapitre

Reconnaître les éléments principaux d'un alternateur dans un schéma fourni.	8
Définir le rendement d'un alternateur et citer un phénomène susceptible de l'influencer.	3 8
Interpréter et exploiter un spectre d'émission atomique.	10 13
Comparer le spectre d'absorption d'un matériau semi-conducteur et le spectre solaire.	5 14
Tracer la caractéristique $I(U)$ d'une cellule photovoltaïque et l'exploiter.	7 11 12 14

Vérifier ses connaissances EN AUTONOMIE

Réponses en fin de manuel

bordas Flash PAGE corrigés détaillés

1 Question à choix multiples

Choisir la ou les bonne(s) réponse(s).

	1	2	3
A - L'alternateur :	convertit l'énergie électrique en énergie mécanique.	convertit l'énergie mécanique en énergie électrique.	exploite le lien entre électricité et magnétisme.
B - Le rendement d'un alternateur se calcule :	$\eta = \frac{E_{\text{électrique}}}{E_{\text{mécanique}}}$	$\eta = \frac{P_{\text{électrique}}}{P_{\text{mécanique}}}$	$\eta = \frac{E_{\text{mécanique}}}{E_{\text{électrique}}}$
C - Une cellule photovoltaïque :	convertit l'énergie radiative en énergie électrique.	convertit l'énergie thermique en énergie électrique.	exploite les principes de la physique quantique.
D - La caractéristique d'une cellule photovoltaïque :	a cette allure : 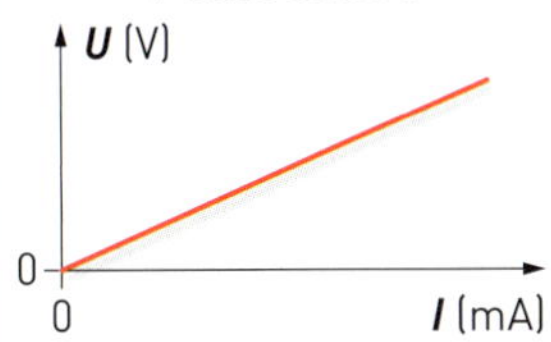	dépend de l'éclairement.	se trace avec le montage suivant : 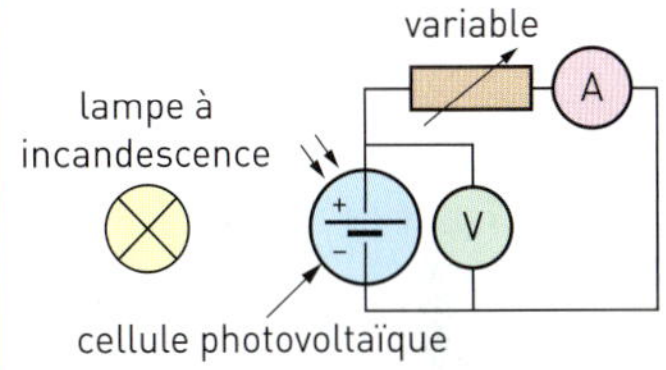

2 Appliquer le cours

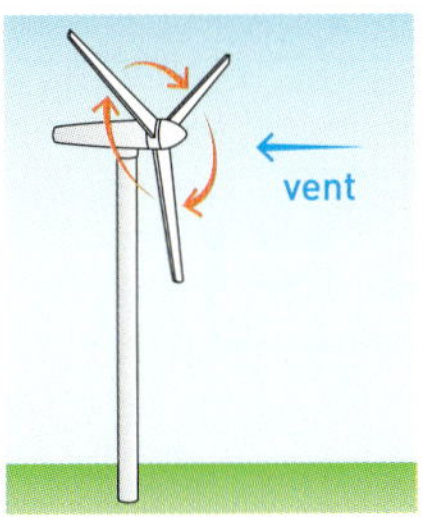

Voici ci-contre un dispositif permettant d'obtenir de l'électricité :

Parmi les affirmations suivantes, dire en justifiant lesquelles concernent ce dispositif.

a. Il possède un alternateur.
b. Il convertit l'énergie mécanique en énergie électrique.
c. Il convertit l'énergie radiative en énergie électrique.
d. Il exploite les lois de l'électromagnétisme.
e. Il exploite les principes de la physique quantique.

3 Comprendre le cours

L'usine marémotrice de la Rance convertit l'énergie mécanique des marées en énergie électrique. Elle produit en moyenne une énergie journalière de 1,3 GWh.

1. a. Quel est le nom du dispositif qui permet cette conversion d'énergie ?
b. Représenter cette conversion d'énergie.

2. On estime que ce dispositif reçoit 1,4 GWh d'énergie mécanique. Calculer le rendement correspondant.

4 Retour sur les problématiques (à l'oral)

Reprendre les problématiques de la page 109 et y répondre oralement en 10 minutes maximum.

5 Exploiter un graphe

Le germanium est un semi-conducteur. La figure ci-dessous indique son spectre d'absorption ainsi que le spectre solaire.

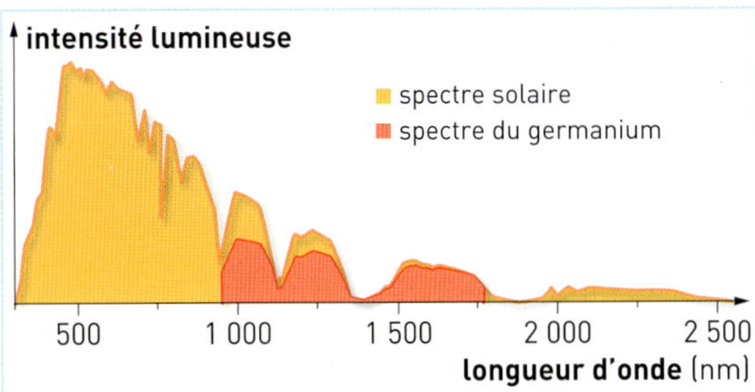

1. Justifier l'utilisation du germanium dans les semi-conducteurs.

2. Citer un domaine dans lequel on utilise les semi-conducteurs et un exemple d'utilisation.

Exercice résolu EN AUTONOMIE

6 Étude d'un panneau photovoltaïque

On considère un panneau photovoltaïque auquel est associé le document ci-contre. Ce panneau reçoit un éclairement de 800 W · m^{-2}.

1. a. Relever la valeur de la puissance électrique maximale P_m.

b. Relever le couple (I_m, U_m) correspondant à la puissance maximale.

c. Calculer la résistance R_m de fonctionnement maximisant la puissance.

2. Décrire l'évolution de l'intensité de court-circuit et la puissance électrique maximale quand l'éclairement augmente.

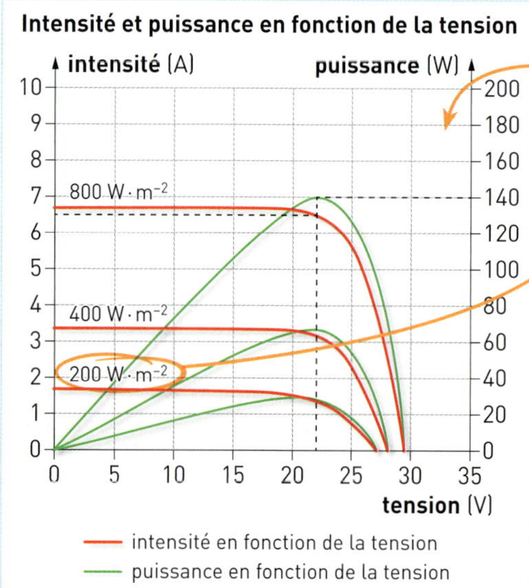

Les clés de l'énoncé

- Il y a la **superposition** des courbes $I = g(U)$ et $P = f(U)$ pour différentes valeurs de l'éclairement.
- L'éclairement est exprimé en W · m^{-2}.

Les questions à la loupe

- **Relever :** lire sur un document fourni.
- **Calculer :** appliquer une formule mathématique pour trouver la valeur d'une grandeur physique.
- **Décrire l'évolution :** indiquer si la grandeur augmente, diminue ou reste identique.

Exemple de présentation des résultats

1. a. Au sommet de la courbe $P = f(U)$, on lit, pour un éclairement de 800 W · m^{-2} : $\mathbf{P_m = 140}$ **W**.

b. Une puissance de 140 W correspond à une tension U_m = 22 V sur la courbe $P = f(U)$. Sur la courbe $I = g(U)$, on mesure pour $\mathbf{U_m = 22}$ **V**, $\mathbf{I_m = 6{,}6}$ **A**.

c. On utilise la loi d'Ohm $U = R \cdot I$ donc $R_m = U_m/I_m$ et la valeur de la résistance maximisant la puissance se calcule : $R_m = U_m/I_m = 22/6{,}6 =$ **3,3 Ω**.

2. Sur le graphique, on voit que plus l'éclairement augmente et plus l'intensité de court-circuit augmente. Plus l'éclairement augmente et plus la puissance électrique maximale augmente.

Quelques conseils

1. b. Pour commencer, il faut déterminer la tension correspondant à la puissance maximale, puis relever sur la caractéristique $I = g(U)$ la valeur de l'intensité.

c. La loi d'Ohm relie l'intensité, la résistance et la tension.

Exercice similaire

Solutions en fin de manuel

bordas Flash PAGE corrigé détaillé

7 Un panneau solaire

On obtient la courbe ci-contre pour un panneau photovoltaïque.

1. Nommer ce type de courbe.

2. Classer les éclairements du plus faible au plus fort.

3. Pour l'éclairement 2, déterminer :

a. l'intensité de court-circuit ;

b. la tension à vide ;

c. le couple (I_m, U_m) de puissance maximale ;

d. la résistance maximisant la puissance.

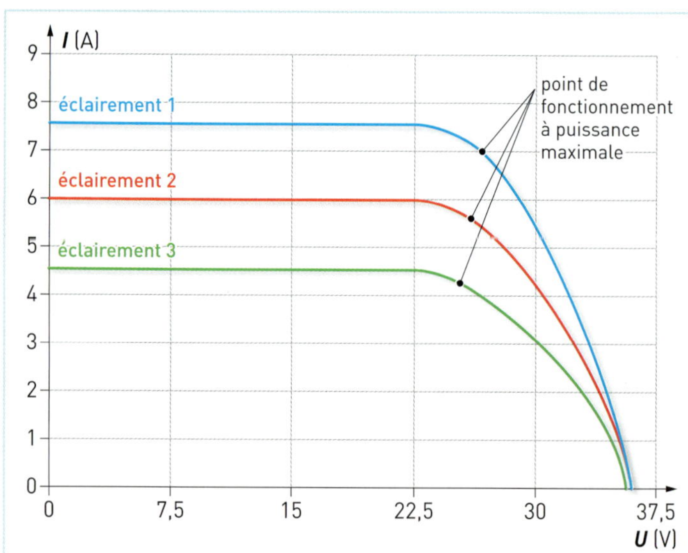

S'entraîner

8 À bicyclette

Sur certaines bicyclettes, ce que l'on appelle couramment « dynamo » est en réalité un alternateur. Le galet est entraîné par la roue. *Le rendement de ce dispositif est de 0,4.*

1. a. Nommer les éléments numérotés ❶ et ❷ sur le schéma.
b. Expliquer le rôle de chacun.
c. Justifier les appellations « rotor » et « stator ».

2. a. Représenter la conversion d'énergie qui a lieu dans l'alternateur.
b. Interpréter alors la phrase en italique.
c. Proposer une expérience pour vérifier que la rotation du rotor autour du stator produit bien de l'électricité.

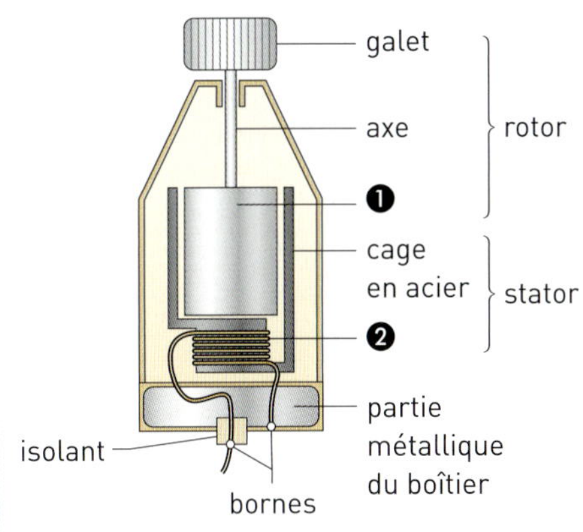

9 L'expérience de Colladon HISTOIRE DES SCIENCES

En 1825, Jean-Daniel Colladon (1802-1893), scientifique suisse, réalise l'expérience représentée sur la figure ci-contre. Il explique : « Pour éviter toute influence possible de [l']aimant sur le galvanomètre* très sensible dont je me servais, j'avais porté ce galvanomètre dans une chambre éloignée de celle où j'opérais [...], après quoi je revins vers la spire [l'hélice] et je rapprochai des pôles du gros aimant de l'hélice, puis, sans me presser, je retournai vers le galvanomètre et je constatai que son index était exactement au même point qu'auparavant. [...] »

* maintenant appelé ampèremètre.

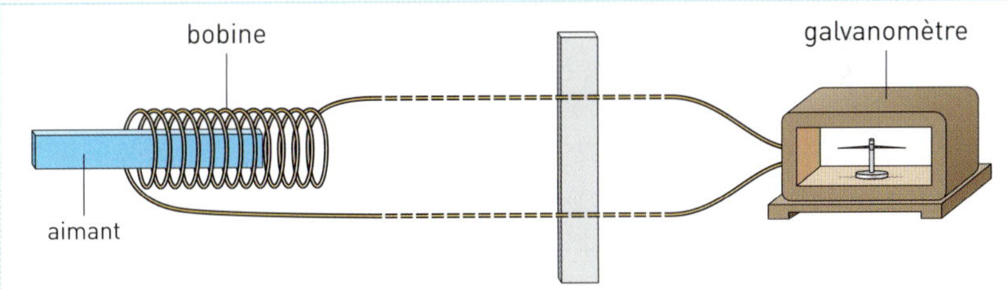

1. Quel lien Jean-Daniel Colladon cherchait-il à montrer dans son expérience ? Justifier.
2. Pourquoi n'a-t-il pas mesuré de courant électrique ?
3. a. Citer le nom du scientifique qui a détecté un courant électrique sur ce principe quelques années plus tard.
b. De quel objet cette découverte est-elle à l'origine ?

10 Le silicium

Le silicium est l'élément le plus utilisé dans les cellules photovoltaïques.

Le diagramme d'énergie de l'atome de silicium (a) et celui d'un cristal de silicium (b) sont représentés ci-contre. Pour le cristal de silicium, du fait du très grand nombre d'atomes, les niveaux d'énergie sont regroupés en bandes. Parmi ces bandes, on distingue la bande de valence et la bande de conduction. Le passage des électrons de la bande de valence à la bande de conduction engendre un courant électrique.

1. Pourquoi peut-on dire que ces diagrammes illustrent la quantification de l'énergie à l'échelle de l'infiniment petit ?
2. a. Quel diagramme permet d'expliquer la figure ci-dessous ? Expliquer.

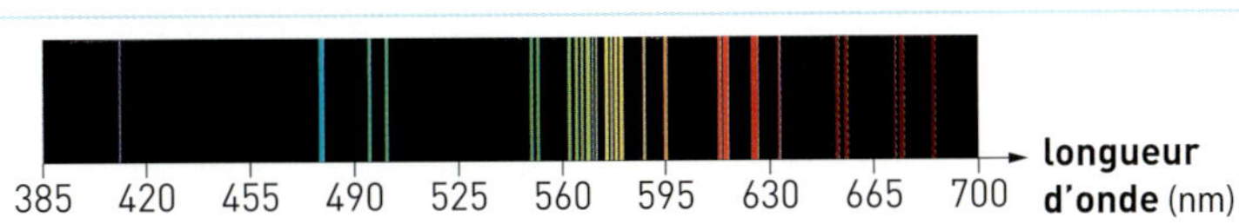

c Spectre d'émission du silicium.

b. Quel diagramme illustre l'effet photovoltaïque ? Justifier.

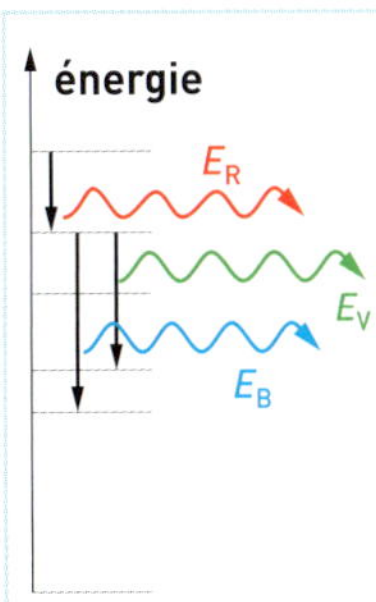

a Diagramme d'énergie de l'atome de silicium.

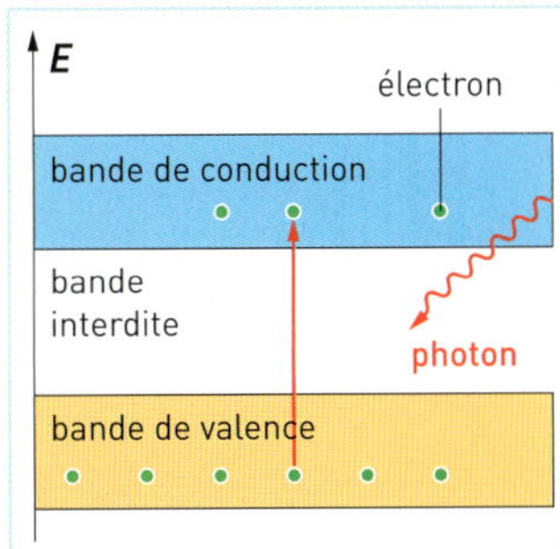

b Diagramme d'énergie du cristal de silicium.

Coup de pouce

Sur les diagrammes a et b, les flèches vers le bas sont en lien avec l'émission de lumière, celles vers le haut avec l'absorption de lumière.

S'entraîner

11 Étude expérimentale d'une cellule photovoltaïque

Un fabricant fournit les données suivantes pour une cellule photovoltaïque en silicium monocristallin utilisée pour l'habitat :

> Pour un éclairement standard de 1 000 W · m^{-2} :
> Puissance maximale (P_m) = 5 W ;
> Tension à vide (pour I = 0 A) U_0 = 21 V ;
> Intensité de court-circuit (pour U = 0 V) I_{cc} = 410 mA.

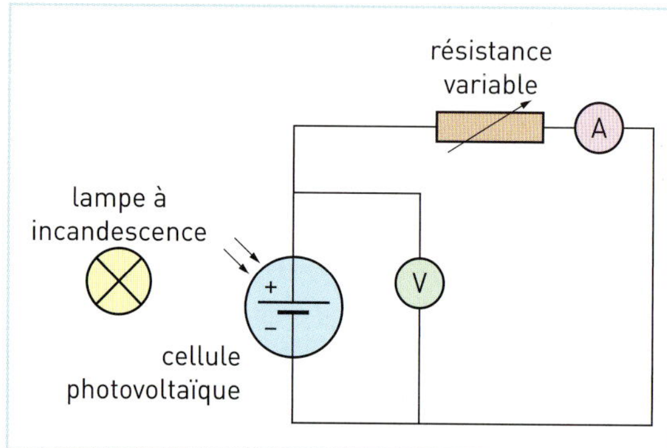

Pour vérifier les informations indiquées, on réalise le montage expérimental dont le schéma est représenté ci-contre.

On obtient les mesures suivantes :

U (V)	20,8	19,9	18,8	17,5	15,8	13,5	7,5	4,4	0,061
I (mA)	0,0	45,5	84,1	116	150	173	200	210	224

1. a. Dans cette expérience, quel appareil permet de mesurer l'intensité du courant électrique ?

b. Dans cette expérience, quel appareil permet de mesurer la tension aux bornes de la cellule ?

2. Sur une feuille de papier millimétré ou à l'aide d'un logiciel tableur-grapheur, tracer la caractéristique $I = f(U)$.

3. Pour chaque mesure, calculer la puissance $P = U \cdot I$.

4. a. Comparer les données du fabricant et celles obtenues lors de l'expérience.

b. Proposer une explication à ces différences.

12 Associations de cellules

Une cellule photovoltaïque a la caractéristique ci-dessous.

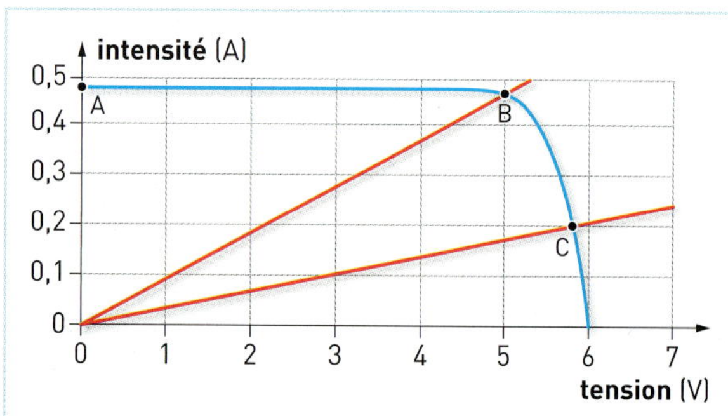

On considère 3 points de fonctionnement notés A, B et C.

1. Parmi les points A, B et C, déterminer, en justifiant, celui qui conduit à la puissance maximale.

2. a. Montrer que les droites tracées ont pour coefficient directeur : $1/R$ avec R la résistance du circuit.

b. Déterminer la valeur R_m de la résistance maximisant la puissance.

3. On associe 5 cellules en série puis 5 cellules en dérivation. Les figures ci-dessous indiquent l'évolution des caractéristiques pour n cellules associées en série (a) et n cellules associées en dérivation (b).

Déterminer pour chaque association l'intensité de court-circuit I_{cc} et la tension à vide U_0.

4. Dans les panneaux photovoltaïques, les cellules sont associées en série et en dérivation. Quel intérêt cela présente-t-il ?

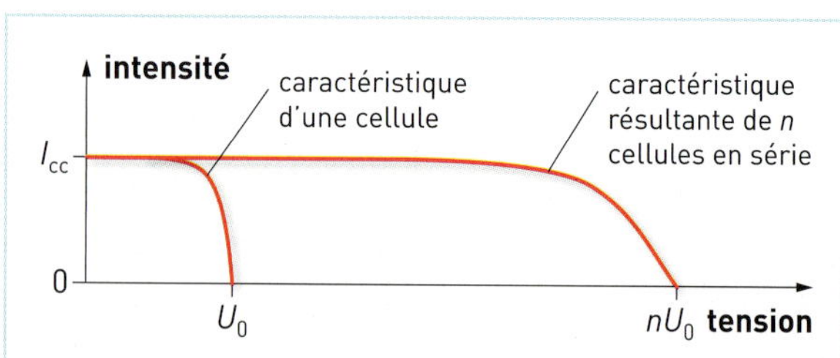

a Caractéristique de n cellules en série.

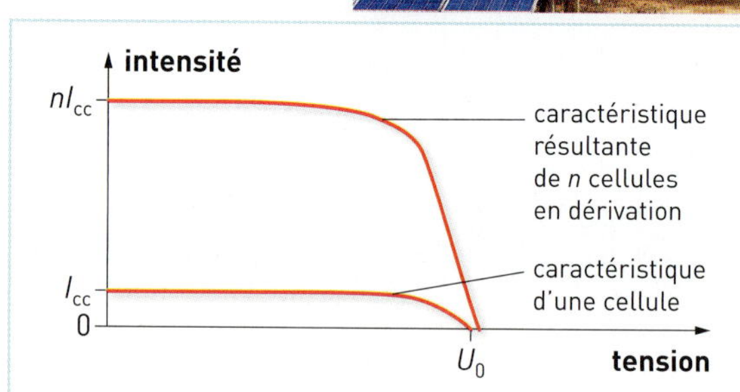

b Caractéristique de n cellules en dérivation.

S'entraîner

13 Modèle de Bohr

Pour interpréter le spectre d'émission de l'atome d'hydrogène, Niels Bohr (1885-1962), physicien danois, propose un modèle dit « planétaire » de l'atome dans lequel les électrons sont en orbite autour du noyau et n'ont accès qu'à certaines valeurs d'énergie, donc qu'à certaines orbites. Lorsqu'un électron passe d'une orbite à une autre d'énergie inférieure, l'atome émet un photon dont la longueur d'onde dépend de l'écart d'énergie entre les deux orbites. On peut schématiser cela de la manière ci-contre pour l'atome d'hydrogène.

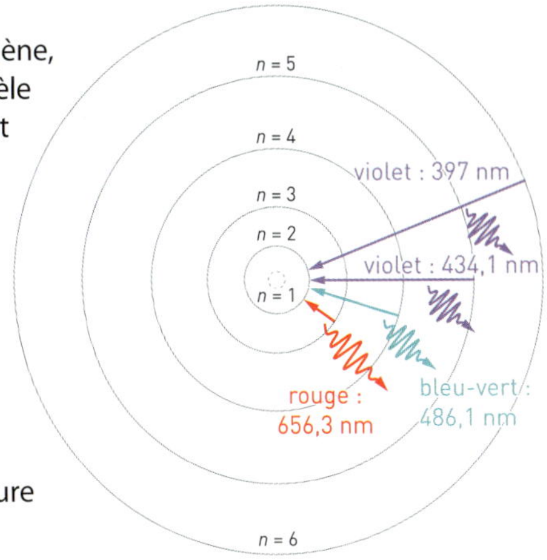

1. Niels Bohr est considéré comme un des pères de la physique quantique. Citer un extrait du texte qui fait référence à la physique quantique.

2. a. Rappeler comment obtenir un spectre d'émission atomique et la nature de ces spectres.

b. À partir des informations sur le schéma, proposer une représentation du spectre d'émission de l'hydrogène.

c. Selon un processus analogue, l'électron de l'atome d'hydrogène peut absorber un photon pour passer d'un niveau d'énergie à un niveau d'énergie supérieur. Proposer une représentation de l'absorption d'un photon de longueur d'onde 434,1 nm.

Prépa BAC Vers l'E3C

14 La cellule triple jonction

La cellule photovoltaïque triple jonction est constituée de trois semi-conducteurs différents : la couche supérieure en phosphore d'indium-gallium InGaP, une deuxième couche en arséniure de gallium GaAs, puis une couche inférieure en arséniure d'indium-gallium InGaAs. Cette technologie permet d'améliorer grandement le rendement des cellules photovoltaïques qui se situe autour de 15 % pour une technologie au silicium monocristallin.

1. Pourquoi peut-on dire que ces trois jonctions peuvent effectivement exploiter l'énergie radiative du Soleil ?

2. Représenter la conversion d'énergie qui a lieu dans une cellule photovoltaïque.

3. a. Déterminer la puissance maximale délivrée par la cellule.

b. Calculer la résistance maximisant la puissance.

c. La puissance lumineuse reçue par la cellule est $P = 89$ mW. Calculer le rendement de la cellule et conclure.

Document 1 : Comparaison de spectres

Sur le graphique ci-dessous sont représentées la distribution en longueur d'onde de l'énergie rayonnée par le Soleil et la sensibilité en longueur d'onde de la cellule triple jonction.

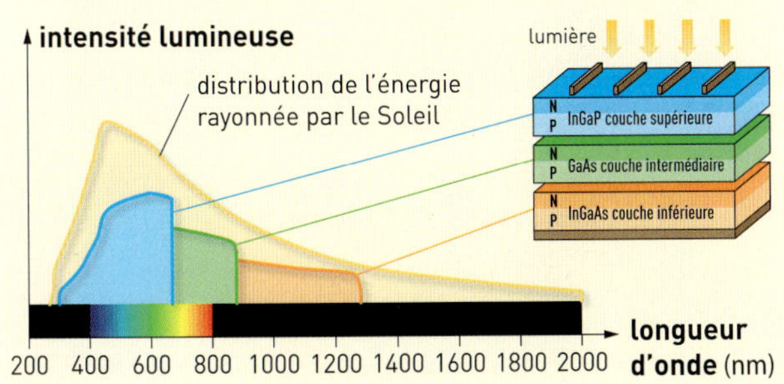

Document 2 : Caractéristique intensité-tension

Caractéristique intensité-tension de la cellule triple-jonction de surface $S = 8{,}9 \times 10^{-5}$ m² avec un éclairement de 1000 W · m⁻² :

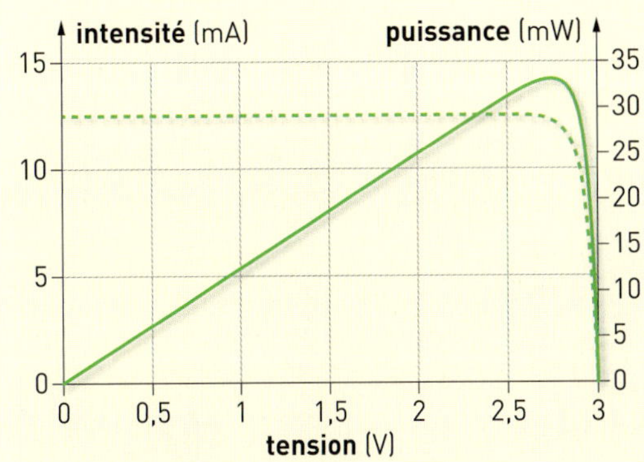

- - - - - évolution de l'intensité du courant électrique en fonction de la tension.

——— évolution de la puissance électrique délivrée en fonction de la tension.

Document 3 : Rendement d'une cellule photovoltaïque

Le rendement (en %) d'une cellule photovoltaïque est défini par la relation suivante :

$$\eta = \frac{\text{puissance électrique maximale délivrée par cellule}}{\text{puissance lumineuse reçue par cellule}} \times 100$$

Je retrouve ce que je sais déjà EN AUTONOMIE

Réponses en fin de manuel Flash PAGE corrigés détaillés

SITUATION 1 : Formes et sources d'énergie

L'énergie peut prendre différentes formes et provenir de sources variées.

Identifier sur le schéma ci-dessous les différentes sources d'énergie représentées et les formes d'énergie associées.

SITUATION 2 : Compteur électrique

Tous les logements reliés au réseau de distribution d'électricité sont équipés d'un compteur qui sert de base à la facturation du client.

Les valeurs affichées sur le compteur ci-contre correspondent-elles à la puissance ou à l'énergie électrique consommée ?

Quelle relation existe entre ces deux grandeurs ?

SITUATION 3 : Différents panneaux sur le toit

Cette toiture est équipée de panneaux thermiques qui produisent de l'eau chaude sanitaire (au centre) et de panneaux photovoltaïques qui produisent de l'électricité.

Représenter une chaîne de conversion d'énergie pour chacun de ces deux dispositifs.

PARTIE 2

Chapitre 2

Les atouts
de l'électricité

La Fée Électricité, œuvre monumentale de Raoul Dufy, est le cœur du musée d'Art Moderne de Paris.

Les problématiques du chapitre

- Quels sont les modes de production de l'énergie électrique et comment stocker cette énergie ?
- Quels sont les impacts environnementaux des différents modes de production d'énergie ?

Activité

1 La production d'énergie électrique

SAVOIR-FAIRE
Décrire des chaînes de transformation énergétique permettant d'obtenir de l'énergie électrique.

L'énergie électrique est obtenue à partir de différentes sources primaires d'énergie. Le développement de procédés sans combustion permettra à cette énergie de jouer un rôle central dans l'avenir.

Comment décrire les conversions énergétiques qui conduisent à l'obtention d'énergie électrique sans combustion ?

DOC 1 Produire de l'énergie électrique

Pour mener une investigation

- Dans l'animation ci-contre, cliquer sur les différents dispositifs pour connaître le rôle de chacun et le détail de son fonctionnement.

ANIMATION BONUS
Modes de production d'électricité

Bordas Flash PAGE animation

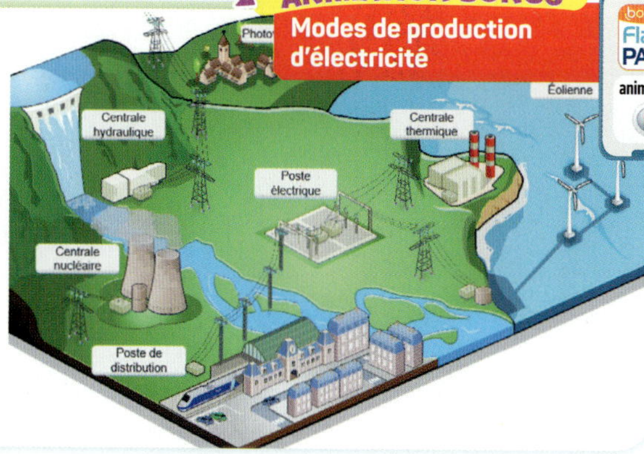

DOC 2 Différents modes de production d'électricité

L'électricité est un élément essentiel à toutes activités humaines et sa consommation ne cesse d'augmenter à cause de la croissance démographique et du développement économique. Ainsi, la production mondiale d'électricité croît d'environ 2 % par an et devrait doubler d'ici 2040.

L'énergie électrique est obtenue à partir de source d'énergie primaire, directement disponible sur Terre, telle que le charbon (b), le gaz naturel, l'uranium, le Soleil (c), le vent ou l'eau (a).

Source d'énergie	Type de centrale	Principe de fonctionnement
Combustibles fossiles (charbon, pétrole ou gaz naturel)	thermique	Production de vapeur d'eau qui met en rotation d'un alternateur qui va permettre la conversion de l'énergie mécanique en énergie électrique.
L'atome (uranium 235 ou plutonium 239)	nucléaire	
Soleil	thermique solaire	
Eau	hydroélectrique	Mise en rotation directe d'un alternateur
Vent	éolienne	
Soleil	photovoltaïque	Réseau de panneaux solaires qui convertissent directement l'énergie radiative en énergie électrique (c).

a

b Centrale électrique à charbon.

c Ferme éolienne et photovoltaïque.

DOC 3

Chaîne d'énergie

Pour décrire les conversions d'une forme d'énergie en une autre qui s'opèrent dans un dispositif technologique, on représente un diagramme appelé chaîne de conversion d'énergie, ou plus simplement **chaîne énergétique**. Ce diagramme est composé de trois types d'informations (a).

Une chaîne énergétique (b) fait apparaître ces différents éléments en montrant que lors d'une **conversion d'énergie**, l'énergie reçue par un dispositif est en partie convertie en au moins une autre forme d'énergie utile et en partie dissipée par le fonctionnement du convertisseur (effet Joule, frottements...).

Une chaîne d'énergie illustre donc le principe de conservation de l'énergie :

énergie fournie = énergie utile + énergie dissipée

	Convertisseur	Réservoir	Formes d'énergie
Représentation	On indique dans une étiquette ovale le nom du dispositif technologique qui réalise la conversion d'énergie.	On indique dans une étiquette rectangulaire le nom des réservoirs d'énergie : sources ou destinataire.	On indique sur des flèches les formes d'énergie entrantes et sortantes des convertisseurs.
Exemples	Alternateur, moteur, panneau photovoltaïque…	Soleil, eau, pétrole, vent, pile, barrage hydroélectrique…	Électrique, chimique, radiative, mécanique, thermique…

a Les informations d'une chaîne énergétique.

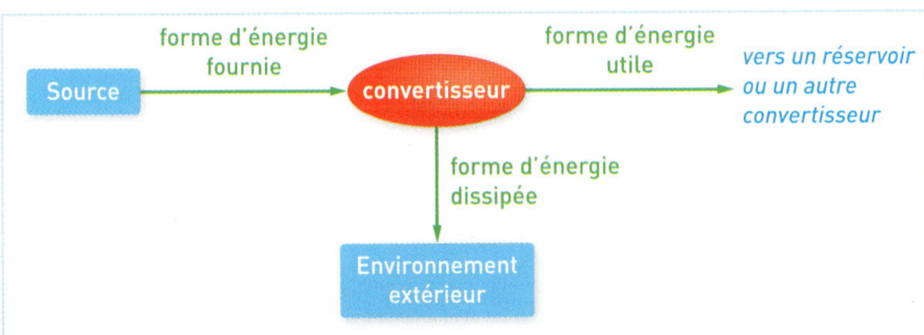

b Principe d'une chaîne énergétique.

Sur le dispositif (c), l'utilisateur peut recharger le portable en tournant la manivelle du chargeur de secours. L'utilisateur et le téléphone jouent le rôle de réservoirs. Le dispositif convertit l'énergie mécanique en énergie électrique. La chaîne d'énergie se représente de la façon suivante (d) :

c Chargeur manuel de téléphone portable.

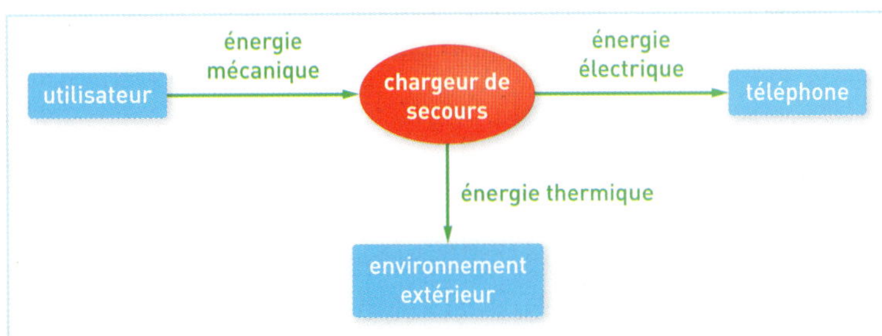

d Chaîne énergétique d'un chargeur manuel de téléphone portable.

Pistes de travail

Pour décrire des exemples de chaînes de conversions énergétiques :

1. Dans le DOC. 1, **identifier** les installations qui permettent d'obtenir de l'énergie électrique sans nécessiter de combustion.
2. **Préciser** l'intérêt environnemental de ces dispositifs « sans combustion ».
3. **Représenter** la chaîne de conversion d'énergie, pour chaque dispositif « sans combustion ».

Des clés pour réussir

- Les combustions sont des sources d'émission de CO_2 qui ont un impact environnemental important.
- Les dispositifs considérés conduisent tous à l'obtention d'énergie électrique.

Activité 2

Production d'énergie électrique avec le vent

SAVOIR-FAIRE
Calculer le rendement global d'un système de conversion d'énergie.

Le vent est un phénomène atmosphérique que l'Homme a exploité au cours de l'Histoire, pour naviguer sur des bateaux à voile ou pour moudre du grain dans des moulins. Aujourd'hui, le vent est surtout exploité pour produire de l'énergie électrique.

Comment évaluer les performances d'une éolienne ?

DOC 1 L'éolienne, un convertisseur d'énergie

Les éoliennes sont des convertisseurs d'énergie qui exploitent une partie de l'énergie mécanique portée par les masses d'air atmosphérique.

Les éoliennes à axe horizontal (ci-contre) sont largement majoritaires. Elles consistent en une série de pales montées symétriquement sur un rotor qui entraîne la rotation d'un alternateur (aussi appelé génératrice). Pour estimer les performances d'une éolienne, il est nécessaire de disposer de sa caractéristique. Il s'agit de la représentation des variations de la puissance électrique produite en fonction de la vitesse du vent et son allure usuelle est représentée ci-dessous.

Ce graphique permet de connaître deux valeurs essentielles pour décrire le fonctionnement d'une éolienne :

– la puissance nominale : puissance électrique maximale que peut produire l'éolienne en fonctionnement courant ;

– la vitesse nominale du vent : vitesse du vent minimale qui permet à l'éolienne de produire la puissance nominale. Au-delà de cette vitesse, l'éolienne est freinée pour en limiter l'usure.

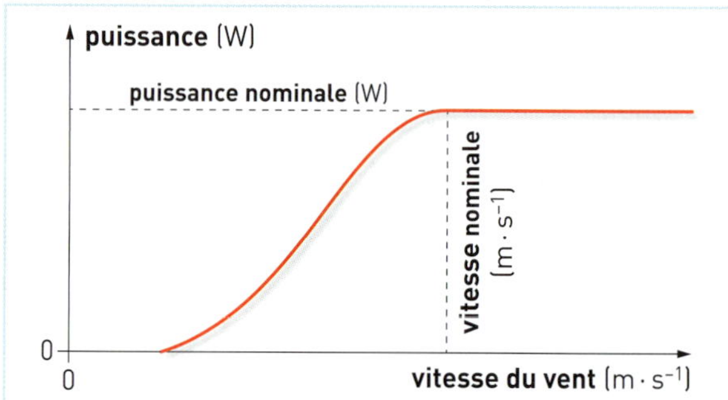

La puissance du vent (en W) peut être calculée, en première approximation, par la relation :

$$P_{vent} = \frac{\pi}{8} \times \rho \times D^2 \times v$$

- ρ : masse volumique de l'air environ égale à 1,3 kg · m^{-3}
- D : diamètre du cercle décrit par les pales (m)
- v : vitesse du vent (m · s^{-1})

DOC 2 Données techniques

Pour un modèle d'éolienne de taille moyenne, couramment installé en Europe, le fabricant communique les données techniques suivantes :

Puissance nominale	40 kW
Vitesse du vent nominale	14 m · s^{-1}
Vitesse du vent minimale de production	3 m · s^{-1}
Vitesse du vent de mise en sécurité	35 m · s^{-1}
Diamètre décrit par les pales	8 m
Hauteur du mat	12 m

a Valeurs indiquées dans la notice technique.

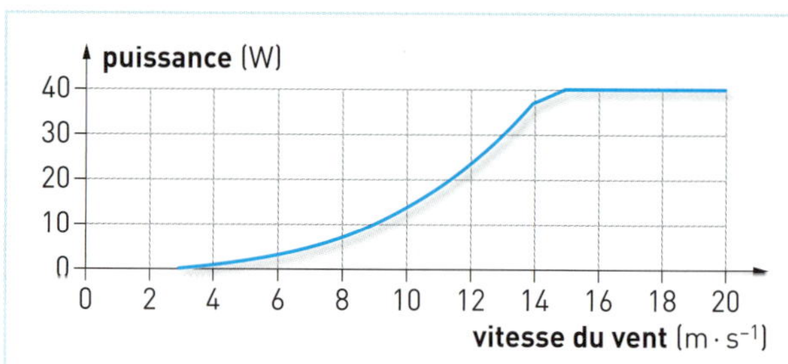

b Variation de la puissance électrique produite par l'éolienne en fonction de la vitesse du vent.

Pour mener une investigation

- Vérifier la cohérence entre les valeurs indiquées dans la notice technique (**a**) et la caractéristique fournie par le constructeur (**b**).

DOC

3 Rendement d'un convertisseur d'énergie

Un convertisseur d'énergie permet de passer d'une forme d'énergie à une autre. Les performances d'un convertisseur sont évaluées par une grandeur sans dimension, appelée rendement, qui est définie par la relation :

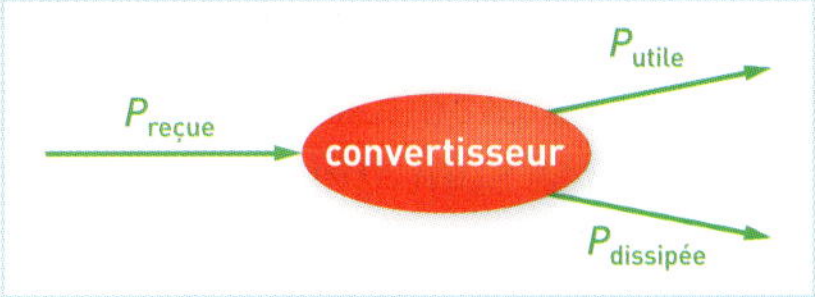

$$\eta = \frac{P_{utile}}{P_{reçue}}$$

rendement (sans unité) → η ; P_{utile} : puissance exploitable à la sortie du convertisseur ; $P_{reçue}$: puissance reçue à l'entrée du convertisseur

En absence de dissipation d'énergie dans le convertisseur, le rendement serait égal à 1, c'est-à-dire 100 %. En pratique, cette situation ne peut exister et le rendement est toujours inférieur à 1. Par exemple pour une éolienne, le rendement maximal théorique, également appelé limite de Betz, est d'environ 59 %. En pratique, pour les éoliennes installées sur terre, le rendement global varie entre 15 % et 40 %.

DOC

4 Modélisation d'une éolienne au laboratoire

Démarche expérimentale

On réalise un modèle d'éolienne au laboratoire en fixant une hélice sur une petite génératrice (a).

MATÉRIEL

- Ventilateur
- Anémomètre
- Génératrice
- Hélice à trois pales de diamètre 115 mm
- Support élévateur
- Conducteur ohmique
- Multimètres

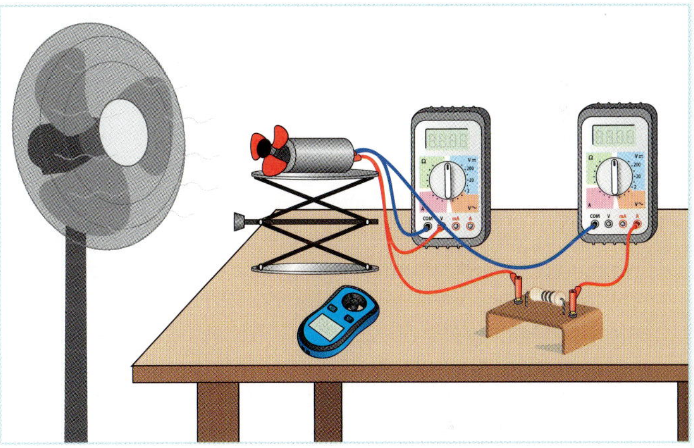

a Montage expérimental.

- Positionner un ventilateur à vitesse variable approximativement à 2 m du modèle d'éolienne. Un anémomètre ou une application sur smartphone permettra la mesure de la vitesse v de l'air à proximité de l'hélice de l'éolienne modélisée.
- Relier la génératrice à un conducteur ohmique, par exemple de résistance de quelques dizaines d'ohms (par exemple 25 Ω).
- Placer le voltmètre et l'ampèremètre dans ce circuit pour mesurer les valeurs de la tension U aux bornes de la génératrice et d'intensité I du courant qu'elle débite.
- Pour différentes valeurs de la vitesse, relever les valeurs de la tension et de l'intensité du courant aux bornes de la génératrice (b).

v (m · s^{-1})	U (V)	I (mA)
1,4	0,33	12
2,1	0,59	27
2,6	0,91	34
3,2	1,23	50

b Exemples de résultats.

Pistes de travail

Pour évaluer le rendement global d'une éolienne :

1. **Expliquer** pourquoi la valeur de la vitesse du vent est un paramètre qui influence fortement la puissance du vent.
2. **Représenter** la chaîne de conversion d'énergie d'une éolienne.
3. À l'aide d'un calcul, **montrer** que la valeur du rendement de l'éolienne étudiée dans le DOC. 2 est de 35 %.
4. **Calculer** la valeur maximale du rendement global du modèle d'éolienne étudié expérimentalement dans le DOC. 4.

Des clés pour réussir

- La puissance électrique est égale au produit de la tension par l'intensité du courant aux bornes d'un dispositif.
- Les valeurs nominales correspondent généralement aux valeurs de fonctionnement optimal d'un dispositif.

Activité 3

Impacts environnementaux de la production électrique

Histoire
Enjeu
Débat

SAVOIR-FAIRE
Analyser des documents présentant les conséquences de l'utilisation de ressources géologiques.

La production d'énergie électrique a des conséquences variées sur l'environnement qui sont très différentes selon le mode de production considéré.

Quelles sont les conséquences sur l'environnement de la production d'énergie électrique ?

DOC 1 Impacts environnementaux de la production électrique

Les énergies renouvelables participeront à 40 % de la production d'électricité en France d'ici 2030… De belles perspectives pour baisser nos émissions de carbone, principales responsables du réchauffement climatique. Mais est-ce vraiment la solution miracle ? Ces énergies renouvelables sont-elles aussi propres qu'on le pense ? En effet, « *Toute activité est polluante, rien n'est vert* », explique même Bernard Multon, enseignant-chercheur à l'École normale supérieure de Rennes […].

Parce que, indirectement, elles émettent du CO_2

En état de marche, une éolienne ou un panneau photovoltaïque n'émettent pas de carbone, c'est certain. Ces deux solutions sont-elles pour autant « décarbonées » ? Ce n'est pas si simple.

« *La ressource, le soleil et le vent, est renouvelable. Mais maintenant, il faut la transformer, et pour ça, il faut entre autres des métaux… Beaucoup de métaux* », explique Bernard Multon. Un socle d'éolienne en béton, un mât fait de tonnes d'acier, des fils en cuivre, des panneaux solaires fabriqués à partir de silicium… Ces composants, non renouvelables, ont consommé de l'énergie pour être extraits et transformés. […]

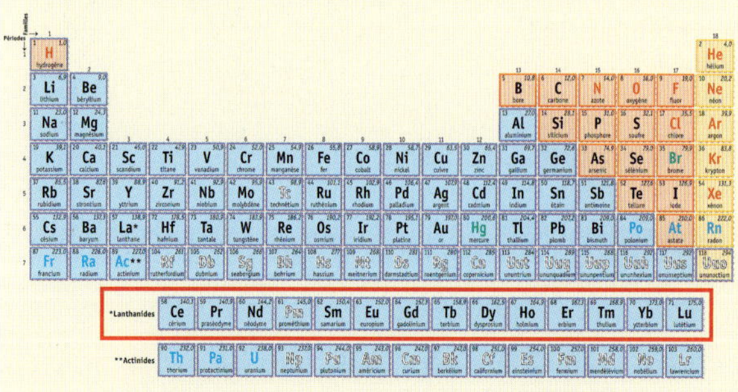

a Les métaux rares dans le tableau périodique.

Parce qu'elles contiennent des métaux rares

C'est la critique la plus fréquente faite aux énergies renouvelables : elles contiennent parfois des terres rares (**a**). Il s'agit d'un groupe de métaux, présents en petite quantité sur Terre. « *Pour un kilo de fer, vous ne trouverez qu'un gramme de terre rare* », explique Guillaume Pitron, auteur de *La Guerre des métaux rares* (janvier 2018, éditions Les liens qui libèrent). Leur bilan écologique est « déplorable » (**b**). « *Les terres rares sont si éparpillées que le processus d'extraction est très long et complexe. Il faut utiliser beaucoup d'eau, des produits chimiques, casser la roche… Ça pollue les sols* », explique-t-il. […]

b Lieu d'extraction et de traitement des métaux rares en Chine, l'une des régions les plus polluées au monde.

Parce que leurs matériaux ne sont pas assez recyclés

Peu de matériaux utilisés pour construire les éoliennes et les panneaux solaires sont aujourd'hui recyclés (**c**). Le site *Reporterre* cite par exemple le cuivre, une ressource « *abondante* » qui pourrait pourtant « *s'épuiser à moyen terme* » parce qu'elle est « *largement utilisée* » mais pas recyclée. « *L'industriel qui installe l'éolienne a pour obligation – c'est dans la loi – de démanteler la structure. Pas de la recycler* », regrette Bernard Multon.

D'après Camille Adaoust, « Pourquoi les énergies renouvelables sont moins propres que vous ne le pensez (en tout cas pour l'instant) », 4 décembre 2018, francetvinfo.fr

c La première usine de recyclage de panneaux solaires a ouvert ses portes en 2018 dans les Bouches-du-Rhône.

DOC 2 Cycle de vie complet d'une éolienne

Les différentes étapes du cycle de vie d'une installation éolienne sont indiquées sur le schéma ci-dessous.

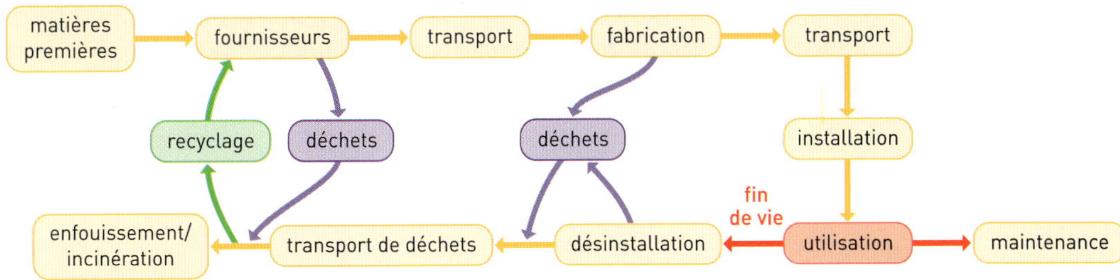

DOC 3 Déchets et production électrique

- Visionner la vidéo ci-contre proposée par l'Agence nationale pour la gestion des déchets radioactifs (ANDRA), qui explique comment sont traités les déchets radioactifs en France.

DOC 4 Impacts carbone globaux

La production d'électricité est responsable de 42,5 % des émissions mondiales de CO_2 qui reste le principal responsable de l'effet de serre.

En plus des quantités de gaz émises lors du fonctionnement des centrales, il est aussi nécessaire de prendre en compte le cycle de vie complet de différentes installations : fabrication, construction, approvisionnement en carburant, recyclage, etc. Le tableau ci-dessous présente les masses de CO_2 en gramme émises pour un kWh d'énergie électrique produit.

	éolien	solaire	hydraulique	nucléaire	charbon	gaz naturel	fioul
Émission de CO_2 pendant la durée de production d'énergie électrique	0	0	0	0	345	272	204
Émission de CO_2 pendant la durée totale de vie de l'installation	12,5	55	6	6	1 060	730	418

Pistes de travail

Pour identifier les conséquences environnementales de la production d'énergie électrique :

1. **Faire la liste** des différents impacts environnementaux que chaque mode de production d'énergie électrique peut présenter.
2. **Expliquer** pourquoi les études d'impacts doivent prendre en compte la totalité du cycle de vie d'une installation de production électrique.
3. **Identifier** les deux modes de productions présentant le meilleur bilan carbone ainsi que les difficultés que leur exploitation peut présenter.

Des clés pour réussir

- Les impacts environnementaux concernent à la fois la consommation de matières premières, la production de déchets et les risques éventuels.

Activité 4

Stocker l'énergie : mission impossible ?

Histoire
Enjeu
Débat

SAVOIR-FAIRE
Comparer différents dispositifs de stockage d'énergie selon différents critères.

La production et la consommation d'électricité varient fortement tout au long d'une journée ou d'une année. Or il s'agit de pouvoir répondre à la demande à chaque instant, mais l'énergie électrique ne peut se stocker directement.

Comment stocker l'énergie en cas de besoin d'électricité ?

DOC 1 La problématique du stockage

Au cours des 20 dernières années, la capacité de production d'énergie renouvelable, notamment éolienne et solaire, a largement augmenté dans de nombreuses régions du monde. Cet engouement s'explique par le caractère inépuisable de leur source et de l'absence d'émission directe de pollution carbonée pendant leur fonctionnement.

Cependant, les énergies éolienne et solaire sont largement soumises aux conditions météorologiques et leur production d'électricité est très irrégulière. Le caractère intermittent de la production électrique impose donc le développement à grande échelle de dispositifs de **stockage d'énergie** capables de capter le surplus d'électricité lorsque la production est importante, puis de la restituer pour combler les lacunes lorsque la production est réduite (en absence de vent ou durant la nuit par exemple).

Ces dispositifs reposent sur des technologies très variées car l'électricité ne peut être stockée directement,. Elle doit être convertie en d'autres formes d'énergie pouvant être conservées puis reconverties en électricité lorsque la demande est plus importante.

DOC 2 Modes de stockage

ANIMATION BONUS
La pile à hydrogène
bordas Flash PAGE animation

dispositif de stockage d'énergie…

- … sous forme électrique
  - super-capacités
  - supraconducteurs
- … sous forme mécanique
  - pompage hydraulique
  - air comprimé
  - volants d'inertie*
- … sous forme thermique
  - vapeur d'eau
  - ballon d'eau chaude
- … sous forme chimique
  - accumulateurs lithium-ion
  - accumulateurs au plomb
  - piles à hydrogène

■ courte durée ■ durée moyenne ■ longue durée

DOC 3 Comparaison de performances

Le diagramme ci-dessous compare six paramètres pour trois dispositifs de stockage d'énergie.

Les paramètres retenus sont :
- le coût de production d'un kWh ;
- la capacité de stockage d'énergie ;
- la durée de stockage ;
- l'impact environnemental ;
- la fiabilité (sécurité, maîtrise technologique, etc.) ;
- l'encombrement et la masse du dispositif.

Sur les axes, l'indicateur 4 correspond à la situation la plus favorable et le 1 à la plus défavorable.

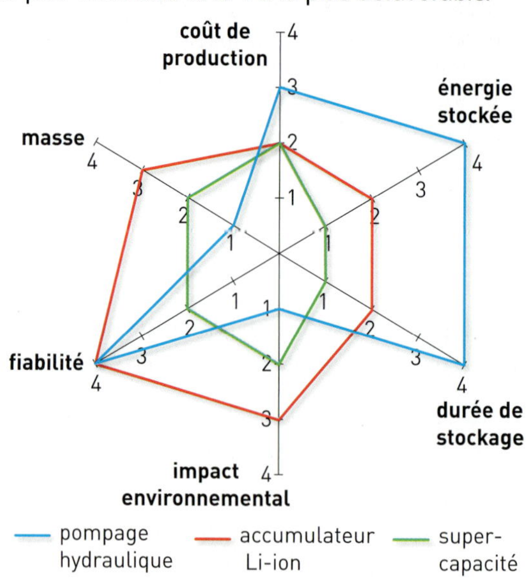

DOC 4

Caractéristiques de différents modes de stockage énergétique

Le graphique ci-dessous permet de connaître, pour différents types de stockage d'énergie, les ordres de grandeur de la puissance disponible, de l'énergie stockée et du temps pendant lequel le stockage est possible.

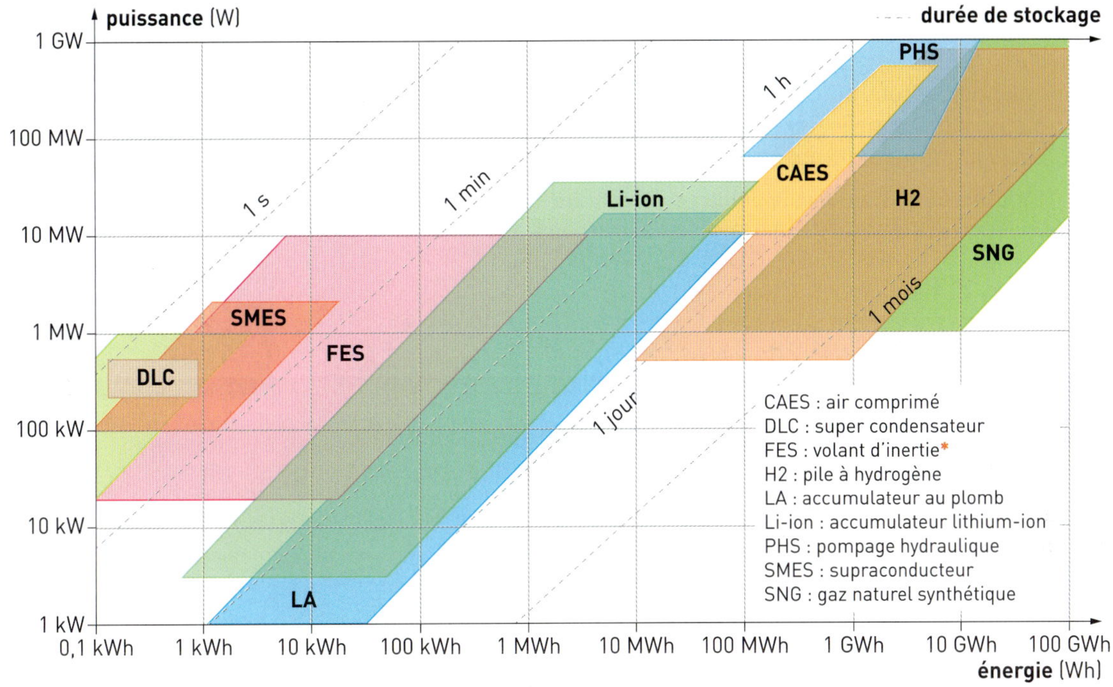

DOC 5

Qu'est-ce qu'une supercapacité ?

Parfois appelée supercondensateur, une supercapacité est un dispositif qui permet de stocker et de libérer de l'électricité sur le même principe qu'une batterie. Mais plutôt que de stocker de l'énergie sous forme chimique, les supercapacités stockent l'électricité sous forme de charges statiques, ce qui permet de les charger et les décharger plus rapidement (en quelques minutes plutôt qu'en quelques heures).

Les supercapacités ouvrent d'immenses perspectives pour les objets technologiques nomades : du téléphone portable à la voiture électrique.

De façon générale, un condensateur est constitué de deux plaques conductrices, appelées électrodes, séparées par un matériau isolant. Ces deux plaques, l'une positive et l'autre négative, génèrent un champ électrique lorsqu'elles sont connectées à un circuit électrique. Un supercondensateur est tout simplement un plus grand condensateur avec des électrodes plus grandes et plus proches, ce qui permet de stocker une plus grande charge électrique.

Supercapacités utilisées dans certains modèles de voitures hybrides.

Pistes de travail

Pour comparer différents modes de stockage d'énergie :

1. **Expliquer** pourquoi des dispositifs de stockage d'énergie sont indispensables au développement des énergies renouvelables.
2. **Identifier** les principaux avantages et les inconvénients du stockage par pompage hydraulique.
3. **Préciser** l'intérêt que peut représenter l'utilisation d'une pile à hydrogène par rapport à un accumulateur Li-ion.

* Lexique en fin de manuel

Des clés pour réussir

- Mobiliser ses acquis sur la puissance et l'énergie.
- Vérifier la cohérence des informations proposées de façon différente dans les documents.

COURS

DYS

1 Formes et conversion d'énergie

Formes d'énergie et conversion

L'énergie est disponible sous différentes formes : thermique, chimique, radiative, nucléaire, cinétique, potentielle, etc. Un convertisseur permet de convertir une forme d'énergie en une autre forme d'énergie.

Exemple : Un panneau photovoltaïque produit de l'électricité lorsqu'il reçoit la lumière du Soleil. On dit qu'il convertit l'énergie rayonnante en énergie électrique. L'éolienne convertit l'énergie cinétique du vent en énergie électrique (**Fig. 1**).

Chaînes de conversion énergétique

Les **conversions d'énergie** peuvent être représentées par des **chaînes énergétiques**. Ces schémas comprennent :

- les réservoirs d'énergie (dynamos, éoliennes, centrales thermiques, géothermie…) ;
- les convertisseurs d'énergie qui assurent le passage d'une forme en une autre ;
- les formes d'énergie à l'entrée et à la sortie des convertisseurs.

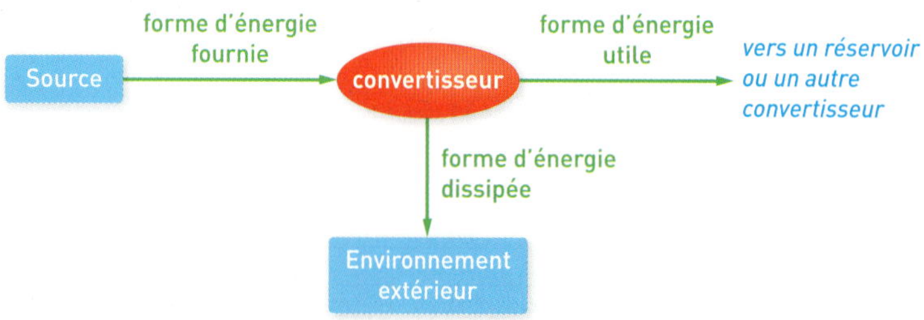

Rendement d'une conversion d'énergie

Pour évaluer l'efficacité d'une conversion d'énergie, on définit une grandeur sans dimension appelée **rendement** du convertisseur (**Fig. 2**).

Le rendement est égal au rapport de l'énergie utile délivrée par le convertisseur sur l'énergie qu'il a reçue à l'entrée :

$$\eta = \frac{E_u}{E_r}$$

- η : rendement du convertisseur (sans unité)
- E_u : énergie utile à la sortie du convertisseur (en J)
- E_r : énergie reçue à l'entrée du convertisseur (en J)

Le rendement peut également s'écrire $\eta = \frac{P_u}{P_r}$ où P_u est la puissance utile à la sortie du convertisseur et P_r la puissance reçue à l'entrée.

Exemple : Les accumulateurs (souvent appelés batteries) lithium-ion des téléphones portables ont un rendement d'environ 90 %, c'est-à-dire que $\eta = 0{,}90$. Entre une charge et une décharge, il y a donc 10 % d'énergie dissipée sous forme d'énergie thermique.

2 Énergie électrique

L'énergie électrique présente de nombreux avantages : la distribution en est aisée, sûre et à faible impact écologique. De nombreux dispositifs à bon rendement permettent de produire de l'énergie électrique ou de convertir l'énergie électrique en d'autres formes d'énergie.

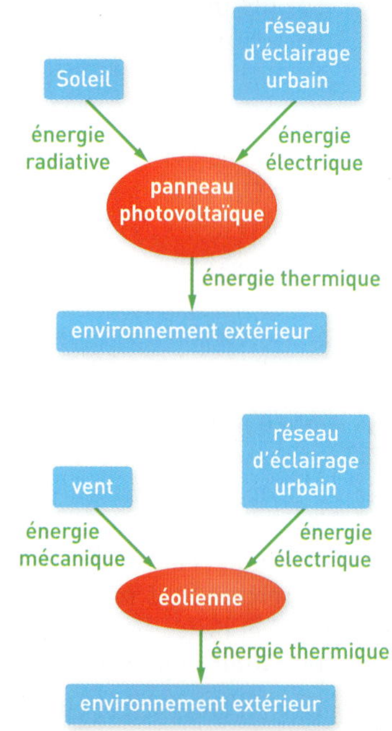

Fig. 1 : Éclairage urbain autonome grâce aux conversions d'énergies radiative et cinétique.

Fig. 2 : Les accumulateurs usuels des téléphones portables offrent un excellent rendement.

Obtenir de l'énergie électrique

Les dispositifs permettant d'obtenir de l'énergie électrique les plus répandus sur Terre sont basés sur la combustion de ressources fossiles (charbon, pétrole, gaz). Ces procédés ont de forts impacts environnementaux : épuisement de ressources fossiles, émissions de gaz à effet de terre, pollutions environnementales.

Le développement de **dispositifs d'obtention d'énergie électrique sans combustion** connaît un essor très significatif à travers le monde (Fig. 3). Ils exploitent trois conversions d'énergie différentes, à partir :
- d'énergie mécanique ;
- d'énergie radiative reçue du Soleil (panneaux photovoltaïques) ;
- d'énergie chimique (piles, accumulateurs, piles à hydrogène…).

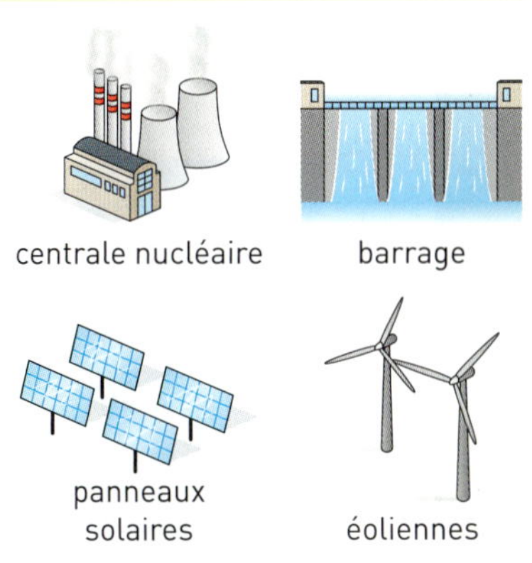

Fig. 3 : Exemples de modes d'obtention d'énergie électrique sans combustion.

Impacts des méthodes sans combustion

Les méthodes de production d'énergie électrique sans combustion ont, par les techniques employées, une empreinte carbone nettement plus réduite que les dispositifs basés sur la combustion de matières carbonées*.

Ils ont néanmoins des impacts sur l'environnement et la biodiversité. En effet, la conception et la construction de ces dispositifs consomment :
- de l'énergie issue de sources non renouvelables carbonées ;
- des matières premières présentes en faibles quantités sur Terre et dont l'extraction est souvent polluante.

> **Exemple :** Les métaux rares, indispensables à la fabrication de très nombreuses applications technologiques, présentent des ressources limitées et sont la cause de désastres écologiques dans les régions d'exploitation.

De plus, ces méthodes de production peuvent également présenter des risques spécifiques : pollution chimique, déchets radioactifs, accidents industriels, etc.

Stockage de l'énergie

Les dispositifs d'obtention d'énergie électrique sans combustion sont basés sur l'exploitation de sources d'énergie intermittentes en fonction des conditions météorologiques, des variations diurnes et saisonnières de la Terre, etc. Les besoins des consommateurs sont également variables tout au long de la journée.

Toutefois, il n'est pas possible d'accumuler directement l'énergie électrique. Elle doit être convertie en une autre forme d'énergie qui peut être stockée sous la forme d'énergie… :
- chimique (accumulateurs au plomb, accumulateur Li-ion, etc) ;
- potentielle (pompage-turbinage sur les barrages hydrauliques - Fig. 4) ;
- électromagnétique (super-capacités, etc).

Ces dispositifs présentent des caractéristiques très différentes en termes de capacité de stockage, de durée, de masses mises en jeu et d'impact écologique.

Fig. 4 : Réservoirs haut et bas d'une station de stockage d'énergie par pompage hydraulique (Herdecke, Allemagne).

Le vocabulaire à retenir

bordas Flash PAGE cartes mémo

- **Chaîne énergétique :** diagramme représentant les conversions d'énergie qui s'opèrent dans un dispositif technologique.
- **Conversion d'énergie :** passage d'une forme d'énergie en une autre.
- **Dispositif sans combustion :** convertisseur d'énergie qui ne nécessite pas la consommation de ressources primaires fossiles.
- **Impacts environnementaux :** conséquences écologiques d'une activité humaine.
- **Rendement :** grandeur qui évalue l'efficacité d'une conversion d'énergie.
- **Stockage d'énergie :** accumulation d'une forme d'énergie pendant une durée donnée afin de l'exploiter en période de besoin.

Exercice résolu EN AUTONOMIE

6 Centrale solaire thermique

La centrale solaire thermique de Llo dans les Pyrénées.

La première centrale solaire thermique avec stockage d'énergie au monde a été inaugurée en 2019 dans la région Occitanie. Elle est capable de délivrer une puissance électrique de **9 MW**, soit la consommation en électricité de plus de 6 000 foyers.

Cette centrale utilise **153 000 m²** de miroirs qui concentrent le rayonnement solaire sur un tube récepteur fixé au-dessus du sol. À l'intérieur du tube récepteur circule de l'eau qui est ainsi chauffée puis transformée en vapeur. Cette vapeur peut être directement utilisée pour obtenir de l'énergie électrique ou stockée dans des ballons. Ce procédé de stockage permet de poursuivre la production d'électricité pendant plusieurs heures en absence de soleil et même la nuit.

1. **Représenter** la chaîne de transformation énergétique de cette centrale au niveau des tubes récepteurs.
2. **Identifier** les avantages et les inconvénients de cette installation par rapport aux centrales à combustion.
3. Quel est l'intérêt de stocker de la vapeur d'eau produite à partir de l'énergie solaire ?
4. On évalue la puissance solaire reçue au niveau du sol à environ 500 W · m⁻². **Estimer** la valeur du rendement de cette installation.

Les clés de l'énoncé

- La **puissance utile** produite par un convertisseur est nécessaire au calcul du rendement.
- La **surface de l'installation** est nécessaire pour calculer la puissance solaire reçue.

Les questions à la loupe

- **Représenter** : réaliser un schéma pour mettre en avant une idée.
- **Identifier** : rechercher dans un document.
- **Estimer** : calculer la valeur approchée d'une grandeur.

Exemple de rédaction

1.

2. **Avantages :** pas de production de gaz à effet de serre en fonctionnement, exploitation d'une source d'énergie renouvelable, possibilité de stockage de l'énergie. **Inconvénients :** occupation d'une grande surface, production uniquement pendant la journée.

3. L'énergie électrique ne peut pas être facilement stockée, elle doit l'être sous une autre forme, ici sous forme thermique, pour pallier l'intermittence de la production solaire.

4. $\eta = \dfrac{E_u}{E_r} = \dfrac{P_u}{P_r} = \dfrac{9 \times 10^6}{153\,000 \times 500} = 0{,}1$ soit environ 10 %

Quelques conseils

1. Pour représenter une chaîne énergétique, il est nécessaire d'identifier les formes d'énergie mises en jeu.
2. Les impacts environnementaux sont à prendre en compte.
4. Le rendement peut être calculé comme un rapport d'énergie mais aussi comme un rapport de puissance.

Exercice similaire

Solutions en fin de manuel

bordas Flash PAGE corrigés détaillés

7 Énergie houlomotrice

Un prototype de plateforme de récupération de l'énergie de la houle a été installé au large du Croisic sur la côte atlantique. Ce dispositif flottant génère de l'électricité à partir des vagues. Cette installation produit ainsi une puissance moyenne de 30 kW pour une puissance reçue de 120 kW. Ce prototype comprend une installation de stockage, composé « de supercapacités pour le stockage à court terme et de batteries pour le stockage moyen terme ».

1. Représenter la chaîne de transformation énergétique de cette installation.
2. Quels sont les inconvénients de cette centrale ?
3. Justifier l'intérêt d'utiliser deux systèmes différents de stockage d'énergie.
4. Calculer la valeur du rendement de ce dispositif.

Unité houlomotrice Wavegem.

S'entraîner

8 Barrage hydroélectrique

Les centrales hydroélectriques exploitent l'énergie mécanique accumulée par un important volume d'eau retenu par un barrage. L'association d'une turbine et d'un alternateur permet de convertir cette énergie en énergie électrique qui sera ensuite dirigée vers le réseau de distribution.

1. a. Pour la turbine, représenter la chaîne énergétique et exprimer le rendement η_t de ce convertisseur.
b. Pour l'alternateur, représenter la chaîne énergétique et exprimer le rendement η_a de ce convertisseur.

2. a. En utilisant les réponses précédentes, exprimer le rendement global de la centrale hydroélectrique.
b. Les turbines ont un rendement proche de 55 % et les alternateurs de 75 %. En déduire la valeur du rendement global d'une telle installation.

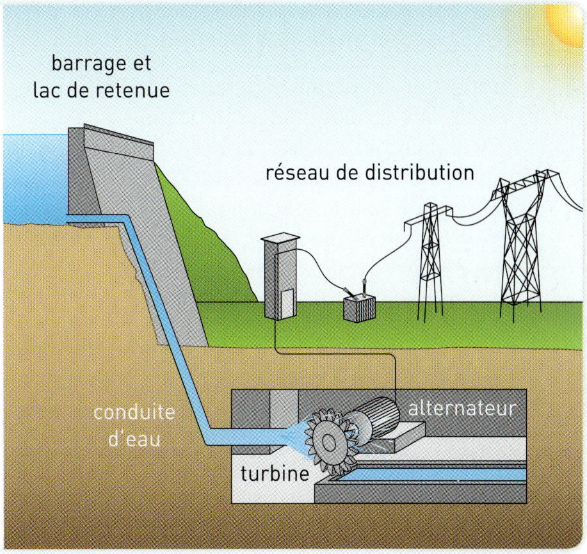

9 Chargeur solaire

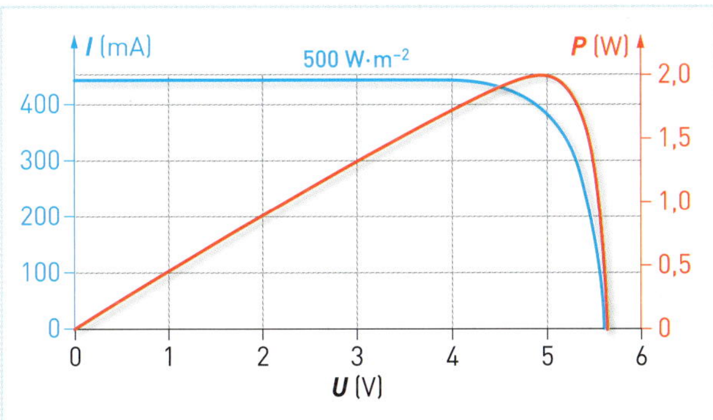

Donnée : dimension de la cellule photovoltaïque : 168 mm × 108 mm.

On trouve dans le commerce des chargeurs d'appareils mobiles solaires qui utilisent un convertisseur photovoltaïque. La caractéristique d'un appareil de ce type est donnée ci-contre.

1. Représenter la chaîne énergétique de ce convertisseur.

2. Quelle tension doit délivrer ce chargeur pour fournir une puissance maximale ? Commenter.

3. À partir des données, évaluer la puissance fournie par le Soleil au chargeur et en déduire le rendement de cette conversion.

Coup de pouce
En physique, une transformation est réversible si elle peut être réalisée en sens inverse en passant par les mêmes états intermédiaires.

10 Géothermie

La géothermie est basée sur l'exploitation de l'énergie thermique stockée dans le sous-sol. Cette énergie provient principalement de la désintégration des éléments radioactifs qui constituent la croûte terrestre et de la dissipation de l'énergie primitive accumulée depuis la création de notre planète. À quelques centaines de mètres de profondeur, il est possible d'obtenir des températures élevées qui vont servir à produire de la vapeur d'eau et en fin de processus à obtenir de l'énergie électrique.

Ainsi, la centrale géothermique de Bouillante en Guadeloupe génère une puissance de 15 MW, ce qui permet de couvrir 7 à 8 % de la consommation électrique de l'île.

1. Représenter la chaîne énergétique d'une centrale géothermique.

2. Quels avantages présente ce type d'installation par rapport à des centrales à combustion classique ?

3. On admet généralement qu'une tonne de pétrole peut fournir environ 10 GJ d'énergie électrique dans une centrale à combustion. Évaluer l'économie de pétrole réalisée sur une année par l'exploitation de la centrale de Bouillante.

S'entraîner

11 Stockage d'énergie par pompage d'eau

La production d'énergie électrique par les dispositifs renouvelables, principalement éoliens et solaires, impose de disposer d'une solution de stockage d'énergie. Une solution technique est le transfert d'énergie par pompage d'eau (STEP). Il s'agit d'utiliser l'énergie électrique produite en trop durant la journée pour pomper de l'eau et remplir un réservoir situé en hauteur.

En Savoie, la centrale de La Coche fonctionne sur ce principe. Elle produit 100 GWh par an environ et permettra surtout de répondre à des pics brutaux de demande en électricité.

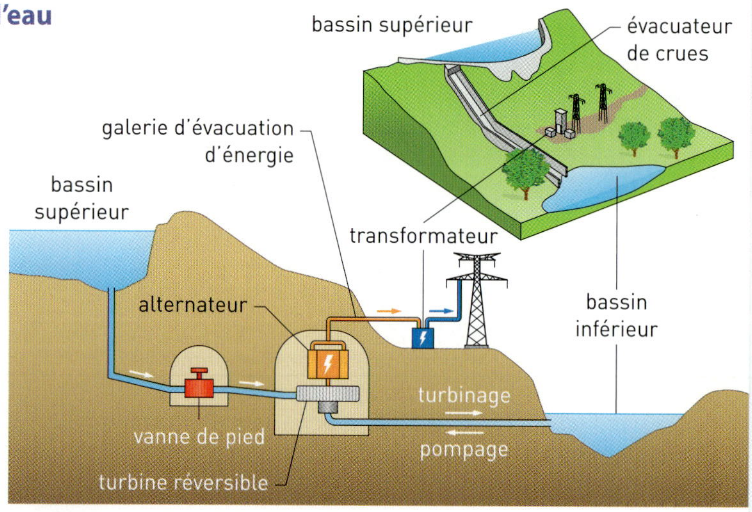

1. a. Sous quelle forme est stockée l'énergie électrique dans ce type d'installation ?
b. Pourquoi parle-t-on de « turbine réversible » pour ce modèle de centrale ?
2. Expliquer pourquoi les énergies éolienne et solaire imposent l'utilisation de dispositif de stockage d'énergie.
3. Quels impacts peuvent avoir ce type d'installation sur l'environnement ?

12 Navettes maritimes zéro émission

Pour limiter l'utilisation de la voiture, la ville des Sables d'Olonne utilise des navettes maritimes électriques « zéro émission ». Le choix de la technologie « lithium fer phosphate » pour les batteries, combiné à une installation photovoltaïque à haut rendement, procure une autonomie suffisante pour effectuer une journée de service sans recharge.

- **Citer au moins trois avantages et au moins un inconvénient des batteries LFP (lithium fer phosphate).**

Technologie	Plomb	Lithium ion Li-ion	Lithium polymère Li-Po	Lithium fer phosphate $LiFePO_4$
Énergie stockée en Wh par kg	40	200	190	120
Durée de vie en nombre de cycles	200 à 400	300 à 500	300 à 400	2 000
Coût par Wh	0,20 €	0,65 €	0,70 €	0,90 €
Dangers	Explosion et acide	Explosion et incendie	Incendie	Dégagement de chaleur
Polluants	Plomb ; mercure	Cobalt ; nickel	Cobalt ; nickel	Aucun

Comparaison de différentes technologies pour les batteries.

S'entraîner

13 Impacts et risques des centrales (à l'oral)

Différents types de centrales	à combustion	nucléaire	solaire	éolienne	hydroélectrique
Risques spécifiques	Accidents industriels possibles	Accidents industriels possibles	–	–	Accidents industriels possibles
Impacts sur l'environnement et la biodiversité	Émission de gaz à effet de serre Émission de particules Libération d'eau de refroidissement	Production de déchets à longue durée de vie Libération d'eau de refroidissement	Utilisation de métaux rares Modification du paysage	Utilisation de métaux rares Modification du paysage Nuisances sonores	Modification profonde du paysage Modification des cours d'eau

- **À partir des éléments présentés dans ce tableau et de vos connaissances, proposer un argumentaire permettant de justifier quel type de centrale semble offrir les meilleures perspectives pour l'avenir.**

Prépa BAC Vers l'E3C

14 Guidage spatial

Le véhicule de transfert automatisé, ATV, est un vaisseau spatial cargo sans pilote développé et exploité par l'Agence spatiale européenne pour réapprovisionner la Station spatiale internationale en matériel et produits de consommation. Lancé par une fusée Ariane 5, l'ATV rejoint l'ISS et s'y amarre grâce à un système de guidage de vol autonome.

Durant cette phase de vol libre, les 16 panneaux solaires de l'ATV, répartis sur les 4 ailes solaires de l'appareil, et un ensemble de 4 batteries nickel-cadmium (Ni-Cd) fournissent l'énergie nécessaire au fonctionnement du système de guidage automatique de l'appareil.

L'ATV en rotation rapide autour de la Terre est éclairé par le Soleil pendant 61 minutes : les panneaux alimentent alors le système de navigation de l'ATV et rechargent les batteries. Lorsque l'ATV est masqué par l'ombre de la Terre, durant 31 minutes, ce sont les batteries qui alimentent le système de guidage.

Nombre d'ailes solaires	4
Nombre total de panneaux	16
Surface totale des panneaux	33,6 m^2
Technologie des cellules photovoltaïques	Silicium monocristallin
Rendement	17 %

Quelques caractéristiques des panneaux solaires de l'ATV.

1. Recopier et compléter la chaîne énergétique du dispositif pendant la journée en utilisant les termes suivants et en indiquant la nature des différentes énergies transférées :

système de guidage – panneaux solaires – Soleil – batteries

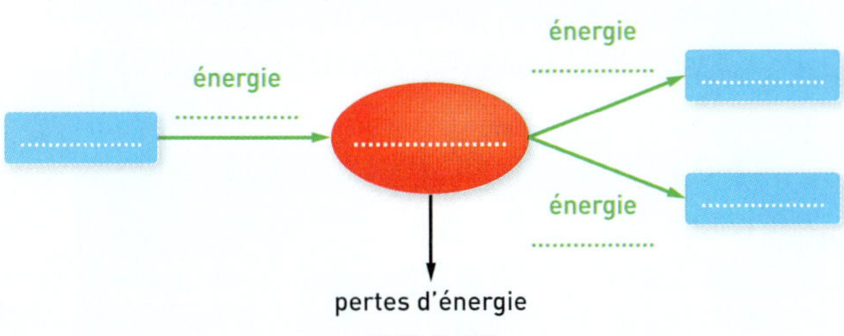

2. Le fonctionnement du système de guidage de l'ATV nécessite une puissance P_{sg} = 900 W. Pendant la journée, la puissance surfacique reçue par les panneaux est de 1 370 W · m^{-2}.

a. À l'aide des documents, en déduire les valeurs de la puissance P_a reçue par les panneaux et de la puissance P_u qu'ils fournissent.

b. Montrer que la puissance reçue par les batteries vaut P_{bat} = 6,9 kW.

3. Calculer la valeur de l'intensité du courant débité par l'association de batteries pour alimenter le système de guidage lorsque l'ATV n'est pas éclairé, sachant que la tension aux bornes de l'ensemble vaut U = 57,6 V.

4. a. Déterminer la valeur de la charge Q consommée par le système de guidage lorsque l'ATV n'est pas éclairé.

b. La charge initiale de l'ensemble des batteries étant de 160 Ah, ces batteries permettent-elles de faire fonctionner correctement le système de guidage ?

Donnée : *La charge d'une batterie est une grandeur qui estime la quantité d'électricité qu'elle est capable de restituer après avoir reçu une charge complète. Elle est égale au produit de l'intensité du courant par la durée d'utilisation et s'exprime donc en ampère-heure (Ah).*

Activité 1 — L'effet Joule : ça chauffe !

Au cours du transport de l'électricité, une partie de l'énergie électrique, dissipée dans l'environnement par effet Joule, ne parvient pas à l'utilisateur.

Qu'est-ce que l'effet Joule et en quoi est-il une contrainte dans le transport de l'électricité ?

DOC 1 Mise en évidence expérimentale

Démarche expérimentale

MATÉRIEL
- 3 béchers
- Thermomètre numérique
- Générateur de tension 6 V continu
- Ampèremètre
- Rhéostat
- Résistance immergeable

- Préparer 3 béchers identiques remplis d'un volume équivalent d'eau (par exemple 20 mL). Un thermomètre numérique muni d'une sonde permet de mesurer la température de l'eau contenue dans chaque bécher. Mesurer la température initiale T_i de l'eau.

- Réaliser le montage a constitué d'un générateur de tension constante 6 V, d'un rhéostat (qui permet de faire varier l'intensité du courant dans le circuit électrique), d'un ampèremètre et d'une résistance immergeable à plonger dans un des béchers rempli d'eau.

- Après avoir allumé le générateur, fixer rapidement l'intensité à la valeur souhaitée et déclencher un chronomètre. Relever la température T_f de l'eau du bécher au bout de Δt = 30 secondes.
En utilisant les 3 béchers, réaliser cela pour 3 valeurs de l'intensité du courant (par exemple : I = 1,0 A, I = 1,2 A et I = 1,4 A).
Recopier et compléter le tableau des résultats b.

- Décrire l'évolution de la variation de température ΔT en fonction de l'intensité I qui traverse la résistance immergée.

- Identifier l'énergie reçue par la résistance immergée et dire en quelle énergie elle est convertie. Cette dernière est appelée l'énergie dissipée par **effet Joule**.
Donner le lien qui existe entre l'énergie dissipée par effet Joule et l'intensité du courant.

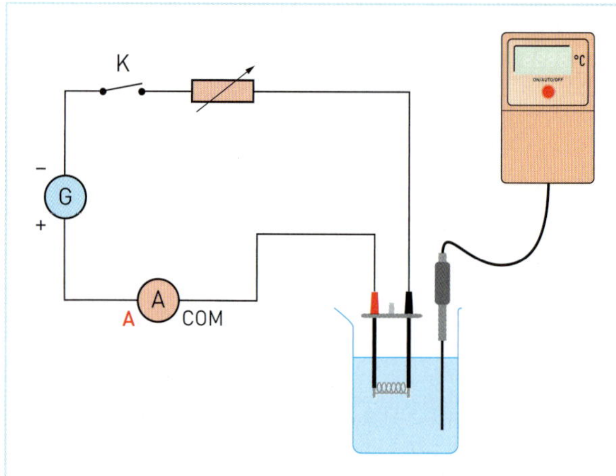

a Schéma de l'expérience.

	T_i	T_f	$\Delta T = T_f - T_i$
I = 1,0 A			
I = 1,2 A			
I = 1,4 A			

b Tableau des résultats.

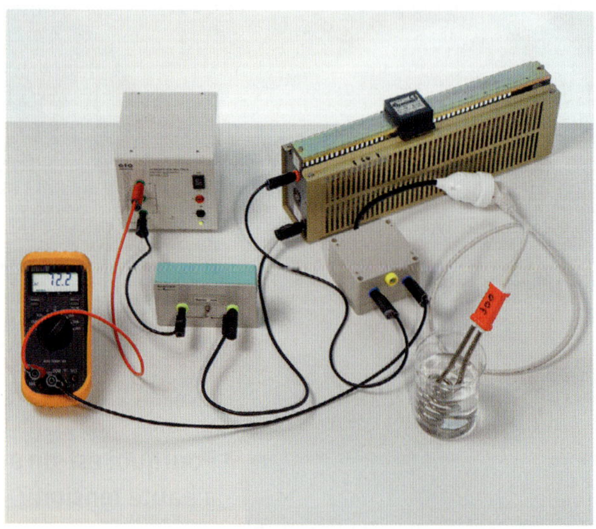
c Photo de l'expérience.

DOC

2 Aspect microscopique

Dans un matériau conducteur, le courant électrique est dû à un déplacement d'électrons, petites particules chargées d'électricité se trouvant à la périphérie des atomes et donc peu liées à ceux-ci. Lorsqu'on applique une tension aux bornes du matériau, les électrons se mettent en mouvement de la borne négative du générateur à sa borne positive. Ces électrons peuvent se déplacer plus ou moins facilement selon la nature du matériau.

Quasiment tous les matériaux offrent une résistance au courant. Plus la résistance d'un matériau est importante, plus les électrons qui constituent le courant ont du « mal » à circuler, ce qui provoque un échauffement du matériau.

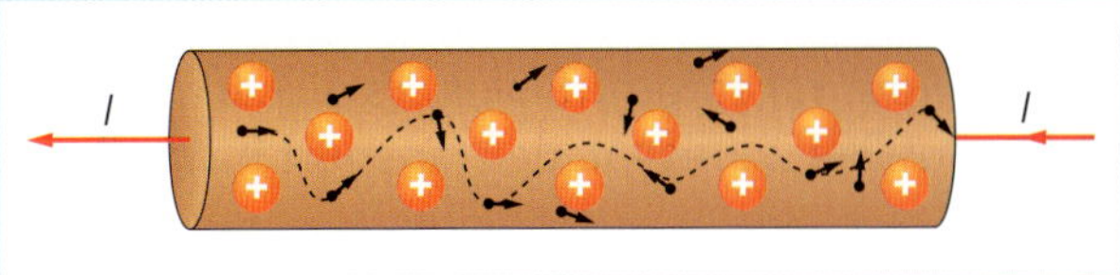

Déplacement des électrons dans un conducteur traversé par un courant électrique.

Ce phénomène s'appelle l'effet Joule. Cet effet peut être avantageux mais il est, le plus souvent, gênant car il peut entraîner une perte d'énergie importante.

DOC

3 Avantage ou inconvénient

Tout conducteur traversé par un courant électrique est le siège de l'effet Joule.

Pour mener une investigation

- Pour les installations ou appareils ci-dessous, dire si l'effet Joule est un avantage ou un inconvénient.

Pistes de travail

Pour comprendre ce qu'est l'effet Joule et en quoi il est un inconvénient pour le transport de l'électricité :

1. **Expliquer** à quoi est dû l'effet Joule et identifier les grandeurs qui l'influencent.
2. **Décrire** ce qui se passe dans une ligne électrique traversée par un courant électrique.

Des clés pour réussir

- Expliquer ce qu'est la résistance électrique d'un conducteur.
- Expliquer la perte d'énergie lors du transport de l'électricité.

Activité 2

Transport sous haute tension

SAVOIR-FAIRE
- Modéliser une ligne à haute tension par un schéma électrique.
- Identifier l'influence de la résistance, l'intensité et la tension sur l'effet Joule.

Pour relier les utilisateurs aux centrales électriques qui peuvent être très éloignées, on utilise un réseau de transport haute tension équipé de conducteurs de diverses natures.

Pourquoi transporte-t-on l'électricité sous haute tension ? Quel type de conducteur choisir pour assurer ce transport ?

DOC 1 Une résistance sur mesure

Démarche expérimentale

- Votre mission consiste à fabriquer, à l'aide d'un morceau de papier Canson® noir, une portion de circuit résistant de résistance $r = 1{,}3$ kΩ.

MATÉRIEL
- Deux fils de connexion
- Deux pinces crocodile
- Un multimètre
- Un morceau de papier Canson® noir (feuille graphitée)

- Dire comment évolue la résistance d'un matériau en fonction de sa longueur, de sa largeur et de son épaisseur.
- Comment pourrait-on montrer que la résistance dépend aussi du matériau ?

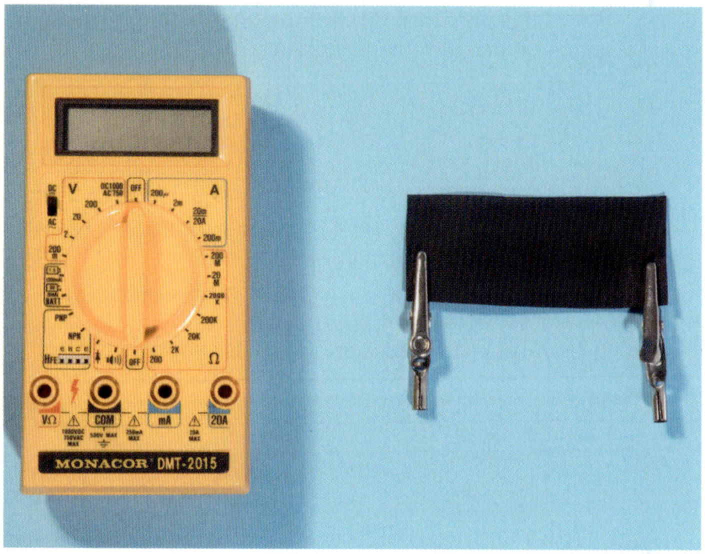

Une partie du matériel nécessaire à la manipulation.

DOC 2 Choix du matériau pour le transport de l'électricité

Tout matériau conducteur présente naturellement une résistance au courant électrique. Il en est ainsi pour les conducteurs des lignes qui transportent l'énergie électrique. C'est l'existence d'une telle résistance qui est responsable des pertes en ligne par **effet Joule** que l'on cherche à minimiser.

Les lignes aériennes sont disgracieuses, ont un impact sur l'environnement et sont vulnérables aux intempéries. C'est la raison pour laquelle une majorité des lignes de distribution (< 20 kV) sont remplacées par des câbles souterrains dans les villes et villages. Les lignes à très haute tension (pylônes aériens) sont également progressivement remplacées, dans une moindre mesure du fait des contraintes, notamment au niveau du coût.

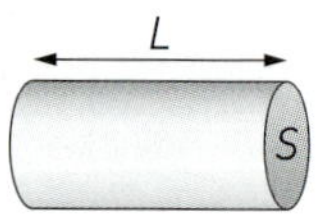

$$R = \rho \cdot \frac{L}{S}$$

résistance (Ω) ; longueur (m) ; section (m²) ; résistivité (Ω · m)

a Expression de la résistance d'un conducteur.

Matériau	Aluminium	Cuivre	Fer
Résistivité (Ω · m)	28×10^{-9}	17×10^{-9}	100×10^{-9}
Masse volumique ($kg \cdot m^{-3}$)	27	89,6	7 874

b Résistivité et masse volumique de quelques métaux.

Pour mener une investigation

- Utiliser les documents **a** et **b** pour identifier, en justifiant le choix, le type de matériau conducteur qui sera à privilégier :
  - pour des lignes aériennes ;
  - pour des lignes souterraines.

DOC 3

Utilisation de la haute tension

Le circuit a ci-contre illustre le principe du transport de l'électricité par la haute tension. Les lignes à haute tension (b) sont représentées par des résistances (puisqu'elles présentent une résistivité au passage du courant).

On considère que les transformateurs (c) permettent d'augmenter ou de diminuer la tension électrique **sans modifier la puissance**.

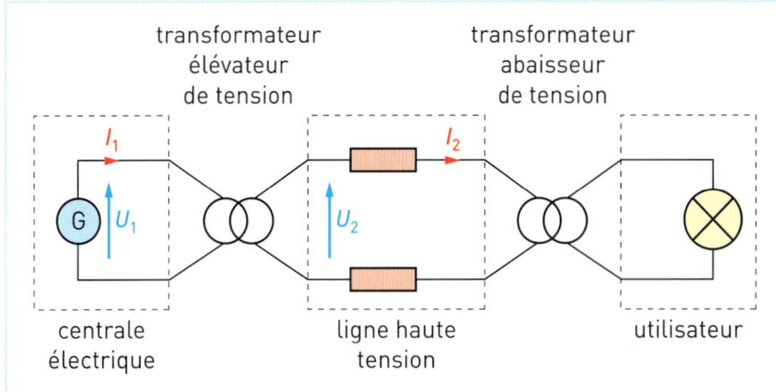

a Schéma électrique du transport de l'électricité.

Pour mener une investigation

- Pour une même puissance fournie, nous allons comparer les pertes par effet Joule dans les câbles de transport du courant électrique avec et sans utilisation de la haute tension.
- Au niveau du circuit a, si la valeur de la tension U_2 est 100 fois plus grande que celle de la tension U_1, que dire de la valeur de l'intensité du courant I_2 par rapport à celle de l'intensité I_1 ?

b Ligne haute tension.

c Transformateur.

- Exprimer la puissance P_J qui serait dissipée par effet Joule dans les câbles des lignes haute tension, de résistance totale R, si le courant qui les traversait valait I_1.
- Exprimer la puissance P_{JHT} réellement dissipée par les lignes haute tension traversées par le courant électrique d'intensité I_2.
- En déduire la valeur du rapport entre les puissances P_{JHT} et P_J.

Pistes de travail

Pour comprendre comment est transportée l'électricité :

1. **Montrer** que la longueur des câbles, leur section et le type de conducteur utilisé induisent un phénomène qu'il convient de minimiser.
2. **Expliquer** quel problème l'enfouissement des lignes peut poser.
3. **Expliquer** en quoi la haute tension est nécessaire pour transporter le courant électrique.

Des clés pour réussir

- Expliquer comment l'effet Joule influence les choix opérés au niveau des câbles électriques.
- Pour donner l'avantage de la haute tension pour le transport de l'électricité, raisonner à puissance constante.

Activité 3

Modélisation d'un réseau électrique

SAVOIR-FAIRE
Modéliser un réseau de distribution électrique simple par un graphe orienté.

Afin de mieux comprendre un réseau électrique et sa complexité, on peut le modéliser en utilisant la théorie mathématique des graphes orientés.

Comment modéliser un réseau électrique ?

DOC 1 Réseau de transport électrique

L'électricité est acheminée des lieux de production d'électricité (centrales électriques, parcs éoliens, parcs de panneaux solaires...) vers les consommateurs (particuliers, professionnels, industries, collectivités...), via un réseau de lignes électriques (aériennes ou souterraines).

Ce réseau est organisé à la manière d'un réseau routier avec des lignes haute tension ou très haute tension, qui sont des autoroutes, et des lignes basse tension, qui sont des routes secondaires.

Les **transformateurs** et les répartiteurs jouent le rôle d'échangeurs. Et, comme un réseau routier qui voit son trafic varier au cours de la journée, la consommation en électricité varie au cours d'une journée et demande donc de gérer le réseau électrique pour répondre à chaque instant à la demande.

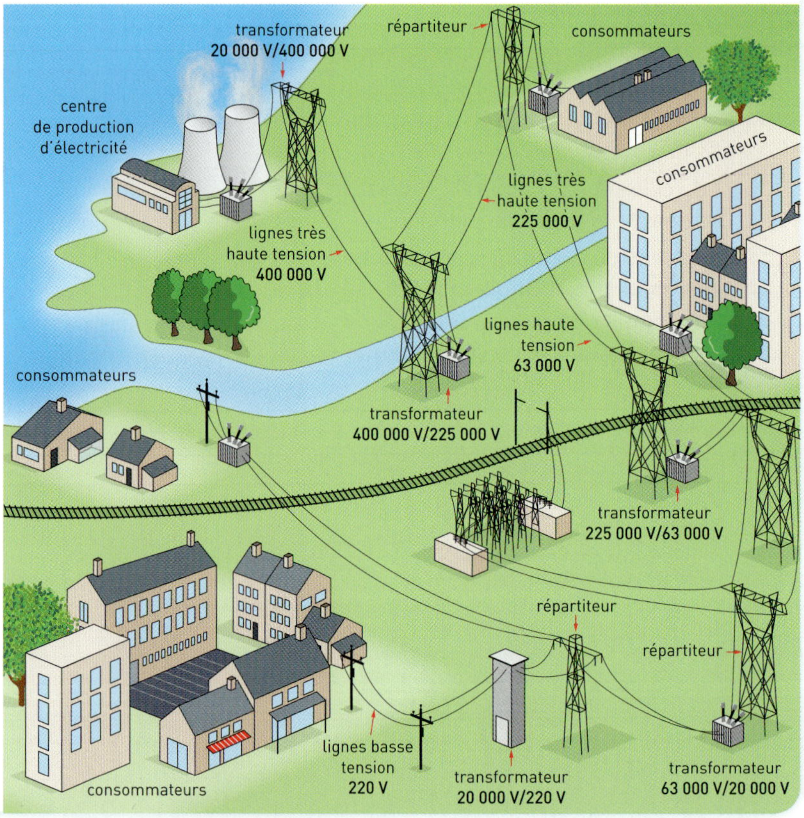

DOC 2 Modélisation du réseau électrique par un graphe orienté

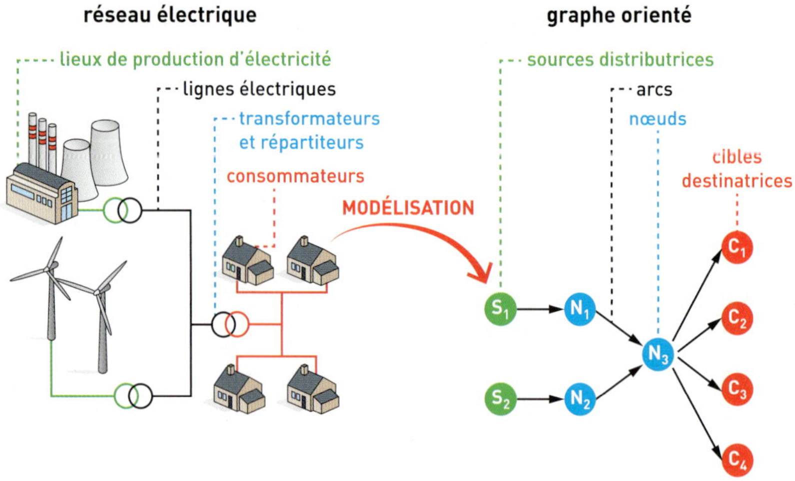

On peut modéliser mathématiquement un réseau de transport électrique par un **graphe orienté** dont les arcs représentent les lignes électriques et dont les sommets représentent les lieux de production (**sources distributives** S), les répartiteurs et transformateurs (**nœuds intermédiaires** N) et les consommateurs (**cibles destinatrices** C).

DOC 3 Prise en compte des contraintes d'un réseau électrique

La gestion d'un réseau électrique consiste à trouver le meilleur rendement pour acheminer l'électricité des lieux de production aux consommateurs. Pour cela, le meilleur moyen pour la société de transport d'électricité est d'emprunter le trajet le plus court et le plus économique tout en maximisant la quantité d'électricité transportée. Or les **coûts** seront d'autant plus minimisés que le chemin sera court et que les pertes par **effet Joule** seront faibles.

Mais le fonctionnement du réseau est soumis aussi à des contraintes, en effet :

– la puissance totale du réseau peut être limitée par la production (si elle est insuffisante par rapport à la demande) ou par la consommation (s'il y a peu de demande). L'intensité qui transite dans le réseau dépend de cette puissance. Dans la théorie des graphes, on parlera de **flot** total pour évoquer cette intensité ;

– la puissance admissible, et donc l'intensité admissible, qui est l'intensité maximale que peut supporter la ligne, dépend de la ligne électrique. On définit ainsi la **capacité** pour chaque arc : à tout moment, elle devra être supérieure au **flot** qui le traverse.

réseau électrique		graphe orienté
intensité électrique	MODÉLISATION →	flot
intensité admissible		capacité
pertes (effet Joule)		coûts

Dans le graphe orienté, l'orientation traduit le sens possible du flot. Elle se fait des sources distributives vers les cibles destinatrices.

Pour mener une investigation

On considère le réseau électrique suivant et sa modélisation :

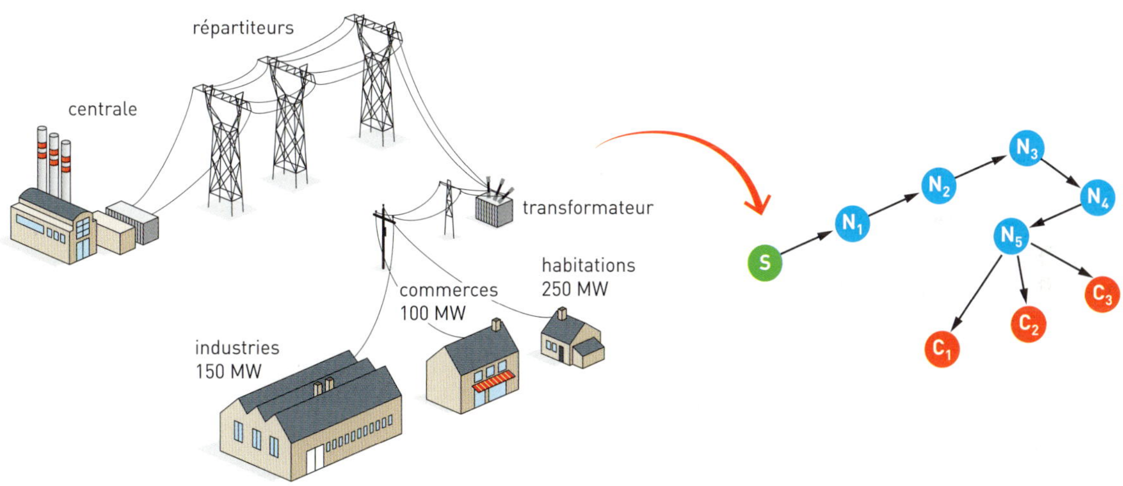

- Quelle est la valeur du flot total en sortie du réseau ?
- Quelle doit être la capacité minimale associée de chaque arc pour assurer le bon fonctionnement du réseau ?
- Quel est l'arc où le coût qui résulte de pertes par effet Joule est le plus élevé ?

Pistes de travail

Pour comprendre la modélisation d'un réseau électrique par un graphe orienté :

1. **Modéliser** un réseau électrique constitué de deux centrales et deux villes à alimenter.
2. **Lister** les paramètres qui ont un impact sur le fonctionnement de ce réseau.

Des clés pour réussir

- Le réseau électrique doit comporter un répartiteur qui répartit sur les deux villes le courant reçu des deux centrales.
- Il est nécessaire d'évoquer les puissances mises en jeu et les lignes électriques utilisées (question 2).

Activité 4

Minimisation des pertes en ligne

SAVOIR-FAIRE
- Exprimer mathématiquement les contraintes et la fonction à minimiser.
- Formuler le problème de minimisation des pertes par effet Joule et le résoudre.

Les aiguilleurs de l'électricité doivent tenir compte de nombreuses contraintes pour optimiser la distribution de l'électricité vers les consommateurs.

Comment gérer l'acheminement de l'électricité dans un réseau complexe afin de limiter les pertes d'énergie ?

DOC 1 Le dispatching

L'électricité ne se stocke pas. Il faut donc constamment ajuster la production électrique à la demande.

La répartition de l'électricité se fait dans des centres de gestion dédiés, les dispatchings, en se fondant sur des prévisions de consommation (en fonction de l'heure de la journée, de la saison, de la météo...) et sur le réseau lui-même afin de limiter les pertes en ligne par **effet Joule** et donc les coûts.

Pour mener une investigation

- Pourquoi faut-il ajuster constamment la production d'électricité à la demande ?
- Comment la gestion du réseau électrique est-elle optimisée ?

Salle de dispatching.

DOC 2 Prise en compte des contraintes

Afin de comprendre les contraintes à prendre en compte lors du transport de l'électricité, on peut se baser sur un cas simple.
On considère un réseau comprenant uniquement deux **sources distributives** (S_1 et S_2), par exemple deux centrales électriques, qui produisent du courant électrique d'intensité I_1 et I_2.
Le courant doit être acheminé vers deux **cibles destinatrices** C_1 et C_2, par exemple deux villes, qui doivent être alimentées par des courants d'intensités fixées valant respectivement I_3 et I_4.
Le réseau comporte un **nœud intermédiaire** (N).
On considère que le transport de l'électricité dans ce réseau se fait sous une tension U.
Ce réseau peut être représenté ainsi par le schéma électrique suivant :

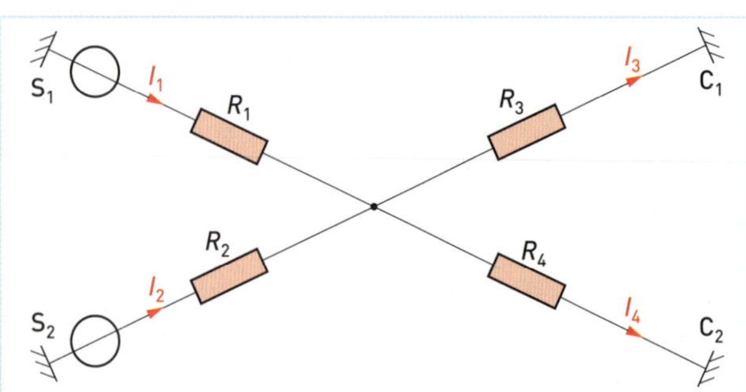

L'intensité du courant électrique que peut fournir une source distributive est liée à la puissance électrique qu'elle peut fournir. Ainsi les valeurs de I_1 et I_2 dépendent respectivement de celles des puissances maximales P_{1max} de S_1 et P_{2max} de S_2.
Au niveau d'un nœud du réseau, l'intensité électrique totale qui arrive est égale à l'intensité électrique totale qui en repart. On appelle cela la loi des nœuds.
Comme la demande de chaque cible dessinatrice est constante, la valeur de l'intensité totale qui parvient à ces cibles est égale à une constante que l'on pourra appeler I_{tot}.

Pour mener une investigation

- Que représentent les résistances dans le schéma électrique du réseau ?
- Représenter le réseau sous la forme d'un graphe orienté.
- Écrire la relation qui existe entre les intensités du courant électrique.
- Écrire les inégalités qui traduisent les contraintes sur I_1 et I_2 en fonction d'autres grandeurs électriques connues.
- En déduire, sous la forme d'inégalités, un encadrement de la valeur de l'intensité du courant I_1.

DOC 3 Fonction à minimiser

Une société électrique possède deux centrales électriques suffisamment puissantes pour fournir deux villes en électricité.
Le graphe ci-contre représente le flot dans le réseau considéré ainsi que les résistances des lignes électriques que l'on considère chacune de valeur constante.
On considère aussi que la demande de chaque ville est constante, de telle sorte que la valeur de l'intensité totale qui parvient à ces villes est égale à une constante que l'on pourra appeler I_{tot}.

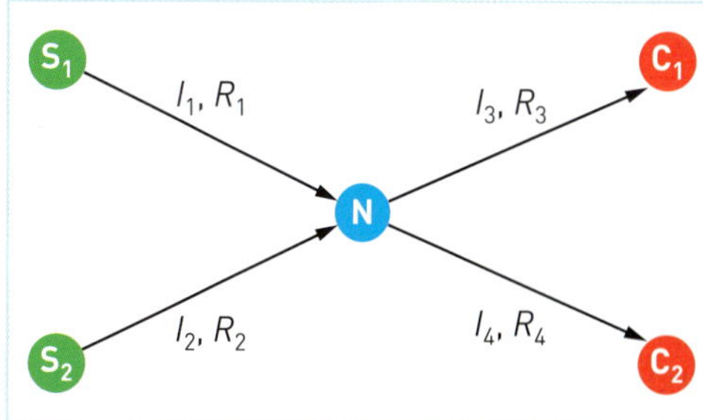

Pour mener une investigation

- Comment la société électrique peut-elle minimiser le coût d'acheminement du transport de l'électricité au sein du réseau considéré ? Quelle grandeur physique faudra-t-il chercher à minimiser ?
- Exprimer cette grandeur en fonction des différentes grandeurs physiques représentées sur un graphe orienté qui modélise le réseau.
- Identifier dans l'expression précédente les termes relatifs à l'acheminement électrique des villes après le nœud et montrer que leur somme est égale à une constante qu'on appellera C.
- Exprimer la grandeur à minimiser en fonction de I_1 et de R_1, R_2, I_{tot} et C pour montrer qu'il s'agit d'une fonction qui est un polynôme du second degré en I_1.

DOC 4 Minimisation des pertes par effet Joule

On considère un réseau comprenant uniquement deux sources (S_1 et S_2), un nœud intermédiaire (N) et deux cibles (C_1 et C_2).

Production des sources	Consommation des cibles	Résistance des arcs
Panneau solaire 1 : 5 A maximum Panneau solaire 2 : 5 A maximum	Pompe 1 : 3 A Pompe 2 : 3 A	Ligne panneau solaire 1 – Nœud : 0,1 Ω Ligne panneau solaire 2 – Nœud : 0,2 Ω Nœud – pompe 1 : 0,1 Ω Nœud – pompe 2 : 0,1 Ω

Pour mener une investigation

- Quelles sont les contraintes à prendre en compte pour le réseau étudié ?
- En déduire un encadrement pour la valeur de l'intensité du courant que doit produire le panneau solaire 1.
- Montrer que la puissance dissipée par effet Joule dans ce réseau peut se traduire par une fonction polynomiale du second degré en I_1 qui peut s'écrire :
$$P_J = 0{,}3\, I_1^2 - 2{,}4\, I_1 + 9$$
- Déterminer la dérivée de P_J par rapport à I_1.
- Montrer que P_J admet un minimum pour une valeur de I_1 qu'on déterminera.
- Ce minimum est-il une valeur possible de I_1 pour le réseau considéré ?
- En déduire une condition pour minimiser les pertes par effet Joule dans le réseau étudié.

Pistes de travail

Pour comprendre comment est optimisé le transport de l'électricité :

1. **Citer** les contraintes générales d'un réseau électrique.
2. En justifiant, **donner** la fonction que l'on cherche à minimiser.
3. Dans le cas d'un réseau constitué de deux sources, d'un nœud et deux cibles, **définir** cette fonction à minimiser et donner le raisonnement mathématique général qui permet d'optimiser le réseau considéré.

Des clés pour réussir

- Montrer que la fonction traduit des pertes qu'on identifiera.
- Dans le cas du réseau simple considéré, la fonction à minimiser est une fonction particulière.

COURS

1 Transport de l'électricité

Pertes par effet Joule

Il n'existe pas de conducteur électrique parfait. Si l'on soumet un conducteur à une tension, ses électrons « libres » vont se mettre en mouvement, mais ce mouvement va être freiné par la constitution même du conducteur : on dit que le conducteur possède une **résistance** (au courant). Cette résistance explique l'échauffement du conducteur lorsqu'il est traversé par un courant : de l'énergie électrique est ainsi perdue sous forme de chaleur.

Tout conducteur de l'électricité a tendance à s'échauffer au passage d'un courant électrique. Ce phénomène est appelé effet Joule.

Le caractère résistif d'un conducteur se traduit par un coefficient de proportionnalité R entre la tension U appliquée à ses bornes et l'intensité I du courant qui en résulte (loi d'Ohm) : $I = U/R$. Plus le conducteur a une résistance importante, plus l'intensité du courant qui le traverse sera faible.

Pour un conducteur de résistance R et traversé par un courant I, la puissance dissipée par effet Joule P_J s'exprime :

tension (V) → $U = R \cdot I$ ← résistance (Ω), intensité (A)

loi d'Ohm

puissance (W) → $P = U \cdot I$

} $P_J = R \cdot I^2$

puissance dissipée par effet Joule

Fig. 1 : 80 % des pertes liées au transport le sont par effet Joule dans les câbles électriques (soit, pour un pays comme la France, l'équivalent de presque deux unités de production nucléaire d'électricité !).

Méthodes de transport

L'énergie électrique est transportée depuis les centrales jusqu'aux utilisateurs grâce à des câbles électriques (**Fig. 1**). Or la résistance électrique d'un conducteur est proportionnelle à sa longueur, à sa section et à sa nature. Ces câbles dissipent donc, par effet Joule, à un instant donné, une puissance proportionnelle notamment à leur longueur. Cela conduit à des pertes inévitables durant le transport de l'énergie électrique.

Pour le transport de l'électricité, on utilise des lignes haute tension afin de réduire l'effet Joule.

D'après la relation $P = U \cdot I$, pour une même puissance transportée, le courant électrique circulant dans les câbles est plus faible lorsqu'on augmente la tension. Comme $P_J = R \cdot I^2$, la puissance dissipée par effet Joule diminue également.

On peut utiliser le modèle de circuit électrique pour représenter un réseau électrique. Les **transformateurs** (**Fig. 2**) permettent d'augmenter ou d'abaisser la tension sans changer la puissance :

Fig. 2 : Transformateur.

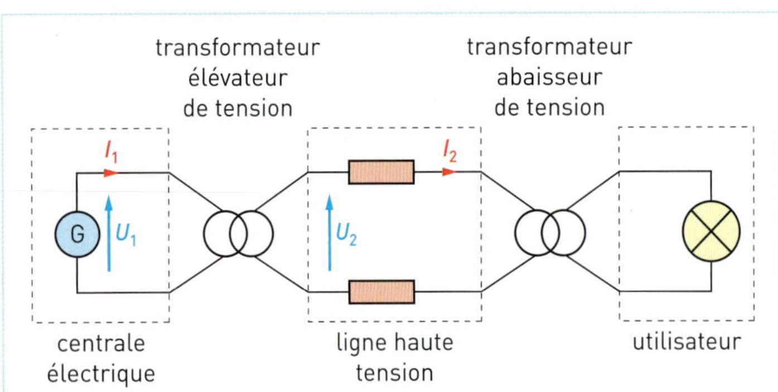

2 Modélisation d'un réseau électrique

Graphe orienté

On peut également modéliser un réseau électrique par un **graphe orienté** (Fig. 3) :
– les **sources distributives** (S) modélisent les lieux de production électrique (parcs éoliens, centrales nucléaires…) ;
– les **cibles destinatrices** (C) modélisent les consommateurs d'électricité (industries, habitations…) ;
– les **arcs** modélisent les lignes électriques ;
– les **nœuds intermédiaires** (N) modélisent les transformateurs et les répartiteurs.

Prise en compte des contraintes

On considère un réseau comportant deux sources, un nœud et deux cibles.

Schématisation électrique	Modèle du graphe orienté
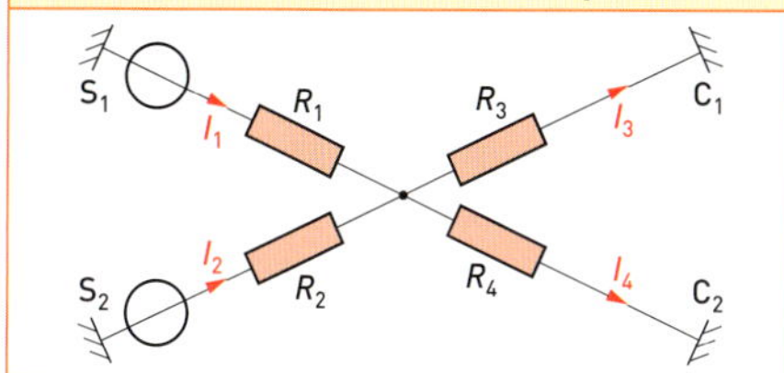	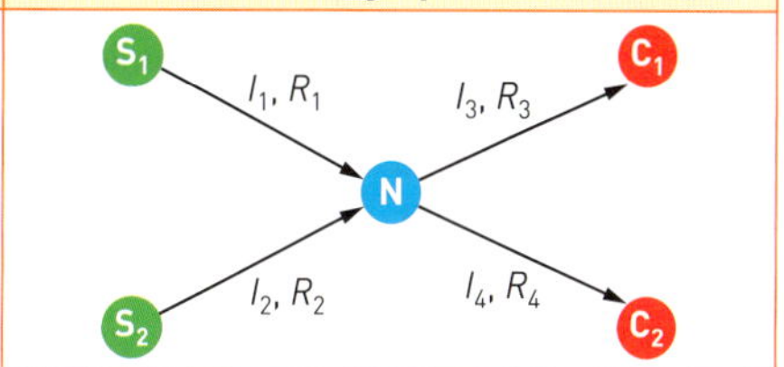

Au niveau d'un nœud, la somme des intensités électriques qui arrivent est égale à celle des intensités électriques qui en repartent.

Loi des nœuds : $I_1 + I_2 = I_3 + I_4$

L'intensité du courant électrique maximale que peut fournir une source distributive est liée à sa puissance électrique maximale P_{max}.

$I_1 \leqslant P_{1max} / U$ et $I_2 \leqslant P_{2max} / U$
avec U la tension du réseau au niveau de la source.

Minimisation des pertes

Pour minimiser les pertes par effet Joule dans un réseau électrique, il faut chercher à réduire la valeur de la puissance dissipée par effet Joule dans les lignes électriques. On considère le réseau précédent comportant deux sources, un nœud et deux cibles.

$P_J = R_1 \cdot I_1^2 + R_2 \cdot I_2^2 + R_3 \cdot I_3^2 + R_4 \cdot I_4^2$ est la fonction à minimiser.

En considérant la demande de chaque cible comme constante, on peut écrire :
$I_3 + I_4 = I_1 + I_2 = \text{constante} = I_{tot}$. Comme R_3 et R_4 sont constants, on en déduit que : $R_3 \cdot I_3^2 + R_4 \cdot I_4^2 = \text{constante} = C$.
On peut donc écrire : $P_J = R_1 \cdot I_1^2 + R_2 \cdot (I_{tot} - I_1)^2 + C$.

La fonction à minimiser peut s'écrire comme un polynôme du second degré. En recherchant ce qui annule sa dérivée, on peut en déduire son minimum qui correspond à la situation de minimisation des pertes par effet Joule (Fig. 4).

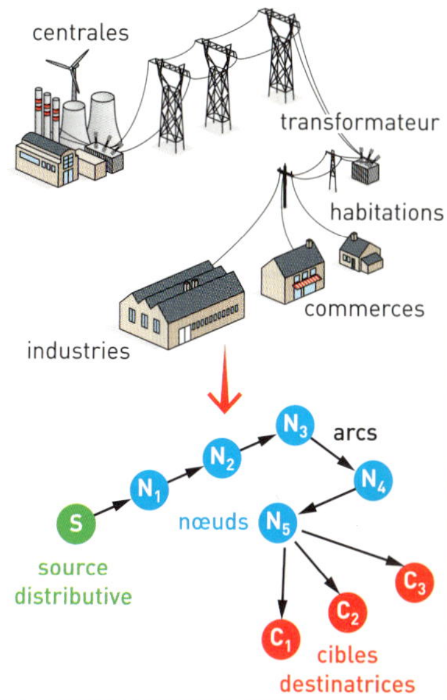

Fig. 3 : Modélisation d'un réseau électrique par un graphe orienté.

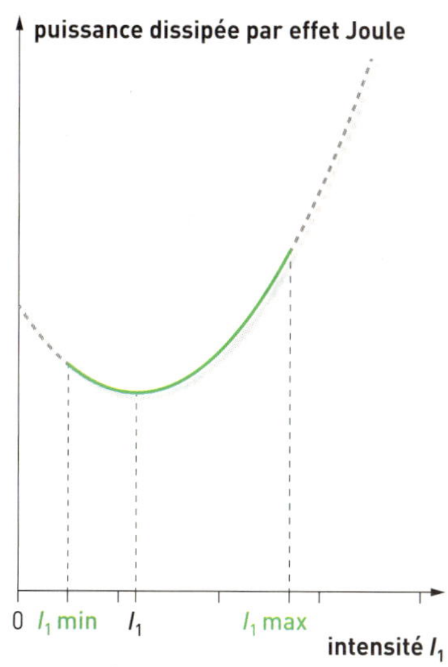

Fig. 4 : Recherche du minimum de la fonction P_J.

Le vocabulaire à retenir

Flash PAGE cartes mémo

- **Cibles destinatrices :** modélisation des consommateurs d'électricité dans un graphe orienté.
- **Effet Joule :** phénomène d'échauffement constaté dans tout conducteur électrique traversé par un courant.
- **Graphe orienté :** modélisation mathématique permettant de modéliser un réseau électrique.
- **Nœuds intermédiaires :** modélisation des transformateurs ou des répartiteurs dans un graphe orienté.
- **Sources distributives :** modélisation des lieux de production d'électricité dans un graphe orienté.
- **Transformateur :** dispositif permettant d'augmenter ou de diminuer la tension électrique.

Exercice résolu EN AUTONOMIE

7 Étude d'un réseau électrique

On considère le réseau électrique suivant :

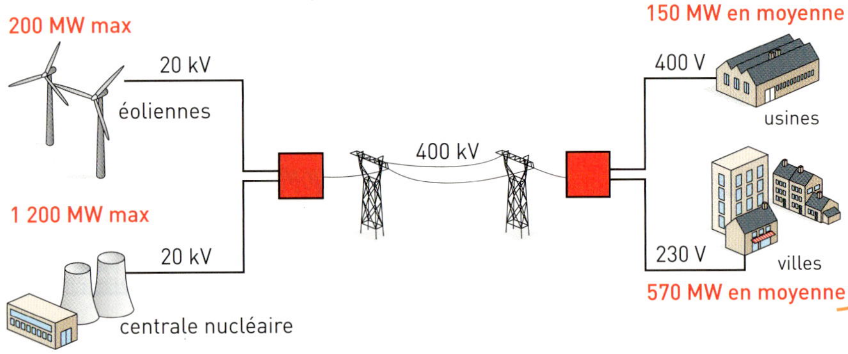

1. Identifier les sources distributives et les cibles destinatrices.

2. a. Que représentent les carrés rouges ?
b. Sous quelle tension l'électricité est-elle transportée ? En donner l'intérêt.

3. a. Quelle est la valeur de l'intensité du courant moyenne I_{moy} qui doit parvenir en sortie de ce réseau ?
b. En déduire la valeur de l'intensité du courant qui doit être produit.

4. a. Modéliser le réseau électrique par un graphe orienté.
b. Donner une expression générale de la fonction que l'on cherche à minimiser.

Les clés de l'énoncé

- Le réseau illustré permet d'identifier les centres de production, les consommateurs, les tensions utilisées pour transporter l'électricité, les puissances correspondant aux demandes…

La question à la loupe

- **Identifier** : nommer à partir du document.
- **Modéliser** : utiliser une représentation.

Exemple de rédaction

1. Sources distributives : éoliennes et centrale nucléaire.
Cibles destinatrices : villes et usines.

2. a. Les rectangles rouges sont des transformateurs.
b. L'électricité est transportée sous très haute tension (400 kV).
L'intérêt est de réduire l'effet Joule.

3. a. Pour les usines : $I_{3\ moy} = P_{3\ moy} / U_3 = 150 \times 10^6 / 400 = 0,375 \times 10^6$ A.
Pour les villes : $I_{4\ moy} = P_{4\ moy} / U_4 = 570 \times 10^6 / 230 = 2,48 \times 10^6$ A.
$\boldsymbol{I_{moy} = I_{3\ moy} + I_{4\ moy} = 2,86 \times 10^6}$ **A.**
b. D'après la loi des nœuds, on doit avoir au niveau des sources distributives :
$\boldsymbol{I_{1\ moy} + I_{2\ moy} = I_{3\ moy} + I_{4\ moy} = I_{moy} = 2,86 \times 10^6}$ **A.**

4. a.

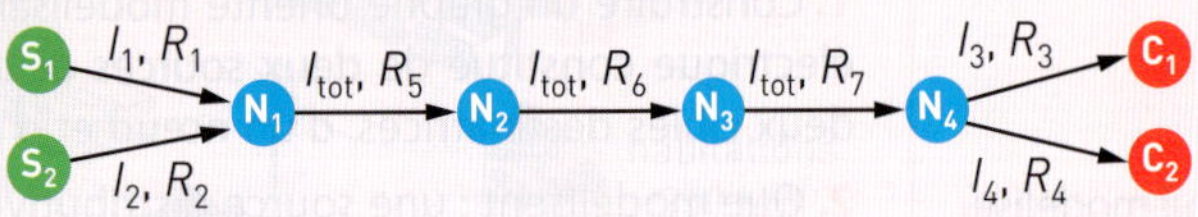

b. Cette fonction a pour expression :
$\boldsymbol{P_J = R_1 \cdot I_1^2 + R_2 \cdot I_2^2 + R_3 \cdot I_3^2 + R_4 \cdot I_4^2 + R_5 \cdot I_5^2 + R_6 \cdot I_6^2 + R_7 \cdot I_7^2}$

Quelques conseils

3. 1 MW = 10^6 W.

4. b. La fonction de perte à minimiser doit traduire les pertes par effet Joule $P_J = R \cdot I^2$.

Exercice similaire

Solutions en fin de manuel

Bordas Flash PAGE corrigé détaillé

8 Gestion optimale d'un fournisseur d'électricité

Un fournisseur d'électricité possède un parc photovoltaïque (350 MW) et un barrage hydraulique (200 MW) pour fournir trois villes. Il utilise à cet effet des lignes haute tension (63 000 V) de resistance R chacune et un distributeur qui centralise l'ensemble de l'électricité produite avant de la ventiler selon la demande.

1. Modéliser le réseau électrique décrit par un graphe orienté.

2. Si la demande d'électricité est telle qu'il faille produire 400 MW, expliquer comment doit se répartir la production, en justifiant, et donner l'intensité du courant produit.

3. Écrire l'expression de la fonction à minimiser et dire ce qu'elle représente.

S'entraîner

9 Enfouissement des câbles électriques

De plus en plus, on cherche à enterrer les câbles électriques utilisés lors du transport de l'électricité. Ces câbles sont alors en cuivre, bien plus cher, mais meilleur conducteur que l'aluminium généralement employé.

1. Pourquoi cherche-t-on à enterrer les câbles haute tension ?
2. Pourquoi l'enfouissement est-il plus coûteux que les lignes aériennes ?
3. Pourquoi les câbles utilisés doivent-ils être en cuivre ?

10 Estimation des pertes dans une ligne haute tension

Pour une ligne « classique » de section 500 mm^2, la résistance d'un câble aérien est de l'ordre de $6{,}0 \times 10^{-2}\ \Omega \cdot \text{km}^{-1}$.

1. Calculer la puissance dissipée par effet Joule si un câble de 100 km est traversé par un courant électrique de 50 A.
2. Pour un courant de même intensité, à partir de combien de kilomètres de fil la puissance dissipée par effet Joule atteint-elle 25 kW (ordre de grandeur de la puissance d'une chaudière) ?

Coup de pouce
On peut utiliser la résistance du fil pour en déduire sa longueur.

11 Alimentation d'un chalet isolé

Un chalet isolé doit être alimenté par une tension de 230 V afin que ses occupants puissent profiter d'un certain confort et donc pouvoir utiliser des appareils électriques. À cet effet, une ligne électrique relie le chalet à un alternateur qui se trouve à 10 km de celui-ci. Quand tous les appareils électriques sont branchés, la puissance consommée est de 10 kW.

Données :
– section et résistivité des câbles de la ligne : $S = 25$ mm^2 et $\rho = 1{,}7 \times 10^{-8}$ W · m ;
– résistance d'un conducteur : $R = \rho \cdot L/S$, où L est la longueur du conducteur.

Questions préliminaires

1. Modéliser la situation par un schéma électrique.
2. Quelle est l'intensité qui traverse la ligne quand tous les appareils sont branchés ?
3. Quelle est la puissance dissipée par effet Joule dans la ligne ?

Problème à résoudre

Quelle valeur doit avoir la tension au départ de la ligne ?

12 Rendement énergétique

Le transport de l'énergie électrique nécessite l'utilisation de câbles possédant une résistance électrique. En raison de l'effet Joule, une certaine quantité d'énergie est dégradée. La tension est élevée, avant son transport, grâce à un transformateur.

Donnée : on définit un rendement de puissance par le rapport $r = P_{utile}/P_{fournie}$.

1. Sous quelle forme est convertie l'énergie électrique dégradée par effet Joule ?
2. Rappeler l'expression de la puissance dissipée par effet Joule en fonction de l'intensité du courant électrique qui circule dans les câbles.
3. La résistance électrique d'un câble de haute tension de 100 km est de 5,0 Ω. La tension électrique transportée est de 400 kV et le courant électrique a pour intensité 50 A.
   a. Calculer la puissance électrique délivrée par le transformateur.
   b. Calculer la puissance dissipée par effet Joule.
   c. Quelle puissance électrique est récupérée en bout de ligne ?
   d. En déduire le rendement du transport sur 100 km.

S'entraîner

13 Un réseau électrique optimisé

Une société de production et de transport d'électricité possède deux générateurs pour alimenter deux villes en électricité.

Les générateurs peuvent produire respectivement 350 et 400 MW.

Les villes consomment respectivement 450 et 200 MW.

Un répartiteur oriente le transit de courant des lignes électriques, de même résistance, qui proviennent des générateurs et permet de répartir la production entre les deux villes en fonction des besoins.

1. Le réseau est-il adapté ?

2. Comment déterminer l'intensité totale du courant qui circule dans le réseau ?

3. Modéliser le réseau électrique par un graphe orienté.

4. En utilisation optimale, quelles doivent être environ les puissances produites par les deux générateurs ?

14 Fonction à minimiser

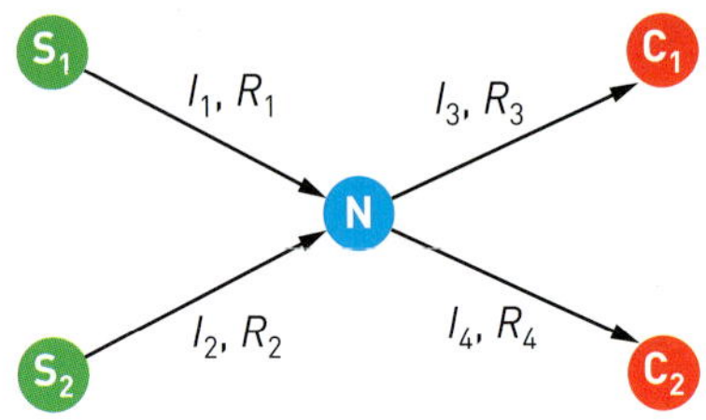

On considère un réseau électrique modélisé par le graphe orienté ci-contre :
On pose $C = R_3 \cdot I_3^2 + R_4 \cdot I_4^2 = C$ et $I_{tot} = I_3 + I_4$.

1. Déterminer un encadrement de la valeur de l'intensité du courant I_1.

2. Exprimer la grandeur à minimiser en fonction de I_1 et de R_1, R_2, I_{tot} et C afin de faire apparaître un polynôme du second degré en I_1.

15 Modèles pour décrire un réseau électrique

On considère le réseau électrique ci-contre :

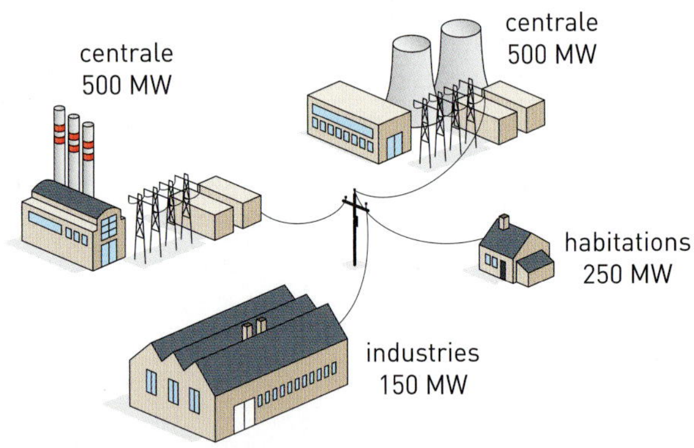

A. Modèle physique

1. a. Donner les contraintes de ce réseau au niveau du courant électrique.
b. Si l'électricité est transportée par des lignes haute tension à 63 000 V, quelle est la valeur de l'intensité totale qui doit arriver aux cibles destinatrices ?

2. Quelle est la grandeur dont on cherche à minimiser la valeur ? Expliquer.

B. Modèle mathématique

On appelle :
- S_1 et S_2 les deux sources ;
- N le nœud du réseau ;
- C_1 et C_2 les deux cibles (correspondant respectivement aux habitations et aux usines) ;
- I_1, I_2, I_3 et I_4 l'intensité du courant dans respectivement les arcs S_1N, S_2N, NC_1 et NC_2 ;
- R_1, R_2, R_3 et R_4 les résistances respectives des arcs.

1. Modéliser le réseau électrique par un graphe orienté.

2. Exprimer la fonction à minimiser sous la forme $F = A \cdot I_1^2 + B \cdot (C - I_1)^2 + D$
avec A, B, C et D des constantes à définir.

16 Optimisation d'un réseau

On considère le graphe orienté ci-contre qui modélise un réseau électrique.

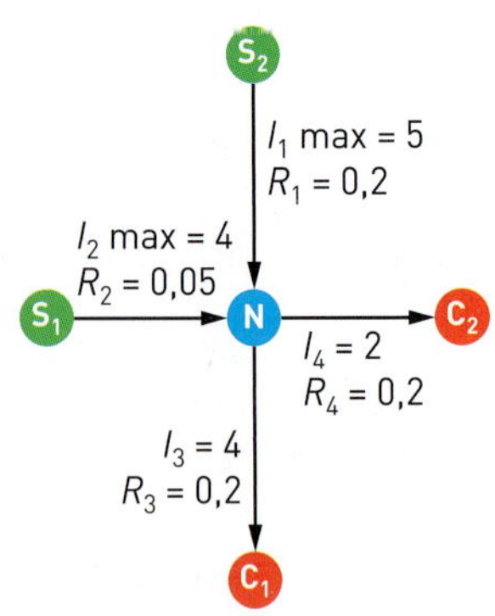

1. Déterminer l'intervalle des contraintes pour I_1.

2. a. Exprimer la fonction F à minimiser.
b. Écrire cette fonction comme un polynôme du second degré en I_1.

3. a. Montrer que cette fonction présente un minimum pour une valeur théorique I_{1th} que l'on déterminera.
b. Cette valeur I_{1th} peut-elle être retenue ?
c. Quelle valeur de I_1 faudra-t-il retenir pour minimiser la fonction F ?

4. Représenter sur un graphique l'allure de F en fonction de I_1 et y repérer, sans souci d'échelle, la position de I_{1th} ainsi que l'intervalle des contraintes pour I_1.

S'entraîner

Prépa BAC Contrôle continu

17 Enjeux du transport de l'électricité

Document 1 : Câble haute tension

L'intensité maximale du courant qui peut circuler dans une ligne électrique dépend de la section du câble.

Dans les lignes haute tension (63 000 V) :
– la densité maximale du courant est égale à 0,8 A · mm^{-2} ;
– le diamètre du câble est de 9 cm.

Document 2 : Pertes en ligne

Dans un réseau de transport d'électricité, les pertes sont estimées en moyenne à 2,5 % de la consommation globale.

Document 3 : Contrainte d'un réseau électrique

Un réseau de transport de l'électricité peut relier plusieurs centres de production à plusieurs sites consommateurs. Son utilisation doit permettre de répondre constamment à la demande car l'électricité ne se stocke pas.

Document 4 : Puissances produites et consommées

Le réacteur d'une centrale nucléaire (photo) peut produire une puissance de 900 MW soit quatre fois plus qu'un barrage hydraulique performant.

On considère qu'une ville consomme 500 MW d'électricité et que les industries consomment autant que les particuliers.

On cherche à optimiser le transport de l'électricité dans le réseau électrique illustré ci-dessous :

1. a. Pourquoi transporte-t-on l'électricité sous haute tension ?

b. Montrer l'impact d'une augmentation de la tension sur l'intensité du courant.

c. Quelle est la valeur maximale de l'intensité du courant que peut transporter une telle ligne ?

2. a. Modéliser le réseau électrique par un graphe orienté.

b. En admettant que ce réseau transporte l'électricité avec des lignes à haute tension, déterminer le flot qui correspond à la valeur de l'intensité du courant en sortie du réseau.

3. En tenant compte des pertes en lignes que l'on cherchera à minimiser, déterminer les puissances électriques que devront fournir respectivement la centrale nucléaire et le barrage hydraulique.

Je retrouve ce que je sais déjà EN AUTONOMIE

Réponses en fin de manuel

bordas Flash PAGE corrigés détaillés

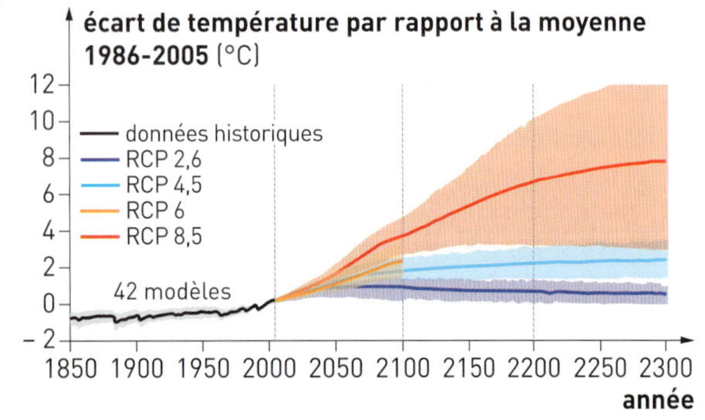

SITUATION 1 :
L'évolution du climat

De nombreux modèles estiment les variations climatiques à venir sur des décennies ou des siècles.

De quelles hypothèses sont assortis ces modèles ?

SITUATION 2 :
Notion de risque naturel

Avec depuis plusieurs années des feux de brousse aussi étendus qu'incontrôlables, les conséquences du changement climatique sont particulièrement visibles en Australie.

Quels risques naturels sont susceptibles d'être liés au changement climatique ?

SITUATION 3 :
Énergies renouvelables

Les énergies renouvelables proviennent de deux grandes sources naturelles : le Soleil et la Terre.

Qu'est-ce qui différencie les énergies renouvelables des énergies non renouvelables ?

PARTIE 2

Chapitre 4

Choix énergétiques et impacts sur les sociétés

La fonte des glaciers est un effet particulièrement visible du réchauffement climatique en cours.

Les problématiques du chapitre

- Quels sont les choix énergétiques de la France pour limiter le réchauffement climatique ?
- Quels sont les paramètres à prendre en compte pour effectuer des choix ?
- Quelles pistes peut-on développer pour aller plus loin ?

Activité 1

Le nucléaire en question

SAVOIR-FAIRE
Analyser les impacts de choix énergétiques.

Dans les scénarios énergétiques élaborés par les experts du GIEC, une plus grande part de nucléaire fait partie des suggestions pour enrayer la menace climatique.

Les Français sont-ils suffisamment informés pour un débat argumenté sur le sujet du nucléaire ?

DOC 1 Une électricité compétitive

Le **mix énergétique** d'un pays correspond à la répartition des différentes sources d'énergies primaires qui y sont consommées. L'importance du parc nucléaire permet à la France de bénéficier d'une des électricités les plus compétitives d'Europe.

Pour mener une investigation

- Comparer le prix de l'électricité française à celui de ses voisins.
- Quel en est l'intérêt pour le pays ?

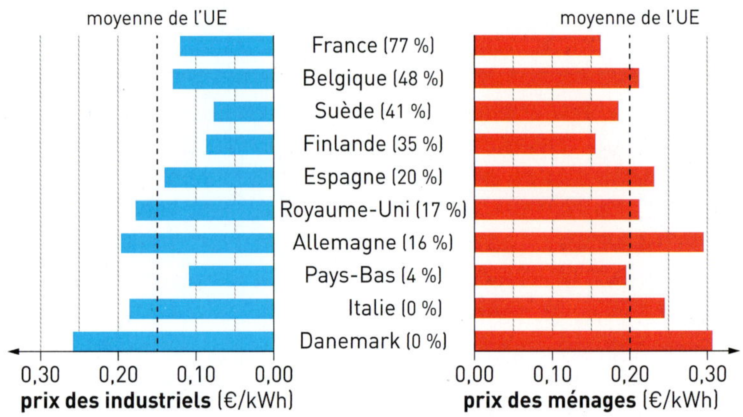

Prix de l'électricité et part du nucléaire dans l'électricité.
Source : Institut Montaigne, juin 2016.

DOC 2 Le choix français

Près de 70 % de l'électricité mondiale est obtenue à partir de charbon et de gaz. Leur combustion émet du dioxyde de carbone CO_2, le gaz à effet de serre n° 1 des émissions anthropiques, qui provoque le changement climatique en cours (b).

En France métropolitaine, la puissance installée du parc de production d'électricité augmente peu d'une année sur l'autre. La part du nucléaire est stable, celle du thermique à combustible fossile diminue (– 2,3 % en 2018 par rapport à 2017), tandis que les filières éolienne et solaire progressent (respectivement + 11,2 % et + 11,4 %) (a).

Source d'énergie	Émission en g éqCO_2/kWh : min/médiane/max
Charbon	740/820/910
Éolien maritime	08/12/1935
Éolien terrestre	07/11/1956
Gaz	410/490/650
Hydraulique	1/24/2200
Nucléaire	3,7/12/110
Photovoltaïque de toit	26/41/60

b Extrait de l'annexe III du rapport du GIEC de 2014.

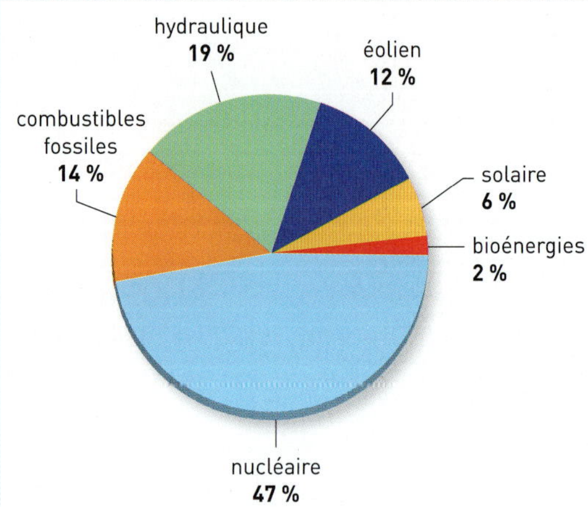

a Répartition en puissance du parc de production d'électricité en France.
Source : RTE, février 2019.

DOC 3

Les Français questionnés

Depuis 2012, des enquêtes sont effectuées chaque année auprès d'un échantillon de la population française sur les questions suivantes :

Vous-même, diriez-vous que nous sommes en train de vivre un changement climatique ?
Oui, certainement / Oui, probablement / Non, probablement pas / Non, certainement pas

Pour vous, le changement climatique dont on entend parler est-il avant tout…
Un phénomène provoqué par l'activité humaine / Un phénomène naturel comme la Terre en a toujours connu dans son histoire / On ne peut pas le dire

Les résultats du questionnaire sont synthétisés par un histogramme dans le document a. On lit par exemple que 67 % des personnes estiment que le changement climatique que nous sommes en train de vivre est avant tout provoqué par l'activité humaine (changement anthropique).

L'enquête effectuée auprès de la population s'est aussi intéressée à la question suivante :

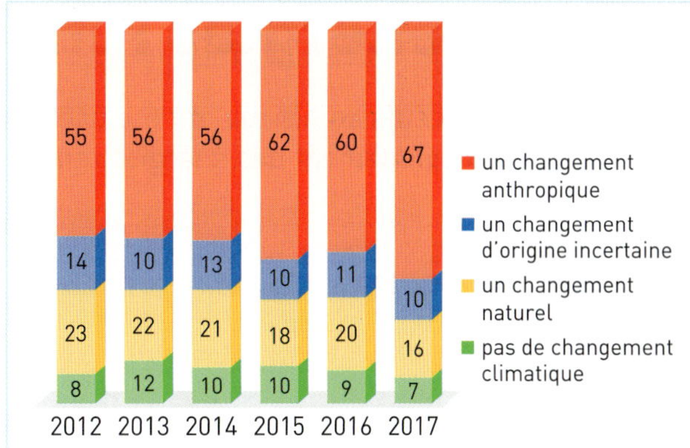

a Synthèse des résultats du questionnaire sur la réalité et l'origine du changement climatique.
Source : EDF BDD France 2017.

Les centrales nucléaires contribuent-elles à l'effet de serre (au réchauffement de l'atmosphère) ?

La synthèse des résultats est présentée dans le doc. b, qu'il faut lire de la façon suivante : en 2017, 44 % des personnes estiment que les centrales nucléaires contribuent beaucoup à l'effet de serre.

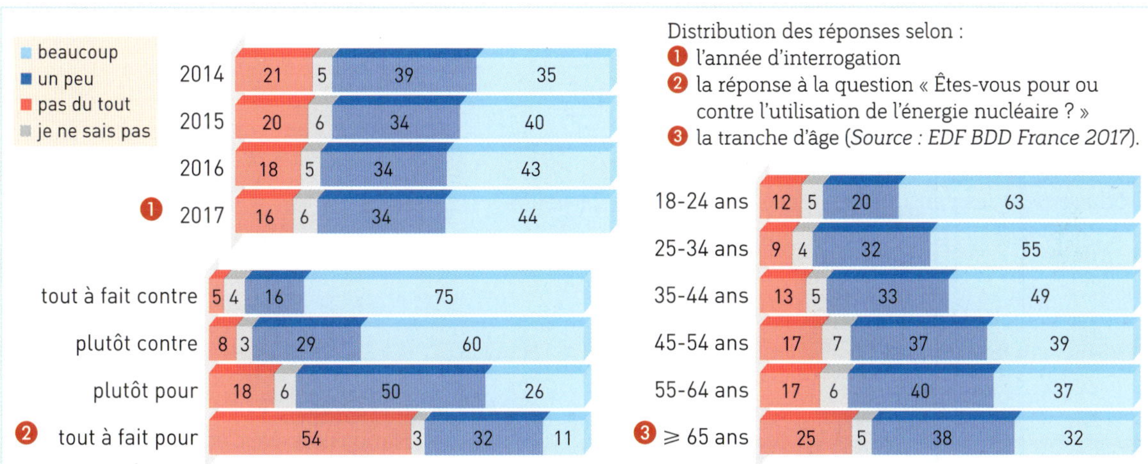

b Synthèse des réponses à la question :
« Les centrales nucléaires contribuent-elles à l'effet de serre (au réchauffement de l'atmosphère) ? »

Pistes de travail

Pour comprendre si les Français sont assez informés pour un débat argumenté sur le sujet du nucléaire :

1. **Décrire** l'impact sur le climat de l'électricité d'origine nucléaire.
2. **Expliquer** la caractéristique que le mix énergétique français présente en matière de gaz à effet de serre. Son évolution va-t-elle dans le bon sens ?
3. **Décrire** ce que pensent les Français de la responsabilité des centrales nucléaires dans le changement climatique. Que montre l'analyse par tranche de population ?
4. **Montrer** que l'enquête relie la position la plus hostile à l'encontre du nucléaire avec l'ignorance la plus importante.

Des clés pour réussir

- Comparer l'impact sur le climat des différentes sources d'énergie.
- Corréler les réponses des personnes interrogées à leur opinion sur le nucléaire.

Activité 2

Le développement des énergies renouvelables

SAVOIR-FAIRE
Analyser des choix énergétiques locaux.

Des objectifs ambitieux ont été fixés aux niveaux national et européen en matière de développement des énergies renouvelables pour décarboner* l'énergie.

Dans quelle mesure réelle les énergies renouvelables telles que le solaire et l'éolien diminuent-elles la production de CO_2 ?

DOC 1 Un développement indispensable

Chaque mode de production d'énergie est plus ou moins émetteur de gaz à effet de serre. Le bilan carbone des fossiles est largement plus mauvais que celui des énergies renouvelables. Aussi l'importance des **énergies renouvelables** dans la lutte contre le réchauffement climatique est-elle largement admise.

Dans son rapport spécial d'octobre 2018, le GIEC écrit que dans les scénarios compatibles avec un maintien de la hausse de température à 1,5 °C en 2050, la part des énergies renouvelables dans l'**énergie primaire** varie de 49 % à 67 %. Les énergies renouvelables ont donc bien un rôle important à jouer pour diminuer l'impact des activités humaines sur le climat.

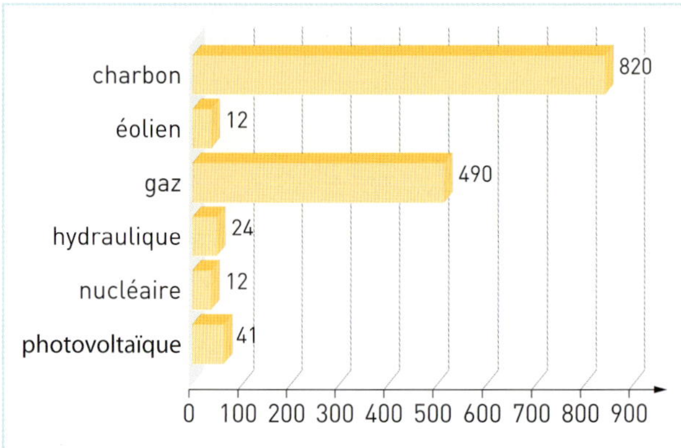

Émission de CO_2 par source de production électrique (g éqCO_2/kWh).

La consommation d'électricité des pays développés augmentant peu, quand on produit un kWh grâce à des énergies renouvelables, c'est un kWh de moins à produire pour les centrales en place, souvent très carbonés*.

DOC 2 Un scénario intéressant

D'après un rapport d'EDF sur les conséquences de l'installation massive d'énergies renouvelables dans le mix électrique européen, l'introduction de 700 GW de solaire et d'éolien augmenterait de 60 GW le besoin de production thermique lors des périodes de forte demande d'électricité et de faible production éolienne et solaire. Mais cette introduction massive d'énergies renouvelables conduirait également à diminuer le besoin de puissance thermique continu de 160 GW (il s'agit de la puissance dite de base lorsque la demande est plus faible).

EDF calcule que son scénario conduit à une baisse des émissions de 1 milliard de tonnes de CO_2 par an, ce qui est considérable car cela représente plus de 20 % des émissions de CO_2 de l'Union européenne.

Pour mener une investigation

- Quel est le gain de puissance thermique généré par le scénario d'EDF ?
- Comment ce scénario conduit-il à une baisse des émissions de CO_2 ?

DOC 3 Des énergies propres mais intermittentes

La production d'électricité par des éoliennes ou des panneaux solaires est intermittente. Elle dépend de la présence de vent ou de soleil. Les spécialistes parlent de taux de charge, c'est-à-dire l'énergie effectivement fournie par rapport au potentiel installé.

Mais il faut aussi regarder la capacité d'une centrale à fournir de l'électricité aux moments des pics de consommation afin d'éviter une défaillance du réseau. À titre d'exemple, on a rarement besoin de l'électricité produite par les éoliennes en pleine nuit et on aurait par contre besoin d'électricité photovoltaïque l'hiver, lors de la pointe de consommation en début de soirée, mais il fait déjà nuit.

Les centrales à gaz ou au charbon peuvent au contraire être démarrées rapidement quand il existe une demande et leur production est très facilement modulable. Mais si les énergies renouvelables sont compensées par des énergies carbonées quand elles ne tournent pas, alors elles deviennent beaucoup moins vertes.

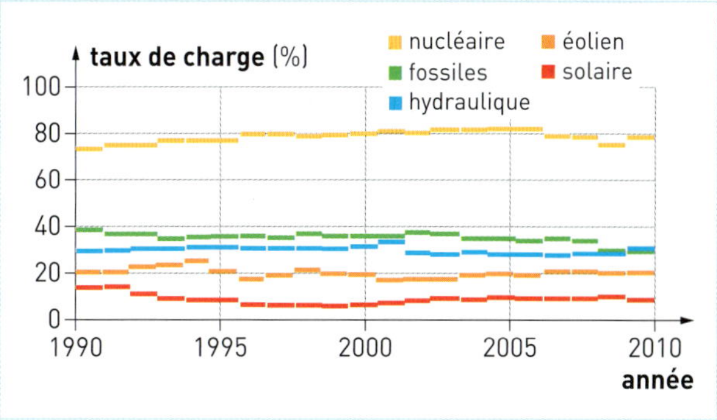

Historique des taux de charge.
Source : Eurostat.

DOC 4 Des solutions possibles

ANIMATION BONUS
La pile à hydrogène
bordas Flash PAGE animation

En Guyane, projet de centrale utilisant l'hydrogène pour stocker l'énergie produite par des panneaux solaires (HDF Energy).

Pour compenser l'intermittence du vent et du soleil, d'autres solutions existent heureusement : les centrales hydroélectriques si la géographie permet d'en disposer, ou les centrales au gaz renouvelable qui limiteraient beaucoup l'impact sur le climat.

Une autre solution est celle du stockage de l'énergie : par exemple le stockage de l'électricité par génération d'hydrogène après électrolyse, puis restitution dans des piles à combustible. Mais jusqu'alors l'électrolyse avait un rendement trop faible. Sur un nouveau type, les piles à céramique protonante (PCFC), des chercheurs annoncent avoir conçu une électrode dont les déperditions d'énergie sont très faibles. Une incertitude demeure : ces prototypes devront maintenant résister à l'industrialisation et à l'augmentation de l'échelle qui réduit souvent les performances.

Pistes de travail

Pour comprendre si l'utilisation de l'éolien et du solaire augmente indirectement la production de CO_2 :

1. **Indiquer** dans quelle mesure l'éolien et le solaire réduisent les émissions directes de CO_2.
2. **Comparer** le taux de charge des différentes filières de production d'électricité.
3. **Expliquer** pourquoi le développement des énergies renouvelables peut s'accompagner de celui d'énergies plus polluantes. Existe-t-il des alternatives ?

* Lexique en fin de manuel

Des clés pour réussir

Ne pas s'en tenir à l'idée qui vient de suite à l'esprit (question 3).

Activité 3

Une source d'énergie en devenir : le biométhane

Histoire
Enjeu
Débat

SAVOIR-FAIRE
Analyser des choix énergétiques locaux.

Alors qu'elle se situe autour de 1 %, la loi fixe à 7 % la part de gaz renouvelable dans les réseaux français d'ici 2030.

Pourquoi le biométhane, surnommé « le gaz vert », est-il un candidat intéressant pour un mix énergétique ?

ANIMATION BONUS
Procédé de méthanisation
bordas Flash PAGE animation

DOC 1 L'essor du biométhane

L'objectif qui fixe à 7 % du gaz utilisé la part produite à partir de différents déchets en 2030 est ambitieux car il conduirait à multiplier par 30 la production actuelle. Mais il paraît accessible compte tenu de la dynamique engagée et du nombre de projets en cours (b). En janvier 2019, on comptait une centaine d'installations en service et plus de 650 projets en cours de développement.

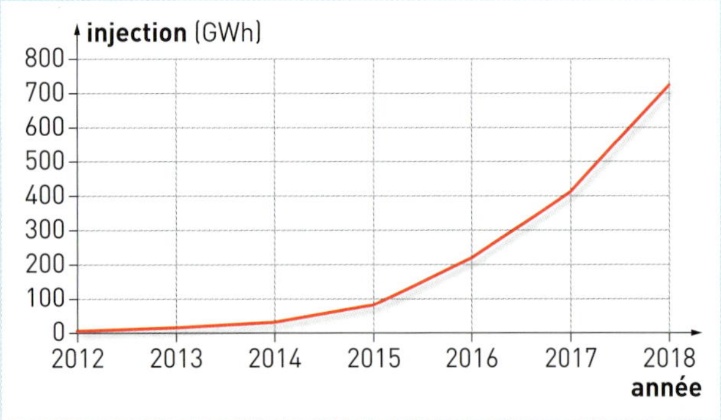

b Évolution des injections de biométhane dans le réseau de distribution de gaz naturel français.

a Récupération du digestat.

Le gaz vert participe aussi à l'économie locale en transformant les déchets et effluents agricoles en ressources renouvelables. C'est toute une chaîne qui se met en place autour de lui. Il favorise le développement d'une agriculture durable car il génère un coproduit appelé digestat, engrais organique naturel qui se substitue aux engrais chimiques (a).

Technique de valorisation de déchets organiques, comme le compostage ou l'épandage, la méthanisation (c) reste la technologie la plus prometteuse. Toutefois, au-delà de 2030, cette filière ne pourra continuer à croître qu'à la condition, encore hypothétique, de développer des cultures intermédiaires à vocation énergétique (cultures implantées et récoltées entre deux cultures principales) sur l'ensemble du territoire en tenant compte du changement climatique et des ressources en eau disponibles.

c Unité de méthanisation agricole.

C'est déjà le cas dans certaines régions, où les usines de méthanisation poussent comme des champignons.

Les méthaniseurs fonctionnent avec les cultures que doivent obligatoirement semer en automne les céréaliers après les moissons et qu'ils récoltent au printemps. Ces cultures qui n'ont pas le temps d'arriver à terme servaient jusqu'à présent à entretenir les sols et à nourrir les animaux. Les projets de méthanisation sont pour les agriculteurs un nouveau type d'investissement et une façon de se diversifier dans un contexte de baisse de la rentabilité des cultures.

De nouveaux procédés de production de biométhane basés sur d'autres ressources comme la biomasse* (constituée de bois, paille, écorces, feuilles) et les micro-algues sont en cours de développement et laissent présager de belles perspectives quant à la part de biométhane qui pourra être injectée dans les réseaux de gaz naturel d'ici 2030.

DOC 2 La méthanisation

Le biométhane provient de la décomposition et de la fermentation des déchets organiques dans un méthaniseur, une enceinte sans oxygène. Cette opération produit du biogaz qui ne contient qu'entre 40 et 60 % de méthane pour quasiment autant de dioxyde de carbone.

Le biogaz doit donc être épuré pour donner du biométhane, composé à plus de 97 % de méthane, une source d'énergie 100 % renouvelable et non fossile. La récupération de CO_2 dans le biogaz pour une valorisation industrielle est réalisée pour les projets de grande taille.

Traité, odorisé, le biogaz est ensuite envoyé dans les réseaux de distribution. De qualité similaire à celle du gaz naturel, il peut donc être utilisé pour le chauffage, dans l'industrie, comme carburant dans les transports ou pour la production d'électricité.

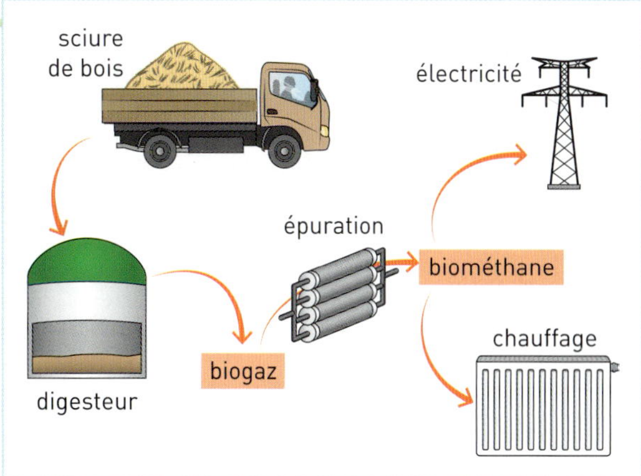

Pour mener une investigation

- Quel est l'intérêt d'odoriser le gaz distribué dans les réseaux ?
- Détailler chacune des 4 étapes du processus : collecte, méthanisation, traitement et valorisation.

DOC 3 Vers la rentabilité

Le biométhane injecté dans le réseau est actuellement racheté par les fournisseurs d'énergie à un tarif ayant vocation à couvrir les coûts d'investissement et d'exploitation de l'installation de production tout en assurant une rentabilité normale du projet. Ce soutien, financé par les contribuables, est justifié par les avantages de la méthanisation pour le climat et pour le développement des territoires.

Le coût de production du biométhane en France, aujourd'hui de 90 à 100 €/MWh (euros par mégawatt-heure), reste élevé par rapport au prix du gaz naturel importé qui est d'environ 25 €/MWh. La compétitivité relative par rapport au gaz naturel serait assurée à un coût de production autour de 60 €/MWh en 2030. Sous réserve d'une standardisation des procédés industriels et d'une certaine massification de la filière, cette cible de 60 €/MWh en 2030 est accessible.

Dans l'hypothèse d'un prix du gaz naturel de 30 €/MWh en 2030, le surcoût du biogaz (soit 30 €/MWh) pourrait être financé à l'avenir par les consommateurs en obligeant les fournisseurs à l'acheter pour l'incorporer dans le gaz qu'ils vendent.

Injection de biométhane dans le réseau.

Pistes de travail

Pour expliquer les avantages du biométhane et ses chances de réussite sur le plan économique :

1. Outre sa contribution à la lutte contre le réchauffement climatique, **indiquer** les effets bénéfiques qui justifient l'aide des pouvoirs publics au développement du gaz « vert » en France.
2. **Dire** si l'objectif d'une production représentant 7 % de la consommation de gaz en 2030 est réaliste. **Justifier.**
3. **Donner** les conditions dans lesquelles la rentabilité du biométhane sera effective.
4. Hormis le problème économique, **donner** un autre frein qui pourrait gêner son développement.

* Lexique en fin de manuel

Des clés pour réussir

- Explorer des pistes en termes d'environnement, d'emploi ou d'aménagement du territoire (question 1).
- Tenir compte des chiffres mais aussi des perspectives (question 2).

Activité 4

Maîtriser l'énergie à l'échelle locale

SAVOIR-FAIRE
Analyser des choix énergétiques locaux.

La transition énergétique impose une utilisation différente de l'énergie et la remise en question de nos consommations, à titre individuel ou collectif.

Comment une collectivité peut-elle agir pour réduire ses dépenses énergétiques ?

DOC 1 Vers des mesures concrètes

Le Plan climat-air-énergie territorial (PCAET) est mis en place dans les collectivités locales. Il s'agit d'un projet de développement durable dont la finalité est la lutte contre le changement climatique.

Ce plan contraint les collectivités à adopter un programme d'actions afin :
- d'améliorer l'efficacité énergétique (a) ;
- d'augmenter la part des énergies renouvelables dans leur fonctionnement (b) ;
- de réduire l'impact de leurs activités en matière d'émissions de gaz à effet de serre (c).

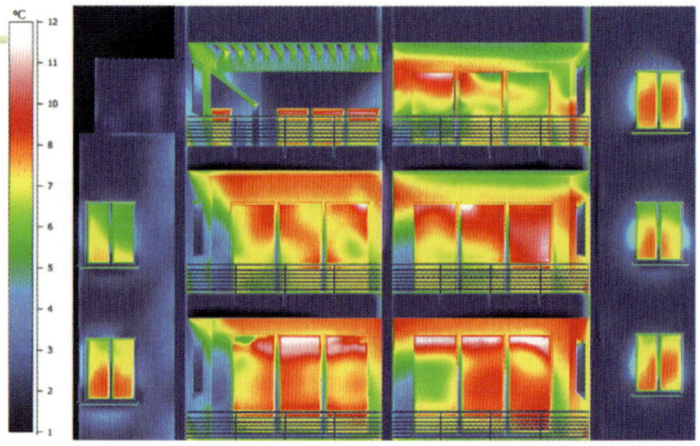

a Réalisation d'études thermographiques des façades.

b Installation de panneaux photovoltaïques sur les toits des équipements.

c Introduction des véhicules électriques ou hybrides dans la flotte de véhicules.

DOC 2 Récupérer de l'énergie à partir des déchets

Un circuit de récupération de l'énergie d'une usine d'incinération des déchets peut être envisagé par une collectivité. Celui-ci peut être raccordé à un réseau local de plusieurs kilomètres, afin de réduire la part de l'énergie fossile consommée, mais aussi les coûts pour les utilisateurs du réseau, ou tout au moins pour les modérer dans un contexte de hausse du prix des énergies.

Avec la cogénération, la combustion des déchets ménagers issus de la collectivité peut produire à la fois de l'électricité et de la chaleur pour un chauffage urbain : une partie de la chaleur libérée par la combustion est récupérée pour produire de la vapeur d'eau qui entraîne une turbine, ce qui permet de produire de l'électricité.

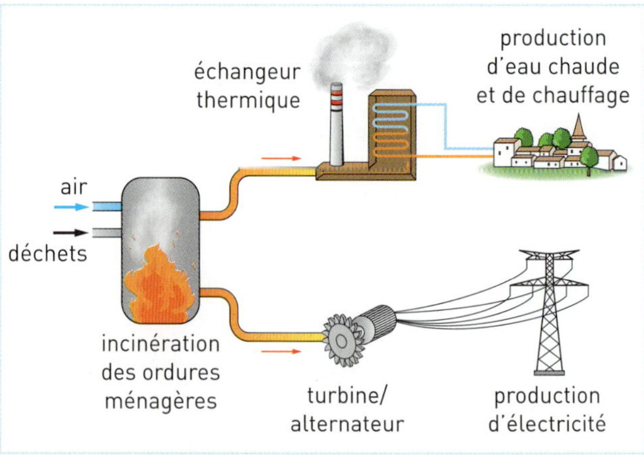

Principe de la cogénération.

DOC 3 Effectuer la rénovation énergétique des bâtiments

Isolation par l'extérieur d'un centre sportif.

La rénovation énergétique des bâtiments est un chantier de longue haleine pour une collectivité qui peut disposer d'un vaste patrimoine bâti, avec une part d'immeubles anciens parfois non négligeable. Des opérations de rénovation peuvent être menées pour réduire l'impact carbone des sites les plus consommateurs :
- remplacement des menuiseries ;
- remplacement des chaudières au fioul ;
- installation d'un film solaire sur une verrière ;
- pose d'un sas d'entrée ;
- ajout d'une isolation par l'extérieur ;
- installation d'un éclairage LED à détection de présence ;
- déploiement de sondes de températures dans les bâtiments...

Ce sont quelques-unes des mesures qui peuvent être envisagées.

DOC 4 Innover dans l'écoconstruction

La réglementation énergétique impose aux nouvelles constructions (écoles, crèches, bureaux...) de produire davantage d'énergie qu'elles n'en consomment : c'est le principe des bâtiments à énergie positive (a).

Ces nouvelles constructions (b) réunissent des technologies de pointe pour réduire fortement la consommation énergétique du bâtiment :
- centrale photovoltaïque en toiture ;
- pompe* à chaleur ;
- chauffe-eau solaire ;
- plancher rafraîchissant ;
- récupération/épuration naturelle des eaux pluviales ;
- jardin suspendu qui contribue au confort climatique du bâtiment et de ses usagers...

La réglementation limite la consommation d'énergie primaire des bâtiments neufs. Pour cela, il faut notamment veiller à la qualité de l'isolation par le recours à des matières inertes, comme la pierre, le béton, et par l'épaisseur des murs. Les méthodes de production des matériaux et l'impact environnemental de la construction sont aussi pris en considération. L'utilisation de matériaux biosourcés, issus de la biomasse*, comme le bois, est privilégiée.

a Des bâtiments à énergie positive.

b Projet de bâtiment universitaire à énergie positive.

Pour mener une investigation

- Citer quelques matériaux biosourcés. Quels avantages présente leur utilisation ?
- De quels moyens un bâtiment peut-il disposer pour produire plus d'énergie qu'il n'en consomme ?

Pistes de travail

Pour expliquer comment une collectivité peut agir pour réduire ses dépenses énergétiques :

1. **Proposer** des mesures, autres que celles citées, pour répondre à chacun des 3 objectifs d'un plan climat-air-énergie territorial.
2. **Montrer** les intérêts de la valorisation de l'incinération des déchets pour une collectivité.
3. **Expliquer** de quelle façon les exemples de rénovation énergétique du DOC. 3 permettent de réduire l'impact carbone de la collectivité.

* Lexique en fin de manuel

Des clés pour réussir

- Réfléchir à des comportements vertueux pour réduire les dépenses énergétiques à l'échelle d'un territoire.

COURS

podcast DYS

1 État des lieux en matière d'énergie

La transition énergétique

Pour lutter contre le changement climatique et en atténuer les effets négatifs, il faut mettre en œuvre une transition énergétique.

Cette transition énergétique nécessite de :
- réduire les consommations d'énergie ; car là est la clé pour atteindre les objectifs de l'**Accord de Paris**. En particulier, abaisser la consommation des énergies fossiles (pétrole, charbon, gaz naturel) qui sont les sources les plus carbonées*, et les principales responsables d'émissions de gaz à effet de serre (**Fig. 1**).
- transformer la production d'énergie, pour la rendre à la fois plus renouvelable, plus respectueuse de l'environnement, et aussi plus proche des utilisateurs en évitant d'avoir à la transporter.

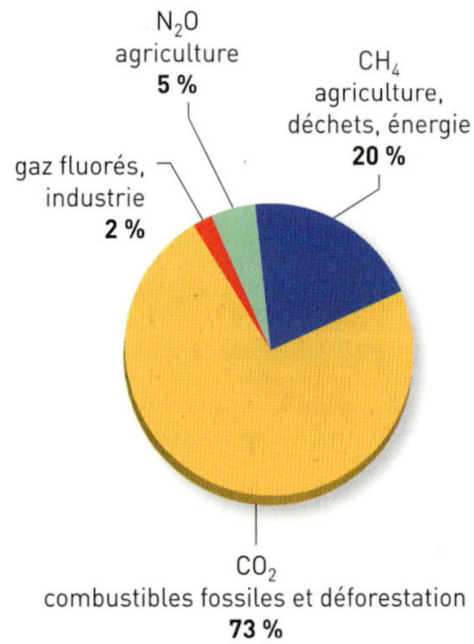

Fig. 1 : Origine des émissions mondiales de gaz à effet de serre.
Source : rapport GIEC 2014.

Quelques critères de choix énergétiques

Les choix énergétiques supposent une compréhension globale des enjeux. Pour choisir des modes de production d'énergie et de consommation, les consommateurs, les responsables politiques et les investisseurs doivent ainsi prendre en compte de nombreux critères.

Ces critères sont par exemple la disponibilité des ressources énergétiques et l'adéquation de la production aux besoins ; les impacts des choix effectués sur le climat, la santé, l'environnement ; les risques en termes de sécurité et d'approvisionnement ; les coûts ; la faisabilité ; les conséquences économiques et sociales.

Le mix énergétique

À l'échelle d'un pays, l'analyse des éléments de choix énergétiques conduit à diversifier et faire évoluer les ressources en modifiant le mix énergétique (Fig. 2).

Cela passe par le développement des **énergies renouvelables** (**Fig. 3**) et la réduction de certaines sources d'énergie.

Exemples : En France, 32 % de la consommation d'énergie en 2030 sera d'origine renouvelable, essentiellement l'hydraulique, l'éolien terrestre et le solaire. L'électricité produite à partir de biomasse solide (bois) est appelée à prendre une place croissante. Mais le développement le plus important devrait provenir de l'éolien en mer (hydroliennes).

La diversification du mix énergétique passe par la réduction du nucléaire, l'objectif étant de ramener la part du nucléaire de 41 % à 27 % à l'horizon 2035. L'atteinte de cet objectif implique la fermeture de 14 réacteurs nucléaires. Les 2 premiers situés à Fessenheim ont été arrêtés en 2020, puis les autres le seront à partir de 2025..

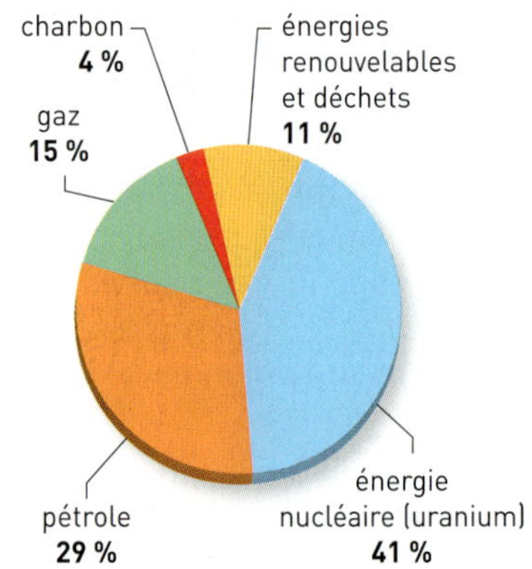

Fig. 2 : Le nucléaire prime dans le mix énergétique français en énergie primaire (figure), alors que les énergies fossiles dominent largement dans le mix énergétique mondial.
Source : SDES 2018.

2 Vers un nouveau modèle

Une course contre la montre

La transition énergétique qui a débuté est inévitable et irréversible. Au niveau mondial, en particulier dans les pays émergents, les investissements dans les énergies renouvelables ont dépassé ceux dans les énergies fossiles.

Cependant, d'après l'Agence internationale de l'énergie, alors qu'il faudrait arrêter une centrale à charbon par semaine pendant dix ans pour atteindre l'objectif de l'Accord de Paris et limiter le réchauffement climatique à 2 °C, le charbon est devenu la principale source d'énergie.

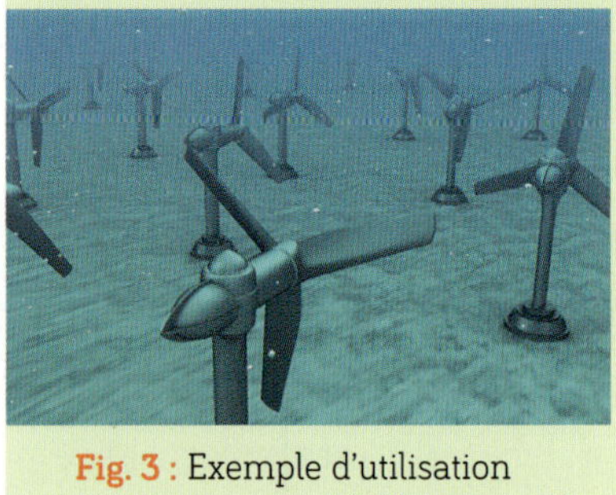

Fig. 3 : Exemple d'utilisation d'énergie renouvelable : projet de turbines hydrauliques utilisant l'énergie des courants sous la mer.

Certains changements sont lents, alors que des actions urgentes seraient requises pour enrayer le réchauffement climatique.

Exemples : Construire de nouveaux bâtiments plus économes en énergie ou rénover le parc de logements actuels pour en renforcer l'isolation thermique prend du temps.

De nouvelles pistes

La créativité des scientifiques et des industriels permet d'avancer dans la recherche d'alternatives aux combustibles fossiles.

Exemple : Des êtres vivants comme les lucioles ou les méduses peuvent fournir de la lumière en échange de glucose grâce à la bioluminescence, conversion d'énergie chimique en énergie lumineuse (**Fig. 4**).

Il existe déjà un certain nombre de techniques capables de produire de l'énergie « propre » ou d'économiser de l'énergie, mais elles peuvent présenter des inconvénients dont il faut tenir compte.

Exemple : Les inconvénients des panneaux photovoltaïques sont :
- l'intermittence de la production d'électricité ;
- l'utilisation de terres* rares pour leur fabrication dont l'extraction et le traitement polluent et produisent des déchets toxiques ;
- les étapes de fabrication puis d'acheminement sur le lieu d'installation, productrices de gaz à effet de serre ;
- la nuisance visuelle des implantations de parcs qui s'étendent sur une surface importante…

Changer nos comportements

La réussite de la transition énergétique passe par un changement de notre mode de vie ainsi que de nos habitudes de consommation.

Exemples : Aller vers des véhicules zéro émission (**Fig. 5**) ; privilégier les transports en commun en changeant nos modes de mobilité ; recycler pour moins gaspiller ; s'équiper d'appareils plus performants du point de vue énergétique…

Aider les pays les plus démunis

La transition énergétique est plus difficile pour les pays les plus pauvres. Il faudrait de nouvelles recettes pour accroître les budgets de la solidarité internationale.

Exemples : Taxer davantage la pollution liée aux transports ou supprimer les subventions aux énergies fossiles dégagerait des fonds pour aider les pays les plus vulnérables.

Fig. 4 : Le phénomène de bioluminescence est observable chez les méduses.

Fig. 5 : La circulation des véhicules thermiques sera interdite en France à partir de 2040 pour les particuliers. Ils seront remplacés par des véhicules zéro émission.

Le vocabulaire à retenir

bordas Flash PAGE cartes mémo

- **Accord de Paris :** cet accord sur le climat a été adopté par 195 pays et est entré en vigueur le 4 novembre 2016, avec pour objectif de lutter contre la menace du changement climatique.
- **Énergie primaire :** forme d'énergie disponible dans la nature avant toute transformation.
- **Énergies renouvelables :** formes d'énergie provenant de sources que la nature renouvelle en permanence, par opposition aux énergies non renouvelables dont les stocks s'épuisent.
- **Mix énergétique :** désigne la répartition des différentes sources d'énergie primaires consommées, à ne pas confondre avec le **mix électrique**, qui définit la part des différentes sources d'énergie dans la production d'électricité.
- **Transition énergétique :** l'ensemble des moyens mis en œuvre pour réduire, voire pour supprimer à long terme, notre consommation et notre production en énergies non renouvelables, polluantes, dangereuses ou ayant un impact environnemental.

L'essentiel en images

bilan animé

1 État des lieux en matière d'énergie

Le changement climatique impose un changement de politique énergétique

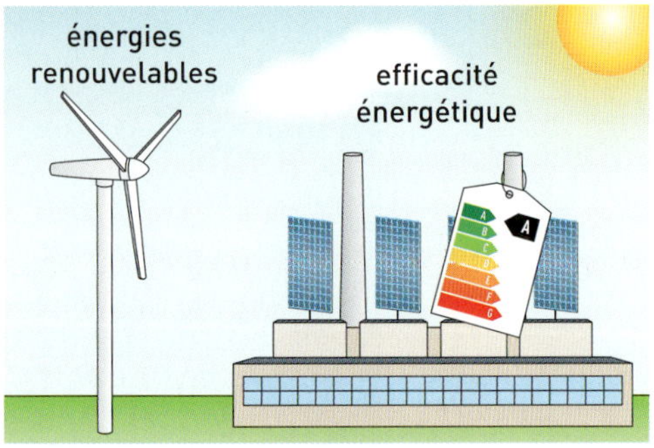

Le mix énergétique mondial doit évoluer

Consommation mondiale d'énergie primaire en 2018

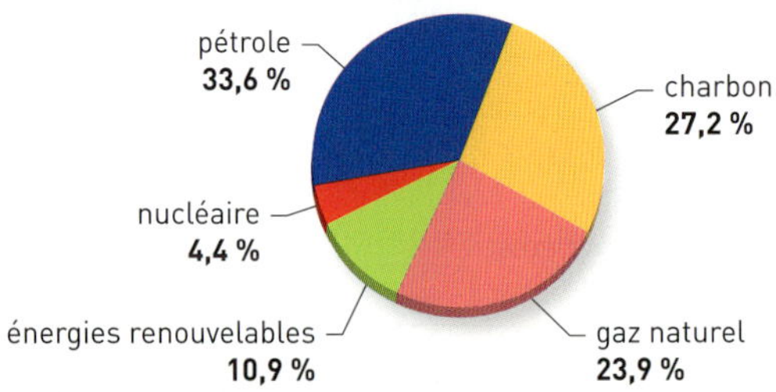

Paramètres à prendre en compte pour le choix des sources d'énergie :

- la disponibilité des ressources énergétiques ;
- l'impact sur le climat, la santé, l'environnement ;
- les risques ;
- les coûts et les conséquences économiques et sociales.

VIDÉO BONUS
Qu'est-ce que l'écomobilité ?
vidéo

2 Vers un nouveau modèle

Il faut agir sans attendre...

... en recherchant de nouvelles pistes

Exemple : la bioluminescence

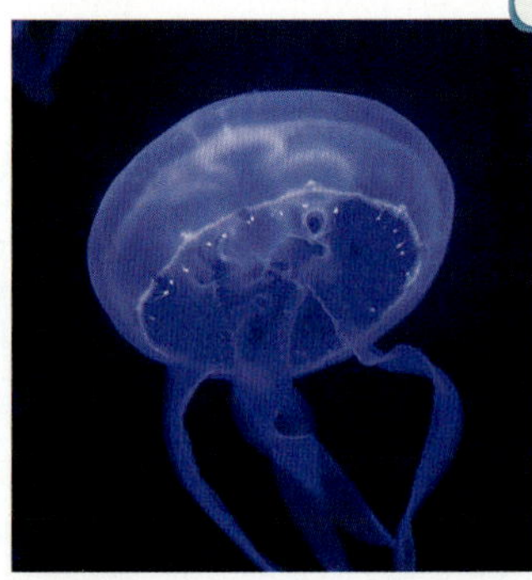

... en changeant nos comportements

Exemple : utiliser des moyens de transport moins polluants

... en anticipant pour prendre en compte l'inertie des infrastructures

Les savoir-faire du chapitre

Analyser d'un point de vue global les impacts de choix énergétiques majeurs : exemple du nucléaire.	2 5 6
Dans une étude de cas, analyser des choix énergétiques locaux selon les critères et les paramètres mentionnés.	13

Vérifier ses connaissances EN AUTONOMIE

Réponses en fin de manuel

bordas Flash PAGE corrigés détaillés

1 Questions à choix multiple

Pour chaque question, choisir la ou les bonnes réponses.

	1	2	3
A - Pour réussir la transition énergétique, il faut :	réduire notre consommation d'énergies fossiles.	réduire notre consommation d'énergies renouvelables.	changer nos modes de vie.
B - Cette transition doit être réalisée :	rapidement.	lentement.	très lentement.
C - Les choix énergétiques peuvent impacter :	l'économie.	la santé.	l'environnement.
D - Des alternatives aux combustibles fossiles qui n'émettent pas de GES sont :	le biométhane.	la bioluminescence.	les hydroliennes.
E - Voici la répartition du mix électrique de la France :	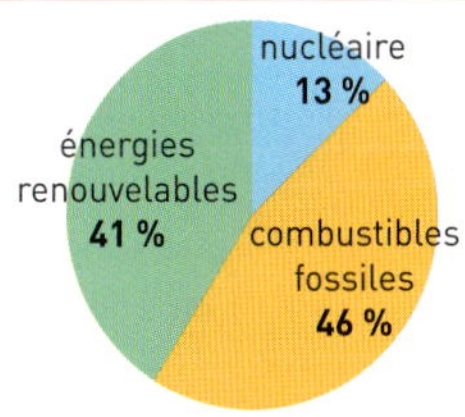	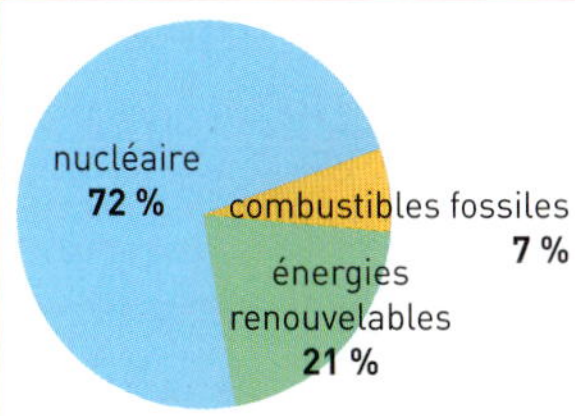	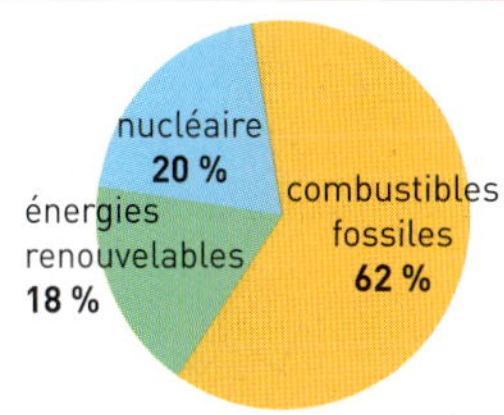

2 Analyser des éléments de décision

Un élu a construit ce tableau, mais la première colonne s'est effacée.

Associer à chaque ligne le type d'énergie qui convient parmi les suivantes :
éolienne • solaire • nucléaire • fossile • hydraulique

Avantages	Inconvénients
Fournisseurs très diversifiés Bonne acceptabilité par la population	Coûts instables Fournisseurs étrangers Pollution atmosphérique
Coût faible Production locale	Déchets très toxiques Accidents possibles Mauvaise acceptabilité par la population
Coût faible Production très souple Excellente acceptabilité par la population	Implantations limitées
Coût élevé	Production intermittente Opposition des riverains
Excellente acceptabilité par la population	Coûts très élevés Production intermittente Nécessite de vastes espaces

3 Retour sur les problématiques à l'oral

Reprendre les problématiques de la page 163 et y répondre oralement en 10 minutes maximum.

4 Agir pour la transition écologique

La transition écologique repose sur la créativité scientifique et technologique.

Les panneaux solaires classiques sont rigides et lourds, et leurs usages nécessairement limités. Armor, une entreprise nantaise, a inventé un film photovoltaïque. Certes son rendement est plus faible que les panneaux photovoltaïques actuels, mais ce film est souple, translucide, recyclable et on peut facilement le transporter et le déployer sur un toit ou une façade.

Citer un autre exemple d'innovation au service de la transition écologique, en recherchant éventuellement sur internet.

Exercice résolu EN AUTONOMIE

5 La France est-elle climato-compatible ?

L'énergie est l'un des grands enjeux actuels de notre société. Cependant, chaque choix énergétique implique un impact environnemental, économique ou social. En France, les émissions directes de CO_2 tournent autour de 50 g par kWh.

Production totale d'électricité
549 TWh
+ 3,7 %

nucléaire	hydraulique	éoliennes	solaire	bioénergies	thermique fossile
393 TWh	**68 TWh**	**28 TWh**	**10 TWh**	**10 TWh**	**39 TWh**
	+ 27,5 %	+ 15,3 %	+ 11,3 %	+ 2,3 %	– 26,8 %

Variation de la production totale d'électricité en France entre 2017 et 2018 (*RTE 2019*).

1. Expliquer pourquoi le parc électrique hexagonal n'émet que 50 g de CO_2 par kWh. Est-ce courant ?

2. Justifier le fait que le développement récent de l'énergie éolienne n'ait pas conduit à une hausse des émissions.

3. En déduire pourquoi ce ne serait pas la même chose dans le cas d'un déploiement d'ampleur des énergies renouvelables.

4. L'usage du nucléaire pose cependant un problème d'acceptation pour les riverains. En **expliquer** les raisons.

Les clés de l'énoncé

- Le document présente le **mix électrique** de la France.

Les questions à la loupe

- **Expliquer** : donner une justification à une observation ou une affirmation.
- **Justifier** : préciser le raisonnement qui conduit à la réponse.
- **En déduire** : intégrer le résultat précédent pour répondre.

Exemple de rédaction

1. Sur le document, on voit que la production électrique est assurée majoritairement (à 72 %) par des centrales nucléaires, très peu émettrices de CO_2. Non, ce n'est pas courant, il s'agit d'un cas à part dans le monde.

2. Il n'y a pas eu d'augmentation du thermique fossile pour compenser la hausse de l'éolien, source d'énergie intermittente. On a utilisé plutôt un peu plus les centrales hydrauliques qui n'émettent pas de CO_2, contrairement aux centrales thermiques utilisant les sources d'énergie fossiles.

3. Rien ne permet d'affirmer qu'on pourra se passer des centrales thermiques et nucléaires, facilement pilotables, en installant des panneaux photovoltaïques et des éoliennes dont la production dépend de la météo.

4. Les riverains redoutent les impacts des centrales nucléaires sur la santé (fuite de radioactivité) et l'environnement (rejet d'eau chaude dans les rivières), ainsi que les risques pour la sécurité (accident possible).

Quelques conseils

1. Rechercher la spécificité du mix électrique français.

2. Penser à la notion d'intermittence de certaines énergies renouvelables.

bordas Flash PAGE corrigé détaillé

Exercice similaire

Solutions en fin de manuel

6 Le paysage énergétique outre-Rhin

Le mix énergétique de l'Allemagne est donné ci-contre. Dans ce pays, on mesure un taux d'émission de CO_2 par kWh entre 400 et 600 g selon les années, alors qu'il est autour de 50 g en France.

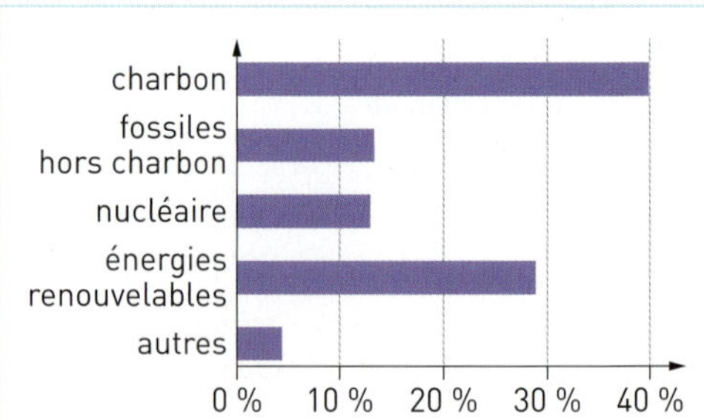

1. Qu'est-ce qui explique un taux d'émission de CO_2 multiplié par un facteur 10 chez nos voisins allemands ?

2. Cet écart devrait cependant être encore plus important. Pourquoi cela n'est-il pas le cas ?

3. L'Allemagne n'utilisera plus de nucléaire en 2022. Qu'est-ce qui a pu peser sur cette décision ?

S'entraîner

7 Nouveaux comportements

La société civile devient un maillon incontournable de la transition énergétique. Après l'étude d'exemples européens, le Conseil économique et social européen a d'ailleurs conclu que « le déploiement des énergies renouvelables s'effectue à un rythme plus soutenu dans les États membres qui ont donné à leurs habitants la possibilité de lancer leurs propres initiatives énergétiques citoyennes, à titre individuel ou de manière collective ». Portés par des particuliers, des entreprises ou des collectivités locales, de nombreux projets en faveur des énergies renouvelables ont déjà vu le jour.

1. Citer les trois énergies renouvelables qui pourraient être les plus concernées par des projets énergétiques citoyens.
2. Rechercher dans votre entourage ou sur internet un exemple d'une telle initiative.

8 Énergies renouvelables

Les sources d'énergie renouvelables servent toutes à produire de la chaleur, de l'électricité ou des carburants. Indispensables pour sortir du piège climatique, la plupart possèdent un fort potentiel d'amélioration en termes de techniques d'exploitation et de rendement.

Le schéma ci-contre présente deux scénarios sur la consommation d'énergie dans le monde en 2030.

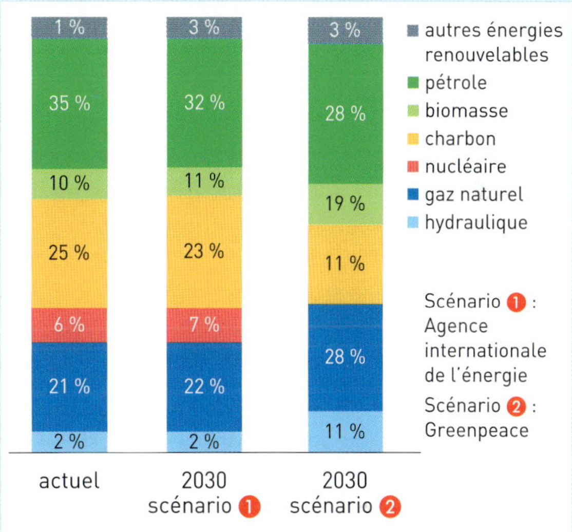

1. a. Rappeler ce que sont les énergies renouvelables.
b. Quel est leur principal intérêt ?
2. Pourquoi offrent-elle une alternative intéressante :
a. aux hydrocarbures ?
b. à l'énergie nucléaire ?
3. Dans les scénarios présentés, ces énergies changeront-elles le paysage énergétique mondial ?
4. Si l'on ne peut en augmenter fortement le pourcentage d'utilisation, sur quel autre levier faudra-t-il jouer pour réussir la transition écologique ?
5. Quel élément permet de rester cependant optimiste sur l'augmentation de leurs pourcentages d'utilisation ?

9 Taux de charge

Le taux de charge d'une unité de production électrique est le rapport entre l'énergie qu'elle produit sur une période donnée et l'énergie qu'elle aurait produite durant cette période si elle avait constamment fonctionné à puissance nominale. Ce taux fournit une indication importante pour calculer la rentabilité d'une installation électrique et varie d'une unité de production à une autre.

On considère une éolienne de puissance nominale 2,00 MW qui a produit 4,00 GWh d'électricité en une année, la période de temps généralement considérée.

1. Relativement à son implantation, qu'est-ce qui peut garantir un taux de charge suffisant pour une éolienne ?
2. Calculer le taux de charge de cette éolienne.
3. Combien de temps a-t-elle tourné ?
4. En réalité, en France, les éoliennes fonctionnent plus de 6 000 heures par an. Pourquoi ?

10 Des territoires à énergie positive

En France, l'État, les collectivités territoriales, les entreprises, les associations et les citoyens associent leurs efforts pour développer des « territoires à énergie positive ». Un tel territoire s'engage dans une démarche permettant d'atteindre l'équilibre entre la consommation et la production d'énergie à l'échelle locale, en réduisant autant que possible les besoins énergétiques et dans le respect des équilibres des systèmes énergétiques nationaux.

1. Citer trois objectifs qui pourraient figurer dans le cahier des charges d'un territoire voulant obtenir ce label.
2. Pour chacun de ces engagements, donner un exemple concret de ce qui pourrait être réalisé.

S'entraîner

11 Regard critique sur le nucléaire

La série *Chernobyl* raconte l'explosion d'un réacteur de la centrale Lénine (Ukraine) survenue le 26 avril 1986, ses conséquences humaines et écologiques. Cet accident reste à ce jour le plus grave jamais survenu sur une installation nucléaire civile.

Dans le document ci-contre, Daniel Heuer, chercheur au CNRS répond à la question : Une telle catastrophe peut-elle se produire en France ?

1. Lorsqu'ils fonctionnent, les réacteurs nucléaires émettent peu de gaz à effet de serre. Produisent-ils pour autant une énergie 100 % décarbonée et renouvelable ?

2. Quel est le principal risque qui fait que leur utilisation est controversée ?

3. Quelles parades ont été prévues par les autorités en cas d'accident ?

4. Le 11 novembre 2019, un séisme de magnitude 4,8 a secoué l'Ardèche et la Drome. On appelle « seuil d'investigation » une mesure sismique à partir de laquelle on procède à des investigations complémentaires dans une installation nucléaire. Rechercher pourquoi les mesures réalisées dans la centrale du Tricastin, située à proximité, n'ont pas atteint ce seuil.

« […] ce n'est pas envisageable pour la simple et bonne raison que nous n'utilisons pas les mêmes technologies dans les centrales nucléaires françaises.

[…] Il peut se produire un accident grave en France sans que cela n'engendre nécessairement de problème majeur. Les autorités de sûreté nucléaire ont pris des mesures strictes à ce sujet. Lorsqu'il y a un risque important de radioactivité, une zone de 10 km est systématiquement évacuée. En cas de rejet de faible intensité, les populations sont invitées à rester chez elles et à prendre de l'iode stable. »

Propos recueillis par Romane Ganneval, publiés le 18 juin 2019 sur www.la-croix.com, © Bayard Presse.

12 Le cas du Japon

Pays très peuplé, le Japon dispose du troisième PIB mondial, avec un espace habitable limité et pratiquement pas de ressources en énergies fossiles. Il est le troisième plus gros producteur d'électricité au monde. Son industrie est puissante mais le pays est exposé à un risque sismique et volcanique maximum…

1. Quelle est l'évolution globale de la consommation d'électricité du Japon entre 1990 et 2013 ?

2. Peut-on l'expliquer par l'augmentation de la population ? par une autre raison ?

3. Est-ce surprenant pour un pays comme le Japon ?

Année / Source	1990		2000		2010		2013	
	(TWh)	(%)	(TWh)	(%)	(TWh)	(%)	(TWh)	(%)
Charbon	116,3	13,8	229	21,6	299,1	26,8	336,7	32,2
Pétrole	236,6	28,1	135,4	12,8	91,7	8,2	149,9	14,3
Gaz naturel	178,5	21,2	256	24,2	300,8	26,9	401,7	38,4
Total fossiles	**531,4**	**63,1**	**620,4**	**58,6**	**691,6**	**61,9**	**888,3**	**85**
Nucléaire	**202,3**	**24**	**322**	**30,4**	**288,2**	**25,8**	**9,3**	**0,9**
Énergies renouvelables	**108,3**	**12,9**	**116,1**	**11**	**137,3**	**12,3**	**147,6**	**14,1**
Total	**842**	**100**	**1058,5**	**100**	**1117,1**	**100**	**1045,3**	**100**

a Évolution de la consommation d'électricité au Japon.

4. Commenter les changements intervenus et leur cause.

5. Quels problèmes cela pose-t-il au pays (on citera un problème lié à l'économie et un autre lié à l'environnement) ?

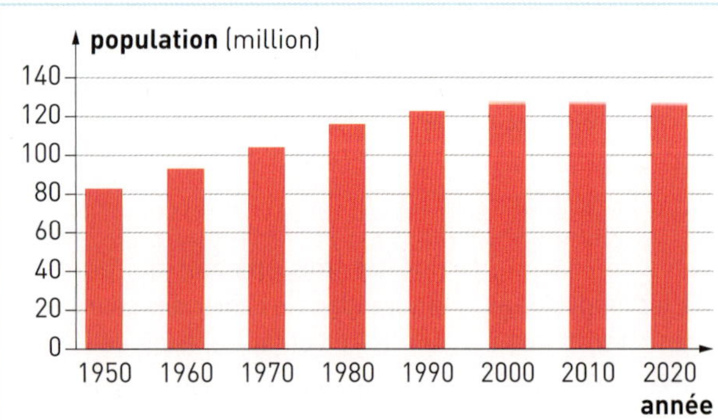

b Évolution de la population au Japon.

Le 11 mars 2011, un tremblement de terre intervient à 130 km des côtes du Japon, au large de la ville de Sendai. La proximité de la côte explique la rapidité de l'arrivée de la vague et l'impossibilité d'évacuer les populations suffisamment tôt. Un tsunami s'ensuit qui ravage les côtes, faisant 15 689 morts et 4 744 disparus. S'ensuit alors la catastrophe nucléaire de la centrale de Fukushima, une des plus graves de l'histoire.

c La catastrophe de 2011.

S'entraîner

Prépa BAC Vers l'E3C

13 La sortie du nucléaire de l'Allemagne

En 2011, l'Allemagne a arrêté ses sept plus vieux réacteurs nucléaires et annoncé la fermeture de son parc nucléaire pour 2022. En quelques années, le pays a quasiment doublé sa puissance installée en éolien et en solaire et la part du nucléaire est passée de 17 % à 13 % de la production électrique. La puissance installée en charbon et en gaz est restée relativement stable. En janvier 2019, une « commission charbon » a préconisé une sortie progressive des centrales à charbon et au lignite d'ici 2038 et la fermeture, d'ici 2022, d'une capacité de 12,5 GW.

Le nucléaire, bien que dangereux et producteur de déchets nocifs, ne génère pas du tout de CO_2 à la production, comme d'ailleurs le photovoltaïque et l'éolien.

Document 1 : Évolution des émissions de GES en Allemagne

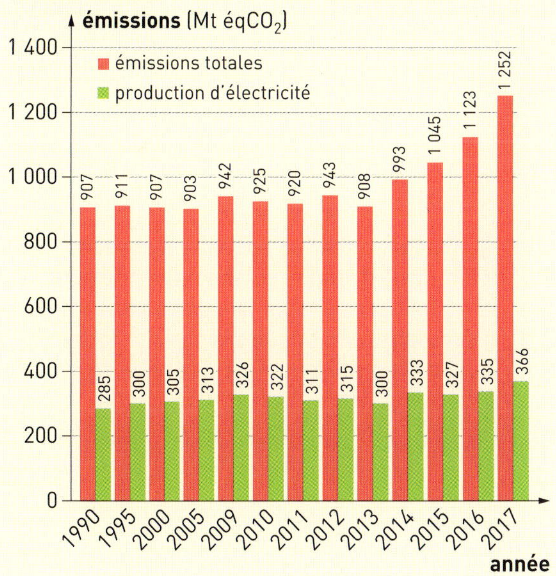

Document 2 : Production électrique allemande en 2018

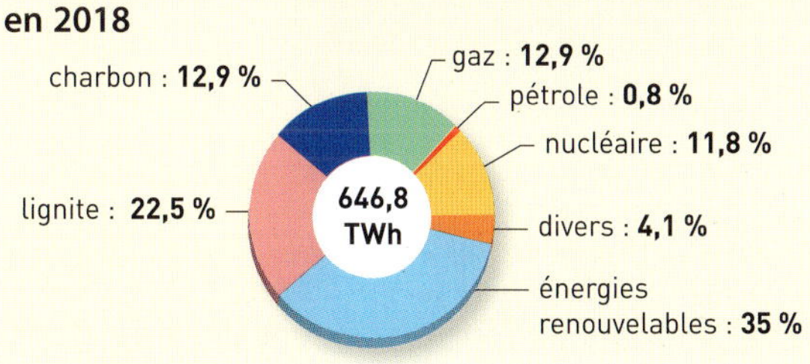

Document 3 : Émissions de GES évitées en Allemagne

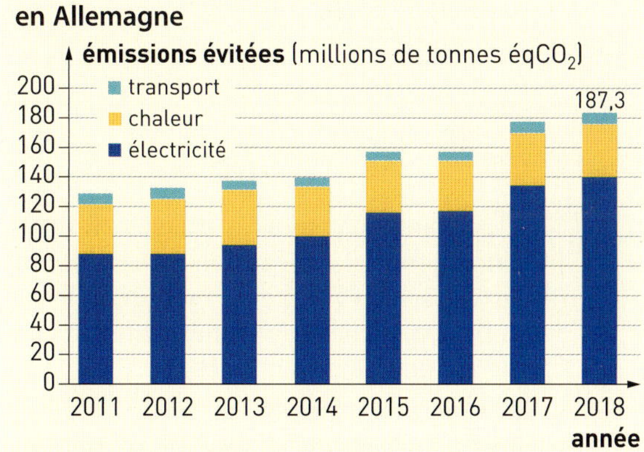

Émissions de GES évitées grâce à l'utilisation des énergies renouvelables (dans les domaines de l'électricité, la chaleur et le transport, en millions de tonnes équivalent en dioxyde de carbone).

Document 4 : Évolution des sources d'électricité en Allemagne

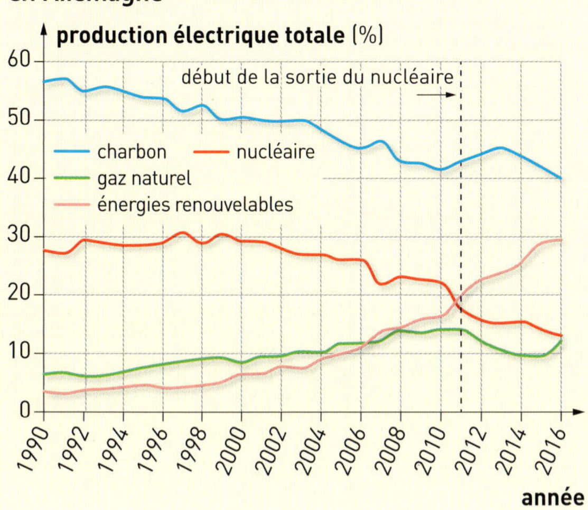

1. Quel a été l'effet de la sortie du nucléaire :

a. sur la production électrique en Allemagne ?

b. sur les émissions de GES ?

2. Pourquoi peut-on dire que l'Allemagne « dénucléarise et décarbone » en même temps ? Argumenter à l'aide des documents.

3. Quel risque pourrait courir l'Allemagne si elle suivait les préconisations de la commission charbon ?

Prépa BAC

Préparer l'E3C

EXERCICE RÉSOLU

1 Station électrique mobile ADES

15 MIN

La station électrique mobile ADES est une unité de production électrique combinant différentes sources d'énergie renouvelables – panneaux solaires et éoliennes comportant des dispositifs d'auto-orientation – ainsi qu'un groupe électrogène entraîné par un moteur diesel et un ensemble d'accumulateurs.

Elle a été utilisée à Haïti, suite à un tremblement de terre, pour la fourniture d'électricité à un village isolé de 35 maisons.

DOC. : Caractéristiques du panneau solaire utilisé

La caractéristique courant-tension d'un panneau photovoltaïque utilisé sur la station pour différents ensoleillements est présentée ci-contre.

- Tension nominale d'utilisation : $U_N = 25$ V.
- Dimensions d'un panneau : longueur $L = 1{,}65$ m ; largeur $\ell = 1$ m.

Donnée : ensoleillement moyen à Haïti sur l'année : 600 W · m⁻².

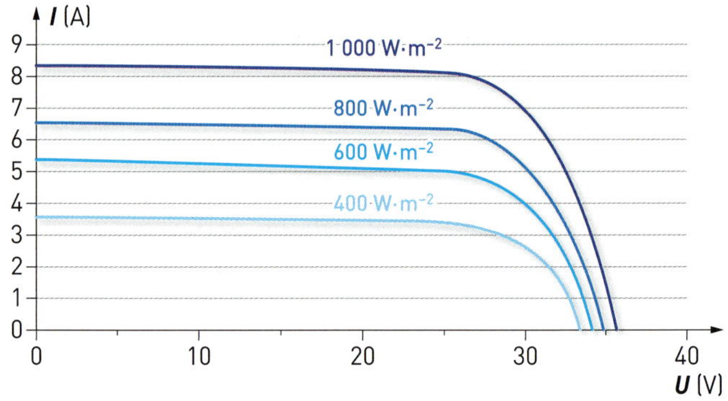

1 a. Citer trois sources d'énergie qu'il est possible d'utiliser lors du fonctionnement de cette station mobile.

b. Donner deux avantages de cette station de production électrique par rapport à un groupe électrogène thermique classique.

2 Sachant que l'on souhaite disposer d'une puissance électrique d'origine solaire moyenne pour ce village de 8,4 kW, calculer le nombre de panneaux photovoltaïques nécessaires. En déduire la surface totale. *La démarche suivie est à présenter même si elle n'a pas abouti.*

Exemple de rédaction

1. a. Les panneaux solaires utilisent l'énergie solaire (rayonnement solaire), les éoliennes l'énergie mécanique (vitesse du vent) et le moteur ou les accumulateurs l'énergie chimique (combustion de combustible fossile et réactions chimiques).

b. Les avantages de cette station de production d'électricité est qu'elle utilise pour l'essentiel des sources d'énergie renouvelables (Soleil et vent), ce qui, de plus, limite la production de dioxyde de carbone.

2. On souhaite disposer d'une puissance de 8,4 kW au total.

Pour savoir quel est le nombre de panneaux photovoltaïques, il faut d'abord déterminer la puissance fournie par un panneau photovoltaïque. L'ensoleillement étant de 600 W · m⁻², on détermine graphiquement l'intensité nominale du courant connaissant la tension nominale du panneau :
$I_N = 5$A.

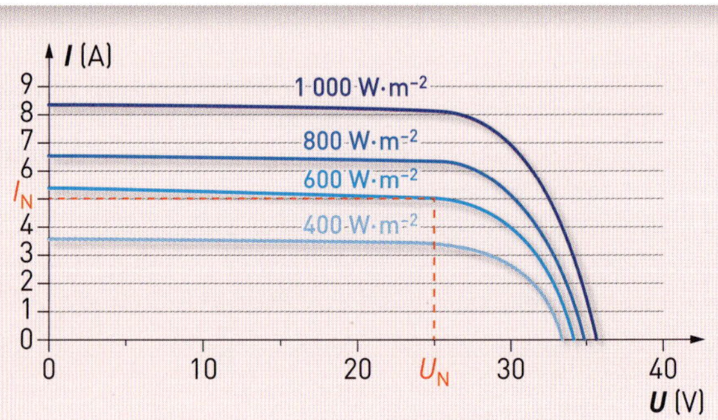

On en déduit la puissance fournie par un panneau :
$P = U_N \cdot I_N = 25 \times 5 = 125$ W.

Et ainsi le nombre total de panneaux :
$n = 8{,}4 \times 10^3 / 125 = 67{,}2$ donc 68 panneaux.

La surface d'un panneau étant :
$s = L \cdot \ell = 1{,}65 \times 1 = 1{,}65$ m², la surface totale correspondant aux 68 panneaux est :
$S = s \times 68 = 1{,}65 \times 68 = 112$ m².

EXERCICE GUIDÉ

2 Panneaux solaires pour véhicules hybrides

20 MIN

Les véhicules hybrides combinent plusieurs sources d'énergie dont souvent l'une est thermique et l'autre électrique.

Pour améliorer l'autonomie des véhicules hybrides en mode tout électrique, un constructeur a développé des panneaux solaires posés sur le toit pour certains de ses modèles.

Pour apprécier l'apport de cette technologie, des élèves ont réalisé une démarche expérimentale pour vérifier les performances des panneaux utilisés et ont obtenu un graphique de la puissance électrique en fonction de la tension aux bornes du panneau solaire (**DOC. 1** et **2**).

Dans les conditions de mesure, la puissance surfacique du rayonnement était de 580 W · m^{-2}. La surface des panneaux photovoltaïques était de 2,5 m^2 et le constructeur indiquait un rendement de 16 %.

DOC. 1 : Puissance en fonction de la tension aux bornes du panneau solaire

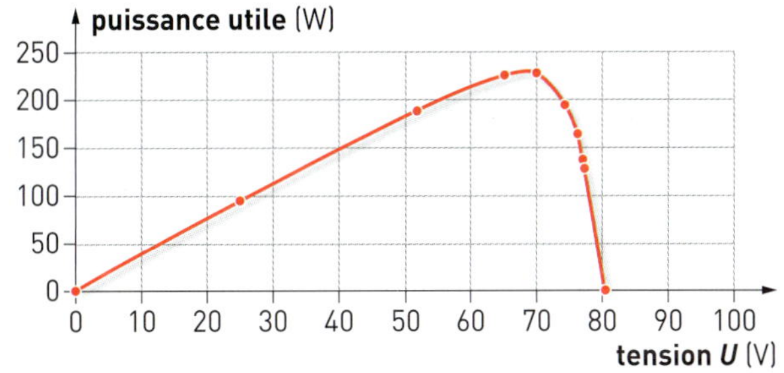

DOC. 2 : Schéma électrique partiel de l'expérience réalisée

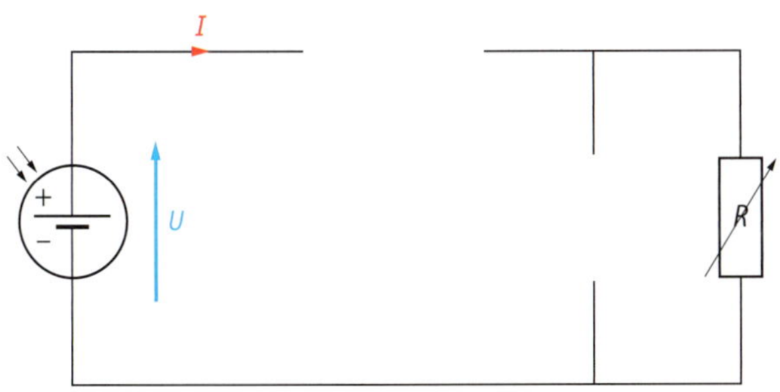

DOC. 3 : Chaîne énergétique à reproduire et à compléter

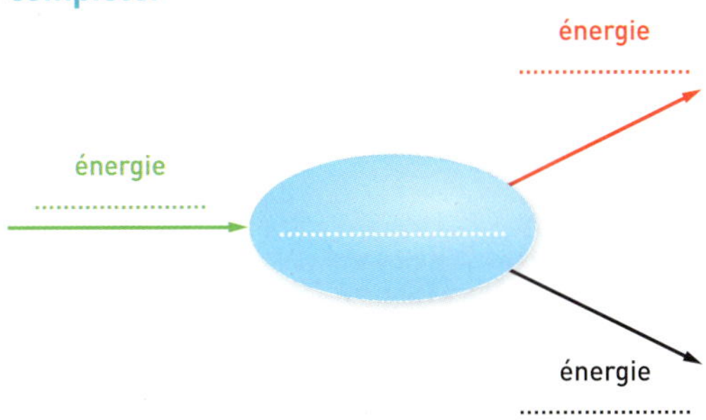

1 Donner un avantage et un inconvénient au niveau écologique d'un véhicule hybride avec panneaux solaires.

2 Représenter le schéma électrique complet de l'expérience réalisée.

3 Élaborer les deux chaînes énergétiques traduisant respectivement les énergies mises en jeu au niveau du moteur thermique et celles mises en jeu au niveau des panneaux solaires.

4 Déterminer le rendement maximum des panneaux et comparer la valeur trouvée à celle fournie par le constructeur.

> Pour calculer la puissance utile, il faut multiplier la tension aux bornes du panneau solaire par l'intensité qui le traverse.

> Le rendement du panneau se détermine en faisant le rapport de la puissance électrique maximale que peut produire le panneau solaire sur la puissance reçue par rayonnement.

3 Productions autonomes d'électricité

Dans certaines zones de la planète, le raccordement au réseau électrique n'est pas toujours envisageable. La mise en place d'une production autonome peut être une alternative.

60 MIN

PARTIE 1. Irriguer avec l'énergie solaire

Dans une région éloignée, on souhaite pomper de l'eau grâce à une pompe alimentée en direct par un panneau solaire.

On cherche à déterminer le nombre de cellules photovoltaïques qui doivent constituer ce panneau solaire.

Données :
– Conditions moyennes dans la région concernée : éclairement $E = 800\ W \cdot m^{-2}$, température 45 °C.
– Le rendement de la cellule est de 16 %.
– Puissance consommée par le moteur électrique : $P_e = 1\,200\ W$.

DOC. 1 : Courbe de réponse spectrale d'une cellule photovoltaïque

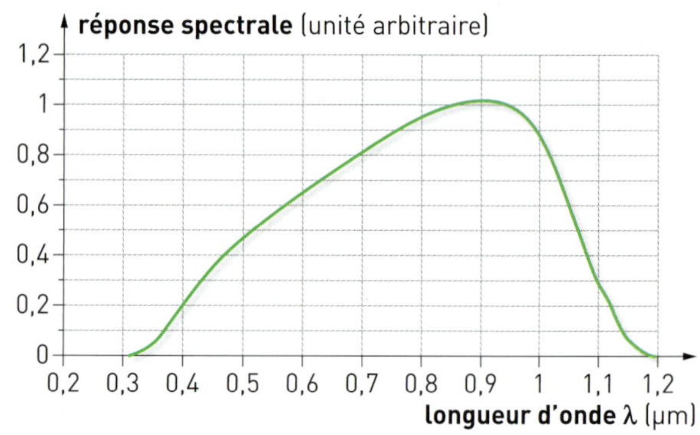

DOC. 2 : Caractéristique électrique de la cellule photovoltaïque

La caractéristique de la cellule varie en fonction de l'éclairement reçu E et de la température de la cellule T_c. C'est la courbe représentant la variation de l'intensité du courant I en ampère en fonction de la tension U en volt.

Pour chacune des caractéristiques, les points A, B, C correspondent au point de fonctionnement de la cellule lorsqu'elle délivre une puissance maximale.

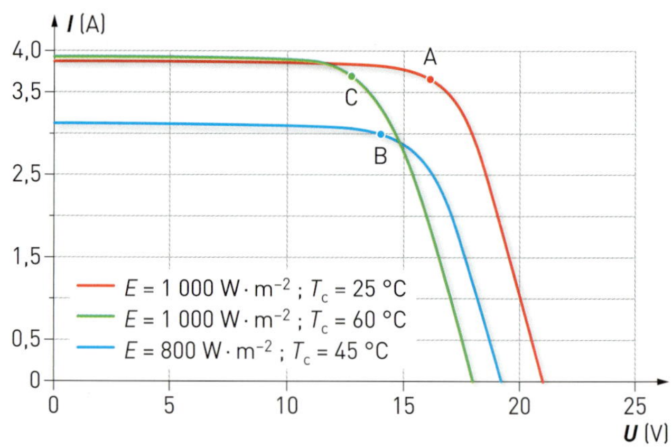

1 On dispose de la cellule photovoltaïque décrite, d'un ampèremètre, d'un voltmètre et d'une résistance réglable.

Proposer un montage expérimental qui permet de retrouver la caractéristique du courant I en fonction de la tension U.

2 **a.** En utilisant le **DOC. 2**, calculer la puissance maximale théorique $P_{m\ th}$ que peut fournir la cellule dans cette région.

b. Après avoir fait des essais dans la région, on trouve que la puissance maximale réelle de la cellule est de $P_{mr} = 42$ W. Comparer cette valeur à la valeur théorique.

c. Donner une explication au rendement faible de la cellule.

3 Déterminer le nombre de cellules n_{cell} composant le panneau photovoltaïque pour assurer le fonctionnement de la pompe.

4 Actuellement, la pompe fonctionne avec un moteur à essence. Citer au moins deux avantages que procurerait son remplacement par le panneau photovoltaïque.

PARTIE 2. S'éclairer avec la gravité

Dans cette même région éloignée, on souhaite pouvoir disposer d'une source de lumière en utilisant des lampes à gravité.

Données :
- *Valeur de l'intensité de pesanteur : $g = 10$ N · kg^{-1}.*
- *Expression de l'énergie potentielle $E_p = m \cdot g \cdot h$.*
- *Expression de l'énergie cinétique E_c acquise par un objet de masse m et de vitesse v : $E_c = 1/2 \cdot m \cdot v^2$.*
- *Expression reliant l'énergie E (en J), la puissance P (en W) et la durée Δt (en s) : $E = P \cdot \Delta t$.*

DOC. 1 : Principe d'une lampe à gravité

En descendant, le sac de masse $m = 12$ kg entraîne un générateur produisant de l'énergie électrique permettant d'alimenter la lampe LED du dispositif.

Le sac descend à vitesse v constante d'une hauteur $h = 2$ m sur une durée $\Delta t = 15$ min.

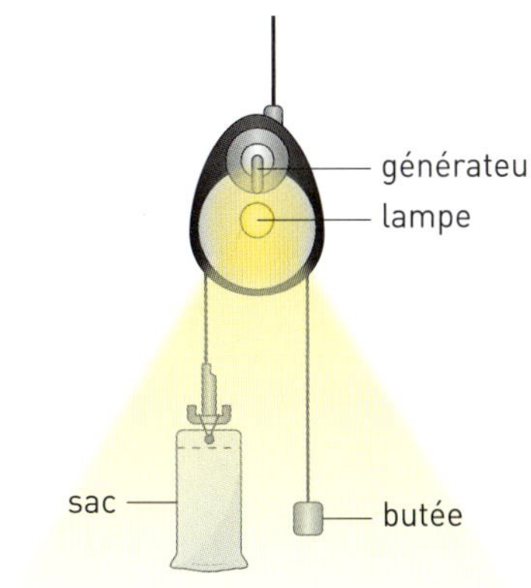

DOC. 2 : Caractéristique du générateur de la lampe à gravité

Il s'agit d'un générateur de tension continue réglable.

Au rendement maximum :

Modèle	Tension (V)	Vitesse (tour/min)	Courant (A)
FR-310TA-11400	2,6	2190	0,070

DOC. 3 : Bilan de puissance

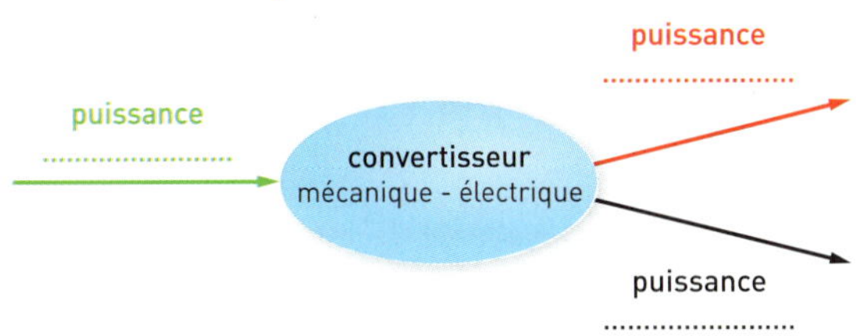

1 Recopier et compléter le bilan de puissance en précisant la forme énergétique des puissances considérées.

2 **a.** Déterminer la variation de l'énergie potentielle E_p du sac au cours de son mouvement.

b. Estimer l'énergie cinétique du sac et montrer que seule une fraction négligeable de l'énergie potentielle est transformée en énergie cinétique.

c. Montrer que la valeur de la puissance mécanique moyenne récupérable pendant la chute est de l'ordre de 0,27 W.

3 **a.** Donner la constitution du générateur électrique de la lampe à gravité.

b. Déterminer le rendement du convertisseur.

4 Analyse de l'architecture d'un réseau électrique

60 MIN

Ce problème aborde la thématique de la production et du transport de l'électricité.

PARTIE 1. Production de l'électricité

Les documents suivants illustrent les différentes méthodes de production de l'électricité. Il est possible de s'y référer pour étayer les réponses attendues.

DOC. 1 : Production d'électricité en France

En France, la production d'électricité met en œuvre différentes technologies complémentaires qui se répartissent de la manière suivante sur une année (en TWh) :

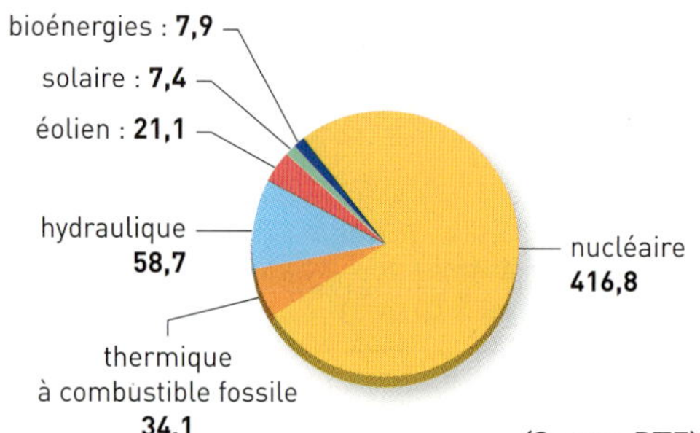

(Source RTE)

DOC. 2 : Principe de fonctionnement des centrales électriques

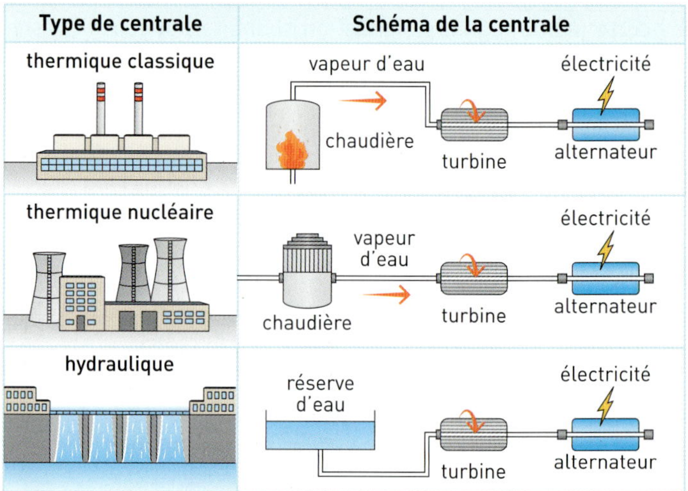

DOC. 3 : Principe de fonctionnement d'une cellule photovoltaïque

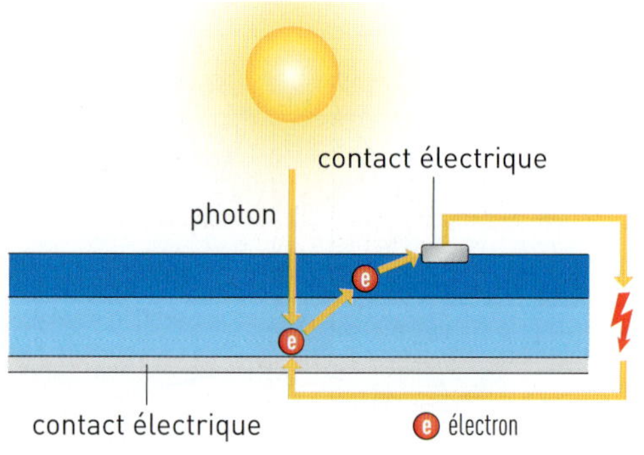

DOC. 4 : Spectre solaire et spectre d'absorption du silicium

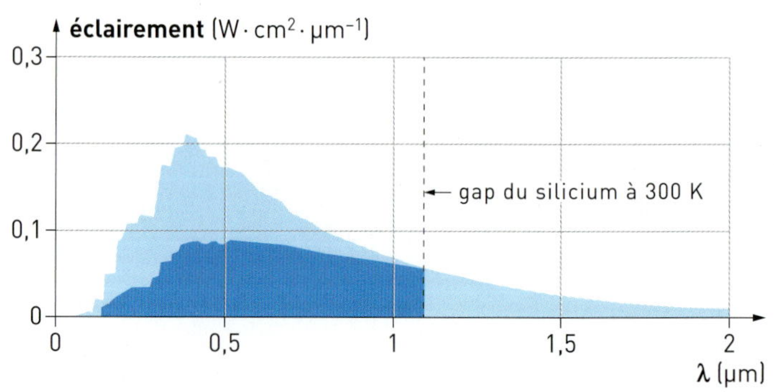

DOC. 5 : Interconnexion des réseaux électriques en France

L'interconnexion entre réseaux de transport d'électricité européens permet une assistance mutuelle entre pays voisins en cas de défaillance et de mutualiser les moyens de production pour répondre à moindre coût aux besoins de l'ensemble de la zone. Ce foisonnement de réseaux renforce la sécurité d'approvisionnement.

1 **a.** Quels sont les principaux moyens de production d'électricité en France actuellement ?
b. Quel est le moyen le plus utilisé ? Quelle est sa part (en %) dans la production totale ? Donner ses avantages et ses inconvénients.
c. En cas de surproduction d'électricité sur le territoire français, qu'est-il possible de faire de l'électricité produite en surplus ?

2 **a.** Excepté pour le solaire, comment fonctionne une centrale électrique ?
b. Dans le cas du solaire, comment est produite l'énergie électrique ? Expliquer le principe général en précisant le type de matériau utilisé.

Partie 2. Transport de l'électricité

L'électricité doit être produite et transportée en temps réel jusqu'aux lieux de consommation. Pour acheminer l'électricité sur de longues distances avec un minimum de pertes, le transport se fait sur un réseau très haute tension (THT : 440 kV) et haute tension (HT : 63 kV).

1 Quelle est la principale limitation technologique expliquant que l'on doit garantir à tout instant un équilibre entre production et consommation d'électricité ?

2 **a.** Quel est le nom des pertes que l'on minimise en transportant l'électricité sous haute tension ? À quoi sont dues ces pertes ?
b. Quel dispositif permet d'augmenter la tension ? Montrer que son utilisation permet de limiter les pertes.

3 On considère le transport d'une puissance électrique $P = 100$ MW sur une distance $L = 100$ km de ligne électrique que l'on considère comme purement résistive.

Données :
– Expression reliant la résistance R (en Ω), la résistivité ρ (Ω · m² · m⁻¹), la section S (en m²) et la longueur L (en m) : $R = \rho \cdot (L/S)$.
– La densité maximale du courant dans les câbles est égale à $0{,}70\ A \cdot mm^{-2}$.
– Le matériau utilisé pour les câbles est un alliage d'aluminium (préféré au cuivre pour sa légèreté et son moindre coût) qui a pour résistivité $\rho = 26 \cdot 10^{-3}\ \Omega \cdot mm^2\ m^{-1}$.

a. Déterminer les courants de ligne I_1 et I_2 pour des tensions respectives $U_1 = 400$ kV et $U_2 = 63$ kV.
b. En déduire la section S_1 nécessaire pour un transport THT et la section S_2 pour un transport HT.
c. En déduire la résistance électrique dans chaque ligne que l'on notera R_1 et R_2.
d. Pour les deux tensions envisagées, déterminer les pertes en ligne notées respectivement PL_1 et PL_2. Conclure.

4 On considère le réseau électrique de la figure ci-dessous.
a. Modéliser le réseau électrique par un graphe orienté.
b. D Donner les contraintes du réseau.
c. Donner un encadrement de I_1.
d. Donner l'expression de la fonction P_J à minimiser.
e. Exprimer cette fonction P_J sous la forme d'un polynôme du second degré en I_1.
f. Montrer que cette fonction P_J présente un minimum pour une valeur théorique I_{1th} que l'on déterminera.
g. Dire si cette valeur I_{1th} peut être retenue, sinon donner la valeur de I_1 qu'il faudra retenir pour minimiser la fonction P_J.

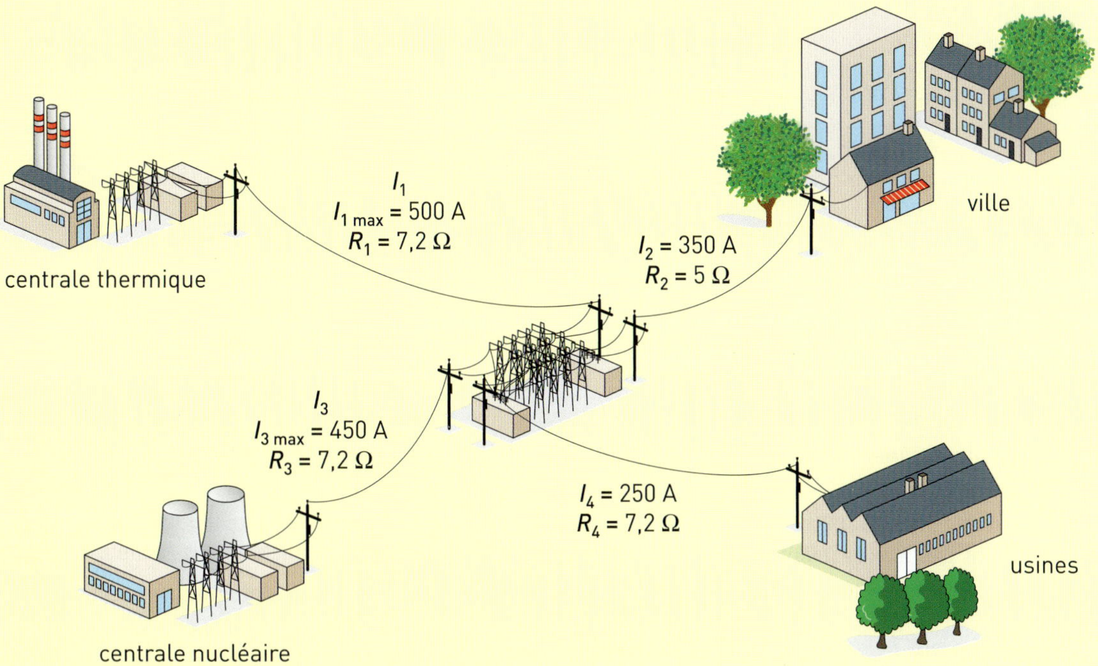

5 L'arbre à vent

30 MIN

L'arbre à vent est un système de production d'électricité en forme d'arbre.

DOC. 1 : Description de l'arbre à vent

Haut de 8 mètres avec un tronc en acier, ses branches comportent 80 à 100 feuilles en plastique injecté, existant en trois teintes de vert, qui remplacent les pales classiques. Les feuilles font office de mini-éolienne.

La société française conceptrice de l'arbre à vent évoque qu'avec ce concept : « *On pourrait presque dire que c'est la fin de l'intermittence de l'éolien.* »

DOC. 2 : Caractéristiques de l'arbre à vent et d'une éolienne classique

	Arbre à vent	Éolienne
Vitesse du vent nécessaire à un fonctionnement optimal	supérieur à 7 $km \cdot h^{-1}$	comprise entre 50 $km \cdot h^{-1}$ et 90 $km \cdot h^{-1}$
Puissance moyenne	2,5 kW	1 800 kW
Hauteur	8 m	80 m
Coût d'achat approximatif	20 000 euros	3 millions d'euros

DOC. 3 : Vitesse maximale du vent enregistré dans une ville de Bretagne au mois d'octobre

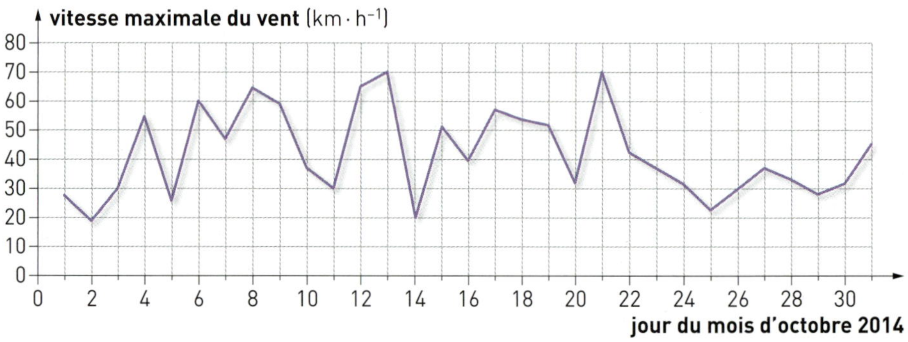

1 Construire la chaîne énergétique correspondant au fonctionnement d'une éolienne en identifiant les formes d'énergie mises en jeu.

2 En installant des arbres à vent dans les rues, quel est le nombre de réverbères consommant une puissance moyenne $P = 100$ W qui pourraient être alimentés par un seul arbre ?

3 Calculer l'énergie moyenne produite par l'arbre à vent en 1 jour s'il fonctionne pendant 10 h.

Donnée : expression reliant l'énergie E (en J), la puissance P (en W) et la durée Δt (en s) : $E = P \cdot \Delta t$.

4 Expliquer la phrase : « *On pourrait presque dire que c'est la fin de l'intermittence de l'éolien.* »

5 Expliquer, à partir de connaissances acquises :
– en quoi l'utilisation de l'arbre à vent peut contribuer à la diminution de l'effet de serre ;
– l'impact environnemental du déploiement de ce mode de production d'électricité.

PARTIE 3

Une histoire du vivant

Plancton marin.

L'évolution constitue un puissant outil de compréhension de la biodiversité. Les mathématiques proposent des modèles afin de décrire l'évolution des populations. L'être humain a construit des machines pour traiter l'information et créé des langages pour les commander.

Réviser les acquis

Gènes et allèles

Les **gènes** sont des **fragments d'ADN** qui diffèrent par l'ordre dans lequel se succèdent les **nucléotides**. Cet ordre correspond à la **séquence** du gène. C'est cette séquence qui constitue l'**information génétique** du gène.

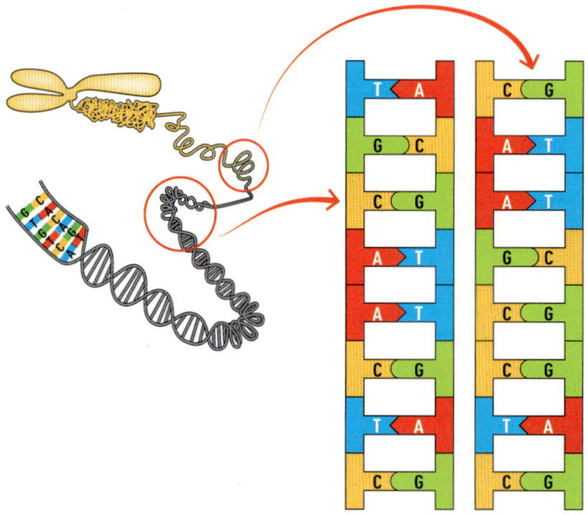

Au sein de chaque espèce, la **diversité** des individus repose sur la **variabilité** de l'ADN : les **mutations**. Ces dernières produisent de nouveaux **allèles** qui peuvent coexister dans une même population. La diversité des allèles peut être différente d'une population à l'autre.

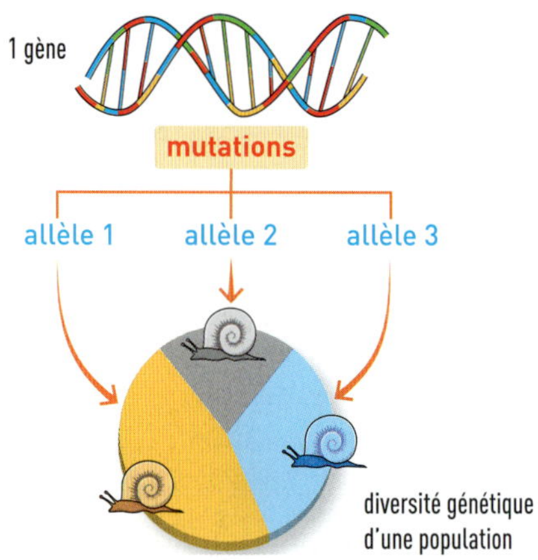

Sélection naturelle et dérive génétique

La **sélection naturelle** est un mécanisme évolutif par lequel certains individus survivent et se reproduisent mieux que les autres car ils possèdent des caractères avantageux pour un milieu de vie donné. Ces caractères avantageux, déterminés par des allèles, sont alors de plus en plus présents génération après génération.

Par exemple, chez les phalènes du bouleau, la fréquence de l'allèle déterminant la couleur sombre des papillons augmente par rapport à l'allèle déterminant une couleur claire, dans un environnement où la surface des arbres est sombre (les oiseaux prédateurs distinguent alors mieux les phalènes claires et les chassent davantage).

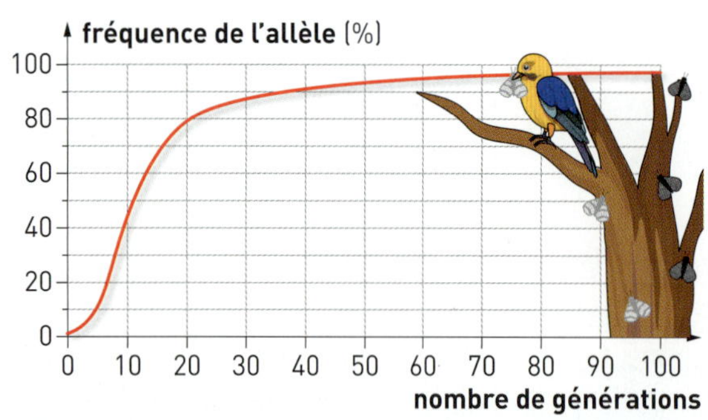

La **dérive génétique** est une modification aléatoire de la fréquence des allèles au sein d'une population, d'autant plus importante que l'effectif de la population est faible.

Par exemple, chez des oiseaux, la fréquence de chaque couleur de plumage évolue aléatoirement d'une génération à l'autre.
Si l'effectif de la population est faible, le risque de disparition d'une couleur augmente (ici, la courbe rouge).

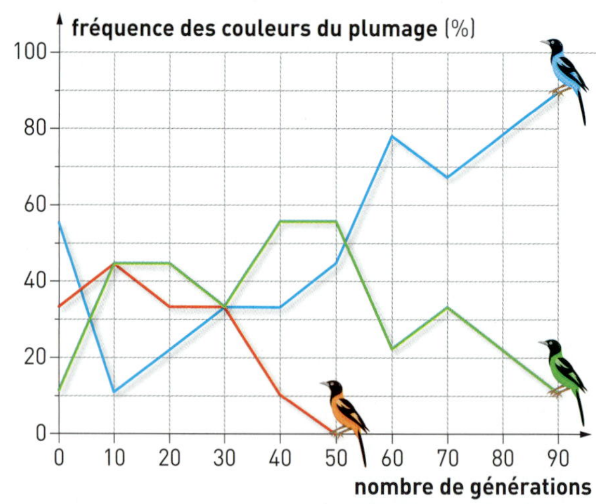

Les relations de parenté entre les êtres vivants

la comparaison de caractères des êtres vivants → permet d'établir → **les liens de parenté entre les êtres vivants** → qui permet d'établir → **une classification phylogénétique**

les arbres phylogénétiques → permettent d'établir → **l'arbre simplifié du vivant**

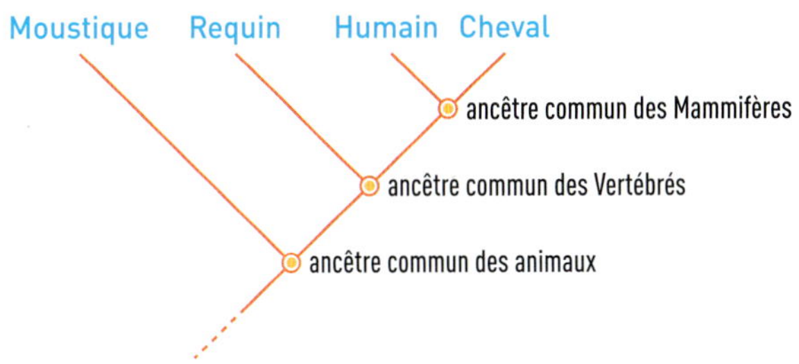

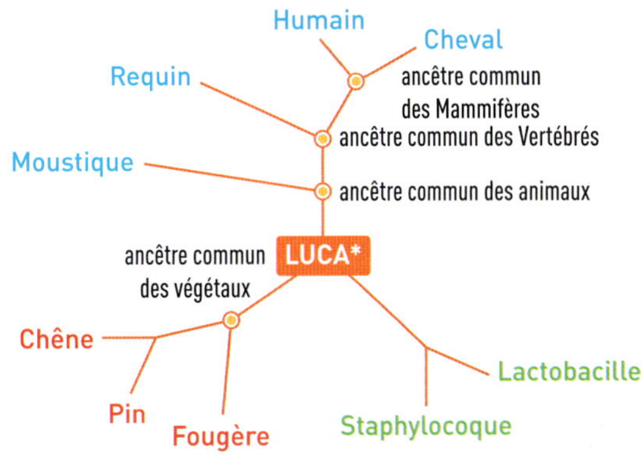

*LUCA : *Last Universal Common Ancestor* = dernier ancêtre commun universel.

Informatique et programmation

• Les données informatiques sont des représentations numériques, souvent codées, décrivant des informations de natures diverses (images, textes, sons…).

Ces données sont stockées sur des supports internes (exemple : disques durs), externes (exemple : clés USB) ou distants (clouds). Le stockage distant a lieu dans des serveurs dédiés puissants qui nécessitent de grandes quantités d'électricité pour fonctionner.

• La quantité de données informatiques circulant sur internet est devenue considérable. Le traitement de ces données massives (*Big Data*), notamment par des algorithmes, représente aujourd'hui un enjeu économique et sociétal majeur.

• Un ordinateur ne comprend qu'un langage binaire simple à base de 0 et de 1. Pour manipuler un grand nombre d'informations et donner des ordres à une machine, des langages informatiques compréhensibles par l'Homme et l'ordinateur ont été développés.

Le langage HTML permet par exemple de créer des sites sur le réseau internet. Le langage Python est lui utilisé dans le monde entier pour l'analyse de données, la robotique, l'informatique embarquée et la gestion des objets connectés.

PYTHON

Rappels mathématiques

• Soit a un réel et n un entier naturel non nul :

$$a^n = a \times a \times \ldots \times a \text{ (}n\text{ facteurs)}$$

Par convention : $a^0 = 1$.

Si a et b sont des réels positifs tels que $a^n = b$,

$$\text{alors } a = b^{\frac{1}{n}}.$$

• Écrire un nombre sous la forme d'**un pourcentage**, c'est l'écrire sous la forme d'une fraction de dénominateur 100.

Calculer p % d'un nombre N, c'est le multiplier par $\frac{p}{100}$.

Augmenter de t % une quantité, c'est multiplier cette quantité par $1 + \frac{t}{100}$.

Diminuer de t % une quantité, c'est multiplier cette quantité par $1 - \frac{t}{100}$.

• Une **fonction** f de $\mathbb{R}$ dans $\mathbb{R}$ associe à tout réel x un unique réel y : on note $y = f(x)$.

Une **fonction affine** est une fonction f de $\mathbb{R}$ dans $\mathbb{R}$ telle que $f(x) = ax + b$, où a et b sont des réels. Sa représentation graphique est une droite.

Une **droite** non parallèle à l'axe des ordonnées a une équation de la forme : $y = ax + b$.

Pour tracer une droite d'équation donnée, on calcule les coordonnées de deux de ses points.

Je retrouve ce que je sais déjà EN AUTONOMIE

Réponses en fin de manuel bordas Flash PAGE corrigés détaillés

SITUATION 1 : La biodiversité des espèces

Il existe plusieurs échelles d'étude de la biodiversité, de l'allèle jusqu'à l'écosystème.
Le nombre d'espèces différentes peuplant un écosystème représente sa biodiversité spécifique.

Indiquer comment il serait possible d'évaluer la richesse spécifique d'un écosystème proche de votre lycée (jardin, cour de récréation, potager...).

Étudiants identifiant des plantes afin de déterminer la richesse spécifique d'une prairie.

SITUATION 2 : Gènes et allèles

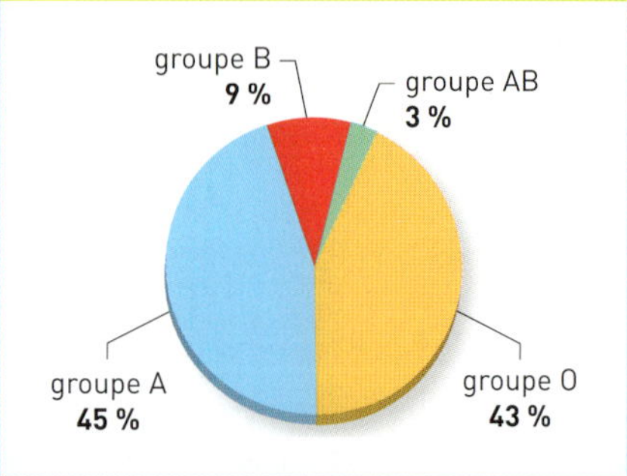

Fréquences des groupes sanguins en France, en 2009.

Un gène est un fragment d'ADN à l'origine d'un caractère ou d'une fonction. Il se décline au sein d'une population en plusieurs versions appelées allèles. Pour un gène donné, chaque individu ne peut porter que deux allèles. L'expression d'un allèle peut être dominante (cas des allèles A et B à l'origine des groupes sanguins du système ABO) ou récessive (allèle O).

Présenter dans un tableau les couples d'allèles responsables des groupes sanguins du système ABO et, quand cela est possible, leur fréquence dans la population française.

SITUATION 3 : La sélection naturelle

Dans les zones subissant un fort braconnage pour l'ivoire, on observe, au sein des nouvelles générations, une augmentation de la fréquence des éléphants sans défenses.

Sachant que la présence ou l'absence des défenses est un caractère héréditaire, expliquer cette observation.

PARTIE 3

Chapitre 1

La biodiversité et son évolution

Depuis trente ans, ce radeau des cimes permet aux chercheurs du monde entier d'évaluer la biodiversité de la canopée*.

Les problématiques du chapitre

- Comment inventorier et mesurer la biodiversité ?
- Comment décrire la biodiversité génétique des populations ?
- Comment protéger la biodiversité de l'impact des activités humaines ?

Activité 1

Évaluer la biodiversité

SAVOIR-FAIRE
Exploiter des données issues d'explorations scientifiques pour estimer la biodiversité (richesse spécifique et/ou abondance relative de chaque taxon).

Depuis le XVIIIe siècle, de nombreuses expéditions scientifiques ont eu pour objectif d'évaluer la biodiversité de différents écosystèmes grâce à la réalisation d'inventaires. On estime qu'il existe environ 8,5 millions d'espèces eucaryotes* dont seulement 15 % sont connues.

Comment inventorier la biodiversité ?

DOC 1 L'expédition *Tara Oceans*

Entre 2009 et 2013, la goélette *Tara* a permis aux scientifiques d'étudier la biodiversité peu connue du plancton océanique (a). Ces micro-organismes sont indispensables à l'équilibre des écosystèmes marins. Par exemple, le plancton végétal (phytoplancton*), grâce à la photosynthèse*, est à la base des chaînes alimentaires et joue un rôle majeur dans la régulation du climat en absorbant de grandes quantités de CO_2.

Pendant 4 ans, le navire a sillonné l'ensemble des mers et océans du globe explorant 154 stations de prélèvements et récoltant 27 000 échantillons traités par 23 laboratoires partenaires (b). Ainsi, des centaines de scientifiques sont impliqués dans le traitement des données, permettant de faire des découvertes majeures dans la compréhension du plancton.

Actuellement, la goélette est encore en activité et mène d'autres expéditions scientifiques (étude du corail, des plastiques océaniques...).

a Le plancton marin présente une incroyable biodiversité de forme et de taille. >

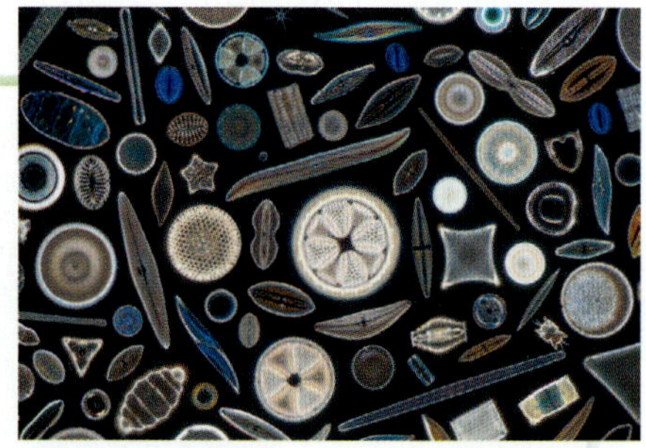

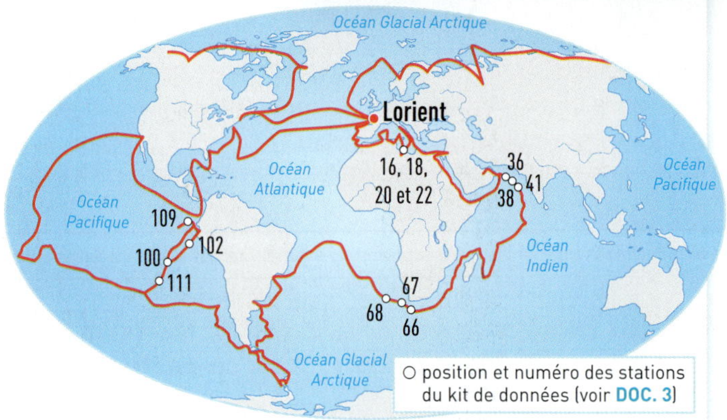

b La parcours de l'expédition *Tara Oceans* depuis Lorient (Bretagne). *D'après la Fondation Tara Oceans.*

DOC 2 Des outils d'échantillonnage variés

VIDÉO BONUS
L'expédition *Tara Oceans*
bordas Flash PAGE vidéo

Les filets (a) permettent d'attraper les organismes plus gros que la taille de la maille (de 5 à 690 µm). Ils sont immergés à différentes profondeurs depuis la surface jusqu'à 1 000 m et doivent être soigneusement nettoyés après chaque utilisation.

La pompe péristaltique pompe l'eau entre 10 et 120 m de profondeur. Celle-ci est ensuite filtrée dans des tamis et des filtres de plus en plus petits pour séparer les organismes par ordre de taille.

La rosette CTD (*Conductivity, Temperature, Depth*) (b) est un ensemble de 10 bouteilles qui s'ouvrent à des profondeurs différentes pour collecter l'eau jusqu'à 2 000 m. Des capteurs associés permettent de mesurer la conductivité, la température, la pression, la salinité, l'oxygène dissous...

a Les filets immergés de *Tara*.

b La rosette CTD (ou bathysonde).

DOC 3 Identifier et quantifier la biodiversité

Les échantillons récoltés sont photographiés par une caméra intelligente capable d'identifier et de comptabiliser automatiquement les micro-organismes d'une taille supérieure à 10 µm. Cependant, beaucoup d'espèces ne sont pas identifiables par cette méthode. Les chercheurs les rassemblent alors au sein de groupes appelés taxons grâce à des séquences caractéristiques communes de leur ADN (a). Ces taxons représentent l'ensemble des organismes issus d'un même ancêtre commun.

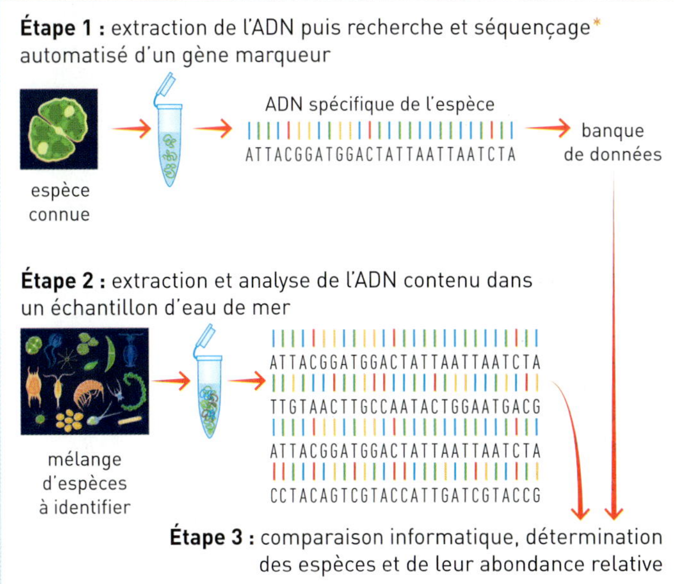

a Principe d'identification des taxons en fonction de leur ADN.

La biodiversité est donc estimée par deux paramètres (b et c) :
- l'**abondance**, c'est-à-dire le nombre d'individus (l'abondance de chaque taxon peut être exprimée sous la forme d'une abondance relative, c'est-à-dire en proportion du nombre total d'échantillons) ;
- la **richesse spécifique**, c'est-à-dire le nombre d'espèces présentes.

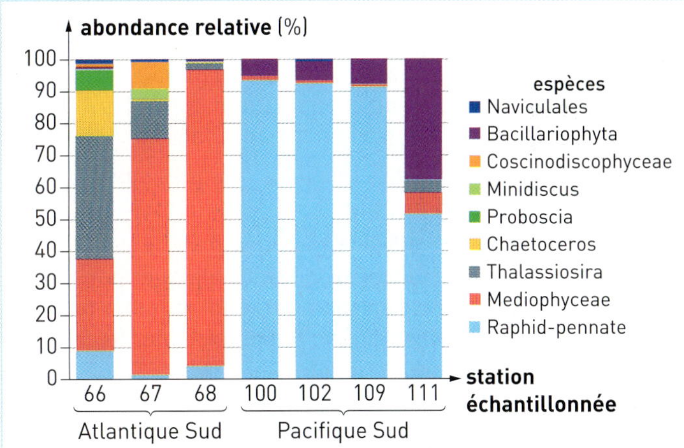

b Abondance relative de différentes espèces du taxon des diatomées, établie à partir d'analyses ADN.

FICHIER Base de données

Flash PAGE fichier

Pour mener une investigation

- Télécharger la base de données.
- Représenter l'abondance relative de chaque espèce de diatomée pour l'ensemble des stations.
- Estimer la richesse spécifique des diatomées dans chaque station.
- À l'aide des données physico-chimiques fournies, proposer des hypothèses permettant d'expliquer les différences observées.

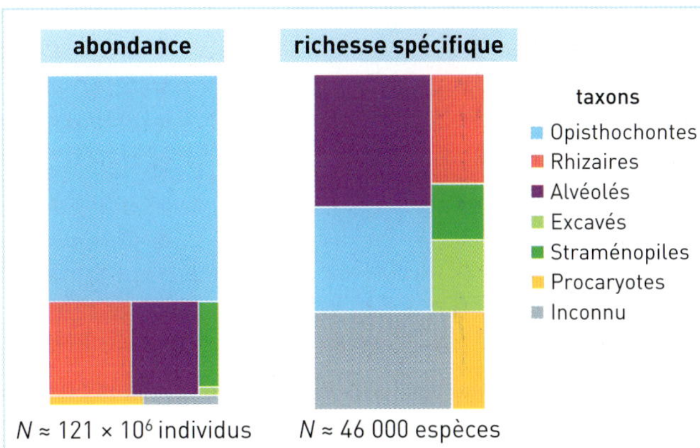

c Abondance relative et richesse spécifique pour les planctons de taille comprise entre 20 et 180 µm de l'ensemble des stations étudiées.

Pistes de travail

Pour comprendre comment la biodiversité est inventoriée :

1. **Expliquer** l'intérêt des différents instruments utilisés sur *Tara* (DOC. 1 ET 2).
2. **Indiquer** les avantages de travailler à partir de séquences ADN (DOC. 3).
3. **Montrer** que l'étude de l'abondance et celle de la richesse spécifique sont complémentaires l'une de l'autre pour décrire la biodiversité (DOC. 3).

* Lexique en fin de manuel

Des clés pour réussir

- Chaque rectangle du DOC. 3 c représente la proportion de chaque taxon par rapport au nombre total.
- Ne pas confondre richesse et abondance.

Activité 2

Estimer un effectif par échantillonnage

SAVOIR-FAIRE
- Quantifier l'effectif d'une population par la méthode de capture-marquage-recapture et calculer son intervalle de confiance.
- Visualiser la fluctuation d'échantillonnage à l'aide d'un tableur.

Lorsqu'on étudie une population de grande taille, il est généralement impossible de prendre en compte chacun de ses individus. On se limite alors à étudier une fraction de la population que l'on désigne par le terme d'échantillon.

Quelles sont les méthodes permettant de quantifier une population à partir d'échantillons ?

ANIMATION BONUS
La méthode de capture-marquage-recapture

bordas Flash PAGE animation

DOC 1 La méthode de capture-marquage-recapture

En écologie, il est souvent utile d'estimer l'effectif d'une population animale. Généralement, il est impossible de recenser tous les individus d'une population donnée. Les scientifiques ont alors recours à la méthode de capture-marquage-recapture.

Cette méthode consiste à réaliser un premier **échantillonnage** en capturant une fraction de la population afin de les marquer, par exemple en les baguant (a), puis en les relâchant dans leur milieu.

Plus tard, certains des individus marqués seront recapturés lors d'un second échantillonnage.

Le nombre des individus marqués dans le second échantillon étant proportionnel au nombre d'individus marqués dans la population totale, il est possible d'estimer le nombre d'individus total de la population (noté N), autrement dit son **abondance**, par le calcul de la quatrième proportionnelle (b).

a Baguage d'un oiseau.

b

Pour mener une investigation

- Dans un sac en tissu, placer une vingtaine de jetons en plastique.
- Prélever un petit nombre de jetons (5 par exemple) et les marquer avec un feutre (b).
- Replacer les jetons dans le sac et mélanger.
- Prélever à nouveau un petit nombre de jetons et compter les jetons marqués.
- Appliquer la méthode décrite sous le tableau (c) afin d'estimer le nombre total de jetons dans le sac.
- Comparer le nombre estimé au nombre réel de jetons dans le sac.

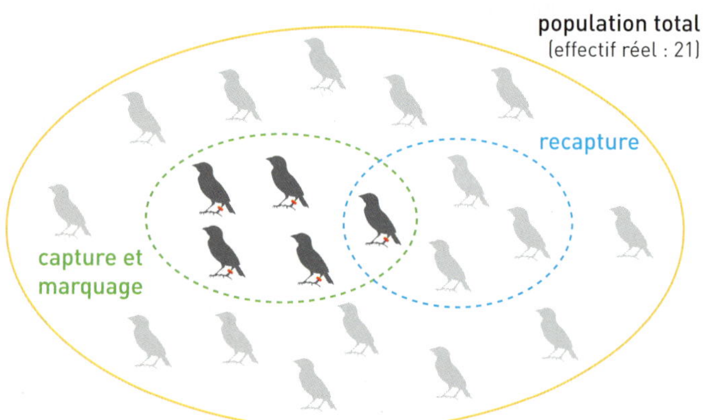

	Effectifs	Individus marqués
Population totale	N	**5**
Échantillon (recapture)	**4**	1

$$N = \frac{4 \times 5}{1} = 20$$

Dans ce tableau, N correspond à la quatrième proportionnelle.

c Estimation de l'effectif d'une population d'oiseaux par la méthode de capture-marquage-recapture.

DOC
2 Échantillonnage et intervalle de confiance

Chez les tortues d'Hermann, contrairement aux mammifères, le sexe est déterminé par la température d'incubation* de l'œuf. Il n'y a donc pas forcément autant de mâles que de femelles à la naissance.

Une étude a été réalisée en Corse afin de déterminer la fréquence des mâles. Sur les 30 tortues capturées et suffisamment âgées pour que l'on puisse déterminer leur sexe, 18 mâles et 12 femelles ont été identifiés (soit une proportion de 60 % de mâles).

Cette surreprésentation des mâles est peu commune, mais les auteurs de l'étude restent prudents quant à l'interprétation de ce résultat.

En effet, vu le faible effectif de l'échantillon, rien ne garantit que cette proportion reflète fidèlement la fréquence des mâles dans la population totale. Même pour un échantillon plus grand, on ne pourra jamais déterminer de manière exacte la fréquence des mâles, à moins de capturer tous les individus.

Dans le cas présent, on peut juste estimer que la proportion des mâles dans ce site est comprise entre 42 % et 78 %, avec un niveau de confiance de 95 % (probabilité de 5 % que la proportion dans la population globale soit en dehors de cet encadrement) : on parle d'**intervalle de confiance**.

On reconnaît les mâles à leur carapace concave (creuse) qui leur permet de grimper sur les femelles.

Pour un niveau de confiance de 95 %, l'intervalle de confiance se calcule ainsi :

$$\left[f - \frac{1}{\sqrt{n}}\,;\, f + \frac{1}{\sqrt{n}}\right]$$

f étant la fréquence du caractère étudié dans l'échantillon, et *n* l'effectif de cet échantillon.

DOC
3 Simulation de la fluctuation d'échantillonnage

À l'aide d'un tableur, il est possible de simuler le résultat d'un échantillonnage dans une population de très grand effectif, comme par exemple une population de souris (en supposant qu'il y ait autant de mâles que de femelles dans cette population).

Démarche expérimentale

Pour simuler le résultat, on utilisera un tableur-grapheur et la fonction ALEA(), qui renvoie une valeur aléatoire comprise entre 0 et 1, que l'on arrondira au plus proche par la formule =ARRONDI(ALEA();0). Un résultat égal à 0 correspondra à une femelle, 1 à un mâle.

- Saisir cette formule dans une case, puis l'étendre sur 10 lignes : une série de 0 et de 1 apparaît alors dans la première colonne, qui représente un premier échantillon (d'effectif égal à 10).
- Calculer la fréquence des mâles dans cette colonne à l'aide de la fonction MOYENNE(...).

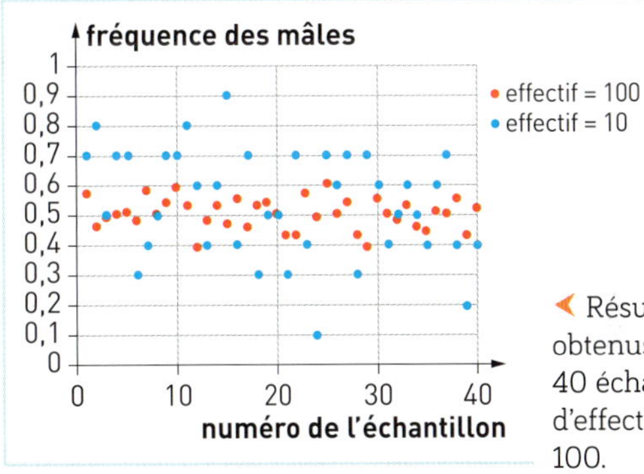

Résultats obtenus pour 40 échantillons d'effectif 10 ou 100.

- Étendre la formule sur plusieurs lignes afin de simuler 40 échantillonnages différents.
- Reproduire les mêmes étapes mais pour un effectif égal à 100.

On constate alors que la fréquence des mâles varie d'un échantillon à l'autre : c'est ce qu'on appelle la fluctuation d'échantillonnage (graphique ci-dessus).

Pistes de travail

Pour comprendre comment quantifier une population à partir d'un échantillon :

1. **Réaliser** plusieurs fois l'activité de modélisation proposée afin de mettre en évidence une fluctuation dans l'effectif estimé (DOC. 1).
2. **Déterminer** si la surreprésentation des mâles aurait été avérée dans le cas d'un échantillon comprenant 72 mâles et 48 femelles (DOC. 2).
3. **Décrire** l'influence de l'effectif de l'échantillon sur la fluctuation d'échantillonnage (DOC. 3).

* Lexique en fin de manuel

Des clés pour réussir

- Reporter les résultats obtenus pour chaque échantillonnage dans un tableur afin de visualiser la fluctuation.
- Calculer le nouvel intervalle de confiance afin de savoir s'il est au-dessus de 50 %.

Activité 3

Structure génétique d'une population

SAVOIR-FAIRE
Établir, pour deux allèles, les relations entre les probabilités des génotypes d'une génération à la suivante dans le cadre du modèle de Hardy-Weinberg.

Comme les êtres vivants qui les composent, les populations sont soumises à l'évolution. Afin de pouvoir mettre en évidence cette évolution, il faut disposer d'un modèle* de population théorique, qui n'y serait pas soumise et qui servirait de référence.

Comment décrire la structure génétique d'une population qui n'évolue pas ?

DOC 1 Fréquences alléliques, fréquences génotypiques

D'un point de vue de l'évolution, une population d'individus peut être considérée comme un « *pool* » de gènes et d'allèles, transmis de générations en générations, les individus n'étant alors que des porteurs transitoires de ces allèles.

Dans le cas d'organismes diploïdes (c'est-à-dire dont les cellules possèdent des paires de chromosomes), la situation est plus complexe car chaque individu porte, pour chaque gène, deux allèles qui peuvent être identiques (génotype* homozygote*) ou différents (génotype hétérozygote*).

Le document **a** est un extrait du caryotype* d'une drosophile (paire de chromosomes n° 2). Dans cet exemple, le génotype (c'est-à-dire les allèles portés par l'individu) est *vg+//vg–* donc hétérozygote.

Pour décrire la **structure génétique** de cette population, il convient alors de distinguer :
– les fréquences génotypiques, c'est-à-dire les fréquences de chaque génotype au sein de la population ;
– les fréquences alléliques, c'est-à-dire les fréquences de chaque allèle au sein de la population.

Prenons l'exemple d'une population de 10 individus dont on souhaite étudier la structure génétique (**b**). En prenant comme marqueur un gène *A* existant sous deux formes alléliques *A1* et *A2*, trois génotypes sont possibles : *A1//A1*, *A2//A2* et *A1//A2* (identique à *A2//A1*).

Le tableau **c** résume la structure génétique de cette population.

On peut également déduire la fréquence des allèles de celles des génotypes par le calcul suivant :

$$f_{A1} = f_{A1//A1} + \frac{1}{2} f_{A1//A2}$$

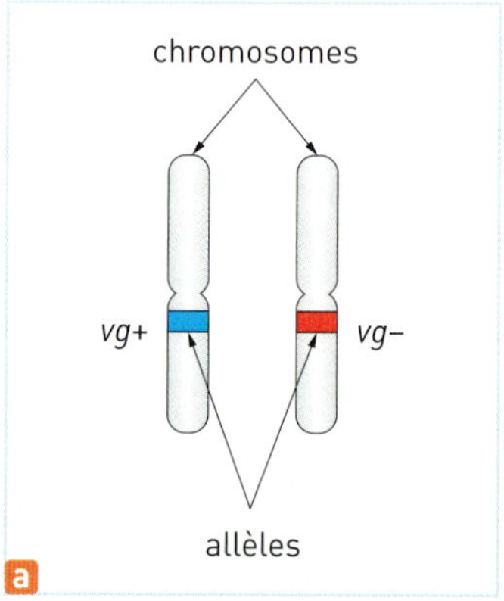

a

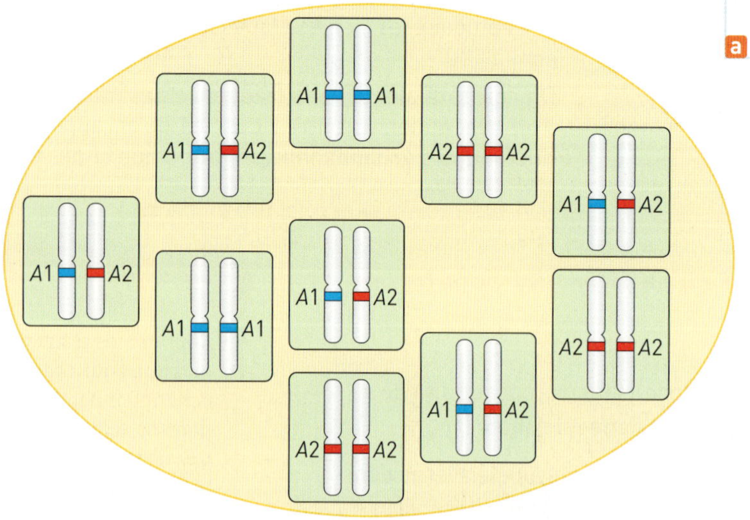

b Dans cette population théorique, chaque individu est représenté par un rectangle. La paire de chromosomes portant les deux allèles du gène A est également représentée.

Fréquences alléliques	
f_{A1}	45 %
f_{A2}	55 %
Fréquences génotypiques	
$f_{A1//A1}$	20 %
$f_{A2//A2}$	30 %
$f_{A1//A2}$	50 %

c Structure génétique de la population théorique.

DOC 2 Le modèle théorique de Hardy-Weinberg

Au début du XXᵉ siècle, le mathématicien G.H. Hardy et le médecin W. Weinberg ont proposé un modèle théorique de population qui ne serait soumis à aucune force évolutive (dérive génétique* ou sélection naturelle*).

On considère également que cette population a un effectif infini, qu'elle n'est affectée ni par les mutations* ni par les migrations et que ses individus se reproduisent au hasard (pas de sélection sexuelle). Dans ce cadre théorique, il est possible de prévoir les fréquences génotypiques de la génération suivante uniquement à partir des fréquences alléliques initiales.

Par exemple, supposons que les allèles *A1* et *A2* du DOC. 1 aient pour fréquences respectives p et q. Pour connaître la fréquence des génotypes à la génération suivante, on construit un échiquier de croisement* (a) où les fréquences génotypiques théoriques sont données entre parenthèses. Le tableau b donne les fréquences génotypiques de la génération suivante obtenue d'après ce modèle.

Ainsi, lorsqu'une population se trouve dans des conditions proches de ce modèle, il est possible de prédire que la fréquence des allèles ne variera pas au cours du temps : on parle d'**équilibre de Hardy-Weinberg**.

Gamètes femelles \ Gamètes mâles	*A1* (p)	*A2* (q)
A1 (p)	*A1//A1* (p^2)	*A1//A2* (pq)
A2 (q)	*A1//A2* (pq)	*A2//A2* (q^2)

a Échiquier de croisement permettant de prédire les fréquences des génotypes des futurs individus à partir de celles des gamètes dont ils sont issus.

Génotypes	Fréquences
A1//A1	p^2
A1//A2	$2pq$
A2//A2	q^2

b Fréquences génotypiques théoriques de la population à la seconde génération.

Pour mener une investigation

- En reprenant la méthode de calcul décrite dans le DOC. 1, démontrer que les fréquences des allèles de la seconde génération sont identiques à celles de la première.

FICHIER BONUS
Probabilités et fréquences
bordas Flash PAGE fichier

DOC 3 La structure génétique d'une population de daphnies

Une étude a été réalisée sur une population de daphnies (a) dont l'effectif, considérable, n'a pas pu être estimé. L'objectif de cette étude était de déterminer si cette population était l'objet de forces évolutives. L'évolution de sa structure génétique a été suivie sur plusieurs mois, en prenant comme objet d'étude le gène d'une enzyme (la phosphoglucomutase) qui se décline en deux allèles notés *S* et *F*. Des **échantillonnages** ont été réalisés à différents moments et le génotype de chaque daphnie a été déterminé. Les fréquences génotypiques obtenues pour deux échantillonnages sont rassemblées dans le tableau b.

a Daphnies (crustacés) observées au microscope optique. Une nouvelle génération est produite chaque semaine.

Dates	Effectifs de l'échantillon	$f_{S//S}$	$f_{S//F}$	$f_{F//F}$
17/05/1982	97	0,155	0,474	0,371
27/07/1982	186	0,156	0,462	0,382

b Fréquences génotypiques établies à partir de deux échantillonnages espacés dans le temps.
D'après M. A. Mort et H. G. Wolf, Enzyme variability in large-lake Daphnia populations (1984).

Pistes de travail

Pour décrire la structure génétique d'une population :

1. **Vérifier**, par le calcul, les fréquences données par le tableau c du DOC. 1.
2. **Calculer** les fréquences des allèles *S* et *F* pour chaque échantillon de daphnies, puis **interpréter** les résultats de l'étude (DOC. 1 ET 3).
3. **Vérifier** si les fréquences des génotypes des daphnies sont conformes aux prédictions du modèle de Hardy-Weinberg (DOC. 2 ET 3).

Des clés pour réussir

- Dans une population qui ne subit aucune force évolutive, la structure génétique est stable d'une génération à l'autre (DOC. 3).

* Lexique en fin de manuel

Activité 4

Des forces évolutives à l'œuvre

SAVOIR-FAIRE
Utiliser des logiciels de simulation pour analyser une situation d'évolution biologique expliquant un écart par rapport au modèle de Hardy-Weinberg.

Dans le modèle de Hardy-Weinberg, les populations sont génétiquement stables d'une génération à l'autre. Dans la réalité, cela est rarement observé. Il existe donc des forces à l'origine de variations de la structure génétique des populations.

Quelles sont les forces évolutives capables d'affecter la structure génétique des populations ?

DOC 1 L'impact des mutations

Les mutations sont des modifications aléatoires de la séquence des nucléotides de l'ADN, qui peuvent être à l'origine de nouveaux allèles transmis à la génération suivante si ces mutations touchent des cellules sexuelles.

Il est possible de simuler l'évolution des fréquences alléliques pour un taux de mutation donné. Par exemple, considérons une mutation qui transforme un allèle *A* en allèle *a*, et qui survient avec une probabilité de 1 %. Si initialement la fréquence de l'allèle *A* (notée f_A) est de 100 %, au bout d'une génération, la fréquence de l'allèle *a* (notée f_a) sera de 1 %. Pour la génération suivante, f_a n'augmentera que de 0,99 points (1 % de f_A qui n'est plus que de 99 %) et ainsi de suite. À la génération 200, f_a sera de 86,6 % (tableau ci-contre).

Dans la réalité, les mutations sont bien plus rares, leur probabilité allant généralement de 0,01 % à 0,001 %.

Générations	f_A (%)	f_a (%)
0	100,00	0,00
1	99,00	1,00
2	98,01	1,99
3	97,03	2,97
…	…	…
199	13,53	86,47
200	13,40	86,60

Modélisation de l'évolution de la fréquence d'un allèle muté sur 200 générations, pour une probabilité de mutation de 1 %.

Pour mener une investigation

À l'aide d'un tableur :

- reproduire les deux premières lignes du tableau ci-dessus ;
- utiliser une formule permettant de calculer f_a pour la génération 1, à partir des fréquences de la génération 0, et pour un taux de mutation de 0,01 % (taux de mutation proche de ce que l'on rencontre dans la réalité) ;
- utiliser une formule pour calculer f_A à partir de f_a pour la génération 1 ;
- étendre sur 200 générations et comparer au tableau ci-dessus, obtenu pour une probabilité de mutation de 1 %.

DOC 2 Une mise en évidence expérimentale de la sélection naturelle

Chez la drosophile, la longueur des ailes est sous le contrôle de nombreux gènes dont le gène *vg*. Les deux allèles de ce gène sont notés *vg+* (allèle sauvage dominant*) et *vg−* (allèle muté récessif*). Les drosophiles portant l'allèle *vg−* à l'état homozygote* sont dotées d'ailes vestigiales (atrophiées) et ne peuvent pas voler (a).

a Drosophile présentant des ailes vestigiales.

b Dispositif expérimental.

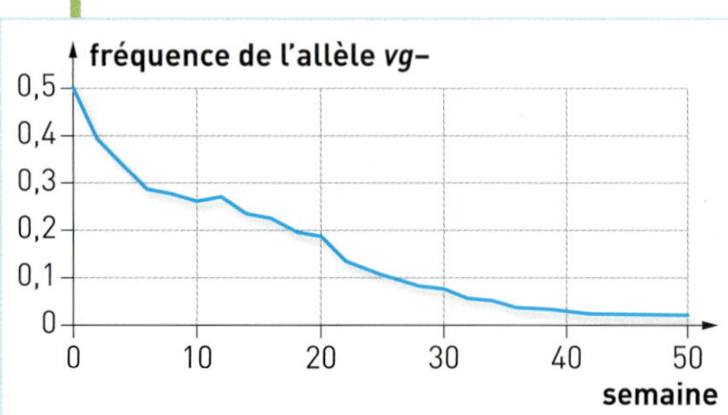

c Évolution de la fréquence de l'allèle *vg−*.

Afin de mettre en évidence l'action de la sélection naturelle sur l'évolution de la **structure génétique** d'une population de drosophiles, on réalise un élevage dans un « aquarium » doté d'un dispositif rendant l'accès à la nourriture difficile pour les drosophiles ne pouvant pas voler (b). La fréquence initiale de l'allèle *vg−* dans cette population est de 50 %.

Des **échantillonnages** sont réalisés régulièrement afin de déterminer l'évolution de la fréquence des drosophiles dotées d'ailes vestigiales, et d'en déduire celle de l'allèle *vg−* (voir DOC. 1 p. 196). Les résultats de cette expérience sont présentés par le graphique c.

DOC 3

Un cas de sélection naturelle chez l'Homme

La drépanocytose est une anémie* chronique déterminée par un allèle récessif (*HbS*) du gène de la chaîne bêta de l'hémoglobine dont l'allèle normal est noté *HbA*. Malgré la gravité de cette maladie, l'allèle *HbS* persiste avec une fréquence pouvant dépasser 25 % dans certaines régions du monde, en particulier celles touchées par le paludisme, une maladie parasitaire affectant les hématies* (a).

Il a été démontré que les individus porteurs d'au moins un allèle *HbS* sont résistants au paludisme.

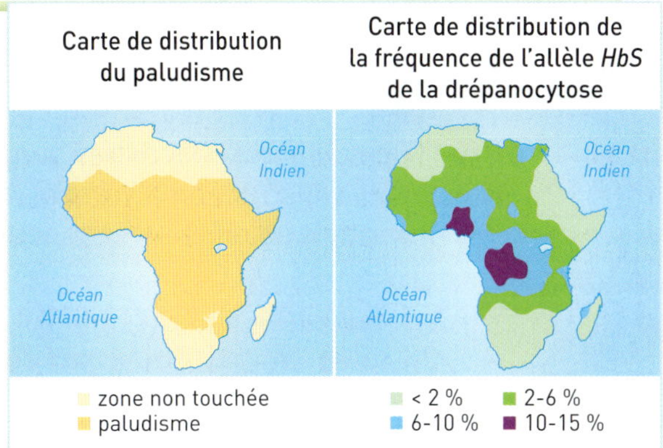

a Fréquence du paludisme et de l'allèle *HbS* en Afrique. *D'après Sciences et Avenir (2008) et ENS Lyon.*

Démarche expérimentale

LIEN VERS... l'application *Évolution allélique* (bordas Flash PAGE – lien web)

À l'aide de l'application *Évolution allélique*, qui repose sur le modèle de Hardy-Weinberg, il est possible de simuler l'évolution de la fréquence de l'allèle *HbS*, en fonction du caractère avantageux ou non de chaque génotype (b).

- Ouvrir l'application et renommer les deux allèles étudiés.
- Pour un environnement sans paludisme, attribuer à chaque génotype une valeur sélective élevée s'il est avantageux et plus faible dans le cas contraire.
- Lancer la simulation.
- Recommencer pour un environnement avec paludisme.

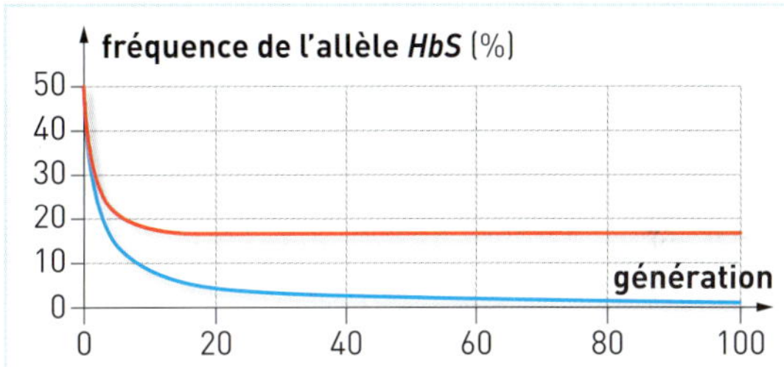

b Simulation de l'évolution de la fréquence de l'allèle *HbS* dans une région touchée par le paludisme (courbe rouge) ou non (courbe bleue).

DOC 4

La sélection sexuelle

Dans son ouvrage *La filiation de l'Homme et la sélection liée au sexe* (1871), Charles Darwin précise sa conception de la sélection naturelle. Selon lui, le succès reproducteur ne se limite pas à la « lutte pour la survie », mais doit également prendre en compte l'accès aux partenaires sexuels. Il invente, pour décrire ce concept, le terme de « sélection sexuelle », qui recoupe aussi bien les parades nuptiales que les combats entre mâles.

Il arrive parfois que la sélection sexuelle entre en conflit avec les chances de survie. C'est le cas chez les moutons de Soay (photographie ci-contre), chez qui les individus dotés de cornes ont plus facilement accès aux femelles. Ce caractère est déterminé par un allèle dominant (*Ho+*) du gène *Ho* (pour *horns*, cornes en anglais). Or, les individus *Ho+//Ho+* ont une espérance de vie moins élevée que les autres (*Ho–//Ho–* et *Ho+//Ho–*). Au final, le succès reproducteur de l'espèce résultera du compromis entre taux de survie et taux d'accès aux femelles.

Pistes de travail

Pour comprendre l'effet des mutations et de la sélection :

1. **Discuter** de l'impact des mutations sur l'évolution de la fréquence allélique (DOC. 1).
2. **Montrer** que l'évolution de la fréquence de l'allèle *vg–* résulte de la sélection naturelle (DOC. 2).
3. **Expliquer** la persistance de l'allèle *HbS* dans certaines régions d'Afrique (DOC. 3).
4. **Expliquer** pourquoi l'allèle *Ho–* subsiste à une fréquence relativement élevée chez les moutons de Soay (DOC. 3 ET 4).

* Lexique en fin de manuel

Des clés pour réussir

- La somme des fréquences de l'ensemble des allèles d'une population pour un gène donné vaut 100 %.
- S'inspirer de l'explication donnée dans le **DOC. 3** pour comprendre la persistance de l'allèle *Ho–* dans le **DOC. 4**.

Activité

5 Fragmentation des habitats et biodiversité

Histoire
Enjeu
Débat

SAVOIR-FAIRE
- Utiliser un modèle géométrique simple pour calculer l'impact d'une fragmentation sur la surface disponible pour une espèce.
- À partir d'un logiciel de simulation, montrer l'impact de la dérive génétique sur l'évolution des fréquences alléliques.

De nombreuses activités humaines comme la déforestation, l'agriculture et la construction d'infrastructures réduisent la surface des habitats naturels en différentes zones isolées les unes des autres.

Quelles sont les conséquences de cette fragmentation des écosystèmes sur la biodiversité ?

DOC 1 L'exemple des oiseaux en Amazonie

En Amazonie, la **fragmentation** est essentiellement due à la déforestation (a). Des chercheurs ont étudié l'effet de la fragmentation sur la biodiversité d'espèces d'oiseaux insectivores (b). Ils ont pour cela comparé la répartition de 9 espèces d'oiseaux dans des fragments de forêts et dans des parcelles de forêt non fragmentée (témoin).

De plus, les chercheurs ont observé que la moitié des espèces d'oiseaux disparaissait en 5 ans seulement dans les fragments de 1 ha contre 12 ans pour ceux de 100 ha.

a La déforestation en Amazonie vue par satellite (2012). Les zones claires correspondent aux secteurs où la forêt a été coupée pour laisser la place à des champs ou des routes.

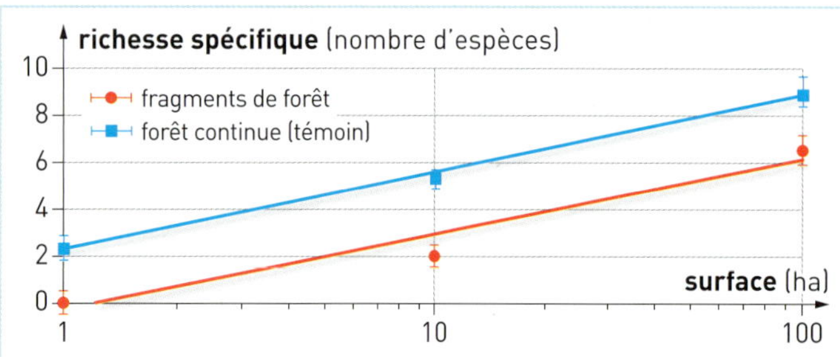

b Nombre d'espèces d'oiseaux insectivores en forêt fragmentée ou continue.
D'après Stratfrord et Stouffer (2001).

DOC 2 Modéliser la fragmentation

Actuellement, 70 % de la forêt mondiale se trouve à moins de 1 km de la lisière à cause de la fragmentation. De nombreuses espèces d'animaux et de végétaux ne peuvent pas vivre à proximité de la lisière car les conditions de vie y sont différentes (insolation, vents, écarts thermiques...) : c'est l'effet lisière.

Il est possible de simuler l'effet de la fragmentation d'une forêt, suite à la construction d'une route (schéma ci-dessous), sur une espèce de crapaud incapable de vivre à moins de 50 m de la lisière.

Pour mener une investigation

- Sachant que la densité de population ne peut pas excéder 400 individus adultes par km^2, calculer l'effectif maximal initial.
- Évaluer la surface habitable perdue pour le crapaud par la construction de la route.
- Calculer l'effectif maximal de chaque population ainsi isolée.
- Calculer l'impact de la construction d'une deuxième route au milieu de la forêt, perpendiculaire à la première, sur la surface habitable et l'effectif dans chaque fragment de forêt.

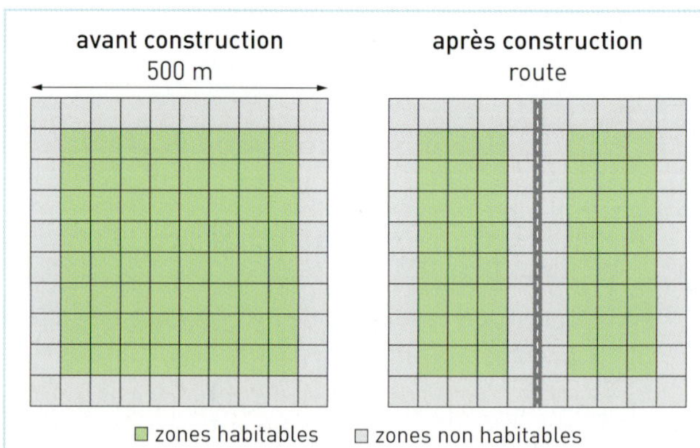

Impact de la construction d'une route sur la surface habitable par le crapaud.

DOC 3 Fragmentation et diversité génétique

En Tunisie, la roquette de mer subit les effets de la fragmentation liée à l'exploitation des dunes (urbanisation due à l'industrie du tourisme) (a).

Des chercheurs ont étudié l'évolution de la **structure génétique** de l'espèce entre 2000 et 2005 sur différents sites (b).

Une population dont la diversité allélique est élevée a davantage de chances de s'adapter à des changements de l'environnement.

	2000	2005
Nombre moyen d'allèles par gène étudié	2,22	2,08
Pourcentage de gènes avec plusieurs allèles	80 %	73 %
Nombre d'allèles disparus		3

b Structure génétique d'une population de roquettes de mer.

a La roquette de mer colonise le haut des plages car elle tolère la présence de sel.

DOC 4 Les effets de la dérive génétique

SIMULATION
La dérive génétique

bordas Flash PAGE animation

La fréquence des allèles dans une population de faible effectif peut varier sous l'effet du hasard : c'est la dérive génétique. Le modèle de Hardy-Weinberg postule que dans une population théorique à l'effectif infini et dont tous les individus se reproduisent entre eux aléatoirement, il est possible d'ignorer les effets de la dérive génétique*. Mais dans la réalité, il est souvent nécessaire de la prendre en compte car l'effectif de la population est limité.

Démarche expérimentale

À l'aide de la simulation :

- utiliser les effectifs des populations du DOC. 2, avant et après la construction de la première route, puis après celle de la deuxième route ;
- comparer l'effet de la dérive génétique sur la diversité allélique des populations.

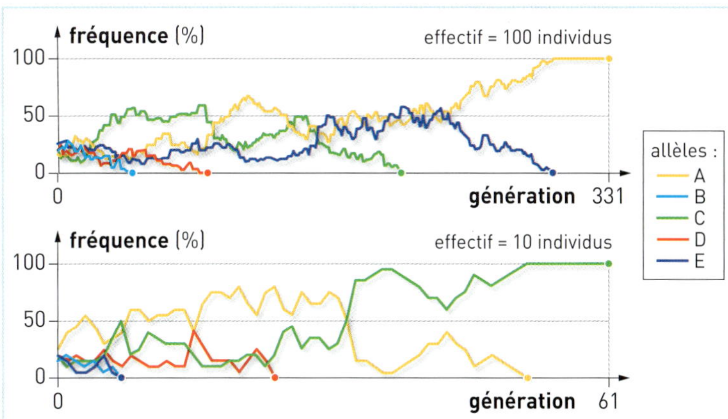

Exemple de résultat pour 5 allèles et deux effectifs différents.

Pistes de travail

Pour comprendre l'impact de la fragmentation sur la biodiversité :

1. **Établir** le lien entre fragmentation des écosystèmes et biodiversité spécifique (DOC. 1).
2. **Formuler** une hypothèse explicative du lien établi précédemment (DOC. 2).
3. **Présenter** l'effet de la fragmentation sur la structure génétique d'une population et en **expliquer** les causes (DOC. 3 ET 4).
4. **Montrer**, sous la forme d'un schéma fonctionnel, les conséquences de la fragmentation sur la biodiversité.

* Lexique en fin de manuel

Des clés pour réussir

- Se rappeler que l'appauvrissement de la diversité génétique fragilise une population.
- Le schéma fonctionnel peut expliquer les liens de cause à conséquence entre différents facteurs.

Activité 6

Préserver la biodiversité

Histoire
Enjeu
Débat

SAVOIR-FAIRE
- Comprendre les mesures de protection de populations à faible effectif.
- Identifier des critères de gestion durable d'un écosystème.

En 2019, environ 25 % des espèces animales et végétales sont menacées d'extinction à cause des activités humaines. Ce constat alarmant impose la prise de mesures de préservation de la biodiversité.

Comment protéger la biodiversité ?

DOC 1 Un déclin alarmant de la biodiversité

Parmi les nombreux groupes d'êtres vivants menacés, la situation des Vertébrés est la mieux connue (a). Les activités humaines constituent les principales menaces sur ces groupes (b).

Cette inquiétante chute de l'**abondance** des populations peut conduire à la simple disparition des espèces.

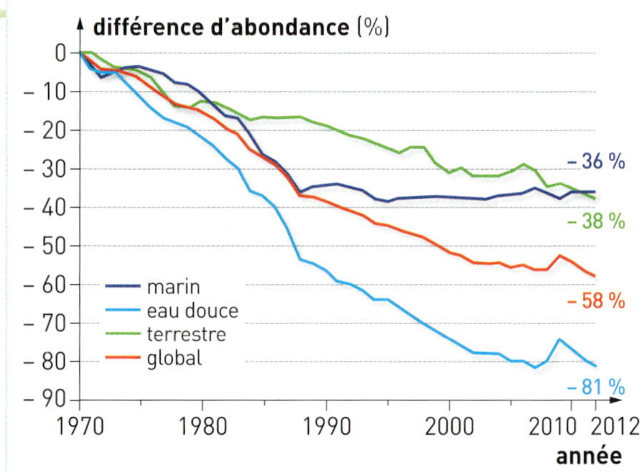

a Différences d'abondance des Vertébrés par type d'habitat par rapport à 1970. *D'après WWF, 2016.*

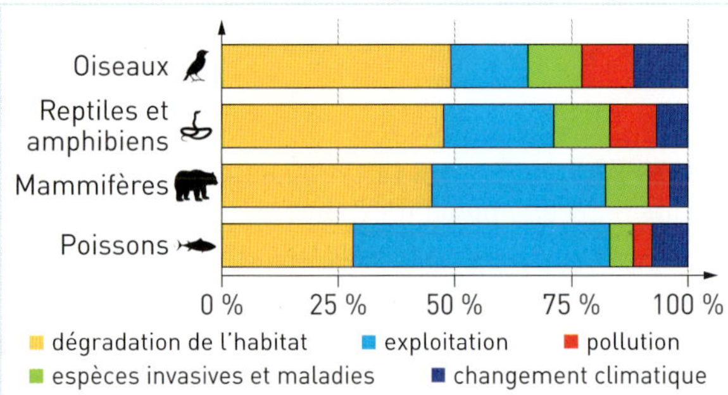

b Les principaux facteurs à l'origine du déclin des espèces actuelles. *D'après WWF, 2018.*

DOC 2 Le castor, une espèce architecte

Le castor européen est un grand rongeur qualifié d'« espèce-ingénieur » car il modifie significativement son environnement par l'édification de barrages sur les cours d'eau et l'abattement d'arbres (figure ci-contre).

Il participe ainsi activement au maintien de la biodiversité en permettant à de nombreuses espèces de s'installer sur les plans d'eau créés.

Ses barrages permettent également une meilleure recharge des nappes phréatiques en cas de sécheresse.

Le castor, une espèce clé des cours d'eau.

DOC 3 Le castor, une espèce menacée

À la fin du XIXe siècle, la dégradation de son habitat et la chasse faillirent faire disparaître le castor d'Europe. Si sa chasse est interdite depuis 1909, de nombreuses autres menaces sont toujours présentes :
- l'introduction du castor canadien, déjà responsable de l'extinction du castor européen en Finlande ;
- la fragmentation des populations, principalement due aux infrastructures routières et aux barrages humains, qui limite les effectifs et augmente le risque d'appauvrissement génétique ;
- l'impact des barrages de castors sur les activités humaines (destruction de cultures, risque d'inondation en amont...) conduisant à une cohabitation difficile et à la destruction sauvage des barrages.

Troncs d'arbre rongés par le castor d'Europe.

DOC 4 Le castor, une espèce protégée

Il ne restait plus, en France, en 1909, qu'une centaine de castors dans la basse vallée du Rhône.

Diverses mesures ont alors été prises pour protéger le castor européen :
- interdiction de la chasse puis classement en espèce protégée en 1968 ;
- réintroductions dans d'autres cours d'eau à partir des années 1960 (a) ;
- aménagements de barrages permettant parfois de limiter les risques d'inondation (b) et poses de clôture permettant de limiter l'accès des castors aux cultures ;
- installation de systèmes permettant le passage d'obstacles (ponts, barrages) ;
- maintien des berges à l'état sauvage ;
- déplacements d'animaux strictement contrôlés si les nuisances sont trop importantes.

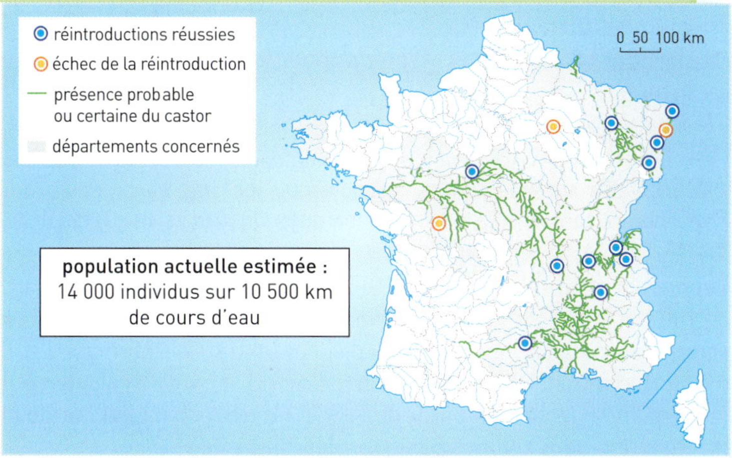

a Présence du castor européen sur la période 2007 à 2012. Les populations actuelles sont en expansion et l'espèce n'est actuellement plus menacée en France. *D'après l'ONCFS, réseau de correspondant Castor (2012).*

b La pose d'un siphon limite le risque d'inondation.

Pistes de travail

Pour comprendre comment il est possible de préserver la biodiversité :

1. **Expliquer** en quoi le déclin de la biodiversité actuellement observé est préoccupant et **citer** les deux causes principales (DOC. 1).
2. **Montrer** que la protection du castor est indispensable à la préservation de l'écosystème (DOC. 2).
3. **Présenter** les menaces qui pèsent sur le castor et les mesures prises pour les contrer (DOC. 3 ET 4).

* Lexique en fin de manuel

Des clés pour réussir

- Veiller à argumenter vos réponses par des valeurs (question 1).
- Il est possible de réaliser un tableau de comparaison (question 3).

1 Des outils pour quantifier la biodiversité

D'une grande diversité, les écosystèmes abritent des millions d'espèces différentes. Cette biodiversité est souvent impossible à étudier de façon exhaustive. Aussi, les scientifiques limitent leur étude à une fraction de la population appelée **échantillon**.

Les individus échantillonnés peuvent être identifiés directement ou *via* des séquences ADN qui leur sont spécifiques.

Cette approche permet d'estimer :
– la **richesse spécifique** de l'écosystème, c'est-à-dire le nombre d'espèces différentes qui le composent. Dans certains cas, la richesse spécifique est si grande qu'il est préférable de mesurer la biodiversité en étudiant des groupes d'espèces apparentées ou taxons (**Fig. 1**) ;
– l'**abondance** (ou effectif) d'une population (méthode de capture-marquage-recapture) ;
– la fréquence d'un caractère au sein d'une population.

Exemple : un recensement a été effectué dans une population de damans (**Fig. 2**). 25 individus ont été capturés, marqués puis relâchés. Plus tard, 30 individus ont été recapturés, parmi lesquels 5 étaient marqués. On peut estimer l'effectif de la population à $N = 30 \times 25 \div 5 = 150$ individus.

Cependant, les résultats obtenus ne seront jamais assortis d'un niveau de confiance de 100 %. On appelle **intervalle de confiance** l'intervalle de valeurs contenant cette estimation pour un niveau de confiance donné. Cet intervalle est d'autant plus réduit que l'effectif de l'échantillon est grand. Il peut se calculer, pour un niveau de confiance de 95 %, à partir de l'effectif n de l'échantillon, et de la fréquence f du caractère dans celui-ci, par la formule suivante :

$$\left[f - \frac{1}{\sqrt{n}} \,;\, f + \frac{1}{\sqrt{n}} \right]$$

Exemple : une étude réalisée sur une partie des ruches d'un rucher montre que sur les 214 abeilles observées, 76 sont parasitées par un acarien, le varroa. En utilisant la formule précédente on obtient l'intervalle de confiance suivant : [0,29 ; 0,43]. On peut donc, avec un niveau de confiance de 95 %, estimer qu'entre 29 % et 43 % des abeilles du rucher sont parasitées par le varroa.

L'évaluation de la biodiversité repose principalement sur l'échantillonnage, qui permet de généraliser des mesures réalisées sur une fraction de la population.

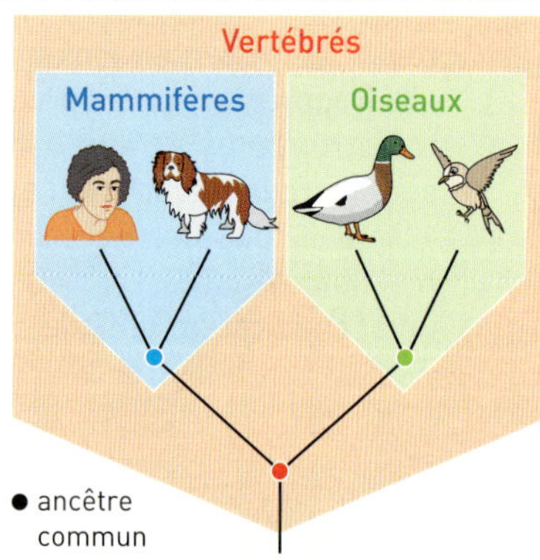

Fig. 1 : On appelle taxon un groupe d'organismes issus d'un même ancêtre commun. Ici, Mammifères, Oiseaux et Vertébrés sont trois exemples de taxons.

Fig. 2 : Afin de suivre l'évolution de l'effectif des populations de damans au Cap, cet individu a été capturé, marqué à l'aide d'un collier, puis relâché.

2 Des populations dont la structure génétique évolue

Un modèle de référence

Afin de suivre l'évolution des populations, les scientifiques ont recours à une situation de référence. Le modèle de Hardy-Weinberg prédit que dans une population fermée, d'effectif infini, ne subissant ni mutation ni sélection et dans laquelle les individus se reproduisent au hasard, la **structure génétique** est stable d'une génération à l'autre : c'est l'**équilibre de Hardy-Weinberg** (**Fig. 3**).

Des forces évolutives à l'œuvre

Tout écart à l'équilibre du modèle de Hardy-Weinberg témoigne de l'action de forces évolutives. Par exemple, les mutations font apparaître de nouveaux allèles dans la population et modifient cet équilibre. Cependant, du fait de leur rareté, leur impact reste modeste.

Génotypes	Fréquences
A1//A1	p^2
A1//A2	$2pq$
A2//A2	q^2

Fig. 3 : Structure génétique d'une population conforme au modèle de Hardy-Weinberg (p et q étant les fréquences des allèles *A1* et *A2*).

Quand la sélection s'en mêle

Si un caractère héréditaire confère un avantage reproductif, la fréquence de l'allèle qui le détermine augmente avec le temps dans la population : c'est la sélection naturelle*. Si l'avantage concerne l'accès au partenaire sexuel, on parle de sélection sexuelle.

La dérive génétique

La plupart des populations réelles ne sont pas de taille infinie. La fréquence des caractères peut alors varier de génération en génération sous l'effet du hasard : c'est la dérive génétique. À terme, un allèle finit soit par disparaitre soit par s'imposer : la dérive conduit à l'appauvrissement génétique d'une population. Plus l'effectif d'une population est faible, plus la dérive y est marquée.

Ainsi, lorsqu'une population voit son effectif diminuer, par exemple du fait de la **fragmentation** de son habitat (Fig. 4), l'appauvrissement génétique lié à la dérive génétique peut la rendre plus vulnérable et provoquer son déclin voire sa disparition.

En théorie, une population d'effectif infini et ne subissant aucune force évolutive présente une structure génétique stable. Si la population est l'objet de forces évolutives (mutation, sélection, dérive génétique, migration), sa structure génétique évolue dans le temps.

Fig. 4 : Les orangs-outans, tout comme de nombreuses autres espèces, sont victimes de la production d'huile de palme qui fragmente leur habitat.

3 Une biodiversité à protéger

Actuellement, le nombre d'espèces et les effectifs de populations diminuent à une vitesse alarmante (Fig. 5).

Ce déclin est essentiellement lié aux activités humaines :
– l'utilisation des sols (agriculture, urbanisation...) conduisant à une destruction et une fragmentation des habitats naturels ;
– la pollution (pesticides, résidus de combustions...) ;
– l'utilisation des combustibles fossiles à l'origine du dérèglement climatique ;
– la surexploitation des espèces et des milieux ;
– les échanges internationaux favorisant les espèces invasives...

La connaissance du fonctionnement d'un écosystème permet d'adopter différentes mesures permettant d'y préserver la biodiversité.

Exemples :
- Des réintroductions bien contrôlées dans une population appauvrie génétiquement peuvent permettre de diminuer le risque d'extinction de cette population.
- L'établissement de corridors écologiques (ponts au-dessus des routes, crapauducs...) permet de limiter les effets de la fragmentation.

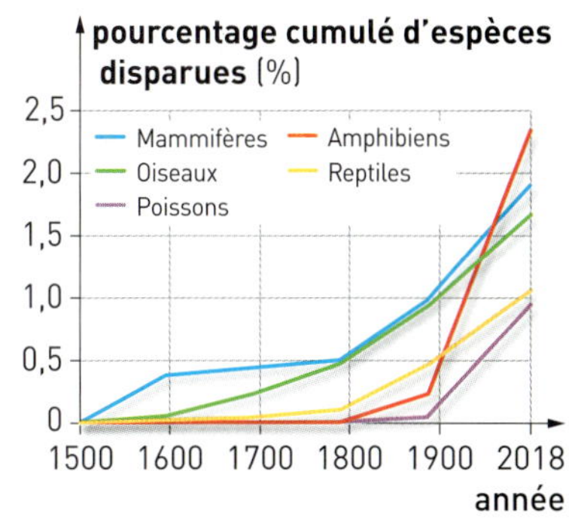

Fig. 5 : Taux d'extinction d'espèces dans différentes familles depuis 1500. *D'après l'UICN.*

Le vocabulaire à retenir

Bordas Flash PAGE cartes mémo

- **Abondance :** nombre d'individus d'une population donnée.
- **Richesse spécifique :** nombre d'espèces différentes dans un écosystème.
- **Échantillon :** groupe d'individus représentatifs de l'ensemble d'une population.
- **Structure génétique :** fréquences des allèles et des génotypes au sein d'une population.
- **Fragmentation :** séparation d'un territoire et de ses populations en plusieurs unités de plus petite taille.
- **Intervalle de confiance :** intervalle de valeurs contenant la fréquence ou la proportion recherchée, pour un niveau de confiance donnée.
- **Équilibre de Hardy-Weinberg :** équilibre théorique de la structure génétique d'une population de taille infinie où tous les individus se reproduisent aléatoirement et qui ne subit aucune force évolutive.

L'essentiel en images

Bordas Flash PAGE — bilan animé

1 L'échantillonnage des écosystèmes

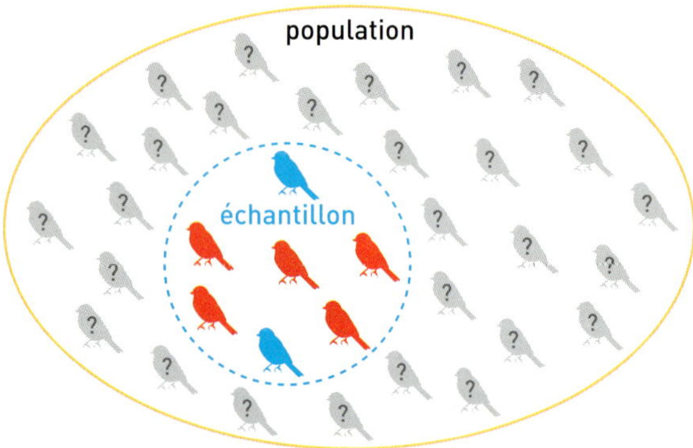

L'échantillonnage permet d'estimer l'effectif d'une population ou la fréquence d'un caractère au sein de celle-ci.

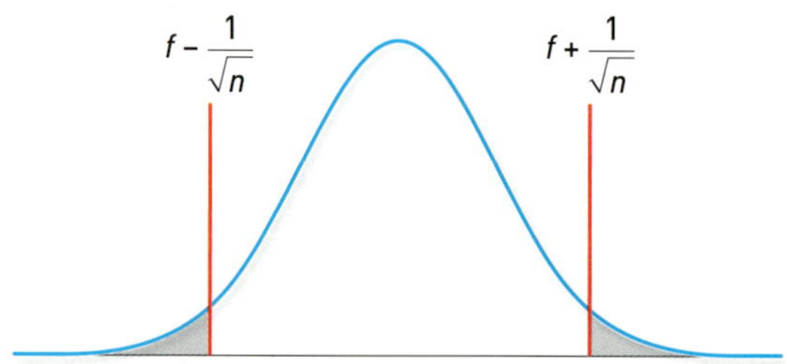

Il y a 95 % de chances que la fréquence du caractère étudié (f) soit compris dans cet **intervalle de confiance** (n étant l'effectif de l'échantillon).

2 L'évolution génétique des populations

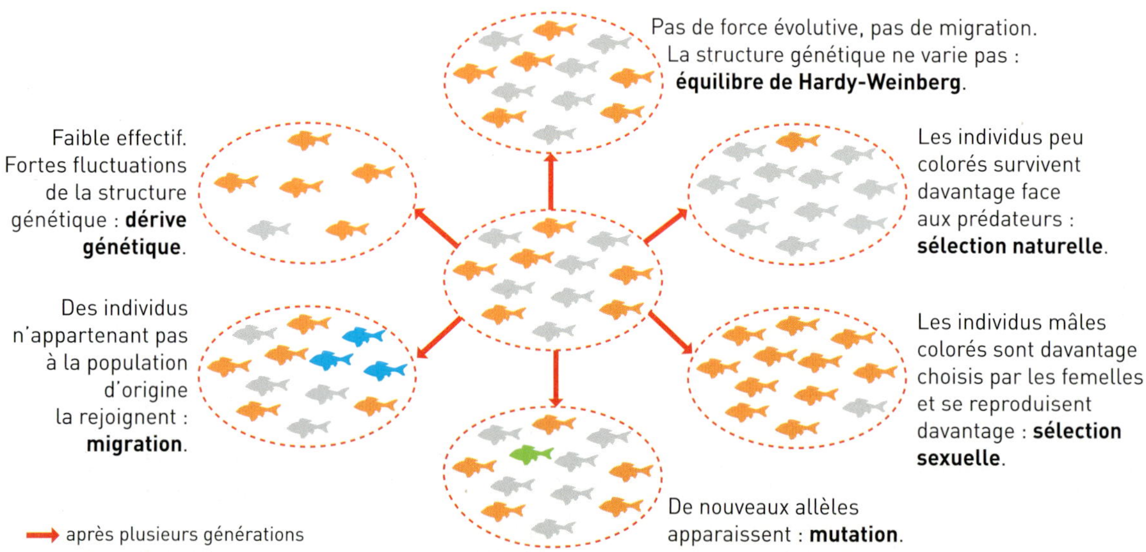

3 La protection de la biodiversité

CONNAÎTRE LES ÉCOSYSTÈMES → MESURER LA BIODIVERSITÉ ; IDENTIFIER LES MENACES

MESURER LA BIODIVERSITÉ
- abondance
- richesse spécifique

IDENTIFIER LES MENACES
- fragmentation et appauvrissement génétique par dérive
- surexploitation
- pollution
- changement climatique
- invasion d'espèces et sélection naturelle

→ IDENTIFIER LES ESPÈCES MENACÉES

→ MISE EN PLACE DE MESURES
- limiter la fragmentation
- réintroduire des individus
- protéger les espèces

Les savoir-faire du chapitre

Analyser une situation d'évolution expliquant un écart par rapport au modèle de Hardy-Weinberg.	4 6
Estimer une abondance à partir de la méthode capture-marquage-recapture.	8 12
En utilisant une formule donnée pour un intervalle de confiance au niveau de confiance de 95 %, estimer un paramètre inconnu dans une population de grande taille à partir des résultats observés sur un échantillon.	8
Utiliser un programme en Python pour constater que les probabilités des génotypes sont constantes à partir de la seconde génération (modèle de Hardy-Weinberg).	10
Identifier des critères de gestion durable d'un écosystème.	9
Analyser des documents pour comprendre les mesures de protection de populations à faibles effectifs.	12
Exploiter des données obtenues au cours d'une sortie de terrain pour estimer la biodiversité.	11

Vérifier ses connaissances EN AUTONOMIE

Réponses en fin de manuel

bordas Flash PAGE corrigés détaillés

1 Question à réponse unique

Pour chaque question, choisir l'unique bonne réponse.

	1	2	3	4
A - Une population respectant l'équilibre de Hardy-Weinberg :	a forcément un effectif fini.	subit soit la sélection naturelle soit la sélection sexuelle.	n'est pas l'objet de forces évolutives.	voit sa structure génétique évoluer dans le temps.
B - La dérive génétique :	est d'autant plus importante que l'effectif est limité.	favorise les individus présentant des caractères favorables.	est mise en évidence par la méthode de marquage-capture-recapture.	s'exerce quand un caractère favorise la reproduction.
C - La principale menace sur la biodiversité est :	le changement climatique.	la pollution.	la surexploitation des espèces sauvages.	la dégradation des habitats.

2 Restituer les notions essentielles du cours

Répondre par un texte court.

a. Citer toutes les conditions qui doivent être réunies pour qu'une population se trouve dans l'équilibre de Hardy-Weinberg.

b. Expliquer les conséquences de la fragmentation de l'habitat sur la structure génétique d'une population.

c. Citer les principaux acteurs à l'origine du délin de la biodiversité.

3 Avoir un regard critique

À l'aide de vos connaissances, montrer que les affirmations suivantes sont fausses.

a. Une population de faible effectif, ne subissant ni sélection ni mutation, peut remplir les conditions d'équilibre de Hardy-Weinberg.

b. Lorsqu'on échantillonne une population, l'estimation est d'autant plus précise que la taille de l'échantillon est faible.

c. Un caractère dominant aura tendance à voir sa fréquence augmenter au fil des générations.

4 Retrouver une notion du cours

Le gène *Adh* détermine la synthèse d'une enzyme* qui, chez la drosophile, détoxifie l'éthanol. On connait deux allèles, *AdhF* et *AdhS*, *AdhF* étant à l'origine d'une enzyme plus active. On étudie l'évolution de la fréquence de l'allèle *AdhF* chez 50 générations de drosophiles cultivées sur des aliments imbibés d'éthanol.

À l'aide de vos connaissances, décrire et expliquer la variation de la fréquence de l'allèle *AdhF*.

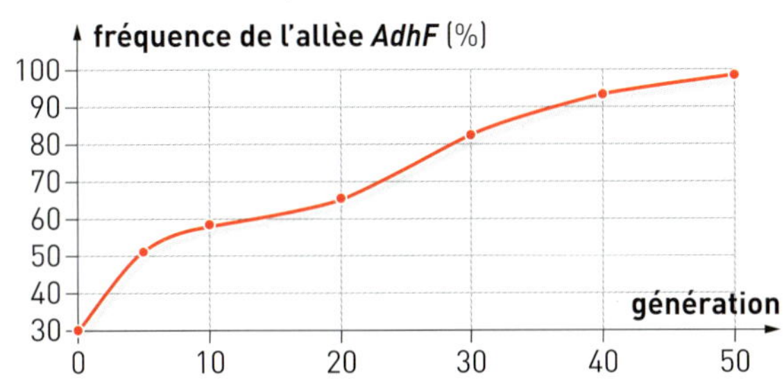

5 Retour sur les problématiques à l'oral

Reprendre les problématiques de la page 191 et y répondre oralement en 10 minutes maximum.

Exercice résolu EN AUTONOMIE

6 Des moustiques résistants aux insecticides

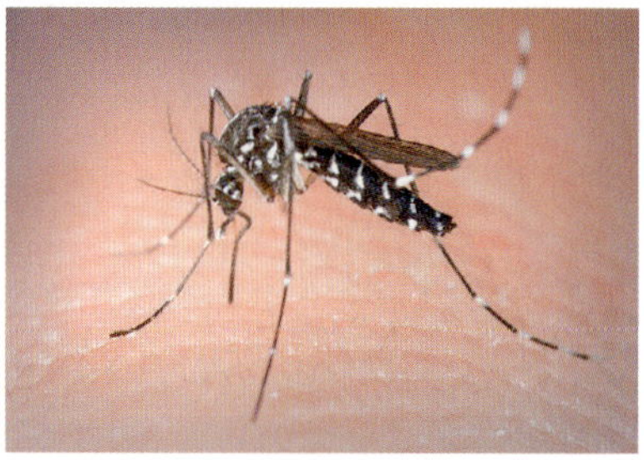

Pour lutter contre les moustiques, des insecticides à base de carbamates sont épandus depuis les années 70. Ces insecticides inhibent l'activité d'une enzyme produite par le moustique : l'acétylcholinestérase.

Le gène codant pour cette enzyme existe sous deux formes : les allèles *R* et *S*.

Des scientifiques supposent que les individus portant l'allèle *R* sont plus résistants aux carbamates. En 1980, un échantillonnage a été réalisé dans une population de moustiques exposés à ces insecticides afin d'étudier la **structure génétique** de cette population.

Les résultats de cette étude sont résumés dans le tableau ci-dessous.

Génotypes	*R//R*	*R//S*	*S//S*
Occurrences	90	284	70

- **Vérifier** que la structure génétique de la population n'est pas conforme aux prédictions du modèle de Hardy-Weinberg et **expliquer** cet écart.

Les clés de l'énoncé

Ce sujet porte sur la **structure génétique** d'une population, c'est-à-dire sur les fréquences des génotypes et des allèles qu'il ne faut pas confondre.

La question à la loupe

- Il faut commencer par calculer la fréquence des allèles puis les fréquences prédites par le modèle de Hardy-Weinberg.
- Si les fréquences prédites ne correspondent pas aux fréquences observées, cela peut signifier que des forces évolutives s'exercent sur elle.

Exemple de correction

Calcul de la fréquence des génotypes pour l'échantillon étudié :

$$f_{R//R} = \frac{90}{90 + 284 + 70} = 0{,}20 \qquad f_{R//S} = 0{,}64 \qquad f_{S//S} = 0{,}16$$

Calcul de la fréquence des allèles :

$$f_R = f_{R//R} + ½\, f_{R//S} = 0{,}52 \qquad f_S = 1 - f_R = 0{,}48$$

Le modèle de Hardy-Weinberg prédit les fréquences suivantes :

$$f_{R//R} = f_R^2 = 0{,}27 \qquad f_{R//S} = 2 \times f_R \cdot f_S = 0{,}50 \qquad f_{S//S} = f_S^2 = 0{,}23$$

Ces fréquences sont très éloignées de celles observées, la population n'est donc pas conforme aux prédictions du modèle.
On peut expliquer cet écart par l'action de la sélection naturelle, les moustiques portant l'allèle *R* étant davantage résistants aux insecticides utilisés.

Quelques conseils

- La fréquence des allèles peut se calculer à partir de celles des génotypes.
Pour deux allèles *A* et *B* par exemple : $f_A = f_{A//A} + ½\, f_{A//B}$
- Le modèle de Hardy-Weinberg prédit que dans une population en équilibre, les fréquences des génotypes sont :
$f_{A//A} = f_A^2$
$f_{A//B} = 2 \times f_A \cdot f_B$
$f_{B//B} = f_B^2$

Exercice similaire *Solutions en fin de manuel*

bordas Flash PAGE corrigé détaillé

7 Structure génétique d'une hêtraie

Une étude de la composition génétique d'une population de hêtres a été réalisée dans une forêt de Basse-Saxe, en Allemagne. Le gène considéré est celui de la 6-PGDH, une enzyme, et se décline en deux allèles *P1* et *P2*. Les génotypes ont été établis pour chaque arbre, et sont décrits dans le tableau suivant.

Génotypes	*P1//P1*	*P1//P2*	*P2//P2*
Nombres	133	52	6

1. Calculer la fréquence des allèles *P1* et *P2* dans cette population
2. Vérifier si la structure génétique de cette population est conforme aux prédictions du modèle de Hardy-Weinberg (à 1 % près).

Une hêtraie dans les Vosges.

S'entraîner

8 Recensement d'un élevage de truites

Un pisciculteur souhaite estimer l'effectif de son élevage de truites dans l'un de ses bassins. Il utilise la technique de capture-marquage-recapture. L'éleveur capture 70 truites, les marque puis les relâche. Quotidiennement, il recapture 30 truites, note le nombre d'individus marqués et les relâche. Ses relevés sont notés dans le tableau ci-dessous.

Jours	1	2	3	4	5	6	7
Nombres d'individus marqués	5	2	2	7	8	4	4

1. À partir de ces relevés, estimer par le calcul l'effectif de l'élevage.
2. Proposer un protocole de capture-marquage-recapture qui permettrait à l'éleveur d'estimer cet effectif avec une meilleure précision.

L'éleveur dispose d'un autre bassin, dans lequel un comptage exhaustif a été réalisé : 1 327 individus y ont été recensés. Une partie des truites de ce bassin souffre d'une maladie parasitaire. L'éleveur souhaite connaître le pourcentage d'individus affectés. Pour cela, il réalise un échantillonnage dans ce bassin et prélève 125 truites, dont 37 portent le parasite.

3. Estimer le pourcentage de truites affectées par le parasite, en précisant l'intervalle de confiance pour un niveau de confiance de 95 %.

Pour marquer les truites, on réalise couramment l'ablation de la nageoire adipeuse (indiquée ici par une flèche).

Coup de pouce

La formule à utiliser pour estimer l'effectif N est la suivante :

$$N = n \cdot \frac{m_0}{m}$$

n : effectif de l'échantillon
m_0 : nombre d'individus marqués initialement
m : nombre d'individus marqués et recapturés

9 Un label pour garantir des pratiques durables (à l'oral)

Avec 16 millions d'hectares, la forêt française recouvre plus du quart de la métropole. Une partie de cette forêt est exploitée pour fournir du bois qui sera destiné au chauffage, à la construction ou encore à produire de la pâte à papier. Au total, la « filière bois » représente un chiffre d'affaire de 23 milliards d'euros par an en France.

Pour que cette gestion soit durable, une certification a été créée, impliquant tous les partenaires impliqués dans cette filière : le PEFC. Pour avoir le droit d'apposer le logo PEFC sur un produit issu de la filière bois (a), des règles très strictes doivent être respectées à tous les niveaux de la chaîne de production ; des contrôles réguliers ont lieu pour s'en assurer.

Parmi ces règles, on peut citer l'engagement à ce que l'exploitation ne conduise pas à une régression de la diversité des espèces d'arbres, la préservation des sols, le maintien des zones humides, et la déclaration systématique des dégâts causés par le gibier.

Certaines règles sont l'objet de vifs débats, comme par exemple le recours aux coupes claires (action de raser une partie de la forêt) (b).

Certains exploitants souhaiteraient pouvoir recourir à cette méthode sur des surfaces de plus de 10 hectares, tandis que d'autres acteurs tels que les écologistes la jugent nuisibles à l'écosystème et souhaiteraient limiter cette surface à quelques hectares.

1. Relever les règles que les exploitants forestiers doivent respecter s'ils veulent bénéficier du label PEFC.
2. Préparer et présenter à l'oral un débat ou une discussion opposant des exploitants forestiers souhaitant augmenter leurs profits et des écologistes souhaitant limiter la perturbation de l'écosystème forestier.

a Le logo du label PEFC.

b Une coupe claire entraîne la fragmentation de l'habitat et altère la structure du sol.

S'entraîner

10 Un programme pour vérifier l'équilibre de Hardy-Weinberg

On souhaite démontrer que la fréquence des allèles et des génotypes est stable dans une population conforme au modèle de Hardy-Weinberg. On dispose pour cela d'une base de programme en langage Python. Les deux allèles sont notés *A* et *B*.

```
#fréquences initiales des allèles
fA=0.25
fB= ...

#on répète sur 10 générations
for i in range (10):
    print ("Génération n°",i)
    # calcul de la fréquence des génotypes
    # à partir de celle des allèles
    fAA=fA*fA
    fAB= ...
    fBB= ...
    print ("f(A//A)=",fAA," f(A//B)=",fAB," f(B//B)=",fBB)
    # calcul de la nouvelle fréquence des allèles
    # à partir de celle des génotypes
    fA= ...
    fB= ...
    print ("f(A)=",fA," f(B)=",fB)
```

1. Compléter les lignes de code incomplètes et exécuter le programme afin de suivre l'évolution des fréquences alléliques et génotypiques.

2. Indiquer si ces résultats sont conformes aux prédictions du modèle.

On souhaite à présent s'écarter des conditions d'équilibre de Hardy-Weinberg en considérant que les individus portant le génotype *B//B* meurent à la naissance.

3. Nommer la force évolutive que l'on souhaite modéliser.

4. Modifier le programme de façon à prendre en compte l'absence d'individus *B//B*.

5. Exécuter le programme, décrire et interpréter les résultats obtenus.

Coup de pouce

- **1.** : les formules se trouvent dans les **DOC. 2 ET 3** p. 197.
- **4.** : il faut donner la valeur 0 à $f_{B//B}$ mais également recalculer $f_{A//A}$ et $f_{A//B}$ de façon à ce que leur somme soit égale à 1, grâce à la formule :

`fAA=fAA/(fAA+fAB)`

Idem pour $f_{A//B}$.

11 Estimer la biodiversité

Au cours d'une sortie scolaire, des élèves sont invités à comparer la biodiversité de deux écosystèmes : une chênaie (forêt de chênes) et une pinède (forêt de pins). Leur étude (identification, estimation de la biodiversité et de l'abondance) se limite aux arbres. Après avoir délimité des échantillons de même surface (1 000 m^2) dans les deux écosystèmes, les élèves, aidés de leurs professeurs, ont identifié les différentes espèces d'arbres et noté leur effectif dans les tableaux ci-dessous.

Chênaie	
Espèces	**Effectifs**
Chêne vert	6
Chêne pubescent	4
Érable de Montpellier	6
Olivier	3

Pinède	
Espèces	**Effectifs**
Pin d'Alep	12
Pin maritime	8
Olivier	1
Arbre de Judée	1

1. Parmi ces affirmations, indiquer lesquelles sont correctes :
- **a.** La chênaie a une richesse spécifique supérieure à celle de la pinède.
- **b.** La pinède a une richesse spécifique supérieure à celle de la chênaie.
- **c.** Les deux écosystèmes présentent la même richesse spécifique.
- **d.** On ne peut pas comparer la richesse spécifique de ces deux écosystèmes.

2. Calculer l'abondance relative (en %) des différentes espèces d'arbres dans ces deux écosystèmes et présenter le résultat de vos calculs sous la forme de deux diagrammes circulaires.

3. En partant des réponses aux questions précédentes, expliquer pourquoi la richesse spécifique ne peut à elle seule refléter la biodiversité d'un écosystème.

Les pinèdes présentent souvent un aspect monotone, les Pins étant quasiment les seuls arbres rencontrés.

S'entraîner

Prépa BAC Vers l'E3C

12 Des mesures pour protéger le thon rouge

Le thon rouge est un poisson (a) prédateur de grande taille (à l'âge adulte, il mesure plusieurs mètres de long et pèse plusieurs centaines de kg). Il se reproduit essentiellement en Méditerranée, puis migre en bancs vers l'océan Atlantique pour s'alimenter (b). Sa chair est appréciée notamment des amateurs de sushis, et c'est, entre autres, l'engouement pour cette spécialité culinaire qui explique la surpêche dont il est l'objet depuis les années 90. L'utilisation de larges filets (sennes), tractés par des bateaux de pêche pouvant dépasser les 100 m, est particulièrement mise en cause. Jusqu'à 50 000 tonnes de thons rouges sont ainsi pêchés chaque année.

Face à la baisse du nombre d'individus reproducteurs (en âge de se reproduire), un premier quota, fixé à 30 000 tonnes par an, a été mis en place en 1998 afin de permettre à la population de se reconstituer. Hélas, du fait de la faiblesse des contrôles, ce quota a été peu respecté.

En 2006, un comité scientifique (CICTA) émet un rapport alarmiste, l'effondrement de l'effectif est tel que l'espèce elle-même pourrait être menacée. Des mesures drastiques sont alors mises en œuvre dès 2007, tels que des contrôles accrus (surveillance aérienne, mise en place d'observateurs sur les bateaux), et la mise en place d'une masse limite de 30 kg (les individus plus petits sont relâchés), puis en 2009 le quota est baissé à 13 500 t/an, et la pêche à la senne autorisée durant un mois par an seulement.

a Pêcheurs chargeant un thon rouge au large de l'Italie.

b Aires de répartition (en gris), de reproduction (en jaune) et principales voies migratoires du thon rouge.

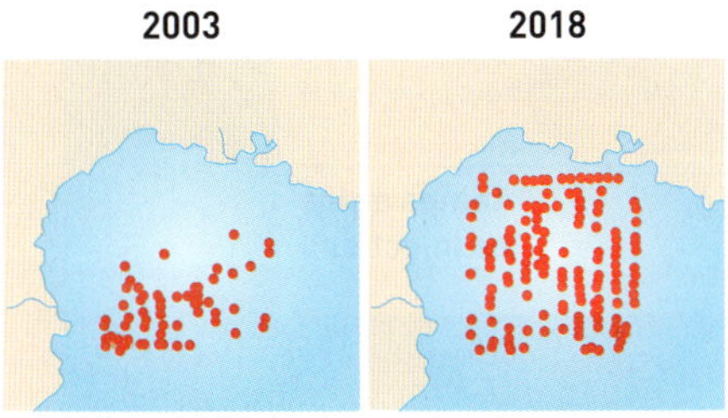

c Résultats des suivis aériens menés par l'Ifremer en Méditerranée. Chaque point est un banc de thon rouge.

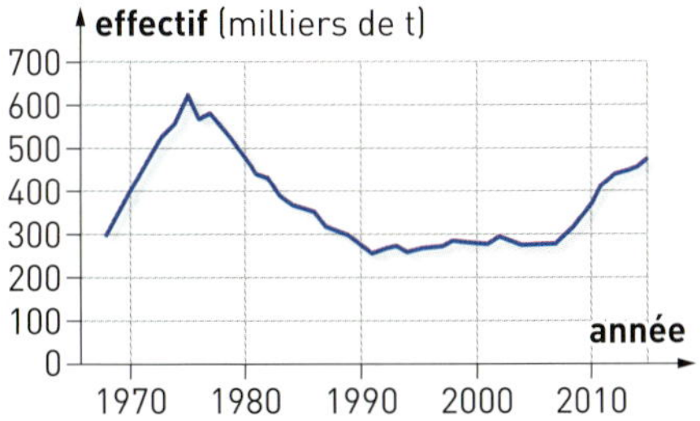

d Évolution de l'effectif (en milliers de tonnes) des thons adultes de 1970 à 2018.

Afin d'évaluer l'efficacité de ces mesures, des suivis aériens des bancs de thons sont menés par l'Ifremer depuis 2003 dans le golfe du Lion (c). Des campagnes de capture-marquage-recapture sont également réalisées depuis les années 1970 afin de suivre l'évolution des effectifs des individus reproducteurs (d).

1. Décrire l'évolution de l'effectif des individus reproducteurs entre 1970 et 2018.

2. En partant de l'exploitation des documents, discuter de l'efficacité des mesures prises depuis 2007.

3. Justifier la nécessité d'appliquer ces mesures dans l'océan Atlantique mais également en mer Méditerranée.

La méthode de capture-marquage-recapture a été utilisée pour estimer l'effectif des thons. Des marques sont placées sur des thons par des scientifiques ; les pêcheurs sont ensuite invités à signaler les individus marqués parmi ceux qu'ils ont pris dans leurs filets.

4. Estimer l'effectif d'une population de thons, sachant que 200 thons ont été initialement marqués et que 15 thons marqués ont été comptabilisés parmi les 300 thons repêchés.

Activité 1

L'histoire évolutive de l'œil humain

SAVOIR-FAIRE
Expliquer l'origine d'une structure anatomique en mobilisant les concepts de hasard, de variation, de sélection naturelle et d'adaptation (exemple de l'œil).

Si l'existence d'organes aussi complexes que l'œil a longtemps servi d'argument aux antiévolutionnistes*, les connaissances actuelles sur les différentes formes d'œil du monde vivant nous permettent de reconstituer son histoire évolutive.

Comment expliquer l'existence d'un organe aussi complexe que l'œil ?

DOC 1 Un peu d'anatomie comparée

Les yeux sont les organes de la vision : ils permettent de capter une information lumineuse qui est traitée et qui engendre une réponse comportementale. En ce sens, ce sont des **adaptations évolutives**, c'est-à-dire des structures en adéquation avec les fonctions qu'elles réalisent (a).

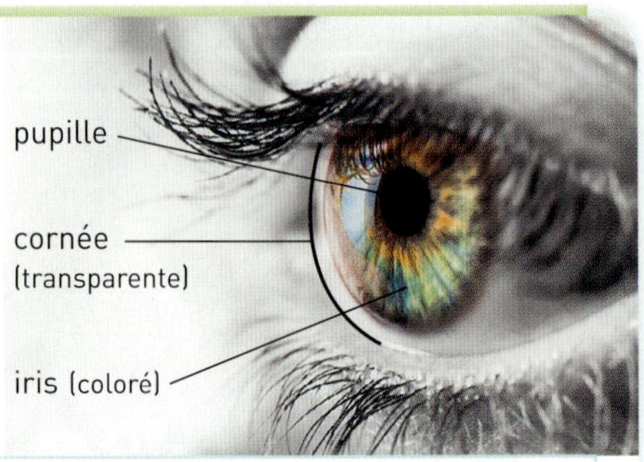

a Organisation de l'œil humain.

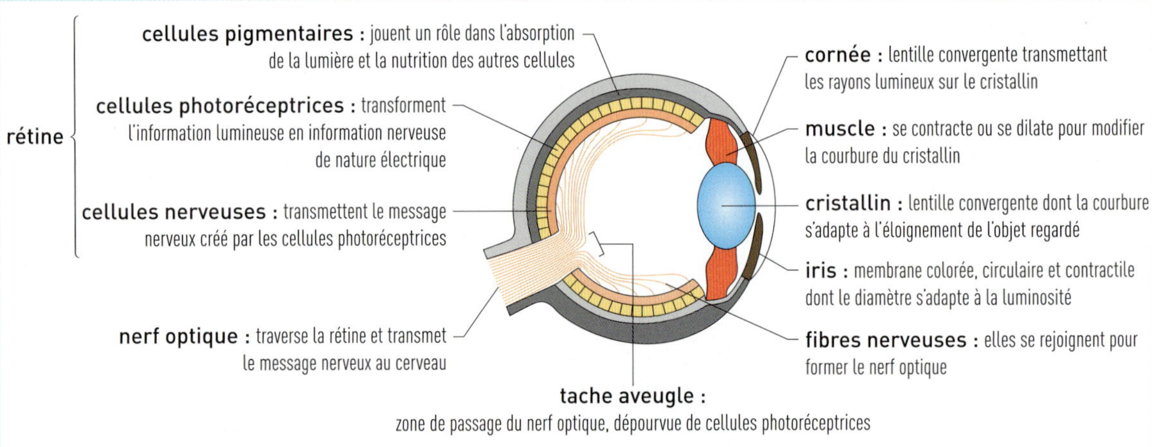

L'œil humain est à la fois une véritable merveille anatomique et un système étrange. S'il avait fallu le concevoir comme un ingénieur conçoit une machine, il est peu probable qu'il ressemblerait à ce qu'il est aujourd'hui :

- sa rétine, comme celle de tous les Vertébrés, est dite inversée car ses cellules photoréceptrices sont orientées vers l'intérieur de l'œil, à l'opposé de la lumière. La lumière doit donc traverser plusieurs couches cellulaires avant de stimuler les photorécepteurs ;
- les fibres nerveuses de la rétine convergent ensuite vers le cortex* visuel ; leur passage au travers de la rétine impose l'absence de photorécepteurs à cet endroit formant ainsi la tache aveugle. Grâce aux informations lui parvenant des deux yeux, notre cerveau compense cette lacune et reconstruit les parties manquantes du champ de vision.

ANIMATION BONUS
De l'œil au cerveau
bordas Flash PAGE animation

Bien qu'ils aient évolué indépendamment des Vertébrés, les Céphalopodes (pieuvres, calamars...) possèdent des yeux qui ressemblent énormément aux nôtres (b). Cependant, ils présentent une rétine droite (c'est-à-dire non inversée) et n'ont donc pas de tache aveugle !

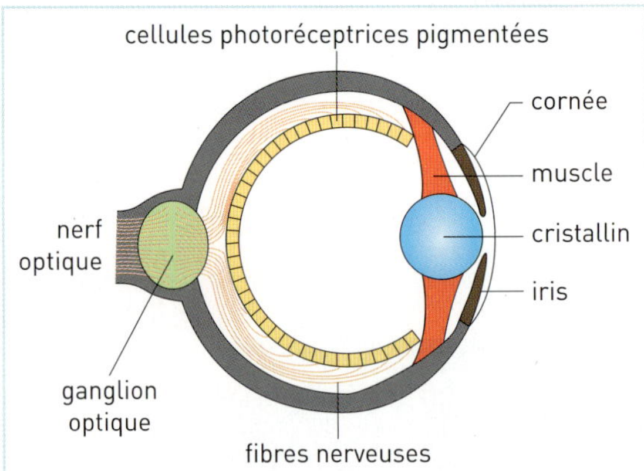

b L'œil des Céphalopodes.

DOC

2 Un scénario de l'évolution de l'œil humain

Au XIXe siècle, les approches naturalistes ont pu décrire dans le monde vivant une quarantaine de types d'organes visuels, dont les yeux simples de la planaire (a).

Dans *L'origine des espèces* (1859), Darwin esquissait déjà un scénario de l'évolution d'un œil simple vers un œil plus complexe par l'accumulation de variations utiles.

En 1994, deux chercheurs, Dan-Eric Nilsson et Susanne Pelger, utilisèrent un modèle* numérique de l'évolution de l'œil afin d'estimer le nombre de générations nécessaires à cette évolution (b).

Le stade initial du modèle ressemble à l'œil de la planaire. Il consiste en une couche de cellules superficielles transparente (ici en bleu clair), une couche intermédiaire de cellules photoréceptrices (en jaune) et une couche de cellules pigmentaires (en gris foncé).

Le modèle conçoit les étapes d'évolution les unes après les autres selon trois principes :

- toutes les nouvelles étapes possibles sont envisagées ;
- une nouvelle étape présente au maximum 1 % de différence avec la précédente ;
- parmi toutes les possibilités, seule la solution qui améliore le plus les propriétés optiques est conservée.

Au cours de cette **histoire évolutive**, les propriétés optiques sont d'abord améliorées par le creusement en cupule*. Une autre étape importante est la constitution du cristallin (ovale bleu foncé ici) puis son aplatissement accompagné de celui de l'iris. Comme chaque étape n'est qu'une légère modification d'une situation antérieure, l'orientation initiale et aléatoire des photorécepteurs conditionne leur orientation plusieurs millions d'années après : inversée chez les Vertébrés mais pas chez les Céphalopodes.

Les résultats montrent qu'un œil ressemblant à l'œil humain peut apparaître en moins de 1 829 étapes.

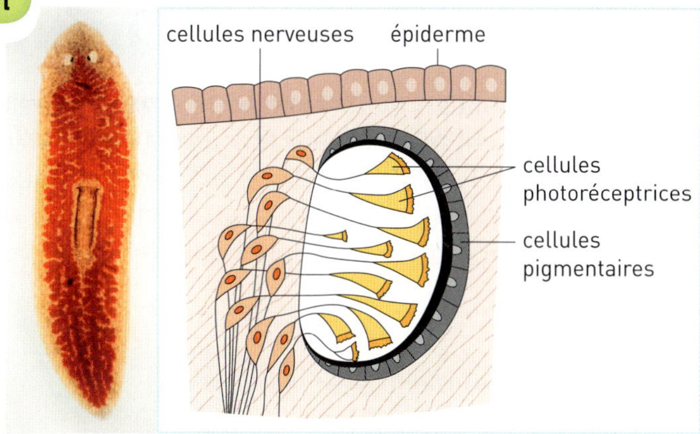

a Une planaire et la schématisation de l'un de ses yeux.

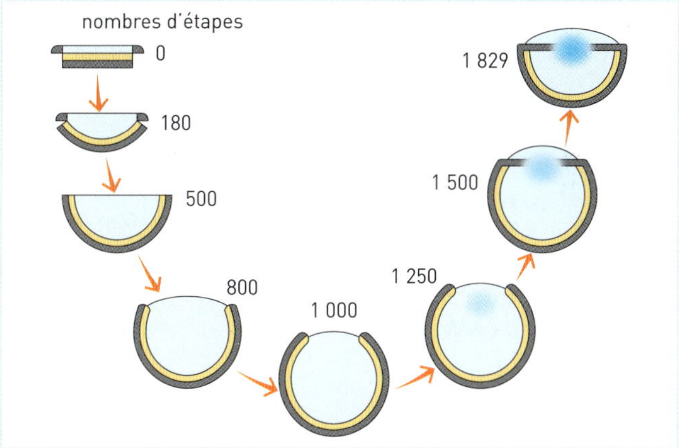

b Une évolution possible de l'œil selon le modèle de Nilsson et Pelger.

Pour mener une investigation

- En considérant une étape par génération et un temps de génération* d'un an, donner le temps nécessaire pour l'évolution vers un œil complexe.
- Calculer cette durée pour une étape toutes les 10 puis 100 générations et pour des temps de génération de 5, 10 et 20 ans.
- Sachant que les premiers fossiles d'animaux ayant des yeux remontent à environ 550 millions d'années, commenter l'affirmation de Nilsson et Pelger : « Le temps qui s'est écoulé depuis est suffisant pour que des yeux comme les nôtres aient évolué plus de 1 500 fois ! »

Pistes de travail

Pour comprendre l'histoire évolutive de l'œil humain :

1. **Décrire** les « défauts de structure » de l'œil humain (DOC. 1).
2. **Indiquer** en quoi le modèle de Nilsson et Pelger simule une évolution par sélection naturelle (DOC. 2).
3. **Expliquer** l'origine des « défauts de structure » de l'œil humain.
4. **Montrer** la complémentarité des observations naturalistes et des modélisations dans la construction d'un savoir scientifique (DOC. 2).

* Lexique en fin de manuel

Des clés pour réussir

- Penser à comparer l'œil humain avec d'autres yeux.
- S'aider des pages d'acquis, pp. 188-189.

Activité 2

L'évolution de l'anatomie humaine

SAVOIR-FAIRE
Interpréter des caractéristiques anatomiques humaines en relation avec des contraintes évolutives historiques ou de construction, des compromis sélectifs ou des régressions en cours.

Certaines structures de notre anatomie présentent des particularités surprenantes pouvant paraître sans fonction avérée ou bien d'une étonnante complexité.

Comment l'évolution permet-elle de comprendre les particularités de l'anatomie humaine ?

DOC 1 Pourquoi les hommes ont-ils des tétons ?

Torse de la célèbre statue *David* de Michel-Ange.

Les tétons sont mis en place assez tôt dans le développement embryonnaire à un moment où la différenciation sexuelle n'a pas encore eu lieu. Cette **contrainte évolutive** de construction pourrait expliquer pourquoi, chez de nombreuses espèces, les tétons sont aussi présents chez les mâles alors qu'ils n'allaitent pas.

Notons que cette hypothèse doit toutefois être nuancée :

- les mâles de nombreuses espèces de Mammifères, comme les souris, sont dénués de tétons, ce qui montre qu'il ne s'agit pas d'une contrainte de construction insurmontable ;
- les tétons des hommes pourraient être avantagés par la sélection sexuelle* en constituant un caractère ayant une influence dans le choix du partenaire sexuel des femmes.

DOC 2 Pourquoi le nerf laryngé a-t-il un trajet si étrange ?

Chez tous les Mammifères, le nerf laryngé part du cerveau et innerve le larynx*. Au lieu de suivre un trajet direct, ce nerf fait un détour en passant sous la crosse aortique.

Chez les girafes, par exemple, il s'agit d'un détour de plus de 4 m ! Cette étrangeté est la conséquence d'une contrainte évolutive historique. Le nerf laryngé est apparu chez un Vertébré ancestral dénué de cou chez qui le trajet le plus direct consistait alors à passer sous la crosse aortique. Lorsque le cou est apparu, éloignant le cœur du cerveau, il était impossible de modifier évolutivement ce trajet. Le nerf laryngé s'est alors allongé.

L'évolution agit à l'image d'un bricoleur qui doit toujours « faire avec ce qu'il a ». En conséquence, les organismes vivants portent des traces de leur histoire évolutive.

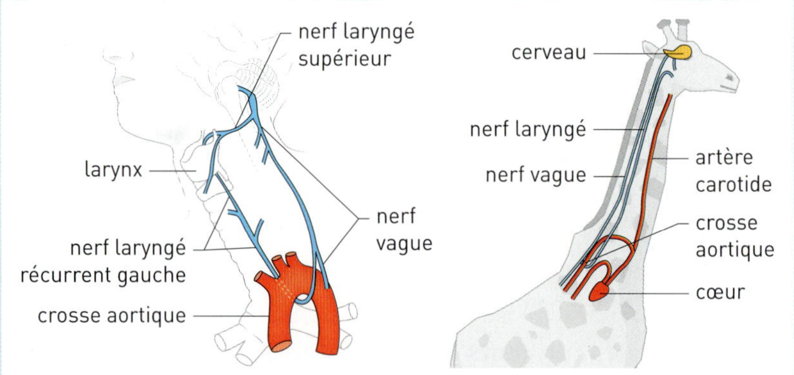

Trajet du nerf laryngé autour de la crosse aortique chez l'humain et chez la girafe.

DOC

3 Pourquoi les dents de sagesse deviennent-elles moins répandues ?

Nos troisièmes molaires sont plus couramment appelées dents de sagesse. Comme pour les autres dents, nous en avons, ou devrions en avoir, quatre. Cependant, 20 à 25 % des individus naissent avec au moins une dent de sagesse manquante. De plus, dans les pays développés, ces troisièmes molaires sont très souvent enlevées pour éviter douleurs et complications médicales.

Au cours de notre histoire évolutive récente, la taille de notre mâchoire a diminué, d'où un manque d'espace pour les troisièmes molaires et l'apparition de troubles de la santé bucco-dentaire. Les individus n'ayant pas toutes leurs dents de sagesse présentent ainsi un avantage. L'évolution de notre denture* est en cours, mais la disparition complète des dents de sagesse sera très lente puisque le désavantage qu'elles provoquent disparaît grâce aux soins dentaires.

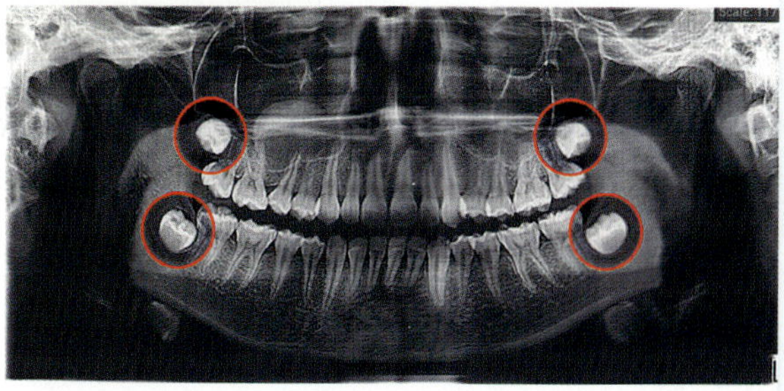

Radiographie dentaire. (Les dents de sagesse sont entourées en rouge).

L'évolution par sélection naturelle a besoin de temps pour accumuler des mutations. Elle n'est pas instantanée ! Ce qui était adapté à un moment donné peut devenir mal-adapté à un autre moment ; on parle d'**anachronisme évolutif**. On peut alors assister à une **régression** de ces mal-adaptations.

DOC

4 Pourquoi la naissance du bébé est-elle si difficile ?

Chez l'espèce humaine, l'accouchement (a) est plus long et plus difficile que chez les autres Primates* (b). De nos jours, les accouchements compliqués entraînent encore, chez certaines populations humaines, des taux de mortalité maternelle et néonatale élevés.

Au cours de notre évolution, le volume crânien a augmenté. De plus, la largeur de l'ouverture du bassin a diminué et son orientation a évolué, facilitant la bipédie*. Ainsi, l'ouverture du bassin féminin doit être à la fois la plus étroite possible pour garantir des os iliaques larges nécessaires à une bipédie efficace mais aussi la plus large possible pour garantir un accouchement sans danger. La largeur du bassin est donc la résultante intermédiaire de ces deux pressions de sélection.

Certains caractères des êtres vivants résultent donc de **compromis sélectifs** issus de pressions de sélection antagonistes.

ANIMATION BONUS
L'accouchement
bordas Flash PAGE animation

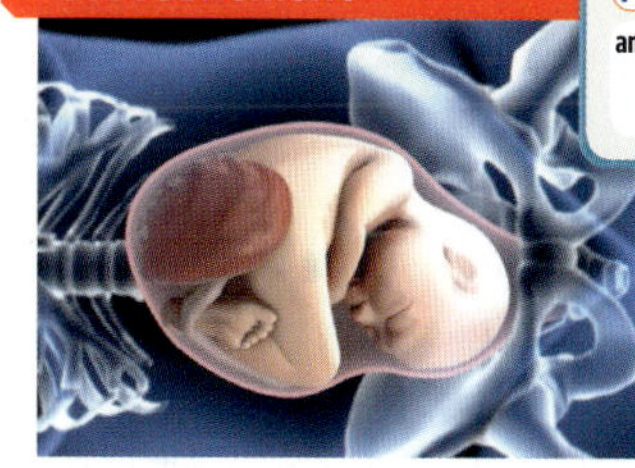

a Position du bébé juste avant l'accouchement.

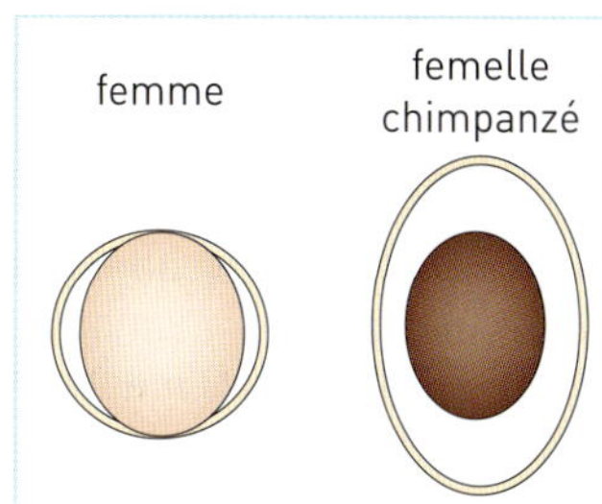

b Relation entre la taille de l'entrée du bassin maternel (contour) et la taille de la tête du bébé (forme pleine) chez les humains et les Chimpanzés.

Pistes de travail

Pour expliquer certaines particularités de notre anatomie :

1. **Imaginer** un scénario évolutif où les hommes n'auraient pas de tétons (DOC. 1).
2. **Expliquer** pourquoi l'allongement du nerf laryngé était une solution évolutivement pertinente pour résoudre le problème posé par l'apparition du cou (DOC. 2).
3. **Rechercher** d'autres caractères en cours de régression chez l'Homme (DOC. 3).
4. **Montrer** que le bassin de la femme pourrait devenir plus étroit pour les futures générations des pays développés (DOC. 4).

* Lexique en fin de manuel

Des clés pour réussir

- Prendre en compte l'aspect « bricolage évolutif ».
- Identifier les pressions de sélection et comment les interventions médicales peuvent les modifier.

Activité 3

Évolution et santé

Histoire
Enjeu
Débat

SAVOIR-FAIRE
Mobiliser des concepts évolutionnistes pour expliquer comment des populations microbiennes deviennent résistantes à un vaccin ou à un antibiotique.

La médecine évolutionniste permet de comprendre certains problèmes majeurs de santé publique comme l'apparition de bactéries résistantes aux antibiotiques et d'y répondre en adaptant certaines stratégies médicales.

Quelle est l'origine de l'antibiorésistance et comment l'éviter ?

DOC 1 L'antibiorésistance : un problème de santé publique

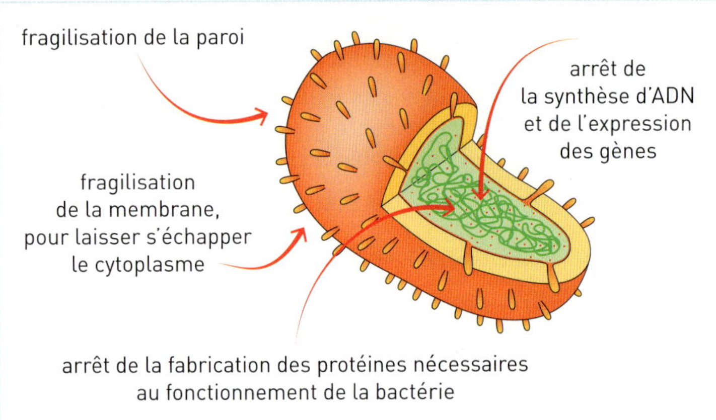

a Chaque antibiotique cible différemment un élément vital du fonctionnement de la cellule bactérienne.

Les antibiotiques sont des molécules utilisées pour lutter contre les infections bactériennes (a).

Découverts dans les années 1930, ils ont constitué une véritable révolution médicale en augmentant notre espérance de vie de plus de 10 ans !

Malheureusement, cette avancée majeure est aujourd'hui fragilisée par le développement de l'**antibiorésistance**, c'est-à-dire la capacité des bactéries à survivre et se reproduire malgré la présence d'antibiotiques. L'antibiorésistance est responsable de 700 000 décès par an dans le monde.

Le développement de l'antibiorésistance est une conséquence de l'apparition d'enzymes*, chez certaines bactéries, capables de dégrader les molécules d'antibiotiques. Les gènes de ces enzymes peuvent être transmis héréditairement ou directement entre bactéries.

De très nombreuses données sur la consommation d'antibiotiques et les niveaux de résistance de différentes bactéries sont collectées dans le monde entier afin d'anticiper les risques et d'adapter les stratégies médicales (b).

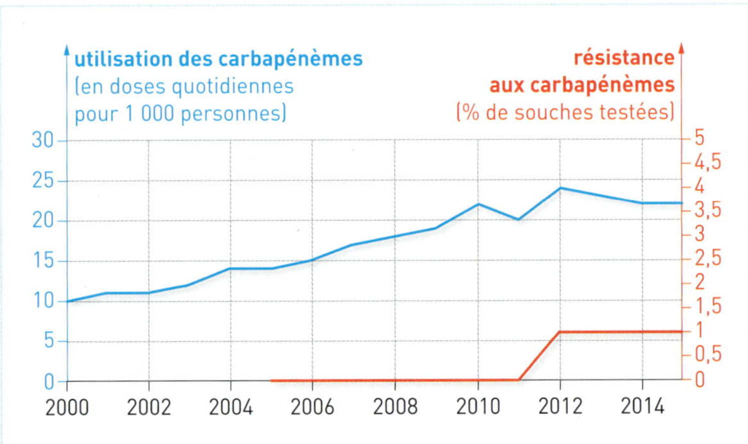

b Consommation d'une famille d'antibiotiques, les carbapénèmes, et niveaux de résistance de la bactérie *Klebsiella pneumoniae* à ces antibiotiques, pour la France. *Source : CDDEP.*

Pour mener une investigation

LIEN VERS... le site du CDDEP

bordas Flash PAGE lien web

En utilisant le site internet resistancemap.cddep.org du CDDEP (*Center For Disease Dynamics, Economics and Policy*) :

- identifier d'autres cas de corrélation entre variation de consommation d'un antibiotique et variation de la résistance d'une bactérie à cet antibiotique ;
- comparer les situations entre pays.

DOC
2 Une comparaison entre antibiotiques et vaccins

ANIMATION BONUS
La vaccination

bordas Flash PAGE animation

Les résistances bactériennes ou virales aux vaccins sont rares mais existent.

En effet, vaccins et antibiotiques diffèrent dans leurs modes d'action et utilisations :

- les vaccins permettent au système immunitaire de cibler les pathogènes* de différentes façons alors que chaque antibiotique n'agit que d'une seule manière. Une résistance à un vaccin doit donc impliquer davantage de mutations du pathogène qu'une résistance à un antibiotique ;
- les vaccins sont utilisés préventivement afin d'empêcher les populations d'agents pathogènes de se développer, ce qui limite l'apparition de mutations.

Le développement de la vaccination est ainsi une alternative à l'utilisation des antibiotiques.

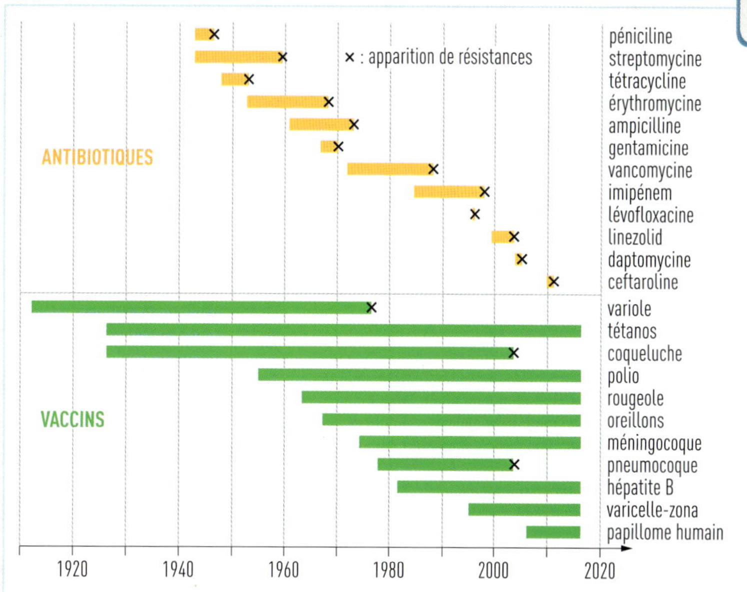

Utilisation d'antibiotiques et de vaccins et apparition de résistances.

DOC
3 Mettre en œuvre des stratégies prophylactiques efficaces

Mieux comprendre l'apparition et le développement des résistances permet d'envisager des **stratégies prophylactiques** plus pertinentes pour les limiter. Afin de favoriser les bonnes pratiques (a), des plans d'actions mondiaux et européens se succèdent. En France, les campagnes de sensibilisation qui ont débuté en 2002 sont toujours d'actualité (b). Si ces campagnes ont eu des effets positifs, la situation globale reste très préoccupante.

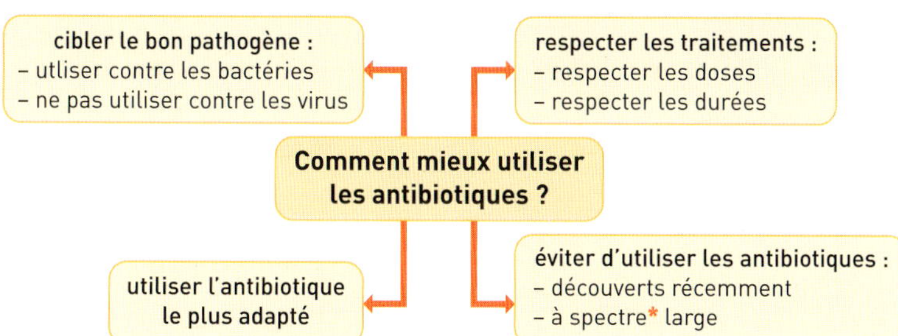

a Des utilisations plus pertinentes des antibiotiques.

b Affiche de campagne de sensibilisation du Ministère des Solidarités et de la Santé.

Pistes de travail

Pour comprendre la notion d'antibiorésistance :

1. **Indiquer** la corrélation observable entre consommation d'antibiotiques et antibiorésistance puis montrer qu'il peut s'agir d'une relation de causalité (DOC. 1).
2. **Indiquer** en quoi le développement des stratégies vaccinales peut limiter l'apparition d'antibiorésistances bactériennes (DOC. 2).
3. **Justifier** les stratégies prophylactiques permettant de limiter le risque d'apparition de souches antibiorésistantes (DOC. 3).

* Lexique en fin de manuel

Des clés pour réussir

- Veiller à vous appuyer sur les concepts de la sélection naturelle.
- S'aider de la page de garde II du manuel « Distinguer causalité et corrélation »

Activité

4 Évolution et agriculture

Histoire
Enjeu
Débat

SAVOIR-FAIRE
Mobiliser des concepts évolutionnistes pour expliquer l'apparition de ravageurs des cultures résistants aux produits phytosanitaires.

Le développement de l'agriculture, qui a débuté avec la domestication, pose aujourd'hui de nombreux problèmes. Parmi eux : l'érosion de la biodiversité et le développement de résistances aux traitements phytosanitaires.

Comment expliquer que nos pratiques agricoles soient à l'origine de ces deux problèmes majeurs ?

DOC 1 Un autre regard sur la domestication

Du Néolithique à nos jours, les humains ont domestiqué des plantes et des animaux pour répondre à leurs besoins, en particulier alimentaires. Cette **domestication**, en favorisant la reproduction des individus porteurs des caractères jugés les plus intéressants, est à l'origine de pressions de sélection différentes des pressions naturelles. Ainsi, il n'est pas surprenant que l'évolution conduise les plantes cultivées et les animaux élevés à devenir très différents de leurs ancêtres sauvages (a).

Les bovins (Iran)
Issus de la domestication des aurochs, les bovins ont été sélectionnés pour leur viande, leur lait et leur force. Les vaches actuelles peuvent produire entre 2 000 et 14 000 litres de lait par an.

Les porcins (Chine, Papouasie-Nouvelle-Guinée, Europe)
La présence de poils a été contre-sélectionnée tandis que la masse de muscle a été sélectionnée positivement.

Les ovins (Kurdistan)
Les moutons possèdent une laine que les espèces ancestrales sauvages n'avaient pas.

Dans tous les cas, le caractère agressif a été contre-sélectionné en faveur d'animaux dociles, pouvant vivre paisiblement entre eux et avec des humains.

Les blés (Moyen-Orient)
Les grains de blé des variétés domestiques se détachent plus facilement de leur enveloppe mais restent accrochés sur la plante. La maturation des grains se fait sur un temps court qui permet une récolte globale.

Les maïs (Mexique)
Les grains de maïs sont 15 fois plus gros que ceux de la plante sauvage d'origine.

Les riz (Chine et Inde)
Les grains de riz des variétés domestiques ne tombent pas de la plante mais y restent accrochés, ce qui permet de les récolter. Les rendements sont plus élevés.

Dans tous les cas, les épis sont plus solides ; les grains sont nus, plus nombreux, de plus grande taille, restant sur la plante et moins riches en toxine*. La période de maturation est plus courte.

a Caractères sélectionnés ou contre-sélectionnés chez quelques animaux d'élevage et plantes cultivées (les zones d'origine sont indiquées entre parenthèses).

Années	Nombres moyens d'œufs par poule et par an
1000	5 à 20
1950	160 à 180
2019	300 à 320

La poule (*Gallus gallus domesticus*) a été domestiquée dans plusieurs régions d'Asie du Sud-Est il y a 8 000 ans environ. Des méthodes de génomique* permettent de repérer dans les génomes des effets de la sélection. Des chercheurs ont ainsi identifié une mutation présente uniquement dans les lignées domestiquées. Cette mutation, qui aurait eu lieu vers l'année 1100, affecte un gène, appelé *TSHR*, et est à l'origine de deux changements importants : une ponte plus abondante (tableau ci-contre) répartie sur une plus grande partie de l'année et une sociabilité accrue entre les poules elles-mêmes.

Le plus souvent, un petit nombre d'individus issus d'une population sauvage est à l'origine d'une lignée domestiquée (b). Ces lignées sont donc fortement soumises à la dérive génétique (voir aussi le DOC. 4 p. 201).

Sélection artificielle et dérive génétique sont donc responsables d'une baisse de la diversité génétique au sein des lignées domestiquées.

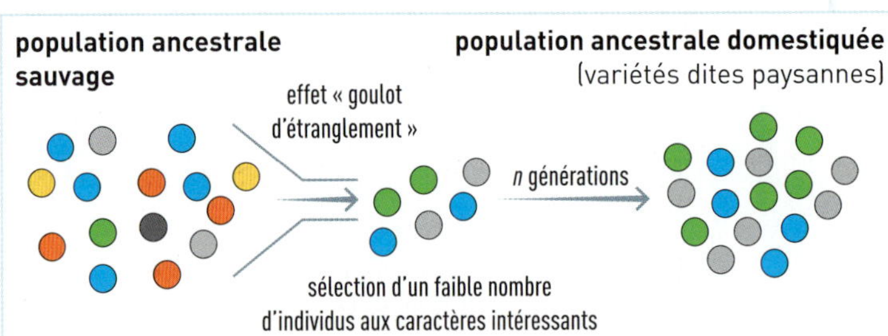

b Domestication et diversité des populations (chaque cercle représente un individu, chaque couleur un caractère héréditaire).

DOC 2 Agriculture, monoculture et biodiversité

La monoculture désigne la culture d'une plante unique. Par une utilisation massive d'intrants (engrais, produits phytosanitaires, engins agricoles), elle permet une productivité importante à faible coût, donc une alimentation accessible au plus grand nombre.

Néanmoins, à grande échelle, le développement des monocultures participe à la diminution de la biodiversité (a et b).

Or, la biodiversité est un facteur important de la stabilité des écosystèmes et des ressources fondamentales pour notre sécurité alimentaire future.

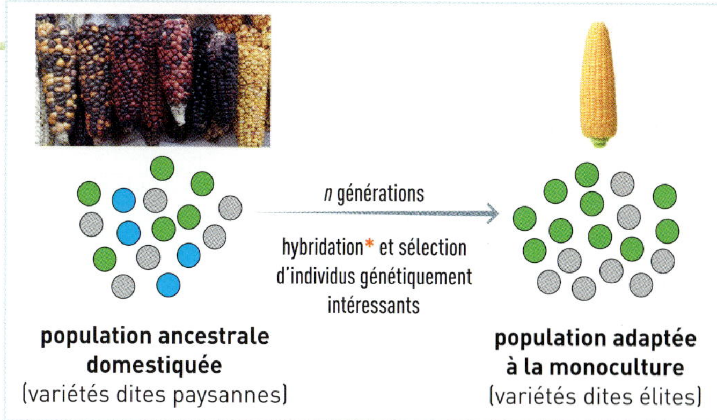

a La monoculture implique l'utilisation de variétés modernes créées à partir des variétés ancestrales.

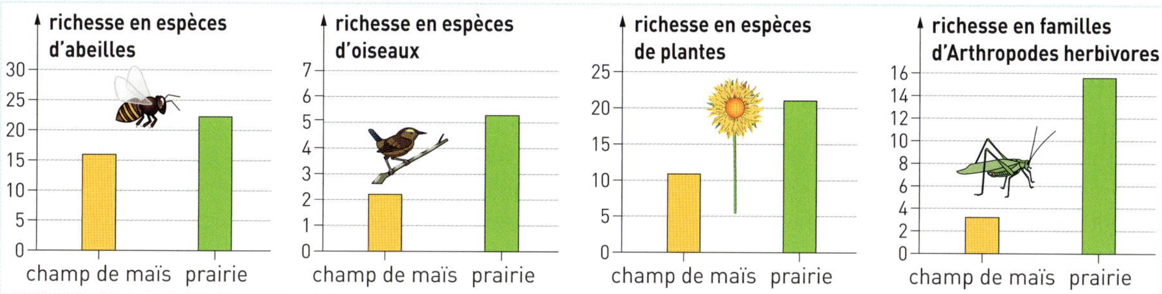

b Comparaison des richesses spécifiques de plusieurs espèces dans un champ de maïs et dans une prairie, en nombre d'espèces par unité de surface.

DOC 3 La résistance aux produits phytosanitaires

La faible diversité génétique des variétés cultivées modernes les rend particulièrement sensibles à de nombreuses espèces « nuisibles » aux cultures.

Ainsi, l'utilisation de produits phytosanitaires (herbicides, insecticides, fongicides) sur les adventices (mauvaises herbes), les ravageurs et les pathogènes* limite considérablement les dégâts qu'ils provoquent. Malheureusement, cette pratique a également provoqué la sélection de nuisibles résistants à ces produits (graphique ci-contre).

Par exemple, la cicadelle brune, ravageur de la culture de riz, est aujourd'hui résistante à 23 produits phytosanitaires ! Des techniques de lutte biologique alternatives consistent alors à introduire des prédateurs naturels de cet insecte, tels que les coccinelles.

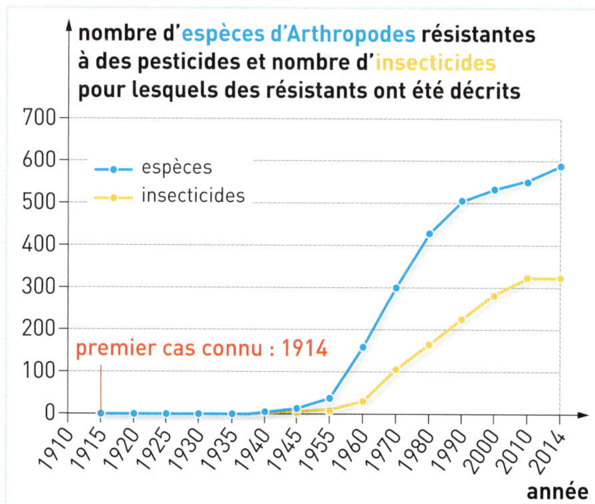

Pistes de travail

Pour comprendre l'origine de la diminution de la biodiversité et l'apparition de résistances aux traitements :

1. **Reconstituer** l'histoire évolutive de la poule pondeuse (DOC. 1).
2. **Expliquer** en quoi la monoculture est à l'origine d'une réduction de la biodiversité et menace paradoxalement notre sécurité alimentaire (DOC. 1, 2 ET 3)
3. **Proposer** des stratégies agricoles pour limiter la résistance des espèces nuisibles et l'érosion de la biodiversité (DOC. 3).

* Lexique en fin de manuel

Des clés pour réussir

- Utiliser un vocabulaire adapté : mutation, variation, sélection…
- Penser aux points communs entre antibiorésistance et apparition de bioagresseurs.

COURS Bordas Flash PAGE podcast DYS

1 Évolution, sélection naturelle, adaptations et contraintes

Theodosius Dobzhansky écrivait : « Rien n'a de sens en biologie, si ce n'est à la lumière de l'évolution. » L'évolution est en effet une puissante grille de lecture du monde.

Adaptations et sélection naturelle

En observant les êtres vivants, on ne peut qu'être frappé par les adéquations entre des formes ou des comportements biologiques et les fonctions qu'ils remplissent. Ces adéquations sont des adaptations, c'est-à-dire des caractéristiques qui permettent de vivre et de se reproduire dans un environnement donné. La sélection naturelle est le mécanisme évolutif à l'origine des adaptations. Ainsi, l'œil est un ensemble d'**adaptations évolutives** qui permettent de voir (**Fig. 1**).

L'évolution d'un organe vers un organe complexe consiste en une succession de nombreuses étapes, qui sont la conséquence de mutations modifiant légèrement la situation précédente. Les mutations apparaissent de manière aléatoire et la majorité d'entre elles ne sont pas favorables aux individus. Cependant, la sélection naturelle retient les rares mutations qui procurent un avantage reproductif. Ainsi, le fonctionnement d'un organe s'améliore progressivement sous l'effet de la sélection naturelle.

L'apparition de variations hasardeuses par mutation, suivie de la sélection des plus adaptées, explique l'origine de structures anatomiques simples ou complexes.

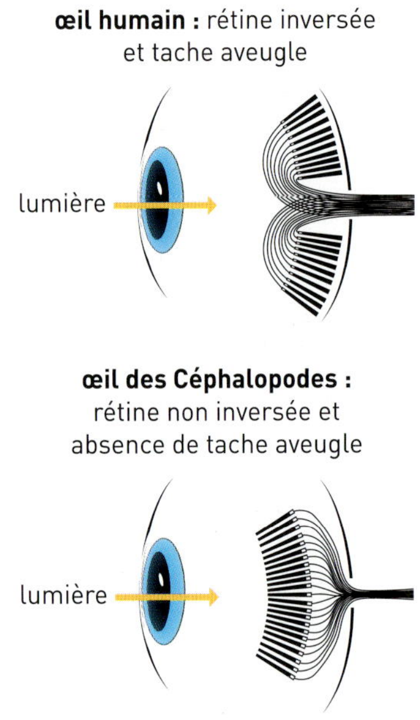

Fig. 1 : L'œil humain et l'œil des Céphalopodes présentent des adaptations évolutives légèrement différentes.

Contraintes et compromis

Comme le montre le cas de l'œil humain, adaptation ne signifie pas perfection. Certains facteurs peuvent constituer des barrières à l'évolution.

Ainsi des mal-adaptations peuvent être dues :

- à des **contraintes évolutives** historiques. L'évolution procédant par petites étapes successives, chaque étape est sélectionnée selon les avantages qu'elle procure immédiatement et non par rapport à un potentiel avantage ou désavantage qu'elle pourrait procurer plus tard. Ainsi, la sélection naturelle engage l'organisation des organismes dans des voies évolutives.

> **Exemples :** Le trajet réalisé par le nerf laryngé, la rétine inversée des yeux des Mammifères…

- à des **contraintes évolutives** de construction : certains caractères établis lors du développement embryonnaire sont conservés même s'ils ne remplissent pas de fonctions précises tant qu'ils ne confèrent aucun désavantage à l'organisme qui les porte.

> **Exemple :** Les tétons apparaissent très tôt lors du développement embryonnaire de l'être humain et sont conservés toute la vie, même si l'individu est masculin.

- à des **compromis sélectifs** : en présence de pressions de sélection contraires.

> **Exemple :** Le bassin de la femme doit permettre le passage de la tête d'un nouveau-né tout en assurant la locomotion bipède (**Fig. 2**).

- à des **anachronismes évolutifs** : la sélection naturelle est un processus qui dépend de l'environnement. Un caractère peut devenir inadapté suite à une modification de l'environnement, ce qui peut entraîner sa régression (exemple des dents de sagesse).

L'évolution par sélection naturelle permet de comprendre les adaptations. Soumise à certaines contraintes, l'évolution peut aboutir à des compromis et anachronismes évolutifs permettant d'en saisir les limites.

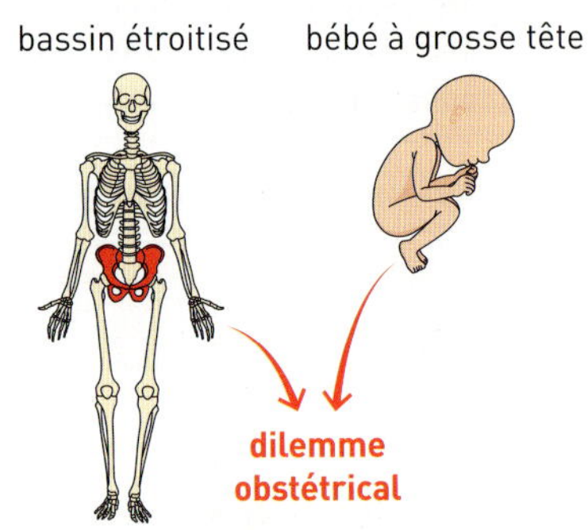

Fig. 2 : Le bassin de la femme doit à la fois répondre à la nécessité d'assurer la bipédie et le passage du nouveau-né.

2 Mobiliser des concepts évolutionnistes pour agir

Dans le domaine de la santé

La médecine applique les concepts de l'évolution dans le domaine de la santé. Elle propose ainsi de revisiter les symptômes que nous développons et de parfois les envisager comme des adaptations favorisant les guérisons ou limitant les risques d'infection. Il en est ainsi de la fièvre (Fig. 3) ou de la douleur.

L'utilisation massive d'antibiotiques favorise l'apparition d'**antibiorésistances** bactériennes par sélection naturelle, ce qui constitue une sérieuse menace pour les êtres humains. Des résistances aux vaccins sont plus rares mais peuvent aussi apparaître.

Pour limiter le développement de ces résistances, des **stratégies prophylactiques** adaptées et la mise au point de nouveaux médicaments sont nécessaires.

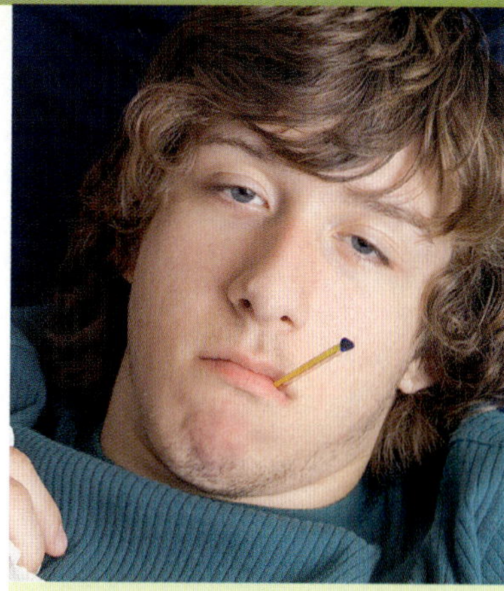

Fig. 3 : L'augmentation de la température corporelle lors d'un épisode de fièvre participe à limiter le développement des pathogènes.

Dans le domaine de l'agriculture

Les plantes que nous cultivons et les animaux que nous élevons sont issus d'une longue histoire évolutive au cours de laquelle l'être humain a joué un rôle fondamental en sélectionnant des caractères favorables à la gestion de ces êtres vivants (docilité...) et à la production alimentaire.

L'Homme exerce ainsi une sélection artificielle aboutissant à la création de sous-espèces (races ou variétés) ; c'est la **domestication** (Fig. 4).

Or, celle-ci est à l'origine d'une réduction de la biodiversité des plantes et des animaux, d'autant plus dans les pratiques agricoles intensives actuelles comme les monocultures. En conséquence, les capacités d'adaptation des espèces domestiquées sont fortement réduites, ce qui menace directement notre sécurité alimentaire.

> **Exemple :** Entre 1845 et 1852, une famine ravagea l'Irlande, causant la mort d'environ un million d'individus. Elle fut notamment causée par la chute de la production de pommes de terre dont les variétés cultivées étaient sensibles au mildiou, maladie provoquée par un champignon (Fig. 5).

De plus, on constate, à l'instar de l'antibiorésistance, une résistance croissante des ravageurs de culture (plantes adventices, champignons, bactéries, virus, insectes...) aux produits phytosanitaires utilisés massivement en monoculture, ce qui impose une remise en question des pratiques agricoles actuelles.

Une approche évolutive des problématiques majeures de santé public ou d'agriculture permet d'envisager une évolution des pratiques afin de limiter l'apparition et l'expansion des résistances et de favoriser la biodiversité des espèces.

Fig. 4 : Sans intervention humaine, ces variétés de maïs n'existeraient pas.

Fig. 5 : Ce tubercule de pomme de terre, atteint par le mildiou, est inconsommable.

Le vocabulaire à retenir

bordas Flash PAGE cartes mémo

- **Adaptation évolutive** : structure biologique en adéquation avec la fonction qu'elle réalise et apparue sous l'effet de la sélection naturelle.
- **Anachronisme évolutif :** caractère qui était adapté à un environnement donné mais qui ne l'est plus suite à un changement de cet environnement.
- **Antibiorésistance :** résistance de certaines bactéries aux antibiotiques.
- **Contrainte évolutive :** mécanisme qui limite les possibilités d'évolution. Elles peuvent être historiques ou de construction.
- **Compromis sélectif :** le fait que certains caractères soient soumis en même temps à des pressions de sélection antagonistes.
- **Domestication :** processus de sélection artificielle permettant l'obtention de races animales ou de variétés végétales dont les caractères satisfont les besoins de l'Homme.
- **Stratégie prophylactique :** ensemble des mesures visant à empêcher l'apparition ou l'extension des maladies.

L'essentiel en images

bordas Flash PAGE bilan animé

1 Les caractéristiques anatomiques expliquées par l'évolution

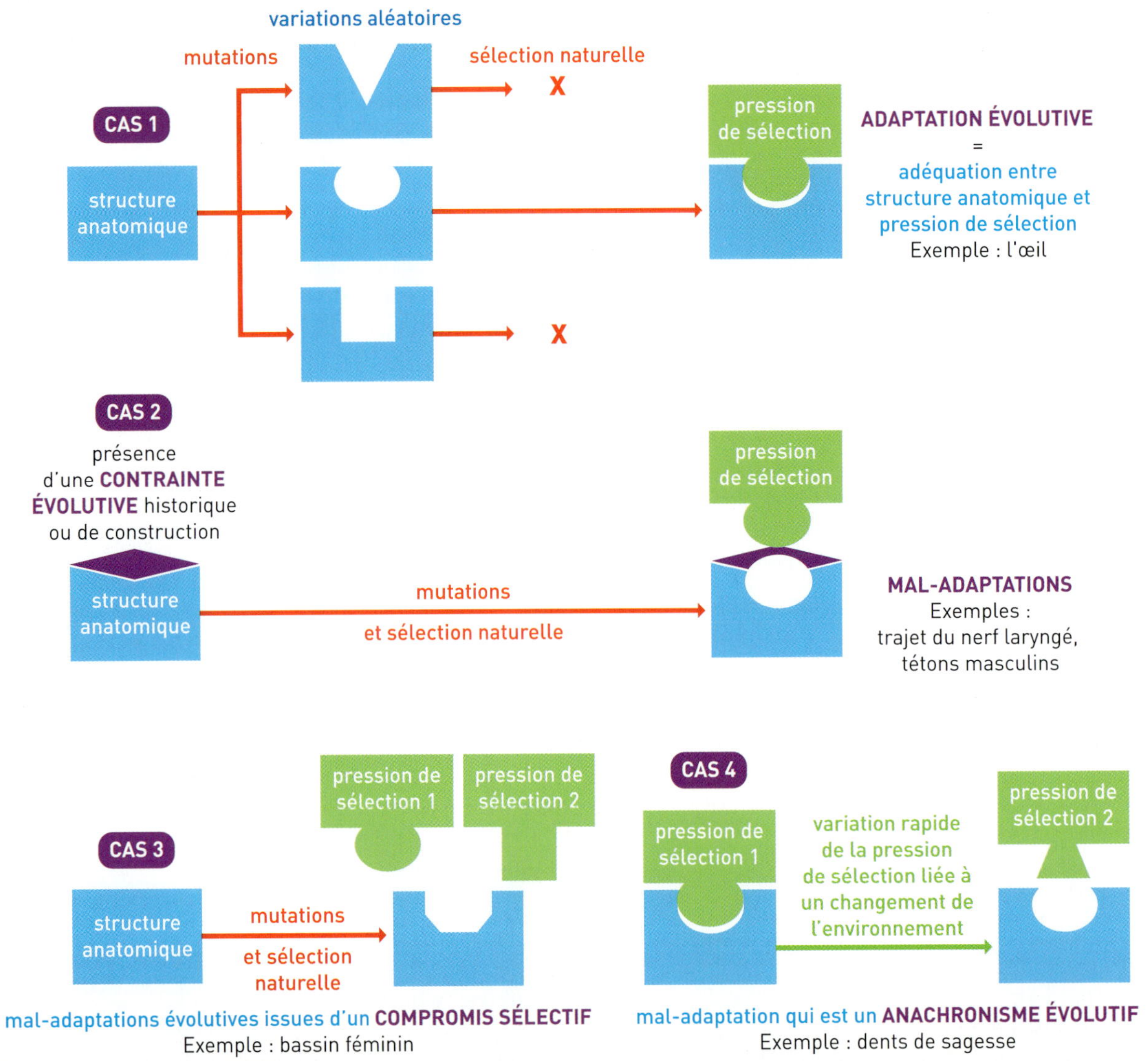

2 Une approche évolutive des activités médicales et agricoles

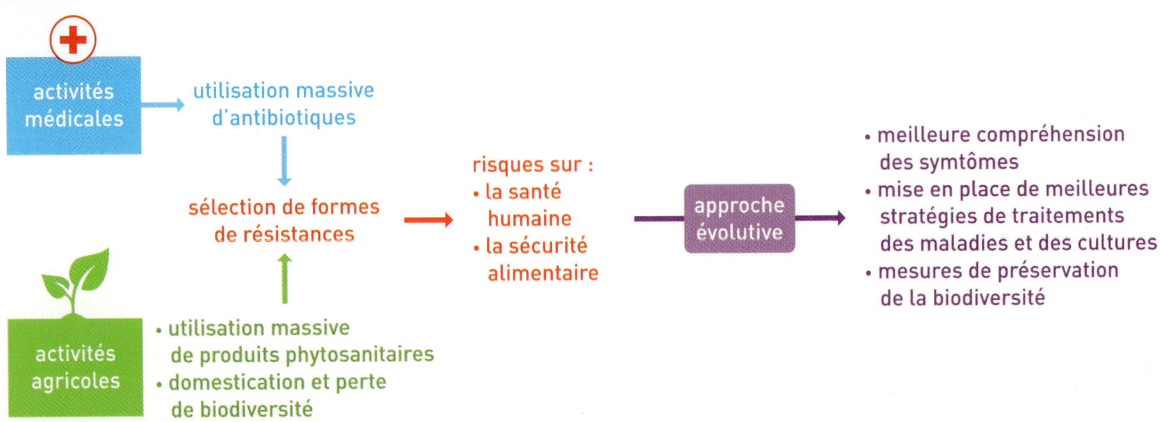

Les savoir-faire du chapitre

Expliquer l'origine d'une structure anatomique en mobilisant les concepts de hasard, de variation, de sélection naturelle et d'adaptation.	6 9
Interpréter des caractéristiques anatomiques humaines à l'aide de connaissances sur l'évolution.	3 12
Mobiliser des concepts évolutionnistes pour expliquer comment des populations microbiennes pourront à longue échéance ne plus être sensibles à un vaccin (ou un antibiotique).	13
Mobiliser des concepts évolutionnistes pour expliquer comment l'utilisation de produits phytosanitaires favorise le développement de ravageurs des cultures résistants.	7 8 11

Vérifier ses connaissances EN AUTONOMIE

Réponses en fin de manuel

bordas Flash PAGE corrigés détaillés

1 Question à réponse unique

Pour chaque question, choisir l'unique bonne réponse.

	1	2	3	4
A - La sélection naturelle produit :	des adaptations.	des contraintes.	des variations.	des anachronismes.
B - Une mal-adaptation peut être due à :	la sélection naturelle.	la variation.	une contrainte.	une pression de sélection.
C - La résistance à des pesticides est provoquée par :	la sélection naturelle.	la mal-adaptation.	la biodiversité.	la domestication.

2 Reformuler des notions essentielles

Rédiger des phrases en utilisant les mots :

a. organe complexe, variations utiles, accumulation.
b. sélection naturelle, adaptation, œil humain.
c. mal-adaptation, compromis, contraintes.
d. résistance, gestion, santé publique.

3 Mettre en relation ses connaissances

Relier chacune des structures anatomiques à leur explication.

présence de tétons chez les hommes •	• contraintes de construction
largeur du bassin des femmes •	• contraintes historiques
présence des dents de sagesse •	• régression
disparition des dents de sagesse •	• anachronisme évolutif
trajet du nerf laryngé •	• compromis sélectif

4 Retours sur les problématiques

Reprendre les problématiques de la page 213 et y répondre oralement en 10 minutes maximum.

5 Restituer les notions essentielles du cours

Expliquer comment :

a. certaines structures anatomiques sont mieux expliquées par l'héritage de l'histoire évolutive que par leur fonction.
b. des populations microbiennes peuvent ne plus être sensibles à un antibiotique.
c. certaines pratiques agricoles impactent la biodiversité et son évolution.

6 Reconstituer une histoire évolutive

a. Replacer les étapes de l'histoire évolutive de l'œil dans l'ordre chronologique.

b. Indiquer à quels moments se produisent : hasard, variation et sélection.

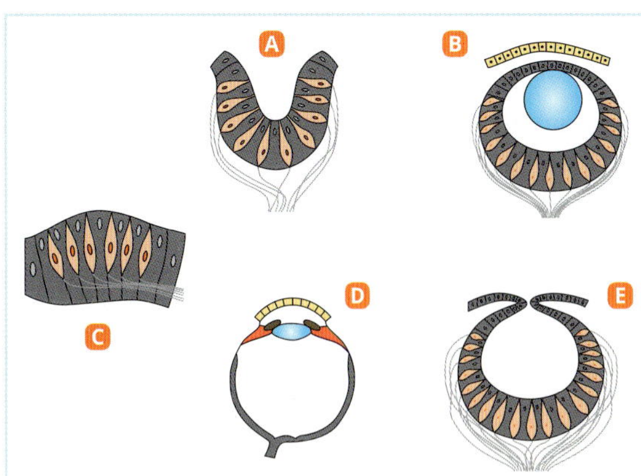

Exercice résolu EN AUTONOMIE

7 Comparer des vitesses d'évolution de résistance à des herbicides

Les herbicides sont utilisés pour tuer les espèces végétales indésirables (communément appelées « mauvaises herbes »), dans les cultures et jardins. Leur usage provoque **le développement de résistance** chez de nombreuses espèces dont le suivi au cours du temps permet d'estimer **la vitesse** de développement de la résistance à différents herbicides.

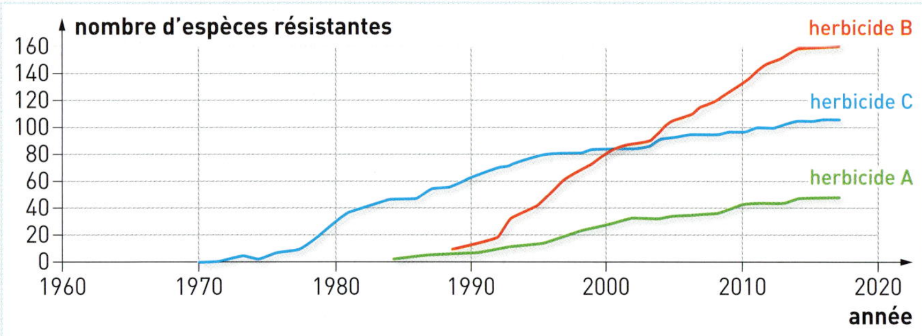

1. **Indiquer** comment estimer la vitesse de développement de cette résistance.
2. **Comparer** les différentes vitesses pour les différents herbicides.
3. **Proposer** des hypothèses pour expliquer les différences de vitesse constatées.

Les clés de l'énoncé

- L'introduction informe sur les champs conceptuels à mobiliser (ici les résistances qui apparaissent par sélection naturelle suite à l'utilisation de produits phytosanitaires) et aborde la problématique de l'étude de la vitesse.

Les questions à la loupe

- Les questions se focalisent sur l'**estimation d'une vitesse**, ce qui correspond au phénomène étudié ramené à un temps.
- Il faut donc **exprimer ses résultats** sous la forme de valeurs ayant une unité commune.

Quelques conseils

- Pour formuler des hypothèses, il faut penser aux deux éléments impliqués dans le phénomène : l'utilisation de l'herbicide et la biologie de la plante cible.

Exemple de présentation des résultats

1. La vitesse de développement de la résistance à un herbicide doit être estimée par le nombre de nouvelles espèces résistantes qui apparaissent pendent un temps donné, par exemple pendant 1 an ou pendant 10 ans.
2. Les vitesses de développement de la résistance aux herbicides A et C sont similaires et elles sont inférieures à celle de la résistance à l'herbicide B. Exemple :

vitesse de résistance à l'herbicide B

$$= \frac{\text{nombre d'espèces résistances en 2010 – nombre d'espèces résistantes en 1990}}{2010 - 1990} = \frac{130 - 10}{2010 - 1990} = \frac{120}{20} = 6$$

La vitesse est alors de 6 nouvelles espèces résistantes par an.

3. Une vitesse plus rapide pourrait être due à une utilisation plus importante de l'herbicide ou à un nombre de générations de la plante plus grand pour une période donnée.

Exercice similaire

Solutions en fin de manuel

bordas Flash PAGE corrigé détaillé

8 Comparer des vitesses d'apparition de résistance à des insecticides

L'utilisation d'insecticides sur des cultures ou dans des jardins provoque l'apparition et le développement de résistances chez les insectes cibles. Or, il a été constaté que chaque espèce d'insecte ne réagit pas de la même manière à l'application d'un insecticide donné.

1. Indiquer comment estimer la vitesse d'apparition d'une résistance à un insecticide.
2. Donner la relation entre vitesse d'apparition de la résistance et le nombre de générations d'insectes par an.
3. Expliquer cette relation à l'aide de vos connaissances.

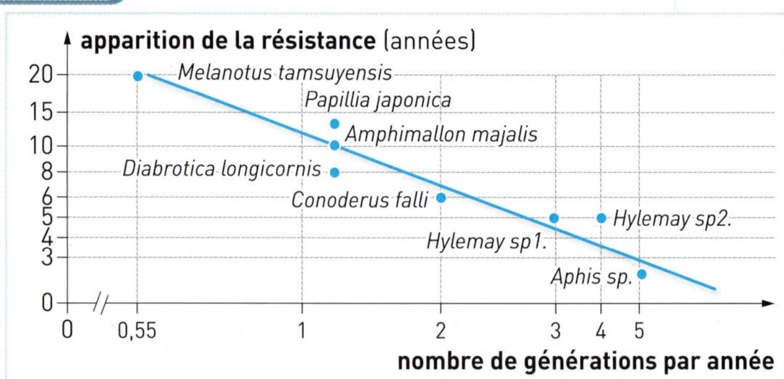

Relation entre le temps d'apparition de la résistance à un insecticide donné et le nombre de générations par an pour une espèce d'insecte. *Source : NRC, 1986.*

S'entraîner

9 La dissémination des graines

Crescentia alata est un petit arbre originaire du sud du Mexique et de l'Amérique centrale (a). Les fruits de cette espèce présentent la forme de boulets de canon de 7 à 10 cm de diamètre et leurs carapaces sont très difficiles à percer. Cette dureté est interprétée comme un mécanisme de défense contre la prédation des graines. Néanmoins, ces dernières ne peuvent germer qu'une fois que le fruit a été ouvert.

Aujourd'hui, seuls les humains et les chevaux peuvent ouvrir ces fruits. Par exemple, les chevaux écrasent les fruits avec leurs sabots et consomment pulpe et graines.

a Arbre de l'espèce *Crescentia alata* et ses fruits.

b Une reconstitution de Gomphothères.

Des chercheurs ont suggéré que la mégafaune, dont les Gomphothères (b), aujourd'hui disparus mais présents jusqu'à la fin du Pléistocène (environ – 10 000 ans), était responsable de l'ouverture des fruits et de la dissémination des graines.

1. Proposer une hypothèse pour expliquer en quoi les caractéristiques de la carapace des fruits sont le résultat d'un compromis évolutif.

2. Expliquer pourquoi la carapace de ces fruits aurait pu devenir un anachronisme évolutif sans la domestication et l'introduction du cheval dans cette région.

10 Évolution et lutte contre les cancers

Les cancers sont responsables d'un décès sur quatre en Europe et d'un sur huit dans le monde. Des progrès considérables ont été réalisés ces trente dernières années dans leur prise en charge et leur traitement. Pourtant, les résultats ne sont pas encore à la hauteur des espérances. Depuis quelques années, un tournant important consiste à envisager les cancers de manière évolutionniste. En effet, à l'intérieur d'une tumeur, plusieurs clones cellulaires présentant des mutations différentes se développent et sont en compétition.

Dans les thérapies classiques, on utilise la dose maximale d'un médicament anticancéreux qu'un patient puisse tolérer. Mais cela sélectionne les cellules cancéreuses très résistantes aux traitements et peut rendre des tumeurs incontrôlables.

Dans les essais de thérapies adaptatives, une dose intermédiaire de médicaments est utilisée : cette dose contrôle la tumeur mais ne permet pas le développement d'une résistance totale.

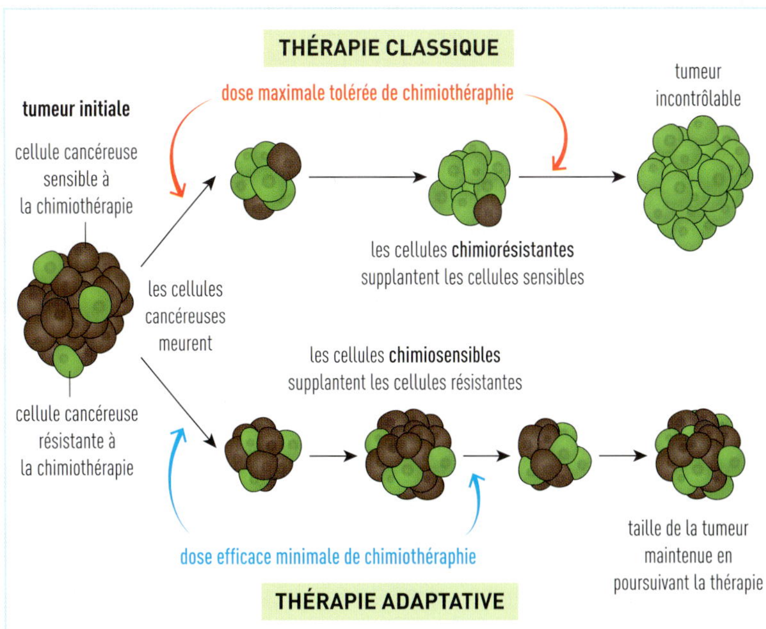

Comparaison entre les thérapies classique et adaptative de lutte contre le cancer.

Coup de pouce
La présence d'un médicament est une pression de sélection. La quantité de médicaments en fait varier l'intensité.

- **Expliquer comment les nouvelles pistes de lutte contre les cancers utilisent de manière fine des variations de pressions de sélection et de compétition entre cellules cancéreuses.**

S'entraîner

11 La résistance aux plantes génétiquement modifiées

Afin de limiter l'utilisation d'insecticides, des plantes génétiquement modifiées (PGM) ont été créées. Leurs génomes sont artificiellement enrichis de nouveaux gènes issus d'une bactérie, *Bacillus thuringiensis (Bt)*. Ces gènes codent pour des protéines toxiques pour les insectes ravageurs. Les plantes modifiées produisent donc elles-mêmes l'insecticide et se trouvent ainsi protégées. Les deux principales plantes concernées sont le maïs et le coton, appelés maïs Bt et coton Bt.

Ces innovations biotechnologiques posent de nombreux problèmes éthiques, économiques et scientifiques dont le développement d'insectes résistants.

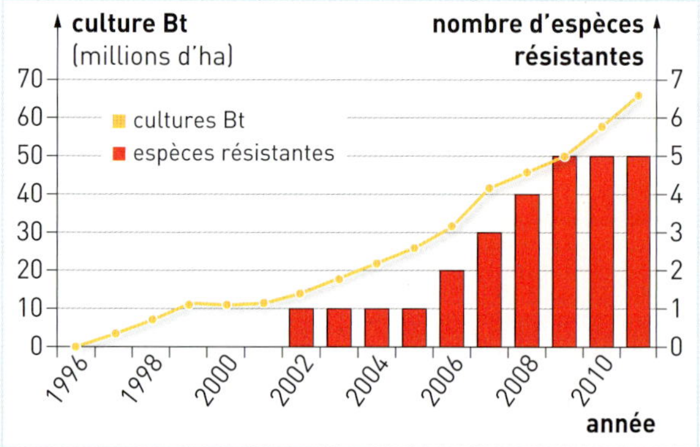

Évolution des surfaces de cultures modifiées Bt et du nombre d'espèce d'insectes résistants à ces cultures.

Cinq facteurs clés sont aujourd'hui identifiés pour limiter le développement des résistances aux plantes génétiquement modifiées :

- la mise en place de zones refuges présentant des plantes non Bt près des cultures Bt ;
- la production de protéines Bt à forte dose (et non faible dose) par les plantes génétiquement modifiées ;
- une fréquence initiale d'insectes résistants faible avant introduction des plantes génétiquement modifiées ;
- l'utilisation de plantes génétiquement modifiées produisant plusieurs toxines ;
- l'héritage récessif de la résistance : si l'héritage de la résistance est récessif, la descendance issue d'un accouplement entre un individu sensible et un individu résistant sera sensible et mourra sur les cultures Bt, ce qui retardera considérablement l'évolution de la résistance.

Pour chaque question, choisir l'unique bonne réponse.

1. Depuis 1996, les surfaces cultivées de maïs Bt :
   a. ont augmenté d'environ 7 millions de km^2.
   b. ont augmenté d'environ 70 millions de km^2.
   c. ont augmenté d'environ 7 millions d'ha.
   d. ont augmenté d'environ 70 millions d'ha.

2. Le développement de la résistance des insectes aux PGM est provoqué par :
   a. un taux de toxine qui augmente dans les plantes.
   b. différentes toxines présentes dans les plantes.
   c. une surface de PGM qui augmente.
   d. une utilisation d'insecticides qui augmente.

3. Les zones refuges ont pour objectif :
   a. de favoriser les insectes résistants.
   b. de favoriser les insectes sensibles.
   c. de favoriser les plantes résistantes.
   d. de favoriser les plantes sensibles.

4. Le système génétique de la résistance :
   a. n'a pas d'influence sur le développement de la résistance.
   b. est important dans le développement de la résistance.
   c. dépend de l'ascendance.
   d. dépend de la descendance.

12 Le risque de « fausse route »

Chez les êtres humains, la séparation entre les voies aériennes (trachée) et les voies digestives (œsophage) se fait assez bas au niveau du cou. De plus, les organes respiratoires sont placés devant les organes digestifs, ce qui implique un croisement des voies d'acheminement. Au cours d'une « fausse route », il arrive que des aliments aillent dans les voies respiratoires, provoquant un risque d'étouffement. Cette organisation semble donc bien compliquée !

- **Proposer une hypothèse pour expliquer la mal-adaptation du croisement entre les voies respiratoires et digestives.**

Coup de pouce
Dans l'histoire évolutive, les poumons se sont développés à partir d'une partie du système digestif.

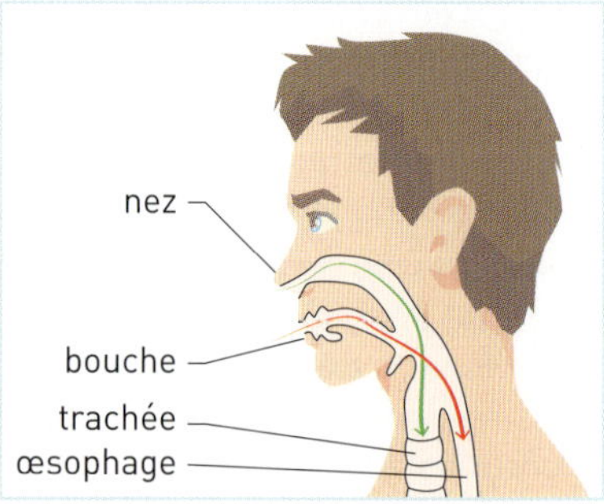

Croisement entre les voies aérienne (en vert) et digestive (en rouge).

S'entraîner

Prépa BAC Vers l'E3C

13 Antibiotique, vaccin et résistance

Les infections à pneumocoques sont dues à une bactérie appelée *Streptococcus pneumoniae*. Il s'agit d'une bactérie commune du pharynx qui peut devenir pathogène (a et b). Ces infections se caractérisent par leur évolution brutale avec des dégâts qui peuvent être considérables même sous traitement antibiotique. Des séquelles nerveuses sont ainsi constatées chez 35 % des survivants atteints de méningites à pneumocoques. La pénicilline a pendant longtemps été l'antibiotique majeur utilisé pour lutter contre les infections à pneumocoques (c). Cependant, d'autres antibiotiques sont efficaces comme l'amoxicilline, la céfazoline ou les fluoroquinolones.

Une vaccination contre le pneumocoque a été proposée au début des années 2000 (d et e). En 2015, la couverture vaccinale des enfants de 9 mois était de 92,4 % alors que l'objectif de santé public était de 95 %. Depuis le 1er janvier 2018, elle est devenue obligatoire chez l'enfant en France.

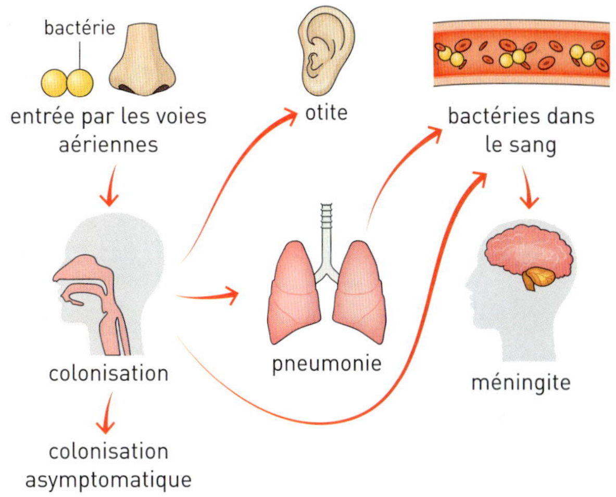

a Progression d'une infection au pneumocoque.

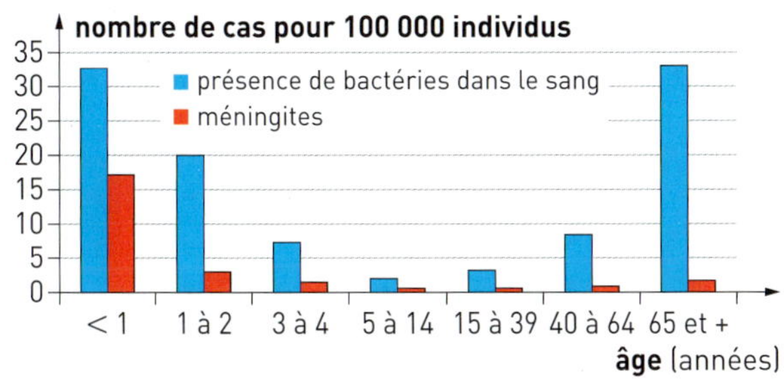

b Incidence des méningites et présence des bactéries à pneumocoques selon l'âge des personnes malades.

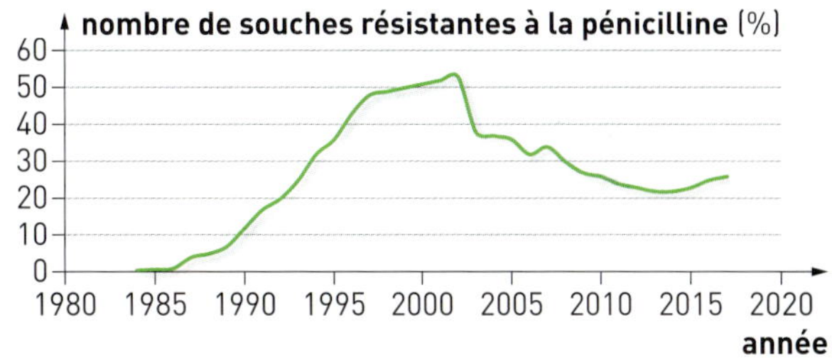

c Résistance des pneumocoques à la pénicilline au cours du temps.

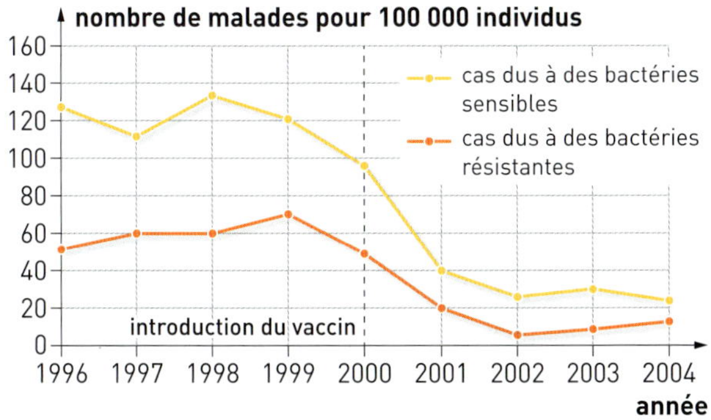

d Incidence des pathologies à pneumocoques résistants et non résistants chez des enfants de moins de 2 ans.

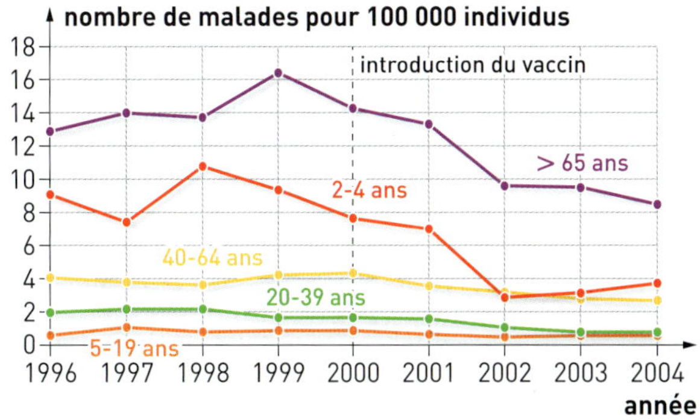

e Incidence des pathologies à pneumocoques résistants chez des personnes de plus de 2 ans.

1. Expliquer les effets de l'introduction de la vaccination aux infections à pneumocoques.
2. Expliquer l'évolution de la résistance des pneumocoques aux antibiotiques, dont la pénicilline.
3. Argumenter l'utilité de décisions publiques telles que des campagnes d'information sur l'utilisation des antibiotiques ou la décision de rendre un vaccin obligatoire.

Activité 1

L'Homme, un Primate parmi les Primates

SAVOIR-FAIRE
Comparer des caractères morpho-anatomiques et l'information génétique afin d'établir des liens de parenté sous la forme d'un arbre phylogénétique.

Tous les êtres vivants proviennent d'un même ancêtre commun, ce qui signifie que nous partageons des liens de parenté avec les autres espèces.

Comment établir ces liens de parenté ?
Quelle est l'espèce actuelle la plus proche de l'Homme ?

DOC 1 Classer en utilisant des caractéristiques anatomiques

Toupaïe

Maki

Tarsier

Macaque

Gorille

Chimpanzé

Orang-outan

a Caractères morphologiques observables à l'œil nu de différentes espèces.

Une comparaison des caractéristiques morphologiques et anatomiques de différentes espèces actuelles permet d'établir leurs liens de parenté (**a**).

Au cours de l'évolution, des caractères apparaissent ou changent. Ces innovations permettent la transformation d'un caractère ancestral en un caractère dérivé. Elles sont transmises d'un ancêtre qui les possède à sa descendance. Ainsi, plus le nombre de caractères dérivés partagés par deux espèces est important et plus ces espèces sont apparentées ; autrement dit, plus leur ancêtre commun est récent.

Une matrice de comparaison permet de déterminer facilement le nombre de caractères dérivés partagés par deux espèces (**b**). Cette matrice sert ainsi à la construction d'un arbre de parenté ou **arbre phylogénétique** (DOC. 2).

	Terminaison des doigts (griffes ou ongles)	Pouce	Appendice nasal	Orbites	Vertèbres caudales* (queue ou coccyx*)
Homme		opposable	nez	fermées	
Chimpanzé		opposable	nez	fermées	
Gorille		opposable	nez	fermées	
Macaque		opposable	nez	fermées	
Tarsier		opposable	nez	ouvertes	
Maki		opposable	truffe	ouvertes	
Toupaïe		non opposable	truffe	ouvertes	

b Matrice de comparaison de quelques caractères de différentes espèces (caractères ancestraux, caractères dérivés).

DOC 2

Construire un arbre phylogénétique

La construction d'un arbre phylogénétique permet de visualiser les liens de parenté entre différentes espèces.

Par exemple, le Maki est plus proche des autres espèces que le Toupaïe car il partage avec elles un pouce opposable (1). Mais, ne possédant pas de nez (2), il apparaît comme le plus éloigné des autres espèces du groupe des Primates.

L'apparition d'un ou de plusieurs caractères dérivés permet de définir un groupe où toutes les espèces sont issues d'un même ancêtre commun. Par exemple, le pouce opposable est l'un des caractères dérivés spécifiques du groupe des **Primates**. Les Singes sont des Primates dotés d'une orbite fermée. Parmi eux, les **Grands singes** (encore appelés Hominoïdes) se caractérisent par l'absence de queue remplacée par un coccyx.

ANIMATION BONUS
Arbre de parenté
Bordas Flash PAGE animation

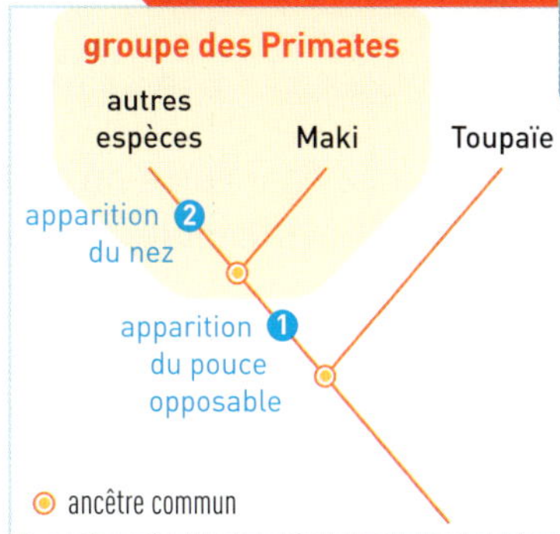

Arbre phylogénétique établi à partir des caractères pouce et appendice nasal.

DOC 3

Classer en utilisant l'information génétique de chaque espèce

Afin d'obtenir un arbre phylogénétique plus précis, il est possible de comparer les séquences* nucléotidiques d'un même gène présent chez différentes espèces (a). En effet, au cours du temps, l'ADN accumule des modifications liées aux mutations*. Pour un gène donné, et en supposant constante la fréquence des mutations, plus les différences seront importantes et plus l'ancêtre commun entre deux espèces sera ancien. La matrice des distances (b) présente le pourcentage de différences entre les séquences d'un même gène comparées deux à deux. Ces résultats sont représentatifs de ceux obtenus par une comparaison de l'ensemble des génomes* de ces espèces.

				1150					1155					1160					1165					1170					1175
HOMME	C	C	G	A	G	G	C	T	G	C	A	G	C	T	G	T	G	C	A	G	G	T	C	G	G	A	A	G	A
CHIMPANZE	C	C	G	A	G	G	C	T	G	C	A	G	C	T	G	T	G	C	A	G	G	T	C	G	G	A	A	G	G
GORILLE	C	C	G	A	G	G	C	T	G	C	A	G	C	T	G	T	G	C	A	G	G	T	C	A	G	A	A	G	G
ORANGUTAN	C	C	G	A	G	G	C	T	G	C	A	G	C	T	G	T	G	C	A	G	G	T	C	A	G	A	A	G	G
SAIMIRI	C	C	A	A	G	G	C	T	G	C	A	A	C	T	G	T	G	C	A	A	G	T	C	A	C	A	A	G	G

					1180					1185					1190					1195					1200				
HOMME	C	A	G	G	C	T	G	C	A	G	C	A	C	G	T	G	G	C	G	G	G	A	C	C	T	G	C	C	C
CHIMPANZE	C	A	G	G	C	T	G	C	A	G	C	A	C	G	T	G	G	C	G	G	G	A	C	C	T	G	C	C	C
GORILLE	C	A	G	G	C	T	G	C	A	G	C	A	C	G	T	G	G	C	A	G	G	A	C	C	T	G	C	C	C
ORANGUTAN	C	A	G	C	C	T	G	C	A	G	C	A	C	G	T	G	G	C	A	G	G	A	C	C	T	G	C	G	C
SAIMIRI	C	A	G	C	C	T	G	C	A	G	C	G	C	A	T	G	G	C	C	A	G	A	T	C	T	C	A	G	C

a Comparaison partielle du gène de la microcéphaline chez différents Primates (réalisée avec le logiciel *Phylogène*).

b Matrice des distances issue de la comparaison de la séquence entière du gène de la microcéphaline (2 529 nucléotides) chez quelques Primates. Les valeurs indiquent le pourcentage de différence.

	HOMME	CHIMPANZE	GORILLE	ORANGUTAN	SAIMIRI
HOMME	0	1.03	1.54	2.85	10
CHIMPANZE		0	1.23	2.57	9.77
GORILLE			0	2.77	9.92
ORANGUTAN				0	9.09
SAIMIRI					0

Pistes de travail

Pour déterminer l'espèce la plus proche de l'Homme :

1. **Compléter** le tableau du DOC. 1 b puis **présenter** les liens de parenté de l'être humain avec les autres espèces présentées sous la forme d'un arbre phylogénétique sur lequel les groupes Primates, Singes et Grands singes seront délimités (DOC. 1 ET 2).
2. **Montrer** que la seule étude des caractères morphologiques et anatomiques ne permet pas de déterminer l'espèce la plus proche de l'Homme.
3. **Modifier** l'arbre phylogénétique obtenu précédemment en tenant compte des données génétiques et **déterminer** l'espèce la plus proche de l'Homme (DOC. 3).

* Lexique en fin de manuel

Des clés pour réussir

- Réfléchir à la relation entre l'âge de l'ancêtre commun de deux espèces et leur pourcentage de différence génétique.
- Penser à préciser les groupes auxquels l'Homme appartient sur l'arbre final.

Activité 2

L'histoire de la lignée humaine évolue

▶ Histoire
▶ Enjeu
▶ Débat

SAVOIR-FAIRE
Positionner quelques espèces fossiles dans un arbre phylogénétique, à partir de l'étude de caractères.

La découverte de nouveaux fossiles modifie régulièrement la vision que nous avons de notre évolution, d'où de nombreux débats entre paléontologues.

Que peut nous apprendre l'étude des fossiles sur notre histoire évolutive ?

DOC 1 Lucy, une découverte historique pour la lignée humaine

La **lignée humaine** comprend toutes les espèces descendantes du dernier ancêtre commun de l'Homme et de son plus proche parent actuel, le Chimpanzé. Cet ancêtre, qui n'est ni un Homme, ni un Chimpanzé, serait âgé d'environ 7 millions d'années.

Découverte en 1974, dans la région du rift* est-africain, Lucy est une *Australopithecus afarensis* datée de 3,2 millions d'années. Son squelette est le premier à être trouvé presque complet. Il montre une **bipédie** certaine, critère d'appartenance à la lignée humaine, mais aussi une mâchoire en U développée vers l'avant, proche de celle du Chimpanzé.

Une reconstitution de Lucy.

DOC 2 Construire un arbre phylogénétique de la lignée humaine

Lorsqu'un fossile de Primate est découvert, on vérifie s'il est possible de le rattacher à la lignée humaine en recherchant notamment les structures anatomiques qui permettent la bipédie.

Parmi les six espèces proposées ci-contre, seul le Chimpanzé n'appartient pas à la lignée humaine.

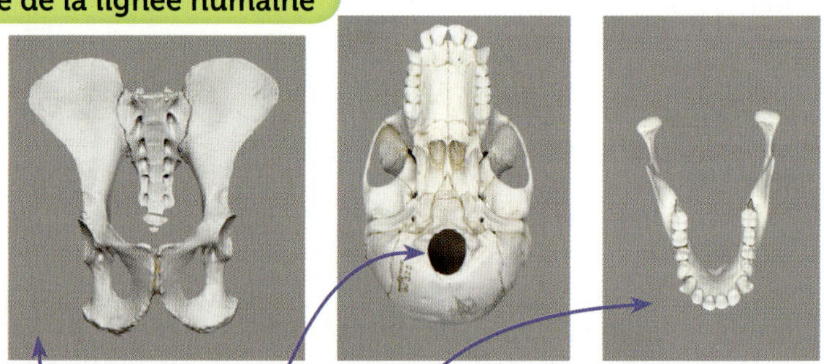

	Os iliaque	Trou occipital	Forme mandibule	Capacité crânienne	Prognathisme	Rapport MI/MS
Chimpanzé	Allongé	En arrière	En U	Faible	Marqué	Inférieur à 1
A. afarensis	Court	Intermédiaire	En U	Faible	Marqué	Inférieur à 1
H. habilis	Court	Intermédiaire	Parabolique	Moyenne	Réduit	Inférieur à 1
H. erectus	Court	Avancé	Parabolique	Forte	Réduit	Supérieur à 1
H. neanderthalensis	Court	Avancé	Parabolique	Forte	Absent	Supérieur à 1
H. sapiens	Court	Avancé	Parabolique	Forte	Absent	Supérieur à 1

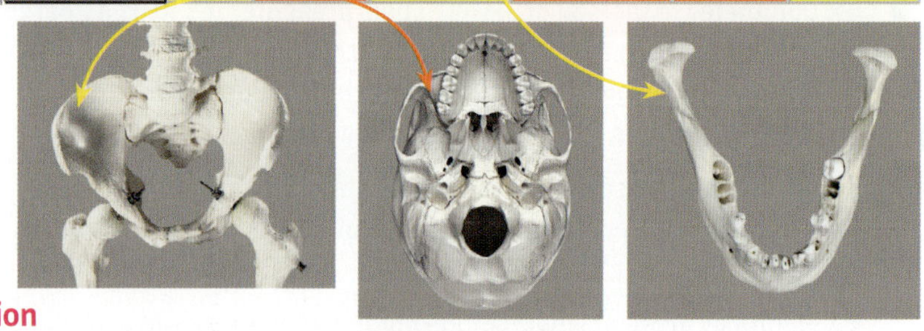

Matrice de comparaison de quelques caractères de Primates actuels et fossiles.

En bleu : caractères ancestraux.
En jaune et orange : caractères dérivés.
MI : longueur des membres inférieurs.
MS : longueur des membres supérieurs.

Pour mener une investigation

- Reproduire la matrice ci-dessus dans le logiciel *Phylogène* (collection Homininés*).
- Utiliser les fonctionnalités du logiciel pour construire l'**arbre phylogénétique** de la lignée humaine.

DOC 3

Un arbre phylogénétique en constante évolution

Régulièrement, de nouveaux fossiles de Primates bipèdes sont mis à jour. C'est le cas, par exemple, des fossiles d'*Australopithecus sediba* (a) et d'*Homo naledi* (b), découverts en 2008 et 2013 en Afrique du sud par Lee Berger.

Ces découvertes et leurs interprétations amènent les paléontologues à modifier régulièrement l'arbre phylogénétique de la lignée humaine.

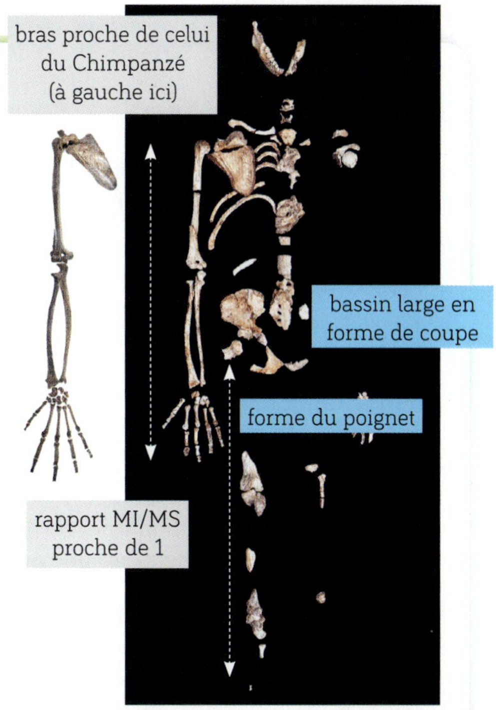

a *Australopithecus sediba* (1,9 Ma) montre certains caractères primitifs, mais aussi d'autres plus évolués que chez Lucy.

Une description d'*Homo naledi* (236 000 à 335 000 ans)

« Le volume de son cerveau était compris entre 450 et 550 cm^3, ce qui le rend comparable à celui de Lucy (…) Pour autant, la forme générale du crâne évoque plutôt le crâne d'*Homo erectus*, assez proche de celui de l'humain moderne. Les dents ressemblent en revanche à celles d'*Homo habilis*, (…) car leurs tailles augmentent depuis l'avant de la mâchoire vers l'arrière.

Elles sont toutefois petites dans l'ensemble et les molaires évoquent plutôt des formes humaines postérieures à *Homo habilis*. (…) Le bras combine une épaule et des doigts adaptés pour grimper aux arbres avec un poignet et une paume adaptés à la manipulation d'outils, activité que l'on associe habituellement aux Hominines* non arboricoles à gros cerveaux inventifs. Quant aux jambes, elles combinent une articulation de la hanche semblable à celle de Lucy et à un pied qu'il est pratiquement impossible de distinguer de celui de l'Homme moderne. »

Kate Wong, rédactrice à *Scientific American*, dossier PLS n° 94, janvier 2017

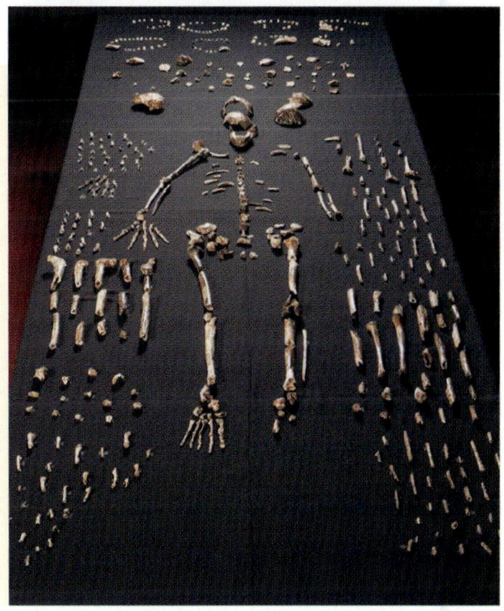

b Plus de 1 500 ossements fossiles d'*Homo naledi* ont été découverts sur le même site provenant d'au moins 15 individus.

Pistes de travail

Pour comprendre la difficulté des paléontologues à retracer la lignée humaine :

1. **Donner** les critères d'appartenance à la lignée humaine (DOC. 1 ET 2).
2. **Représenter** l'arbre phylogénétique de la lignée humaine en y reportant l'âge de l'ancêtre commun et les caractères dérivés entre chaque ancêtre (DOC. 2).
3. **Ajouter** *Australopithecus sediba* sur cet arbre (DOC. 3).
4. **Expliquer** la difficulté de classer certains fossiles comme *Homo naledi* et en quoi leur découverte remet régulièrement en cause l'histoire de l'Homme (DOC. 3).

* Lexique en fin de manuel

Des clés pour réussir

- S'aider de la fiche méthode du logiciel *Phylogène* p. 308.

Activité 3

L'histoire récente du genre *Homo*

SAVOIR-FAIRE
Analyser des arguments scientifiques précisant la parenté de *Homo sapiens* avec les autres *Homo* notamment avec les Néandertaliens ou les Dénisoviens.

La diversité des représentants du genre *Homo* rend l'établissement de liens de parenté difficile et complique la reconstitution de notre histoire.

Quels sont les arguments scientifiques permettant de reconstituer notre histoire évolutive ?

DOC 1 Définir le genre *Homo*

Des critères anatomiques sont utilisés pour déterminer l'appartenance ou non d'une espèce au genre *Homo* :
- une capacité crânienne importante ;
- une réduction du prognathisme* (avancée de la mâchoire) ;
- une **bipédie** permanente et une aptitude à la course.

	Australopithecus africanus	*Homo erectus*	*Homo neanderthalensis*	*Homo sapiens*
		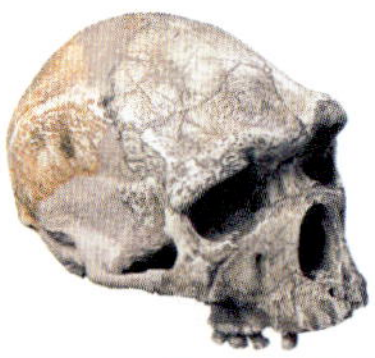	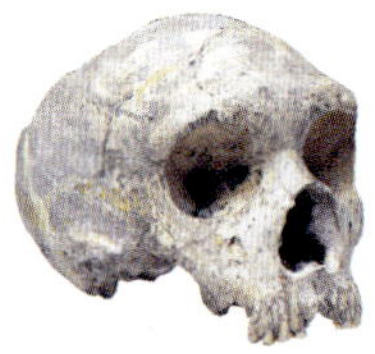	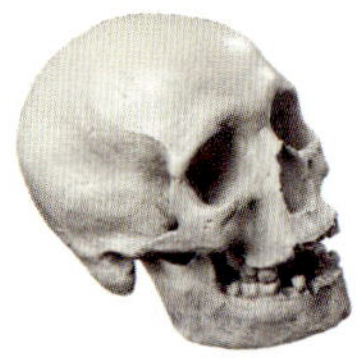
Volumes crâniens moyens (cm^3)	450	1 100	1 500	1 350
Prognathisme	très important	léger	léger	quasi absent
Bipédie	probablement permanente mais pas de course	permanente et pratique de la course	permanente et pratique de la course	permanente et pratique de la course

DOC 2 Des précisions apportées par l'analyse de séquences d'ADN

Il est possible d'extraire l'ADN des fossiles les plus récents. Par comparaison (voir DOC. 3 p. 233), on peut établir plus précisément des liens de parenté entre l'Homme actuel et d'autres espèces humaines (a). Cela permet notamment de classer des fossiles dont les restes, souvent très fragmentaires, ne permettent pas d'appliquer les critères morpho-anatomiques habituels (b).

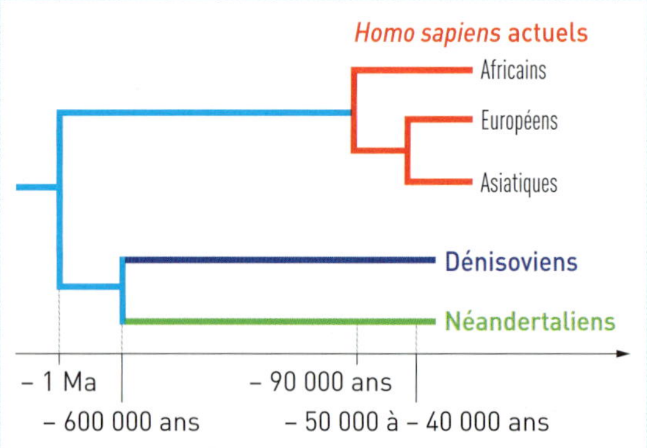

a **Arbre phylogénétique** des représentants les plus récents du genre *Homo*, construit à partir de la comparaison de leur génome*.

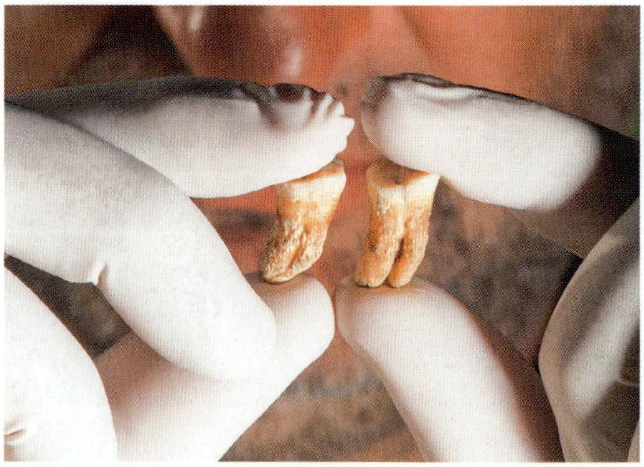

b Molaires de Néandertalien à partir desquelles une extraction d'ADN est possible.

DOC 3 Des caractères non transmis génétiquement

Certaines caractéristiques telles que le langage, la fabrication d'outils, l'art, le **microbiote**, ne sont pas d'origine génétique mais participent pourtant à la construction de l'histoire du genre *Homo*.

En particulier, le microbiote représente l'ensemble des bactéries intestinales, des muqueuses et de la peau de notre corps. Il constitue un véritable écosystème indispensable au bon fonctionnement immunitaire et digestif de notre organisme. Du fait de son mode de vie et de son alimentation, chaque population possède un microbiote qui lui est spécifique.

En 2017, le séquençage* de l'ADN de la plaque dentaire* de Néandertaliens a permis de déterminer une partie de la « flore » bactérienne qui y était hébergée. Des traces du génome de l'archéobactérie* *Methanobrevibacter oralis*, que l'on retrouve aussi dans la bouche de l'Homme moderne, y ont été détectées. Des comparaisons de ces génomes suggèrent que l'archéobactérie a été transmise entre Néandertal et Sapiens (texte ci-contre).

> « S'il y a eu échange de micro-organismes de la bouche entre espèces, c'est qu'il y a pu avoir échanges de baisers, de nourriture et d'eau, ce qui suggèrerait que ces interactions étaient bien plus amicales et intimes que quiconque ne l'avait jamais envisagé. »
>
> Citation de Laura S. Weyrich, professeure d'anthropologie

DOC 4 La cohabitation de plusieurs espèces d'Hommes

Selon certains chercheurs, les Néandertaliens (Moyen-Orient et Europe) et les Dénisoviens (Asie) proviendraient de l'évolution de populations d'*Homo erectus* d'origine africaine.

Homo sapiens, apparu en Afrique il y a 300 000 ans, a colonisé le monde à son tour et rencontré les Néandertaliens et Dénisoviens avec qui il a cohabité au moins jusque – 40 000 ans, avant qu'ils ne disparaissent.

La cause de ces disparitions est d'ailleurs encore inconnue.

La présence de séquences ADN néandertaliennes et dénisoviennes au sein des génomes des populations humaines actuelles suggère la possibilité de métissages entre ces différents groupes d'*Homo*.

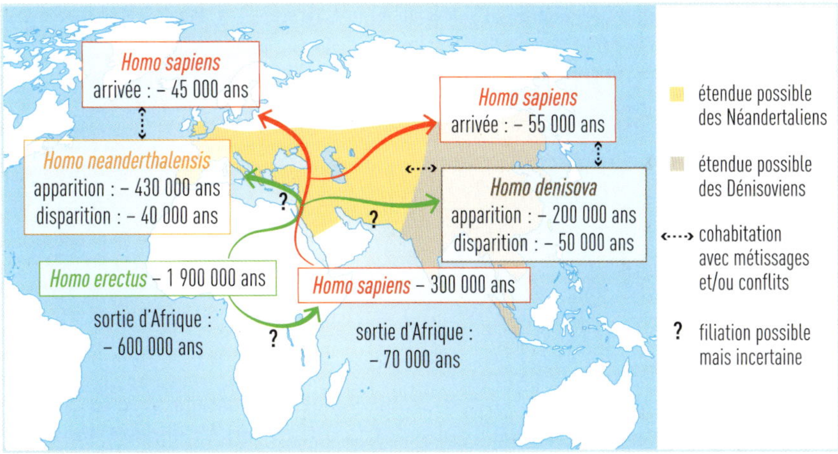

■ *Homo sapiens* a supplanté les autres Hommes sur tous les continents.

Pistes de travail

Pour mieux comprendre l'histoire évolutive du genre Homo :

1. **Préciser** pourquoi l'*Australopithecus africanus* n'appartient pas au genre *Homo* (DOC. 1).
2. **Expliquer** en quoi l'analyse génétique des différents génomes humains semble conduire à l'hypothèse d'espèces distinctes (DOC. 2).
3. **Rechercher** les arguments qui remettent en cause cette hypothèse (DOC. 3 ET 4).
4. **Formuler** au moins deux hypothèses pour expliquer la disparition des Néandertaliens et Dénisoviens.

Des clés pour réussir

- Essayer de raisonner par l'absurde en vous demandant à quoi ressemblerait l'arbre du DOC. 2a si ces trois types d'*Homo* étaient de la même espèce.
- Penser à argumenter vos hypothèses.

* Lexique en fin de manuel

1 L'Homme est un Primate comme les autres

La comparaison des caractères morpho-anatomiques (Fig. 1) a permis de construire un **arbre phylogénétique** des espèces actuelles les plus proches de l'Homme. La phylogénie regroupe ainsi l'Orang-outan, le Gorille, le Chimpanzé et l'Homme dans la famille des Hominoïdes ou **Grands singes**, qui appartient elle-même au groupe des **Primates**.

La comparaison de la séquence d'ADN des génomes des différents Grands singes a permis une classification plus précise de l'Homme (Fig. 2).

On a pu ainsi démontrer que c'est avec le Chimpanzé que nous avons l'ancêtre commun le plus récent. Nous partageons 98,79 % de notre patrimoine génétique contre 98,47 % avec le Gorille et 96,96 % avec l'Orang-outan.

Exemple : L'arbre phylogénétique des Primates construit à partir de la comparaison de caractères morpho-anatomiques.

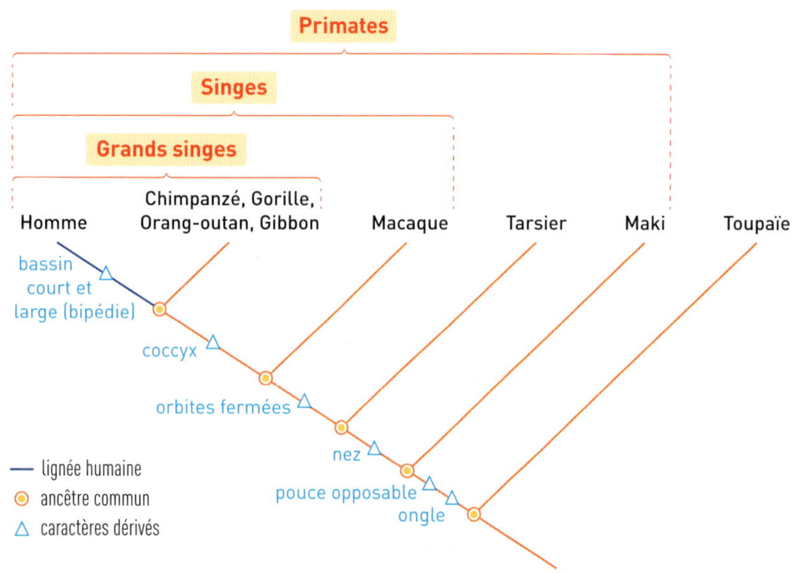

L'Homme est un Primate apparenté aux Grands singes et partage avec le Chimpanzé l'ancêtre commun le plus récent qui serait daté d'environ 7 millions d'années.

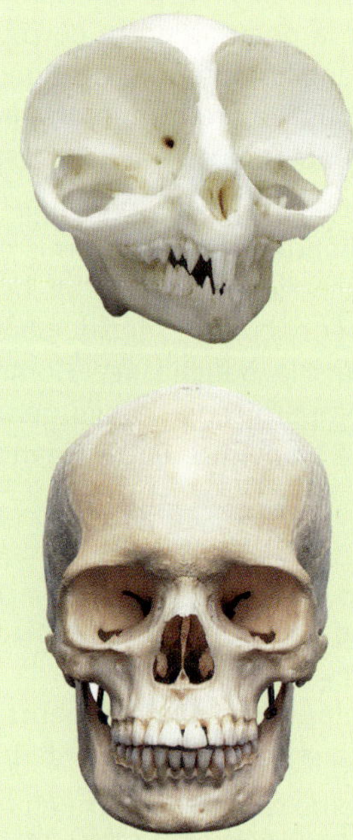

Fig. 1 : Crânes de Tarsier (en haut) et d'Homme (en bas).
Tout animal présentant une orbite fermée est un Singe.

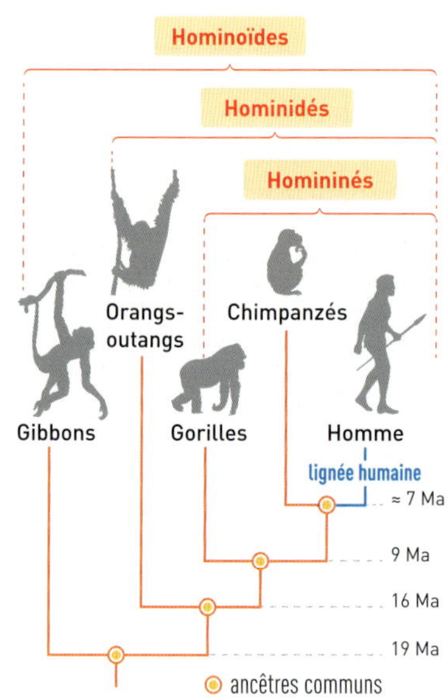

Fig. 2 : Arbre phylogénétique des Hominoïdes basé sur des comparaisons moléculaires.

2 La découverte de nos origines

Des arguments scientifiques, issus de l'analyse comparée de fossiles d'Hominines datés de 3 à 7 millions d'années, permettent de reconstituer l'histoire de la **lignée humaine**.

Ces études montrent des innovations évolutives caractéristiques qui permettent de définir des critères d'appartenance à la lignée humaine : **bipédie** exclusive, forme de la mandibule en V et augmentation du volume de la boîte crânienne pour les représentants du genre *Homo*.

La paléoanthropologie est la science qui, à travers l'étude des fossiles, a permis de reconstruire l'histoire de la lignée humaine. Cette étude est toutefois régulièrement remise en question lorsque de nouveaux fossiles sont découverts.

Exemple : Les découvertes récentes montrent que le berceau de l'Homme se situe en Afrique dans un environnement probablement arboricole, contrairement à ce que laissait penser la découverte de Lucy au XXe siècle.

3 L'histoire récente du genre *Homo*

Définition du genre *Homo*

Le genre *Homo* est caractérisé, entre autres, par un volume cérébral important, une aptitude à la course et un aplatissement de la face.

Il regroupe l'espèce humaine actuelle mais aussi de nombreuses espèces fossiles.

La diversité des fossiles des représentants du genre *Homo* et le faible nombre d'individus trouvés font que de nombreux points d'interrogations persistent et rendent difficile l'élaboration d'un arbre évolutif.

Une cohabitation possible entre espèces du genre *Homo*

Plusieurs espèces humaines ont cohabité sur Terre. Ainsi la datation des fossiles, la comparaison de l'ADN de Néandertaliens, de Dénisoviens et de Sapiens, l'étude des **microbiotes** (Fig. 3) et des habitudes alimentaires associées, des comportements appris (langage, art, outils) montrent qu'ils ont cohabité durant plusieurs milliers d'années en Europe et en Asie.

Des études génétiques indiquent qu'un métissage entre ces espèces a probablement eu lieu.

Les causes de la disparition des Néandertaliens et Dénisoviens restent encore inconnues mais sont probablement multiples : conflits avec les Sapiens, famines, maladies, changement climatique…

Une grande capacité à coopérer et l'invention d'armes de jet efficaces (Fig. 4) ont peut-être permis à *Homo sapiens* de s'imposer face aux autres espèces.

Exemple : Le régime alimentaire d'*Homo neanderthalensis* était essentiellement carnivore. Il a donc élaboré des armes spécifiques pour chasser ses proies (Mammouths, Rhinocéros laineux et Rennes). Ce ne sont pas des armes de jet (arc, propulseur) comme chez *Homo sapiens*, mais des armes à main moins efficaces, telles que des lances, qui permettaient toutefois une chasse à distance.

Les paléontologues ont construit un récit de nos origines proches à partir de l'étude anatomique des fossiles mais aussi, lorsque cela est possible, de leur ADN et de caractères non transmis génétiquement.

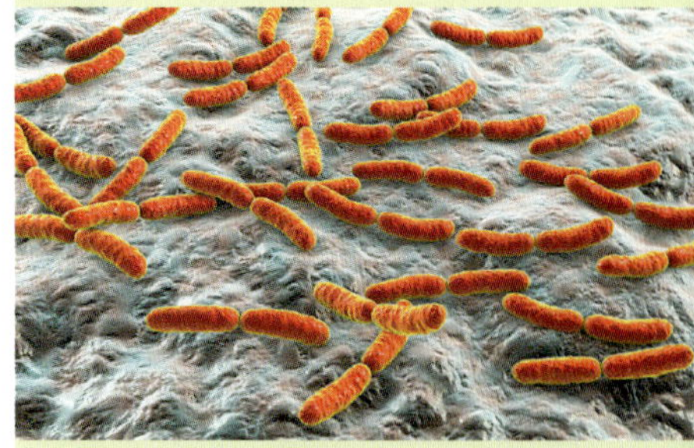

Fig. 3 : Lactobacilles du microbiote vus au microscope.

Fig. 4 : Pointes de flèches d'*Homo sapiens*.

Le vocabulaire à retenir

Flash PAGE cartes mémo

- **Grand singe :** Primate pourvu d'un coccyx à la place d'une queue.
- **Arbre phylogénétique :** arbre montrant les relations de parenté entre espèces. Il peut être construit à partir de données morpho-anatomiques ou de la comparaison de séquences d'ADN.
- **Bipédie :** capacité à se déplacer sur ses membres postérieurs.
- **Microbiote :** ensemble des micro-organismes (bactéries, virus, champignons...) vivant sur et dans notre corps (peau, muqueuses intestinale et génitale...).
- **Lignée humaine :** ensemble des espèces qui descendent de notre dernier ancêtre commun avec le Chimpanzé et qui partage avec *Homo sapiens* certains caractères dérivés associés à la bipédie.
- **Primate :** Mammifère possédant comme caractères dérivés un pouce opposable et des ongles.

L'essentiel en images

Flash PAGE bilan animé

1 L'utilisation de critères anatomiques et génétiques permet de classer les espèces appartenant aux Primates et à la lignée humaine

COMPARAISON ANATOMIQUE

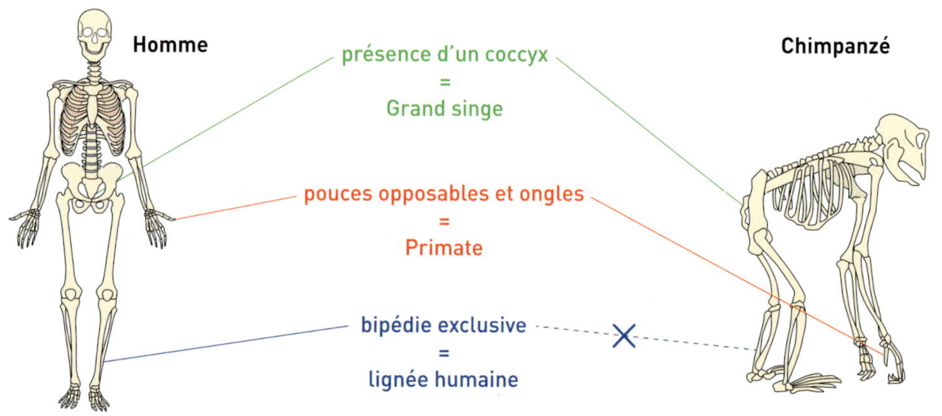

COMPARAISON GÉNÉTIQUE (ADN)

Homme	T	T	G	T	A	A	T	A	A	C	T	T	C	T	T	C	A	T	A	G	T	A
Chimpanzé	T	C	G	T	A	A	T	A	A	C	T	T	C	T	T	C	A	T	A	G	T	A
Gorille	T	C	G	T	A	A	T	A	A	T	T	T	C	T	T	C	A	T	A	G	T	A
Orang-outan	T	C	G	T	A	A	T	A	A	T	T	T	C	T	T	T	A	T	A	G	T	C

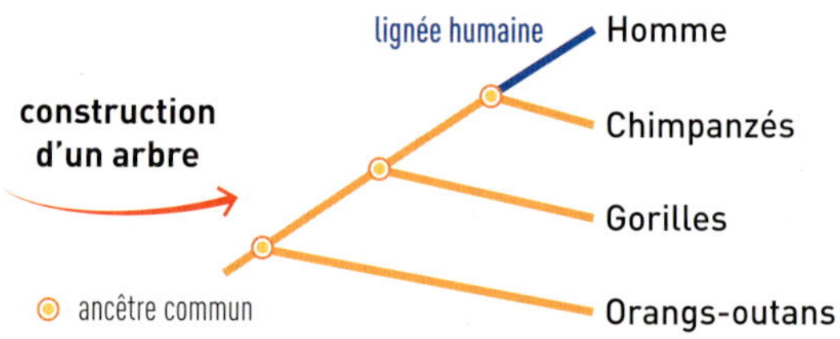

2 La construction de l'histoire de la lignée humaine

COMPARAISON GÉNÉTIQUE (ADN)

Anglais	A	T	A	G	C	G	A	T	G	T	A	T	C	G	A	T	C
Français	A	T	A	C	C	G	T	A	G	T	A	T	C	G	A	T	C
Dénisovien	A	T	A	G	T	C	T	A	G	T	A	T	C	G	A	T	C
Néandertalien	A	T	A	G	T	C	A	T	T	A	T	C	G	G	A	T	C

COMPARAISON ANATOMIQUE

mâchoire inférieure

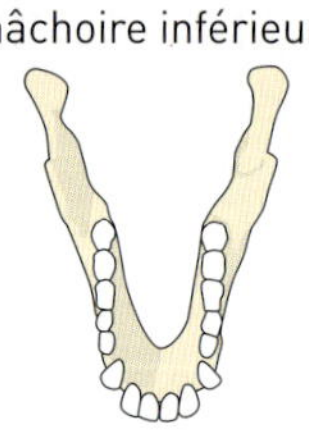

COMPARAISON DE CARACTÈRES NON GÉNÉTIQUES

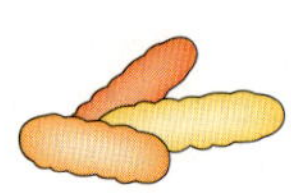

microbiotes (lactobacilles)

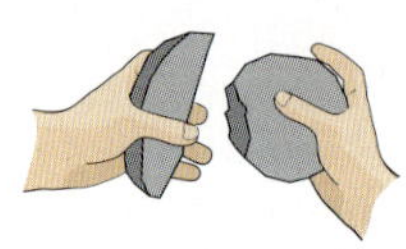

outils (silex...), art...

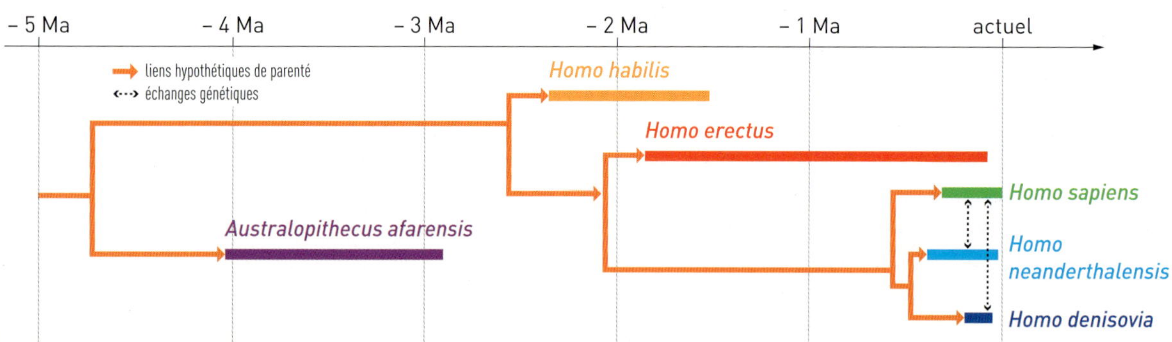

Les savoir-faire du chapitre

Positionner quelques espèces dans un arbre phylogénétique, à partir de l'étude de caractères.	5 6
Mettre en relation la ressemblance génétique entre les espèces et leur degré de parenté.	8 9
Analyser des arguments scientifiques qui ont permis de préciser la parenté de *Homo sapiens* avec les autres *Homo*.	7 10

Vérifier ses connaissances EN AUTONOMIE

Réponses en fin de manuel

bordas Flash PAGE corrigés détaillés

1 Question à réponse unique

Pour chaque question, choisir l'unique bonne réponse.

	1	2	3	4
A - Le Chimpanzé est :	parmi les espèces actuelles et fossiles, l'espèce la plus proche de l'Homme.	bipède donc appartient à la lignée humaine.	un Primate car il possède une queue.	un Primate tout comme l'Homme.
B - Une matrice de comparaison des caractères anatomiques des espèces :	permet de faire un arbre visualisant la différence génétique entre elles.	permet d'établir leur lien de parenté.	visualise les différences anatomiques au sein d'une espèce.	permet de déterminer quelle espèce est l'ancêtre d'une autre.
C - Les critères d'appartenance au genre *Homo* sont :	un volume cérébral important et une aptitude à la course.	une bipédie permanente et une mâchoire en U.	l'absence de queue et des ongles au lieu des griffes.	un trou occipital centré et une face prolongée vers l'avant.
D - Les Néandertaliens :	sont les premiers représentants de la lignée humaine.	ont cohabité avec les Dénisoviens.	ont pu être étudiés essentiellement grâce à leur ADN.	sont des bipèdes occasionnels.

2 Avoir un regard critique

Corriger les affirmations suivantes en argumentant votre réponse.

a. Le Gorille est un Primate car il possède des ongles et une queue.

b. La découverte du squelette d'*Homo denisovensis* a permis de montrer qu'il avait cohabité avec *Homo habilis*.

c. Les Grands singes comprennent exclusivement le Chimpanzé, le Gorille et l'Orang-outan car ils possèdent des ongles.

d. Le microbiote, la fabrication d'outils et l'art sont trois exemples de caractéristiques génétiques qui permettent de reconstituer l'histoire des Primates.

3 Retours sur les problématiques à l'oral

Reprendre les problématiques de la page 231 et y répondre oralement en 10 minutes maximum.

4 Mettre en relation ses connaissances

Associer chaque espèce à ses caractéristiques.

Australopithecus africanus

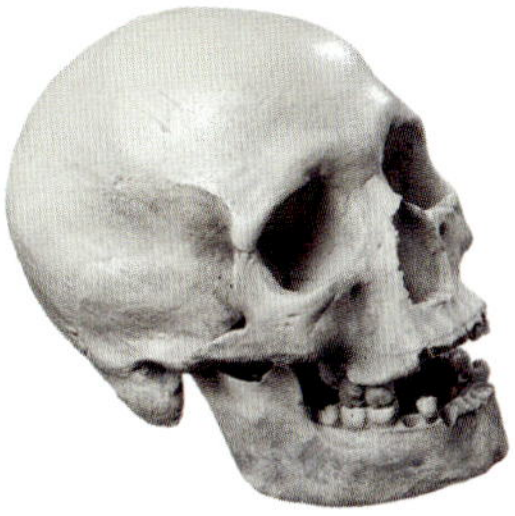

Homo sapiens

- mandibule en U
- mandibule en V
- trou occipital en position intermédiaire
- aptitude à la course
- trou occipital centré
- bipédie

Exercice résolu EN AUTONOMIE

5 Construire et exploiter un arbre phylogénétique

On cherche à déterminer les liens de parenté entre l'Homme, le Chimpanzé et deux espèces fossiles de Primates. Pour cela, on se sert de la matrice ci-dessous qui compare certains de leurs caractères.

	Homo sapiens	*Homo neanderthalensis*	*Australopithecus boisei*	*Pan troglodytes* (Chimpanzé)
Forme de la mandibule	parabolique (en V)	parabolique (en V)	parabolique (en V)	en U
Obliquité du fémur	marquée	marquée	marquée	absente
Dimorphisme sexuel	peu marqué	peu marqué	important	important
Bourrelet susorbitaire	absent	développé	développé	développé
Première phalange	droite	droite	incurvée	incurvée
Os iliaque (bassin)	court	court	court	allongé
Trou occipital	avancé	avancé	intermédiaire	en arrière

1. Indiquer, en justifiant votre réponse, l'état ancestral de chacun des caractères étudiés.

2. Construire l'arbre phylogénétique des espèces proposées sans oublier d'indiquer les caractères dérivés qui justifient la création des ancêtres communs dans l'arbre.

3. Souligner en vert les caractères dérivés intervenant dans la bipédie (critère d'appartenance à la lignée humaine) et en rouge ceux qui n'interviennent pas dans ce caractère.

Les clés de l'énoncé

L'arbre de parenté qu'il est demandé d'établir est déjà connu.

Vos acquis peuvent vous être d'une grande aide pour obtenir un résultat correct tout en utilisant les données fournies.

Les questions à la loupe

- Il faut repérer dans le tableau les caractères ancestraux et les caractères dérivés.
- Des connaissances sont clairement nécessaires pour pouvoir traiter les questions.

Quelques conseils

- Pour construire un arbre, on considère que plus le nombre de caractères dérivés partagés par deux espèces est important, plus ces espèces sont apparentées ; autrement dit, plus leur ancêtre commun est récent.

Exemple : *Homo sapiens* et *Homo neanderthalensis* partagent 6 caractères dérivés et sont donc plus apparentés entre eux qu'avec *Australopithecus boisei* qui n'en possède que 3 en commun avec eux.

- L'arbre produit doit être soigné et correctement légendé.

Exemple de correction

1. Le tableau ci-contre récapitule les caractères ancestraux qui correspondent à ceux du Chimpanzé. En effet, on sait que ce dernier n'appartient pas à la lignée humaine, à l'inverse des deux autres espèces fossiles. Ses caractères sont donc ancestraux par rapport à ceux de la lignée humaine.

Caractéristiques	États ancestraux
forme de la mandibule	en U
obliquité du fémur	absente
dimorphisme sexuel	important
bourrelet susorbitaire	développé
première phalange	incurvée
os iliaque (bassin)	allongé
trou occipital	en arrière

2. et 3.

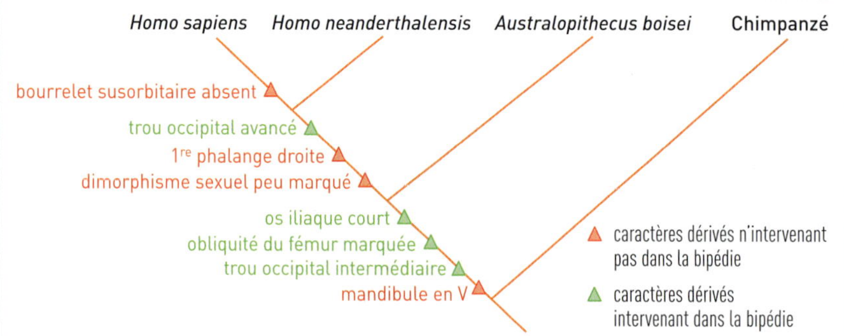

S'entraîner

Exercice similaire EN AUTONOMIE Solutions en fin de manuel bordas Flash PAGE corrigé détaillé

6 Construire un arbre

L'Homme de Florès est du genre *Homo*. Il a été découvert en 2003 sur l'île de Florès en Indonésie.

	Capacité crânienne	Rapport MI/MS	Face	Bourrelet susorbitaire
A. afarensis	Inférieure à 550cc	Inférieur à 1	Projetée en avant	Prononcé et continu
H. floresiensis	Inférieure à 550cc	Inférieur à 1	Verticale/Plate	Peu prononcé et en double arcade
H. habilis	Entre 550cc et 800cc	Inférieur à 1	Projetée en avant	Prononcé et continu
H. erectus	Entre 800cc et 1200cc	Supérieur à 1	Projetée en avant	Prononcé et continu
H. neandertalensis	Supérieure à 1300cc	Supérieur à 1	Projetée en avant	Prononcé en double arcade
H. sapiens	Supérieure à 1300cc	Supérieur à 1	Verticale/Plate	Peu prononcé et en double arcade

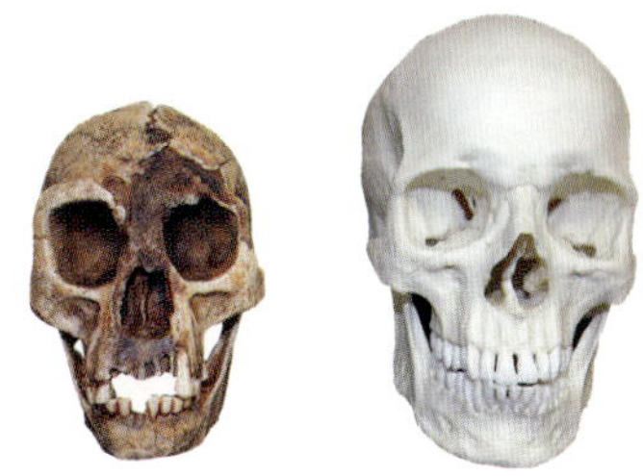
H. floresiensis *H. sapiens*

Matrice des caractères d'*Homo floresiensis* et de cinq autres espèces. *Source : Phylogène.*
MI = longueur des membres inférieurs ; MS = longueur des membres supérieurs ; cc = cm^3.

1. Montrer qu'établir le lien de parenté entre l'Homme de Florès et les autres espèces pose certaines difficultés et que deux arbres différents sont à envisager.
2. Sachant qu'en milieu insulaire, certaines espèces actuelles (Rhinocéros, Éléphants…) évoluent en formes naines, proposer un nouvel arbre de parenté pour l'ensemble des Primates étudiés en justifiant votre réponse.

7 Remettre en cause une théorie

Découverte en 1974 en Éthiopie au niveau du rift* est-africain, Lucy est une *Australopithecus afarensis* datée de 3,2 millions d'années. Son squelette montre une bipédie certaine, critère d'appartenance à la lignée humaine. Elle est à l'origine de la théorie de l'« *East side story* » (a). Cette théorie est confortée par le fait qu'à l'époque, la quasi-totalité des fossiles d'Australopithèques trouvés au XXe siècle le sont à l'est du rift. On pense alors que l'ancêtre commun à l'Homme et aux Grands singes est âgé de 4 à 6 millions d'années. D'autres découvertes vont venir remettre en question cette vision des choses (b).

À l'époque de Lucy, la formation du rift est-africain crée une barrière contre les précipitations venues de l'ouest et entraîne un changement climatique important. La région devient plus sèche et les forêts humides sont remplacées par la savane (image ci-contre).
Avantagés par leur bipédie, car ils peuvent voir au-dessus des hautes herbes leurs proies et leurs prédateurs, les « ancêtres » de l'Homme s'y développent contrairement aux ancêtres des Grands singes qui évoluent de manière indépendante à l'ouest de l'Afrique, dans un environnement toujours arboricole.
Le berceau de la lignée humaine est donc la savane de l'est africain !

a La théorie de l'*East side story*.

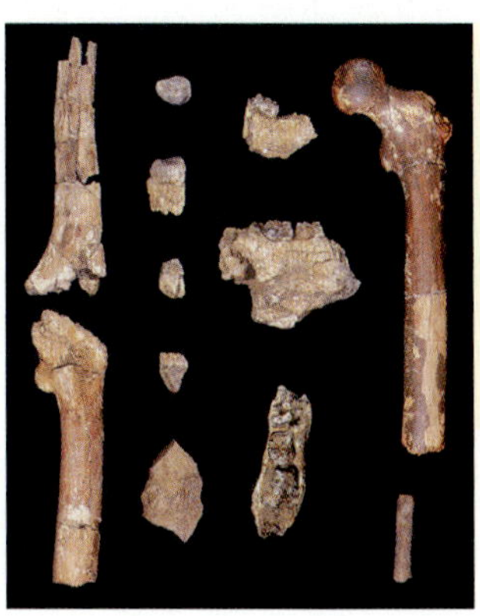

« Cette découverte bouleversait les idées qui avaient cours sur la dichotomie* entre Chimpanzé et Homme. D'abord, elle était plus ancienne qu'on ne le pensait (8 à 10 millions d'années) et avait eu lieu dans un milieu qui n'était pas une savane, mais était plus boisé. Ensuite, grâce à Orrorin, on apprenait d'une part, que la bipédie n'avait pas émergé en milieu ouvert (la savane) et, d'autre part, que les ancêtres des Hominidés ne ressemblaient pas au Chimpanzé. »

Brigitte Senut, paléontologue au Muséum national d'histoire naturelle, dossier PLS n° 94, janvier 2017

b La découverte d'Orrorin en 2000.

- **À l'aide des documents, montrer en quoi la découverte de nouveaux fossiles par les paléontologues peut remettre en cause une théorie.**

S'entraîner

8 Tirer des renseignements d'un arbre

Des études ont comparé l'ADN mitochondrial d'individus *Homo sapiens* issus des cinq continents. Ces travaux ont permis de tracer l'arbre phylogénétique ci-dessous.

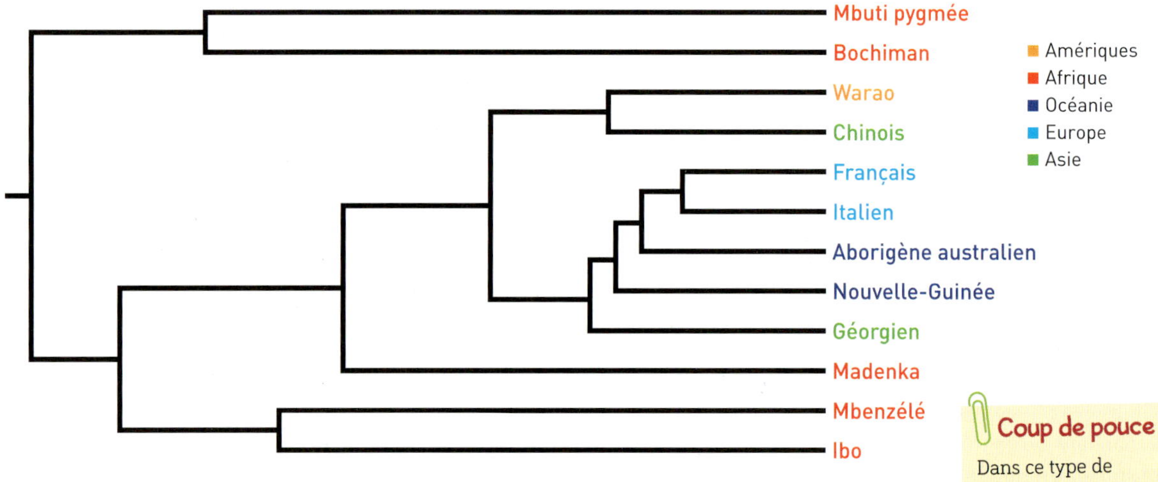

Arbre phylogénétique issu de l'analyse de l'ADN mitochondrial d'*Homo sapiens* originaires des cinq continents.

Coup de pouce

Dans ce type de représentation, on peut considérer que l'axe horizontal visualise l'échelle des temps.

Indiquer pour chacune des propositions ci-dessous l'unique bonne réponse.

1. Les Chinois sont plus proches des Géorgiens que des Madenka car :
   a. ils sont originaires du même continent.
   b. ils possèdent un ancêtre commun plus récent.
   c. leur ancêtre commun a une origine africaine.
   d. leur ADN mitochondrial est identique.

2. Les Aborigènes australiens possèdent leur ancêtre commun le plus récent avec les :
   a. Papous de Nouvelle-Guinée.
   b. Italiens.
   c. Géorgiens.
   d. Ibos.

3. Cet arbre conforte l'hypothèse que :
   a. l'Homme a pour origine l'Afrique.
   b. l'Homme a pour origine l'Asie.
   c. l'Homme a pour origine l'Europe.
   d. l'Homme a pour origine l'Amérique.

4. Les habitants de l'Europe et de l'Océanie :
   a. ont comme ancêtre commun un Chinois ou un Warao.
   b. ont comme ancêtre commun un Géorgien.
   c. sont plus proches des Géorgiens que des Chinois.
   d. n'ont aucun lien avec les Géorgiens.

9 Classer un fossile

Toumaï, âgé de 7 millions d'années, a été découvert au Tchad en 2001. Sa capacité crânienne, de l'ordre de 360 à 370 cm^3, est équivalente à celle des Chimpanzés actuels. Ce fossile est toutefois classé comme appartenant à la lignée humaine.

Les mesures décrites ci-contre ont pour but de préciser la position du crâne par rapport à la colonne. Moins l'angle est proche de 90° et plus la tête est penchée vers l'avant.

- **Justifier l'appartenance de Toumaï à la lignée humaine puis indiquer un autre caractère crânien qui pourrait constituer un argument supplémentaire.**

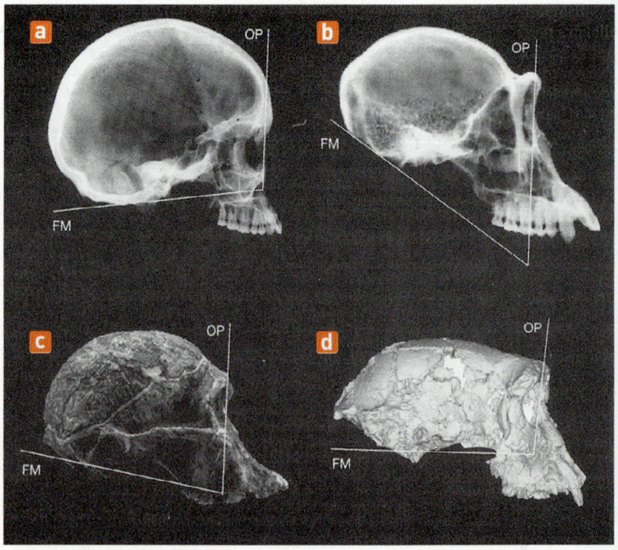

Radiographies de crânes et mise en évidence de l'angle formé par le plan du trou occipital (FM) et le plan des orbites (PO).
a Homme actuel ; b Chimpanzé ; c Australopithèque ; d Toumaï

DOC
4 Production de riz et population mondiale

Le graphique **a** donne, de 2007 à 2017, l'évolution comparée de la production de riz dans le monde et de la population mondiale.

En 2017, la FAO (*Food and Agriculture Organisation*) a annoncé que « la production de riz a atteint 752 millions de tonnes en 2016, soit une hausse de 0,8 % par rapport à 2015 : elle a donc été inférieure à la croissance démographique pour la 4ᵉ année consécutive, entraînant ainsi au niveau mondial une régression de la production par tête d'habitant ».

On peut le constater sur le graphique en comparant les croissances de ces deux grandeurs entre 2013 et 2016.

Pour mener une investigation

- Calculer les taux de variation de la population mondiale et de la production de riz entre 2013 et 2016 (**b**).
- Conclure.

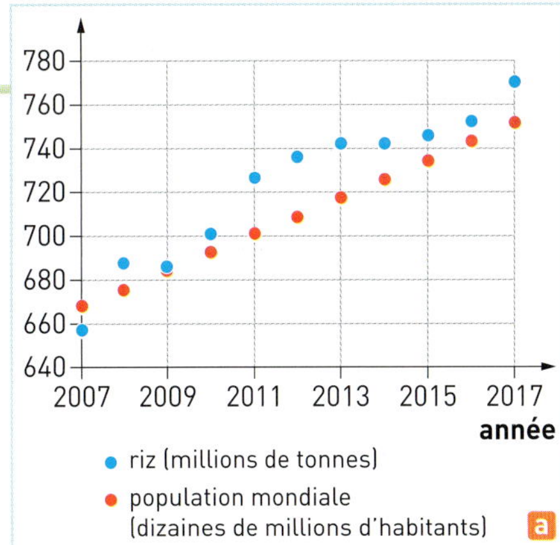

a

Année	Riz	Population
2012	737	709
2013	743	717
2014	743	726
2015	746	734
2016	752	743

b

FICHIER
Données sous tableur

DOC
5 Ajustement d'un nuage de points pour la Turquie

FICHIER
Données sous tableur

	A	B	C
1	Année	Rang	Population
2	2010	0	72,3
3	2011	1	73,4
4	2012	2	74,7
5	2013	3	75,9
6	2014	4	77,2
7	2015	5	78,5
8	2016	6	79,8
9	2017	7	81,1
10	2018	8	82,3

a

Le tableau **a** donne l'évolution de la population de la Turquie, en millions d'habitants, l'année 2010 étant prise comme année de rang 0.

On note $u(n)$ la population de la Turquie pour l'année de rang n. Pour caractériser l'évolution de cette population, on représente le nuage des points de coordonnées $(n\,;\,u(n))$.

- Une première méthode consiste à placer ces points dans un repère en prenant des unités adaptées : 1 cm pour une année en abscisses et 1 cm pour un million d'habitants en ordonnées, en prenant l'origine à 70. Les points étant sensiblement alignés, on peut alors tracer une droite au plus près de ces points, en choisissant deux points bien adaptés.
- On peut aussi utiliser un tableur (➤ fiche n° 5) pour afficher la droite.

Cette droite fournit une image mentale simple de l'évolution de la population de la Turquie et elle permet de faire des prévisions pour les années futures quant à la population de la Turquie.

Pour mener une investigation

- Pour la première méthode, choisir les deux points extrêmes A et B du graphique, puis déterminer une équation de la droite (AB).
- Avec le tableur, on peut faire afficher l'équation dans le menu « Format de courbe de tendance ».

Comparer avec l'équation trouvée par un calcul.

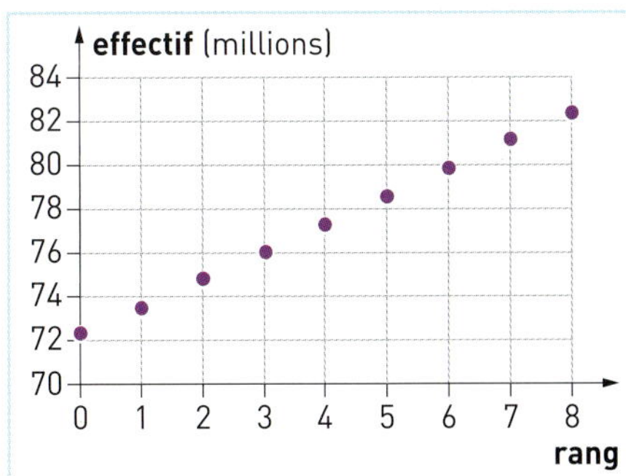

b

Pistes de travail

Pour comprendre l'évolution de certaines populations :

1. Pourquoi modélise-t-on ces évolutions par une fonction d'une variable entière ?
2. **Expliquer** la différence entre la variation absolue et le taux de variation.
3. **Expliquer** à quoi peut servir l'ajustement d'un nuage de points.

Des clés pour réussir

- Utiliser les exemples donnés pour répondre.

Activité

2 Le modèle linéaire

SAVOIR-FAIRE
Reconnaître une croissance linéaire et l'utiliser pour effectuer des prévisions.

Parmi les nuages de points modélisant des évolutions, certains sont particulièrement simples, car formés de points sensiblement alignés. C'est ce type de modèle que nous allons étudier.

Comment reconnaître et utiliser un modèle linéaire d'évolution ?

DOC 1 Une évolution régulière

On suppose que la population d'une ville, qui est de 10 000 habitants au 1er janvier 2020, augmente régulièrement chaque année de 500 habitants. On peut alors construire un tableau traduisant l'évolution de la population dans cette ville.

Année	2020	2021	2022	2023	2024	2025	2026	2027
Rang de l'année	0	1	2	3	4	5	6	7
Effectif	10 000	10 500	11 000	11 500	12 000	12 500	13 000	13 500

Si on note $u(n)$ la population de cette ville au 1er janvier de l'année de rang n, on a ainsi :

$u(0) = 10\,000$; $u(1) = 10\,500$; $u(2) = 11\,000$...

La variation absolue de la population entre 2020 et 2021 est de 500 habitants, ce qui se traduit par : $u(1) - u(0) = 500$. Elle est aussi de 500 habitants entre 2021 et 2022, soit $u(2) - u(1) = 500$.

On peut construire le nuage de points associé à ce tableau de valeurs. On constate que les points semblent alignés.

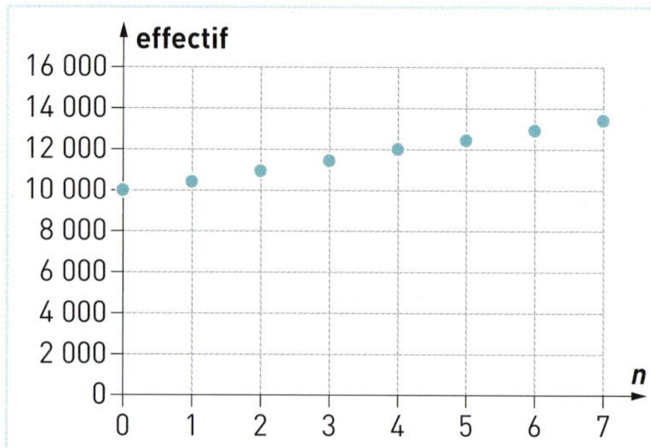

Pour mener une investigation

- Montrer qu'une équation de la droite d passant par les deux premiers points du nuage est $y = 500x + 10\,000$.
- Justifier que les autres points appartiennent à d.

DOC 2 Une suite arithmétique

La population de la ville étudiée dans le DOC. 1 augmente chaque année d'un nombre constant d'individus (500), c'est-à-dire que la variation absolue de la population d'une année à l'autre est constante et égale à 500.

On dit que la **croissance** est **linéaire**.

On a modélisé l'évolution de cette population en associant à chaque entier naturel n l'effectif de cette population, noté $u(n)$: on définit ainsi une fonction u de la variable entière n. Ce type de fonction est aussi appelé une **suite**.

On suppose que cette croissance va se poursuivre de la même façon et on veut prévoir quelle sera la population de cette ville en 2035.

Ainsi, $u(1) = u(0) + 500$; $u(2) = u(1) + 500$; etc.

De manière générale, pour tout entier naturel n, $\boldsymbol{u(n+1) = u(n) + 500}$.

Cette égalité permettant d'obtenir $u(n+1)$ en fonction de $u(n)$ par l'ajout d'une constante $c = 500$ définit une **suite arithmétique de raison c**. On peut schématiser ce processus de la façon suivante.

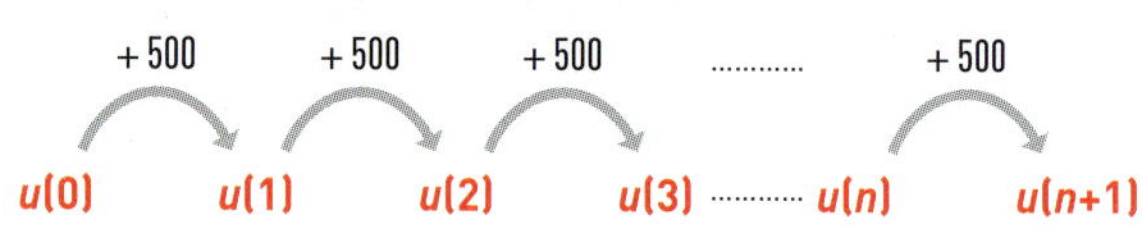

On a alors : $u(3) = u(2) + 500 = u(1) + 500 + 500$
$u(3) = u(0) + 500 + 500 + 500 = u(0) + 3 \times 500$.

De la même façon, on exprime $u(10)$ en fonction de $u(9)$, puis de $u(8)$, et ainsi de suite, et on obtient $u(10)$ en fonction de $u(0)$: $u(10) = u(0) + 10 \times 500$.

Plus généralement, $\boldsymbol{u(n) = u(0) + n \times 500}$.

La population de cette ville en 2035 est donnée par $u(15)$, car $2035 = 2020 + 15$. Puisque $u(15) = 17\,500$, cette ville aura 17 500 habitants en 2035.

DOC
3 Ajustement par un modèle linéaire : le Mexique

On donne ci-dessous l'évolution de la population du Mexique, en millions d'habitants, entre 2011 et 2018.

Année	2011	2012	2013	2014	2015	2016	2017	2018
Effectif	115,7	117,3	118,8	120,4	121,9	123,3	124,8	126,2

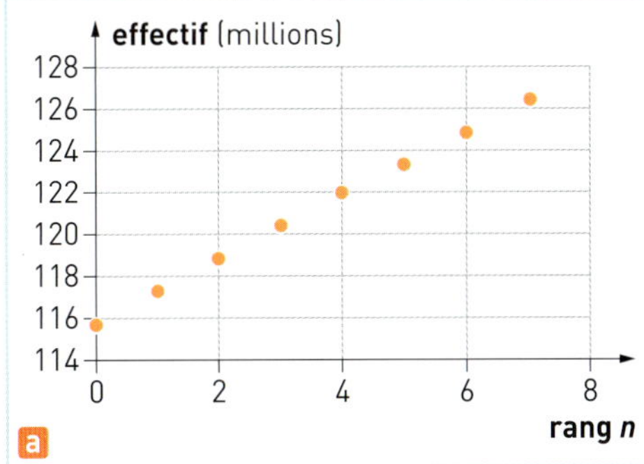

a

On peut représenter cette série de données (a).

On constate que les points paraissent alignés : on est certainement en présence d'une croissance linéaire.

On peut le justifier en calculant la variation absolue d'une année à l'autre de 2011 à 2018, et en montrant qu'elle est quasiment constante. On choisit l'année 2011 comme année de rang 0, et on définit la suite u qui, à un rang donné, associe l'effectif de la population, exprimé en millions, selon un modèle de croissance linéaire.

Pour ajuster le nuage de points par une droite, on peut soit tracer au jugé la droite qui semble la plus proche de tous les points soit utiliser un outil numérique, comme le tableur ou la calculatrice.

b

```
RégLin
y=ax+b
a=1.5
b=115.8
```

En utilisant le mode « statistique » d'une calculatrice (➤ fiches n° 6, 7, 8), on détermine une équation de la droite d'ajustement relatif à ce modèle linéaire : $y = 1{,}5x + 115{,}8$ (b). On en déduit : $u(n) = 1{,}5n + 115{,}8$.

DOC
4 Une prévision sur la population des ours dans les Pyrénées

L'ours des Pyrénées est une espèce protégée depuis 1979. Depuis quelques années, les effectifs d'ours ont tendance à augmenter, comme le montre le tableau ci-dessous.

Année	2012	2013	2014	2015	2016	2017	2018	2019
Rang	0	1	2	3	4	5	6	7
Effectif	24	25	31	29	39	43	40	50

La représentation graphique par un nuage de points indique une tendance que l'on peut utiliser pour faire des prévisions.

On fait alors l'hypothèse que le modèle donné par la droite d'ajustement reste valable dans les années futures.

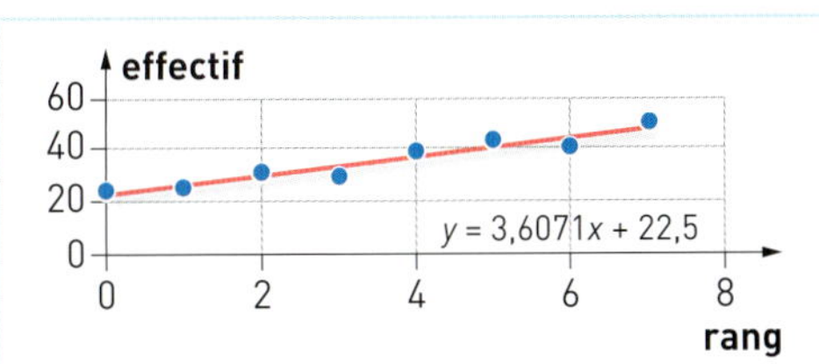

Pour mener une investigation

- À l'aide de l'équation de la droite d'ajustement donnée par le tableur, estimer le nombre d'ours dans les Pyrénées en 2040 selon ce modèle.
- Que peut-on penser de la validité de ce modèle ?

Pistes de travail

Pour reconnaître et utiliser un modèle linéaire d'évolution :

1. Dans le cas du Mexique, **calculer** les variations absolues de la population entre deux années consécutives de 2011 à 2018.
2. **En déduire** une suite arithmétique que l'on peut choisir pour modéliser cette évolution.

Des clés pour réussir

- La raison est donnée par $u(n+1) - u(n)$.
- Appliquer la formule générale pour conclure.

Activité 3

Le modèle exponentiel

SAVOIR-FAIRE
- Reconnaître une croissance exponentielle.
- Proposer et utiliser un modèle pour ce genre d'évolution.

Lorsque la variation absolue d'une grandeur augmente fortement d'un palier n au suivant, le modèle linéaire ne convient pas. On s'intéresse alors au taux de variation entre deux valeurs successives $u(n)$ et $u(n+1)$ de cette grandeur.

Comment reconnaître et modéliser une évolution exponentielle ?

DOC 1 Reconnaître une évolution exponentielle

Le Honduras est un pays d'Amérique centrale. Sa population était de 9 587 522 habitants en 2018.

Dans le tableau ci-dessous, on donne les chiffres entre 1975 et 1983. Pour décrire l'évolution de la population sur cette période, on a calculé la variation absolue du nombre d'habitants entre deux années consécutives, ainsi que le taux de variation.

Par exemple, entre 1975 et 1976, la population a augmenté de :

3 251 145 – 3 153 253 = 97 892 habitants.

Le taux de variation est égal à :

$$\frac{3\,251\,145 - 3\,153\,253}{3\,153\,253} = \frac{97\,892}{3\,153\,253} \approx 0{,}031,$$

soit environ 3,1 %.

On s'aperçoit que, sur la période étudiée, la variation absolue augmente, alors que le taux de variation est toujours très proche de 3,1 %.

Lorsque le taux de variation de la population entre deux années consécutives est constant, on dit que la **croissance** est **exponentielle**.

Année	Population	Variation absolue	Taux d'évolution
1975	3 153 253		
1976	3 251 145	97 892	3,10 %
1977	3 352 825	101 680	3,13 %
1978	3 458 095	105 270	3,14 %
1979	3 566 654	108 559	3,14 %
1980	3 678 279	111 625	3,13 %
1981	3 792 919	114 640	3,12 %
1982	3 910 640	117 721	3,10 %
1983	4 031 325	120 685	3,09 %

Évolution de la population du Honduras (*données de la Banque mondiale*).

DOC 2 Suite géométrique

En 2015, la population d'une ville était de 8 000 habitants. Depuis 2015, la population augmente chaque année de 16 %. On suppose que cette croissance va se poursuivre et on veut prévoir quelle sera la population en 2030.

Afin de modéliser son évolution, on note $u(n)$ la population en $2015 + n$. Ainsi, $u(0)$ est la population en 2015 et $u(1)$ est la population en 2016.

Augmenter de 16 % revient à multiplier par $1 + 16/100$, soit 1,16. Donc $u(1) = 1{,}16 \times u(0)$; $u(2) = 1{,}16 \times u(1)$; etc. Et, de manière générale, $\boldsymbol{u(n+1) = 1{,}16 \times u(n)}$.

Lorsque chaque terme d'une suite s'obtient en multipliant le précédent par un nombre constant q, on dit que la suite est géométrique de raison q.

Ici, la suite u est géométrique de raison $q = 1{,}16$.

On peut alors exprimer $u(n)$ en fonction de $u(0)$ et de n, ce qui permet de calculer n'importe quel terme de la suite sans avoir à calculer le terme précédent.

Pour mener une investigation

- Calculer $u(1)$, $u(2)$ et $u(3)$.
- Expliquer pourquoi $u(5) = 1{,}16^5 \times u(0)$. Que représente $u(5)$?
- Expliquer pourquoi la population en 2030 est $u(15)$.
- Expliquer pourquoi $u(15) = 1{,}16^{15} \times u(0)$, puis faire une prévision sur la population en 2030.

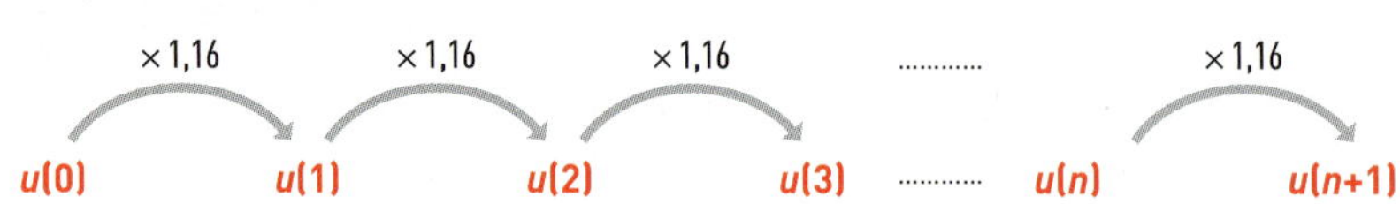

DOC 3

Modéliser avec une suite géométrique

Année	Palier n	Population (millions)	Taux de variation	$u(n)$
2004	0	18,76		18,76
2005	1	19,43	0,036	19,45
2006	2	20,15	0,037	20,17
2007	3	20,91	0,038	20,92
2008	4	21,7	0,038	21,69
2009	5	22,51	0,037	22,50
2010	6	23,36	0,038	23,33
2011	7	24,22	0,037	24,19

a Évolution de la population de l'Angola.

Sur la période étudiée, on a calculé le taux de variation de la population de l'Angola d'une année à la suivante (a). Ce taux est toujours proche de 0,037, soit 3,7 %.

On peut choisir comme modèle la suite géométrique u de raison 1,037 et telle que $u(0) = 18{,}76$. Ainsi : $u(n+1) = 1{,}037 \times u(n)$ et $u(n) = 18{,}76 \times 1{,}037^n$.

On observe que les valeurs de $u(n)$ sont très proches de la population réelle.

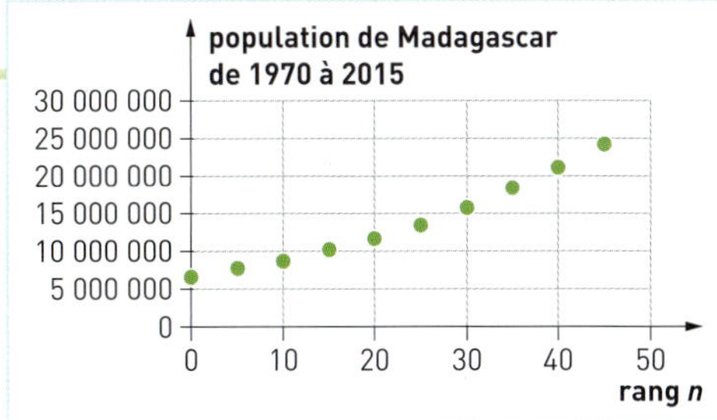

b

En 1970, il y avait 6 576 305 habitants à Madagascar, et il y en avait 24 234 088 en 2015. Le nuage de points représentant l'évolution de la population permet de conjecturer qu'il s'agit d'une croissance exponentielle (b). On note v la suite géométrique qui va modéliser cette population. On doit déterminer la raison q de cette suite.

On a : $v(0) = 6\ 576\ 305$ et $v(45) = 24\ 234\ 088$.

Comme $v(45) = v(0) \times q^{45}$, on obtient : $q^{45} \approx 3{,}685$.

Donc $q \approx 3{,}685^{\frac{1}{45}}$.

À l'aide de la calculatrice, on trouve : $q \approx 1{,}0294$ et on en déduit que selon ce modèle, l'augmentation de la population entre deux années consécutives est d'environ 2,94 %.

DOC 4

Temps de doublement d'une population

FICHIER
Données sous tableur

On considère qu'une population augmente de façon exponentielle et on souhaite déterminer à partir de combien de temps elle doublera.

Pour une population initiale de 100 millions et une augmentation annuelle de 10 %, la population double lorsqu'elle devient supérieure à 200 millions. D'après le tableau ci-contre, c'est au bout de 8 ans.

On peut également utiliser une calculatrice. On note $u(0)$ la population au rang 0 et $u(n)$ la population au rang n. Chaque année, la population est multipliée par 1,1 donc $u(n) = u(0) \times 1{,}1^n$.

On cherche donc le plus petit entier n tel que $u(0) \times 1{,}1^n \geqslant 2u(0)$, soit $1{,}1^n \geqslant 2$. On construit un tableau de valeurs sur une calculatrice en saisissant $y = 1{,}1^x$ comme expression de la fonction.

n	Population (millions)
0	100
1	110
2	121
3	133
4	146
5	161
6	177
7	195
8	214
9	236
10	259

Pour mener une investigation

Utiliser un tableur pour répondre aux questions suivantes.

- Le temps de doublement de la population semble-t-il dépendre de la population initiale ?
- Quel est le temps de doublement d'une population qui augmente chaque année de 2 % ?
- Pour quel taux d'évolution la population double-t-elle au bout de 25 ans ?

Pistes de travail

Pour modéliser une évolution exponentielle :

1. En posant $u(n)$ la population du Honduras en $1975 + n$, **décrire** la suite u qui peut modéliser la population du Honduras depuis 1975. Ce modèle est-il resté valable jusqu'en 2018 ? (DOC. 1).
2. Pour l'Angola et Madagascar (DOC. 3), **estimer** la population en 2030, ainsi que le temps de doublement de la population.

Des clés pour réussir

- Donner l'expression de $u(n)$ (ou de $v(n)$) en fonction de $u(0)$ (ou de $v(0)$) et de n.

Activité 4

Les limites du modèle de Malthus

Histoire
Enjeu
Débat

SAVOIR-FAIRE
Connaître le modèle de Malthus et ses limites.

Dans son essai, Thomas Malthus prédit que les ressources naturelles ne suffiront pas à nourrir une population de plus en plus importante. Il a donné son nom à la doctrine du « malthusianisme » qui vise à réguler la croissance de la population.

Quelles critiques peut-on apporter au modèle de Malthus ?

DOC 1 Le modèle démographique de Thomas Malthus

Thomas Malthus observe avec inquiétude l'extension de la pauvreté en Angleterre. En 1798, il fait des prévisions sur l'évolution de la population et celle de la nourriture :

> Nous sommes donc en état d'affirmer, en partant de l'état actuel de la terre habitable, que les moyens de subsistance, dans les circonstances les plus favorables à la production, ne peuvent jamais augmenter à un rythme plus rapide que celui qui résulte d'une progression arithmétique.
>
> Comparons ces deux lois d'accroissement : le résultat est frappant. Comptons pour onze millions la population de la Grande-Bretagne, et supposons que le produit actuel de son sol suffit pour la maintenir. Au bout de vingt-cinq ans, la population sera de vingt-deux millions ; et la nourriture ayant également doublé, elle suffira encore à l'entretenir. Après une seconde période de vingt-cinq ans, la population sera portée à quarante-quatre millions : mais les moyens de subsistance ne pourront plus nourrir que trente-trois millions d'habitants. Dans la période suivante, la population – arrivée à quatre-vingt-huit millions – ne trouvera des moyens de subsistance que pour la moitié de ce nombre.
>
> À la fin du premier siècle, la population sera de cent soixante-seize millions, tandis que les moyens de subsistance ne pourront suffire qu'à cinquante-cinq millions seulement. Cent vingt et un millions d'hommes seront ainsi condamnés à mourir de faim.
>
> Thomas Malthus, *Essai sur le principe de population* (1798), GF-Flammarion, 1999.

Malthus propose alors quelques solutions pour remédier à cette divergence entre l'évolution de la population et celle des ressources. Ces solutions visent à réguler la croissance de la population (prélèvement d'un impôt sur les enfants, cadeaux pour les couples sans enfant, etc.).

Pour mener une investigation

- Calculer, selon le modèle de Malthus, l'effectif de la population et les ressources tous les 25 ans. Au départ, la population est de 11 millions et les ressources de 11. Puis la population double et les ressources augmentent de 11, etc.

DOC 2 Taux de natalité et taux de mortalité

FICHIER
Données sous tableur

On considère un pays dans lequel le **taux de natalité** et le **taux de mortalité** sont constants. Le taux de natalité est de 18 pour mille et le taux de mortalité de 7 pour mille. Ainsi, par an et pour 1 000 habitants, il y a 18 naissances et 7 décès, soit 11 habitants supplémentaires pour 1 000 habitants. On en déduit que la population augmente de 11 ‰ par an, soit 1,1 %. La croissance est donc exponentielle.

Sous l'hypothèse que le taux de natalité et le taux de mortalité sont constants, on peut donc prévoir quelle sera la population mondiale dans 10 ans, dans 20 ans, etc.

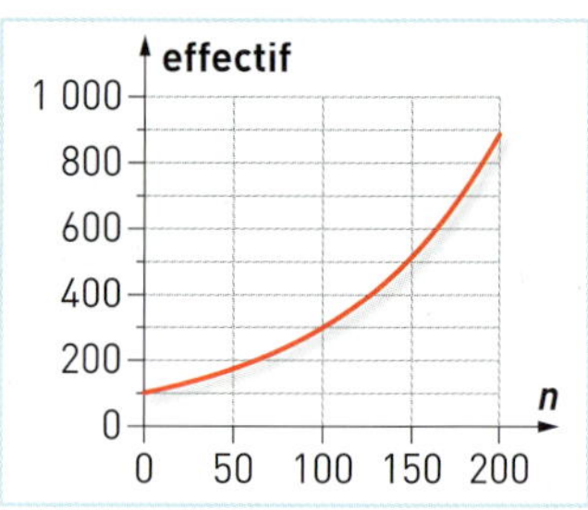

Pour mener une investigation

On fait varier le taux de natalité et le taux de mortalité, afin de conjecturer comment évolue une population lorsque le taux de mortalité est supérieur au taux de natalité, puis lorsque le taux de natalité est supérieur au taux de mortalité.

- En 2020, la population mondiale est de 7 794 799 habitants. Le taux de natalité est de 18 ‰ et le taux de mortalité est de 7,6 ‰. Quelle population mondiale peut-on prévoir en 2050 si l'on ne tient compte que des taux de natalité et de mortalité ?

DOC

3 Croissance de la population et croissance des ressources

Afin de se faire une opinion sur les constats de Malthus, on analyse les données ci-dessous.

Année	1960	1970	1980	1990	2000	2010	2015
Population mondiale (milliards)	3 018,3	3 682,5	4 439,6	5 309,7	6 126,6	6 929,7	7 349,5

a Évolution de la population mondiale.
Source : ONU (*World Population Prospects : The 2015 Revision*).

Année	2008	2009	2010	2011	2012	2013	2014	2015
Taux de natalité (‰)	12,8	12,7	12,8	12,5	12,4	12,2	12,2	11,8
Taux de mortalité (‰)	8,5	8,6	8,6	8,5	8,8	8,7	8,5	9

b Taux de natalité et de mortalité en France métropolitaine.
Source : Insee, *Bilan démographique*.

Année	2008	2009	2010	2011	2012	2013
Production (tonnes)	393 348	408 081	424 011	441 112	460 532	468 761

c Production d'œufs aux Philippines. *Source* : FAO-ONU.

Pour mener une investigation

- Après avoir calculé les taux de variation de la population mondiale entre deux décennies consécutives, répondre à la question suivante : « La population mondiale connaît-elle une croissance exponentielle ? »
- Calculer le solde naturel (taux de natalité – taux de mortalité) en France métropolitaine pour chaque année de 2008 à 2015. Commenter les résultats.
- Après avoir calculé les variations absolues et les taux de variation de la production entre deux années consécutives, répondre à la question suivante : « La production d'œufs aux Philippines connaît-elle une croissance linéaire ? une croissance exponentielle ? ni l'une, ni l'autre ? »

DOC

4 Critiques du modèle de Malthus

a

Les écrits de Malthus, tant du point de vue de sa théorie sur l'accroissement de la population et celui des ressources, que du point de vue des solutions, ont suscité beaucoup de débats et de critiques. D'autres modèles plus réalistes ont été élaborés. L'un des plus connus est celui du mathématicien belge Pierre François Verhulst (1804-1849) (**a** et **b**).

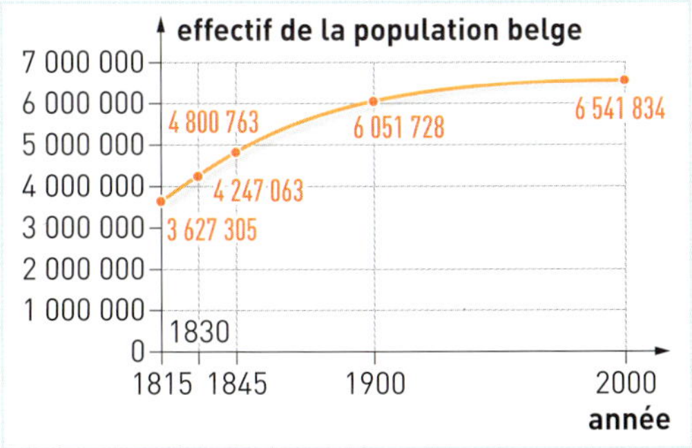

b Modèle de Verhulst.

Pour ce dernier, la population augmente de façon exponentielle si on ne tient compte que des causes constantes (taux de fécondité, salubrité, lois...). Mais il faut tenir compte des causes variables (par exemple la difficulté à se nourrir).

Ses recherches aboutissent à la création de fonctions dont la particularité est que la population ainsi modélisée n'augmente plus indéfiniment, mais tend vers une limite.

Aujourd'hui, il existe des modèles encore plus élaborés qui prévoient que la population mondiale atteindra presque 10 milliards d'habitants en 2050.

Prévoir l'évolution de la population et des ressources reste un enjeu majeur. Les solutions à apporter en cas de déséquilibre entre l'offre et la demande font encore débat.

Pistes de travail

Pour évaluer le modèle de Malthus :

Juger de la pertinence des deux modèles de Malthus : celui de la croissance de la population et celui de l'évolution des ressources.

Des clés pour réussir

- Confronter les modèles à des données réelles.

COURS

DYS

1 Évolution d'une population

En 1798, Thomas Malthus (1766-1834) publie son *Essai sur le principe de population*, dans lequel il expose l'idée selon laquelle la population croît beaucoup plus rapidement que les ressources.

Aujourd'hui, pour étudier une évolution, on peut dans un premier temps représenter les données par un nuage de points, puis on introduit une fonction u, dont la variable entière n est un palier (en général, une année).

En notant $u(0)$ la valeur à l'instant 0 (ou au palier 0) et $u(n)$ la valeur au palier n, on s'intéresse aux valeurs :

– de la **variation absolue** entre les paliers n et $n + 1$: $\mathbf{u(n+1) - u(n)}$.

– du **taux de variation** entre les paliers n et $n + 1$: $\dfrac{u(n+1) - u(n)}{u(n)}$.

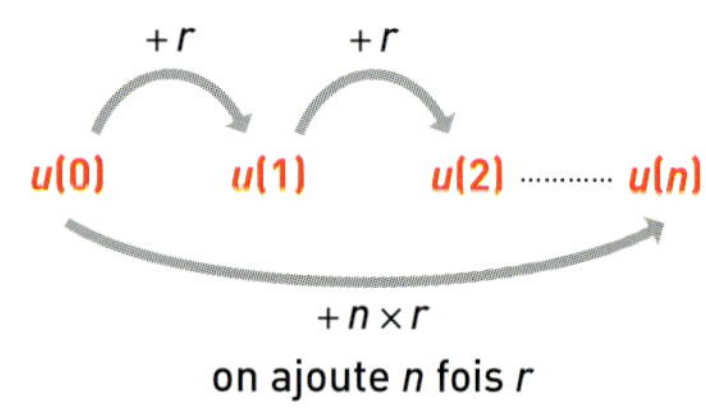

Fig. 1 : Principe d'une suite arithmétique.

2 Modèle linéaire

Suite arithmétique

Lorsque la variation absolue $u(n+1) - u(n)$ de la grandeur u entre deux paliers n et $n + 1$ est constante, on dit que la croissance (ou décroissance) est linéaire.

Pour tout entier naturel n, on a : $\mathbf{u(n+1) = u(n) + r}$, où r est une constante.

La suite u de nombres $u(0)$, $u(1)$, $u(2)$, etc. est une **suite arithmétique** (Fig. 1).

Le nombre r est appelé la raison de la suite u.

Pour tout entier naturel n, $\boxed{u(n) = u(0) + n \times r}$

Dans un repère, les points de coordonnées $(n\,;\,u(n))$ sont alignés. Ils sont sur la droite d'équation $y = u(0) + r \times x$.

Année	Rang n	Production (tonnes)	Variation absolue
2015	0	12 000	
2016	1	12 101	101
2017	2	12 201	100
2018	3	12 300	99
2019	4	12 400	100

Fig. 2 : Production croissant de manière linéaire.

Ajustement par une suite arithmétique

Dans la réalité, la variation absolue n'est pas tout à fait constante et les points ne sont pas tout à fait alignés. Pour établir un modèle, on peut estimer la variation absolue du modèle lorsque c'est possible, ou bien utiliser la calculatrice ou un tableur pour obtenir une équation de la droite qui ajuste le nuage de points.

> **Exemple :** On peut considérer que, depuis 2015, la production définie par la figure 2 augmente de 100 tonnes par an.
> Ainsi, $u(n+1) = u(n) + 100$ et $u(n) = 12\,000 + 100n$. On peut prévoir que la production en 2021 sera de 12 600 tonnes car $u(6) = 12\,600$. Grâce à un tableur ou une calculatrice, on peut déterminer une équation de la droite qui ajuste le nuage de points (Fig. 3).

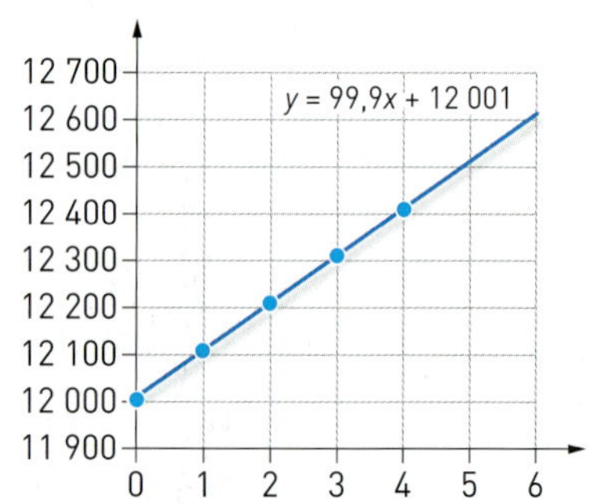

Fig. 3 : Ajustement d'un nuage de points par une droite (➤ fiche n° 9).

3 Modèle exponentiel

Suite géométrique

Lorsque le taux de variation t de la grandeur u est une constante, on dit que la croissance (ou décroissance) est exponentielle.

Pour tout entier naturel n, $u(n+1) = (1 + t) \times u(n)$. On pose : $q = 1 + t$. On a alors, pour tout entier naturel n, $\mathbf{u(n+1) = q \times u(n)}$.

Pour tout entier naturel n, $\boxed{u(n) = u(0) \times q^n}$

La suite u de nombres $u(0)$, $u(1)$, $u(2)$, etc. est une **suite géométrique** (Fig. 4).

Le nombre q est appelé la raison de la suite u.

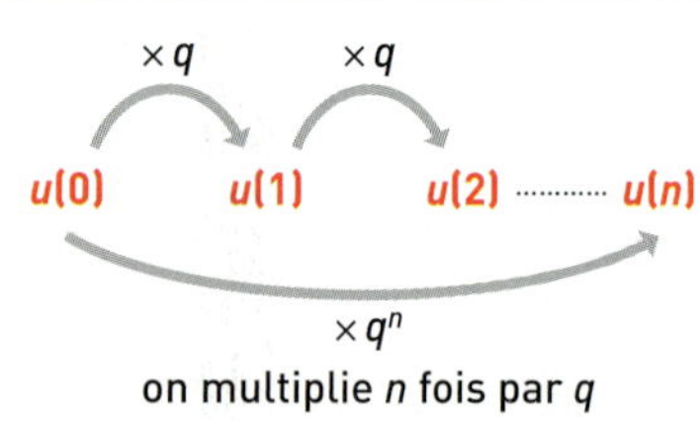

Fig. 4 : Principe d'une suite géométrique.

Ajustement par une suite géométrique

Dans la réalité, le taux de variation n'est pas tout à fait constant. Pour établir un modèle, on peut estimer le taux de variation du modèle ou bien calculer le taux de variation entre deux dates successives en utilisant la propriété :

Soit q et a deux réels positifs : $q^n = a$ **équivaut à** $q = a^{\frac{1}{n}}$

Exemple : On peut considérer que la population définie par la **figure 5** augmente de 20 % par an. Elle est chaque année multipliée par 1,2.
Ainsi, $u(n+1) = 1{,}2 \times u(n)$ et $u(n) = 500 \times 1{,}2^n$.

Année	Palier n	Population	Taux de variation
2015	0	500	
2016	1	602	0,204
2017	2	728	0,209
2018	3	872	0,198
2019	4	1 048	0,202

Fig. 5 : Population croissant de manière exponentielle.

Temps de doublement

À l'aide d'un tableur, d'une calculatrice ou d'une représentation graphique, on peut déterminer le temps de doublement de la population. Ce temps de doublement ne dépend pas de la population initiale.

Exemple : Dans le cas où la population d'un pays augmente chaque année de 20 %, on détermine le plus petit entier naturel n tel que $1{,}2^n \geqslant 2$.

Modèle démographique de Malthus

Lorsque, pour une population donnée, on connaît le **taux de natalité** t_n et le **taux de mortalité** t_m, exprimés en ‰ (pour mille), le taux annuel d'évolution t, exprimé en ‰, est égal à : $t = t_n - t_m$. Si l'on suppose que ces taux restent constants, la population évolue donc de t ‰ par an. La croissance est exponentielle et, chaque année, la population est multipliée par $1 + \frac{t}{1000}$.

Selon le modèle de Malthus (1798), si le taux de natalité est supérieur au taux de mortalité, l'effectif de la population croît vers l'infini, et si le taux de mortalité est supérieur au taux de natalité, l'effectif de la population décroît vers 0 (Fig. 6).

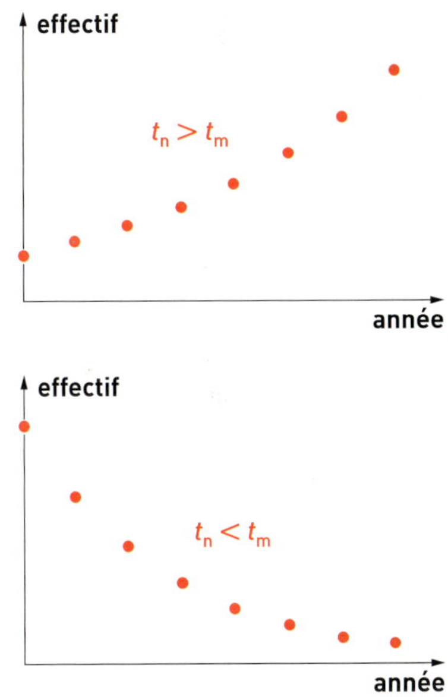

Fig. 6 : Modèle d'évolution de la population de Malthus.

Exemple : Dans un pays où le taux de natalité est de 11 pour 1 000 habitants et le taux de mortalité de 9 pour 1 000 habitants, le taux annuel d'évolution est égal à $t = 2$ ‰. Chaque année, la population est multipliée par 1,002.

4 Validité des prévisions

Modéliser l'évolution d'une population ou d'une ressource permet de faire des prévisions. Mais les modèles que l'on peut élaborer ne sont pas valables à très long terme. Les données dont on dispose aujourd'hui montrent par exemple que le modèle très controversé qu'avait élaboré Malthus n'est pas réaliste. Le modèle du mathématicien belge Pierre-François Verhulst (1804-1839) a lui aussi atteint ses limites.

Aujourd'hui, on prévoit que la population mondiale sera d'environ 9,7 milliards d'habitants à l'horizon 2050.

Le vocabulaire à retenir

- **Suite arithmétique :** suite de nombres dont chaque terme s'obtient en additionnant au précédent une constante.
- **Suite géométrique :** suite de nombres dont chaque terme s'obtient en multipliant le précédent par une constante.
- **Taux de mortalité :** rapport entre le nombre annuel de décès et la population totale moyenne sur cette année. Il est en général exprimé en pour mille (‰).
- **Taux de natalité :** rapport entre le nombre annuel de naissances et la population totale moyenne sur cette année. Il est en général exprimé en pour mille (‰).
- **Taux de variation** d'une grandeur entre deux paliers n et $n + 1$: $\frac{u(n+1) - u(n)}{u(n)}$.
- **Variation absolue** d'une grandeur entre deux paliers n et $n + 1$: $u(n+1) - u(n)$.

L'essentiel en images

bordas Flash PAGE bilan animé

1 Le modèle linéaire

La grandeur u représente une population, une ressource...

Variation absolue constante :
$u(n+1) - u(n) = \text{constante } r$

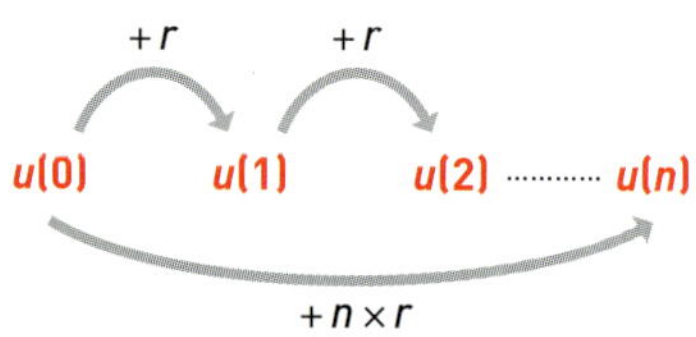

on ajoute n fois r

modélisation par une suite arithmétique de raison r :
$u(n+1) = u(n) + r$

$u(n) = u(0) + n \times r$

Nuage de points formé de points alignés

croissance

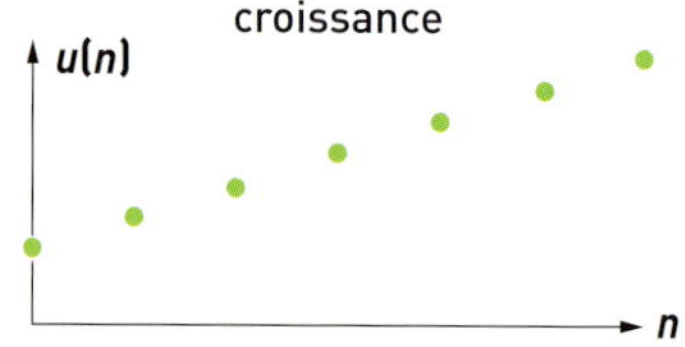

décroissance

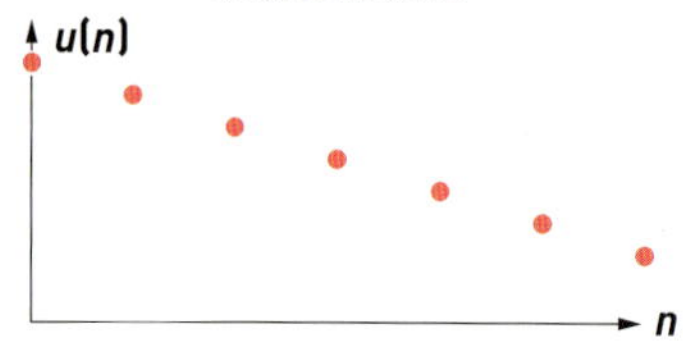

Modélisation de la réalité par un modèle linéaire

ajustement du nuage par une droite :

– avec une calculatrice

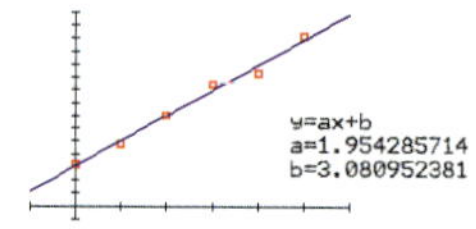

– avec un tableur

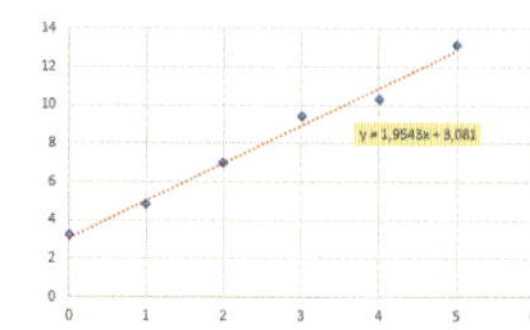

2 Le modèle exponentiel

La grandeur u représente une population, une ressource...

taux de variation constant :
$\frac{u(n+1) - u(n)}{u(n)} = \text{constante } t$

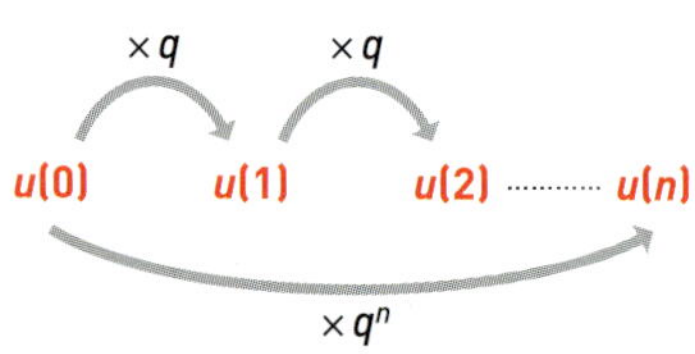

$\times q^n$

on multiplie n fois par q ($q = 1 + t$)

modélisation par une suite géométrique de raison q :
$u(n+1) = q \times u(n)$

$u(n) = u(0) \times q^n$

Allure du graphique

croissance

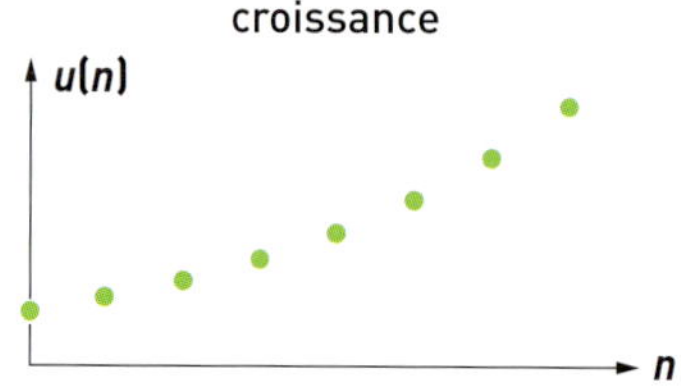

décroissance

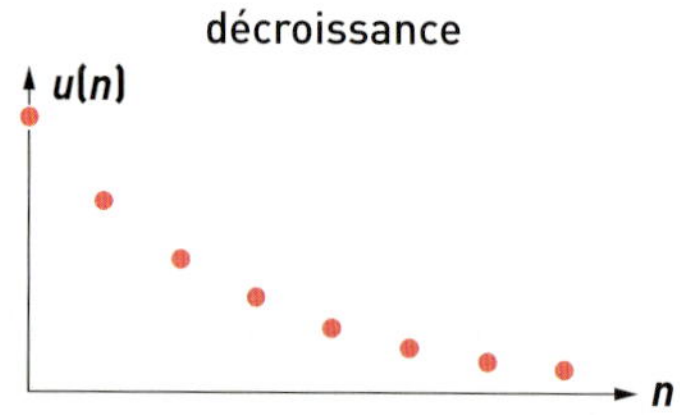

Modélisation de la réalité par un modèle exponentiel

$q^n = a$ équivaut à $q = a^{\frac{1}{n}}$

Temps de doublement

$y = 5{,}09 \times 1{,}09^n$

n	$u(n)$
0	50
1	54,5
2	59,41
3	64,75
4	70,58
5	76,93
6	83,86
7	91,40
8	99,63
9	108,59
10	118,37

le temps de doublement ne dépend pas de $u(0)$

3 Le modèle démographique de Malthus (1798)

Modèle de Malthus

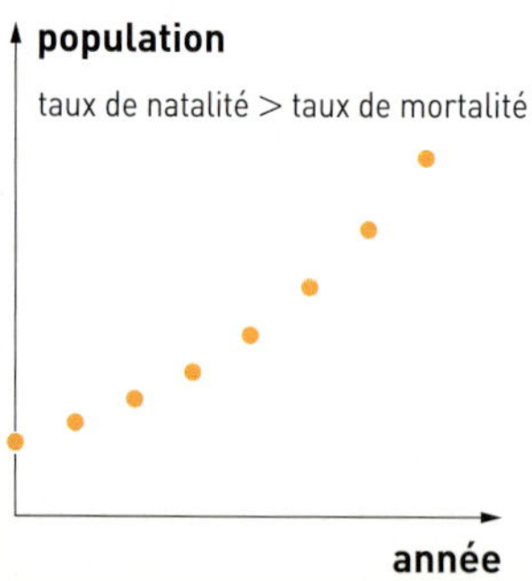

Réalité

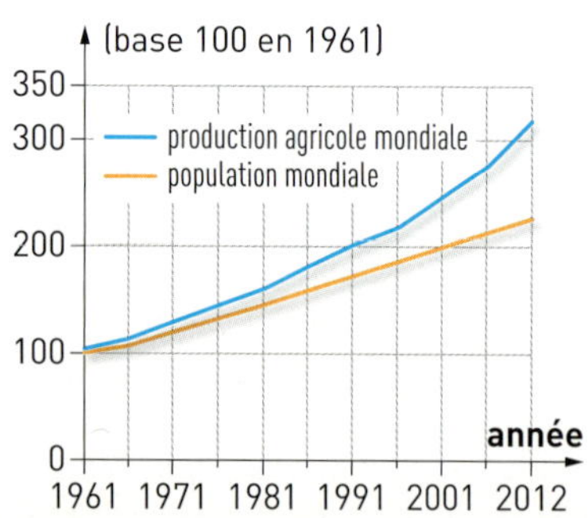

Modèle actuel

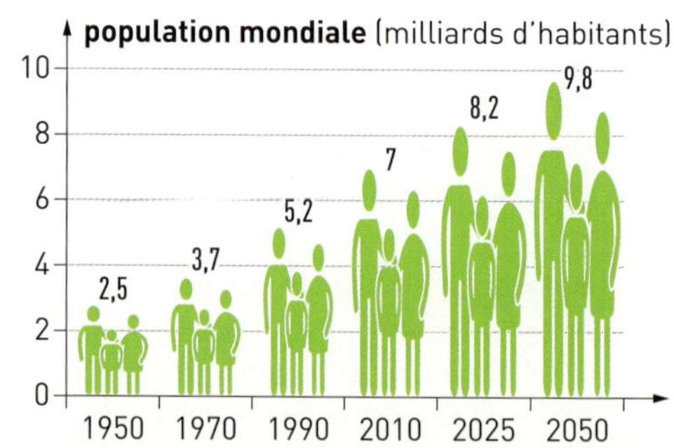

Les savoir-faire du chapitre

Reconnaître, utiliser et interpréter un modèle linéaire.	9 10 16
Reconnaître, utiliser et interpréter un modèle exponentiel.	8 11 14
Proposer un modèle de croissance et le comparer à un modèle exponentiel.	12 15

Vérifier ses connaissances EN AUTONOMIE

Réponses en fin de manuel

bordas Flash PAGE corrigés détaillés

1 Questions à choix multiple

Pour chaque question, choisir la ou les bonnes réponses.

	1	2	3	4
A - Une grandeur discrète u est telle que $u(n+1) - u(n) = 2$ avec $u(0) = 3$. Alors, $u(n)$ est égal à :	$2n$	$2n + 3$	$3n + 2$	3×2^n
B - Une grandeur discrète a un taux de variation entre les paliers n et $n + 1$ constant égal à 0,5 avec $u(0) = 4$. Alors $u(n)$ est égal à :	$0{,}5n + 4$	$0{,}5 \times 4^n$	$4 \times 0{,}5^n$	$4 \times 1{,}5^n$
C - Une population augmente chaque année de 2 %. Son temps de doublement est, à l'unité près :	10 ans	25 ans	36 ans	100 ans
D - Une population d'effectif initial 100 augmente chaque année de 1 %. Selon le modèle de Malthus, l'effectif au bout de 50 ans (à l'unité près), est :	50	150	164	5 050

2 Restituer les notions essentielles du cours

1. Quand dit-on qu'une grandeur varie de manière linéaire en fonction d'un palier entier n ?

2. Quand dit-on qu'une grandeur varie de manière exponentielle en fonction d'un palier entier n ?

3. Décrire le modèle démographique de Malthus.

3 Comprendre un graphique

1. Lequel des graphiques ci-dessous peut représenter une variable discrète u dont la croissance est linéaire ? Justifier.

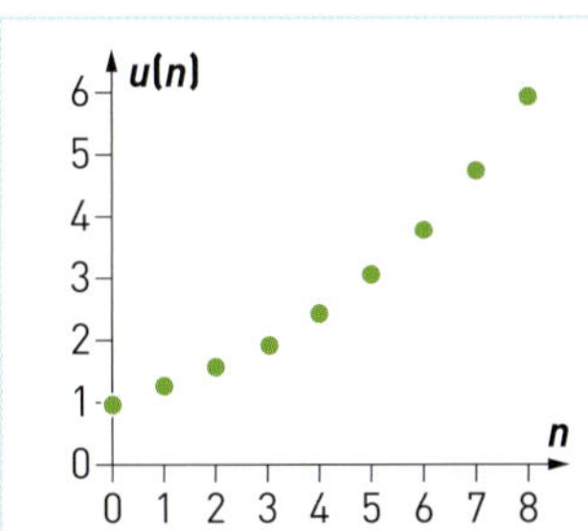

a

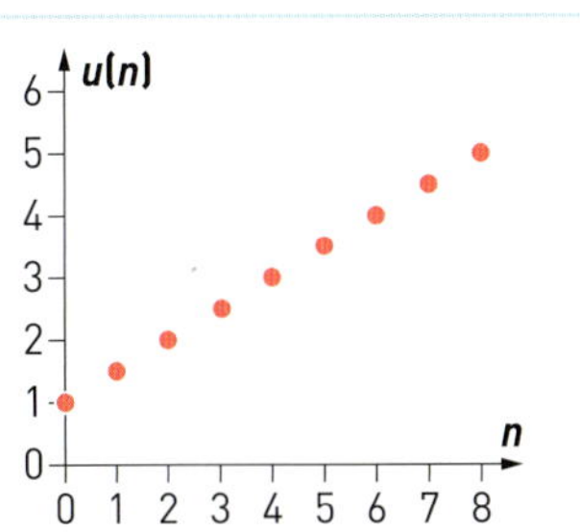

b

2. Donner une équation de la droite passant par les points du nuage de la figure b.

4 Prévoir l'effectif d'une population

La population d'une ville passe de 20 000 habitants à 21 000 habitants entre 2020 et 2021.

1. Quelle est la variation absolue de cette population sur l'année ?

2. Calculer le taux de variation de cette population sur l'année.

3. On fait l'hypothèse d'un modèle linaire pour l'évolution de cette population. Quelle sera la population de cette ville en 2030 ?

4. On fait l'hypothèse d'un modèle exponentiel pour l'évolution de cette population. Quelle sera la population de cette ville en 2030 ?

5 Retour sur les problématiques

à l'oral

Reprendre les problématiques de la page 247 et y répondre oralement en 10 minutes maximum.

Exercice résolu EN AUTONOMIE

6 Un modèle démographique exponentiel pour l'Azerbaïdjan

Le tableau ci-contre donne l'évolution de la population de l'Azerbaïdjan, en millions d'habitants, entre 2008 et 2014.

Année	2008	2009	2010	2011	2012	2013	2014
Rang n	0	1	2	3	4	5	6
Population	8,78	8,89	8,99	9,11	9,23	9,35	9,47

1. Représenter le nuage de points associé à ce tableau, le rang de l'année étant placé en abscisses. On prendra 1 cm pour une unité en abscisses et 5 cm en ordonnées, les graduations commençant à 8,5 en ordonnées.

2. En calculant des taux de variation, **justifier** que la croissance de la population de l'Azerbaïdjan relève d'un modèle exponentiel.

3. On note $u(n)$ le nombre d'habitants de ce pays, en millions d'habitants, en l'année de rang n, selon le modèle exponentiel.

a. Donner $u(0)$ et $u(6)$, puis **exprimer** $u(n)$ en fonction de n.

b. Estimer, avec ce modèle, la population de l'Azerbaïdjan en 2025.

Les clés de l'énoncé

- L'énoncé parle de **modèle exponentiel**.
- Il définit une **suite u**.

Les questions à la loupe

- **Représenter** : décrire par un graphique, un schéma ou un dessin.
- **Justifier** : donner des arguments scientifiques pour rendre compte du résultat donné dans la question.
- **Donner** : la réponse est attendue sans justification.

Exemple de rédaction

1. On obtient le nuage de points ci-contre.

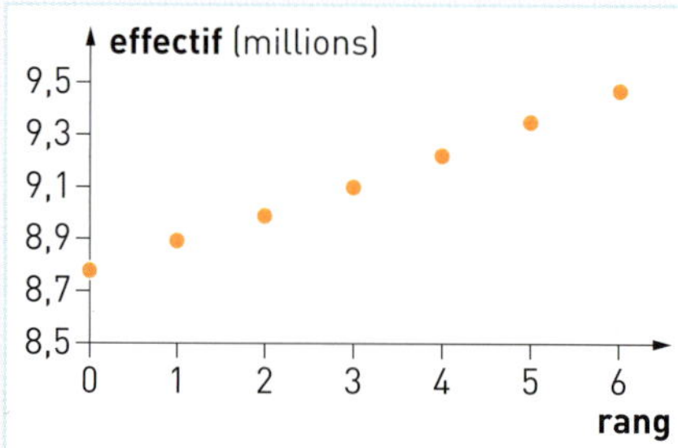

2. On calcule le taux de variation de la population entre deux années consécutives. On obtient les valeurs du tableau ci-contre. **Puisque le taux de variation est sensiblement constant, on peut estimer que la croissance de la population de l'Azerbaïdjan relève d'un modèle exponentiel.**

Rang n	0	1	2	3	4	5	6
Population	8,78	8,89	8,99	9,11	9,23	9,35	9,47
Taux de variation (%)		1,3	1,1	1,3	1,3	1,3	1,3

3. a. **$u(0) = 8,78$ et $u(6) = 9,47$**, d'après le tableau.
Puisque u est une suite géométrique, on a : $u(n) = u(0) \times q^n$, où q est sa raison.
Ainsi, $u(6) = q^6 \times u(0)$, soit $8,78\, q^6 = 9,47$, et $q^6 = \frac{9,47}{8,78}$. On en déduit : $q = \left(\frac{9,47}{8,78}\right)^{1/6}$, soit $q \approx 1,013$ à 10^{-3} près. D'où : **$u(n) = 8,78 \times 1,013^n$**.

b. Le rang de l'année 2025 est 17 et $u(17) = 8,78 \times 1,013^{17} \approx 10,94$.
On estime que l'Azerbaïdjan aura 10,94 millions d'habitants en 2025.

Quelques conseils

1. Bien tenir compte des graduations sur l'axe des ordonnées.

2. On calcule les taux de variation afin de justifier le modèle exponentiel.

3. a. Bien comprendre ce que signifie $u(n)$.
Appliquer la formule donnant $u(n)$ pour une suite géométrique.
b. Commencer par déterminer le rang de l'année.

Exercice similaire

Solutions en fin de manuel

bordas Flash PAGE corrigé détaillé

7 Un modèle démographique linéaire pour la Roumanie

Le tableau ci-contre donne l'évolution de la population de la Roumanie, en millions d'habitants, entre 2010 et 2018.

Année	2010	2011	2012	2013	2014	2015	2016	2017	2018
Rang n	0	1	2	3	4	5	6	7	8
Population	20,25	20,15	20,06	19,98	19,91	19,82	19,7	19,59	19,47

1. Représenter le nuage de points associé à ce tableau, le rang de l'année étant placé en abscisses. On prendra 1 cm pour unité en abscisses et 10 cm en ordonnées, les graduations commençant à 18,5 en ordonnées.

2. Justifier que la décroissance de la population de la Roumanie relève d'un modèle linéaire.

3. On note $u(n)$ le nombre d'habitants de ce pays, en millions, en l'année de rang n, selon le modèle linéaire.

a. Donner $u(0)$ et $u(8)$.

b. Exprimer $u(n)$ en fonction de n.

c. Estimer, avec ce modèle, la population de la Roumanie en 2025.

S'entraîner

8 Population des pays développés

Dans la plupart des pays développés, le taux de croissance annuel de la population avoisine les 0,5 %. Si on admet que ce modèle de croissance reste valable dans le futur, déterminer au bout de combien d'années la population d'un de ces pays :

a. aura doublé ; **b.** aura triplé.

9 Modèle démographique du Cameroun

Le tableau ci-dessous donne l'évolution de la population du Cameroun entre 2010 et 2018, en millions d'habitants.

1. Représenter le nuage de points associé à ce tableau. On prendra 1 cm pour unité sur chaque axe, les valeurs des ordonnées débutant à 20.

2. Justifier que le modèle de croissance linéaire est adapté pour décrire l'évolution de la population du Cameroun entre 2010 et 2018.

3. Soit n un entier naturel. On note $u(n)$ la population du Cameroun, en millions d'habitants, en l'année $2010 + n$, selon ce modèle démographique.
On suppose $u(0) = 20{,}3$ et $u(8) = 25{,}2$.
a. Calculer la raison de la suite u.
b. Exprimer $u(n)$ en fonction de n.
c. On suppose que ce modèle restera valable dans les 15 années suivantes. Utiliser ce modèle pour estimer la population du Cameroun en 2030.

Année	2010	2011	2012	2013	2014	2015	2016	2017	2018
Population	20,3	20,9	21,5	22,1	22,7	23,3	23,9	24,6	25,2

Coup de pouce
2. La variation est linéaire quand les points du nuage de points sont quasi alignés.

10 Évolution de la population d'une ville

Le tableau ci-dessous décrit l'évolution de la population d'une petite ville de 2010 à 2019, l'effectif de la population étant donné en milliers d'habitants.

1. Représenter graphiquement le nuage de points associé à ce tableau. On prendra en abscisses les rangs des années. On prendra pour unités 1 cm en abscisses, 0,5 cm en ordonnées et on fera démarrer les ordonnées à 30.

2. a. Calculer la variation absolue de la population de cette ville entre deux années consécutives, de 2010 à 2015.
b. Pourquoi peut-on considérer que la croissance de la population est linéaire entre 2010 et 2015 ?
c. Déterminer une équation de la droite d'ajustement des points du nuage, pour un rang d'année compris entre 0 et 5. Arrondir les coefficients de l'équation à 0,01 près.
d. Tracer cette droite sur le graphique précédent.
e. On suppose que le modèle linéaire choisi reste valable pour les quatre années suivantes. En utilisant cette droite, estimer la population de cette ville en 2019.
f. Que peut-on penser de l'hypothèse faite à la question précédente ?

3. a. Calculer le taux d'évolution de la population de cette ville entre deux années consécutives, de 2015 à 2019. Arrondir ces taux à 0,1 % près.
b. Peut-on considérer qu'entre 2015 et 2019, l'évolution de la population est exponentielle ? Justifier.

Année	2010	2011	2012	2013	2014	2015	2016	2017	2018	2019
Rang n	0	1	2	3	4	5	6	7	8	9
Population	31,3	31,7	32	32,5	32,9	33,3	36,3	39,5	43,2	47,1

11 Plusieurs scénarios pour la planète

Le graphique ci-contre donne différents scénarios concernant l'évolution de la population mondiale, en milliards d'habitants (*source* : ONU).

1. Commenter les quatre modèles proposés. On précisera ceux qui sont plutôt linéaires ou plutôt exponentiels.

2. Que peut-on penser à long terme des modèles de fertilité actuelle et de fertilité haute ?

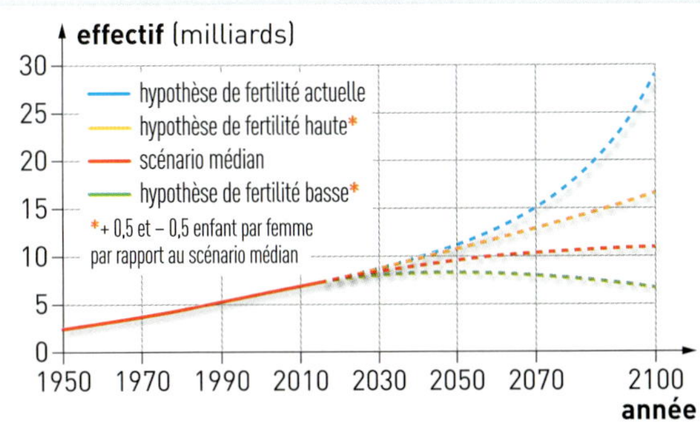

S'entraîner

12 Population de lapins et modèle de Verhulst

FICHIER
Données sous tableur

Le modèle exponentiel de Malthus ne s'adapte pas à la plupart des situations. Le modèle de Verhulst (1838) introduit la capacité d'accueil *K* du milieu, c'est-à-dire le nombre d'individus maximal que le milieu peut accueillir en tenant compte de l'espace, des ressources, etc. On prend pour exemple une population de 10 lapins qui augmente de 5 % par mois.

1. On note $u(n)$ la population de lapins au bout de n mois, selon le modèle de Malthus.

a. Justifier que : $u(n+1) = u(n) + 0{,}05\ u(n)$.

b. Dans une feuille de calcul d'un tableur, saisir les valeurs de n dans la colonne **A** et calculer les valeurs de $u(n)$ dans la colonne **B** pour n compris entre 0 et 200.

2. On note $v(n)$ la population de lapins au bout de n mois, selon le modèle de Verhulst. Celui-ci prend en compte que ces lapins vivent sur une petite île et que la capacité d'accueil de l'île peut être estimée à 500 lapins. Il introduit alors dans la formule du modèle de Malthus un correctif :

$$v(n+1) = v(n) + 0{,}05\ v(n)\left(1 - \frac{v(n)}{500}\right).$$

a. Expliquer pourquoi le modèle de Verhulst donne des résultats proches de celui de Malthus, tant que le nombre de lapins est faible.

b. Calculer les valeurs de $v(n)$ dans la colonne **C** de la feuille de calcul.

c. Comparer $u(200)$ et $v(200)$. Que constate-t-on pour les valeurs de v ?

d. Représenter les nuages de points associés à ces deux modèles.

13 Un texte de Quetelet

HISTOIRE DES SCIENCES

Adolphe Quetelet (1796-1874) est un mathématicien belge qui, à la suite de Malthus, s'est intéressé à la dynamique des populations en améliorant ses travaux. Le texte suivant est extrait de son ouvrage *Sur l'homme et le développement de ses facultés, essai d'une physique sociale,* paru en 1835.

> Quand une population peut se développer librement et sans obstacles, elle croît selon une progression géométrique ; si le développement a lieu au milieu d'obstacles de toute espèce qui tendent à l'arrêter, et qui agissent d'une manière uniforme, c'est-à-dire si l'état social ne change point, la population tend de plus en plus à devenir stationnaire.
> […] Les obstacles à la vitesse d'accroissement d'une population agissent donc réellement comme la résistance qu'opposent les milieux au mouvement des corps qui les traversent.

1. En quoi Quetelet reprend-il des idées de Malthus ?

2. Analyser ce qui est nouveau dans la conception qu'il a de l'évolution des populations.

3. Expliquer en quoi Quetelet se dit l'initiateur d'une physique sociale.

14 Modélisation de la population des États-Unis au XIXe siècle

HISTOIRE DES SCIENCES

Année	1790	1800	1810	1820	1830	1840
Population	3 929 827	5 305 925	7 239 814	9 638 131	12 866 020	17 062 566

Sous l'impulsion de son ancien professeur Adolphe Quetelet, le mathématicien belge Pierre François Verhulst (1804-1849) étudie l'accroissement de la population et cherche un modèle d'évolution plus général que le modèle de Malthus. Après avoir étudié la population des États-Unis, avec les données ci-dessus, il énonce que si on ne tient compte que des causes constantes, la population ne peut qu'augmenter de façon exponentielle.

Mais il trouve que ce modèle n'est pas réaliste et qu'il ne peut pas s'appliquer à l'Europe.

1. Montrer que la population des États-Unis suit, entre 1790 et 1840, une croissance exponentielle.

2. Calculer le taux d'évolution de la population des États-Unis entre 1790 et 1840.

3. On note $u(0)$ la population en 1790 et $u(n)$ la population en l'année $(1790 + n)$.

a. Exprimer $u(n+1)$ en fonction de $u(n)$, puis $u(n)$ en fonction de $u(0)$ et de n.

b. Selon ce modèle, quel est le temps de doublement de la population des États-Unis ?

c. Selon ce modèle, quelle serait la population des États-Unis en 2020 ? Commenter.

S'entraîner

15 Production de fromage en France

On donne ci-dessous la production de fromage en France (en tonnes) entre les années 1965 et 1985.

Année	n	Production (tonnes)
1965	0	618 000
1970	5	788 000
1979	14	1 114 600
1980	15	1 144 300
1981	16	1 180 200
1982	17	1 219 000
1983	18	1 249 300
1984	19	1 299 900
1985	20	1 327 600

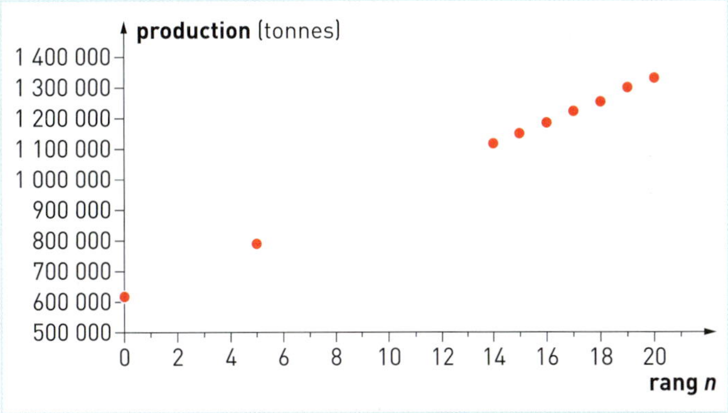

1. Quel modèle suggère le nuage de points ? Justifier.

2. On note $u(n)$ la production de fromage en France, exprimée en tonnes, en l'année $1965 + n$. Une équation de la droite d'ajustement du nuage de points de coordonnées $(n\ ;\ u(n))$ est : $y = 35\,611x + 613\,901$.

a. Selon ce modèle, quelle était la production en 1975 ?

b. Selon ce modèle, quelle était la production en 1987 ?

3. La production de 1986 à 2013 est donnée ci-contre. Que peut-on penser du modèle choisi dans la question **2** ?
Jusqu'en quelle année peut-on estimer qu'il est resté valable ?

Année	n	Production (tonnes)
1986	21	1 341 300
1990	25	1 458 610
1995	30	1 592 981
2000	35	1 720 152
2005	40	1 804 328
2010	45	1 909 709
2013	48	1 901 040

Prépa BAC Vers l'E3C

16 L'Algérie de 1960 à 2015

Le tableau ci-dessous donne l'évolution de la population de l'Algérie entre 1960 et 2015, en millions d'habitants.

Année	1960	1965	1970	1975	1980	1985	1990	1995	2000	2005	2010	2015
Rang n	0	5	10	15	20	25	30	35	40	45	50	55
Population	11	12,6	14,5	16,6	19,2	22,4	25,8	28,8	31	33,2	36	39,7

1. Représenter le nuage de points associé à ce tableau, le rang étant en abscisses. On prendra 1 cm pour 5 unités en abscisses et en ordonnées.

2. Justifier que l'on peut considérer que la croissance de la population de l'Algérie est exponentielle entre 1960 et 1995.

3. On décide de modéliser l'évolution de la population entre 1960 et 1995 par les 36 premiers termes d'une suite géométrique v de raison q, telle que $v(0) = 11$ et $v(35) = 28{,}8$.

a. Exprimer $v(35)$ en fonction de q.

b. Déterminer la raison q, en arrondissant à 10^{-3} près.

c. Utiliser ce modèle pour estimer, à 0,1 près, la population de l'Algérie en 2002.

4. Ce modèle est-il pertinent pour les années 2000 à 2015 ?

5. On fait l'hypothèse d'un modèle linéaire à partir de 1995.

a. Déterminer une équation de la droite d'ajustement du nuage de points formé des cinq derniers points du nuage représenté à la question **1**. On arrondira les coefficients de l'équation à 0,01 près.

b. En déduire, selon ce modèle, une estimation de la population de l'Algérie en 2019.

Je retrouve ce que je sais déjà EN AUTONOMIE

Réponses en fin de manuel — Flash PAGE corrigés détaillés

SITUATION 1 : La photographie numérique, une acquisition de données informatiques

Un appareil photographique numérique est doté d'un capteur capable de convertir le signal lumineux en données numériques. En sortie, on obtient une image constituée d'un ensemble de pixels colorés. Chaque pixel* est codé par 3 valeurs entières correspondant aux composantes rouge, verte et bleue de la couleur.

Calculer, en nombre de pixels, la taille d'une photographie numérique non compressée de 1 920 pixels de haut sur 1 024 pixels de large.

SITUATION 2 : Les données informatiques à l'ère du web

L'avènement d'internet puis du web a permis à des milliards d'êtres humains d'échanger toutes sortes de données informatiques, que ce soit en envoyant des courriels, par le biais de pages internet ou *via* les réseaux sociaux.

Donner des exemples de données informatiques de différentes natures, véhiculées par internet.

SITUATION 3 : Un exemple de langage informatique

Les langages informatiques permettent de communiquer des instructions aux ordinateurs, sous la forme de programmes. Python est un exemple de langage, largement utilisé au lycée.

Après exécution du programme Python ci-contre, indiquer le résultat affiché dans l'interpréteur (console) si l'utilisateur y saisit :
`calcul_imc(80,1.65)`

imc.py - D:/Desktop/imc.py (3.7.4)

File Edit Format Run Options Window Help

```
def calcul_imc(masse,taille):
    imc=masse/(taille*taille)
    return imc
```

Ln: 3 Col: 11

PARTIE 3

Chapitre 5

L'intelligence artificielle

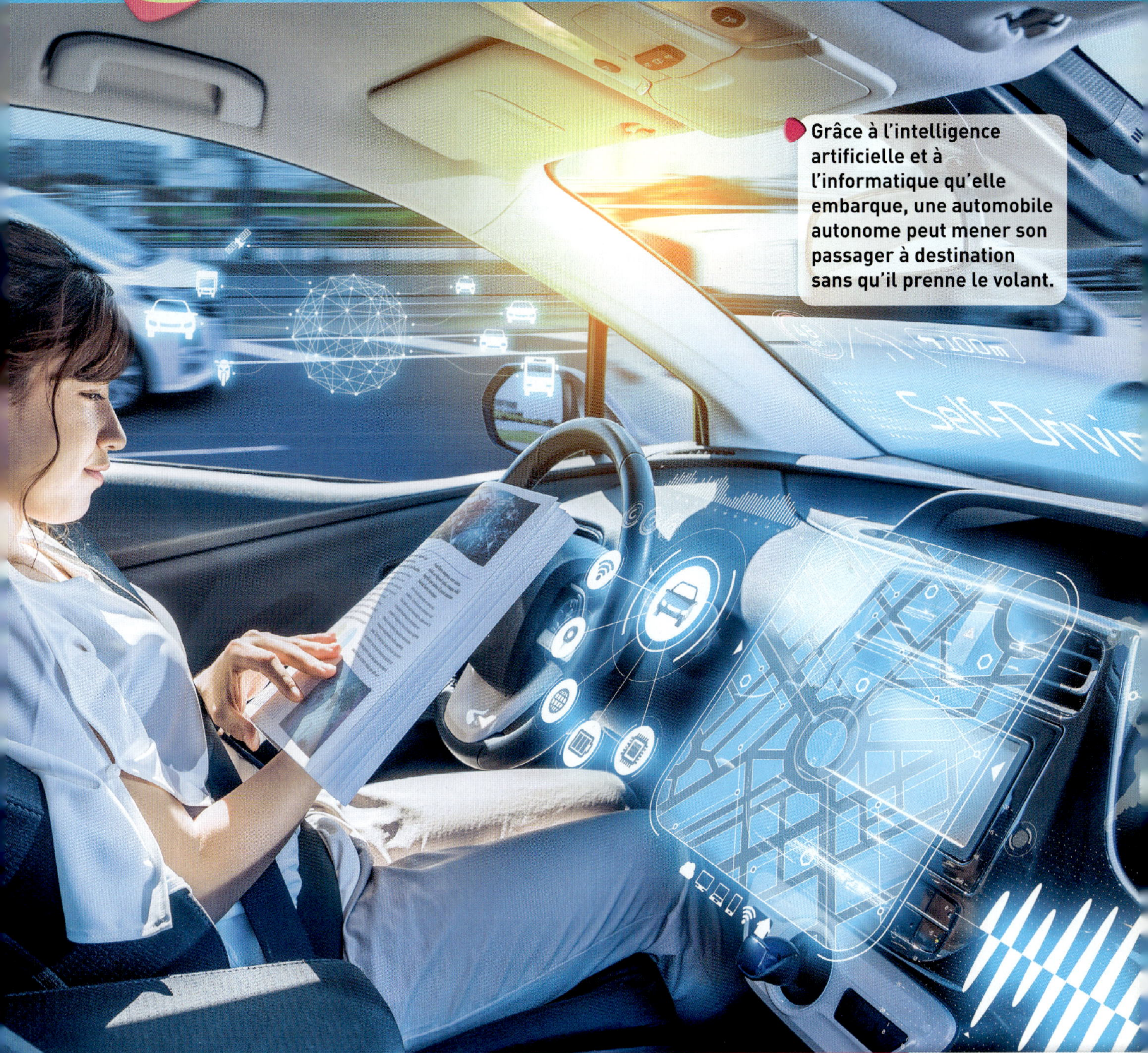

Grâce à l'intelligence artificielle et à l'informatique qu'elle embarque, une automobile autonome peut mener son passager à destination sans qu'il prenne le volant.

Les problématiques du chapitre

- Qu'est-ce qu'une donnée informatique et comment un ordinateur la traite-t-il ?
- Qu'est-ce qu'une intelligence artificielle ?

Activité

1 Les ordinateurs, d'hier à aujourd'hui

Histoire
Enjeu
Débat

SAVOIR-FAIRE
- Analyser des documents historiques liés au traitement automatisé de l'information.
- Recenser les situations de la vie courante où sont utilisés les ordinateurs et indiquer s'ils sont programmables par l'utilisateur.

Les **ordinateurs** font partie de notre quotidien, à tel point qu'on ne soupçonnerait pas leur présence dans certains objets familiers. Pourtant, leur histoire est relativement récente.

Comment définir un ordinateur ?

DOC 1 Le métier Jacquard, ancêtre de l'ordinateur

Les ordinateurs n'ont pas été les premières machines capables d'automatiser des tâches.

Au début du XIXe siècle, Joseph-Marie Jacquard invente une machine à tisser (ou métier à tisser) mécanique, capable de produire des tissus présentant des motifs complexes, en suivant des instructions contenues dans des cartes perforées défilant dans la machine (photo).

Ces listes d'instructions, codées dans un langage évoquant le binaire* (sur une carte, soit une case est perforée, soit elle ne l'est pas) peuvent être considérées comme des programmes informatiques rudimentaires ; pour cette raison, le métier à tisser de Jacquard est souvent considéré comme un ancêtre de l'ordinateur moderne.

Métier à tisser de Jacquard. Les cartes perforées contenant les instructions de tissage sont visibles au premier plan. Des cartes perforées seront encore utilisées comme supports de programmes informatiques 150 ans plus tard.

DOC 2 La naissance du concept d'ordinateur

a Alan Turing (1912-1954).

Au début du XXe siècle on pouvait trouver des machines capables de réaliser des calculs simples (additions, multiplications), ainsi que des automates capables de suivre, tel le métier à tisser de Jacquard, des listes linéaires d'instructions rudimentaires.

C'est dans ce contexte que le mathématicien Alan Turing (a) affirme, en 1936, que tout ce qui est calculable peut être décomposé en un algorithme*, c'est-à-dire un nombre fini d'étapes pouvant être réalisées par une machine.

Il imagine alors, sans la réaliser, une machine universelle qui lirait une liste d'instructions inscrites sur un ruban défilant devant une tête de lecture (b).

Contrairement au métier à tisser, cette machine serait dotée d'une mémoire dont dépendrait l'exécution des instructions.

Enfin, la tête de lecture de la machine serait capable d'avancer ou de reculer sur le ruban, sautant une instruction ou au contraire revenant en arrière dans le programme. Le concept d'ordinateur était né.

Après la Seconde Guerre mondiale, à laquelle il participa en décryptant les messages des nazis, contribuant ainsi à la victoire des alliés, les premiers ordinateurs conçus selon ce concept verront le jour.

b La construction de véritables machines de Turing n'est que très récente (ici en Lego™, ENS de Lyon, 2012).

DOC 3
Anatomie d'un ordinateur

Les PC (pour *personal computers* ou ordinateurs personnels) sont constitués d'éléments facilement identifiables (schéma ci-contre) :
- un clavier et une souris qui permettent de saisir des informations (périphériques d'entrée) ;
- un écran (parfois équipé de haut-parleurs) qui affiche le résultat des traitements réalisés par l'ordinateur (périphérique de sortie) ;
- une unité centrale, auxquels les périphériques précédents sont reliés. L'unité centrale peut également être reliée à un réseau.

À l'intérieur de l'unité centrale, on distingue :
- une carte mère, portant un ou plusieurs **processeurs** (CPU) ; ce sont les composants qui traitent des données en réalisant notamment des calculs ;
- de la **mémoire vive** (RAM), qui stocke temporairement les informations issues du traitement de ces données (à l'image des retenues que l'on doit mémoriser lors d'une addition) ;
- un ou plusieurs disques durs mécaniques (HDD) ou électroniques (SSD), capables de stocker sur le long terme des données, même en l'absence d'alimentation électrique.

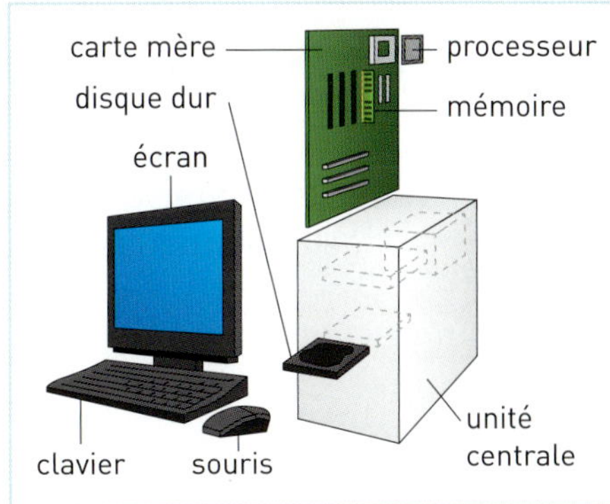

Les différents constituants d'un ordinateur personnel (PC).

DOC 4
Des ordinateurs tout autour de nous

Conformément à la conception de Turing, tout ordinateur doit comporter au minimum un processeur et de la mémoire. Du simple four de la cuisine (a) aux smartphones dont les capacités graphiques et calculatoires sont largement supérieures à celles des plus puissants ordinateurs des années 90, ces objets sont plus répandus dans notre quotidien que ce que l'on pourrait croire (b).

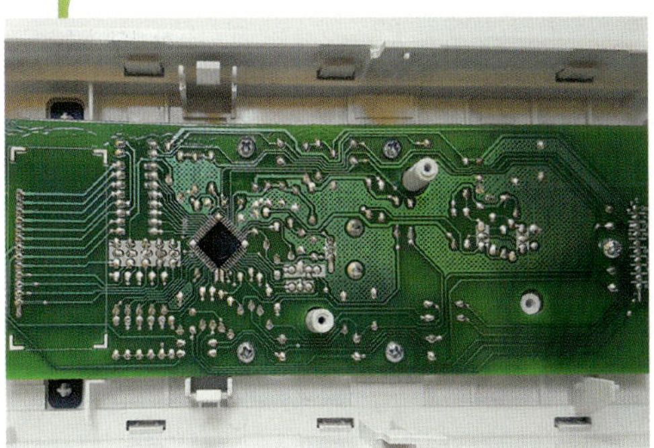
a Carte mère d'un four. La présence d'un processeur et de la mémoire vive font de cet appareil un ordinateur à part entière.

« Tous les matins, mon réveil sonne à 6 h 30 pour me réveiller. Je sens qu'il fait plus chaud dans ma chambre car papa a compris comment régler la climatisation. En plus, il a aussi su programmer le four ! Une odeur de croissant chaud remplit déjà la maison.

Je prends mon petit déjeuner et il est déjà l'heure que maman m'emmène au lycée. C'est amusant car elle met toujours le GPS alors qu'elle connaît le trajet par cœur. Je rentre au lycée en passant mon badge au portail et en avant pour la journée ! »

b Une matinée ordinaire pour Sarah, lycéenne du XXIe siècle.

Pistes de travail

Pour comprendre ce qu'est un ordinateur :

1. **Expliquer** pourquoi le métier Jacquard ne peut pas être considéré comme un ordinateur tel que le définit Turing (DOC. 1 À 3).
2. **Identifier** les différents périphériques d'entrée et de sortie d'un smartphone (DOC. 3 ET 4).
3. **Lister** les objets embarquant un ordinateur que croise Sarah chaque matin. Pour chacun d'eux, **préciser** s'il est programmable et par qui (DOC. 4). **Faire** de même pour la salle de classe.

* Lexique en fin de manuel

Des clés pour réussir
- Rechercher les caractéristiques minimales que doit posséder un appareil pour être qualifié d'« ordinateur ».
- Répondre par un tableau est une possibilité (piste 3).

Activité

2 Des données de natures diverses

SAVOIR-FAIRE
- Savoir distinguer les fichiers exécutables des autres fichiers.
- Connaître l'ordre de grandeur de la taille d'un fichier image, son, vidéo.
- Savoir calculer la taille en octets d'une page de texte.

Le traitement de données représente l'essentiel de l'activité d'un ordinateur. De fait, avec la montée en puissance de l'informatique, la quantité de données informatiques engendrées par nos activités quotidiennes est considérable.

Que représentent les données informatiques ?

DOC 1 L'acquisition d'une donnée informatique

De par sa conception, un ordinateur ne peut manipuler que des données numériques. Dans certains cas, leur acquisition passe par une étape de **numérisation**, au cours de laquelle les grandeurs mesurées par un capteur (scanner, appareil photo, caméra, microphone, etc.) vont être converties en valeurs numériques binaires sous la forme d'une suite de bits symbolisés par 0 et 1 (contraction anglo-saxonne de l'expression *binary digit*, signifiant chiffre binaire).

Par exemple, dans le cas d'un texte, chaque caractère est codé par un octet, c'est-à-dire une valeur numérique comportant 8 bits. Selon la norme ASCII, la lettre « A » sera codée par l'octet 01000001, la lettre « a » par 01100001, etc.

Avec 16 bits par valeur, l'ordinateur sera capable de distinguer 65 536 niveaux sonores différents et plus de 16 millions de couleurs peuvent être codées sur 24 bits (tableau ci-contre).

Information à numériser	Encodage (en bit)	Nombre de valeurs possibles
Texte	8	$2^8 = 256$
Son	16	$2^{16} = 65\,536$
Image (pixel*)	Codage RVB = 8 bits par couleur primaire Rouge, Vert, Bleu soit 24 bits	$2^{24} =$ 16 777 216

Plus le nombre de bits est élevé, plus le nombre de valeurs possibles est important et plus l'encodage est fidèle à la réalité.

DOC 2 De la donnée au fichier

Qu'il s'agisse de textes ou de morceaux de musique, les données informatiques peuvent être stockées sous la forme de fichiers. La taille d'un fichier correspond au nombre d'octets qu'il contient ; elle varie considérablement en fonction du type de données (a).

Type de donnée	Taille
Texte	Plusieurs kilooctets (1 ko = 10^3 octets)
Image/Son	Plusieurs mégaoctets (1 Mo = 10^6 octets)
Vidéo	Plusieurs gigaoctets (1 Go = 10^9 octets)

a Le stockage des données numériques s'exprime en multiples d'octets.

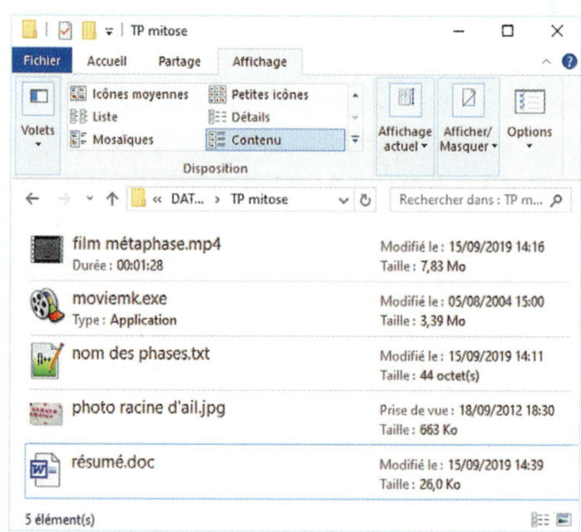

b

Chaque fichier est nommé et porte une extension en fonction du type de données qu'il contient. Par exemple, le fichier « nom des phases.txt » contient du texte (b).

Certains fichiers disposent d'une extension « .exe » dans le système d'exploitation* Windows (« .app » pour MacOS) et correspondent à des programmes informatiques exécutables.

Pour mener une investigation

Dans un fichier texte, les données sont codées selon la norme ASCII.

- **Ouvrir** un éditeur de texte (bloc-notes par exemple), **saisir** une phrase quelconque et **compter** le nombre de caractères (espaces compris).
- **Enregistrer** le fichier au format texte (extension .txt dans le système d'exploitation Windows) et **comparer** sa taille au nombre de caractères tapés.
- **Interpréter** le résultat de cette comparaison et **conclure** quant à la signification de la taille d'un tel fichier.

DOC 3 Des moyens de stockage en perpétuelle évolution

1re génération
80 octets

Cartes perforées. Les données y sont stockées en binaire sous la forme de perforations.

2e génération
1 Mo (disquettes)
1 To (HDD)

Dispositifs magnétiques. Si les disquettes ont disparu, les disques durs magnétiques (HDD) sont encore largement utilisés.

3e génération
650 Mo (CD) 4,7 à 8 Go (DVD)
7 à 128 Go (Blu-ray)

Dispositifs optiques. CD, DVD Blu-ray… leur usage est en déclin du fait de leur capacité modeste.

4e génération
de 64 Go (cartes SD)
à 1 To soit 10^3 Go (disques SSD)

Mémoires flash. Clés USB, cartes SD et disques SSD stockent les données dans des composants électroniques.

5e génération
plusieurs milliards de To

Le « cloud ». Les données sont stockées dans des serveurs distants regroupés en « data centers ».

DOC 4 L'étourdissante croissance du « big data »

Que l'on mette en ligne la vidéo de nos vacances, ou que l'on recherche une recette de cuisine sur internet, notre activité numérique engendre un nombre vertigineux de données. On parle de « big data ». Ses enjeux sont nombreux :

- **Enjeux technologiques** : le transport de ces données sur le réseau nécessite le déploiement de câbles (contenant des fibres optiques) dont certains traversent les océans. Leur stockage nécessite des « data centers », bâtiments contenant des centaines d'ordinateurs reliés au réseau.
- **Enjeux environnementaux** : les data centers consomment de l'énergie pour assurer leur fonctionnement mais aussi leur refroidissement. On estime que la consommation électrique de l'ensemble des data centers du monde dépasse celle d'un pays comme la France.
- **Enjeux économiques** : le big data est aussi une aubaine économique pour certaines entreprises, qui exploitent cette base de données pour affiner leurs stratégies commerciales et publicitaires.

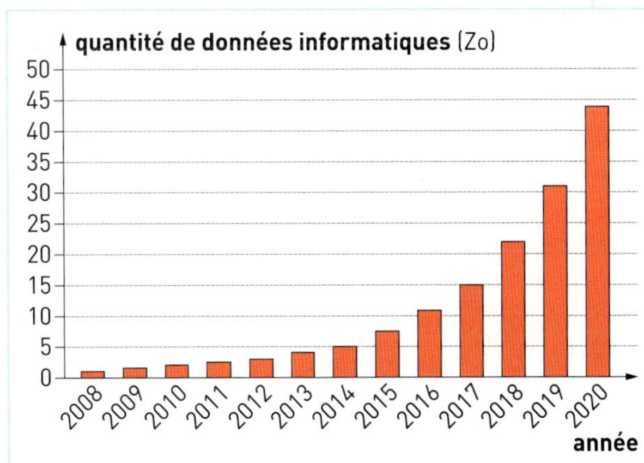

Quantité totale de données informatiques dans le monde, en zettaoctets (1 Zo = 10^{21} octets).

- **Enjeux éthiques** : les données numériques, notamment personnelles, nécessitent d'être protégées du piratage.

Pistes de travail

Pour comprendre ce que représentent les données :

1. **Construire un diagramme** mettant en évidence la part représentée par chaque fichier dans la taille totale du dossier « TP mitose » (DOC. 1 ET 2).
2. Un roman contient en moyenne 500 000 caractères. **Calculer** le nombre de romans que peut stocker un disque Blu-ray (DOC. 1, 2 ET 3).
3. **Envisager** les problèmes éthiques et environnementaux que posent la montée en puissance du stockage des données sur le cloud, et imaginer des solutions qui permettraient de les limiter (DOC. 3 ET 4).

* Lexique en fin de manuel

Des clés pour réussir

- Pour pouvoir construire le diagramme, il faut auparavant calculer la taille totale du dossier.
- Les problèmes du stockage sur le cloud sont en partie liés au fonctionnement des data centers.

Activité 3

Traitement de l'information par des machines

Histoire
Enjeu
Débat

SAVOIR-FAIRE
- Étant donné un programme simple, proposer des jeux de données d'entrée permettant d'en tester les lignes.
- Corriger un algorithme ou un programme bogué simple.

L'Homme a toujours construit des machines pour faciliter son travail quotidien. La complexité du monde moderne lui impose maintenant de construire des appareils plus sophistiqués qui doivent être programmés pour accomplir leurs tâches.

Comment le traitement de l'information a-t-il évolué ? Est-il exempt d'erreurs ?

DOC 1 Le recensement des États-Unis de 1890

a

b

Les États-Unis ont toujours recensé leurs habitants ainsi que certaines caractéristiques de leur population pour budgéter des dépenses administratives. Jusqu'en 1880 (50 189 209 habitants), ces recensements duraient en moyenne 8 ans car le traitement des informations recueillies s'effectuait à la main.

Le dénombrement de 1890 (62 979 766 habitants contre 327,2 millions en 2019) n'a duré que 3 ans grâce à l'invention d'un jeune ingénieur en mécanique de 30 ans nommé Hermann Hollerith (a). Sa machine (b) était capable d'enregistrer sur une carte perforée (c) les caractéristiques d'un individu comme son âge, son sexe, son métier ou sa situation familiale. Ce système innovant de perforation permettait ensuite de trier et de compter des données pour une exploitation statistique.

c
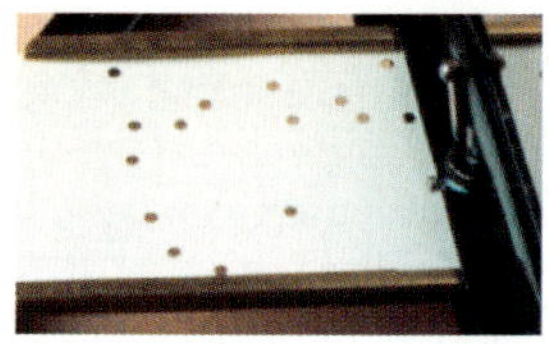

DOC 2 Programmes et langages informatiques

a

En 1843, la Britannique Ada Lovelace (a) développe le premier programme informatique de l'histoire pour la machine analytique du mathématicien Charles Babbage (b). Cette machine est l'ancêtre des calculateurs programmables.

Développé au début des années 1980, un **langage informatique de haut niveau** a été nommé ADA en hommage à cette pionnière de l'informatique.

b

De nos jours, les programmes informatiques complexes comptent souvent plusieurs millions de lignes de codes (c). Mal conçu, un logiciel peut nuire à la vie d'un grand nombre de personnes.

Par exemple, en 2011, le ministère français de la Défense décide d'utiliser un nouveau logiciel (nommé *Louvois*) afin de faciliter la gestion des salaires. Près de 120 000 bulletins de salaire erronés ont été édités. Beaucoup de militaires ont dû s'endetter pour faire face à ces erreurs de gestion. Les raisons de l'échec de ce programme sont connues : absence de tests approfondis, réduction du nombre de points de contrôle, complexité des 174 régimes de prime des militaires.

Exemple de programme	Nombre de lignes (en million)
Jeu *Age of Empire* de Microsoft	1,2
Gestion du robot Curiosity sur Mars	5
Informatique embarquée de l'avion F 35	24
Réseau social Facebook	50
Moteur de recherche Google	2 500

c Nombre de lignes de code de quelques programmes.

DOC 3

L'origine du mot « bogue » en informatique

Le 9 septembre 1947 à 15 h 45, l'informaticienne Grace Hopper a consigné un incident de fonctionnement de deux relais électriques dans l'ordinateur Harvard Mark II (a). La cause : un insecte (« bug » en anglais) qui s'était infiltré dans les entrailles de la machine et qui avait créé un court-circuit.

a

Algorithme souhaité : Saisir un prénom dans la variable qui se nomme Prenom Afficher "Bonjour prénom"	
Syntaxe en Python	**Syntaxe en JavaScript** (page web format HTML)
`Prenom=input("Quel est votre prénom ?")` `print("Bonjour",Prenom)`	`<script>` `var Prenom=prompt("Quel est votre prénom ?");` `alert("Bonjour" + Prenom);` `</script>`

b Un exemple pour distinguer algorithme et syntaxe.

Le terme de **bug** (traduit en français par **bogue**, l'enveloppe du marron ou de la châtaigne) est resté en informatique pour désigner un problème qui empêche un programme de fonctionner. Une erreur de syntaxe (grammaire du langage) ou d'algorithme* (suite d'opérations permettant de résoudre un problème) peut créer un bug (b).

DOC 4

Test de programme et débogage

Éric souhaite reprendre des activités de programmation en langage Python qu'il avait étudiées en classe de Seconde. Il se souvient de l'un de ses premiers programmes qui affichait les 5 premiers résultats de la table de multiplication par 3 (a).

Il vérifie que sa première programmation est correcte puis modifie ensuite la ligne 1 par : N=input("Donner un nombre entier") et obtient de nouvelles valeurs lorsque N = 3 (b).

Pour mener une investigation

- Indiquer si l'erreur d'Éric est d'origine syntaxique ou algorithmique.
- Corriger le bogue et améliorer le programme pour qu'il affiche les 10 résultats de la table de multiplication.

```
1 N=3
2 for i in range(1,6) :
3         Produit=N*i
4         print(Produit)
```

a Le 1er programme d'Éric.

Résultats de la 1re version du programme					
i	1	2	3	4	5
N	3	3	3	3	3
Produit	3	6	9	12	15
Résultats de la 2de version du programme					
i	1	2	3	4	5
N	3	3	3	3	3
Produit	3	33	333	3333	33333

b Les résultats des tests d'Éric.

Pistes de travail

Pour comprendre l'évolution des programmes informatiques et leur complexité actuelle :

1. **Calculer** le gain de temps apporté par la machine d'Hollerith entre 1880 et 1890, puis le temps nécessaire, en 2019 pour recenser la population des États-Unis si la méthode d'Hollerith était toujours appliquée (DOC. 1).
2. **Rechercher** un autre exemple de logiciel complexe dont la mise en place a impacté l'environnement ou la vie de personnes (DOC. 2).
3. En copiant-collant le programme d'Éric, Alexis n'a plus d'indentation à la ligne 4. **Indiquer** le résultat obtenu et dire si le bogue est maintenant syntaxique ou algorithmique (DOC. 3 ET 4).

Des clés pour réussir

- Penser à calculer le nombre d'habitants traités statistiquement par an.
- S'aider de la fiche n° 4 en cherchant l'utilité de l'indentation et l'action de la fonction int.

* Lexique en fin de manuel

Activité 4

L'Intelligence artificielle

Histoire
Enjeu
Débat

SAVOIR-FAIRE
- Analyser des documents relatifs à l'intelligence artificielle : identifier la source des données utilisées et les corrélations exploitées.
- Utiliser une courbe de tendance.
- Expliquer pourquoi certains usages de l'IA peuvent poser des problèmes éthiques.

Avec le développement de l'informatique depuis les années 1950, l'automatisation de certaines tâches s'est révélée fructueuse. Aujourd'hui, on qualifie d'**intelligence artificielle** (IA) des programmes qui prennent d'eux-mêmes des décisions.

Comment fonctionne une IA ?
Quels sont les problèmes éthiques liés à son utilisation ?

DOC 1 Gary Kasparov contre Deep Blue

En 1997, le champion du monde russe de jeu d'échecs, Gary Kasparov, déjà vainqueur d'un premier match en 1996, en accepte un second contre l'ordinateur nommé Deep Blue (a). Le 11 mai, au bout de 6 parties, l'humain s'incline devant la machine, capable d'analyser 200 millions de positions par seconde mais nécessitant l'activité de 20 personnes pour en assurer le bon fonctionnement.

a Gary Kasparov jouant contre l'ordinateur Deepblue (1,8 m pour 1 400 kg).

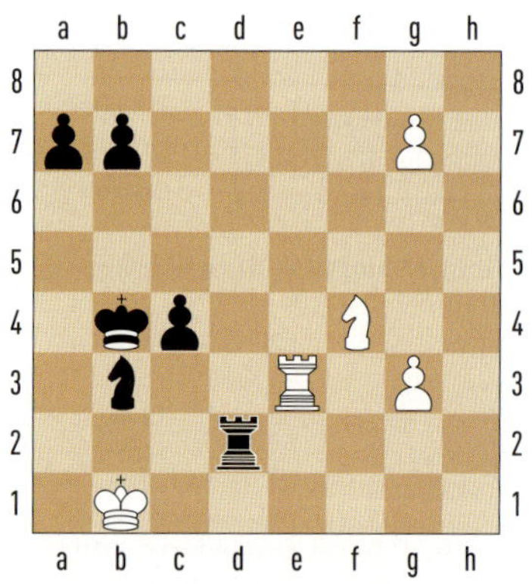

Pièce	Point
Pion	1
Cavalier	3
Fou	3
Tour	5
Dame	9
Roi	100

b Valeurs des points attribués aux pièces du jeu et modèle de repérage des pièces en colonnes et lignes.

Aux échecs, le but est de capturer le roi de l'adversaire. Les différentes pièces n'ont pas la même importance car elles possèdent des mouvements d'attaque différents.

Le programme d'intelligence artificielle (IA) de Deep Blue attribuait à chaque pièce un nombre de points et ne lançait une offensive que si la différence de points lui était favorable (b), tout en tenant compte des mouvements de son adversaire. Pour effectuer un choix, il comparait ces mouvements avec les millions de parties enregistrées dans sa mémoire et calculait la probabilité de réussite de son attaque. Il jouait ensuite les enchaînements de coups de plus forte probabilité. Un coup joué au hasard par l'adversaire humain était incompréhensible pour l'IA.

DOC 2 Prévision par extrapolation linéaire

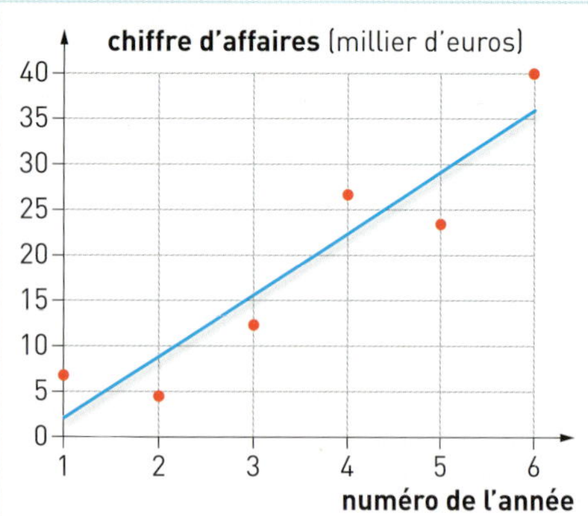

Lorsque les points d'une courbe semblent être alignés, une méthode mathématique, appelée méthode des moindres carrés, permet de construire une courbe de régression linéaire (ici une droite), qui passe au plus près de chacun de ces points (graphique ci-contre).

L'intelligence artificielle utilise ce type de méthode : elle calcule le coefficient directeur de la droite (noté a) et l'ordonnée à l'origine (notée b) de la droite d'équation $Y = aX + b$.

Grâce à cette formule, l'IA peut extrapoler* d'autres valeurs de Y en fonction de X.

Évolution du chiffre d'affaires d'une entreprise en fonction du temps.

DOC 3 Exemple d'apprentissage machine

Un élève étudie la préférence de consommation en matière de thé ou de café du personnel de son établissement en fonction du sexe et de l'âge. Il souhaite établir un modèle prévisionnel en programmant une intelligence artificielle à partir de deux témoignages.

La lettre A correspond à l'âge de la personne, S au sexe et B à la boisson.

Sexe	Femme	Homme
S	1	2

Boisson	Café	Thé
B	10	20

a et b sont des coefficients numériques qui représentent l'importance attribuée au sexe ou à l'âge.
Une femme de 20 ans qui aime le thé s'écrira :

$$1 \times a + 20 \times b = 20$$

Un homme de 50 ans qui boit du café s'écrira :

$$2 \times a + 50 \times b = 10$$

En résolvant ce système d'équations, l'élève détermine que $a = 80$ et $b = -3$ d'où le modèle suivant :

$$80 \times S - 3 \times A = B$$

En remplaçant S et A par les valeurs d'une nouvelle personne, le programme indiquera qu'elle préfère le café si la valeur B est plus proche de 10 ou le thé si B est plus proche de 20.

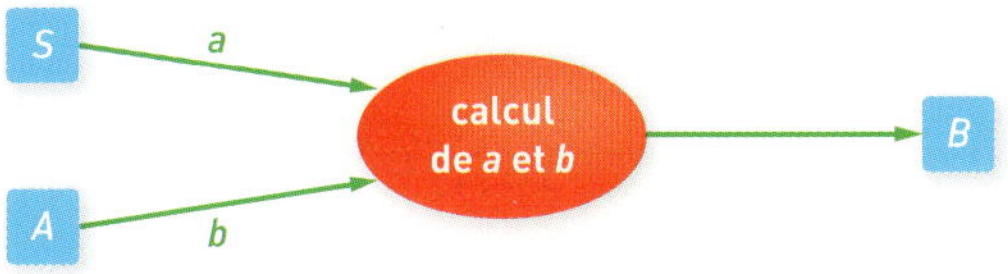

Fonctionnement simplifié du modèle.

Ce modèle, très simpliste, nécessite un réajustement des valeurs a et b à chaque nouveau témoignage. C'est ce que l'on appelle l'apprentissage profond (*deep learning* en anglais) qui nécessite un grand nombre de données de qualité.

Ainsi, si les programmeurs sélectionnent de mauvaises données, ces dernières vont créer un **biais** et limiter la représentativité du modèle.

DOC 4 Reconnaissance faciale

Notre visage comporte de nombreux traits caractéristiques comme la bouche, le nez, les yeux et les sourcils. Les distances entre les différents points de notre figure, calculées puis enregistrées par un programme informatique, permettent de nous identifier (figure).

Aujourd'hui, la reconnaissance d'un visage vu au 3/4 est de 100 % et de 60 % pour un visage vu à moitié dans des conditions normales d'éclairage. L'analyse de millions de photographies par des algorithmes* fonctionnant grâce à l'**apprentissage machine** donne maintenant la possibilité d'indiquer le sexe, l'âge, le poids, la taille et l'état émotionnel d'une personne.

Pistes de travail

Pour comprendre le fonctionnement d'une IA et les enjeux éthiques liés à son utilisation :

1. **Indiquer** si l'IA lancerait une attaque avec sa tour blanche (position e3) sur le cavalier noir (position b3). **Justifier** votre réponse (DOC. 1).
2. **Prévoir** le chiffre d'affaire de l'entreprise pour la 7e année (DOC. 2).
3. Déterminer la boisson que devrait consommer une femme de 25 ans selon le modèle de l'élève (DOC. 3).
4. **Rechercher**, dans le cas de la reconnaissance faciale, des utilisations qui pourraient enfreindre le droit à la vie privée (DOC. 4).
5. **Présenter**, sous la forme d'un tableau et pour chacun des exemples proposés, les sources de données utilisées, les corrélations utilisées, les biais possibles et les limites de représentativité associées.

* Lexique en fin de manuel

Des clés pour réussir

- Calculer le « coût » de l'attaque pour le jeu d'échecs.
- Penser à utiliser le modèle du DOC. 3 (piste 3).

Activité

5 L'inférence bayésienne

Histoire
Enjeu
Débat

SAVOIR-FAIRE
- À partir de données médicales fondées, produire un tableau de contingence afin de calculer des fréquences de faux positifs, faux négatifs, vrais positifs, vrais négatifs.
- En déduire le nombre de personnes malades suivant leur résultat au test.

L'inférence bayésienne est une méthode de calcul de probabilités utilisée dans des algorithmes informatiques. Grâce à elle, on peut modéliser la façon qu'a notre cerveau d'effectuer un choix plausible en présence d'incertitudes.

Quel rôle peut jouer l'inférence bayésienne dans une prise de décision ?

DOC 1 Notre cerveau manque d'éducation

Les photographies ci-dessous montrent différentes étapes lors de la rotation d'un masque de carnaval.

Le visage de la photographie 1 nous apparaît en relief mais celui de la photographie 4 aussi ! Cette illusion d'optique est provoquée par l'interprétation que fait notre cerveau de cette image. Nous savons consciemment que ce masque est concave* pour que nous puissions le porter, mais les habitudes acquises depuis de nombreuses années par notre cerveau induisent une fausse vision convexe*.

Le même phénomène se produit lorsque l'on regarde pour la première fois les cratères de la Lune à l'oculaire d'un télescope.

Cette illusion d'optique est un cas classique d'induction* ou d'**inférence bayésienne** générée naturellement par notre cerveau.

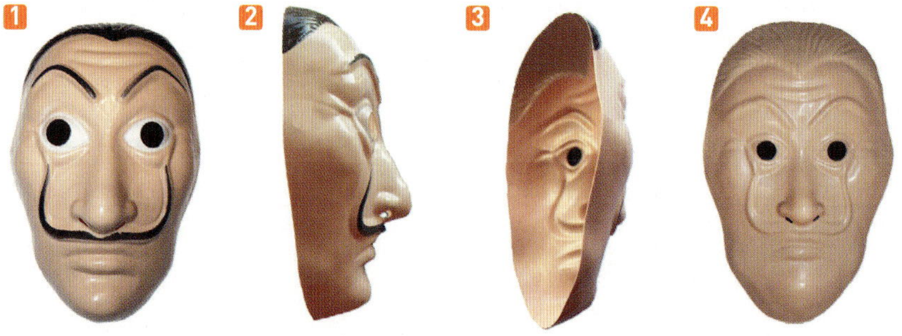

Masque de carnaval en rotation.

DOC 2 Pertinence d'un test médical

Sur 1 000 dossiers médicaux de femmes, un médecin trouve que 92 souffrent d'un cancer du sein. Un nouveau test d'imagerie médicale (a), géré par une **intelligence artificielle**, s'est révélé négatif pour 862 d'entre elles mais pourtant, parmi les patientes de ce groupe, 7 ont déclaré la maladie.

Le praticien aimerait savoir si ce nouveau test peut l'aider de façon fiable dans son diagnostic. Il établit alors le tableau à double entrée (b) de présentation des informations (dit **tableau de contingence**) afin de déterminer la fréquence d'individus testés positivement et réellement malades (individus « vrais positifs »).

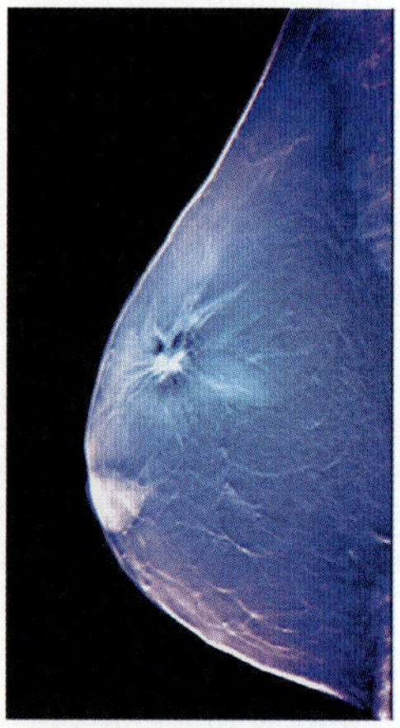

a Détection de tumeurs par tomographie à rayons X (fausses couleurs).

Pour mener une investigation

- Recopier et compléter le tableau ci-contre.
- Colorier de façon différente les cases correspondant aux vrais positifs (VP), faux positifs (FP), vrais négatifs (VN) et faux négatifs (FN).
- Calculer la fréquence des vrais positifs (VP/nombre total de positifs).
- Sachant qu'un test de détection sera considéré comme fiable si le taux de détection des vrais positifs est supérieur à 90 %, indiquer si le praticien peut se faire aider par cette IA.

Test	Malade	Sain	Total
Positif			
Négatif			
Total			

b Tableau de contingence.

DOC 3

Le cas des maladies rares

La thalassémie est une maladie génétique qui affecte la production d'hémoglobine*. La fréquence d'apparition de l'une des formes de cette maladie est d'environ une personne sur 10 000.

Un laboratoire pharmaceutique a élaboré un test de dépistage et présente les résultats de tests effectués à partir des échantillons de sang de 1 000 patients (a). Le service d'études statistiques alerte la direction car le pourcentage de patients réellement malades quand le test est positif n'est que de 4,7 %.

Test	Malade	Sain
Positif	990	2
Négatif	3	5

a Résultats du laboratoire.

On cherche à comprendre comment ce service a pu parvenir à ce résultat en utilisant une approche bayésienne.

Repère

fréquence de non-apparition de la maladie = 1 – fréquence d'apparition de la maladie.

Pour mener une investigation

- Construire et compléter le tableau de contingence correspondant aux résultats du laboratoire en y exprimant les cas de VP, VN, FP et FN sous la forme de fréquence.
- Reproduire et compléter le tableau suivant en calculant les expressions de A, B et $A/(A + B)$.

A	fréquence d'apparition de la maladie × fréquence (VP)	
B	fréquence de non-apparition de la maladie × fréquence (FP)	
$A/(A + B)$	proportion de vrai malade quand le test est positif	

- Retrouver la formule $A/(A + B)$ en complétant le schéma suivant et montrer pourquoi elle est indépendante de l'effectif N de la population testée.

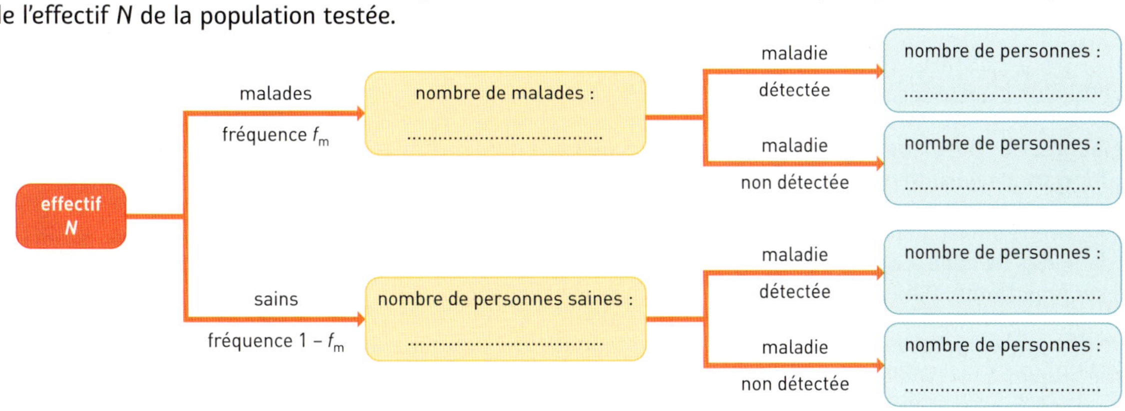

- Expliquer pourquoi le pourcentage de détection des VP de ce test est aussi faible dans la population.
- En suivant la même méthode, reprendre les calculs de détection des individus VP lorsque la fréquence d'apparition de la maladie est de 1/1 000 puis de 1/100.
- Donner la relation qui existe entre fréquence d'apparition de la maladie et fiabilité du test.

Pistes de travail

Pour comprendre le rôle de l'inférence bayésienne :

1. En utilisant l'expérience du DOC. 1, **montrer** que notre cerveau raisonne en termes de probabilités. Quelle hypothèse privilégie-t-il concernant l'envers du masque ?
2. **Proposer** une méthode pour qu'une intelligence artificielle analyse correctement les photographies à l'aide d'un capteur de distance optique.
3. **Montrer** que la méthode bayésienne utilisée dans le DOC. 3 permet de trouver un résultat qui n'est pas intuitif au départ.

* Lexique en fin de manuel

Des clés pour réussir

- Chercher la définition d'un capteur de distance optique.
- La fréquence est le rapport de l'effectif d'une valeur et du nombre total de valeurs.

COURS

DYS

1 Traitement des données informatiques

Définition d'un ordinateur

On appelle **ordinateur** un système capable de traiter de l'information selon un programme écrit dans un langage informatique, et comportant au minimum un **processeur** et une **mémoire vive** (Fig. 1).

Les données informatiques

Les données informatiques que peut traiter un ordinateur sont de natures diverses : textes, sons, images mais également programmes informatiques. Elles sont toujours numériques, ce qui nécessite parfois un processus de **numérisation** (Fig. 2).

Exemple : La norme internationale ASCII définit la façon de coder les caractères d'un texte. Chaque caractère y est codé par un octet (valeur binaire codée sur 8 bits). La valeur 1000001 sera attribuée à A, 1000010 à B, etc. La taille du fichier (en nombre d'octets) est alors égale au nombre de caractères du texte.

Les programmes peuvent être transformés en fichiers exécutables qui ont l'extension .exe sous le système d'exploitation Windows ou .app sous Mac OS.

Les données informatiques sont stockées sur divers supports (disques durs, clés USB, etc.) et peuvent être transportées sur un réseau informatique (dont internet).

Fig. 1 : C'est le mathématicien Alan Turing (1912-1954) qui imagine le concept d'ordinateur moderne. L'ENIAC, qui pèse plus de 30 tonnes, est le premier ordinateur construit selon ses principes (1945).

Fig. 2 : Grâce à un scanner, des textes ou images peuvent être convertis en données informatiques, c'est-à-dire en données numériques.

2 Les programmes informatiques

Pour élaborer des programmes, les programmateurs utilisent des langages informatiques traduits ensuite par la machine en suites de 0 et de 1.

Un programme informatique peut comporter jusqu'à plusieurs centaines de millions de lignes de code. La probabilité d'erreurs de codage (appelées **bogues** ou **bugs**) est importante. Cela peut parfois avoir de graves conséquences.

Il existe de nombreux types de processeurs. Certains langages de programmation sont spécifiques à un type de processeur et sont très difficiles à utiliser.

Les **langages de haut niveau** sont indépendants du matériel utilisé et beaucoup plus simples à utiliser et à déchiffrer, donc à déboguer*.

Exemples : Les langages Java, Python ou Scratch sont des langages de haut niveau.

Autour de nous, on trouve de nombreux ordinateurs programmés par des programmateurs dans les sociétés qui les commercialisent et/ou des ordinateurs programmables directement par l'utilisateur grâce à des interfaces simples à utiliser (Fig. 3).

a Puce de GPS.

b Thermostat réglable

Fig. 3 : L'utilisateur peut (b) ou non (a) interagir avec l'ordinateur.

3 L'intelligence artificielle

Définition

Le terme d'**intelligence artificielle** (IA) désigne un ensemble de théories et de techniques de programmation dont le but est de simuler l'intelligence humaine, que ce soit dans la capacité d'apprentissage, les perceptions ou la prise d'initiatives.

Exemples : Les résultats de recherches en intelligence artificielle permettent aujourd'hui à des ordinateurs de reconnaître des formes et des visages, de conduire une voiture, de traduire un texte, etc. (Fig. 4).

Les recherches en IA n'en sont cependant actuellement qu'à leur début, aucun ordinateur actuel ne pouvant être qualifié encore de véritablement « intelligent ».

L'apprentissage machine

L'apprentissage machine permet aux ordinateurs de réagir dans des situations inédites à partir de données d'entraînement sélectionnées par le programmateur.

Des méthodes mathématiques de repérage de tendance (corrélations, similarités) et de probabilités sont utilisées sur de grandes quantités de données (*big data*). Elles permettent ensuite d'effectuer des prédictions ou de prendre des décisions dans des situations nouvelles.

La qualité et la représentativité des données d'entraînement sont essentielles pour la fiabilité des réponses.

Si les données d'entraînement comportent un biais, les résultats donnés par l'ordinateur seront de mauvaise qualité, ce qui peut avoir de graves conséquences.

Certains usages de l'IA peuvent ainsi poser des problèmes éthiques. Des biais dans l'apprentissage pourraient par exemple entraîner des discriminations.

Exemples : Des algorithmes utilisant l'apprentissage machine peuvent être utilisés pour sélectionner automatiquement des CV pour un recruteur, calculer une probabilité de radicalisation pour la police ou de maladie pour une assurance.

L'inférence bayésienne

L'**inférence bayésienne** est une méthode de calcul de probabilités de causes à partir des probabilités de leurs effets. Elle sert notamment à modéliser des relations au sein de systèmes complexes.

Exemples : L'inférence bayésienne peut servir à se prononcer sur la crédibilité de diagnostics dans les domaines médicaux et industriels ou l'analyse de spams.

Dans un test médical, si la fréquence de la maladie dans la population générale est f_m, alors le nombre de personnes réellement malades s'écrit (Fig. 5) :

$$\frac{f_m \cdot \text{fréquence(VP)}}{f_m \cdot \text{fréquence(VP)} + (1 - f_m) \cdot \text{fréquence(FP)}}$$

Fig. 4 : Spot, le chien robot de la société Boston Dynamics. Doté d'un bras dorsal, il est déjà utilisé pour explorer de façon autonome des zones dangereuses pour l'Homme.

Test	Malade	Sain
Positif	vrai positif (VP)	faux positif (FP)
Négatif	faux négatif (FN)	vrai négatif (VN)

Fig. 5 : Exemple de tableau de contingence utilisé dans l'approche bayésienne.

Le vocabulaire à retenir

bordas Flash PAGE cartes mémo

- **Apprentissage machine :** technique qui permet à un ordinateur d'apprendre à réagir dans des situations nouvelles à partir de données d'entraînement entrées par un programmateur.
- **Biais :** dans l'apprentissage machine, erreur systématique dans les prédictions due à des données d'entraînement mal choisies.
- **Bogue (ou bug) :** erreur de codage entraînant un comportement de l'ordinateur aberrant.
- **Inférence bayésienne :** à partir de faits observés, cette méthode permet de définir la probabilité de causes possibles.
- **Intelligence artificielle :** techniques de programmation informatique visant à imiter l'intelligence humaine.
- **Langage de haut niveau :** langage informatique conçu pour être facilement compréhensible et utilisé par l'être humain.
- **Mémoire vive :** mémoire informatique présente dans un ordinateur et permettant de stocker temporairement des données.
- **Numérisation :** conversion d'une information (texte, image, etc.) en données numériques.
- **Ordinateur :** machine de traitement d'information comprenant au moins un processeur et une mémoire vive.
- **Processeur :** partie d'un ordinateur qui traite les données et exécute les instructions des programmes.
- **Tableau de contingence :** représentation de données dans un tableau selon deux critères, l'un en ligne, l'autre en colonne.

Exercice résolu EN AUTONOMIE

6 Création et test d'un jeu

Dans le cadre d'une activité en classe, Alicia implémente le début de l'algorithme d'un jeu (a) en langage Python 3 et teste cette première version de 6 lignes de code (b).

Le programme ne fonctionne pas et son professeur lui conseille de d'abord résoudre les problèmes de syntaxe puis par une série de tests, de résoudre le ou les problèmes algorithmiques.

```
Générer un nombre entier aléatoire entre 1 et 10
Stocker ce nombre dans la variable N
Saisir un nombre entier
Stocker ce nombre saisi dans la variable N1
Si N1 = N
afficher « Vous avez gagné »
sinon afficher « Vous avez perdu »
```

a Le jeu qu'Alicia souhaite programmer.

```
1 from random import randint
2 N= randint(1,10)
3 N1 = input("Nombre ? ")
4 if N1=N :
5         print("Vous avez gagné !")
6 print("Vous avez perdu !")
```

b La première version du programme d'Alicia.

1. **Vérifier** la syntaxe du programme d'Alicia.
2. **Rechercher** et **corriger** les problèmes algorithmiques de son programme.

Les clés de l'énoncé

- Le professeur d'Alicia lui rappelle que les problèmes de programmation peuvent être **syntaxiques** ou **algorithmiques**.
- Il faut bien **faire le lien** entre les **étapes du jeu** d'Alicia et les **lignes de code** qu'elle propose.

Les questions à la loupe

Les questions vous invitent à **rechercher les bogues du programme** étape par étape.

Quelques conseils

1. Le signe = a un sens différent en mathématiques et en langage Python. L'égalité mathématique s'écrit == en Python.
2. Consulter la fiche n° 4 pour la conversion de type de variables provenant de la fonction input et la syntaxe du test de condition if.
Rappels : syntaxe du test si (if) :

```
if condition :
      instruction(s) si le
      test est vrai
else :
      instruction(s) si le
      test est faux
```

Exemple de rédaction

1. Problèmes de syntaxe :
• En consultant la fiche d'aide à la programmation en langage Python (> fiche n° 4), on remarque qu'à la ligne 3, il faut rajouter int devant la fonction input pour convertir le contenu de la variable N1 en un nombre entier.
• À la ligne 4, la comparaison des deux variables N1 et N doit s'écrire N1 == N.
Après correction de la syntaxe, le programme affiche « Vous avez gagné ! » puis « Vous avez perdu ! » lorsque le nombre aléatoire est trouvé et « Vous avez perdu ! » lorsque le nombre aléatoire n'est pas trouvé.

2. Problèmes d'algorithme : le test de condition a été mal traduit en langage Python ce qui induit un bogue algorithmique. Après correction, le programme s'écrit :

```
1 from random import randint
2 N= randint(1,10)
3 N1 = int(input(«Nombre ? »))
4 if N1== N :
5         print("Vous avez gagné !")
6 else :
7         print(«Vous avez perdu !»)
```

Le programme répond maintenant aux attentes : « Vous avez gagné ! » s'affiche lorsque le nombre aléatoire est trouvé.

« Vous avez perdu ! » s'affiche lorsque le nombre aléatoire n'est pas trouvé.

Exercice similaire

Solutions en fin de manuel — Flash PAGE corrigé détaillé

7 Évolution du jeu d'Alicia

Alicia souhaite améliorer son jeu (exercice 6). Tant que le nombre proposé est plus petit ou plus grand que le nombre entier cherché, maintenant compris entre 1 et 100, le programme affiche « Trop petit » ou « Trop grand » suivant les cas. Une fois le nombre trouvé, le programme l'affiche et indique le nombre d'essais.

1. Écrire les lignes de codes permettant de réaliser ce jeu.
2. Tester votre programme avec plusieurs essais pour détecter les bogues et les corriger.

S'entraîner

8 Repérer des erreurs dans un programme

Le programme en Python ci-contre est censé calculer la longueur d'onde correspondant au pic d'émission lumineuse d'un corps noir en fonction de sa température (loi de Wien).

Bien que les relations mathématiques soient correctes, ce programme ne fonctionne pas car il comporte des bugs (ou bogues).

1. Repérer et corriger les bugs empêchant l'exécution de ce programme.

2. Le fichier contenant ce code source a pour nom « lambdamax.py ».

Déterminer s'il s'agit d'un fichier exécutable.

```
#programme permettant de calculer
#la valeur de λmax (en nm) du spectre
#émis par un corps noir

def convertit_kelvin(tempCelsius)
    tempKelvin==tempCelsius+273,15
    return tempKelvin

def calcule_lambda_max(tempCelsius)):
    tempKelvin=convertit_kelvin(tempCelsius)
    cste=2897700
    lambdaMax==cste/tempKelvin
    return lambdaMax
```

9 Conduite sans chauffeur

Pour diriger seul un véhicule, un programme informatique d'intelligence artificielle (IA) étudie en continu son environnement à l'aide de capteurs (a).

Les données recueillies sont ensuite fusionnées pour obtenir une vision numérique du contexte de circulation. L'IA prend ainsi à chaque instant des décisions importantes concernant la sécurité des êtres vivants à l'intérieur et à l'extérieur du véhicule.

1. Identifier les différents capteurs du véhicule et préciser leur rôle. Comment l'environnement extérieur est-il interprété par l'IA ?

2. Quels types de capteurs pourraient indiquer à l'IA le nombre de passagers de la voiture ?

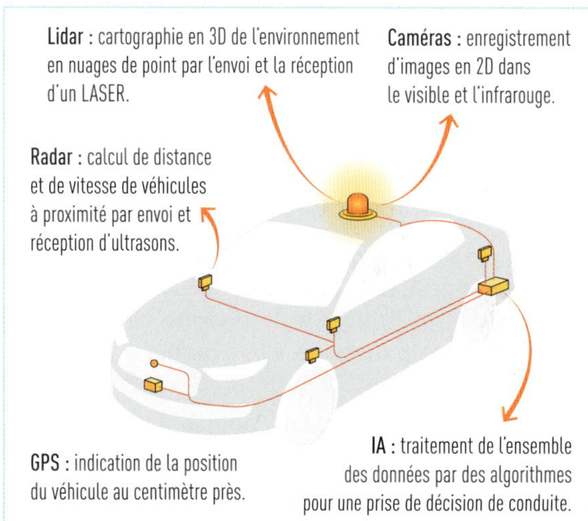

a

b Chacune de ces situations présente un risque élevé pour des êtres humains.

La voiture roule sur une route départementale et un animal traverse brusquement la route. La collision peut être évitée pour sauver l'animal mais au prix d'un freinage brusque qui met en danger la vie des passagers.

3. a. Identifier le problème éthique posé par cette situation, ainsi que les responsabilités engagées puis proposer un algorithme de prise de décision.

Un obstacle se dresse maintenant devant la voiture (b).

b. Même question que précédemment mais dans le cas du document b.

S'entraîner

10 Utiliser l'ADN pour stocker des données informatiques

Chez les êtres vivants, l'information génétique est stockée dans la molécule d'ADN, sous la forme d'une séquence de nucléotides (exemple : GGACCAGTAGCT).

De grandes entreprises, comme Microsoft, envisagent d'utiliser cette propriété pour stocker des données informatiques. Selon certains chercheurs, un gramme d'ADN pourrait ainsi stocker jusqu'à 200 pétaoctets (1 pétaoctet ≈ 10^{15} octets). À titre de comparaison, une clé USB de 10 grammes peut stocker jusqu'à 256 Go, avec un débit en lecture de 300 Mo · s^{-1}.

Cependant, outre son coût pour l'instant prohibitif, cette technique présente l'inconvénient d'être très lente, la synthèse de l'ADN (c'est-à-dire l'enregistrement des données) et son séquençage (qui correspond à la lecture des données) reposant sur des transformations chimiques. Une journée entière est pour l'instant nécessaire pour « lire » un fichier de 2 Mo et, même si cette durée est amenée à diminuer, l'écriture et la lecture de données dans l'ADN restera lente.

1. Sachant que l'encyclopédie Wikipédia comporte 3,5 milliards de mots de 5 lettres en moyenne, calculer la masse d'ADN nécessaire pour stocker l'intégralité du texte de Wikipédia au format ASCII.

2. Comparer les performances de stockage de l'ADN à celles d'une clé USB, et indiquer pour quelle utilisation son utilisation serait pertinente.

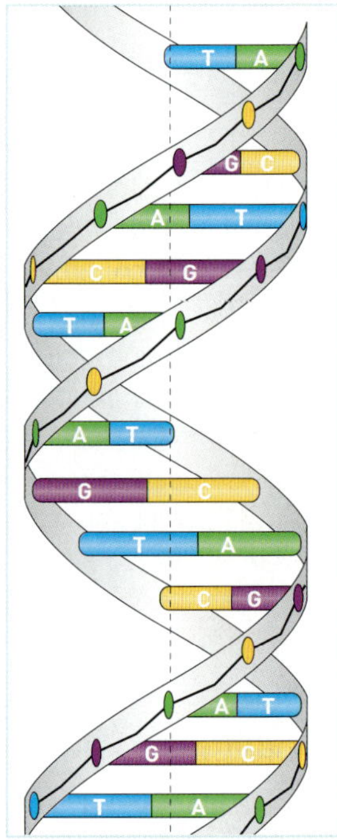

Chaque brin d'ADN est un assemblage linéaire de nucléotides. Il en existe 4 différents, notés A, T, G et C.

11 Un filtre anti SPAM bayésien

Éric analyse sa messagerie électronique et constate que 75 % de ses courriers sont indésirables. Ces déchets sont nommés spams ou pourriels. Il décide d'installer une IA de système de filtrage qui analyse les mots contenus dans un message. L'IA a besoin d'apprendre les mots clés associés aux SPAM.

« Urgent »	SPAM	Sain
Détecté	6	2
Non détecté	1	1

a Résultat des tests avec 10 messages.

1. Sur 10 courriers reçus, Éric indique à l'IA les résultats présentés par le document **a**. Construire le tableau de contingence correspondant et exprimer les cas de VP, VN, FP et FN sous la forme de fréquences.

« Urgent »	SPAM	Sain
Détecté	980	10
Non détecté	6	4

b Résultat des tests avec 1 000 messages.

Mot Clé	Taux de détection
Urgent	92 %
Créé pour vous	90 %
Cadeau	85 %
Gain	83 %
Cliquer	78 %
Lien	70 %

c Dictionnaire des mots clés associés à une nuisance.

2. Sachant que la fréquence d'apparition du mot « urgent » est de 1/10 dans tous ses messages, calculer le taux de détection de SPAM avec la méthode bayésienne.

3. Le taux de détection n'est pas satisfaisant. Quels sont les biais sur les données ?

Éric a augmenté l'effectif de ses exemples (300) et a intégré les statistiques de ses amis (700).

4. Répondre à la même question qu'en **1** et **2** mais avec le document **b**. Comparer les deux taux.

Le filtrage s'effectue ensuite sur plusieurs mots-clés dont le taux de détection est indiqué dans le document **c**.

5. Dans le message « Urgent ! Vous avez gagné 5 000 euros. Cliquer sur ce lien créé pour vous pour obtenir votre gain », identifier les mots clés puis calculer la moyenne des taux de détection.

Éric a paramétré l'IA pour qu'un message soit considéré comme un SPAM lorsque cette moyenne est supérieure à 80 %.

6. Indiquer si ce message sera classé en pourriel.

Coups de pouce

- Revoir la présentation du **DOC. 3** de l'activité 5 et la partie 3 de l'essentiel en images.
- Prendre pour valeur de f_m 1/10

S'entraîner

Prépa BAC Vers l'E3C

12 Des ordinateurs pour aller sur la Lune

Les missions lunaires Apollo (1961-1972) représentent peut-être le plus grand défi technologique jamais relevé par l'Homme et ont largement contribué à l'essor de l'informatique.

Embarqué sur le vaisseau, l'AGC (*Apollo Guidance Computer*) est l'ordinateur de bord des missions Apollo. Utilisé pour surveiller les informations de vol issues de différents capteurs (par exemple, l'accéléromètre) ou saisies au clavier (a) par les astronautes, l'AGC peut corriger la navigation du vaisseau ou communiquer divers messages aux astronautes par l'intermédiaire d'un écran.

Doté d'un processeur à base de transistors, l'AGC dispose également d'une RAM (b) constituée de 32 768 petits anneaux magnétiques (chaque anneau matérialisant 1 bit) dans lesquels passent des fils électriques.

Le programme informatique de l'AGC, principalement écrit par des femmes ingénieures telles que Margaret Hamilton (c), est, quant à lui, stocké dans une mémoire non modifiable constituée de fils tressés.

a Interface homme-machine de l'AGC. Il comporte un clavier et un écran.

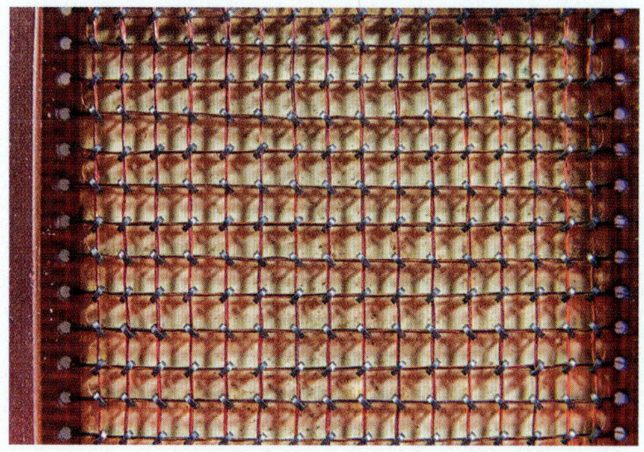

b Mémoire vive (RAM) de l'AGC : de petits anneaux de ferrite tissés dans un maillage de fils électriques.

1. Citer les deux composants essentiels d'un ordinateur et leurs fonctions respectives.

2. Exprimer en bit puis en octet la capacité de la RAM (mémoire vive) d'un ordinateur AGC.

3. Compléter le schéma fonctionnel ci-dessous représentant les différents composants d'un ordinateur AGC, en les reliant par des flèches matérialisant les flux de données.

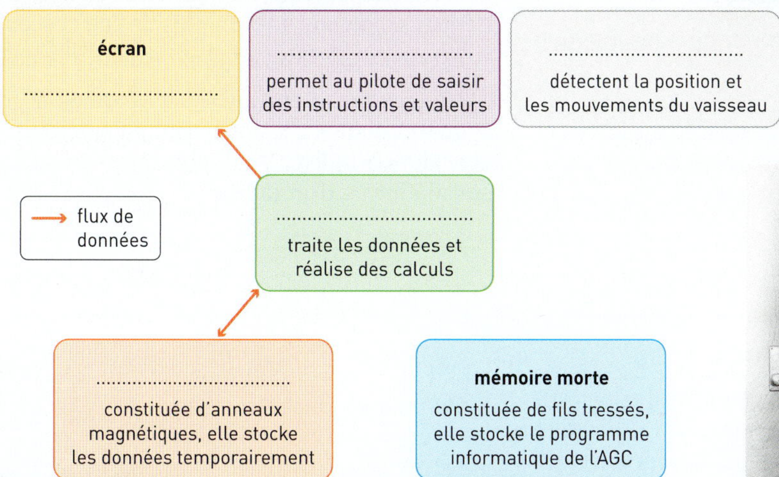

Le 12 septembre 1962, le président Kennedy tient un discours où il affirme la volonté des États-Unis de poser un homme sur la Lune. Ce discours comporte 12 045 caractères et dure 33 minutes.

4. Indiquer, en justifiant la réponse, si L'AGC aurait pu stocker dans sa RAM le texte du discours du président Kennedy encodé au format ASCII. Même question pour le film de ce discours.

c Margaret Hamilton posant, en 1968, en face des listings du programme de la mission Apollo auquel elle a largement contribué.

EXERCICE RÉSOLU

1 Comprendre un arbre de parenté

20 MIN

La construction d'un arbre phylogénétique, ou arbre de parenté, est basée sur le partage de caractères dérivés comme le montre le **DOC. 1**.

La matrice du **DOC. 2** compare certains caractères de quelques espèces actuelles de Primates.

DOC. 1 : Arbre de parenté des principaux groupes de Primates

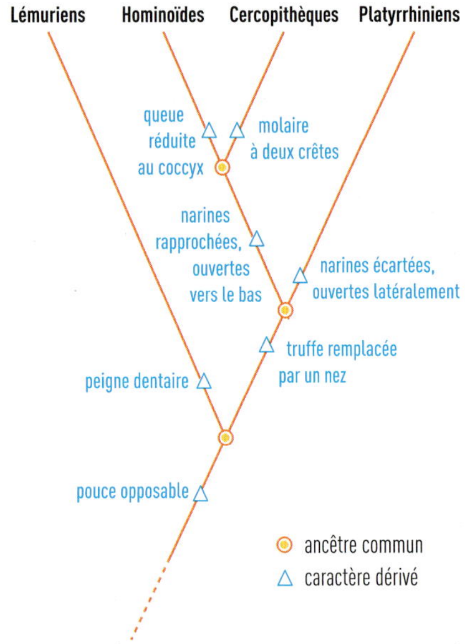

DOC. 2 : Comparaison de quelques caractères chez plusieurs espèces de Primates

	Babouin	Chimpanzé	Propithèque	Homme	Macaque	Atèle
Molaires à deux crêtes	oui	non	non	non	oui	non
Narines	rapprochées	rapprochées	écartées	rapprochées	rapprochées	écartées
Peigne dentaire	non	non	oui	non	non	non
Pouce	opposable	opposable	opposable	opposable	opposable	opposable
Queue ou coccyx	queue	coccyx	queue	coccyx	queue	queue
Truffe ou nez	nez	nez	truffe	nez	nez	nez

1 Rappeler ce qu'est un caractère dérivé.

2 Indiquer pour la proposition ci-dessous l'unique bonne réponse.
Un ancêtre commun :
a. est la première espèce fossile possédant le caractère dérivé étudié.
b. est une espèce hypothétique possédant les caractères dérivés communs à l'ensemble de ses descendants.
c. est une espèce hypothétique qui n'a jamais existé.

3 Préciser pour chaque espèce étudiée le groupe de Primates auquel elle appartient en précisant le caractère dérivé utilisé. Vous présenterez votre réponse sous la forme d'un tableau.

Exemple de rédaction

1. On appelle caractère dérivé la variation d'un caractère ancestral, hérité par un ensemble d'espèces à partir d'une même espèce ancestrale. Le partage d'un caractère dérivé permet donc de regrouper en un même taxon* un ensemble d'espèces.

2. La réponse **a.** est fausse car une espèce fossile n'est jamais considérée comme une espèce ancestrale. En effet, il est le plus souvent impossible de démontrer scientifiquement une filiation entre espèces fossiles. Les espèces fossiles sont donc traitées, dans un arbre de parenté, comme les espèces actuelles.
La réponse **c.** est fausse car, bien qu'hypothétique, l'espèce ancestrale a obligatoirement existé.
La réponse **b.** est donc la seule réponse juste.

3. On peut proposer le tableau suivant :

Espèces étudiées	Groupes	Caractères dérivés utilisés
Babouin	Cercopithèques	présence de molaires à deux crêtes
Chimpanzé	Hominoïdes	présence d'un coccyx
Propithèque	Lémuriens	présence d'un peigne dentaire
Homme	Hominoïdes	présence d'un coccyx
Macaque	Cercopithèques	présence de molaires à deux crêtes
Atèle	Platyrrhiniens	présence d'un nez

2 Étude de la population d'une ville

60 MIN

Un maire souhaite connaître l'évolution de la population de sa ville.
Le tableau ci-dessous donne le nombre d'habitants de cette ville (en milliers) de 2006 à 2015.

Année	2006	2007	2008	2009	2010	2011	2012	2013	2014	2015
Rang	0	1	2	3	4	5	6	7	8	9
Population	16,4	19,5	22,8	25,9	29,4	32,4	35,5	40	44,7	50

1 Reproduire et compléter le nuage de points ci-dessous.

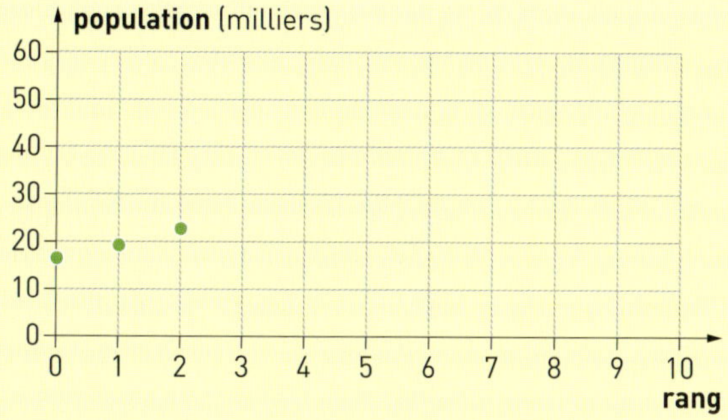

2 **a.** Calculer la variation absolue de la population de cette ville entre deux années consécutives, de 2006 à 2015.

b. Sur quelle période peut-on considérer que la croissance de la population a été linéaire ? Justifier.

> On considère que la croissance est linéaire lorsque les points du nuage de points sont presque alignés ou lorsque la variation absolue entre deux paliers est presque constante.

c. À l'aide d'une calculatrice, déterminer une équation de la droite d'ajustement des points du nuage, pour un rang d'année compris entre 0 et 7. Arrondir les coefficients de l'équation à 0,01 près.

d. Tracer cette droite sur le graphique précédent.

e. Si ce modèle linéaire était resté valable après 2012, quelle aurait été la population de cette ville en 2015 ?

3 On considère qu'entre 2012 et 2015, la croissance de la population a été exponentielle.

a. Calculer le taux de variation de la population de cette ville entre 2012 et 2015. On donnera le résultat en pourcentage, arrondi à 0,1 % près.

b. On note $u(0)$ la population en 2012 et $u(n)$ la population en l'année $(2012 + n)$.

On modélise la population de la ville sur la période 2012 à 2015 à l'aide de la suite géométrique u telle que $u(0) = 35{,}5$ et $u(4) = 50$. Exprimer $u(n)$ en fonction de n.

> On commence par calculer la valeur du réel q tel que $u(n+1) = q \times u(n)$ en résolvant l'équation $u(4) = u(0) \times q^4$.

c. Selon ce modèle, quel est le temps de doublement de la population ?

d. Selon ce modèle, quelle sera la population de la ville en 2025 ?

4 Cette ville est touchée en 2015 par un virus qui infecte 5 % de la population. Un test permet de détecter les personnes atteintes de ce virus. Il est positif pour 96 % des malades et il est négatif pour 98 % des non-malades.

a. Recopier et compléter le tableau de contingence ci-dessous.

	Test positif	Test négatif	
Malades			
Non-malades			
			50 000

> Commencer par calculer le nombre de malades et le nombre de non-malades.

b. Combien y a-t-il dans la ville de personnes malades ayant un test positif ?

c. Quelle est la probabilité qu'une personne soit malade alors que son test est négatif ?

> Le nombre de cas possibles est le nombre de personnes ayant un test négatif.

d. Une personne a un test positif. Quelle est la probabilité pour qu'elle soit malade ?

3 Les fourmis arboricoles

60 MIN

Dans une forêt, l'ensemble des cimes forme un écosystème appelé la canopée. Or, du fait d'un phénomène appelé « timidité botanique », les couronnes (ensemble des branches et des feuilles situées au sommet d'un arbre) des arbres sont légèrement espacées et ne sont pas en contact (image ci-contre), ce qui représente un obstacle pour les animaux incapables de sauter ou de voler, comme les fourmis.

Partie 1. Évaluer la biodiversité des fourmis d'une forêt

Une étude a été réalisée dans une forêt tropicale située sur l'île Barro Colorado, dans le canal de Panama, pour vérifier s'il existe un lien entre la taille de la couronne d'un arbre, et la richesse spécifique des populations de fourmis qui vivent à sa surface.

Afin de déterminer la richesse spécifique des fourmis à l'échelle de la forêt entière, 738 échantillonnages ont été réalisés. Des appâts à base de miel sont placés au pied des arbres afin de capturer les fourmis dont l'espèce est ensuite déterminée (**DOC. 1**).

L'évolution du nombre d'espèces identifiées au cours de ces échantillonnages est représentée dans le graphique du **DOC. 2**.

Dans d'autres études, la méthode de capture-marquage-recapture a été utilisée : 500 fourmis sont capturées, marquées puis relâchées sur leur arbre. À la fin de la journée, 200 fourmis sont à nouveau capturées, et parmi elles, 40 sont marquées (**DOC. 3**).

DOC. 1 : Des arbres nécessaires aux fourmis

Les fourmis du genre *Acromyrmex* se nourrissent de champignons qu'elles alimentent avec des fragments de feuilles prélevées sur les arbres.

DOC. 2 : Nombre d'espèces identifiées en fonction du nombre d'échantillonnages réalisés

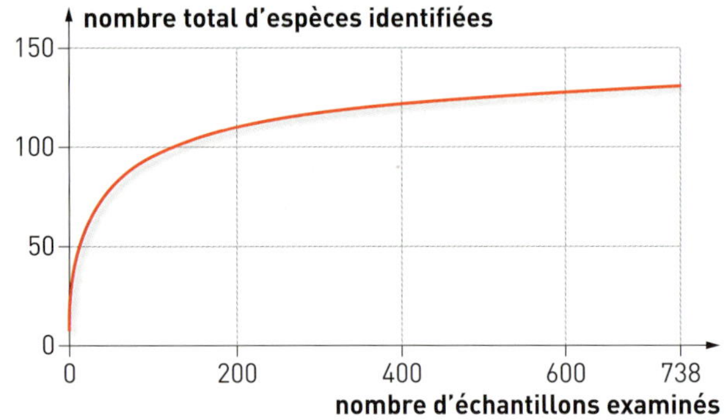

DOC. 3 : Un exemple de marquage sur fourmi

1 À l'aide de vos connaissances, proposer une définition de la richesse spécifique.

2 Estimer la richesse spécifique de la population de fourmis de cette forêt.

3 Indiquer ce que les chercheurs doivent faire pour augmenter la précision de cette estimation.

4 Estimer, par le calcul, l'abondance de la population de fourmis marquées.

Partie 2. Couronne forestière et richesse spécifique

Toujours dans la même étude, les chercheurs ont ensuite vérifié s'il existait bien une relation entre la taille de la couronne forestière et la richesse spécifique. Ils ont, pour cela, estimé cette richesse pour des arbres dépourvus de lianes, présentant des couronnes de diamètres différents (**DOC. 4**).

Dans certaines parties de la forêt étudiée, les arbres sont envahis par les lianes. Ces lianes assurent une certaine continuité entre les couronnes, permettant aux fourmis de se déplacer librement d'un arbre à l'autre.

Partant de ce constat, les chercheurs font alors l'hypothèse que dans les arbres pourvus de lianes, ce n'est pas la taille de la couronne qui influe sur la richesse spécifique, mais la densité des lianes.

Pour vérifier cette hypothèse, les chercheurs ont estimé la richesse spécifique pour des arbres pourvus de lianes et présentant des couronnes de tailles différentes (**DOC. 5**). Ils ont également estimé cette richesse pour des arbres présentant des densités de lianes différentes (**DOC. 6**).

Enfin, la forêt de l'île Barro Colorado est la forêt tropicale la plus étudiée au monde. L'intérêt que lui portent les scientifiques joue en faveur de sa protection et de sa préservation. Hélas, ce n'est pas le cas de la majorité des forêts tropicales. La déforestation des régions intertropicales s'est considérablement accrue ces dernières décennies et représente une préoccupation majeure pour les scientifiques (**DOC. 7**).

DOC. 4 : Richesse spécifique en fonction de la surface de la base de la couronne

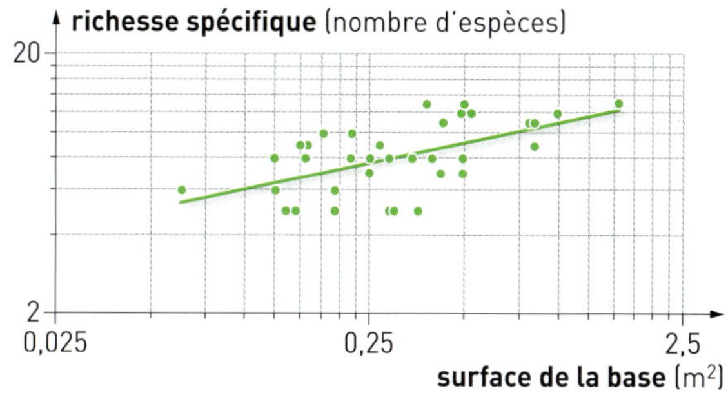

DOC. 5 : Richesse spécifique en fonction de la surface de la base de la couronne sur un arbre pourvu de lianes

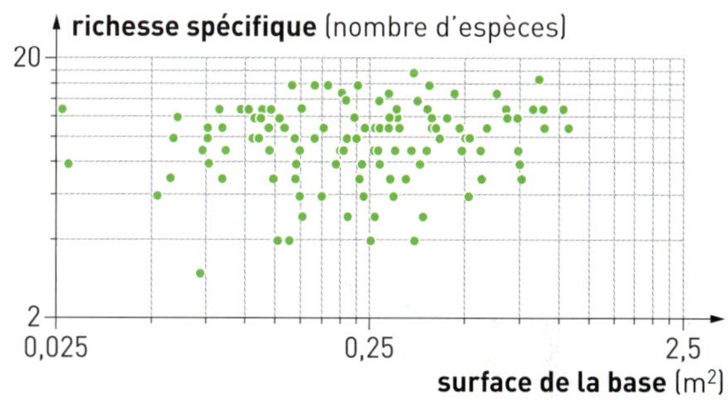

DOC. 6 : Richesse spécifique en fonction de la densité en lianes

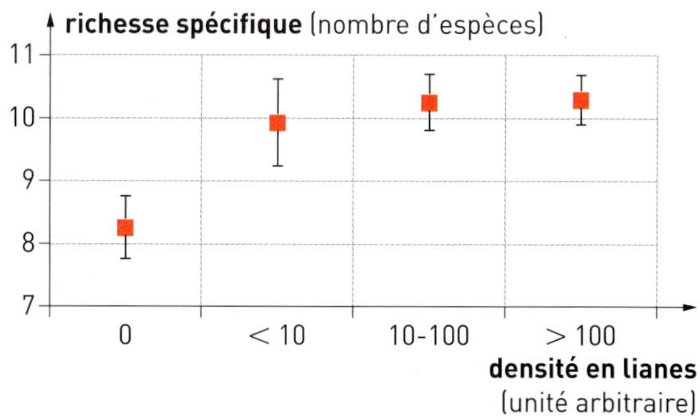

DOC. 7 : La forêt tropicale en péril

Sur l'île de Bornéo, les forêts tropicales sont rasées pour permettre l'exploitation minière.

1 À partir de l'exploitation du graphique du **DOC. 4**, déterminer s'il existe une relation entre la taille de la couronne d'un arbre dépourvu de lianes et la richesse spécifique de la population de fourmis qui y vivent.

2 À partir de l'exploitation des graphiques des **DOC. 5** et **6**, vérifier l'hypothèse formulée par les chercheurs.

3 À l'aide de vos connaissances, exposer les conséquences que peut avoir la destruction de la forêt tropicale sur la biodiversité.

4 E-réputation sur les réseaux sociaux

70 MIN

Le capital sympathie ou capital symbolique d'une organisation, d'une entreprise, d'un industriel, d'un homme politique, d'un film de cinéma peut être profondément marqué, voire déterminé, par les médias sociaux. Par conséquent, le suivi d'une e-réputation sur les réseaux sociaux, tels que Twitter, Facebook... est primordial. Une idée simple, mais irréaliste, consiste à utiliser des humains pour lire l'ensemble des messages relatifs à une organisation.

Des méthodes plus modernes utilisant l'intelligence artificielle permettent de gagner du temps pour une efficacité acceptable. La technique mise en œuvre est du type apprentissage machine : à partir d'un certain nombre de tweets donnés et qualifiés de positif ou négatif, la machine détermine des règles qui permettront de qualifier elle-même l'ensemble des tweets envoyés sur un sujet donné. L'apprentissage est basé sur la présence de mots et d'associations de mots dans les tweets.

phase d'apprentissage

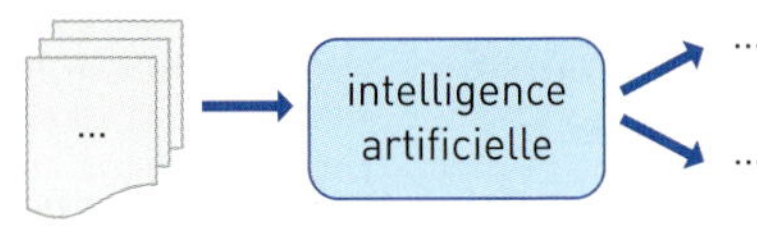

objectif : ....

phase de test

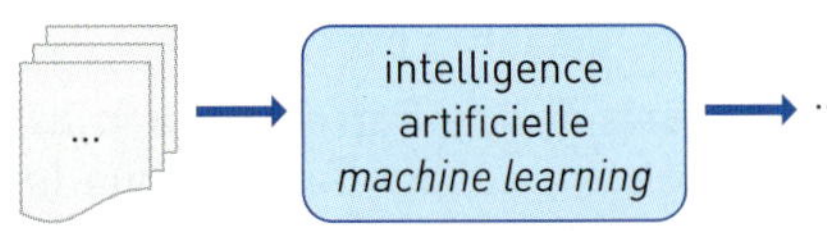

objectif : ....

PARTIE 1. Étude générale

Une fois l'apprentissage effectué grâce aux données d'entraînement, on teste la machine en lui soumettant des tweets non étiquetés.

- Recopier et compléter les schémas ci-contre en plaçant les numéros correspondant aux termes suivants :

Base de données de tweets et leurs étiquetages 1   Règles/modèle 2
Nouveaux tweets 3   Positif 4   Négatif 5   Classifier 6
Obtenir les règles de classification 7.

PARTIE 2. Étude des données pour l'apprentissage

On dispose d'une base de données de 10 millions de tweets étiquetés en 2 catégories de capital symbolique : positif ou négatif. Chaque tweet est composé au maximum de 280 caractères alphanumériques, mais aussi d'images, de hashtags, de smileys... La suite de l'étude ne tient compte que des caractères alphanumériques, chacun de ceux-ci étant stocké sous la forme de 8 bits (norme ASCII).

1 **a.** Déterminer la taille maximale de la base de données des tweets en Mo.

b. En justifiant, proposer un outil possible de stockage du fichier de cette base de données.

Chaque tweet est constitué d'un ensemble de mots, dont des mots de liaisons (et, ou, le, la, à, un, une, soit, en ...) qui ne fourniront aucune information sur le capital symbolique du tweet, ainsi que des caractères de ponctuation. Il est par conséquent nécessaire de supprimer ces caractères avant la phase d'apprentissage et lors de la phase de test. Pour cela, on propose le programme Python ci-contre.

```
1 # Définition de la fonction traitement
2 def traitement(tweet, motsliaisons):
3     """ Cette fonction permet de renvoyer une liste des
          mots contenus dans tweet et n'étant pas présents
          dans la liste motsliaisons et supprimant
          les mots apparaissant plusieurs fois. Elle
          permet aussi de supprimer des caractères de
          ponctuations.
4     Entrées : tweet = chaîne de caractères ;
  motsliaisons = liste de chaînes de caractères
5     Sortie : motsOK = liste de chaînes de caractères"""
6     # On commence par supprimer l'ensemble des
  apostrophes présents dans le tweet et par mettre tous
  les caractères en lettre minuscule
7     tweet=tweet.replace('\'', '').lower()
8     # On poursuit en coupant la chaîne de caractères au
  niveau de chaque espace pour obtenir une liste de mots
9     motstweet=tweet.split(' ') # Permet de découper le
  tweet au niveau de chaque espace
10    motsOK=[] # Initialisation de motsOK par une liste
  vide
11    # Traitement pour chaque mot contenu dans motstweet
12    for mot in motstweet: # On parcourt l'ensemble des
  mots contenus dans motstweet
13      mot=mot.strip('.:;!? ,()#') # On enlève les
  symboles de ponctuations (points, virgules, dièses,
  parenthèses)
14      if mot not in motsliaisons and mot not in motsOK: #
  Si mot pas dans motsliaisons et pas dans motsOK
15          motsOK.append(mot) # On l'ajoute à motsOK
16   return motsOK # Renvoie la liste des mots
```

Exemple partiel de traitement : tweet = 'Bjr, je suis d'accord pour une écologie verte, une vraie!' et motsliaisons = ['je' , 'une' , 'un'].

Suite à l'exécution de la ligne 8, le contenu de la variable motstweet est la liste ['bjr,' , 'je' , 'suis' , 'daccord' , 'pour' , 'une' , 'écologie' , 'verte,' , 'une' , 'vraie!']. La ligne 9 crée une liste initialement vide notée motsOK.

Tour	Contenu de la variable mot	Variable motsOK	Commentaires
1	'bjr,'	['bjr']	On enlève la virgule avec la ligne 12, et on l'ajoute à motsOK car 'bjr' n'est pas présent préalablement dans motsOK et ni dans la liste motsliaisons
2	'je'	['bjr']	Ici, pas de caractère de ponctuation à supprimer, et on ne l'ajoute pas à motsOK car 'je' est présent dans motsliaisons
3	'suis'	['bjr' , 'suis']	Ici, pas de caractères de ponctuation à supprimer, et on l'ajoute à motsOK, car 'suis' pas présent dans motsOK ni dans motsliaisons
4	'daccord'	['bjr' , 'suis', 'daccord']	Ici, pas de caractères de ponctuation à supprimer, et on l'ajoute à motsOK car 'daccord' pas présent dans motsOK ni dans motsliaisons
…	…	…	

Ce processus est réalisé pour l'ensemble des éléments contenus dans la variable motstweet, et renvoie, à la fin de l'exécution, la variable motsOK contenant ['bjr' , 'suis' , 'daccord' , 'pour' , 'écologie' , 'verte' , 'vraie'].

2 Que renvoie l'exécution de traitement(tweet,-motsliaisons) si tweet = 'Enfin!! Que #GretaThunberg reste en Suède. Qu'elle reprenne le chemin de l'école comme tous les enfants de son âge' et la variable motsliaisons = ['il','elle','que','de','du','en','et','ou', 'le','la','les','un','une'] ?

Partie 3. Étude des résultats de l'apprentissage

L'apprentissage est effectué sur 10 000 tweets de la base de données étiquetées (70 % positifs, 30 % négatifs).

Pour déterminer la fiabilité de l'étiquetage effectué alors par l'intelligence artificielle, on utilise une approche bayésienne. Pendant la phase de test, un certain nombre de tweets traités de façon autonome par la machine sont vérifiés.

On donne ci-contre le tableau de contingence obtenu sur près de 10 000 tweets de la base de données de test.

matrice de confusion

réel \ prédiction	négatif	positif
négatif	2 872	1 448
positif	1 028	4 574

1 Donner le nombre exact de tweets utilisés pour cet apprentissage, le nombre de vrais positifs (VP), de vrais négatifs (VN), de faux positifs (FP), de faux négatifs (FN).

Pour caractériser la performance de classification, on définit la sensibilité *SE* et la spécificité *SP* telle que :

$$SE = \frac{VP}{VP + FN} \quad \text{et} \quad SP = \frac{VN}{VN + FP}$$

La sensibilité *SE* est la probabilité qu'un test réalisé sur un tweet positif se révèle positif.

La spécificité *SP* est la probabilité qu'un test réalisé sur un tweet négatif se révèle négatif. Si la classification opérée par l'intelligence artificielle est parfaite, alors la sensibilité et la spécificité sont à 100 %.

2 Déterminer la sensibilité SE et la spécificité SP du test réalisé. Conclure sur la pertinence de la classification opérée par l'intelligence artificielle dans ce cas.

3 Quel biais peut-on suspecter sur les données d'entraînement (voir partie 1) ?

Une étude approfondie de l'apprentissage pour des nombres de tweets différents (dans des conditions similaires, et sans biais d'apprentissage) permet d'obtenir ces résultats.

Nombre de tweets utilisés pour l'apprentissage *N*	Durée de l'apprentissage *t*	SE	SP
1 000	1 min 36 s	61 %	59 %
100 000	1 h 23 min 12 s	83 %	70 %
1 000 000	12 h 47 min 37 s	93 %	90 %
10 000 000	3 j 13 h 16 min 48 s	95 %	93 %

4 En argumentant la réponse donnée, proposer un choix de nombre de tweets satisfaisant afin de maximiser la reconnaissance automatique pour l'e-réputation.

Partie 4. Synthèse

• Proposer, en 150 mots, une synthèse de l'étude, en identifiant clairement l'objectif, la démarche mise en œuvre pour y répondre et les conclusions apportées par l'étude.

5 Évolution humaine et acquisition de la bipédie

30 MIN

Un déplacement majoritairement bipède repose sur un grand nombre de caractères dérivés spécifiques de la lignée humaine. Chez les représentants fossiles du groupe des *Homo*, cette bipédie évolua vers une aptitude à la course de fond. Certains anthropologues pensent que nos ancêtres utilisaient régulièrement cette capacité pour épuiser leurs proies lors de chasses. Les Chimpanzés, essentiellement arboricoles*, n'utilisent la bipédie que dans 5 % de leur déplacement et ne présentent pas d'aptitudes à la course.

DOC. 1 : Quelques caractères favorables à la course de fond chez l'être humain et comparaison avec les Chimpanzés

Caractères dérivés	Adaptations à la course
faible pilosité et présence de glandes sudoripares* 1	meilleure dissipation de la chaleur interne
jambes plus longues que les bras 2	foulée allongée, bipédie équilibrée
longs tendons riches en collagène* 3	meilleure élasticité des tendons et déplacement moins énergivore
gros orteil accolé aux autres doigts de pied, doigts réduits 4	stabilisation du pied sur le sol
grande surface d'insertion des muscles fessiers 5	stabilisation du tronc
présence du ligament nuchal 6	stabilisation de la tête

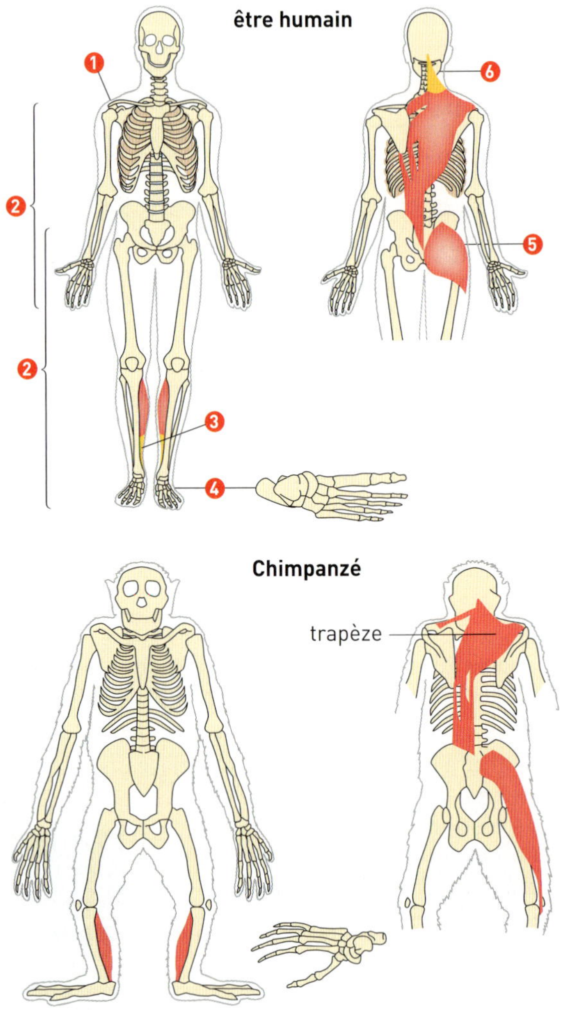

DOC. 2 : Caractères anatomiques d'un Hominidé fossile : *Australopithecus afarensis* (– 4,1 à – 2,9 Ma)

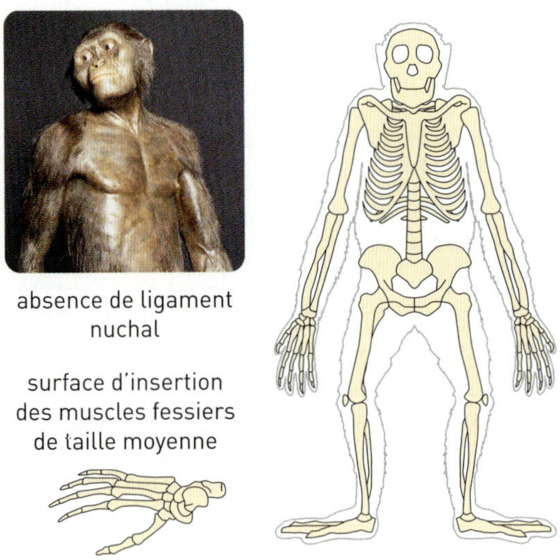

1 En vous appuyant sur vos connaissances des concepts de l'évolution, expliquer l'acquisition des caractères dérivés associés à la course de fond.

2 Identifier, en justifiant la réponse, le caractère qui est à la fois une adaptation et une régression évolutive.

3 Justifier, à l'aide du **DOC. 2** et de ses connaissances, l'appartenance d'*Australopithecus afarensis* à la lignée humaine.

4 Évaluer l'aptitude à la course de fond d'*Australopithecus afarensis*.

J'apprends à...
Analyser des résultats expérimentaux (étude de plusieurs paramètres)

Certaines expérimentations s'intéressent aux effets de plusieurs paramètres sur un même phénomène. Pour analyser les résultats, il convient alors de les séparer, puis de les mettre en relation.

Exemple d'analyse des résultats d'une expérience testant les hypothèses suivantes :
« la température des feuilles modifie l'efficacité de la photosynthèse ; les effets ne sont pas les mêmes selon les espèces végétales. »

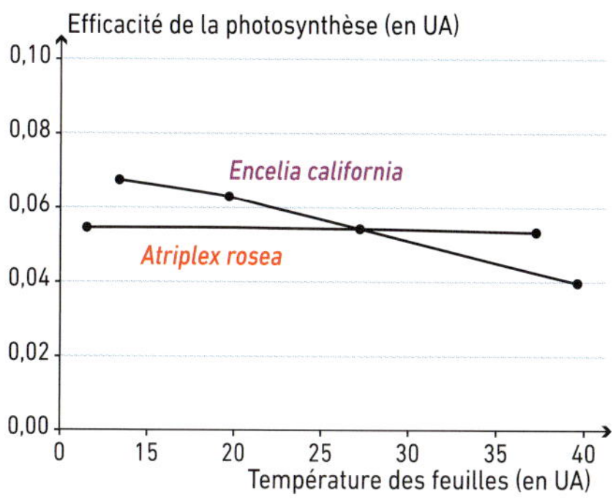

Encelia californica

Atriplex rosea

J'ai repéré le phénomène étudié : c'est l'efficacité de la photosynthèse. Et j'ai identifié deux paramètres testés : la température des feuilles et l'espèce des individus étudiés.

Il y a donc trois situations à étudier :

1) L'effet de la température des feuilles sur l'efficacité de la photosynthèse chez E. californica.

2) L'effet de la température des feuilles sur l'efficacité de la photosynthèse chez A. rosea.

3) L'effet de l'espèce sur l'efficacité de la photosynthèse pour des températures données.

À la lecture des résultats, je peux par exemple dire :
Chez E. californica, lorsque la température des feuilles augmente de 15 à 40 °C, l'efficacité de la photosynthèse diminue de 0,07 à 0,04 UA.
Ou bien :
Pour une température des feuilles inférieure à 28 °C, l'efficacité de la photosynthèse est plus élevée chez E. californica que chez A. rosea. Mais c'est le contraire pour des températures supérieures à 28 °C.

On peut maintenant conclure :
L'augmentation de la température des feuilles peut diminuer l'efficacité de la photosynthèse chez certaines espèces comme E. californica, mais pas chez d'autres, comme A. rosea.

Comment faire ?

- Identifier le phénomène étudié et les paramètres qui sont testés.
- Lister les différentes situations qui sont à étudier séparément.
- Vérifier que pour chaque situation un seul paramètre varie.
- Décrire les résultats de chaque situation en rappelant bien les conditions de l'expérience.
- Croiser les différentes analyses pour formuler une conclusion globale.

☺ J'ai réussi si...

- ☑ J'ai identifié le phénomène étudié et les différents paramètres testés.
- ☑ J'ai identifié les différentes situations pour lesquelles un seul paramètre varie.
- ☑ J'ai décrit avec précision les résultats de chaque situation, indépendamment des autres.
- ☑ J'ai rédigé une conclusion globale qui met en relation l'ensemble des résultats et permet de conclure sur la validité des hypothèses testées.

Fiche 2

J'apprends à...
Utiliser les chiffres significatifs

En physique, toute grandeur numérique est une grandeur mesurée. Cette mesure est effectuée avec une certaine précision. Cela a une conséquence sur l'écriture du résultat.

Nombre de chiffres significatifs

Le nombre de chiffres significatifs indique la précision d'une mesure. Ce sont les chiffres connus avec certitude et le dernier chiffre est incertain.

La mesure « 0,42 m » comporte 2 chiffres significatifs.
Le chiffre 4 est connu avec certitude.
Le chiffre 2 est incertain.

L'écriture scientifique

Dans l'écriture scientifique $a \times 10^n$, c'est le nombre de chiffres de a qui donne le nombre de chiffres significatifs.

$3,00 \times 10^8$ m · s^{-1} comporte 3 chiffres significatifs.

Multiplication et division

Le résultat d'une multiplication ou d'une division a autant de chiffres significatifs que la mesure la moins précise utilisée dans le calcul.

On donne une vitesse v et une distance parcourue d :
$v = 3,2$ m · s^{-1} (2 chiffres significatifs) ;
$d = 10,2$ m (3 chiffres significatifs).
La durée du déplacement s'écrit :
$\Delta t = d/v$
Le résultat de Δt ne sera donc donné qu'avec 2 chiffres significatifs :
$10,2/3,2 = 3,1875$, qu'on arrondit donc à 3,2 : **$\Delta t = 3,2$ s**.

Addition et soustraction

Le résultat d'une addition ou d'une soustraction a autant de décimales que la mesure présente dans le calcul qui en a le moins.

On donne deux longueurs
$L = 23,12$ m (2 décimales) et
$\ell = 0,821$ m (3 décimales).
$L - \ell = 23,12 - 0,821 = 22,299$,
qu'on arrondit donc à 22,30 :
$L - \ell = 22,30$ m.

Comment faire ?

- Pour écrire le résultat d'une mesure, évaluer la précision de la méthode utilisée. Écrire alors les résultats de mesure en tenant compte du premier chiffre incertain.
- Utiliser éventuellement la notation scientifique. Attention ! a doit être compris entre 0 et 1.
- Un zéro n'est pas significatif lorsque c'est le premier chiffre de gauche. Sinon il est significatif, même si c'est le dernier chiffre de droite.
- Pour écrire le résultat d'un calcul, se demander si c'est une multiplication, une division, une addition ou une soustraction. Regarder ensuite le nombre de chiffres significatifs ou de décimales des données, puis appliquer les règles.

☺ J'ai réussi si...

Dans le cas d'une mesure :

- ✓ J'ai su évaluer la précision de la mesure effectuée.
- ✓ J'ai écrit le résultat avec le bon nombre de chiffres significatifs.

Dans le cas d'un calcul :

- ✓ J'ai su appliquer la règle adéquate.
- ✓ J'ai arrondi ou complété le résultat pour arriver au nombre de chiffres significatifs correct.

J'apprends à...
Utiliser un dispositif d'expérimentation assistée par ordinateur

L'expérimentation assistée par ordinateur ou ExAO permet de réaliser des mesures grâce à des capteurs spécifiques, d'enregistrer et de traiter directement les mesures sur un ordinateur.

1 Les éléments d'une chaîne ExAO

Exemple de dispositif expérimental

❶ **Capteurs** mesurant divers paramètres

❷ **Interface** assurant la conversion des signaux électriques issus des capteurs en données numériques

❸ **Ordinateur et logiciel ExAO** permettant l'affichage, le traitement et la sauvegarde des données

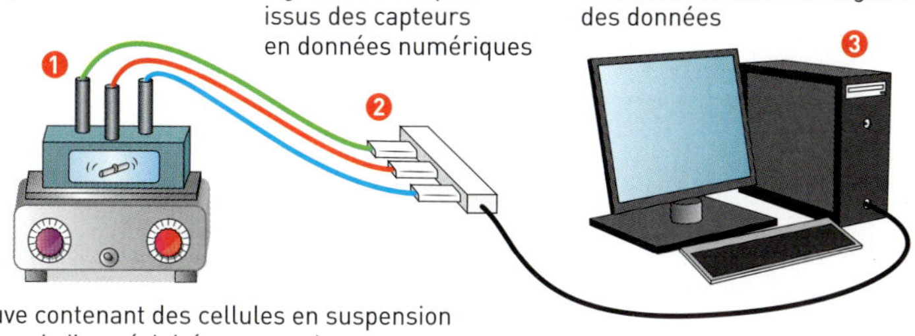

Cuve contenant des cellules en suspension dans de l'eau éclairée par une lampe et agitateur magnétique

2 Des capteurs très divers

Il existe de très nombreux types de capteurs, permettant de mesurer par exemple : la température, le pH, la teneur en éthanol, l'intensité lumineuse, l'humidité de l'air, le rythme cardiaque, l'information nerveuse, les vibrations...

3 Des mesures affichées, traitées et enregistrées

Les données provenant des capteurs sont transmises à l'ordinateur et peuvent être présentées sous forme de tableau de résultats ou de graphique, construits en temps réel. De nombreux traitements de ces données sont possibles dans le logiciel dédié à l'ExAO : repérage de points particuliers, calculs de moyennes, de pentes, comparaisons...

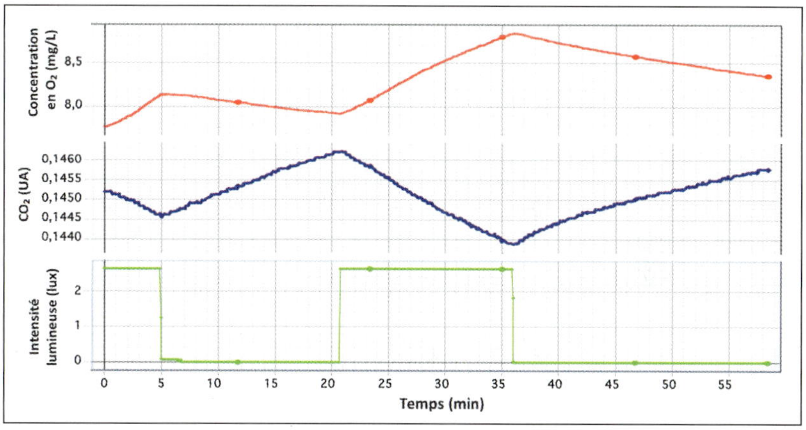

Exemple de résultats obtenus : teneurs en dioxygène et en dioxyde de carbone dans de l'eau contenant des algues unicellulaires, éclairées ou à l'obscurité.

Comment faire ?

- Choisir les capteurs pertinents en fonction des mesures prévues dans le protocole expérimental.
- Réaliser les branchements pour que les capteurs puissent communiquer avec l'ordinateur.
- Configurer le logiciel dédié à l'ExAO (Quelles données ? Quelles unités ? Quel mode de présentation ?).
- Préparer son dispositif expérimental et y placer les capteurs.
- Lancer l'expérience et l'acquisition des données.
- Enregistrer les résultats et les traiter afin de répondre à la question scientifique étudiée.
- Nettoyer et ranger le matériel.

☺ *J'ai réussi si...*

- ✓ J'ai choisi de manière pertinente les capteurs à utiliser.
- ✓ J'ai relié les différents éléments de la chaîne ExAO entre eux.
- ✓ J'ai préparé l'environnement logiciel adapté à ce que je dois enregistrer.
- ✓ J'ai placé les capteurs dans le dispositif expérimental.
- ✓ J'ai mené les enregistrements prévus dans le protocole expérimental.
- ✓ J'ai enregistré et traité les données obtenues.
- ✓ J'ai respecté les consignes de nettoyage et de rangement.

Fiche 4

J'apprends à...
Programmer en langage Python 3

L'informaticien néerlandais Guido Van Rossum a développé le langage informatique Python dans les années 1990. Ce langage est maintenant utilisé mondialement dans différents domaines, comme par exemple l'intelligence artificielle.

1 Stockage des informations : les variables

Une **variable** associe un ou plusieurs caractères alphanumériques particuliers à une donnée qui peut être numérique ou de format texte.

La variable est de type int pour les nombres entiers, de type float pour les nombres réels, de type str pour les textes.

Le contenu de la variable est affecté avec le symbole =.

Attention ! Pour l'écriture d'un nombre réel, la virgule est remplacée par le point.

EXEMPLES

Nom de la variable	Affectation	Type du contenu
N	N = 4	int (nombre entier)
M4	M4 = 4.0896	float (nombre réel)
Prenom	PreNom= «Eric»	str (chaîne de caractère)

2 Manipulation des variables numériques

Les 4 opérations élémentaires (+, –, * (pour la multiplication), / (pour la division)) et les parenthèses ont la même fonction qu'en mathématiques pour calculer les expressions littérales.

EXEMPLE

La variable Resultat = (N*M4+N/2)*5 - (M4 - N) contient la valeur numérique réelle 91.7024.

La fonction round(A,n) où A désigne le nom de la variable et *n* un nombre entier arrondit la valeur numérique à *n* chiffres après la virgule.

EXEMPLE

La variable Arrondi = round(Resultat,1) contient la valeur numérique 91.7.

3 Affichage des données

La fonction print() permet d'afficher du texte et le contenu des variables. Le texte est noté entre deux guillemets, le texte et le nom de la variable sont séparés par une virgule.

EXEMPLE

```
print("Calcul 1 : ",Resultat,"  Calcul 2 : ",Arrondi)
```

affiche :

```
Calcul 1 : 91.7024  Calcul 2 : 91.7
```

4 Saisie des données

Un programme a souvent besoin que l'utilisateur saisisse des données qui seront affectées à des variables.

La fonction **input()** affiche une boîte de dialogue dans laquelle la valeur saisie est affectée à une variable de type texte par défaut. Le texte placé entre deux guillemets rappelle l'information à saisir.

EXEMPLE

```
Prenom=input("Quel est votre prénom ?")
```

affiche :

La valeur saisie dans la boîte de dialogue est affectée à la variable Prenom.

Pour convertir le contenu de la boîte de dialogue en type int (nombre entier) ou float (nombre réel), le type doit être précisé devant la fonction input().

EXEMPLE

```
Nombre = int(input("Saisir un nombre entier :"))
```

affecte à la variable Nombre un nombre entier.

5 Les bibliothèques de programme

Des fonctions supplémentaires contenues dans des bibliothèques de programme peuvent être utilisées. Dans ce cas, il faut les importer pour que le langage Python les reconnaisse.

EXEMPLE

La librairie random contient entre autres la fonction **randint(a,b)** qui génère un nombre entier aléatoire entre a et b.

```
from random import randint
```

se traduit par « de la bibliothèque random importer la fonction randint ».

```
from random import randint
print(randint(1,10))
```

Ce programme affiche un nombre entier aléatoire entre 1 et 10.

Numéro de l'essai	Affichage
1	8
2	5
3	1

Si l'on souhaite importer toutes les fonctions au lieu d'une en particulier, on utilise le caractère * qui signifie dans ce cas « tout ».

EXEMPLE

```
from matplotlib.pyplot import *
```

importe toutes les fonctions de la bibliothèque graphique matplotlib.pyplot.

6 Les listes de valeurs

Une liste de valeurs est définie entre crochets. Les *n* éléments de la liste sont séparés par des virgules.

L'indice du premier élément est 0, le dernier *n* – 1.

EXEMPLE

`Liste1=[3,10,15,2,89].`

Cette liste contient 5 valeurs. Le premier élément de la liste est Liste1[0] (la valeur 3) et le dernier est Liste1[4] (la valeur 89).

On ajoute un nouvel élément à la liste en utilisant la fonction **append**.

EXEMPLE

`Liste1.append(102)` ajoute la valeur 102 à la liste. La nouvelle liste est `Liste1=[3,10,15,2,89,102]` et Liste1[5] a pour valeur 102.

7 Les tests de condition if ... else

Un ensemble d'instructions est réalisé lorsqu'une condition est vérifiée ou non vérifiée. Les symboles > (strictement supérieur), >= (supérieur ou égal), < (strictement inférieur), <= (inférieur ou égal), == (égalité), != (différent de) sont les plus utilisés pour tester la condition.

Attention ! Les blocs d'instructions sont indentés (décalés d'un espace vers la droite) et précédés de « : ».

Algorithme

```
Si N > 10
alors B = 1
sinon B = 0
```

→ s'écrit en Python

Syntaxe Python

```
if N > 10 :
        B = 1
else :
        B = 0
```

8 La boucle bornée for et non bornée while

La boucle **for** est utilisée quand on connaît le nombre d'itérations, la boucle **while** quand ce nombre est inconnu.

Les blocs d'instruction sont aussi indentés et précédés de « : ».

EXEMPLE

```
Liste = [30,7,2000]
for i in Liste :
        print(i)
```

affiche →

```
30
7
2000
```

Le nombre d'itérations est toujours 3 (le nombre d'éléments dans la liste).

Le programme :

```
while code != "040896" :
        code = input("Code ?")
```

demande « Code ? » tant que la variable code est différente du texte 040896. Le nombre d'itérations est inconnu à l'avance.

9 Les commentaires

Les commentaires servent à donner des explications sur le fonctionnement du programme. Sur une ligne de code, ces instructions sont précédées du symbole #.

Pour écrire des commentaires sur plusieurs lignes, il faut les encadrer par les symboles '' '' ''.

10 Les fonctions définies par def Nom()

La fonction se nomme **Nom** et le bloc d'instructions après « : » est indenté.

EXEMPLE

```
def CalculCA(x): # Définition de la fonction CalculCA
    return 10*x+30 # Calcul du Chiffre d'affaires
""" Le calcul du chiffre d'affaires d'une entreprise
en fonction de l'année x est modélisé par la
fonction affine 10*x + 30 """
```

J'apprends à...
Fiche 5 — Utiliser un tableur-grapheur

Un tableur-grapheur est un logiciel qui permet de classer des données dans des tableaux, d'effectuer des calculs à partir de ces données, et de créer des graphiques.

1 Utiliser le tableur

Entrer des données

- Ouvrir un logiciel de tableur tel que Microsoft Excel ou LibreOffice Calc.

Une **feuille de calcul** s'affiche : il s'agit d'un tableau, constitué de **lignes** numérotées et de **colonnes** repérées par des lettres.

Chaque case, appelée **cellule**, est repérée par ses coordonnées.

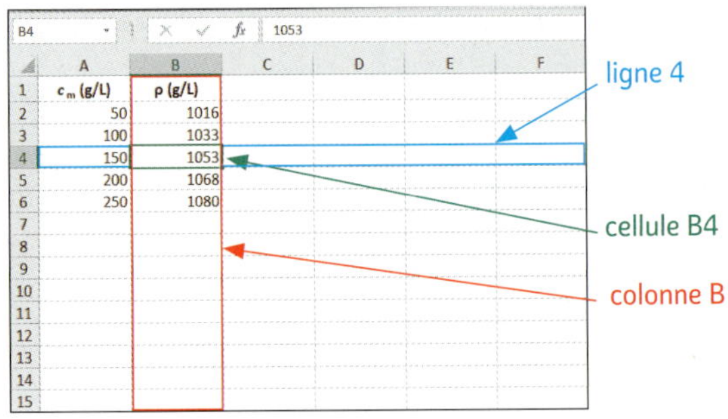

EXEMPLE

- On saisit des couples de mesure dans les colonnes A et B : en colonne A les concentrations en masse de solutions étalons en g · L^{-1}, et en colonne B la masse volumique mesurée en g · L^{-1}.

Faire des calculs

- Pour effectuer des calculs, on entre une formule dans une nouvelle cellule en commençant par le signe =, puis on valide par la touche Entrée.

Les opérations courantes s'effectuent avec les **opérateurs** + (somme) ; – (différence) ; * (produit) ; / (quotient) et ^ (puissance).

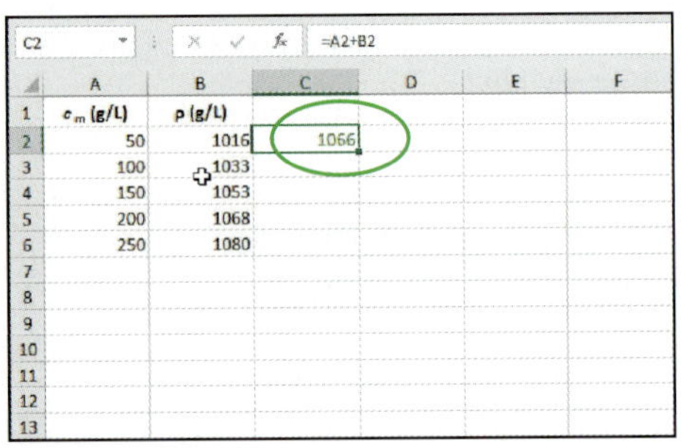

La cellule C2 est la somme des cellules A2 et B2.

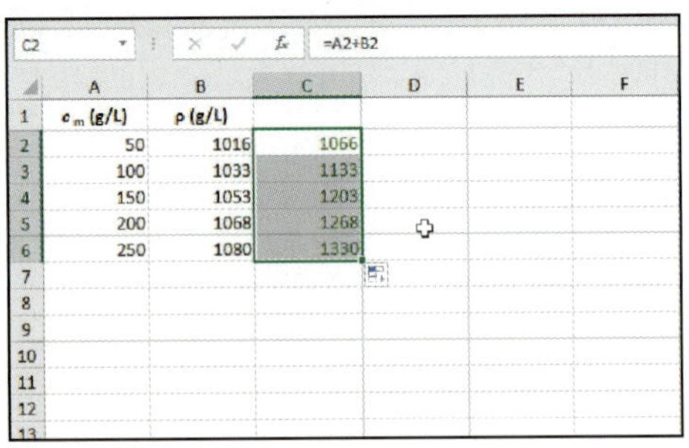

En tirant sur le bord inférieur droit de la cellule C2, on duplique la formule dans toute la colonne C.

- Les tableurs-grapheurs font également appel à des **bibliothèques de fonctions** où les principales fonctions mathématiques (sinus, cosinus, somme, moyenne, écart-type) sont disponibles.

Ces fonctions peuvent s'appliquer à une cellule ou à un ensemble de cellules.

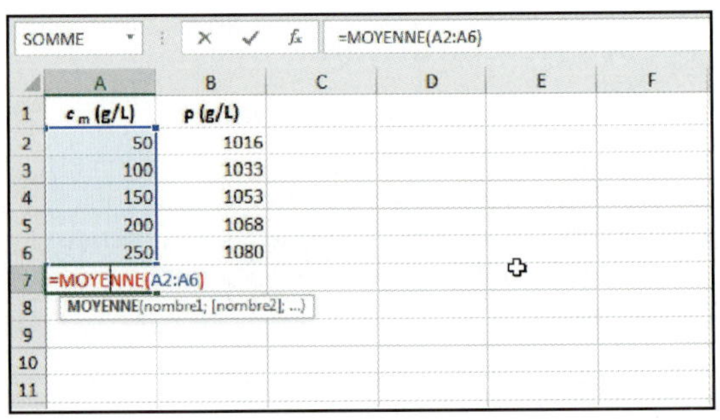

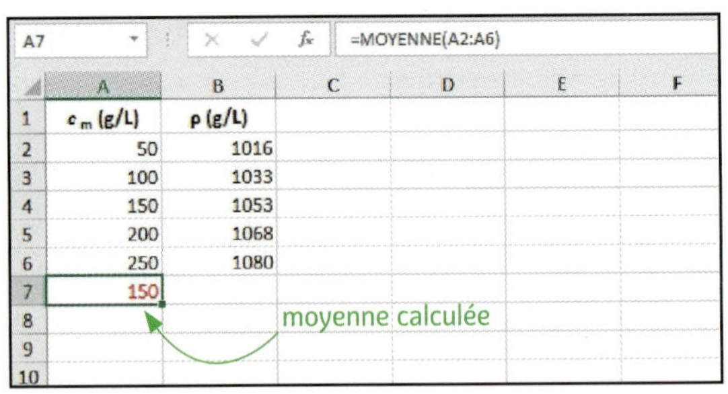

Dans la cellule A7, la séquence « =MOYENNE/ sélectionner A2 à A6/ valider » calcule la moyenne des cinq premières valeurs de la colonne A.

2 Utiliser le grapheur

Construire un graphique

• Avec la souris, sélectionner la plage de cellules contenant les données à représenter, puis cliquer sur le menu permettant d'insérer un graphique.

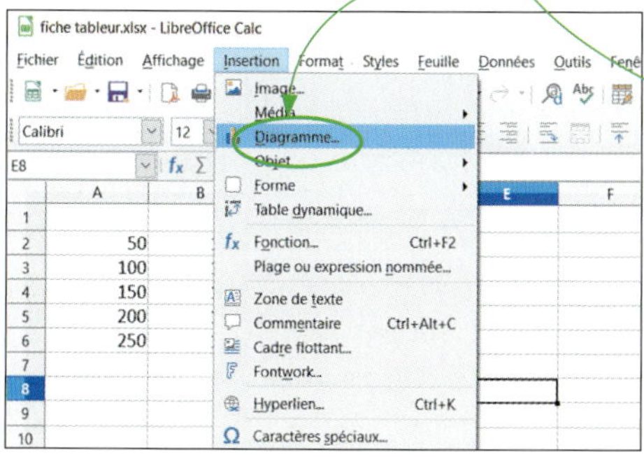

Avec Libre Office Calc

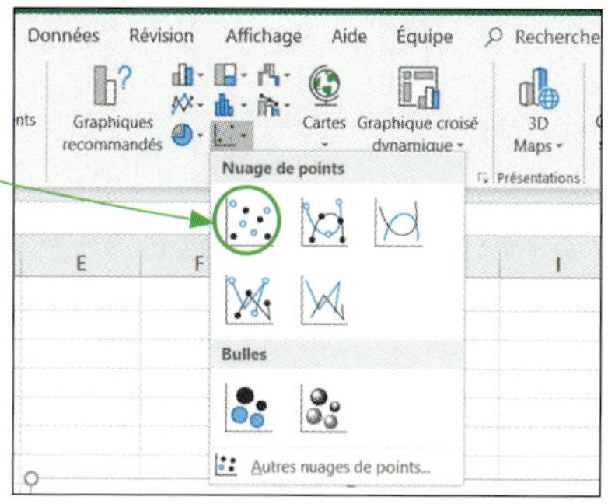

Avec Microsoft Excel

• Plusieurs types de graphiques sont proposés : nuage de points, courbe, histogramme, secteur, etc.
Vérifier les paramètres de tracé : choix de la série de données à représenter sur l'axe X et sur l'axe Y, format des séries de données (en ligne ou en colonne), etc.

• Compléter le graphique en ajoutant le nom des grandeurs portées sur chacun des axes, avec leur unité, et le titre.

Modéliser un ensemble de données

• Cliquer sur le menu permettant d'insérer une **courbe de tendance**.

• Choisir le type de courbe (par exemple linéaire) afin de modéliser les données, et demander l'affichage de son **équation**.
Le logiciel minimise automatiquement l'écart entre les données et le modèle de courbe choisi.

• Le **coefficient de détermination** R^2 apprécie l'adéquation entre les valeurs et le modèle choisi. Plus ce coefficient est proche de 1, meilleure est la correspondance entre les deux.

Avec Libre Office Calc

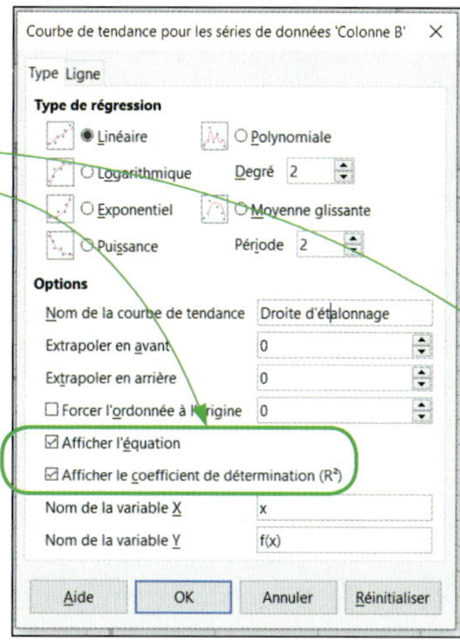

Avec Microsoft Excel

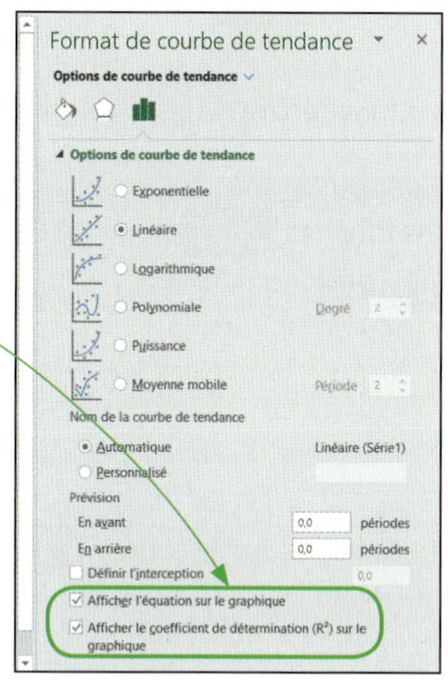

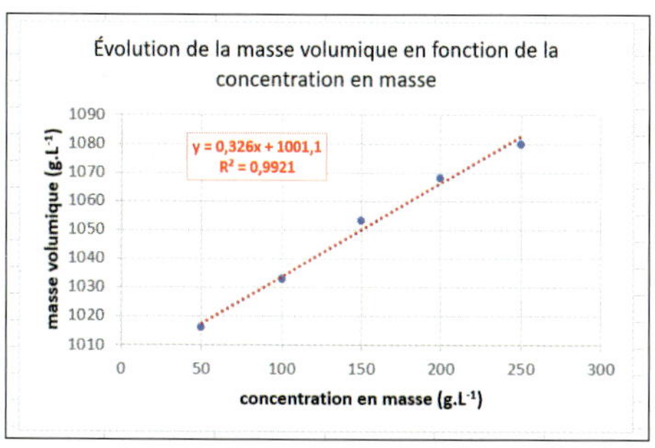

L'équation de la courbe de régression linéaire est donnée avec le coefficient de détermination.

Fiche 6

J'apprends à...

Utiliser la calculatrice TI (83 Premium CE)

1 Exploiter une série de mesures

Pour effectuer des calculs à partir d'un ensemble de données, on les saisit dans des listes.

1 Entrer dans le mode Statistique en appuyant sur la touche **stats**, puis confirmer le choix 1 avec la touche **entrer**.

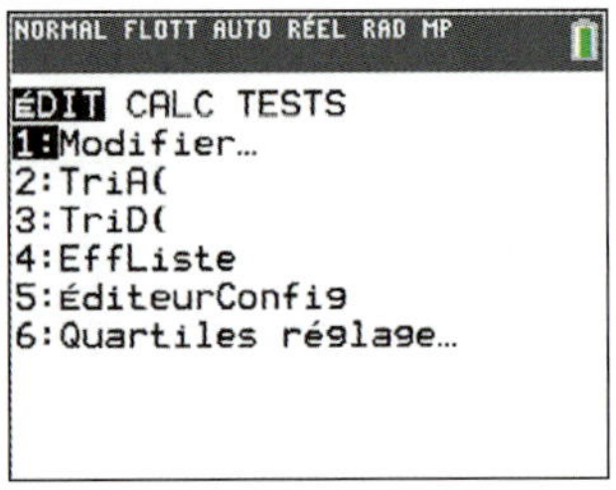

2 Saisir les données, par exemple dans la liste L_1, en appuyant sur la touche **entrer** après la saisie de chacune des valeurs.

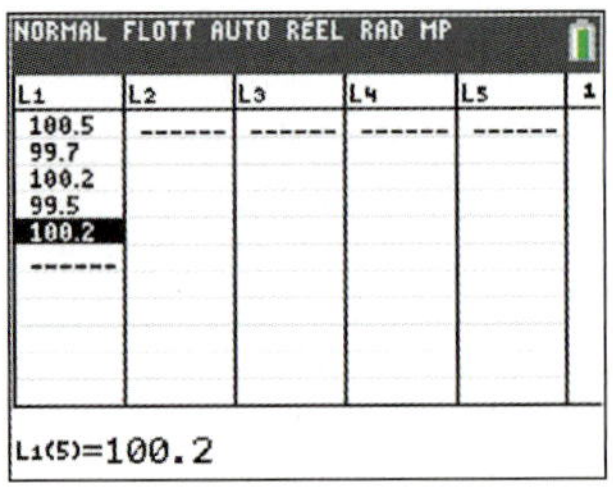

3 Appuyer successivement sur les touches **stats**, **▸** et **entrer**, puis valider trois fois pour lancer les calculs sur les *n* valeurs de la liste L_1.

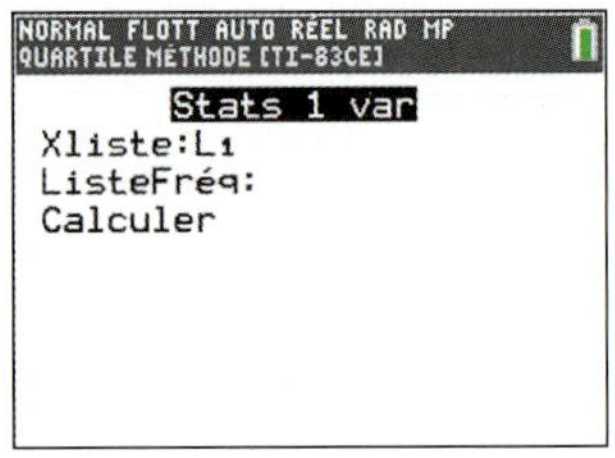

4 La calculatrice affiche les résultats obtenus :

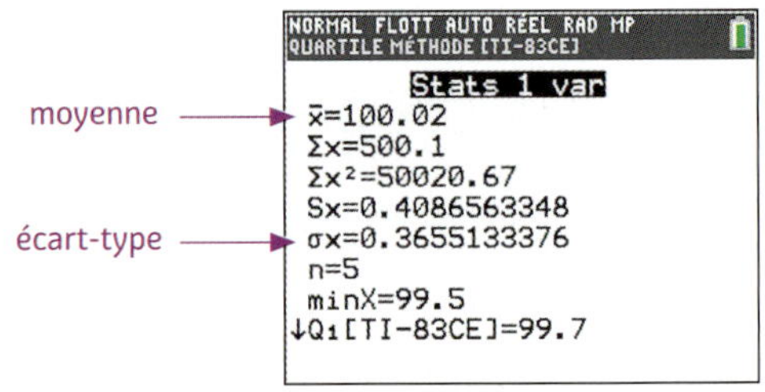

2 Construire un graphe

On veut représenter graphiquement les valeurs entrées dans une liste L_2 en fonction de celles présentes dans L_1.

1 Appuyer sur les touches **2nde** puis **f(x)** pour accéder au menu graphique.

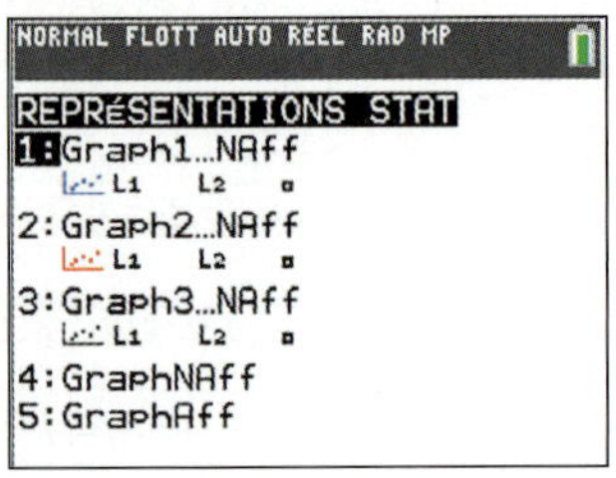

2 Appuyer sur la touche **entrer**, sélectionner le 1er graphe en allant sur **Aff** puis choisir un type de graphe. La liste L_1 doit être en abscisse (Xliste), et la liste L_2 en ordonnée (Yliste).

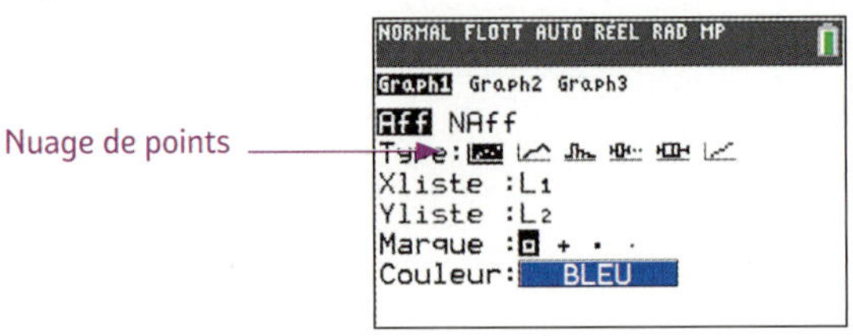

3 Pour ajuster la fenêtre d'affichage, presser la touche **zoom**. Puis choisir la commande « **9 : ZoomStat** » en descendant avec **▾** et valider avec la touche **entrer**.

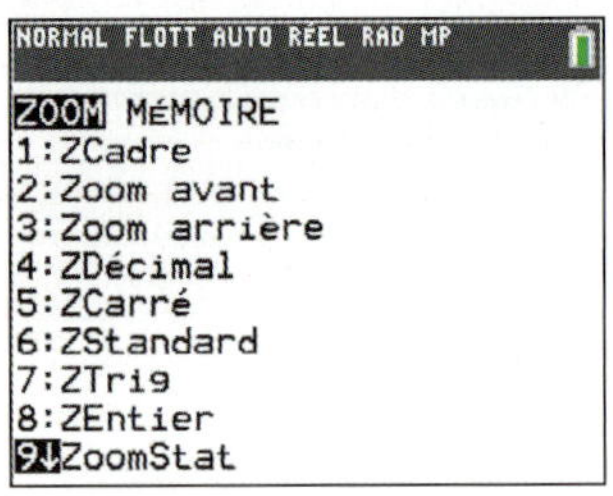

4 Le graphe choisi s'affiche :

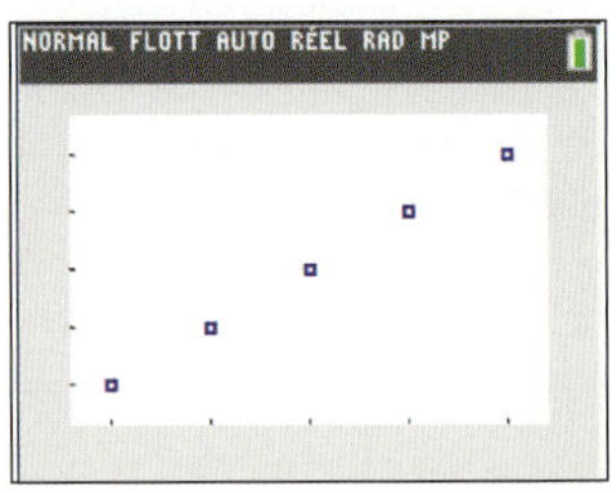

7 J'apprends à... Utiliser la calculatrice Casio (Graph 90+E)

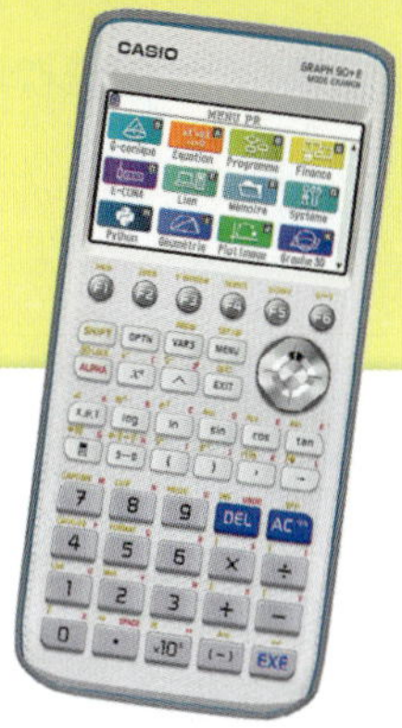

1 Exploiter une série de mesures

Pour effectuer des calculs à partir d'un ensemble de données, on les saisit dans des listes.

1 À l'aide du pavé directionnel, sélectionner le menu **Statistique**. Valider en appuyant sur la touche EXE.

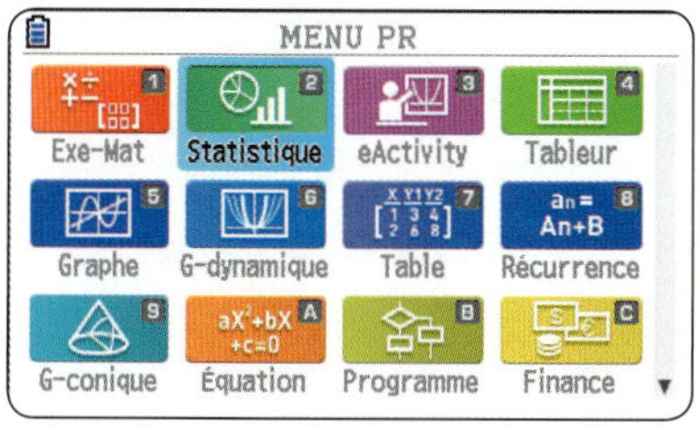

2 Saisir les données dans la liste **List 1**, en validant chaque valeur avec la touche EXE.

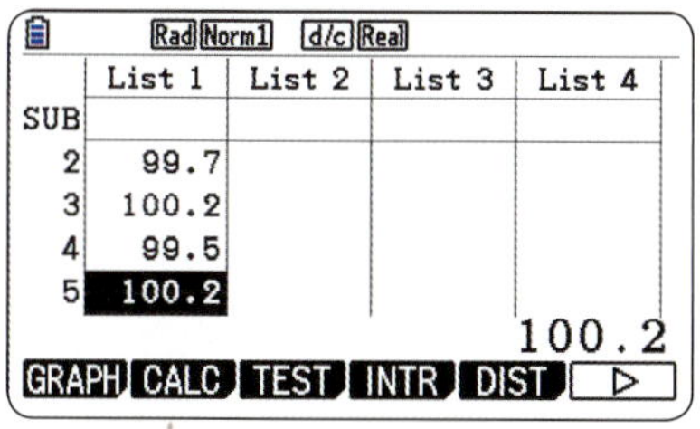

3 Pour lancer les calculs statistiques sur les *n* valeurs de la liste **List 1**, appuyer sur la touche F2 pour sélectionner **CALC** et choisir ensuite le menu **1-VAR** avec la touche F1.

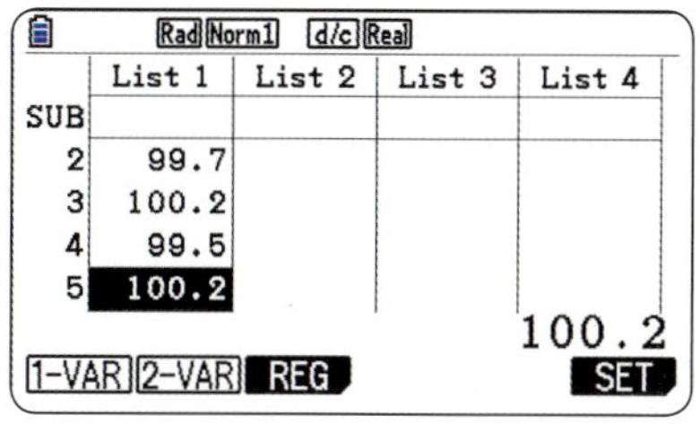

4 La calculatrice affiche les résultats :

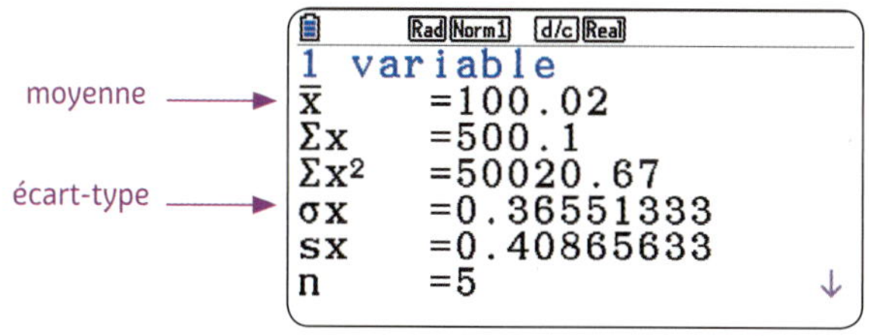

2 Construire un graphe

On veut représenter graphiquement les valeurs entrées dans **List 2** en fonction de celles présentes dans **List 1**.

1 Presser la touche F1 pour choisir **GRAPH**.

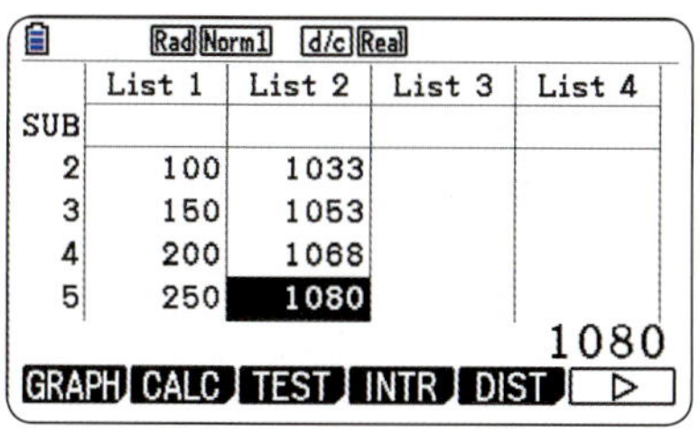

2 Presser la touche F6 pour choisir **SET** et accéder aux paramètres du graphique.

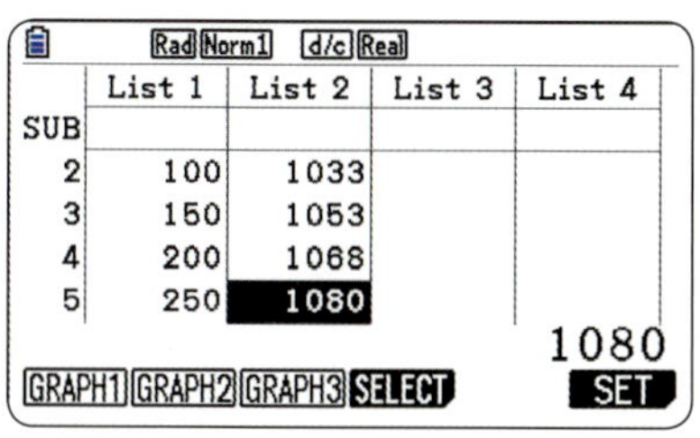

3 Choisir **List 1** en abscisse (XList), **List 2** en ordonnée (YList). Dans **Graph Type**, sélectionner le type de graphe voulu (F1 pour **Scatter**).

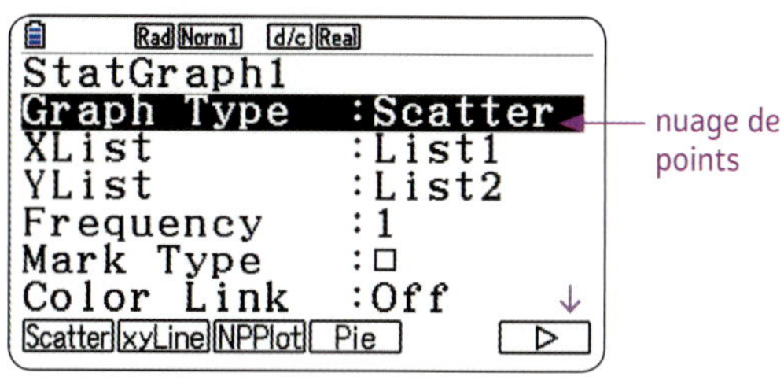

4 Valider avec EXE puis appuyer sur la touche F1 pour afficher le graphe.

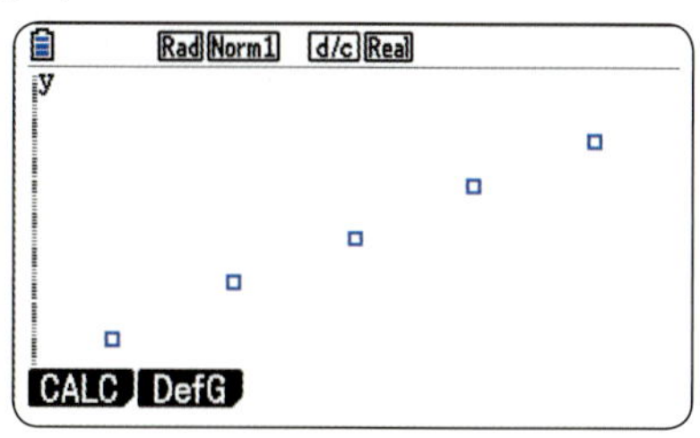

Fiche 8

J'apprends à…
Utiliser la calculatrice Numworks

1 Exploiter une série de mesures

Pour effectuer des calculs à partir d'un ensemble de données, on les saisit dans des listes.

1 À l'aide du pavé directionnel, sélectionner l'application **Statistiques**. Valider en appuyant sur la touche EXE.

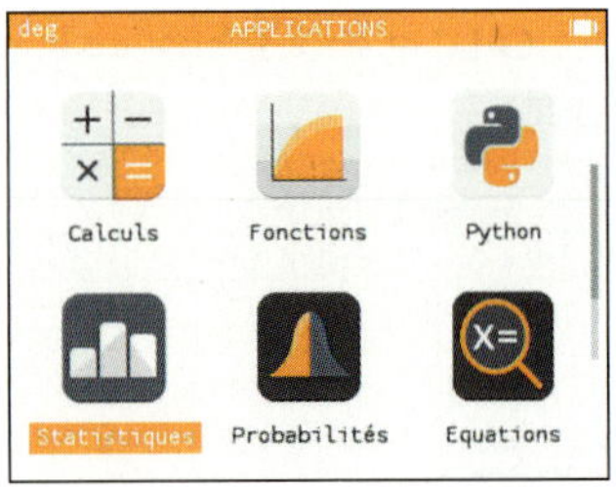

2 Saisir les données dans la liste **V1**, en validant chaque valeur avec la touche EXE.

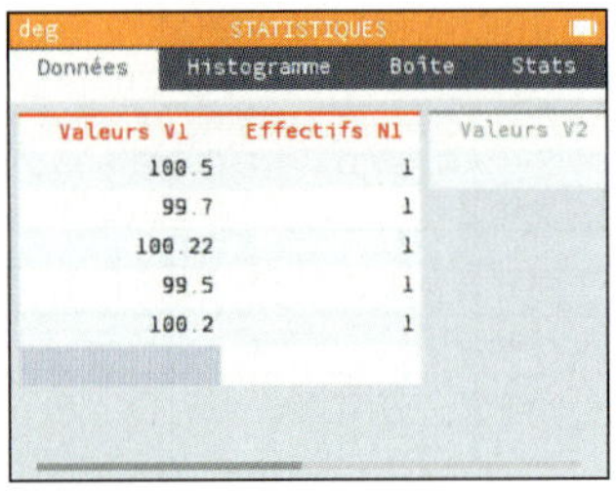

3 Utiliser le pavé directionnel pour sélectionner **Stats**.

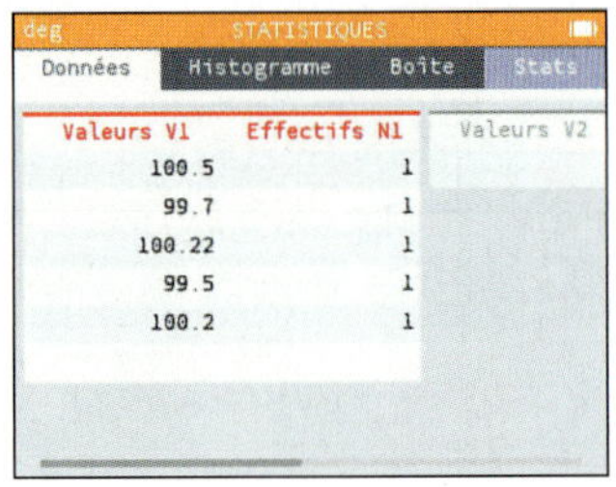

4 Valider en appuyant sur la touche EXE et la calculatrice affiche les résultats :

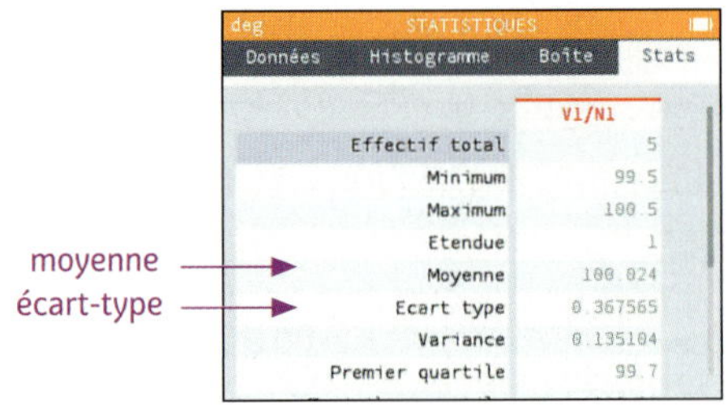

2 Construire un graphe

On veut représenter graphiquement les valeurs **Y1** entrées en ordonnées en fonction de celles **X1** présentes en abscisses.

1 À l'aide du pavé directionnel, sélectionner l'application Régressions. Valider en appuyant sur la touche EXE.

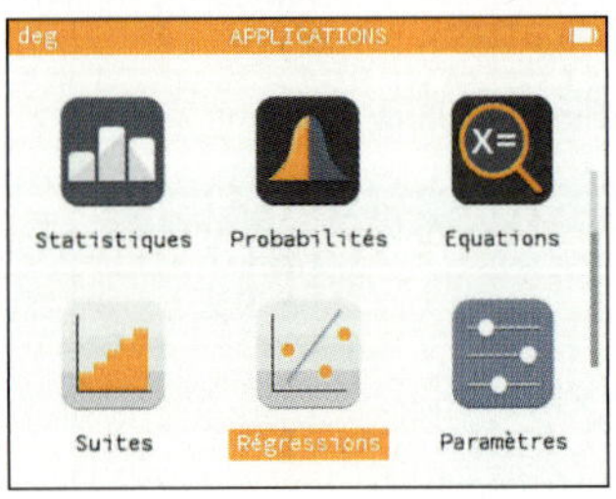

2 Saisir les données en abscisses **X1** et ordonnées **Y1**, en validant chaque valeur avec la touche EXE.

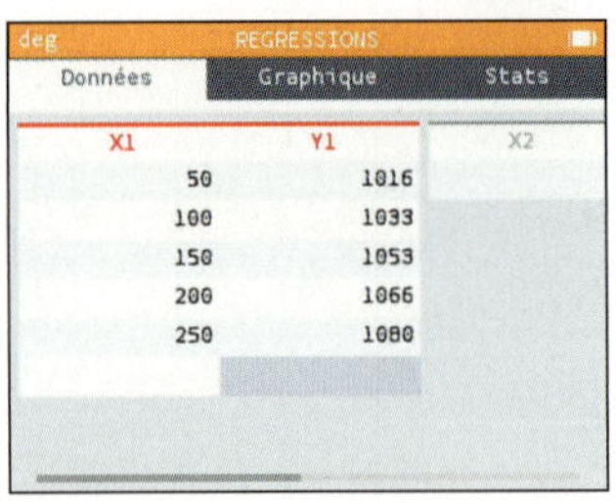

3 Utiliser le pavé directionnel pour sélectionner **Graphique**.

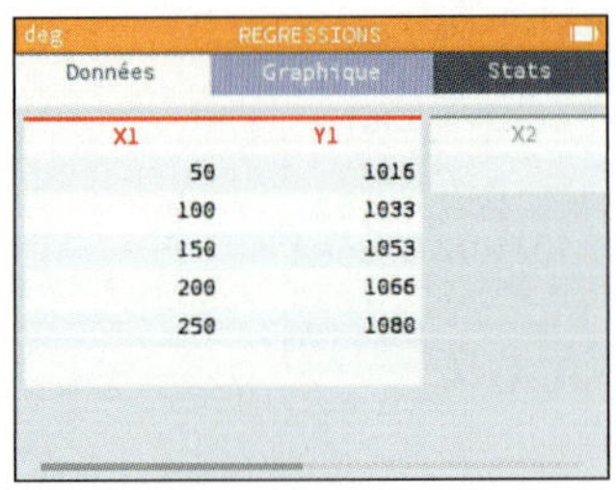

4 Valider avec la touche EXE et le graphe s'affiche, ainsi que les coefficients *a* et *b* d'une équation de la droite d'ajustement.

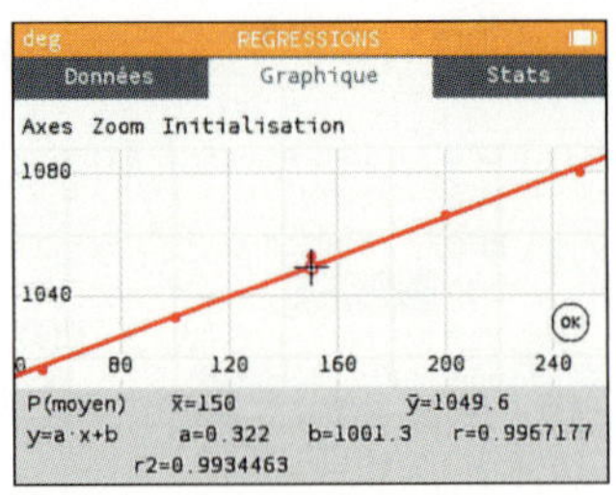

Fiche 9

J'apprends à…

Ajuster un nuage de points par une droite

À partir de valeurs saisies dans des listes (➤ fiches 5 à 8), on veut obtenir une équation de la droite d'ajustement du nuage de points.

1 Avec la calculatrice TI (83 Premium CE)

1. Entrer dans le mode Statistique avec les touches **stats** puis ▸ et 4.

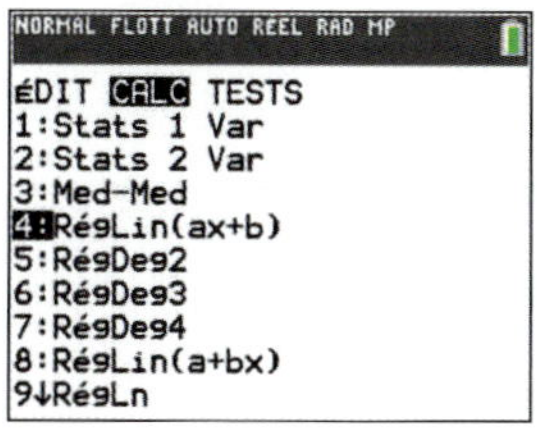

2. Abscisses et ordonnées étant dans les listes L_1 et L_2, aller sur **Calculer**.

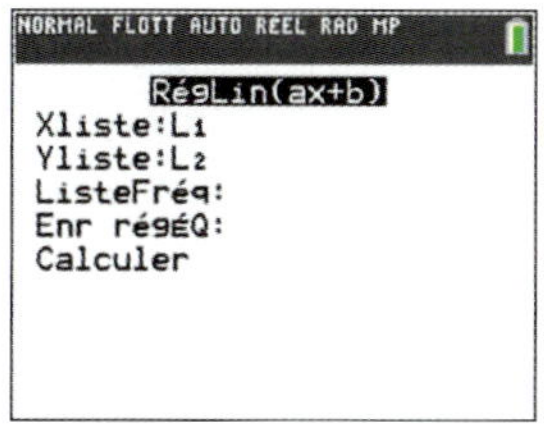

3. Taper **entrer** pour obtenir une équation de la droite d'ajustement.

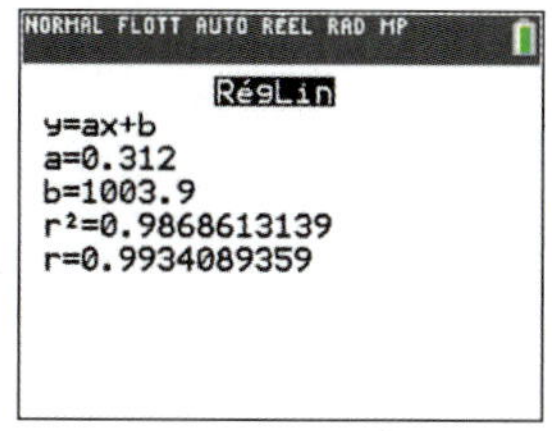

2 Avec la calculatrice Casio (Graph 90+E)

1. Entrer dans le menu Statistique pour saisir les valeurs dans les listes L_1 et L_2.

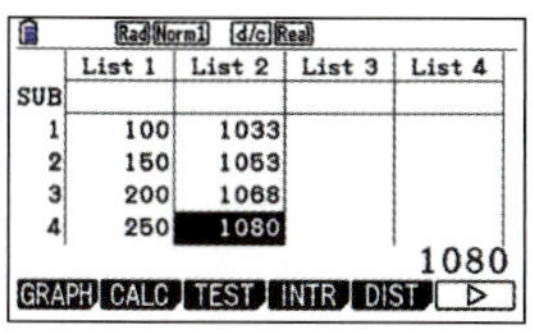

2. Presser les touches F2, F3, puis deux fois F1 pour obtenir une équation de la droite d'ajustement.

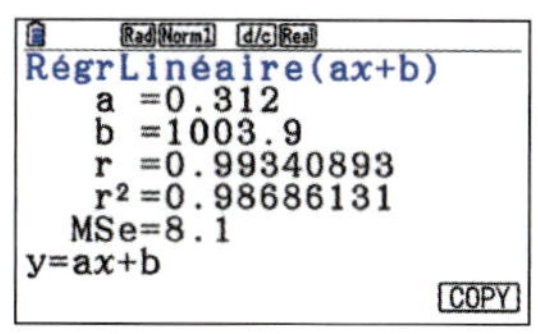

3 Avec la calculatrice Numworks

Une équation de la droite d'ajustement s'affiche en même temps que le nuage de points (➤ fiche 8).

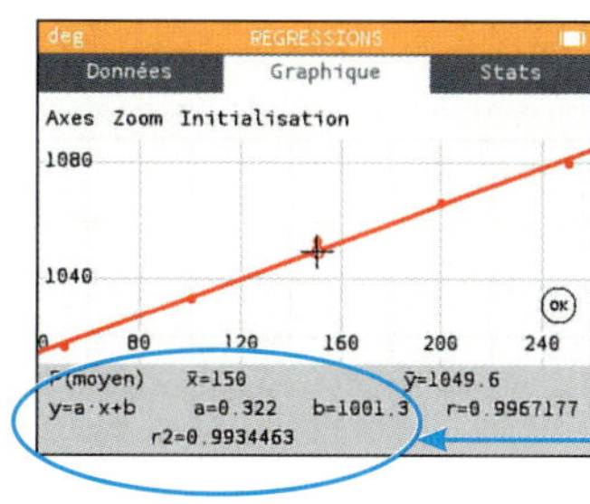

équation

4 Avec un tableur

Insérer une courbe de tendance et demander d'afficher son équation (➤ fiche 5).

équation

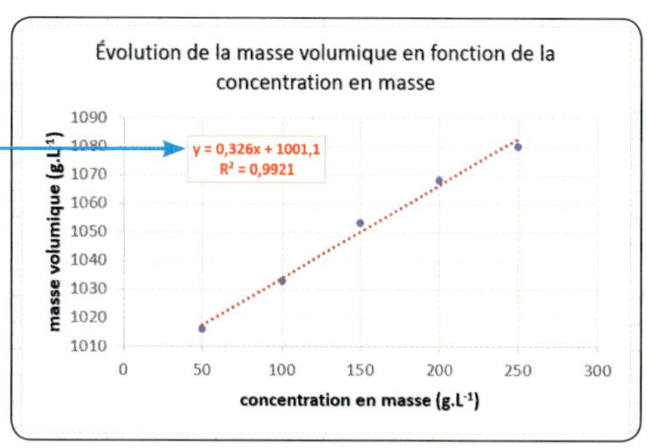

Fiche 10

J'apprends à...
Tracer un graphique

Un graphique est la représentation des variations d'une grandeur en fonction d'une autre grandeur. Il permet ainsi de mieux appréhender un phénomène.

Des couples de valeurs sont généralement trouvés expérimentalement, et sont consignés dans un tableau.

EXEMPLE

Pour un éclairement donné, on étudie l'évolution de la valeur **de l'intensité du courant délivrée par une cellule photovoltaïque** en fonction de la valeur **de la tension à ses bornes**.

On a relevé expérimentalement les points de fonctionnement du dipôle :

U (V)	20,8	19,9	18,8	17,5	15,8	13,5	7,5	4,4	0,061
I (mA)	0,0	45,5	84,1	116	150	173	200	210	224

1 Tracer et nommer les axes

- Tracer deux axes perpendiculaires sur une feuille (de préférence de papier millimétré), en utilisant un crayon à papier et une règle.
- Nommer chaque axe avec le nom de la grandeur (ou son symbole), et son unité. La grandeur qui est représentée en ordonnées, sur l'axe vertical, est celle dont on veut étudier l'évolution.

EXEMPLE

On trace un axe vertical pour **l'intensité *I* (en mA)** et un axe horizontal pour **la tension *U* (en V)**.

2 Graduer les axes

- Graduer les axes, soit en utilisant l'échelle donnée, soit en choisissant une échelle adaptée. Celle-ci doit permettre d'obtenir un graphique suffisamment grand.

EXEMPLE

Ici, on prend 1 cm pour **40 mA** en ordonnée, et 1 cm pour **2,5 V** en abscisse.

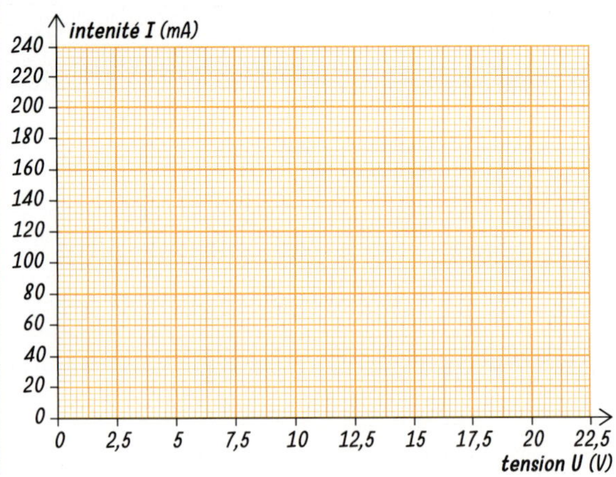

3 Placer les points et tracer la courbe

- Au crayon à papier, placer les couples de valeurs du tableau à l'aide de croix « + ».
- Si les points semblent alignés, les relier par une droite tracée à la règle : elle doit passer au plus près de ces points. Si les points ne sont pas alignés, les relier « à main levée ».

EXEMPLE

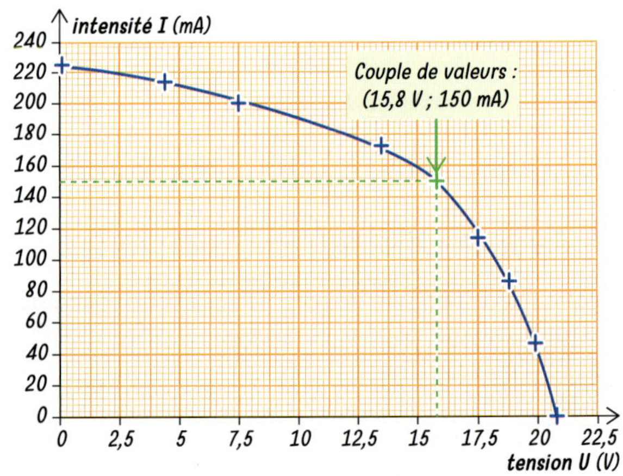

4 Donner un titre au graphique

- Donner un titre au graphique en utilisant une formulation du type : **« évolution de... en fonction de... »**. Le premier terme correspond au nom de la grandeur représentée en ordonnée, et le second celui de la grandeur en abscisses.

EXEMPLE

Évolution de la valeur **de l'intensité du courant délivré par une cellule photovoltaïque** en fonction de la valeur **de la tension à ses bornes, pour un éclairement donné**.

Fiche

11 *J'apprends à...*
Schématiser un circuit électrique

1 Connaître les symboles normalisés

Catégorie de dipôle	Nom	Symbole normalisé
Générateurs	générateur 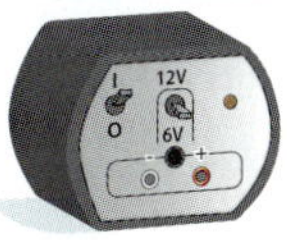	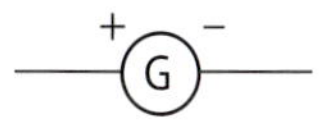
	pile 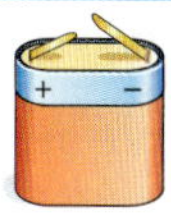	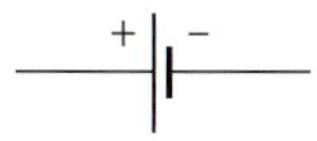
	transformateur 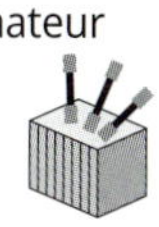	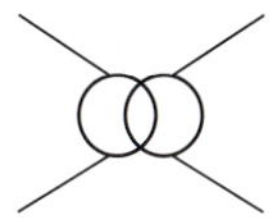
Récepteurs	lampe 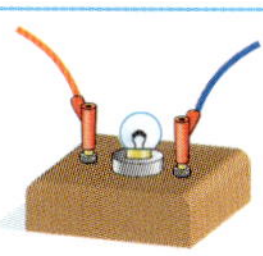	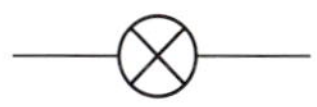
	moteur 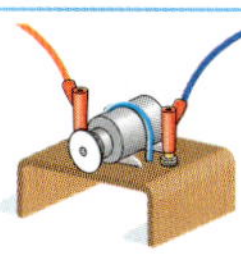	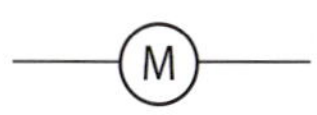
	cellule photovoltaïque 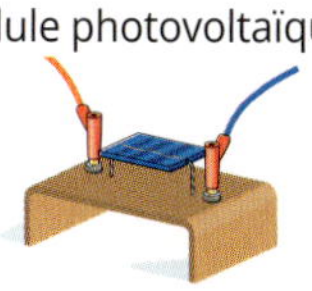	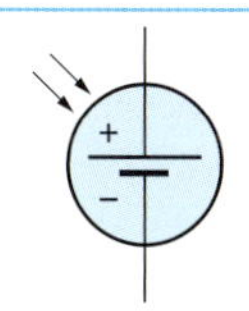
	résistance 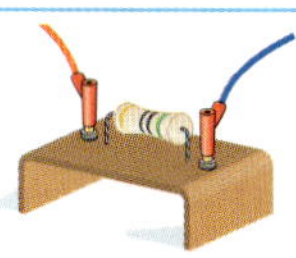	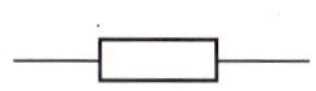
Connexions	interrupteur fermé 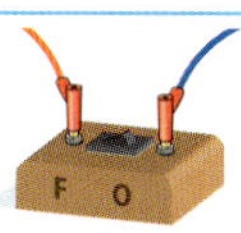	
	interrupteur ouvert 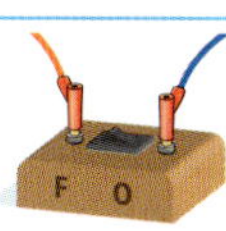	
	fil de connexion 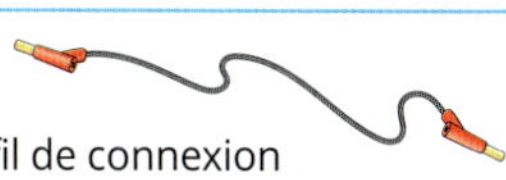	
Multimètre		 voltmètre 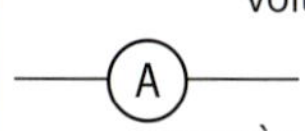 ampèremètre  ohmmètre

2 Dessiner un schéma électrique

Dessiner le schéma du circuit électrique en respectant les conventions de tracé :

- représenter chaque maille du circuit par un rectangle ;
- dessiner chaque dipôle de la maille sur le rectangle, en assurant une répartition équilibrée ;
- faire apparaître les nœuds du circuit sur le schéma.

Remarque : plusieurs schémas peuvent correspondre à un même montage, car les positions des dipôles sur une maille peuvent varier.

EXEMPLE

Réalité

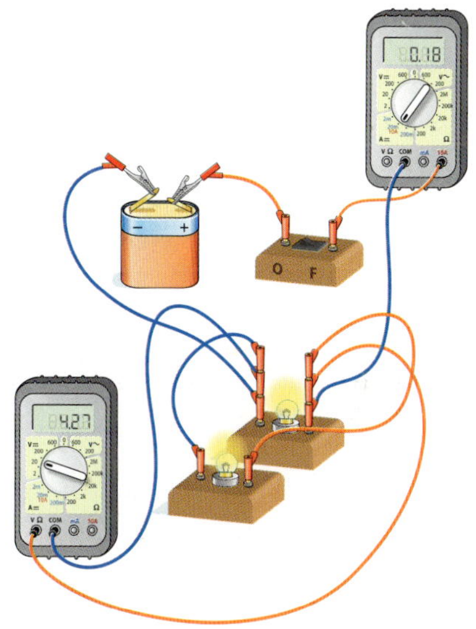

Schéma

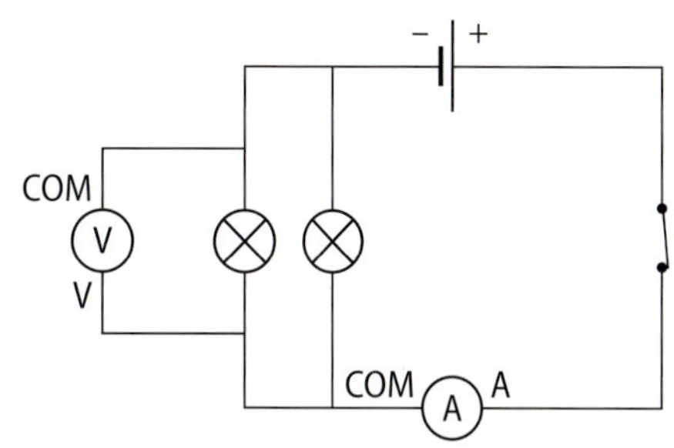

Fiche 12

J'apprends à...
Utiliser un multimètre

Le multimètre est un instrument de mesure qui sert à étudier des circuits électriques. Il permet de mesurer la valeur d'une tension, l'intensité d'un courant, une résistance, etc.

1 S'approprier l'instrument

Quel que soit le modèle utilisé, un multimètre présente les principaux éléments suivants :

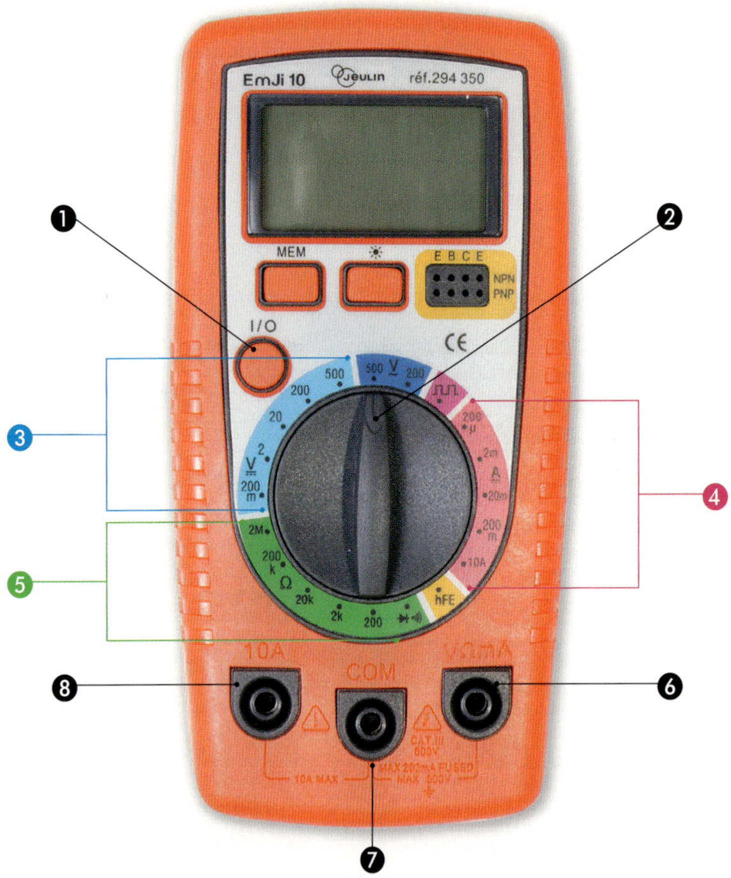

1. Marche/Arrêt
2. Sélecteur de l'instrument
3. Zone de mesure des tensions continues
4. Zone de mesure des intensités des courants continus
5. Zone de mesure des résistances
6. Borne de mesure des tensions ou des résistances
7. Borne de mesure commune à toutes les fonctions
8. Borne de mesure des intensités

2 Réaliser des mesures

Pour mesurer...	... une tension	... une intensité	... une résistance
Brancher le multimètre :	en dérivation en utilisant les bornes V et COM	en série en utilisant les bornes 10A et COM	en utilisant les bornes Ω et COM
Positionner le sélecteur :	sur le plus grand calibre de la zone 3 (souvent notée V =).	sur le plus grand calibre de la zone 4 (souvent notée A =).	sur le plus grand calibre de la zone 5 (souvent notée Ω).
	puis choisir le calibre juste supérieur à la valeur affichée sur l'écran.		

J'apprends à...
Réaliser un modèle avec le logiciel Édu'modèles

La modélisation permet de simuler, en les simplifiant, certains phénomènes.
Le module analytique du logiciel Édu'modèles permet de réaliser des modèles reposant sur l'interaction entre différents paramètres.

1 Au cœur du modèle, des variables...

La première étape dans l'élaboration d'un modèle « analytique » consiste à définir des variables, c'est-à-dire des grandeurs dont la valeur est susceptible de changer au cours du temps (température, distance, concentration d'une substance...).

Édu'modèles propose plusieurs types de variables à créer *via* le bouton 1, notamment :
- des variables dynamiques, dont l'évolution dans le temps dépend d'autres variables ;
- des variables calculées, définies par une formule mathématique (voir la partie 2) ;
- des paramètres d'entrée, dont la valeur est saisie par l'utilisateur.

2 Pour charger, sauvegarder ou redémarrer (ramener aux valeurs initiales) les modèles utilisés.

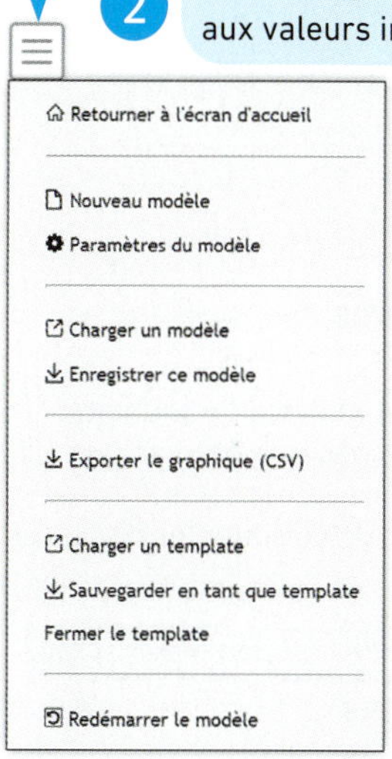

1 Après avoir choisi le type de variable souhaité, un écran apparaît dans lequel l'utilisateur doit saisir le nom de la variable, son unité, ses valeurs minimale et maximale, etc. La variable peut ensuite être déplacée sur l'écran et modulée à l'aide de son curseur.

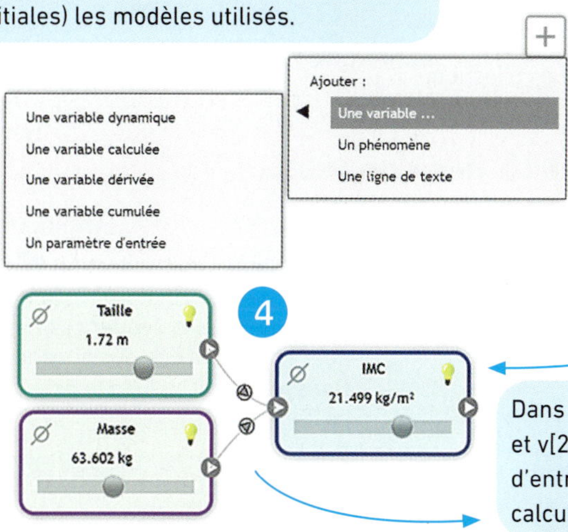

Dans cet exemple, les variables v[1] pour la « Taille » et v[2] pour la « Masse » sont des paramètres d'entrée qui permettent de déterminer la variable calculée v[3] « IMC » par la formule v[2]/v[1]*v[1].

3 Ce bouton permet de lancer le modèle et d'observer l'évolution des différentes grandeurs au cours du temps.

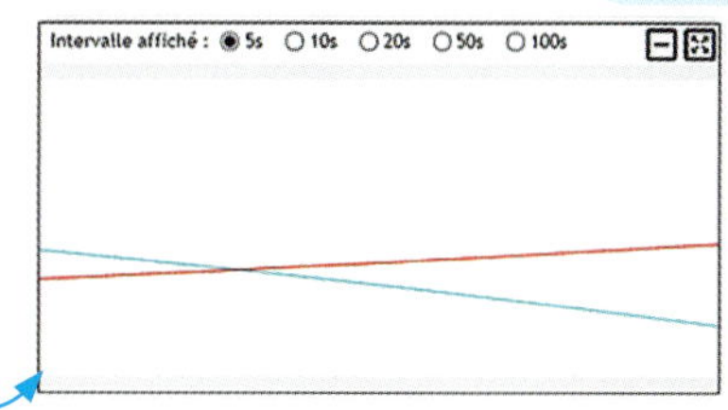

2 ...liées par des relations mathématiques

L'étape suivante est l'établissement des relations existant entre ces variables.
- Un double-clic sur une variable calculée ouvre un écran permettant de saisir la formule mathématique décrivant sa relation avec les autres variables disponibles.
- Celles-ci sont listées à droite de l'écran et nommées selon une syntaxe à utiliser pour les référencer (*t* pour le temps, v[1], v[2] et ainsi de suite pour chaque variable).
- La formule définissant la relation doit être saisie dans le champ en bas de l'écran. En cas d'erreur de syntaxe, le message « *y* = erreur » apparaît.
- Dans le cas d'une variable dynamique, la relation s'établit en « tirant » un lien (4) entre le symbole situé à droite de la première variable et celui situé à gauche de la deuxième variable. L'écran qui s'ouvre alors permet de définir la nature de la relation.

☺ *J'ai réussi si...*

- ✓ J'ai correctement identifié les différentes variables à modéliser.
- ✓ Je suis parvenu à ajouter à mon modèle ces variables, avec des noms et unités correctes.
- ✓ J'ai correctement établi les relations unissant ces variables.
- ✓ J'ai réussi à exécuter mon modèle, à faire varier ses paramètres d'entrée ou à le faire évoluer dans le temps.
- ✓ Les résultats obtenus avec mon modèle sont conformes à ceux observés dans la réalité.

Fiche 14

J'apprends à...
Utiliser le logiciel Phylogène

Phylogène est un logiciel qui permet de réaliser des arbres phylogénétiques à partir de données anatomiques ou moléculaires d'espèces actuelles ou fossiles qui sont stockées dans sa base de données.

1 Fonctions de la barre de menu

La barre de menu horizontale en haut de l'écran propose les différentes fonctions du logiciel telles que la construction de matrices et d'arbres.

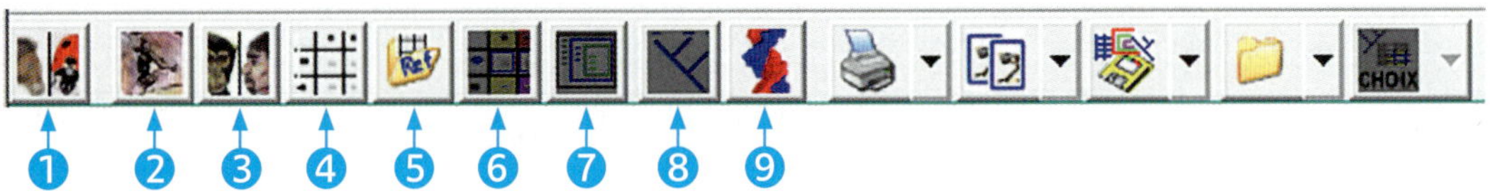

❶ Sélectionner une collection.
❷ Observer les caractéristiques d'une espèce.
❸ Comparer les espèces (4 au maximum).
❹ Construire une matrice.
❺ Afficher automatiquement la matrice d'une collection.
❻ Visualiser les états primitifs (ancestraux) et dérivés.
❼ Classer les espèces (possible pour certaines collections).
❽ Construire un arbre.
❾ Charger les données moléculaires de la collection.

2 Construire une matrice à partir des données...

... anatomiques

- Sélectionner une collection (❶) puis cliquer sur ❹.
- Sélectionner les espèces et les caractères désirés.
- Compléter la matrice puis la vérifier.
- Coder les caractères ancestraux ou dérivés (❻) en suivant l'aide fournie par le logiciel.
- Vérifier le codage.

	Squelette osseux	Fenêtre mandibulaire	Poils
Crocodile	Oui	Présente	Absents
Homme	Oui	Absente	Présents
Mésange	Oui	Présente	Absents
Chat sauvage	Oui	Absente	Présents
Lamproie	Non	Absente	Absents

... moléculaires

- Sélectionner une collection (❶).
- Cliquer sur ❾ et choisir le fichier « molécule » souhaité.
- Sélectionner les séquences des espèces à étudier puis cliquer sur « Matrice des distances ».
- Dans « options », il y a la possibilité d'exprimer les distances en %.

	Homme	Souris	Levure-Saccharomyces	Chou
Homme	0	14.1	36.8	35.5
Souris		0	39	36
Levure-Saccharomyces			0	40.2
Chou				0

3 Construire un arbre à partir des données...

... anatomiques

- Cliquer sur « arbre » après avoir vérifié la matrice.
- Sélectionner les espèces dans la matrice.
- Cliquer sur le premier caractère et établir les liens de parenté en déplaçant les branches sur un même nœud représentant un ancêtre, en fonction du codage couleur affiché.
- Passer aux caractères suivants en veillant à ne pas défaire les liens de parenté précédemment établis.
- Vérifier que chaque nouvelle branche est bien définie par l'apparition d'un caractère dérivé.

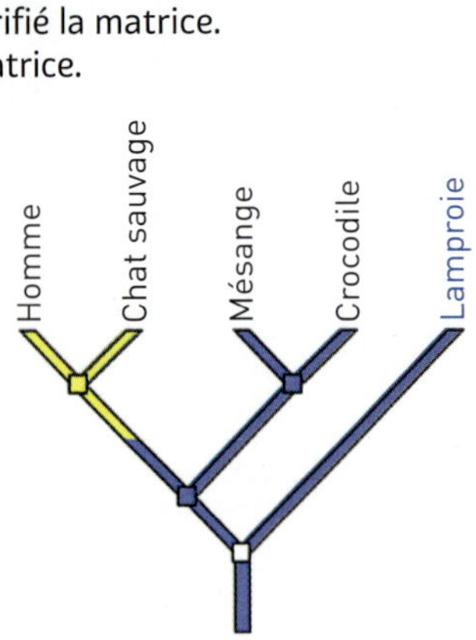

... moléculaires

- Cliquer sur « arbre » pour l'afficher automatiquement.

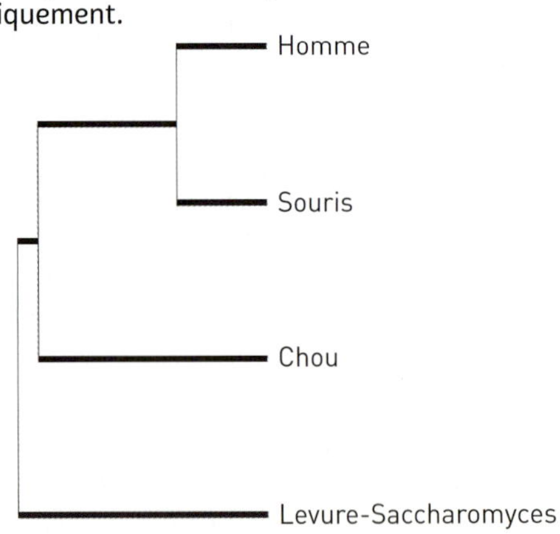

Corrigés

PARTIE 1

Chapitre 1

SITUATIONS PAGE 18

Situation 1 : Lors de la photosynthèse, du dioxygène est libéré en présence de lumière et du dioxyde de carbone est absorbé. Lors de la respiration, il y a rejet de dioxyde de carbone dans le milieu extérieur et absorption de dioxygène, quelles que soient les conditions lumineuses.

Situation 2 : L'exposition aux rayons ultraviolets (UV) de manière intense, surtout pour les peaux claires, conduit à des coups de soleil à court terme et à des cancers de la peau (mélanomes) à plus long terme. Ainsi, en se protégeant avec une crème solaire, la quantité d'UV absorbée par la peau est nettement diminuée.

Situation 3 : Comme les végétaux arrachés sont ensuite brûlés, leur combustion rejette un supplément de dioxyde de carbone dans l'atmosphère. De plus, la disparition des végétaux ne permet plus d'absorber du dioxyde de carbone atmosphérique par photosynthèse. Pour ces deux raisons, la déforestation entraîne une augmentation du taux de dioxyde de carbone dans l'air.

EXERCICES

1 A-3 ; B-4 ; C-2 ; D-2.

2 a. La couche d'ozone absorbe les rayons ultraviolets UVC et une grande partie des UVB, protégeant ainsi l'ADN des êtres vivants de leurs effets mutagènes délétères.

b. Le dioxygène est produit par l'activité photosynthétique d'organismes marins. Après avoir totalement oxydé le fer océanique, le dioxygène a pu diffuser progressivement des océans vers l'atmosphère.

c. Elle provient essentiellement de la liquéfaction de la vapeur d'eau de l'atmosphère primitive en cours de refroidissement.

d. Leur formation requiert des millions d'années alors que leur consommation sera totale en quelques centaines d'années.

3 a. La composition de l'atmosphère a évolué depuis sa formation, elle s'est notamment appauvrie en vapeur d'eau et en dioxyde de carbone puis enrichie en dioxygène.

b. La photosynthèse est une source de dioxygène car elle en produit.

c. Les premiers organismes photosynthétiques sont des cyanobactéries âgées de – 3,5 Ga soit – 3 500 Ma.

d. L'ozone issu de la pollution est ponctuellement présent dans la troposphère.

e. $4\ Fe + 3\ O_2 \rightarrow 2\ Fe_2O_3$.

4 De l'hydrosphère vers l'atmosphère : dégazage.

De l'atmosphère vers l'hydrosphère : dissolution.

De l'hydrosphère vers la biosphère : photosynthèse.

De la biosphère vers l'hydrosphère : respiration.

Variation annuelle du stock de carbone de l'hydrosphère : + 0,8 $Gt{\cdot}an^{-1}$.

5 • Des cyanobactéries douées de photosynthèse ont libéré du dioxygène dans les océans dès – 3,5 Ga puis ce dernier a rejoint l'atmosphère vers – 2 Ga où il s'est accumulé depuis. Ce processus est aussi à l'origine du piégeage d'une partie du dioxyde de carbone (CO_2) sous la forme de roches carbonées et carbonatées. Aujourd'hui, l'Homme influence à son tour la composition de notre atmosphère en relâchant d'importantes quantités de CO_2.

• L'atmosphère protège les êtres vivants des effets mutagènes des rayons ultraviolets (UV) par sa couche d'ozone. Située dans la stratosphère, cette dernière absorbe les UVC et la majorité des UVB, évitant ainsi leurs effets mutagènes sur l'ADN.

• Atmosphère et biosphère sont tous les deux des réservoirs de carbone, dioxyde de carbone (CO_2) et de méthane (CH_4) dans l'atmosphère, et de carbone organique pour la biosphère. Ces deux réservoirs s'échangent en permanence du carbone sous l'effet de la respiration, la photosynthèse ou les combustions. Une part du carbone de la biosphère est stockée sur le long terme au sein des roches sous la forme de combustibles fossiles ou de roches carbonatées. Le CO_2 étant un gaz à effet de serre, ces échanges influencent sa teneur donc la température terrestre.

7 On constate que l'eau sur Mercure ne pourrait y être présente qu'à l'état de vapeur. En revanche, les conditions au pôle Nord de Mercure sont compatibles avec de l'eau sous forme solide. De plus, comme cette glace est recouverte d'un matériau agissant comme un isolant thermique, elle ne doit pas fondre.

Chapitre 2

SITUATIONS PAGE 38

Situation 1 : Les données sur les températures qui délimitent chacune d'entre elles sont des moyennes acquises sur des durées longues.

Situation 2 : La vapeur d'eau H_2O et le dioxyde de carbone CO_2.

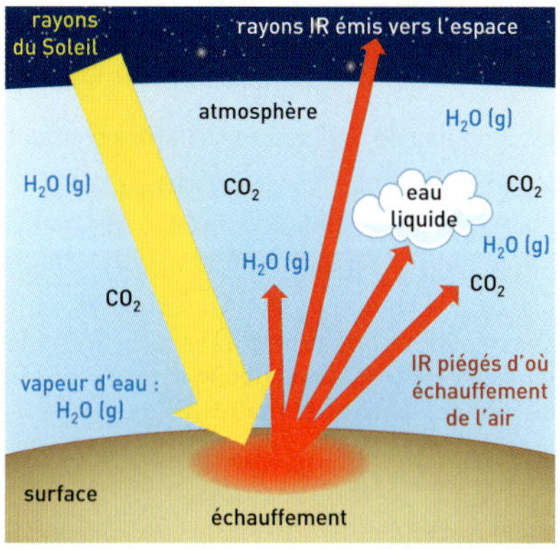

EXERCICES

1 A-3 ; B-4 ; C-2 ; D-2.

2 a. La température terrestre moyenne, l'étendue des surfaces glacées et le volume des océans constituent les indicateurs climatiques majeurs.

b. La météorologie étudie les variations des principales grandeurs atmosphériques sur le court terme (jours, semaines) et dans un but prévisionnel alors que la climatologie étudie les variations de leurs moyennes sur un terme plus long (années, siècles, millénaires).

c. Par les valeurs qu'elle atteint et par la vitesse à laquelle cette augmentation a lieu.

d. L'augmentation de la teneur en eau de l'atmosphère, la baisse de l'albédo et le dégel partiel du pergélisol.

3 a. L'alternance de périodes glaciaires et interglaciaires sur un rythme de 100 000 ans prouve que le climat de la Terre varie sur de grandes échelles de temps.

b. Elle résulte à la fois de la dilatation thermique des eaux océaniques et de la fonte des glaces continentales.

c. L'accroissement du couvert végétal constitue un puits de CO_2. Ce couvert végétal exerce une rétroaction négative sur le réchauffement climatique.

4

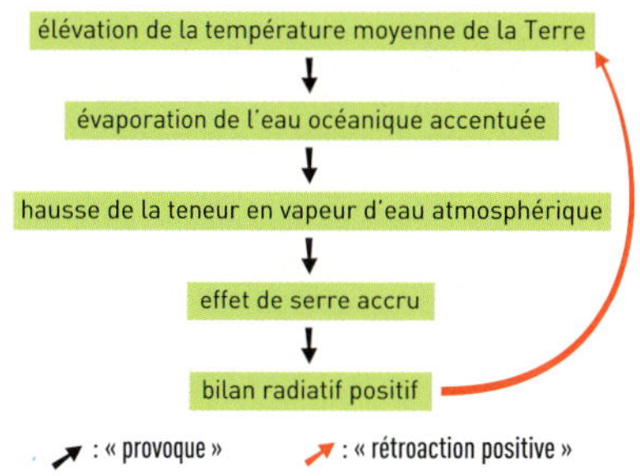

5 • Les relevés météorologiques locaux, les écrits historiques, l'analyse des cernes des arbres ou des pollens déposés dans les lacs, les traces de glaciers anciens laissés sur les roches, la composition des glaces permettent de reconstituer les climats passés.

• Comme facteurs naturels : les variations de la teneur en eau de l'atmosphère et de l'albédo, le gel ou le dégel partiel du pergélisol, l'activité solaire...

Comme facteur d'origine humaine : le rejet de CO_2 dans l'atmosphère dû à la déforestation ou à la combustion de charbon et de pétrole.

7 Vers – 13 000 ans : réchauffement. Ensuite, une période « chaude » se maintient pendant 1 000 ans. Puis entre – 12 000 et – 10 500 ans : refroidissement. De – 10 500 ans à – 10 000 ans : nouveau réchauffement. De – 10 000 ans jusqu'à nos jours : période « chaude ».

Chapitre 3

SITUATIONS PAGE 60

Situation 1 : Un modèle scientifique est une représentation simplifiée de la réalité. Étant simplifié, le modèle peut permettre de comprendre les mécanismes principaux d'un système avant de commencer à étudier des phénomènes plus complexes. Enfin, il peut permettre de réaliser des prévisions.

Situation 2 : Le bois de chauffage ou le charbon pour un usage domestique ; le gaz naturel pour le chauffage ou la cuisine ; les carburants pour alimenter les véhicules et le fuel domestique pour le chauffage ; le charbon pour la production d'électricité dans de nombreux pays.

Situation 3 : Les pandas risquent de perdre leur principale ressource alimentaire et donc de disparaître. Le réchauffement climatique perturbe le fonctionnement des écosystèmes au niveau de leurs paramètres physico-chimiques (température, oxygénation...) et au niveau des espèces (apparition d'espèces invasives par exemple).

EXERCICES

1 A-4 ; B-3 ; C-4 ; D-1.

2 a. La fiabilité d'un modèle climatique peut être vérifiée par comparaison des résultats qu'il fournit à la réalité. On peut soit demander au modèle de reproduire une évolution passée et connue du climat soit demander de réaliser des prévisions qui seront vérifiées au cours des années qui suivent.

b. Une prévision climatique ne s'appuie que sur des données scientifiques décrivant le fonctionnement du système climatique et sur leur évolution prévisible. Une projection climatique module les résultats d'une prévision en tenant compte de paramètres non climatiques et imprévisibles.

c. Car elle permet d'anticiper, par exemple, les risques encourus par les populations humaines en termes de phénomènes climatiques extrêmes.

d. L'utilisation massive de combustibles fossiles depuis la révolution industrielle est à l'origine d'une augmentation de la teneur en GES inédite depuis 800 000 ans et corrélée à une augmentation de la température moyenne globale. D'après les modèles, sans activités humaines, cette température moyenne aurait dû rester relativement stable sur les 150 dernières années.

3 **ppm :** partie par million (soit 1×10^{-6}). **ppb :** partie par milliard (soit 1×10^{-9}). **RCP :** *Representative Concentration Pathway* ou profils représentatifs de l'évolution des concentrations (en GES). **GIEC :** Groupe Intergouvernemental d'experts sur l'Évolution du Climat. **PRG :** Pouvoir de Réchauffement Global. **éqCO_2 :** équivalent en dioxyde de carbone. **GES :** Gaz à Effet de Serre.

4 • En construisant des modèles numériques capables de décrire l'évolution du système climatique. En tenant compte de différents scénarios d'émissions de GES par l'Homme, ces modèles établissent des projections climatiques qui sont autant de futurs climatiques possibles.

• On peut établir, par simple calcul, que les émissions de GES liées aux activités humaines sont quantitativement suffisantes pour entraîner une élévation de leur teneur atmosphérique. On sait que ces GES sont responsables de l'élévation de la température moyenne de la Terre. Enfin, les modèles climatiques montrent que, sans activités humaines, le climat terrestre n'aurait pas dû connaître de réchauffement. On peut donc dire que l'Homme est responsable du changement de climat actuel.

• Une augmentation de la température atmosphérique moyenne de 1,5 à 5 °C d'ici la fin du siècle. Une élévation du niveau moyen des océans pouvant atteindre 1 mètre. Une augmentation de la température et une acidification des océans. Une modification de la répartition et de l'intensité des précipitations. Des changements dans la fréquence et l'intensité des phénomènes climatiques extrêmes.

L'ensemble des modifications des conditions environnementales sont à même de perturber gravement le fonctionnement des écosystèmes terrestres et marins, d'aggraver la disparition des espèces et de menacer les activités humaines.

5 **CO_2 :** cuisiner au gaz naturel, se déplacer en voiture, se chauffer au fuel, produire du ciment, convertir une parcelle forestière en culture. **CH_4 :** stocker des déchets au sein d'une décharge, fertiliser des terres agricoles, convertir une parcelle forestière en culture. **N_2O :** fertiliser des terres agricoles, convertir une parcelle forestière en culture.

7 Un exemple de correction sous la forme d'un fichier tableur est disponible sur le site ressources du manuel.

1.

Cellules	Formules possibles
B3	=B2*1
C3	=C2+B3
F3	=F2*1
G3	=G2+F3

2. 20,78 cm.

3. B3 : =B2*1,01 et F3 : =F2*1,01.

4. 35,63 cm.

5. 2,65 % par an.

Chapitre 4

SITUATIONS PAGE 78

Situation 1 : Durant 6 h, l'énergie consommée par l'ampoule LED est :
$E = P \cdot t$ soit $E = 8,6 \times 10^4$ J.
L'ampoule LED est donc plus économe que l'ampoule fluocompacte.

Situation 2 : Masse d'une molécule de saccharose :

$$m_{C_{12}H_{22}O_{11}} = 12 \times m_C + 22 \times m_H + 11 \times m_O = 5,68 \times 10^{-22} \text{ g.}$$

Un morceau de 5,95 g de saccharose contient donc $\frac{5,95}{5,68 \times 10^{-22}} = 1,05 \times 10^{22}$ molécules.

Situation 3 :
$CH_4\,(g) + 2\ O_2\,(g) \rightarrow CO_2\,(g) + 2\ H_2O\,(g)$
Les réactifs sont le méthane CH_4 (g) et le dioxygène O_2 (g). Les produits sont le dioxyde de carbone CO_2 (g) et l'eau H_2O (g).

EXERCICES

1 A-2 ; B-2-3 ; C-2 ; D-1-3.

2 • L'énergie consommée dans le monde provient d'une diversité de ressources disponibles sous forme de stocks ou de flux.

• À l'heure actuelle, les combustibles fossiles représentent la plus grande partie de ces ressources. Ces combustibles fossiles et la biomasse contiennent de l'énergie que l'on convertit lors de combustions qui libèrent du dioxyde de carbone, principal gaz à effet de serre qui accentue le réchauffement climatique. Sont aussi produits du protoxyde d'azote, des produits soufrés et des particules fines. Ces dernières provoquent à court terme des affections respiratoires et cardiovasculaires et, à plus long terme, des cancers.

• Les scénarios de transition écologique permettent d'orienter les prises de décision politiques.

3 1. Elle est directement liée au modèle industriel de production et de consommation des sociétés.

2. Stocks : l'uranium et les combustibles fossiles. Flux : flux radiatif solaire et flux géothermique.

3. a. et b. Leur combustion produit du dioxyde de carbone qui contribue à l'effet de serre et donc au réchauffement climatique. D'autres espèces peuvent être produites comme du protoxyde d'azote, des produits soufrés et des aérosols dont des particules fines, responsables d'affections respiratoires et cardiovasculaires et de cancers.

4. L'empreinte carbone d'une activité est la masse de CO_2 produite directement ou indirectement par sa consommation d'énergie et/ou de matière première.

4 1. La combustion des combustibles fossiles rejette du dioxyde de carbone.

2. Les émissions liées aux énergies fossiles augmentent de 1980 jusqu'en 2017 car la consommation mondiale d'énergie croit régulièrement et que les combustibles fossiles dominent les ressources d'énergie.

3. Si ces émissions suivaient le profil RCP8,5, le réchauffement climatique s'accentueraient par augmentation de l'effet de serre. De plus, on peut penser que les combustions seraient encore très utilisées et affecteraient la qualité de l'air et la santé.

4. On peut réduire les émissions de dioxyde de carbone en choisissant des activités ou moyens de transports dont l'empreinte carbone est faible, par exemple en optant pour des trajets à vélo. On peut aussi choisir un mode de chauffage qui n'utilise pas de combustion, comme par exemple la géothermie.

6 1. Masse d'une molécule de butane :
$m_{C_4H_{10}} = 4 \times m_C + 10 \times m_H = 9,63 \times 10^{-23}$ g
1,00 g de butane contient donc

$$\frac{1,00}{9,63 \times 10^{-23}} = 1,04 \times 10^{22} \text{ molécules.}$$

2. D'après l'équation, la combustion d'une mole de butane produit quatre moles de dioxyde de carbone.
La combustion d'un gramme de butane produit donc $4 \times 1,04 \times 10^{22} = 4,16 \times 10^{22}$ molécules de dioxyde de carbone, soit une masse de dioxyde de carbone :
$m_{CO_2} = 4,16 \times 10^{22} \times (m_C + 2 \times m_O) = 3,04$ g.

3. $\frac{m_{CO_2}}{E_m} = 6,70 \times 10^{-5}$ g · J^{-1}.

PARTIE 2

Chapitre 1

SITUATIONS PAGE 108

Situation 1 :

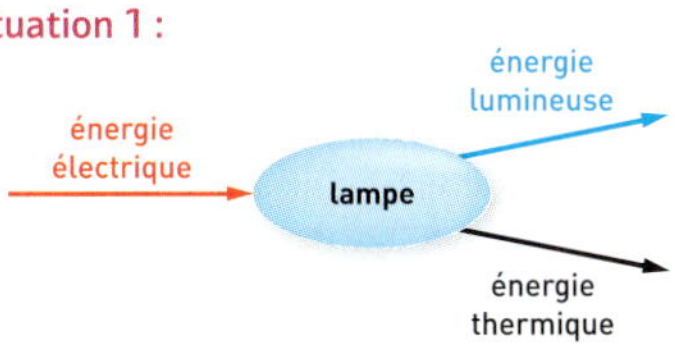

Situation 2 : Il s'agit d'un spectre d'émission de raies. Il comprend deux raies.

Situation 3 : Il s'agit de la caractéristique d'une résistance. Elle met en évidence la loi d'Ohm :

$$U = R \cdot I.$$

EXERCICES

1 A-2 et 3 ; B-1 et 2 ; C-1 et 3 ; D-2 et 3.

2 1. Oui. 2. Oui. 3. Non. 4. Oui. 5. Non.

3 1. a. Il s'agit de l'alternateur.

b.

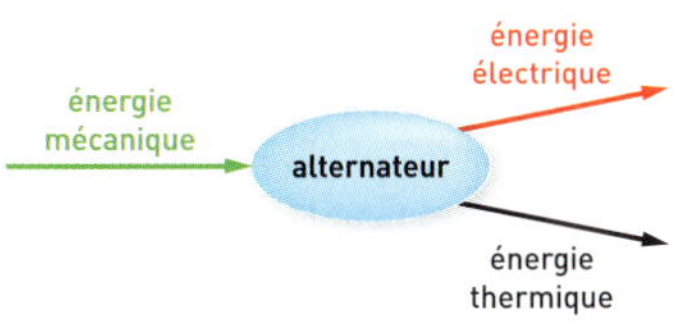

2. $\eta = \dfrac{E_{\text{électrique}}}{E_{\text{mécanique}}} = \dfrac{1,3}{1,4} = 0,93.$

4 • Au XIXe siècle, Hans-Christian Œrsted découvre un lien entre électricité et magnétisme, puis Michael Faraday montre qu'en déplaçant un aimant près d'un fil conducteur, un courant électrique apparaît.

• Les panneaux photovoltaïques sont constitués de semi-conducteurs qui sont capables d'engendrer un courant électrique sous la lumière solaire. C'est l'effet photoélectrique découvert au XIXe siècle et expliqué par la physique quantique.

5 1. Le germanium absorbe une partie du spectre solaire.

2. On l'utilise dans les cellules photovoltaïques pour convertir l'énergie radiative en électrique.

7 1. Il s'agit de la caractéristique.

2. éclairement 3 < éclairement 2 < éclairement 1.

3. a. $I_{cc} = 6$ A.

b. $U_0 = 36$ V.

c. On lit (5,6 A ; 26 V) pour le point de fonctionnement à puissance maximale.

d. $R_m = \dfrac{U_m}{I_m} = \dfrac{26}{5,6} = 4,6\ \Omega.$

Chapitre 2

SITUATIONS PAGE 126

Situation 1 : Les sources/formes d'énergie sur l'illustration sont : Soleil/radiative, atome/nucléaire, eau/potentielle, Terre/thermique, pétrole/thermique, vent/mécanique.

Situation 2 : Les compteurs affichent la valeur de l'énergie électrique consommée exprimée en kWh. La puissance P et l'énergie E sont reliées : $P = E/\Delta t$ où Δt est une durée.

Situation 3 : Voir les schémas en haut de la colonne suivante.

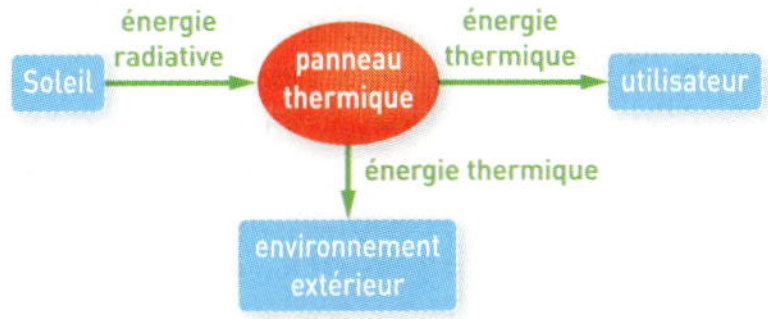

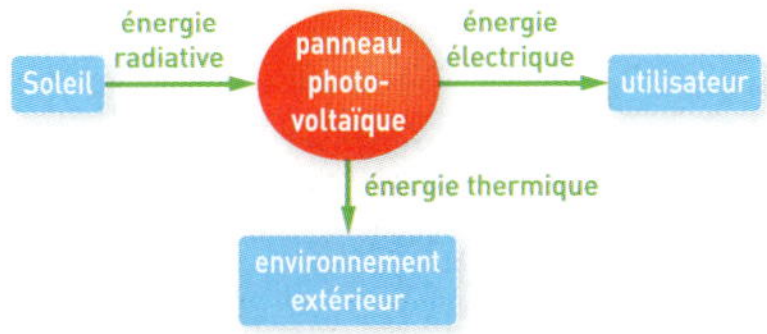

EXERCICES

1 A-3 ; B-3 ; C-1 et 2 ; D-2 et 3.

2 a. Un convertisseur dissipe de l'énergie lors de son fonctionnement.

b. Dans une chaîne énergétique, l'énergie dissipée apparaît.

c. Le rendement énergétique d'un convertisseur est une grandeur sans unité.

d. Il existe des dispositifs de production d'électricité sans combustion.

e. Tous les convertisseurs ont un impact environnemental.

f. Il existe des solutions technologiques : accumulateurs, barrages, super-capacités...

3 a. *Voir correction de la situation 1.*

b. C'est le rapport de l'énergie utile délivrée par le convertisseur sur l'énergie qu'il reçoit.

c. Éolienne, barrage hydroélectrique, centrale géothermique, centrale nucléaire...

d. Pollution, déchets, risques d'accidents...

e. Batterie/accumulateur, barrage, condensateur...

4

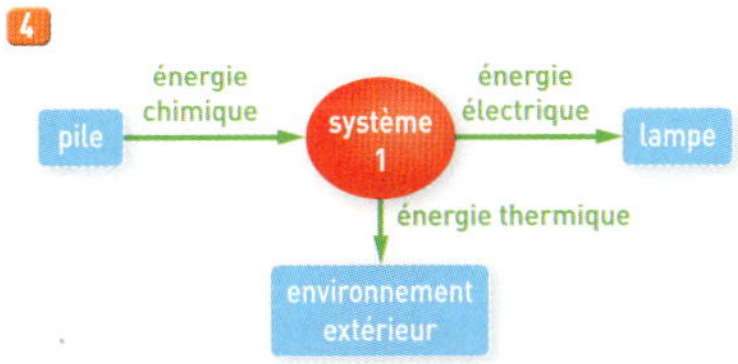

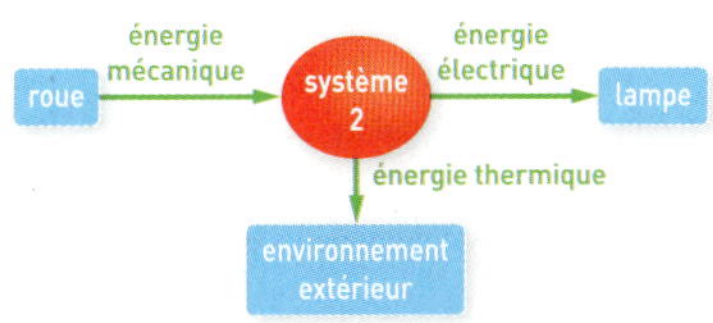

5 • Il existe différentes méthodes permettant d'obtenir de l'énergie électrique. Certaines font appel à la combustion d'un composé carboné, d'autres non :

– la conversion d'énergie mécanique directe (dynamos, éoliennes, hydroliennes, barrages hydroélectriques) ou indirecte à partir d'énergie thermique (centrales nucléaires, centrales solaires thermiques, géothermie) ;

– la conversion de l'énergie radiative reçue du Soleil (panneaux photovoltaïques) ;

– la conversion électrochimique (piles ou accumulateurs conventionnels, piles à hydrogène).

Comme la consommation et la production d'énergie électrique n'est pas constante, l'énergie électrique doit être stockée souvent après avoir été convertie sous une autre forme :

– énergie chimique (accumulateurs) ;

– énergie potentielle (barrages) ;

– énergie électromagnétique (super-capacités).

• Les méthodes de production d'énergie électrique ont toujours un impact sur l'environnement et la biodiversité. Elles peuvent également présenter des risques : pollution chimique, déchets radioactifs, accidents industriels...

7 1.

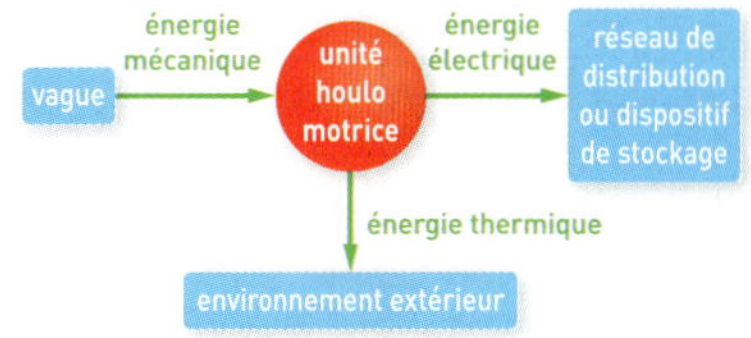

2. La production d'énergie est liée aux conditions météorologiques (intensité de la houle). Elles sont installées au large, ce qui posent des contraintes fortes lors de la mise en place et de la maintenance.

3. Les deux systèmes de stockage permettent de mieux répondre au besoin d'alimentation de l'utilisateur, selon que l'énergie électrique sera utilisée rapidement ou devra rester stockée plus longtemps.

4. $\eta = \dfrac{P_u}{P_r} = \dfrac{30 \times 10^3}{(120 \times 10^3)} = 0,25$ soit 25 %.

Chapitre 3

SITUATIONS PAGE 144

Situation 1 : Comme un ordinateur, un data center dégage une énergie thermique importante. En effet, tout conducteur électrique traversé par un courant chauffe : c'est ce qu'on appelle l'effet Joule.

Situation 2 : $I = \dfrac{P}{U} = 6,52$ A.

Situation 3 : Les nœuds correspondent aux utilisateurs du réseau social et les arcs orientés aux échanges entre les utilisateurs.

EXERCICES

1 A-1 et 2 ; B-2 et 3 ; C-1 ; D-1, 2 et 3 ; E-3.

2 1. Tout conducteur de l'électricité a tendance à s'échauffer au passage d'un courant électrique. Ce phénomène est appelé effet Joule. Il se traduit par une perte d'énergie.

2. On minimise l'effet Joule en augmentant la tension des lignes électriques ou en diminuant l'intensité du courant qui traverse un câble ou en utilisant des câbles dont le matériau a une faible résistivité.

3 1. a.

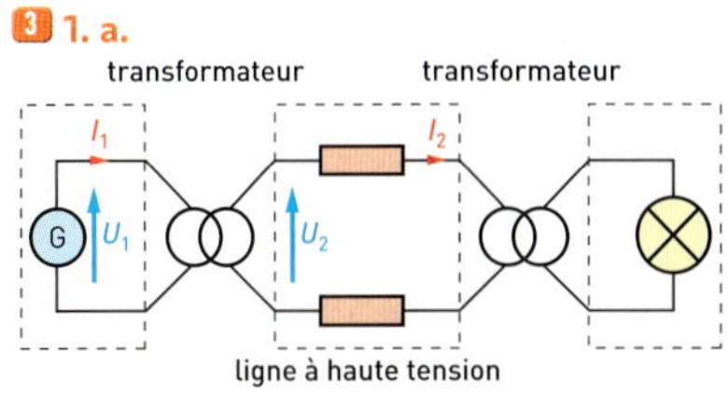

b. Ils sont modélisés par des résistances car le matériau conducteur constituant ces câbles a une résistivité responsable de l'effet Joule.

2. a. $P = R \cdot I^2$.

b. D'après la relation $P = U \cdot I$, pour une même puissance transportée, le courant électrique circulant dans les câbles est plus faible lorsqu'on augmente la tension. Comme $P_J = R \cdot I^2$, la puissance dissipée par effet Joule diminue également.

4 1.

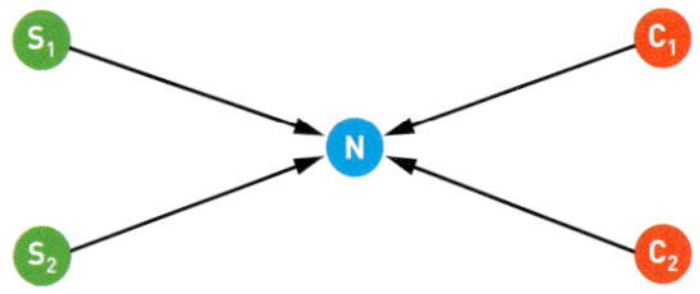

2. Une source distributive modélise un lieu de production électrique ; une cible destinatrice modélise un consommateur d'électricité ; un nœud modélise un transformateur ou un répartiteur ; un arc modélise une ligne électrique.

5 1. Un graphe orienté.
2. Une source distributive qui peut-être une centrale électrique (S), deux répartiteurs (N_1 et N_2) et deux cibles destinatrices (C_1 et C_2) qui peuvent être des habitations ou des industries.

6 • D'après la relation $P = U \cdot I$, pour une même puissance transportée, le courant électrique circulant dans les câbles est plus faible lorsqu'on augmente la tension. Comme la puissance dissipée par effet Joule s'exprime $P_J = R \cdot I^2$, cette puissance dissipée diminue également.
• On cherchera à minimiser la valeur de l'intensité du courant dans une ligne électrique pour minimiser l'effet Joule et donc les pertes d'énergie en ligne. Comme les lignes aériennes sont disgracieuses, impactent l'environnement et comme elles sont aussi vulnérables aux intempéries, on cherche de plus en plus à les enfouir. Mais il est plus difficile de dissiper l'énergie thermique dû à l'effet Joule quand la ligne est enterrée. Il convient alors d'utiliser des matériaux dont la résistivité est plus faible (on privilégiera le cuivre à l'aluminium).

8 1.

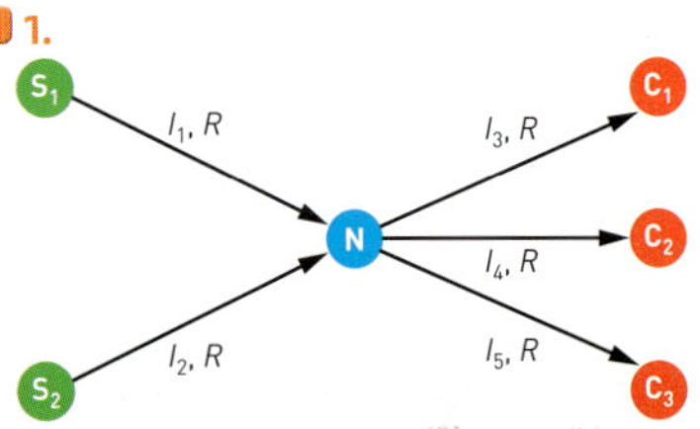

2. Si chaque ligne a la même résistance, pour minimiser autant que possible les pertes par effet Joule, il faut répartir cette production sur les deux lignes modélisées par les arcs S_1N et S_2N et donc sur les 2 sources distributives : 200 MW pour le parc photovoltaïque ; 200 MW pour le barrage hydraulique.

$I = \frac{P}{U} = 6{,}35$ kV.

3. $P_J = R \cdot (I_1^2 + I_2^2 + I_3^2 + I_4^2 + I_5^2)$
Elle représente la puissance perdue par effet Joule dans le réseau étudié.

Chapitre 4

SITUATIONS PAGE 162

Situation 1 : Les modèles qui s'accordent à prévoir les changements climatiques sont assortis d'hypothèses portant sur l'évolution de la production des gaz à effet de serre.
Situation 2 : Cyclones, inondations, sécheresses, canicules, feux de forêts sont des risques naturels qui se multiplient avec le changement climatique, entraînant la vulnérabilité des populations.
Situation 3 : Une énergie renouvelable provient de sources que la nature renouvelle en permanence, par opposition à une énergie non renouvelable dont les stocks s'épuisent.

EXERCICES

1 A-1 et 3 ; B-1 ; C-1, 2 et 3 ; D-1, 2 et 3 ; E-2.

2 Dans l'ordre des lignes : fossile, nucléaire, hydraulique, éolien, solaire.

3 • Diversifier le mix énergétique en augmentant la part des énergies renouvelables, aller vers des véhicules zéro émission, accélérer la rénovation énergétique des bâtiments...
• Facteurs économiques, sociaux, environnementaux...
• Changer nos modes de mobilité, recycler pour moins gaspiller...

4 Une *start-up* a réussi l'exploit de créer un carburant alternatif très performant en convertissant des ressources renouvelables (des sucres résiduaires de l'industrie de la betterave). Il s'agit d'un biokérozène possédant les mêmes qualités que celui issu du pétrole. La première usine de production devrait entrer en service à la fin de l'année 2021.

6 1. L'Allemagne continue à produire une grande part de son électricité à partir du charbon et du gaz.
2. Les énergies renouvelables représentent 30 % de l'électricité allemande.
3. Le rejet du nucléaire par les populations qui redoutent les impacts sur la santé et l'environnement, ainsi que les risques en cas d'accident.

PARTIE 3

Chapitre 1

SITUATIONS PAGE 190

Situation 1 : En effectuant un inventaire complet du site étudié et en identifiant les différentes espèces animales et végétales (ou autres) rencontrées, ou en n'étudiant qu'une zone représentative de l'ensemble. La richesse spécifique de cet écosystème correspondra au nombre total d'espèces le peuplant.
Situation 2 : nd : non déterminable.

Groupes sanguins	Couples d'allèles	Fréquences des couples d'allèles
A	*A*//*A* ou *A*//*O*	nd
B	*B*//*B* ou *B*//*O*	nd
AB	*A*//*B*	3 %
O	*O*//*O*	43 %

Situation 3 : Les braconniers tuent presque uniquement les éléphants portant des défenses. Ces derniers ont donc moins de chances de se reproduire et de transmettre à leur descendance le ou les allèles déterminant la présence de défenses de grande taille. Ainsi, à chaque génération, la fréquence de ce ou ces allèles diminue.

EXERCICES

1 A-3 ; B-1 ; C-4.

2 a. Un effectif infini (ou considéré comme tel), pas de mutations, pas de migrations, pas de sélection, et des croisements aléatoires entre des individus de générations différentes.
b. La fragmentation de l'habitat entraîne l'isolement de populations de faibles effectifs soumises à un appauvrissement génétique sous l'effet de la dérive.
c. De nombreuses activités humaines conduisent à une dégradation des habitats par la pollution, la surexploitation des ressources naturelles, l'introduction d'espèces invasives (volontaires ou non). Ces phénomènes sont accentués par le changement climatique et ont pour conséquence une réduction inédite, à l'échelle historique, de la biodiversité.

3 a. Pour remplir les conditions d'équilibre de Hardy-Weinberg, la population doit avoir un effectif suffisamment important pour qu'on le considère comme infini.
b. L'estimation est au contraire d'autant plus précise que l'effectif de l'échantillon est important.
c. Le fait qu'un caractère soit dominant ne permet pas de prédire que sa fréquence va forcément augmenter dans une population.

4 On constate que la fréquence de l'allèle *AdhF* augmente au cours du temps. L'enzyme résultant de l'expression de l'allèle *AdhF* étant plus active que pour *AdhS*, on peut supposer que les drosophiles portant cet allèle détoxifient plus efficacement l'éthanol et survivent davantage. Le phénomène qui explique l'augmentation de la fréquence de cet allèle est donc la sélection naturelle.

5 • La biodiversité (ou richesse) spécifique d'un écosystème correspond au nombre d'espèces différentes qui le composent. Pour l'estimer, on a recours à diverses méthodes d'échantillonnages comme la méthode de capture-marquage-recapture ou encore l'analyse d'échantillons d'ADN comparés à des banques de données d'espèces connues.
• La structure génétique d'une population correspond aux fréquences des allèles présents dans la population et des génotypes des individus. L'équilibre de Hardy-Weinberg décrit une structure génétique stable au cours du temps. Si des forces évolutives existent, la structure génétique évoluera.
• Pour préserver la biodiversité, il est nécessaire de mieux connaître les écosystèmes et d'adopter des modes de gestion durables de ceux-ci tout en se dotant de lois de protection de l'environnement.

7 1. La fréquence de l'allèle *P1* est de 0,83 (83 %), celle de l'allèle *P2* est de 0,17 (17 %).
2. Le modèle théorique de Hardy-Weinberg prévoit la structure génétique suivante :
$f_{(P1//P1)} = 0{,}69$; $f_{(P1//P2)} = 0{,}28$; $f_{(P2//P2)} = 0{,}03$.
Les fréquences génotypiques observées dans la population ont pour valeur :
$f_{(P1//P1)} = 0{,}70$; $f_{(P1//P2)} = 0{,}27$; $f_{(P2//P2)} = 0{,}03$.
On peut considérer cette population comme étant en équilibre de Hardy-Weinberg.

Chapitre 2

SITUATIONS PAGE 212

Situation 1 : La sélection naturelle a lieu dès que trois conditions sont réunies : il y a des variations entre les individus d'une même population ; ces variations sont au moins en partie héritables ; ces variations sont corrélées à des variations de succès reproducteur. Ainsi, de manière automatique, la sélection naturelle produit des adaptations.

Situation 2 : Les virus et les bactéries sont des micro-organismes dont certains sont pathogènes pour l'être humain. Les bactéries sont des êtres vivants unicellulaires. Les virus sont des structures moléculaires très simples et sont des parasites cellulaires obligatoires.

Les antibiotiques sont des molécules qui tuent les bactéries ou les empêchent de se reproduire. Ils empêchent donc les infections bactériennes.

Les vaccins sont des mélanges contenant, entre autres, un agent infectieux (parties de virus ou de bactéries) sous une forme inoffensive mais qui stimule une réponse immunitaire de l'organisme.

Situation 3 : Un agrosystème est un écosystème particulier car les humains y interviennent beaucoup pour y réaliser des apports de matière (matières organique et minérale, par exemple de l'eau, des engrais, des pesticides) et des actions coûteuses en énergie (utilisation de machines agricoles). Une exportation massive appauvrit le système et doit donc être compensée par ces apports. Au contraire, dans les autres écosystèmes, la productivité est moindre et l'essentiel de la biomasse produite est recyclée en son sein.

EXERCICES

1 A-1 ; B-3 ; C-1.

2 a. Un organe complexe résulte d'une accumulation de variations utiles.

b. L'œil humain est une adaptation qui a été produite par la sélection naturelle.

c. Des mal-adaptations peuvent être dues à des compromis ou à des contraintes évolutives.

d. La gestion des problématiques de résistance aux antibiotiques est un enjeu majeur de santé publique.

3

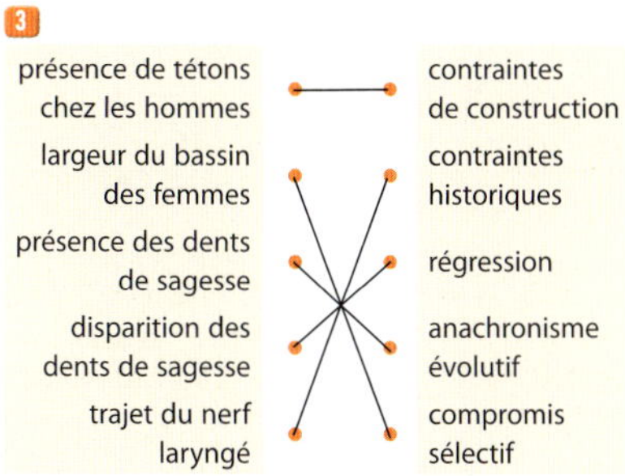

4 • La sélection naturelle est responsable des adaptations, c'est-à-dire des structures qui sont en adéquation avec leur fonction. Néanmoins, la sélection naturelle ne produit pas des structures parfaites et ce pour différentes raisons. Ainsi, les contraintes de construction ou historiques, ainsi que les compromis adaptatifs, peuvent expliquer des mal-adaptations.

• On peut citer la gestion des résistances aux pesticides ou aux antibiotiques. Or, dans les deux cas, ces résistances se répandent par sélection naturelle dans des environnements où ces substances sont utilisées. Connaissant le processus d'évolution par sélection naturelle, il est possible d'agir pour limiter l'apparition de ces résistances.

De plus, en agriculture, des pratiques agricoles diminuant la diversité génétique des espèces cultivées ou élevées posent des problèmes de vulnérabilité et de moindre capacité d'adaptation. De même, il est possible d'agir afin de préserver voire d'enrichir le *pool* génétique des espèces utilisées en agriculture et ainsi préserver notre sécurité alimentaire.

5 a. La tache aveugle de l'œil est une mal-adaptation qui s'explique par l'histoire évolutive de cet organe. En effet, lorsque la rétine s'est courbée au cours de l'évolution, les fibres optiques étaient orientées vers l'intérieur de la courbure et non vers l'extérieur comme chez les Céphalopodes.

b. Si un antibiotique est appliqué sur une population de bactéries au sein de laquelle certaines sont sensibles et d'autres (même un très petit nombre) sont résistantes par hasard, alors l'antibiotique va tuer les bactéries sensibles. Les bactéries résistantes seront les seules à se reproduire et la population de la génération suivante sera alors majoritairement constituée de bactéries résistantes.

c. La domestication ou la pratique de la monoculture (associée à l'utilisation massive de pesticides) diminuent la diversité génétique des individus utilisés en agriculture. Or, la diversité génétique est le moteur de l'évolution.

6 a. C ; A ; E ; B ; D.

b. Hasard, variation et sélection se produisent entre chaque étape, soit 5 fois dans ce modèle simplifié (avant C, puis entre C et A, puis entre A et E, puis entre E et B, puis entre B et D).

8 1. Il faut connaître la date de la première utilisation de l'insecticide (date 1) et la date de la première observation d'une résistance chez une espèce d'insecte (date 2).

$$v = \frac{1}{\text{date 2} - \text{date 1}}$$

2. En étudiant le graphique, on remarque que plus le nombre de générations par an chez une espèce d'insecte est important et plus le temps nécessaire à l'apparition d'une résistance est faible.

3. Plus le nombre de générations par an est grand, plus le nombre d'évènements de reproduction pour passer d'une génération à une suivante est grand et donc plus le nombre de variants apparaissant par hasard sera également grand. La probabilité qu'un variant résistant apparaisse augmente donc aussi. C'est ainsi que l'on peut expliquer que plus le nombre de générations par an est élevé, plus la probabilité d'apparition d'un variant résistant à l'insecticide est élevé et plus le temps nécessaire à l'apparition d'une résistance est faible.

Chapitre 3

SITUATIONS PAGE 230

Situation 1 : Les Ptérosaures sont des Archosaures car ils possèdent un caractère en commun : la fenêtre anté-orbitaire (tout comme les Dinosaures). Ils partagent donc un ancêtre commun. Les Ptérosaures ne sont pas des Dinosaures car ils ne possèdent pas les membres placés verticalement sous le corps, caractère que possèdent par contre les Oiseaux, d'où leur appartenance aux Dinosaures.

Situation 2 : La molécule d'ADN (acide désoxyribonucléique) est principalement constituée de 4 nucléotides (adénine, guanine, cytosine et thymine) qui s'apparient deux à deux : A avec T et G avec C. Elle est donc constituée de deux brins qui s'enroulent en une double hélice. Chaque ligne du tableau représente la séquence de nucléotides d'un des deux brins.

Une mutation correspond à une modification de la séquence d'une molécule d'ADN.

Si, dans la séquence, un nucléotide est remplacé par une autre, c'est une mutation par substitution.

Si, dans la séquence, une base disparait c'est une mutation par délétion. Exemple : pour l'allèle *O*, il y a disparition de la base 261 qui était de la guanine (G).

Situation 3 : Cette définition n'est pas toujours applicable, notamment pour les espèces qui n'existent plus et que nous connaissons sous leur forme fossile, ou pour les êtres vivants à reproduction asexuée tels que les bactéries. Ainsi, pour la très grande majorité des fossiles, les seuls critères utilisables sont les critères de ressemblance (morphologie, anatomie).

EXERCICES

1 A-4 ; B-2 ; C-1 ; D-2.

2 a. Le Gorille est un Primate car il possède des ongles et un pouce opposable.

b. Le séquençage de l'ADN d'*Homo denisovensis* a permis de montrer qu'il avait cohabité avec *Homo neanderthalensis* (ou *Homo sapiens*).

c. Les Grands singes comprennent exclusivement le Chimpanzé, le Gorille, l'Orang-outan, le Gibbon et l'Homme, car ils ne possèdent pas de queue mais un coccyx.

d. Le microbiote, la fabrication d'outils et l'art sont trois exemples de caractéristiques non transmises génétiquement qui permettent de reconstituer l'histoire des Primates.

3 • En comparant leurs caractères morphologiques, anatomiques ou même comportementaux. Pour chaque caractère, on détermine s'il s'agit d'une forme ancestrale ou dérivée. Plus deux espèces partagent un grand nombre de caractères dérivés et plus elles sont apparentées. Autrement dit, plus elles partagent un ancêtre commun récent. On peut aussi comparer leur ADN et établir des pourcentages de ressemblances pour un ou plusieurs gènes donnés. Plus le pourcentage de différence est faible et plus les espèces sont apparentées.

• Sur la base des critères précédents et notamment par leur comparaison de leur ADN, on peut dire que l'espèce actuelle la plus proche de l'Homme est le Chimpanzé (98,79 % d'ADN commun).

• Parmi les caractéristiques définissant les membres du groupe *Homo*, on peut citer l'acquisition d'une forte capacité crânienne ainsi qu'une bipédie permanente se traduisant par une aptitude à la course. Originaire d'Afrique, les espèces du groupe *Homo* ont pu coloniser, de génération en génération, le reste du monde à commencer par le Moyen-Orient, l'Europe et l'Asie. De nombreuses études montrent que dans ces régions, différentes espèces d'Hommes (Sapiens, Dénisoviens, Néandertaliens) ont cohabité.

4 *Australopithecus africanus* : mandibule en U, trou occipital en position intermédiaire, bipédie.

6 1. Les caractères dérivés face plate et bourrelets susorbitaires peu prononcés et en double arcade qu'il partage avec *Homo sapiens* entre en contradiction avec une capacité crânienne importante et un rapport MI/MS supérieur à 1 apparus chez un ancêtre commun ancien mais qu'*Homo floresiensis* ne possède pas.

Selon les caractères dérivés retenus, on obtient les arbres suivants.

Arbre obtenu sur la base des caractères face et bourrelets susorbitaires.

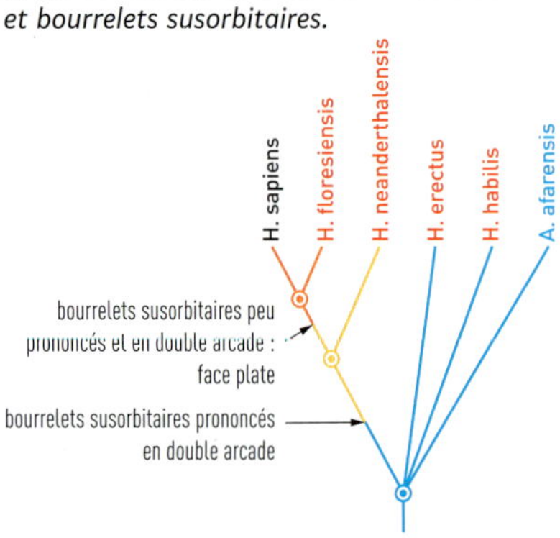

Arbre obtenu sur la base des caractères capacité crânienne et rapport MI/MS.

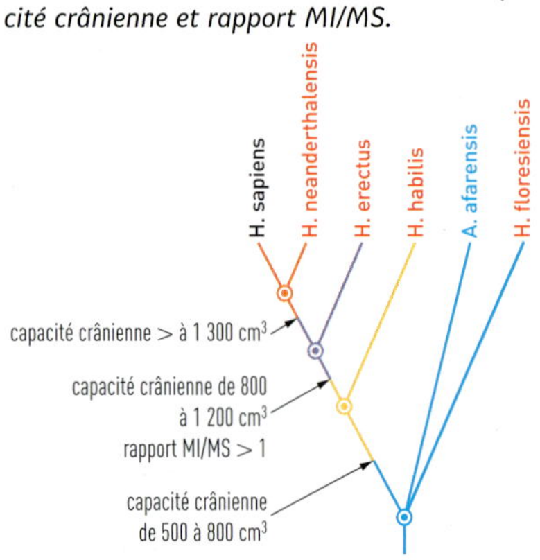

7 *Arbre de parenté final.*

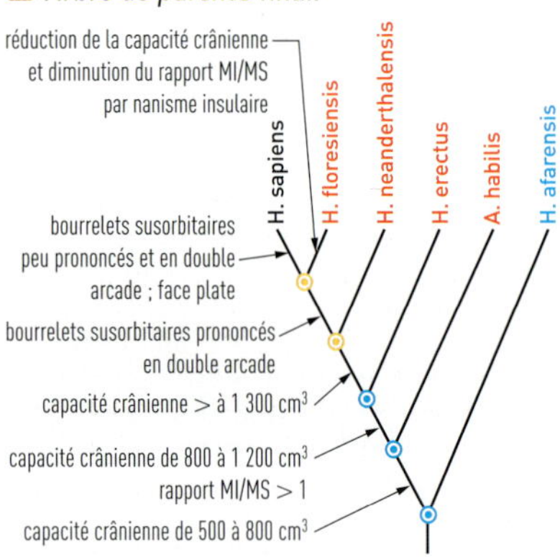

Chapitre 4

SITUATIONS PAGE 246

Situation 1 : $f(t) = 5t - 10$.

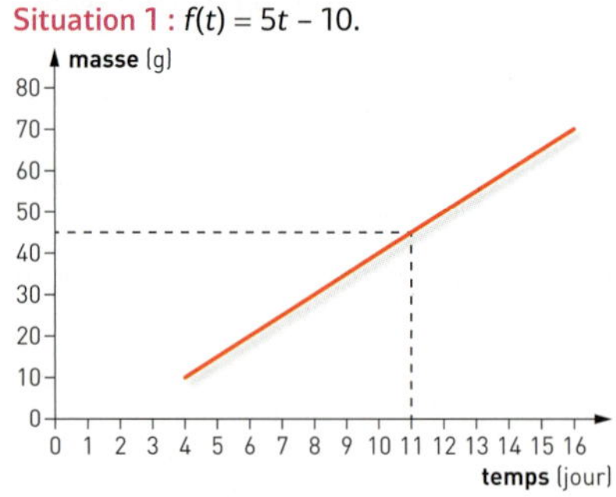

L'oisillon pèsera plus de 45 grammes au bout de 11 jours.

Situation 2 : Le producteur doit vendre sa récolte 12 jours après le 15 juin, c'est-à-dire le 27 juin.

Situation 3 : Entre 2015 et 2016, le pourcentage d'augmentation est 15 %. Entre 2016 et 2017, il est d'environ 13 %. Entre 2017 et 2018, d'environ 17 %. Le pourcentage d'augmentation a été le plus grand entre 2017 et 2018.

EXERCICES

1 A-2 ; B-4 ; C-3 ; D-3.

2 **1.** Si sa variation absolue entre les paliers n et $n + 1$ est constante.

2. Si son taux de variation entre les paliers n et $n + 1$ est constant.

3. C'est un modèle exponentiel dont le taux annuel d'évolution est $t_n - t_m$, où t_n est le taux de natalité et t_m le taux de mortalité de la population.

3 **1.** Le graphique **b**.

2. $y = 0{,}5x + 1$.

4 **1.** Variation absolue : 1 000.

2. Taux de variation : 0,05.

3. $20\,000 + 10 \times 1\,000 = 30\,000$.

4. $20\,000 \times 1{,}05^{10} \approx 32\,578$, à 0,1 près.

5 • Les mathématiques utilisent des graphiques et des suites, c'est-à-dire des fonctions de variable entière, pour modéliser la dynamique des systèmes vivants.

• Recueil des données, graphique adapté, reconnaissance d'un modèle ou approximation par un modèle (linéaire, exponentiel), formule de calcul.

7 **1.** et **2.** On calcule la variation absolue entre 2010 et 2011, puis entre 2012 et 2013, etc. On trouve successivement – 0,10 ; – 0,09 ; – 0,08 ; – 0,07 ; – 0,09 ; – 0, 12 ; – 0, 11 ; – 0,12. La variation absolue étant quasiment constante, on peut dire que la décroissance de la population relève d'un modèle linéaire.

3. a. $u(0) = 20{,}25$; $u(8) = 19{,}47$.

b. $u(n) = u(0) + n\,r = -\,0{,}0975n + 20{,}25$.

c. $u(15) = 18{,}7875$, soit 18, 7 875 millions d'habitants.

Chapitre 5

SITUATIONS PAGE 264

Situation 1 : 1 966 080 pixels soit presque 2 mégapixels.

Situation 2 : Du texte (ex. : lors de l'envoi d'un mail) ; des images (ex. : images dans une page web) ; des vidéos (ex. : vidéos en « *streaming* »).

Situation 3 : 29.3847.

EXERCICES

1 A-1 ; B-4 ; C-2.

2 **a.** Un ordinateur est un système capable de traiter de l'information selon un programme écrit dans un langage informatique. Au minimum, un ordinateur comporte un processeur permettant le traitement des données et une mémoire vive permettant leur stockage.

b. Des données du type images, vidéos, textes ou encore des programmes informatiques.

c. La reconnaissance faciale (des visages) des caméras de sécurité que l'on trouve de plus en plus dans les rues des grandes métropoles repose sur l'intelligence artificielle.

d. Un fichier exécutable se termine généralement par l'extension .exe sur Windows et par l'extension .app sur Mac.

3 **a.** Faux. Une machine à tisser n'a pas de mémoire vive.

b. Vrai.

c. Faux. Tous les ordinateurs comportent une mémoire vive, mais tous ne sont pas programmables par l'utilisateur.

d. Vrai.

4

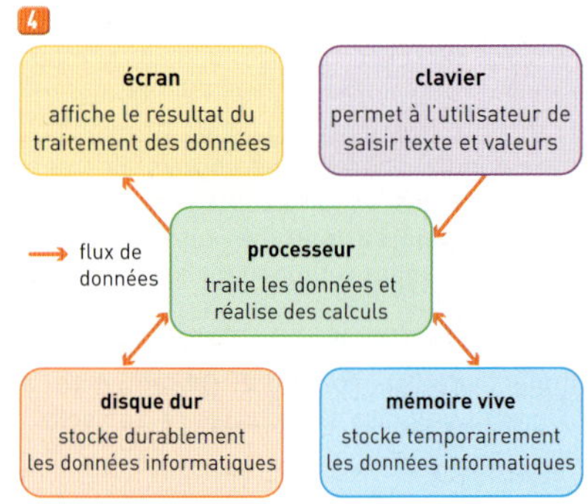

5 • Les données informatiques sont de natures très diverses : texte, vidéo, tableau de valeurs, photographie ou programme informatique, par exemple. Ces données sont toujours dans un format numérique de façon à pouvoir être manipulées et traitées par l'ordinateur, et en particulier son processeur. Le processeur est un composant présent dans tout ordinateur et a pour fonction de traiter les données informatiques suivant les instructions contenues dans un programme.

• Une intelligence artificielle (IA) est un programme informatique qui cherche à simuler l'intelligence humaine.

7

```
from random import randint
N= randint(1,100)
N1 = int(input("Nombre entier entre 1
   et 100 ?"))
NombreEssai=1
while N1 != N :
        if N1 <N :
           print("Nombre trop
           petit !")
           N1 = int(input
           ("Nombre ?"))
           NombreEssai =
           NombreEssai +1
        else :
           print("Nombre trop
           grand !")
           N1 = int(input
           ("Nombre ?"))
           NombreEssai =
           NombreEssai +1
print("Vous avez trouvé en
   ",NombreEssai," essai(s)")
print("Le nombre était ",N)
```

Lexique

A

Abondance : Nombre d'individus d'une population donnée.

Accord de Paris : Cet accord sur le climat a été adopté par 195 pays et est entré en vigueur le 4 novembre 2016, avec pour objectif de lutter contre la menace du changement climatique.

Adaptation évolutive : Structure biologique en adéquation avec la fonction qu'elle réalise et apparue sous l'effet de la sélection naturelle.

Aérosols : Particules solides ou liquides en suspension dans un mélange gazeux.

Agrosystème : Écosystème transformé pour y cultiver des végétaux ou y élever des animaux.

Albédo : Rapport entre l'énergie lumineuse réfléchie par une surface et l'énergie solaire reçue par cette même surface.

Algorithme : Suite d'instructions ou d'opérations permettant de résoudre un problème.

Alternateur : Dispositif qui convertit l'énergie mécanique en énergie électrique.

Anachronisme : Phénomène ou structure présentant une anomalie de chronologie.

Anachronisme évolutif : Caractère qui était adapté à un environnement donné mais qui ne l'est plus suite à un changement de cet environnement.

Anémie : Diminution anormale du taux d'hémoglobine dans le sang.

Anthropique : Relatif à l'activité humaine.

Antibiorésistance : Résistance de certaines bactéries aux antibiotiques.

Anticyclone : Zone de haute pression atmosphérique conduisant à une situation de beau temps.

Antiévolutionniste : Individu réfutant la théorie de l'évolution.

Apprentissage machine : Technique qui permet à un ordinateur d'apprendre à réagir dans des situations nouvelles à partir de données d'entraînement entrées par un programmateur.

Arboricole : Relatif aux espèces qui vivent dans les arbres.

Arbre phylogénétique : Arbre montrant les relations de parenté entre espèces. Il peut être construit à partir de données morpho-anatomiques ou de la comparaison de séquences d'ADN.

Archéobactéries : Organismes unicellulaires procaryotes distincts des bactéries (même si on les a longtemps classées parmi ces dernières).

Atmosphère primitive : Première couche de gaz formée autour de la Terre.

B

Banquise : Étendue de mer gelée pouvant atteindre 1,5 à 2 mètres d'épaisseur, se formant durant l'hiver polaire lorsque la température de l'eau de mer descend en dessous de – 1,8 °C.

Biais : Dans l'apprentissage machine, erreur systématique dans les prédictions due à des données d'entraînement mal choisies.

Binaire (langage) : système de numération utilisant la base 2 et le ou les chiffre(s) 0 et/ou 1.

Bioclimatique : Relatif à l'influence du climat sur les êtres vivants. Une zone bioclimatique correspond à un territoire doté d'un climat spécifique déterminant sa faune et sa flore.

Bioconstruction : Construction résultant de l'activité des êtres vivants.

Biomasse : Ensemble de la matière organique d'origine végétale ou animale, vivante ou morte, à l'intérieur d'un écosystème.

Bipédie : Capacité à se déplacer sur ses membres postérieurs.

Bogue (ou *bug*) : Erreur de codage entraînant un comportement de l'ordinateur aberrant.

BP : *Before Present* – Expression de l'âge utilisée en archéologie et en climatologie qui compte les années vers le passé à partir de l'année 1950, année de référence.

C

Calcination : Opération durant laquelle un objet est porté à très haute température afin de modifier sa structure.

Calotte : Glacier d'eau douce très étendu, s'écoulant dans différentes directions sur un socle rocheux.

Canopée : Strate supérieure de la forêt.

Capteur photovoltaïque : Dispositif qui convertit la lumière en électricité.

Carboné : Qui contient du carbone.

Carburant : Combustible utilisé dans un moteur.

Carottage : Prélèvement d'un échantillon cylindrique de glace, de sédiments ou de roches réalisé par forage.

Caryotype : Arrangement de l'ensemble des chromosomes contenus dans une cellule.

Cataracte : Opacification partielle ou totale du cristallin entraînant une baisse de la vue.

Caudal : Relatif à la queue des Vertébrés.

Cerne : Couche concentrique de bois visible sur la section transversale du tronc d'un arbre et formée chaque année.

Chaîne énergétique : Diagramme représentant les conversions d'énergie qui s'opèrent dans un dispositif technologique.

Champ : Ensemble des valeurs d'une grandeur physique en différents points de l'espace.

Champ magnétique : Cartographie du magnétisme dans l'espace engendré par une source magnétique comme un aimant.

Chondrite : Météorite rocheuse indifférenciée formée de silicates avec quelques éléments métalliques.

Cible destinatrice : Modélisation des consommateurs d'électricité dans un graphe orienté.

Climat : Description des moyennes des conditions atmosphériques (températures, précipitations, pressions...) observées localement ou globalement sur une période minimale d'un an.

Coccyx : os constitué par la soudure de quelques vertèbres caudales, vestiges du squelette de la queue.

Collagène : Protéine fibreuse assurant un rôle mécanique dans de nombreux tissus conjonctifs (derme, tendons, cartilages, ligaments...).

Combustion : Transformation chimique exothermique modélisée par la réaction entre une espèce chimique appelée combustible et une autre appelée comburant.

Combustible fossile : Combustible issu d'êtres vivants enfouis dans le sol depuis des millions d'années (charbon, hydrocarbures...).

Comète : Corps céleste possédant un noyau de glaces et de poussières en orbite autour d'une étoile.

Compromis sélectif : Le fait que certains caractères soient soumis en même temps à des pressions de sélection antagonistes.

Concave : Caractérise une forme arrondie vers l'intérieur.

Contrainte évolutive : Mécanisme qui limite les possibilités d'évolution. Elles peuvent être historiques ou de construction.

Conversion d'énergie : Passage d'une forme d'énergie en une autre.

Convexe : Caractérise une forme arron die vers l'extérieur.

Corrélation : Lien apparent entre plusieurs variables pouvant traduire une relation de causalité ou non.

Cortex : Tissu nerveux situé en périphérie du cerveau et constitué de plusieurs couches de neurones.

Couche d'ozone : Zone de la stratosphère riche en molécules de ce gaz (O_3).

Cupule : Petite dépression circulaire à la surface d'un objet.

Cyanobactérie : Organisme procaryote possédant de la chlorophylle et pouvant réaliser la photosynthèse.

Cycle biogéochimique du carbone : Circulation de l'élément carbone (C) entre ses différents réservoirs.

D

Déboguer : Supprimer les erreurs de fonctionnement d'un programme informatique.

Décarboné : Qui n'entraîne pas l'émission de dioxyde de carbone.

Décarboner : Réduire les émissions de dioxyde de carbone.

Denture : Ensemble des dents définitives.

Dérive génétique : Modification aléatoire des fréquences alléliques dans une population au cours des générations.

Dichotomie : Séparation d'un objet d'étude (structure, phénomène, concept) en deux éléments distincts parfois opposés.

Différenciation (astéroïde) : Processus par lequel le corps d'un objet céleste massif s'organise en couches de densités différentes.

Dilatation thermique : Augmentation du volume d'un corps due à l'élévation de sa propre température.

Discrètes (valeurs) : Valeurs possibles d'une grandeur quantifiée.

Dispositif sans combustion : Convertisseur d'énergie qui ne nécessite pas la consommation de ressources primaires fossiles.

Domestication : Processus de sélection artificielle permettant l'obtention de races animales ou de variétés végétales dont les caractères satisfont les besoins de l'Homme.

Dominant : Un allèle est dominant lorsqu'il s'exprime même s'il n'est présent que sur l'un des deux chromosomes homologues portant le gène.

E

Échantillon : Groupe d'individus issu de l'ensemble d'une population.

Échiquier de croisement : Tableau représentant les différents génotypes issus du croisement entre les gamètes parentaux possibles.

Effet de serre : Absorption par certains gaz de l'atmosphère d'une planète du rayonnement infrarouge émis par sa surface et conduisant à son réchauffement.

Effet Joule : Phénomène d'échauffement constaté dans tout conducteur électrique traversé par un courant.

Empirique : Basé sur des faits scientifiques (observations, mesures ou résultats expérimentaux).

Empreinte carbone : Masse de dioxyde de carbone CO_2 produite directement ou indirectement par la consommation d'énergie et/ou de matière première liée à une activité ou une personne.

Énergie primaire : Forme d'énergie disponible dans la nature avant toute transformation.

Énergie quantifiée : Énergie qui ne peut prendre que certaines valeurs.

Énergie radiative : Forme d'énergie qui se manifeste par un rayonnement.

Énergies renouvelables : Formes d'énergie provenant de sources que la nature renouvelle en permanence, par opposition aux énergies non renouvelables dont les stocks s'épuisent.

Enzyme : Molécule biologique (généralement protéine) accélérant la vitesse d'une réaction chimique sans en modifier le bilan.

Équilibre de Hardy-Weinberg : Équilibre théorique de la structure génétique d'une population de taille infinie où tous les individus se reproduisent aléatoirement et qui ne subit aucune force évolutive.

Espèce boréale : Espèce vivant dans l'hémisphère Nord, à de hautes latitudes.

Eucaryotes : Organismes dont la ou les cellules contiennent un noyau et des organites.

Extrapoler : Obtenir un résultat prévisionnel à partir de données fournies.

F

Foraminifère : Organisme unicellulaire caractérisé par la formation d'un test (coquille microscopique).

Forçage radiatif : Déséquilibre du bilan radiatif conduisant à un changement de température et provoqué par une variation de l'albédo, de l'effet de serre ou de la puissance solaire reçue.

Fragmentation : Séparation d'un territoire et de ses populations en plusieurs unités de plus petite taille.

G

Ga : *Giga-annum* ou milliard d'années.

Génération : Ensemble d'individus qui descendent d'un couple par filiation.

Génome : Ensemble du matériel génétique d'un individu ou d'une espèce.

Génomique : Branche de la génétique qui étudie le génome.

Génotype : Ensemble des allèles portés par les chromosomes d'un individu pour le ou les gènes étudiés. L'écriture des allèles précise leur relation de dominance/récessivité.

GES : Gaz à effet de serre. Gaz atmosphérique entraînant un phénomène d'effet de serre comme la vapeur d'eau, le dioxyde de carbone, le méthane ou le protoxyde d'azote.

GIEC : Groupe Intergouvernemental d'experts sur l'Évolution du Climat. Organisation mise en place en 1988 afin d'expertiser les informations liées au changement climatique.

Glacier : Masse de glace importante produite par l'accumulation de la neige et se déplaçant sur un substrat rocheux.

Grand singe : Primate pourvu d'un coccyx à la place d'une queue.

Graphe orienté : modélisation mathématique permettant de modéliser un réseau électrique.

Gt : Gigatonne. 1 Gt = 1 milliard de tonnes.

H

Halite : Roche sédimentaire formée de cristaux de chlorure de sodium NaCl et se formant par évaporation de l'eau de mer en climat aride.

Hématie : Cellule sanguine spécialisée dans le transport du dioxygène. Appelée communément globule rouge.

Hémoglobine : Protéine contenue au sein des globules rouges et permettant le transport du dioxygène.

Hétérozygote : Individu possédant deux allèles différents pour un gène donné.

Hominines : Groupe comprenant actuellement l'Homme, le Chimpanzé et le Bonobo, essentiellement fondé sur une phylogénie moléculaire.

Homininés : Groupe de primates constitué actuellement par le Gorille, l'Homme et les Chimpanzés.

Homozygote : Individu possédant deux allèles identiques pour un gène donné.

Hybridation : Croisement entre deux individus appartenant à deux sous-espèces différentes ou supposés appartenir à deux espèces différentes.

Hydrosphère : Ensemble de l'eau présente sous l'un de ses trois états, à la surface de la Terre.

Hygrométrie : Proportion de vapeur d'eau dans l'atmosphère.

I

Impacts environnementaux : Conséquences écologiques d'une activité humaine.

Imputrescible : Capacité d'un matériau à échapper à la décomposition.

Incubation (embryologie) : Période durant laquelle l'embryon d'un œuf se développe couvé par ses parents ou en terre (selon les espèces).

Induction : Démarche mentale qui consiste à généraliser un résultat à partir d'expériences passées.

Induction électromagnétique : Création d'un courant électrique dans un conducteur soumis à un champ magnétique variable.

Inertie thermique : Capacité d'un matériau à conserver sa température constante malgré les pertes ou gains d'énergie qu'il subit.

Inférence bayésienne : Méthode qui permet de définir la probabilité de causes possibles à partir de faits observés.

Infrarouge : Rayonnement électromagnétique de longueur d'onde supérieure à celle du spectre visible mais inférieure à celle des micro-ondes. Le domaine des IR se situe de 780 nm à 1 mm.

Intelligence artificielle : Ensemble des techniques de programmation informatique visant à imiter l'intelligence humaine.

Intervalle de confiance : Intervalle de valeurs contenant la fréquence ou la proportion recherchée, pour un niveau de confiance donnée.

L

Lactobacille : Famille de bactéries effectuant la fermentation lactique.

Langage de haut niveau : Langage informatique conçu pour être facilement compréhensible et utilisé par l'être humain.

Larynx : Organe cartilagineux de l'appareil respiratoire. Situé dans la gorge, il a, chez de nombreux animaux, un rôle dans l'émission de sons.

Lignée humaine : Ensemble des espèces qui descendent de notre dernier ancêtre commun avec le Chimpanzé et qui partage avec *Homo sapiens* certains caractères dérivés associés à la bipédie.

M

Ma : million d'années.

Mélanome : Tumeur maligne de la peau se développant à partir des mélanocytes.

Mémoire vive : Mémoire informatique présente dans un ordinateur et permettant de stocker temporairement des données.

Microbiote : Ensemble des micro-organismes (bactéries, virus, champignons...) vivant sur et dans notre corps (peau, muqueuses intestinale et génitale...).

Mix énergétique : Désigne la répartition des différentes sources d'énergie primaires consommées, à ne pas confondre avec le mix électrique, qui définit la part des différentes sources d'énergie dans la production d'électricité.

Modèle climatique : Représentation numérique simplifiée du système climatique terrestre permettant d'en améliorer la compréhension et de réaliser des prévisions et projections climatiques.

Modèle : Représentation volontairement simplifiée de la réalité permettant de comprendre certains mécanismes et pouvant avoir un rôle prédictif (réaliser des prévisions).

Mutation : Modification de la séquence des nucléotides de l'ADN.

N

Nœud intermédiaire : Modélisation des transformateurs ou des répartiteurs dans un graphe orienté.

Numérisation : Conversion d'une information (texte, image...) en données numériques.

O

Octa : Unité de mesure météorologique permettant d'évaluer l'importance de la couverture nuageuse.

Ordinateur : Machine de traitement d'information comprenant au moins un processeur et une mémoire vive.

P

Paléosol : Sol ancien formé dans des conditions de climat et de végétation pouvant être différentes de l'actuel et enterré sous les dépôts épais plus récents.

Paléotempérature : Température d'une période donnée établie par des rapports isotopiques comme le delta ^{18}O.

Particules fines : Poussières de taille microscopique en suspension dans l'air, issues d'une combustion incomplète.

Pathogène : Pouvant déclencher une pathologie (maladie).

Pergélisol : Partie du sol gelée en permanence pendant au moins deux années consécutives.

Photon : Particule de lumière.

Photosynthèse : Synthèse de matière organique par les végétaux chlorophylliens à partir de matière minérale (CO_2, eau, sels minéraux), en utilisant l'énergie lumineuse.

Phytoplancton : Plancton végétal, le plancton correspondant aux organismes microscopiques vivant en suspension dans l'eau et se déplaçant avec les courants.

PIB : Produit Intérieur Brut. Indicateur économique permettant de quantifier la valeur totale de la « production de richesse » annuelle à l'intérieur d'un territoire.

Pixel : Plus petit élément (point) constituant une image numérique.

Plaque dentaire : Substance blanchâtre se déposant à la surface des dents constituée principalement de protéines salivaires, d'aliments et de bactéries.

Pompe à chaleur : Système de chauffage qui permet de transférer de l'énergie sous forme de chaleur (transfert thermique) entre l'extérieur (source froide) et l'intérieur d'une habitation (source chaude).

Poudingues : Roches sédimentaires contenant des galets arrondis issus d'une érosion par l'eau.

Ppm : Partie par million. 1 ppm = 1/1 000 000.

Précipitation : Formation d'un corps solide dans une solution.

Pression atmosphérique : Pression exercée par les gaz de l'atmosphère. Sur Terre, au niveau de la mer, la pression atmosphérique moyenne est de 1 013 hPa.

Prévision climatique : Estimation de l'évolution future du climat ne s'appuyant que sur la connaissance scientifique du système climatique.

Primates : Groupe de mammifères présentant un certain nombre d'états dérivés en commun (pouces opposables, ongles).

Processeur : Partie d'un ordinateur qui traite les données et exécute les instructions des programmes.

Prognathisme : Avancée de la mâchoire vers l'avant.

Projection climatique : Estimation de l'évolution future du climat basée sur les prévisions climatiques et sur différents scénarios de l'évolution des sociétés humaines.

Puits et source de dioxygène : Réservoir/mécanisme respectivement consommateur et producteur de ce gaz.

Q

Quantification : Propriété d'une grandeur physique de ne prendre que certaines valeurs numériques.

R

Récessif : Un allèle est dit récessif lorsqu'il ne s'exprime pas chez les individus hétérozygotes.

Rendement : Grandeur qui évalue l'efficacité d'une conversion d'énergie.

Résolution : Degré de précision dans l'espace ou dans le temps.

Rétroaction positive : Action amplifiante d'un processus sur le système qui l'a initialement modifié.

Richesse spécifique : Nombre d'espèces différentes dans un écosystème.

Rift : Fossé d'effondrement aux bords surélevés formé par l'étirement de la croûte continentale.

S

Scénario RCP (*Representative Concentration Pathway*) : Estimation de l'évolution future des rejets anthropiques de gaz à effet de serre tenant compte de différentes possibilités de l'évolution des sociétés humaines.

Sélection naturelle : Mécanisme évolutif par lequel les individus présentant des caractères avantageux se reproduisent plus que les autres. Les caractères avantageux sont alors de plus en plus présents à chaque génération.

Sélection sexuelle : Processus par lequel certains caractères sont sélectionnés en vertu de l'avantage qu'ils confèrent dans l'accès aux partenaires sexuels et donc dans la reproduction.

Semi-conducteur : Isolant électrique qui peut devenir facilement conducteur par apport d'énergie.

Séquençage : Technique permettant de déterminer la séquence nucléotidique de l'ADN.

Séquence : Succession ordonnée d'éléments : séquence des nucléotides pour l'ADN, séquence des acides aminés pour les protéines.

Sources distributives : Modélisation des lieux de production d'électricité dans un graphe orienté.

Spectre (antibiotique) : Ensemble des bactéries sensibles à un antibiotique.

Spectre d'émission : Figure obtenue par décomposition de la lumière.

Stockage d'énergie : Accumulation d'une forme d'énergie pendant une durée donnée afin de l'exploiter en période de besoin.

Stratégie prophylactique : Ensemble des mesures visant à empêcher l'apparition ou l'extension des maladies.

Stromatolithes : Bioconstructions formées de couches successives de sédiments liées à l'activité de micro-organismes, principalement des cyanobactéries.

Structure génétique : Fréquences des allèles et des génotypes au sein d'une population.

Sudoripare (glande) : Glande de la peau sécrétant la sueur et intervenant ainsi dans la régulation de la température du corps.

Suite arithmétique : Suite de nombres dont chaque terme s'obtient en additionnant au précédent une constante.

Suite géométrique : Suite de nombres dont chaque terme s'obtient en multipliant le précédent par une constante.

Système d'exploitation : Ensemble de programmes nécessaires au fonctionnement d'un ordinateur.

T

Tableau de contingence : Représentation de données dans un tableau selon deux critères.

Taux de mortalité : Rapport entre le nombre annuel de décès et la population totale moyenne sur cette année. Il est en général exprimé en pour mille (‰).

Taux de natalité : Rapport entre le nombre annuel de naissances et la population totale moyenne sur cette année. Il est en général exprimé en pour mille (‰).

Taux de variation : D'une grandeur entre deux paliers n et $n+1$:

$$\frac{u_{n+1} - u_n}{u_n}.$$

Température moyenne globale : Valeur moyenne des multiples relevés de température à la surface de la Terre.

Temps de résidence : Durée pendant laquelle une molécule demeure présente dans un milieu.

Terres rares : Famille composée de 17 métaux présents dans la croûte terrestre aux propriétés exceptionnelles, utiles aux hautes technologies mais dont la production est très polluante.

Toxine : Substance toxique élaborée par un organisme vivant.

Trachée (d'insecte) : Organe de l'appareil respiratoire chez les insectes, en forme de tubes ramifiés et ouverts vers l'extérieur.

Transformateur : Dispositif permettant d'augmenter ou de diminuer la tension électrique (en maintenant la puissance constante).

Transition écologique : Passage de notre mode actuel de production et de consommation vers un modèle répondant aux enjeux suivants : le changement climatique, la rareté des ressources, la diminution de la biodiversité et l'augmentation des risques sanitaires et environnementaux.

Transition énergétique : L'ensemble des moyens mis en œuvre pour réduire, voire pour supprimer à long terme, notre consommation et notre production en énergies non renouvelables, polluantes, dangereuses ou ayant un impact environnemental.

U

UA : Unité Arbitraire.

V

Variation absolue : D'une grandeur entre deux paliers n et $n+1$: $u_{n+1} - u_n$.

Volant d'inertie : Cylindre ou disque qui tourne à très grande vitesse pour stocker l'énergie sous forme d'énergie cinétique.

Crédits photographiques

0 GregGrabowski/Shutterstock • 0 lapandr/Adobe Stock • 0 Samuel B. Adobe stock • 0 Paul/Adobe Stock • 0 zhao jiankang/Shutterstock • 0 Paul Langrock/ZENIT-LAIF-REA • 0 leungchopan/Adobe stock • 0 SPL/AKG Images • 0 Richard Whitcombe/Shutterstock • 1 GregGrabowski/Shutterstock • 1 lapandr/Adobe Stock • 1 Samuel B./Adobe stock • 1 Paul/Adobe Stock • 1 zhao jiankang/Shutterstock • 1 Paul Langrock/ZENIT-LAIF-REA • 1 leungchopan /Adobe stock • 1 SPL/AKG Images • 1 Richard Whitcombe/Shutterstock • 3 bas g GaudiLab/Adobe Stock • 6 Eric Isselee/Shutterstock • 6 Institut Pasteur • 6 Docpix • 6 AKG Images • 7 HT g Docpix • 7 HT d AKG Images • 7 m d Everett Collection/Shutterstock • 7 bas d Docpix • 8 m d AKG Images • 8 bas g Jean-Marc ZAORSKI/GAMMA-RAPHO • 8 bas g Science Museum/SSPL/Getty Images • 9 HT d Bettmann/Getty Images • 9 HT g Bruno Levy/Divergence images • 9 m d Editions L'Harmattan/Capture d'écran/DR • 9 bas d Collection Christophel © Sveriges Television/Matador film AB/DR • 15 /16 Paul Crock/AFP • 16 HT g Meteo France • 17 HT d Paul Crock/AFP • 18 HT g Frederic Labaune • 18/19-cek23/123RF • 18 m Fondation contre le Cancer - Belgique • 18 bas g NASA Earth Observatory images by Joshua Stevens, using MODIS data from NASA EOSDIS/LANCE and GIBS/Worldview, Fire Information for Resource Management System (FIRMS) data from NASA EOSDIS, and data from the Global Fire Emissions Database (GFED). Story by Adam Voiland, with information from Douglas Morton (NASA-Goddard Space Flight Center). • 20 m g Sandrine Péron, 2018, IPGP, Université Paris Diderot • 20 bas d SPL/Detlev van Ravenswaay/Biosphoto • 21 HT g J.W.Valley/Univ.Wisconsin-Madison • 21 m d Frédéric Labaune • 22 g David Timothy Flannery • 22 ht d Russotwins/Alamy/Photo12 • 22 m m J. William Schopf, University of California, Los Angeles, USA • 22 m d Frédéric Labaune • 22 bas d David Timothy Flannery • 23 ht g Frédéric Labaune • 23 m 4 X Grand-Milhavet • 23 m d Mint Images/Frans Lanting/Biosphoto • 24 HT g Echantillon Hiroshi Ohmoto, Pennsylvania State University/photo Pierre Thomas, https://planet-terre.ens-lyon.fr/ • 24 m g SPL/Biosphoto • 24 bas g Ilya Bobrovskiy/The Australian National University/AFP • 24 bas d Tolo Balagu/Album/Akg Images • 25 HT d Frédéric Labaune • 26 bas d JC Gonram/Shutterstock • 30 m d Sky Cinema/Shutterstock • 31 m d Johner Images/Getty Images • 32 m g Dmitry Shishov/Adobe Stock • 32 m m Frédéric Labaune • 32 m m Dirk Wiersma/SPL/Biosphoto • 32 m m Mogens Trolle/Shutterstock • 32 m d Richard Bizley/SPL/Biosphoto • 34 HT d NASA/JPL/USGS • 34 bas d NASA/Johns Hopkins University Applied Physics Laboratory/Carnegie Institution of Washington/National Astronomy and Ionosphere Center, Arecibo Observatory • 35 m d Jean-Luc Kokel/Biosphoto • 36 HT g Harry Taylor/Dorling Kindersley ltd/Alamy/Photo12 • 36 bas d Walter Myers/SPL/Biosphoto • 36 bas d The Natural History Museu/Alamy/Photo12 • 37 m d Monty Rakusen/Cultura Creative (RF)/Alamy/Photo12 • 37 bas g Ludek Pesek/SPL/Biosphoto • 37 bas m photo Pierre Thomas, https://planet-terre.ens-lyon.fr/ • 37 bas d Tolo Balagu/Album/AKG Images • 38 d /39-Kunsthistorisches Museum, Vienne, Autriche-Photo : Bridgeman Images/Leemage • 38 bas g Jesse Allen, Nasa, Earth observatory, based on FlashFlush Data • 40 m g Robin Fourr/Biosphoto • 40 m d Mr. Megapixel/Alamy/Photo12 • 41 HT d David Bise / EyeEm /Getty Images • 41 m d METEO FRANCE • 41 bas d Windy.com • 42 HT g Gilles Paire/Panther Media GmbH/Alamy/ Photo12 • 42 m d Suzanne Long/Alamy/Photo12 • 43 HT d Thierry Vezon/Biosphoto • 43 m d The Holbarn Archive/Leemage • 43 bas d Santi Rodriguez/Alamy/Photo12 • 44 HT Ichiro Takahashi/Istockphoto • 44 bas g Dr. Stanley Flegler/Visuals Unlimited/SPL/Biosphoto • 44 bas m Power and Syred/SPL/Biosphoto • 44 bas m Biomedical Imaging Unit/Southampton General Hospital/SPL/Biosphoto • 44 bas d Biolab • 45 HT m British Antarctic Survey/SPL/Biosphoto • 45 SPL - British Antarctic Survey/SPL/Biosphoto • 48 bas g The Asahi Shimbun/Getty Images • 48 bas m Don Johnston/Photo12/Agefotostock • 49 bas d R. Myneni/Boston University • 50 bas d flood.firetree.net/DR • 51 HT d 2 X Frédéric Labaune • 52 HT d Yalana/iStock • 54 HT d Météo France • 57 HT d Ingo Arndt/Naturepl.fr • 58 HT 3X Christian Vincent, Institut des Géosciences de l'Environnement, CNRS Grenoble • 60 HT m Claude Fabre • 60 d /61-Geopix/Alamy/Photo12 • 60 HT g Geogebra • 60 m Philippe Roy/Aurimages • 60 bas g GoodOlga/Istock • 62 m Edu-modeles (Philippe Cosentino) • 63 m g L. Fairhead/LMD/CNRS • 63 m m Prof. Kusaka and Asuka Suzuki-Parker, Faculty of Geo-environmental Science/Rissho University, Japan • 63 m d Prof. Kusaka and Asuka Suzuki-Parker, Faculty of Geo-environmental Science/Rissho University, Japan • 64 Shutterstock • 64 DieterMeyrl/Getty Images • 64 Dario Egidi/Getty Images • 64 Sappasit Wongkhonkan / EyeEm/Getty Images • 64 Degist/Getty Imgaes • 64 Mulderphoto/AdobeStock • 64 Luoman/Getty Images • 64 Jung Getty/Getty Images • 64 Monty Rakusen's Studio/Getty Images • 64 Volodymyr Nikolaiev/Shutterstock • 64 Memitina/Getty Images • 64 VLIET/Getty Images • 66 bas from Climate Change 2014: Synthesis Report. Contribution of Working Groups I, II and III to the Fifth Assessment Report of the Intergovernmental Panel on Climate Change [Core Writing Team, Pachauri, R.K. and Meyer, L. (eds.)]. IPCC, Geneva, Switzerland. • 67 m Drias, les futurs du climat • 68 HT g Vincent Badeau/UMR Silva/INRA Nancy • 68 bas d Drias, les futurs du climat • 68 bas g Vincent Badeau/UMR Silva/INRA Nancy • 69 HT m Vincent Pommeyrol/Getty Images • 69 HT d Rainer von Brandis/Getty Images • 70 HT d 2X Flato, G., N. Gillett, V. Arora, A. Cannon et J. Anstey. ´ ModÈlisation des changements climatiques ‡ lavenir ª, chapitre 3 dans Rapport sur le climat changeant du Canada, E. Bush et D.S. Lemmen (Èd.), gouvernement du Canada, Ottawa, Ontario, 2019, p. 74-112. • 72 HT g NASA EARTH OBSERVATORY/ SPL /Getty Images • 72 HT m CEA / diffusée sur le site internet CEA/IPSL visible à l'adresse : http://www.cea.fr/comprendre/Pages/nouvelles-technologies/l-essentiel-sur-le-big-data.aspx • 72 HT d 2X Asuka Suzuki-Parker and Prof. Kusaka/Rissho University • 76 bas d IPCC • 77 HT d Alamy/Photo12 • 77 m d Alamy/Photo12 • 77 bas d Alamy/Photo12 • 78 HT m ericlefrancais/Shutterstock • 78 HT d YamabikaY/Shutterstock • 78 d /79 Albertari/Fotogramma/ROPI-REA (Italie, décembre 2018) • 78 m g xamnesiacx/Shutterstock • 80 HT g PK Studio/Shutterstock • 80 HT d Grassetto/Istock • 80 bas g Etienne de Maglaive/REA • 80 bas d imageBROKER/Photo12 • 81 m d Jean-Pierre Muller/AFP • 82 m g Francois Henry/REA • 83 m d Richard Damoret/REA • 85 m g INVS (Institut de Veille Sanitaire)/Santé Publique France • 85 m d INVS (Institut de Veille Sanitaire)/Santé Publique France • 86 bas g Martine A Eisenlohr /Adobe Stock • 87 m g Jenson/Shutterstock • 87 m d Arno Burgi/Picture Alliance/Photo12 • 88 bas d SGr/Adobe Stock • 89 HT 2X GIEC • 94 HT d cambeck/Shutterstock • 94 bas d Stephane Audras/REA • 95 bas d Boston University/Ranga Myneni • 96 m d Photo courtesy of Enel Green Power - Geothermal Energy Museum of Larderello, Pomarance (PI), Italy • 97 bas d Laurent Grandguillot/REA • 98 HT d Mark Garlick/SPL/Getty Images • 99 HT d 2X Jensen, Mikkel Juul/ Science Photo Library • 100 HT d Ulet Ifansasti/Getty Images • 102 m m 2X Gottardo Pestalozzi/WSL • 102 m d haryfoto/123RF • 106 /106 Anastasiya Aleksandrenko/Shutterstock • 107 HT d Anastasiya Aleksandrenko/Shutterstock • 107 bas g Petr Malyshev/Shutterstock • 108 HT m Chones/Shutterstock • 108 d /109 William Alix/Energy Observer/AFP-Services • 108 m g Morgan Worthington/Shutterstock • 110 HT d 2X GIPHOTOSTOCK/SPL • 110 bas d Musée d'Art moderne de la Ville de Paris ©ADAGP, Paris, 2020 - photo ©Luisa Ricciarini/Leemage (détail) • 111 HT m Bill Miller/Alamy/Photo12 • 111 HT d Peter Grant/Clerk Maxwell Foundation • 111 m g Marzolino/Shutterstock • 111 m m World History/IAM/AKG Images • 113 HT d DPA picture alliance archive/Alamy/Photo12 • 113 m g Lu Yago/Shutterstock • 113 bas d mj0007/Istock • 114 HT d Science Photo Library/AKG Images • 116 HT d Noctiluxx/Shutterstock • 116 HT m Oleksandr Solodukhin/123RF • 116 m m Antonio Romero/SPL/Biosphoto • 116 bas m note_yn/Shutterstock • 117 HT d Philippe Guignard/Air images - Contreforts Production • 118 HT d Hramovnick/Shutterstock • 124 bas d Gui Yong Nian/Adobe Stock • 125 HT g Catwalker/Shutterstock • 126 d /127 ©Adagp, Paris, 2020 - Photo : Artedia/Leemage (détail) • 126 m m Gina Sanders/Adobe stock • 126 bas g Manfredxy/Shutterstock • 128 bas g Gary Whitton/Adobe Stock • 128 bas d Geniusksy/Shutterstock • 129 bas g Michel Gaillard/REA • 130 HT g The broker/Istock • 132 HT d Ryan Pyle/Getty Images • 132 bas d Bertrand Langlois/AFP • 135 m d Argonne • 136 HT d canon_shooter/Shutterstock • 136 bas d Antonio Guillem/Istock • 137 m d Hans Blossey/imageBROKER/Photo12 • 139 bas m Philippe Guignard/Air images - Contreforts Production • 139 bas d Philipimage/Adobe stock • 140 HT g SUNCNIM • 140 bas d Jacques Vapillon/GEPS Techno - Tous droits réservés. • 141 bas d Helene Valenzuela/AFP • 142 m g Jean-Marie Le Provost/PHOTOPQR/Maxppp • 143 m d Panther Media GmbH/Alamy/Photo12 • 144 HT m 4X-image/Istock • 144 d /145 Alain Denantes /Getty Images • 144 bas g georgerudy/Adobe Stock • 146 bas Philippe Guignard/Air images - Contreforts Production • 147 HT g Malerapaso/Istock • 147 HT m Amarita/Shutterstock • 147 HT d Silkwayrain/Istock • 147 bas g Alamy/Photo12 • 147 bas m Zentilia/Adobe Stock • 147 bas d Petr Malyshev/Adobe Stock • 148 HT d Philippe Guignard/Air images - Contreforts Production • 149 HT d Hxdyl/Shutterstock • 149 bas g Christophe Fouquin/REA • 152 HT d Alain Denantes /Getty Images • 154 HT d Kanmu/Istock • 154 bas d Pierre Gleizes/REA Photo a retourner • 159 HT d Ian Hanning/REA • 159 bas g Ithinksky/Istock • 161 HT g Sarin Kunthong/Shutterstock • 161 m d Guillaume Souvant/AFP • 162 d /163 Bernhard Staehli/Shutterstock • 162 m g Australian Lifestyle Images/Istock • 162 bas g Diyana Dimitrova/Shuterstock • 166 bas g Alexsl/Istock • 167 m g HDF Energy • 168 HT d Richard Damoret/REA • 168 bas d Paul Langrock/ZENIT-LAIF-REA • 169 m d Frederic Maigrot/REA • 170 HT d electriceye / Adobe Stock • 170 m g Pierre Gleizes/REA • 170 m d Gilles Rolle/REA

• 171 HT g Stéphane Audras/REA • 171 bas d Infographiste : Jérôme Danière/Atelier Thierry Roche & Associés • 172 bas d Alamy/Photo12 • 173 HT d Alex Stemmer/Shutterstock • 173 m d Dizfoto/Shutterstock • 174 m d Alex Stemmer/Shutterstock • 175 bas d Iaremenko Sergii/Shutterstock • 177 bas d Mimadeo/Shutterstock • 178 HT g HBO/BBQ_DFY/Aurimages/DR • 179 HT d Frank Aussieker/VISUM-REA • 181 m d Creativ Studio Heinemann/Westend61/Photononstop • 182 HT d Joerg Boethling/Alamy/Photo12 • 182 m g Paul Langrock/ZENIT-LAIF-REA • 183 m d Docpix • 186 HT d New Wind DR • 187 g /188 SPL/Laguna Design/Biosphoto • 189 HT d SPL/Laguna Design/Biosphoto • 189 m g JR Moreira/Shutterstock • 189 Shutterstock • 189 m d luismmolina/Istock • 190 HT SPL/Martyn F. Chillmaid/Biosphoto • 190 d /191-Laurent Pyot/OCEAN VERT • 190 bas H. Schmidbauer/blickwinkel/Alamy/Photo12 • 192 HT d SPL / WIM VAN EGMOND/Biosphoto • 192 m d Modification Belin Education d'après la Fondation Tara Oceans • 192 bas g Christoph Gerigk/Biosphoto • 192 bas d Christoph Gerigk/Biosphoto • 193 HT luplupme/123RF (détail) • 193 HT d luplupme/123RF • 194 HT d Olivier Born/Biosphoto • 194 bas g Frédéric Labaune • 195 HT d cynoclub/Adobe Stock • 197 m d Scenics & Science/Alamy/Photo12 • 198 d Alexandra-Delpouve/Sordalab • 198 m m Frédéric Labaune • 199 d mimpki/shutterstock • 200 HT d NASA EARTH OBSERVATORY/ SPL/Biosphoto • 201 HT Shutterstock • 203 HT Breuer Wildlife/Biosphoto • 203 bas Nick Upton/Alamy/Photo12 • 204 m d Mickey Samuni-Blank /Wikepedia • 205 HT d Richard Whitcombe/Adobe Stock • 205 m d Richard Whitcombe/Shutterstock • 208 HT g James Gathany/CDC • 208 bas d Fabrice Cahez/Biosphoto • 209 HT d Juniors/F. Teigler/Biosphoto • 209 m d PEFC • 209 bas d blew_i/Istock • 210 bas d FrÈdÈric Didillon/Biosphoto • 211 HT d Jeffrey Rotman/Biosphoto • 212 HT g Vlasto Opatovsky/Shutterstock • 212 /213 jakubstepan/Adobe Stock • 212 bas m Goran Stimac/Getty Images • 214 HT d michnik101/shutterstock • 215 HT m Eric Grave/SPL/Biosphoto • 216 m g Zyankarlo/Shutterstock • 217 HT d juliawhite/Istock • 217 m d Edumedia • 219 m d Ministère des solidarités et de la santé/DR • 220 HT d Smereka/Shutterstock • 220 HT g Nitr/Adobe Stock • 220 m d Acceptphoto/Shutterstock • 220 m d Feellife/Istock • 220 bas d DEKDOIZz/Shutterstock • 220 bas d Zhao jiankang/Adobe stock • 221 HT m Angela N Perryman/Shutterstock • 221 HT d Valentina Razumova/Shutterstock • 223 HT d ktaylorg/Istock • 223 m d Candus Camera/Shutterstock • 223 bas d Millenius/Agefotostock • 227 HT d Pichai Tunsuphon/123RF • 227 m g Universal Images Group North America LLCDeAgostini/Alamy/Photo12 • 230 HT d /231 Steve Bloom/Steve Bloom/Biosphoto • 230 bas d /231 Pierre Vernay/Biosphoto • 230 bas m Allocricetulus/Shutterstock • 230 bas d Ann Baldwin/Shutterstock • 231 HT m Lorenza photography/Alamy/Photo12 • 231 HT d Brian Rusinko Photography/Adobe Stock • 231 bas m Pat Sullivan/AP/SIPA • 231 bas d Morsa Images/Getty Images • 232 Worraket/Shutterstock • 232 yakub88/Shutterstock • 232 Ian Fox/Shutterstock • 232 Minden Pictures/Roland Seitre/Biosphoto • 232 Ghing/Shutterstock • 232 nicholas_dale/Istock • 232 Vitaly Titov/Shutterstock • 232 Regis Cavignaux/Biosphoto • 232 bimserd/Shutterstock • 232 Marcel Derweduwen/Shutterstock • 232 Boule/Shutterstock • 232 Uzfoto/Adobe Stock • 232 Mint Images/Frans Lanting/Biosphoto • 232 SPL /Tony Camacho/Biosphoto • 234 HT d Pat Sullivan/AP/SIPA • 234 bas d Bone Clones-2010 • 234 m m Photo Researchers/© Bone Clones, Inc./Biosphoto • 234 m d Photo Researchers/© Bone Clones, Inc./Biosphoto • 234 bas g Ardea/David Spears (Last Refuge)/Biosphoto • 234 bas m Leonello Calvetti/SPL/Photo12 • 234 bas d My Planet/Alamy/Photo12 • 235 HT d Brent Stirton/Getty Images • 235 m m Brent Stirton/Getty Images • 235 m g Lee Berger/Institute for Human Evolution School of GeoSciences University of the Witwatersrand/Nature/AFP • 235 bas d John Hawks/University of Wisconsin-Madison/HO/AFP • 236 SPL/Javier Trueba/MSF/Biosphoto • 236 Pascal Goetgheluck/Biosphoto • 236 Natural History Museum, London/SPL • 236 Pascal Goetgheluck/Biosphoto • 236 Marco Ansaloni/SPL/Biosphoto • 238 HT d Bone clones - 2013 • 238 m d Dave King/Dorling Kindersley/Alamy/Photo12 • 239 HT d Kateryna Kon/SPL • 239 m d Pascal Chauvel • 239 bas m Clément Philippe/Agefotostock/Photo12 • 241 m d SPL/Javier Trueba/MSF/Biosphoto • 241 bas d Pascal Goetgheluck/Biosphoto • 243 HT m Sabena Jane Blackbird/Alamy/Photo12 • 243 HT d Sabena Jane Blackbird/Alamy/Photo12 • 243 m d Auscape/Wayne Lawler/Biosphoto • 243 bas g Brigitte Senut/CR2P-MNHN,/CNRS, Sorbonne UniversitÈ/MusÈum National dHistoire Naturelle • 244 bas d Zollikofer/et al/., /Nature /(2005) • 245 bas d The Picture Art Collection/Alamy/Photo12 • 246 HT m Mike Laptev/Shutterstock • 246 d /247 Canetti/Shutterstock • 246 bas g Jacques Loic/Photononstop • 248 HT d Paul D.Stewart/SPL/AKG images • 251 m d Guy Van Langenhove/Biosphoto • 252 HT d Eduardo F Guevara/Adobe Stock • 255 m d Science Source/ AKG Images • 256 HT m Paul D. Stewart/SPL/AKG images • 262 HT g William Booth/Shutterstock • 262 m g SPL/AKG Images • 263 m d Aliaksandr Kazlou/Adobe stock • 264 HT g Top Photo Engineer/Shutterstock • 264 d /265 metamorworks/Shutterstock • 264 m m Andrey_Popov/Shutterstock • 266 HT d Musée des arts et métiers-Cnam/photo studio Cnam • 266 bas g SSPL/Leemage • 266 bas m Jacques Loic/Photononstop • 266 bas d RubENS / MMI / DI - ENS de Lyon / http://rubens.ens-lyon.fr/ • 267 m g Benoît Merlant • 267 m d Drobot Dean/ Adobe Stock • 269 HT m Claudio Divizia/Adobe Stock • 269 Tomasz Boinski/Shutterstock • 269 JR Moreira/Shutterstock • 269 Dimedrol68/Shutterstock • 269 Marco Tulio /Adobe Stock • 269 luismmolina/Istock • 270 HT d AKG Images • 270 HT m Granger collection/Bridgeman images • 270 m m AKG Images • 270 m d AKG Images (dÈtail) • 270 bas g SSPL/Leemage • 270 bas d SSPL/Leemage • 271 HT d Science Source/AKG images • 272 HT m Sutcliffe News Features/POHLE/POHLE/SIPA • 272 HT d Kathy Willens/AP/Sipa • 273 m d cherezoff/Shutterstock • 274 m m 5X Marc Morandini • 274 bas d ZEPHYR/SCIENCE PHOTO LIBRARY • 276 HT d SSPL/Leemage • 276 HT m CORBIS/Corbis via Getty Images • 276 m d A Stockphoto /Adobe Stock • 276 joelpapalini/Shutterstock • 276 Olivier Le Moal/Shutterstock • 277 HT d Henrique Casinhas / SOPA Images/ZUMA/REA • 283 HT d NASA • 283 m d Andrew Chisholm/Alamy/Photo12 • 283 bas d Archive PL/Alamy/Photo12 • 288 HT d Dag Peak/Wikimedia • 288 m d MyImages - Micha / Shutterstock • 288 bas d Philippe Blanchot / Hemis • 289 bas g Rich Carey/Shutterstock • 292 bas g Pat Sullivan/AP/SIPA • 293 divanov/Shutterstock • 293 Benoît Bock/Photoflora • 300 Texas Instruments • 301 Casio • 302 HT d Numworks • 306 Philippe Guignard/Air images - Contreforts Production • 308 HT d Hervé Conge/ISM • 310 m d Chukov/Shutterstock •

Si, malgré nos recherches, il nous a été impossible de retrouver les ayants droits d'une image publiée, Sejer/Bordas s'engage à conserver durant trois ans un montant reversable à toute personne apportant la preuve qu'elle est dépositaire des droits usuels de ladite image. Nous nous excusons par avance des erreurs et omissions involontaires.

Crédits vidéos : p. 27 : Météo-France • p. 51 : Frédéric Labaune • p. 63 : CEA • p. 71 : ADEME / OREC Média – 2015 • p. 115 : Synchrotron SOLEIL • p. 133 : Andra, www.andra.fr • p. 192 : Vincent Hilaire / Fondation Tara Océan

Animations : © eduMedia

Bilans animés : © Philippe Cosentino

Remerciements
Les auteurs remercient Pascale Giraudet (PRAG à l'Université de Toulon), Lionel Cauhape (professeur de mathématiques au lycée Rouvière de Toulon), la fondation Tara Océan notamment Flora Vincent (Weizmann Institute of Science), Charline Daujat (Canton de Vaud), ainsi que leur famille et leurs proches pour leur soutien.
Les éditions Bordas remercient Vincent Badeau (INRA Nancy), John Valley (Université du Wisconsin), Florence Lucas (PEFC France), Cécile Agosta et Aymeric Servettaz (LSCE).

Coordination éditoriale : Christelle Lequesne
Édition : Christelle Lequesne, Sara Maurer
Assistante d'édition : Adèle Coelho
Composition, schémas et photogravure : STDI
Illustrations : Virginie Vidal
Conception graphique : Joëlle Parreau, Delphine Guéchot

Couverture : Delphine Guéchot
Iconographie et recherche des vidéos : Chloé Williamson
Coordination artistique : Pierre Taillemite
Fabrication : Jean-Philippe Dore

MIXTE
Papier issu de sources responsables
FSC® C022030

Bordas est un éditeur qui s'engage pour la préservation de l'environnement et utilise du papier issu de forêts gérées de manière responsable et d'autres sources contrôlées.

Ce livre a été imprimé en France en avril 2020 par Pollina - 12923, imprimeur certifié IMPRIM'VERT®

N° de projet : 10259730
Dépôt légal : avril 2020